茨城県

〈収録内容〉

便利な DL コンテンツは右の QR コードから

解答用紙　過去年度　リスニング ⇒

※データのダウンロードは 2025 年 3 月末日まで。

※データへのアクセスには、右記のパスワードの入力が必要となります。 ⇒ 104732

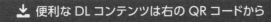

本書の特長

POINT 1　解答は全問を掲載、解説は全問に対応！

POINT 2　英語の長文は全訳を掲載！

POINT 3　リスニング音声の台本、英文の和訳を完全掲載！

POINT 4　出題傾向が一目でわかる「年度別出題分類表」は、約10年分を掲載！

実戦力がつく入試過去問題集

- ▶ 問題 ……………… 実際の入試問題を見やすく再編集。
- ▶ 解答用紙 …… 実戦対応仕様で収録。
- ▶ 解答解説 …… 重要事項が太字で示された、詳しくわかりやすい解説。
  ※採点に便利な配点も掲載。

合格への対策、実力錬成のための内容が充実

- ▶ 各科目の出題傾向の分析、最新年度の出題状況の確認で、入試対策を強化！
- ▶ その他、志願状況、公立高校難易度一覧など、学習意欲を高める要素が満載！

解答用紙ダウンロード　解答用紙はプリントアウトしてご利用いただけます。弊社ＨＰの商品詳細ページよりダウンロードしてください。トビラのＱＲコードからアクセス可。

リスニング音声ダウンロード　英語のリスニング問題については、弊社オリジナル作成により音声を再現。弊社ＨＰの商品詳細ページで全収録年度分を配信対応しております。トビラのＱＲコードからアクセス可。

famima PRINT　原本とほぼ同じサイズの解答用紙は、全国のファミリーマートに設置しているマルチコピー機のファミマプリントで購入いただけます。※一部の店舗で取り扱いがない場合がございます。詳細はファミマプリント（http://fp.famima.com/）をご確認ください。

UD FONT　見やすく読みまちがえにくいユニバーサルデザインフォントを採用しています。

～2025年度茨城県公立高校入試の日程（予定）～

☆一般入学

入学願書・調査書提出期間	2／6・7・10
↓	
志願先変更	2／17・18
↓	
一般学力検査	2／27
特色選抜、共通選抜実技検査 連携型入学者選抜	2／28
↓	
合格者の発表	3／12

☆第２次募集

第２次願書提出	3／13・14
↓	
第２次学力検査	3／17
↓	
第２次合格者の発表	3／19

※上記日程は案。2024年７月中旬までには正式に決定する予定。

2024年度/茨城県公立高校志願状況（全日制）

学校名	学科（コース）	募集定員	志願者数	倍率
高萩清松	総合	160	108	0.68
日立一	普通・サイエンス	162	184	1.14
		(12)	(14)	(1.17)
日立二	普通	160	124	0.78
		(24)	(3)	(0.13)
日立工	機械・工業化学	80	57	0.71
		(20)	(10)	(0.50)
	電気	40	39	0.98
		(10)	(4)	(0.40)
	情報電子	40	27	0.68
		(10)	(1)	(0.10)
多賀	普通	240	233	0.97
		(29)	(22)	(0.76)
日立商	商業	160	178	1.11
		(40)	(34)	(0.85)
	情報処理	40	33	0.83
		(10)	(4)	(0.40)
日立北	普通	200	209	1.05
		(20)	(12)	(0.60)
磯原郷英	普通	120	48	0.40
		(12)	(2)	(0.17)
太田一	普通	162	175	1.08
		(10)		(0.50)
太田西山	普通	160	62	0.39
		(24)	(0)	(0.00)
大子清流	農林科学	40	11	0.28
	総合	80	19	0.24
小瀬	普通	80	19	0.24
常陸大宮	普通	40	17	0.43
	機械・情報技術	40	26	0.65
	商業	40	6	0.15
水戸一	普通	160	264	1.65
		(4)	(11)	(2.75)
水戸二	普通	320	374	1.17
水戸三	普通	240	276	1.15
		(12)	(15)	(1.25)
	家政	40	39	0.98
	音楽	30	13	0.43
緑岡	普通・理数	280	333	1.19
水戸農	農業	40	37	0.93
		(3)	(2)	(0.67)
	園芸	40	34	0.85
		(3)	(0)	(0.00)
	畜産	40	38	0.95
		(3)	(1)	(0.33)
	食品化学	40	47	1.18
		(3)	(0)	(0.00)
	農業土木	40	38	0.95
		(3)	(1)	(0.33)
	生活科学	40	43	1.08
		(3)	(1)	(0.33)
	農業経済	40	44	1.10
		(3)	(0)	(0.00)
水戸工	機械	80	77	0.96
		(12)	(11)	(0.92)
	電気	80	66	0.83
		(12)	(9)	(0.75)
	情報技術	40	52	1.30
		(2)	(1)	(0.50)
	建築	40	46	1.15
		(6)	(3)	(0.50)
	土木	40	54	1.35
		(8)	(14)	(1.75)
	工業化学	40	25	0.63
		(4)	(3)	(0.75)

学校名	学科（コース）	募集定員	志願者数	倍率
水戸商	商業	120	151	1.26
		(30)	(36)	(1.20)
	情報ビジネス	80	90	1.13
		(8)	(12)	(1.50)
	国際ビジネス	80	83	1.04
		(8)	(11)	(1.38)
水戸桜ノ牧	普通	320	470	1.47
		(32)	(49)	(1.53)
水戸桜ノ牧常北校	普通	40	22	0.55
		(12)	(0)	(0.00)
勝田工	総合工学	240	237	0.99
		(60)	(31)	(0.52)
佐和	普通	240	247	1.03
		(36)	(28)	(0.78)
那珂湊	普通	40	26	0.65
		(4)	(0)	(0.00)
	商業に関する学科	80	67	0.84
		(8)	(4)	(0.50)
海洋	海洋技術	40	13	0.33
	海洋食品	40	21	0.53
	海洋産業	40	33	0.83
笠間	普通	120	88	0.73
		(12)	(0)	(0.00)
	美術	30	26	0.87
	メディア芸術	30	25	0.83
大洗	普通	80	22	0.28
		(24)	(1)	(0.04)
	（音楽）	40	30	0.75
		(12)	(30)	(2.50)
東海	普通	160	186	1.16
		(16)	(15)	(0.94)
茨城東	普通	120	38	0.32
		(12)	(2)	(0.17)
那珂	普通	160	189	1.18
		(24)	(34)	(1.42)
鉾田一	普通	200	227	1.14
		(20)	(10)	(0.50)
鉾田二	農業	40	23	0.58
		(2)	(1)	(0.50)
	食品技術	40	25	0.63
		(2)	(3)	(1.50)
	総合	160	153	0.96
		(20)	(11)	(0.55)
玉造工	工業に関する学科	120	68	0.57
		(12)	(1)	(0.08)
麻生	普通	200	183	0.92
		(30)	(20)	(0.67)
潮来	普通	80	76	0.95
	地域ビジネス	40	21	0.53
	人間科学	40	45	1.13
鹿島	普通	204	240	1.18
		(30)	(34)	(1.13)
神栖	普通	160	117	0.73
波崎	普通	80	95	1.19
	機械	40	46	1.15
	電気	40	40	1.00
	工業化学・情報	40	42	1.05
波崎柳川	普通	120	66	0.55
土浦一	普通	160	208	1.30
土浦二	普通	320	418	1.31
土浦三	**普通**	**120**	**157**	**1.31**
		(18)	(18)	(1.00)
	商業に関する学科	**120**	**164**	**1.37**
		(30)	(32)	(1.07)

学校名・学科(コース)		募集定員	志願者数	倍率
土浦工	機械	80	66	0.83
		(12)	(9)	(0.75)
	電気	40	45	1.13
		(6)	(8)	(1.33)
	情報技術	40	59	1.48
		(6)	(6)	(1.00)
	建築	40	42	1.05
		(6)	(5)	(0.83)
	土木	40	36	0.90
		(6)	(5)	(0.83)
土浦湖北	普通	240	264	1.10
		(48)	(47)	(0.98)
石岡一	普通	240	267	1.11
		(24)	(29)	(1.21)
	園芸	40	48	1.20
		(12)	(9)	(0.75)
	造園	40	37	0.93
		(12)	(7)	(0.58)
石岡二	普通	160	157	0.98
		(16)	(11)	(0.69)
	生活デザイン	40	43	1.08
		(4)	(5)	(1.25)
石岡商	商業	80	80	1.00
		(12)	(16)	(1.33)
	情報処理	40	41	1.03
		(6)	(2)	(0.33)
中央	普通	160	155	0.97
		(16)	(9)	(0.56)
	(スポーツ科学)	40	32	0.80
		(20)	(23)	(1.15)
竜ヶ崎一	普通	202	225	1.11
		(24)	(21)	(0.88)
竜ヶ崎二	普通	80	89	1.11
		(12)	(3)	(0.25)
	商業	40	40	1.00
		(12)	(5)	(0.42)
	人間文化	40	55	1.38
		(12)	(10)	(0.83)
竜ヶ崎南	普通	120	60	0.50
江戸崎総合	総合	160	132	0.83
		(32)	(9)	(0.28)
取手一	総合	240	276	1.15
		(36)	(33)	(0.92)
取手二	普通	120	149	1.24
		(24)	(13)	(0.54)
	家政	40	53	1.33
		(2)	(3)	(1.50)
取手松陽	普通	160	197	1.23
		(35)	(50)	(1.43)
	美術	30	42	1.40
	音楽	30	18	0.60
藤代	普通	240	243	1.01
		(28)	(25)	(0.89)
藤代紫水	普通	240	203	0.85
		(72)	(45)	(0.63)
牛久	普通	240	289	1.20
		(36)	(40)	(1.11)
牛久栄進	普通	360	438	1.22
筑波	(進学ｱﾄﾞﾊﾞﾝｽﾄ)	40	7	0.18
	(地域ｷｬﾘｱﾋﾞｼﾞﾈｽ)	80	82	1.03
竹園	普通・国際	320	419	1.31
つくばサイエンス	科学技術	240	68	0.28
		(120)	(9)	(0.08)
岩瀬	普通	120	52	0.43
	衛生看護	40	41	1.03

学校名・学科(コース)		募集定員	志願者数	倍率
真壁	普通	40	5	0.13
		(4)	(0)	(0.00)
	農業・環境緑地	40	18	0.45
		(4)	(2)	(0.50)
	食品化学	40	15	0.38
		(4)	(1)	(0.25)
下館一	普通	200	218	1.09
		(10)	(10)	(1.00)
下館二	普通	240	254	1.06
		(24)	(8)	(0.33)
下館工	機械	80	65	0.81
		(8)	(9)	(1.13)
	電気・電子	80	84	1.05
		(12)	(8)	(0.67)
	建設工学	40	34	0.85
		(4)	(8)	(2.00)
明野	普通	80	16	0.20
下妻一	普通	240	258	1.08
		(24)	(35)	(1.46)
下妻二	普通	280	283	1.01
		(42)	(48)	(1.14)
結城一	普通	120	98	0.82
鬼怒商	商業に関する学科	160	124	0.78
		(32)	(9)	(0.28)
石下紫峰	普通	160	167	1.04
水海道一	普通	240	320	1.33
		(24)	(29)	(1.21)
水海道二	普通	120	120	1.00
		(24)	(8)	(0.33)
	商業	80	70	0.88
		(16)	(9)	(0.56)
	家政	40	43	1.08
		(10)	(6)	(0.60)
八千代	総合	200	203	1.02
		(16)	(12)	(0.75)
古河一	普通	80	72	0.90
	商業に関する学科	200	228	1.14
		(50)	(54)	(1.08)
古河二	普通	200	215	1.08
		(26)	(15)	(0.58)
	福祉	40	34	0.85
古河三	普通	240	224	0.93
		(17)	(22)	(1.29)
総和工	機械	40	36	0.90
		(6)	(1)	(0.17)
	電子機械	40	28	0.70
		(6)	(0)	(0.00)
	電気	40	14	0.35
		(6)	(0)	(0.00)
三和	普通	80	50	0.63
	(ヒューマンサービス)	40	32	0.80
境	普通	240	259	1.08
		(30)	(41)	(1.37)
板東清風	農と食	40	20	0.50
		(12)	(1)	(0.80)
	総合	160	118	0.74
		(48)	(0)	(0.00)
守谷	普通	240	251	1.05
		(60)	(40)	(0.67)
伊奈	普通	240	263	1.10
		(36)	(49)	(1.36)

注　特色選抜関係は(　)に内数として示した。

注　連携型入学者選抜関係は内数として含む。

数学　出題傾向の分析と合格への対策

出題傾向とその内容

〈最新年度の出題状況〉

本年度の出題数は，大問6題，小問にして21問で，例年通りであった。中学数学の各分野から標準レベルの問題が出されており，基本事項に対する理解度と，それらを活用できる能力を試す内容となっている。

出題内容は，1が数・式の計算，平方根，因数分解の計算問題が出題されている。2は角度の計量，資料の散らばり・代表値，不等式の立式，関数$y=ax^2$に関する変域の問題が出題されている。1，2では，教科書を中心とした学習から得られる基礎的な数学的能力が求められている。3は合同の証明と相似比と面積比の関係を利用して角度や面積を計量する平面図形の総合問題，4は数の性質や円の性質を利用した図形と確率の融合問題，5は水そうへの水の給水と水そうからの水の排水を題材とした関数とグラフの問題，6は三角柱を題材とした空間図形の総合問題で，空間内の2直線の位置関係や，表面積と体積の計量で，図形に対する応用力が身についているかが試されている。

〈出題傾向〉

例年，前半の大問2題は方程式・不等式の応用，文字式による説明，関数，図形の計量，資料の散らばり・代表値，作図などに関する基礎的な数学能力を問う小問群である。日々の授業を大切にして，その内容をしっかり理解すれば解ける問題であり，確実に得点していきたい。

後半の大問は図形と関数・グラフの融合問題，証明を含む平面図形の総合問題，空間図形の応用，規則性，数の性質，確率などといったような構成になっている。与えられた問題の特徴を的確につかみ，関数的な考えと図形的な考えを柔軟に使って解く能力が要求される。

来年度の予想と対策

出題範囲は中学数学の全域から偏りなく，難易度も易しい計算問題からやや難しい応用問題までまんべんなく出題されているので，まず基礎的な計算問題をしっかり練習し，関数や図形についてはいろいろな問題で応用力を養っておこう。三平方の定理と円に関してはやや難しい応用問題が出題されることが多いので，図をかいて考える力を身につけておきたい。資料の散らばりに関しては，単に代表値を求めるのではなく，方程式とからめた問題になっていることもあるので，このタイプの問題に慣れておく必要がある。さらに，今年は思考力の必要な問いもあった。

また，毎年証明問題が出題されているので，日頃から，与えられた条件を明確にし，結論に至るまでの筋道の通った説明ができるよう練習しておこう。

やや問題数が多いが，ほとんどの問題が独立しているので，できるものから確実にこなしていくとよいだろう。

⇨**学習のポイント**

- 教科書を中心に基礎～標準レベルの問題を解きこなす練習をしよう。
- 証明問題に備えて，道筋の通った説明ができるように練習しておこう。

年度別出題内容の分析表　数学

出題内容			27年	28年	29年	30年	2019年	2020年	2021年	2022年	2023年	2024年
数と式		数の性質							○		○	○
		数・式の計算	○	○	○	○	○	○	○	○	○	○
		因数分解	○	○	○	○	○				○	○
		平方根	○	○	○	○	○	○	○	○	○	○
方程式・不等式		一次方程式	○	○	○	○	○	○		○	○	○
		二次方程式	○	○	○	○	○		○	○	○	
		不等式		○	○	○	○	○	○		○	○
		方程式の応用	○	○	○	○	○	○	○	○	○	○
関数		一次関数	○	○	○	○	○	○	○	○		○
		関数 $y = ax^2$	○	○	○	○	○	○	○	○	○	○
		比例関数	○			○	○		○	○	○	○
		関数とグラフ	○	○	○	○	○	○	○	○	○	○
		グラフの作成										
図形	平面図形	角度	○	○	○	○	○	○	○	○		○
		合同・相似	○	○	○	○	○	○	○	○	○	○
		三平方の定理	○	○			○	○	○	○	○	○
		円の性質	○	○	○	○	○	○			○	○
	空間図形	合同・相似	○	○	○							
		三平方の定理	○	○	○	○				○		
		切断			○		○					○
	計量	長さ	○	○	○	○	○	○		○	○	○
		面積	○	○	○	○	○	○	○	○	○	○
		体積	○	○			○	○	○	○	○	○
		証明	○	○	○	○	○	○	○	○	○	○
		作図						○	○			
		動点	○									
データの活用		場合の数										
		確率	○	○	○	○	○	○	○	○	○	○
		資料の散らばり・代表値(箱ひげ図を含む)	○	○	○	○	○	○	○	○	○	○
		標本調査										
融合問題		図形と関数・グラフ	○	○	○	○	○			○		○
		図形と確率						○				
		関数・グラフと確率								○		
		その他										
その他									○			

― 茨城県公立高校 ―

英語 ●●●• 出題傾向の分析と合格への対策 •●●●

出題傾向とその内容

〈最新年度の出題状況〉

本年度の大問構成はリスニング1題，語句問題1題，短文読解問題1題，対話文問題1題，長文読解問題1題，そして語句の並べ換え問題1題の計6題であった。

リスニング問題は，正しい絵を選ぶ問題，英語の質問に答える問題，やや長い会話を聞いて英語の質問に答える問題，英文を聞いて順番を答える問題と質問に対して適切な語を入れる問題が出題された。配点は100点満点中の30点で，他の都道府県と比較すると割合は高い。

語句問題は，会話文を完成させるもので，語いや文法知識が中心となっている。

短文読解問題は内容真偽と文の並べ換え問題が出された。

対話文問題は，グラフを参照しながら適切な語句を選ぶ問題と語句補充して疑問文を完成させる問題が出題された。

長文問題は内容真偽，文の挿入問題，語句補充，英問英答が出題された。

語句の並べ換え問題はウェブサイトを見ながら会話文を完成させるものであった。

幅広い文法知識を必要とする出題であった。

〈出題傾向〉

ここ数年，出題形式に大きな変更はない。

リスニングは30点と大きく，おろそかにしては高得点は望めない。

他の都道府県では文法問題が減っている中で，語形変化などの文法・知識問題がまとまって出題されているのが特徴。不規則動詞の変化，形容詞などがよく出題されている。

読解問題，並べ換え問題も合わせれば，文を完成させる問題が多い。また，大問5の，選択肢の多い(ア～クまでの8つ)内容真偽問題が特徴的である。時間配分にも十分注意したい。

来年度の予想と対策

来年度も，リスニング，長文及び対話文読解問題を中心に単語や熟語，文法に関する問題と，幅広く出題されると思われる。

リスニングについては，リスニングCDやラジオなどを利用するとよいだろう。文法や作文については，教科書に出ている文法事項を例文とともに暗記しておくとよい。また，解答方式は記述式が多いので，単語のつづりを正確に覚えておくのはもちろんのこと，語形変化もしっかり覚える必要がある。長文読解の対策としては，教科書の英文をよく読んでおくことに加え，公立高校の過去の入試問題を数多くやっておくとよい。

⇨学習のポイント

- リスニングの配点が高いため，事前の対策を十分にしておこう。
- 語句や文法知識に漏れがないよう心がけること。動詞の変化に注意。
- 過去の様々な入試問題を解いて，長文のいろいろな出題形式に慣れておこう。

年度別出題内容の分析表　英語

		出題内容	27年	28年	29年	30年	2019年	2020年	2021年	2022年	2023年	2024年
設問形式	リスニング	絵・図・表・グラフなどを用いた問題	○	○	○	○	○	○	○	○	○	○
		適文の挿入										
		英語の質問に答える問題	○	○	○	○	○	○	○	○	○	○
		英語によるメモ・要約文の完成										
		日本語で答える問題	○	○	○	○						
		書き取り										
	語い	単語の発音										
		文の区切り・強勢										
		語句の問題	○	○	○	○	○	○	○	○	○	○
	読解	語句補充・選択（読解）	○	○	○	○	○	○	○	○	○	○
		文の挿入・文の並べ換え	○	○	○	○	○	○	○	○	○	○
		語句の解釈・指示語									○	
		英問英答（選択・記述）	○	○	○	○	○	○	○	○	○	○
		日本語で答える問題	○	○								
		内容真偽	○	○	○	○	○	○	○	○	○	○
		絵・図・表・グラフなどを用いた問題	○	○	○	○		○	○	○	○	○
		広告・メール・メモ・手紙・要約文などを用いた問題	○	○	○	○	○			○	○	○
	文法	語句補充・選択（文法）	○	○	○	○	○	○	○	○	○	○
		語形変化	○	○	○	○	○	○	○	○	○	○
		語句の並べ換え	○	○	○	○	○			○	○	○
		言い換え・書き換え	○	○	○	○	○					
		英文和訳										
		和文英訳										
		自由・条件英作文	○	○	○	○	○	○	○			
文法事項		現在・過去・未来と進行形	○	○	○	○	○	○		○	○	○
		助動詞	○	○	○			○			○	○
		名詞・冠詞・代名詞	○	○	○	○	○	○		○	○	
		形容詞・副詞	○	○	○	○	○	○		○	○	○
		不定詞	○	○	○	○	○	○		○	○	○
		動名詞	○	○	○			○			○	○
		文の構造（目的語と補語）	○								○	○
		比較	○	○	○		○	○		○	○	○
		受け身	○	○	○							
		現在完了	○	○	○		○			○	○	
		付加疑問文										
		間接疑問文		○							○	○
		前置詞	○	○	○							
		接続詞	○	○	○	○	○				○	○
		分詞の形容詞的用法	○		○	○	○				○	○
		関係代名詞		○	○	○				○		
		感嘆文										
		仮定法									○	○

―茨城県公立高校―

理科　●●●● 出題傾向の分析と合格への対策 ●●●●

出題傾向とその内容

〈最新年度の出題状況〉

出題数は，本年度も大問は6題で，小問数は30問程度であった。内容的には，物理，化学，生物，地学の各分野から均等に出題されている。選択肢による記号解答が，全体の半分以上を占める解答形式となった。作図や記述は全体の20～30％程度である。

基本的な知識を問う問題，実験や観察の結果を考察する問題がバランスよく出題されており，とくに高度な知識や理解力を必要とする出題はない。大問1は各単元からの小問で構成されており，大問2～6は実験や観察を扱った問題になっている。全体的にスタンダードな内容ではあるが，重要点はもらさず出題されている傾向にあり，いずれも良問であった。

〈出題傾向〉

各学年の教科書の第1分野・第2分野からバランスよく出題されている。大問1の小問集合は，基礎的な知識や理解力で十分に対処できる内容であるため，解答しやすい問題である。大問2～5は，各々の領域について，一つのテーマに基づいた実験や観察から検討・分析し，解答していく問題，大問6は複合問題であるが，それぞれの現象の原理に関する正しい理解と，思考力を問われる。

物理的領域　小問として浮力と運動に関する問題が出題された。また，大問では電流と磁界の出題がされた。比較的標準的な内容で，解きやすかった。

化学的領域　小問として非電解質と化学反応式について出題された。また，大問は状態変化や蒸留の実験結果の分析をテーマにした問題で，確かな知識と思考力が要求された。

生物的領域　小問は細胞について，大問は血液循環，呼吸からの出題となっていた。スタンダードな問題であった。

地学的領域　小問は岩石や気象観測からの出題，大問は天体に関する問題であり，基礎的な事項が理解できていれば難なく解答できるものであった。

来年度の予想と対策

第1分野，第2分野の全分野からほぼ均等に出題されているので，山を張らずに幅広く学習することが必要である。出題範囲は広いので，基本的な内容は必ずおさえておきたい。そのため，教科書に出てくる用語は正確に書けるようにしておくこと。また，計算問題対策としては，基礎的な問題集の計算問題を数多くこなしておこう。記号選択が多いが，思考力をともなう問いも見受けられるので，事前に練習しておくことが大切である。

実験・観察をもとにした出題が多いので，授業で行う実験・観察は積極的に参加しよう。標準レベルの問題を数多く解き，まちがえた問題はその原因を意識して，教科書などを調べなくても解けるようになるまで，くり返し演習することが大切である。

⇨学習のポイント

- 資料の多い過去問を使って，思考力をつける練習をしておこう。
- 出題単元は広範囲にわたる。そのため，全単元における基礎事項は把握しておこう。

年度別出題内容の分析表　理科

※★印は大問の中心となった単元

分野	学年	出題内容	27年	28年	29年	30年	2019年	2020年	2021年	2022年	2023年	2024年
第一分野	第1学年	身のまわりの物質とその性質	○		○	○			○	○	○	
		気体の発生とその性質	○	○	○				○	○	○	
		水溶液			○		○	○				
		状態変化	○					○	○			★
		力のはたらき(2力のつり合いを含む)			○							○
		光と音	○	○	○	★			○	★	★	
	第2学年	物質の成り立ち	○			○	○		★		○	○
		化学変化，酸化と還元，発熱・吸熱反応		★	○			○		○		
		化学変化と物質の質量	○		○		○			★	○	
		電流(電力，熱量，静電気，放電，放射線を含む)	★		○	○	○	★	○		○	○
		電流と磁界		○					○	○		○
	第3学年	水溶液とイオン，原子の成り立ちとイオン	★		○		○			○		○
		酸・アルカリとイオン，中和と塩		○		★	○				○	
		化学変化と電池，金属イオン						★			★	
		力のつり合いと合成・分解(水圧，浮力を含む)				○	○		○			○
		力と物体の運動(慣性の法則を含む)	○			○	○		★			○
		力学的エネルギー，仕事とエネルギー		○	★		★	○		○		
		エネルギーとその変換，エネルギー資源	○	○	○	○		○			○	
第二分野	第1学年	生物の観察と分類のしかた		○								
		植物の特徴と分類				★	○	○		○	○	
		動物の特徴と分類	○				★			○		
		身近な地形や地層，岩石の観察					○		○	○		○
		火山活動と火成岩			○	○			★			
		地震と地球内部のはたらき	○		○			★			○	○
		地層の重なりと過去の様子		○			★		○	★		
	第2学年	生物と細胞(顕微鏡観察のしかたを含む)	○		○			○				○
		植物の体のつくりとはたらき	★		○	○		○	★	○	○	
		動物の体のつくりとはたらき		★	○	○			○		★	★
		気象要素の観測，大気圧と圧力	○	★		★		○	○	○		○
		天気の変化	○	○	○		○					
		日本の気象	○							○	○	○
	第3学年	生物の成長と生殖	○		★		○		○		○	○
		遺伝の規則性と遺伝子		○	○			★				
		生物の種類の多様性と進化					○					
		天体の動きと地球の自転・公転		★				○	○			★
		太陽系と恒星，月や金星の運動と見え方	○		○	○	○			○	★	
		自然界のつり合い				○	○	○		★		
自然の環境調査と環境保全，自然災害				○			○					
科学技術の発展，様々な物質とその利用			○	○								
探究の過程を重視した出題			○	○	○	○	○	○	○	○	○	○

社会　出題傾向の分析と合格への対策

出題傾向とその内容

〈最新年度の出題状況〉

本年度の出題数は，大問4題，小問28題である。解答形式は記号選択が25題と語句記入が2題であり，記述問題は歴史的分野で1題であった。大問数は，地理1題，歴史1題，公民1題，地理分野・歴史分野・公民分野で構成される大問1題である。内容は，各分野のバランスがほぼとれていると言える。また，難問や細かい知識を問う問題はなく，基礎・基本の定着と，資料を活用する力を試す総合的な問題が出題の中心となっている。

地理的分野では，各種の地図を中心に表・グラフといった統計資料を用い，日本・世界の諸地域の特色・気候・貿易などが問われている。歴史的分野では，写真・発表カード・略年表などをもとに，日本の歴史が総合的に問われている。公民的分野では，模式図や資料を読み取る形で，政治・経済分野・国際社会等の基礎的な知識が問われている。

〈出題傾向〉

地理的分野では，地形図・略地図・表・グラフなどを読み取らせることで，知識の活用の度合いを確認している。

歴史的分野では，略年表や発表カード・写真・グラフ・資料を読みとらせ，歴史の流れの把握の度合いを確認している。世界史の問題も出題されている。

公民的分野では，図やグラフを読みとらせ，現代の日本の政治・経済に対する理解の程度を問う出題が多くみられる。国際社会や裁判に関する問題も複数出題されている。

来年度の予想と対策

今年度と同様に，基礎的なものを中心に，考えさせる内容の問題が出題されると思われる。難問はないので，基礎・基本を整理し，問題練習をくり返せば，高得点も可能である。

地理的分野では，地形図やグラフなど各種統計資料を読み取る力をつけることや，地図を見て都道府県や各国の位置を理解することが必要である。また，日本や世界の諸地域の特色を，地形・気候・貿易などの面から理解する必要がある。

歴史的分野では，時代の特色を歴史の流れと結び付けて把握することが大切である。その際に，世界の出来事と関連付けていくと，さらに理解は深まるだろう。また，資料集等で重要な写真・史料・地図等を確認する作業も必要である。

公民的分野では，基本的用語の理解を徹底することが必要である。さらに，新聞・ニュースなどで政治・経済の動きや，時事的な内容にも注目しておくことも重要である。

⇨学習のポイント

- 地理では，地形図・各種の地図に慣れ，統計資料からの読み取りの力をつけよう！
- 歴史では，教科書の基礎的事項を整理し，各時代の特色・時代の流れを大きくとらえよう！
- 公民では，政治・経済の基礎的事項を整理し，グラフ等の読みとり力もつけよう！

年度別出題内容の分析表 社会

出題内容			27年	28年	29年	30年	2019年	2020年	2021年	2022年	2023年	2024年
地理的分野	日本	地形図の見方	○	○	○	○	○	○	○	○	○	○
		日本の国土・地形・気候	○	○	○	○	○	○	○	○	○	○
		人口・都市	○	○	○	○	○		○	○	○	○
		農林水産業	○	○	○			○		○		○
		工業		○				○		○		
		交通・通信	○				○	○	○		○	
		資源・エネルギー		○	○					○	○	
		貿易	○			○	○					
	世界	人々のくらし・宗教	○	○		○			○	○	○	○
		地形・気候	○	○	○	○	○	○	○	○	○	○
		人口・都市	○						○	○		
		産業		○	○	○	○	○	○	○		
		交通・貿易	○		○		○			○	○	○
		資源・エネルギー					○			○		
	地理総合											
歴史的分野	日本史―時代別	旧石器時代から弥生時代	○		○		○		○	○	○	
		古墳時代から平安時代	○	○		○	○	○	○	○	○	○
		鎌倉・室町時代	○	○	○	○	○	○	○	○	○	○
		安土桃山・江戸時代	○	○	○	○	○	○	○	○	○	○
		明治時代から現代	○	○	○	○	○	○	○	○	○	○
	日本史―テーマ別	政治・法律		○	○	○	○	○	○	○	○	○
		経済・社会・技術	○	○	○	○	○	○	○	○	○	○
		文化・宗教・教育			○	○	○	○	○	○	○	○
		外交	○	○	○	○	○	○	○	○	○	○
	世界史	政治・社会・経済史	○	○	○	○	○	○	○	○	○	○
		文化史	○									
		世界史総合										
	歴史総合											
公民的分野	憲法・基本的人権		○	○		○	○	○		○	○	
	国の政治の仕組み・裁判		○	○	○	○	○	○	○	○	○	○
	民主主義											
	地方自治				○		○	○		○	○	
	国民生活・社会保障			○				○	○			○
	経済一般		○	○	○	○	○	○	○	○	○	○
	財政・消費生活										○	○
	公害・環境問題					○		○	○	○		
	国際社会との関わり		○		○	○		○		○		○
時事問題												
その他			○									

国語　出題傾向の分析と合格への対策

出題傾向とその内容

〈最新年度の出題状況〉

知識問題、小説の読解問題、論説文の読解問題，古文・漢文の読解問題、という4大問で構成されており，小問数は33問。選択式問題と本文からの抜き出しが中心である。

一は知識問題で，手紙の知識や敬語について問われた。漢字の読み書きや語句の意味，接続語などについてもここで出題されている。

二は小説。登場人物の心情など本文の内容の読み取りのほか，生徒による感想の交流についても出題された。

三は論説文で，内容や文章構成について問われた。

四は古文と，その内容に関連する漢文が示された。知識や内容について問われている。

〈出題傾向〉

昨年同様，作文，韻文の出題はなく，知識問題は独立して出題される。選択式問題と，短めの記述式問題を中心に構成されている。

文学的文章・説明的文章・古文とも読みやすく内容を理解しやすい文章であるが，一つの文章だけでなく，関連する他の文章，生徒のノート，話し合い，発表資料なども合わせて読み取り，内容を吟味することが求められた。

知識問題は，手紙，漢字の画数，接続語，語句の意味について出題された。漢字は，選択式ではなく，書かせる形で出題されている。

来年度の予想と対策

来年度は，基本的な読解力に加え，複数の文章や資料を読み取り，比較したり総合したりする力が重視されると思われる。

現代文は，いろいろな文章を読んで，小説の登場人物の心情や論説文で筆者が言おうとしていることを考える。ノートや話し合いなど，一般的な文章とは異なる形にも慣れておきたい。

古文・漢文は知識や読解の基本を押さえておく。また，韻文が出題されても対応できるように，問題集などで十分に学習することを心がけたい。

漢字は，同じ読みの漢字や形が似ている漢字に注意して，正しい書き方を覚えよう。また，語句や文法についても基本的な知識は身につける。読解や表現に関する問題であっても，語句の使い方や敬語の知識が必要となる場合は多いので，日頃から意識しておくとよいだろう。

⇨**学習のポイント**

- 多くの文章に触れて，基本的な読解ができるようにしよう。
- 漢字や語句，文法などの知識問題にも慣れておこう。

年度別出題内容の分析表 国語

出題内容			27年	28年	29年	30年	2019年	2020年	2021年	2022年	2023年	2024年
内容の分類	読解	主題・表題										
		大意・要旨	○	○								
		情景・心情	○	○	○	○	○	○	○	○	○	○
		内容吟味	○	○	○	○	○	○	○	○	○	○
		文脈把握	○	○	○	○	○	○	○	○	○	○
		段落・文章構成								○		○
		指示語の問題		○							○	
		接続語の問題			○	○	○	○		○	○	○
		脱文・脱語補充	○	○	○	○	○	○	○	○	○	○
	漢字・語句	漢字の読み書き	○	○	○	○	○	○	○	○	○	○
		筆順・画数・部首	○		○	○			○			○
		語句の意味										○
		同義語・対義語										
		熟語			○			○			○	
		ことわざ・慣用句・四字熟語	○									
		仮名遣い	○	○	○	○	○	○		○	○	○
	表現	短文作成							○		○	○
		作文(自由・課題)	○	○	○	○	○	○	○			
		その他										
	文法	文と文節		○								
		品詞・用法	○	○	○		○	○				
		敬語・その他	○	○			○					○
	古文の口語訳											
	表現技法・形式				○							
	文学史					○						
	書写		○		○	○	○	○			○	
問題文の種類	散文	論説文・説明文	○	○	○	○	○	○	○	○	○	○
		記録文・実用文										
		小説・物語・伝記	○	○	○	○	○	○	○	○	○	○
		随筆・紀行・日記										
	韻文	詩										
		和歌(短歌)		○		○	○	○				
		俳句・川柳	○		○							
	古文		○	○			○	○	○	○	○	○
	漢文・漢詩										○	○
	会話・議論・発表		○	○	○	○	○	○	○		○	○
	聞き取り											

— 茨城県公立高校 —

茨城県公立高校難易度一覧

目安となる偏差値	公立高校名
75 ~ 73	
72 ~ 70	水戸第一
	土浦第一
69 ~ 67	竹園
	竜ヶ崎第一
66 ~ 64	緑岡(普・理数)
	土浦第二，日立第一
	水戸第二
63 ~ 61	牛久栄進
	下妻第一
	水海道第一，水戸桜ノ牧
60 ~ 58	
	下館第一
	日立北，藤代
57 ~ 55	太田第一，古河第三，水戸第三(家政)
	水戸第三
	牛久，土浦第三，鉾田第一，水戸商業(商業)
54 ~ 51	水戸商業(情報ビジネス／国際ビジネス)
	勝田
	石岡第一，下館第二，下妻第二，取手松陽(美術)
50 ~ 47	岩瀬(衛生看護)，土浦第三(商業)，取手第一(総合)，水戸第三(音楽)
	佐和，水海道第二，水戸工業(機械／電気／情報技術／建築／土木／工業化学)
	伊奈，鹿島，多賀，土浦湖北，取手松陽(音楽)，日立商業(情報処理)
	古河第一，日立第二
46 ~ 43	麻生，境，取手松陽，那珂，日立商業(商業)，水海道第二(商業)
	日立工業(機械・工業化学／電気／情報電子)
	太田西山，勝田工業(総合工学)，古河第一(商業)，中央，鉾田第二(総合)
	下館工業(機械／電気・電子／建設工学)，水海道第二(家政)
42 ~ 38	石岡商業(商業／情報処理)，鬼怒商業(商業)，中央(スポーツ科学)，土浦工業(機械／電気／情報技術／建築／土木)，東海，取手第二(普／家政)，波崎柳川，藤代紫水，守谷
	石岡第二(普／生活デザイン)，磯原郷英，つくばサイエンス(科学技術)，那珂湊，水戸農業(農業／園芸／畜産／食品化学／農業土木／生活科学／農業経済)
	石岡第一(園芸／造園), 石下紫峰, 岩瀬, 大子清流(総合), 那珂湊(商業), 波崎(普／機械／電気／工業化学・情報)，八千代(総合)，竜ヶ崎第二(普／人間文化)，竜ヶ崎南
	江戸崎総合(総合)
	潮来(普／地域ビジネス), 茨城東, 笠間(普／美術／メディア芸術), 神栖, 古河第二(福祉), 高萩清松(総合), 筑波(進学アドバンスト／地域キャリアビジネス)，常陸大宮，鉾田第二(農業／食品技術)，竜ヶ崎第二(商業)
37 ~	古河第二, 三和(普／ヒューマンサービス)，総和工業(電子機械)，玉造工業(工業)，坂東清風(食と農)，常陸大宮(機械・情報技術／商業)，真壁
	明野，潮来(人間科学)，大洗(普／音楽)，小瀬，海洋(海洋技術／海洋食品／海洋産業)，総和工業(機械／電気)，坂東清風(総合)，水戸桜ノ牧[常北校]，結城第一
	大子清流(農林科学)，真壁(農業・環境緑地／食品化学)

*(　)内は学科・コースを示します。特に示していないものは普通科(普通・一般コース)，または全学科(全コース)を表します。

*データが不足している高校，または学科・コースなどにつきましては掲載していない場合があります。

*公立高校の入学者は，「学力検査の得点」のほかに，「調査書点」や「面接点」などが大きく加味されて選抜されます。上記の内容は想定した目安ですので，ご注意ください。

*公立高校入学者の選抜方法や制度は変更される場合があります。また，統廃合による閉校や学校名の変更，学科の変更などが行われる場合もあります。教育委員会などの関係機関が発表する最新の情報を確認してください。

茨城県公立高等学校

2024年度

★★★★★★★★★★★★★★★★★★★★★★

入 試 問 題

●くわしい解説……57ページ

＜数学＞

時間　50分　　満点　100点

1　次の(1)，(2)の問いに答えなさい。

(1)　次の①～④の計算をしなさい。

①　$3-9$

②　$-3(x+2y)+(x-3y)$

③　$3a^2b\times4b\div6ab$

④　$\sqrt{6}(\sqrt{2}+\sqrt{3})$

(2)　x^2+7x-8 を因数分解したとき，その結果として正しいものを，次の**ア**～**エ**の中から１つ選んで，その記号を書きなさい。

ア　$(x-1)(x-7)$　　**イ**　$(x+1)(x+7)$

ウ　$(x+1)(x-8)$　　**エ**　$(x-1)(x+8)$

2　次の(1)～(4)の問いに答えなさい。

(1)　下の図で，△ABCは正三角形である。辺AB，AC上にそれぞれ点D，Eをとる。∠AED＝74°，∠CDE＝39°のとき，∠BCDの大きさとして正しいものを，次の**ア**～**オ**の中から１つ選んで，その記号を書きなさい。

ア　21°

イ　25°

ウ　30°

エ　35°

オ　46°

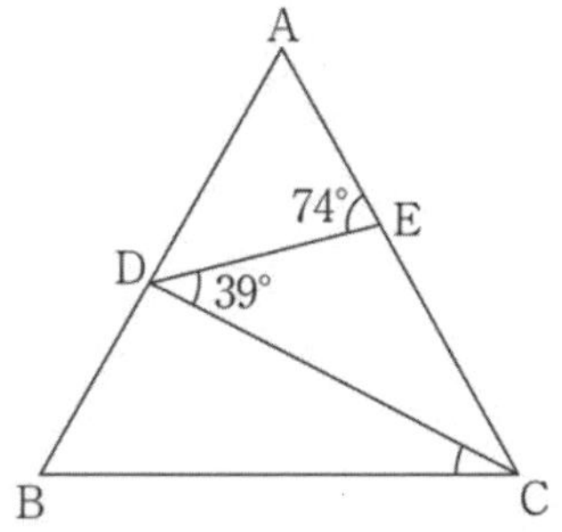

図

(2)　次の**表**は，10人の生徒がテニスのサーブ練習をそれぞれ10回行い，サーブが入った回数のデータを小さい順に並べたものである。

表

1	2	3	3	3	4	5	6	7	9	(単位　回)

このとき，生徒10人のデータを箱ひげ図に表したものとして正しいものを，次のページの**ア**～**オ**の中から１つ選んで，その記号を書きなさい。

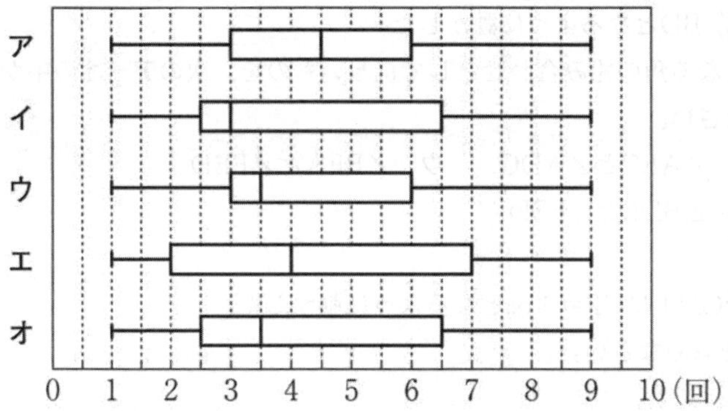

(3) ある動物園の入園料は，大人1人x円，子ども1人y円である。500円の割引券を1枚使うと，大人2人と子ども3人の入園料の合計が4000円より安くなった。

このとき，この数量の関係を表した不等式として正しいものを，次の**ア**～**エ**の中から1つ選んで，その記号を書きなさい。

ア　$2x+3y-500<4000$　　**イ**　$2x+3y<4000-500$

ウ　$2x+3y-500>4000$　　**エ**　$2x+3y>4000-500$

(4) 関数$y=2x^2$で，xの変域が$-1\leqq x\leqq$ Ⅰ のとき，yの変域が Ⅱ $\leqq y\leqq 18$である。

このとき， Ⅰ ， Ⅱ に当てはまる値の組み合わせとして正しいものを，次の**ア**～**カ**の中から1つ選んで，その記号を書きなさい。

	Ⅰ	Ⅱ
ア	−3	2
イ	−3	0
ウ	3	2
エ	3	0
オ	6	2
カ	6	0

3　右の**図1**のように，タブレット端末の画面に平行な2直線ℓ，mと直線ℓ上の2点A，B，直線m上の2点C，Dが表示されている。また，線分ADと線分BCは点Eで交わっており，点Fは直線m上を動かすことができる。さらに，AB＝3㎝，CD＝CE＝6㎝，△ABEの面積は5㎠である。

ひよりさんとふうがさんは，点Fを動かしながら，図形の性質や関係について調べている。

このとき，次のページの(1)～(3)の問いに答えなさい。

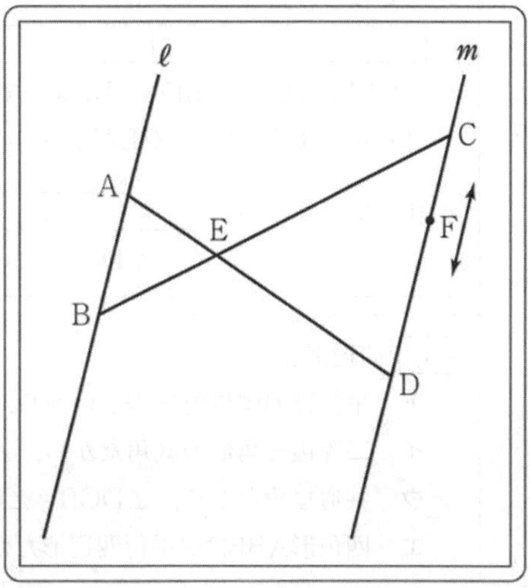

図1

(1) ひよりさんは，点FをEF // BDとなるように動かした。

このとき，大きさが等しくなる角の組み合わせとして正しいものを，次のア～オの中から2つ選んで，その記号を書きなさい。

ア ∠EBDと∠CEF　**イ** ∠AECと∠ADC　**ウ** ∠BEAと∠FED

エ ∠CFEと∠CDE　**オ** ∠BDEと∠FED

(2) ふうがさんは，点Fを線分CD上にCF＝1㎝となるように動かした。

このとき，△DEFの面積を求めなさい。

(3) ひよりさんは，右の図2のように点FをED // BFとなるように動かした。

このとき，ふうがさんは△DCB≡△ECFであることに気づき，次のように証明した。

[I] ～ [Ⅲ] をうめて，証明を完成させなさい。

ただし，[I] については当てはまるものを，[ ] の選択肢のア～エの中から1つ選んで，その記号を書きなさい。

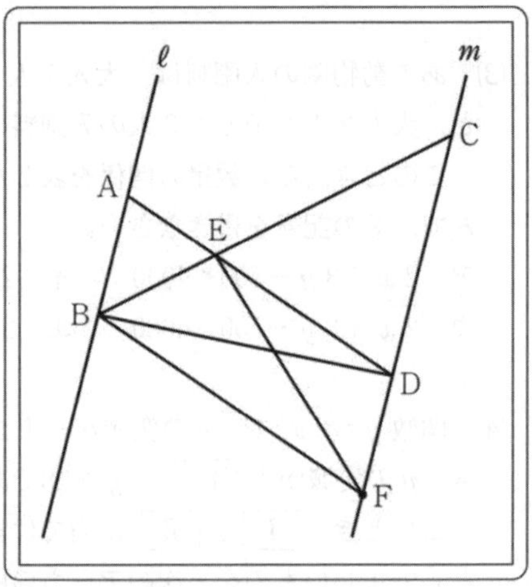

図2

〈証明〉

△DCBと△ECFにおいて，

仮定から，CD＝CE＝6㎝　……①

[I]　……②

△CBFにおいて，ED // BFなので，CE：CB＝CD：CF

さらに，①よりCD＝CEだから，[Ⅱ]　……③

①，②，③から，[Ⅲ] がそれぞれ等しいので，

△DCB≡△ECF

[I] の選択肢

ア 平行線の同位角は等しいから，∠CED＝∠CBF

イ 二等辺三角形の底角だから，∠CED＝∠CDE

ウ 共通な角だから，∠DCB＝∠ECF

エ 四角形ABFDは平行四辺形だから，AB＝DF

4　1から6までの数が1つずつ書かれた6枚の赤色のカード 1，2，3，4，5，6 と，7から12までの数が1つずつ書かれた6枚の青色のカード 7，8，9，10，11，12 がある。赤色のカードをよくきってから1枚引き，そのカードに書かれた数を a とする。同様に，青色のカードをよくきってから1枚引き，そのカードに書かれた数を b とする。

このとき，次の(1)，(2)の問いに答えなさい。

ただし，赤色と青色のカードそれぞれにおいて，どのカードが引かれることも同様に確からしいとする。

(1)　$a+b$ が3の倍数となる確率として正しいものを，次の**ア**～**オ**の中から1つ選んで，その記号を書きなさい。

ア　$\frac{1}{2}$　　**イ**　$\frac{1}{3}$　　**ウ**　$\frac{1}{4}$　　**エ**　$\frac{1}{6}$　　**オ**　$\frac{1}{12}$

(2)　右の図のように，円周を12等分する点があり，時計回りにそれぞれ1から12までの番号をつけ，a，b と同じ番号の点にそれぞれコマを置く。例えば，$a=3$，$b=7$ のとき，円周上の番号3，番号7の2つの点にそれぞれコマを置く。

①　コマを置いた2つの点が，この円の直径の両端となる確率を求めなさい。

②　番号1の点とコマを置いた2つの点が，直角三角形の3つの頂点となる確率を求めなさい。

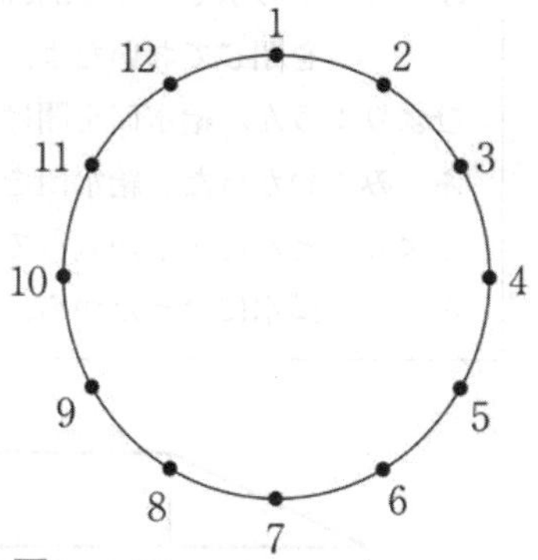

図

5　ひよりさんとふみさんは，数学の授業で関数について学んでいる。右の図1のような縦20cm，横30cm，高さ25cmの直方体の形をした水そうを使って，次の**実験Ⅰ**，**実験Ⅱ**，**実験Ⅲ**を行い，水を入れるときや抜くときの底面から水面までの高さの変化のようすについて調べている。

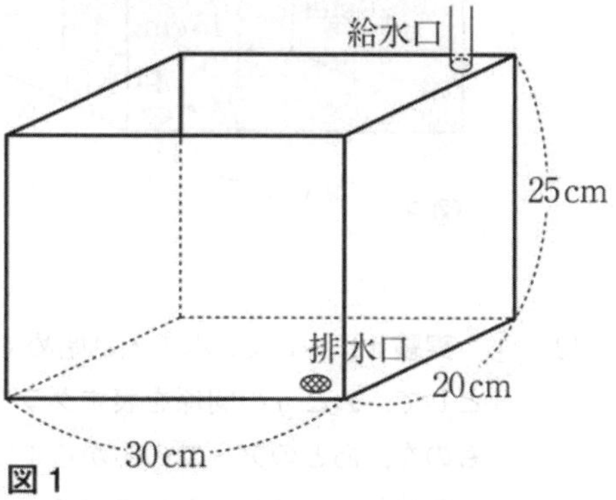

図1

ただし，給水口を開けると，一定の割合で水を入れることができ，排水口を開けると，水そうの水がなくなるまで一定の割合で水を抜くことができるものとする。また，水そうの底面と水面はつねに平行になっており，水そうの厚さは考えないものとする。

実験Ⅰ　空の水そう（図1）に一定の割合で水を入れる。

実験Ⅱ　空の水そう（図1）に直方体のおもりを入れ，一定の割合で水を入れる。

実験Ⅲ　**実験Ⅱ**で満水の状態になった水そうから一定の割合で水を抜く。

このとき，ひよりさんとふみさんの次の会話を読んで，(1)，(2)の問いに答えなさい。

ひより：まずは**実験Ⅰ**だね。
ふ　み：そうだね。空の水そう（**図１**）の排水口を閉じておいたよ。
ひより：うん。給水口を開けると，毎秒100㎤ずつ一定の割合で水が入るよ。
ふ　み：わかった。給水口を開けるね。
ひより：いま，60秒たったけど，水そうの底面から水面までの高さは何㎝になったかな。

(1) **実験Ⅰ**について，空の水そうに水を入れ始めてから60秒後の水そうの底面から水面までの高さを求めなさい。

ひより：次は**実験Ⅱ**だね。
ふ　み：空の水そうに縦20㎝，横20㎝，高さ15㎝の直方体のおもりを入れて（**図２**），排水口を閉じておいたよ。
ひより：うん。給水口を開けると，毎秒100㎤ずつ一定の割合で水が入るよ。
ふ　み：わかった。給水口を開けるね。
ひより：どんどん水が入っていくね。
ふ　み：満水になったから，給水口を閉じるよ。

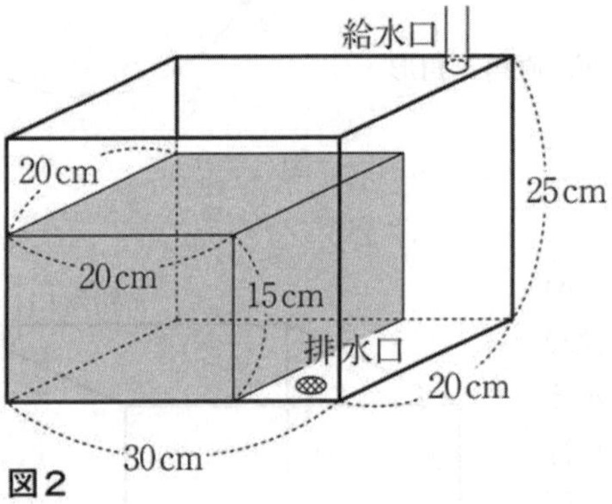

図２

(2) ① **実験Ⅱ**について，水を入れ始めてから x 秒後の水そうの底面から水面までの高さを y ㎝として，x と y の関係を表すグラフをかいたとき，満水になるまでのグラフとして正しいものを，あとの**ア**～**エ**の中から１つ選んで，その記号を書きなさい。

ただし，入れるおもりと水そうの３つの側面と底面との間にすき間はないものとする。

ア
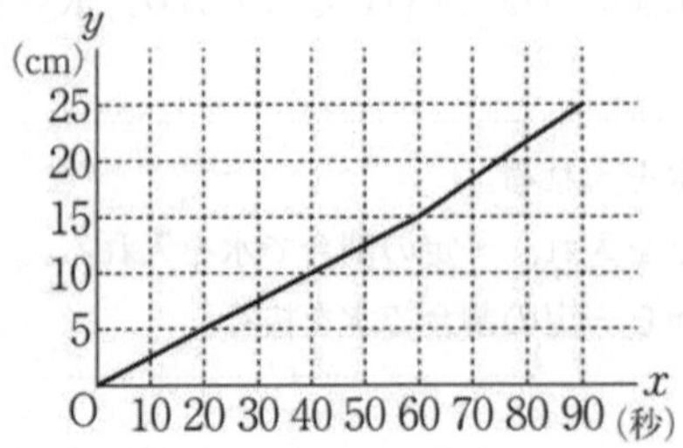

イ
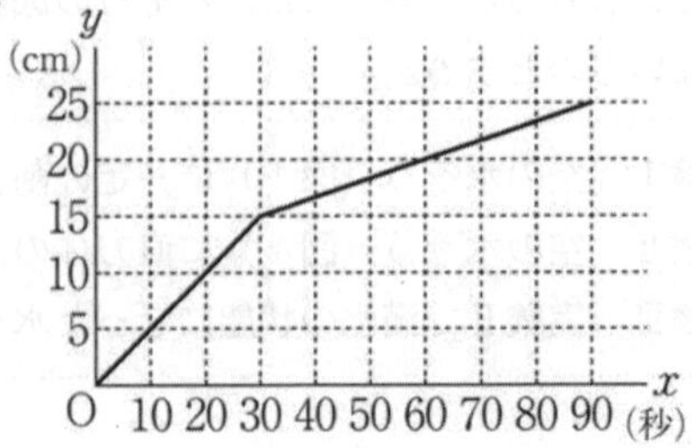

ウ

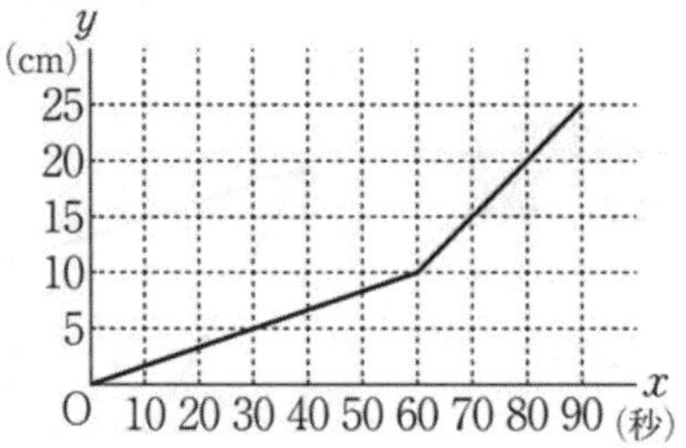

エ

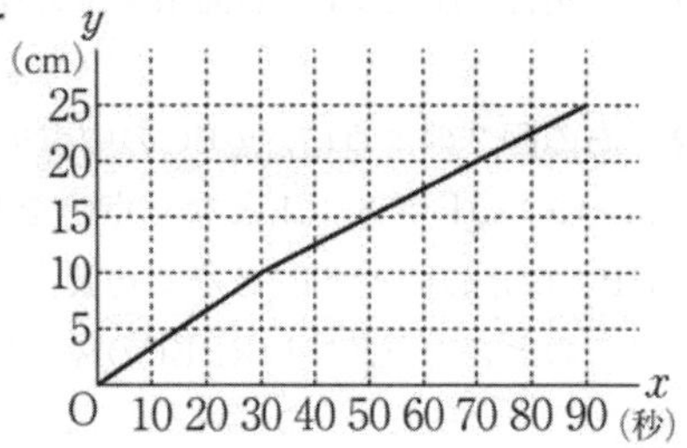

ふ　み：最後に**実験Ⅲ**だね。
ひより：排水口を開けると，毎秒150㎤ずつ一定の割合で水が抜けるよ。
ふ　み：うん。排水口を開けるね。
ひより：どんどん水が抜けていって，やっと水そうが空になったよ。今度は，水を抜き始めてから x 秒後の水そうの底面から水面までの高さを y cmとして，x と y の関係を表すグラフをかいてみよう。
ふ　み：そうだね。**実験Ⅱ**の結果のグラフをかいた図に**実験Ⅲ**の結果のグラフをかき入れてみるね。
ひより：あっ，交わっている点があるよ。計算して，交点の座標を求めてみよう。

② **実験Ⅱ**の結果のグラフをかいた図に**実験Ⅲ**の結果のグラフをかき入れたとき，2つのグラフの交点の座標を求めなさい。

6　右の**図1**のように，DE＝DF＝3cm，EF＝2cmの三角形を底面とし，高さが4cmの三角柱ABCDEFがある。
このとき，次の(1)，(2)の問いに答えなさい。

(1) 三角柱ABCDEFで，辺を直線とみるとき，次の①～③のうち直線ABとねじれの位置にある直線には○を，そうでない直線には×をつけるものとする。
① 直線BC　② 直線CF　③ 直線DE
このとき，○×の組み合わせとして正しいものを，次の**ア**～**カ**の中から1つ選んで，その記号を書きなさい。

	①	②	③
ア	×	×	×
イ	○	×	×
ウ	×	○	○
エ	○	○	○
オ	×	○	×
カ	○	×	○

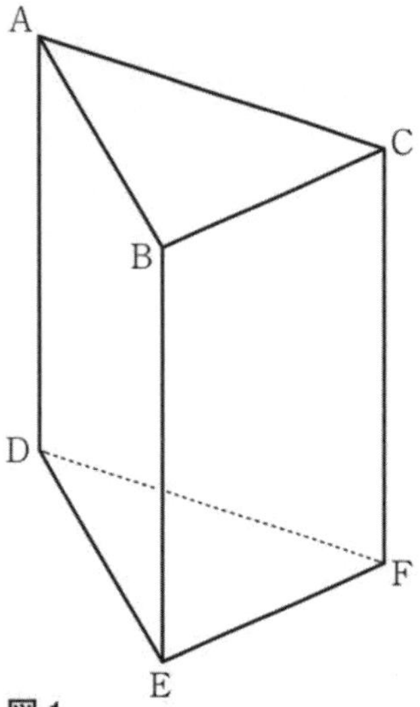

図1

(2) ①　三角柱ABCDEFの表面積を求めなさい。

②　右の図２のように，辺BCの中点をＰとし，辺AD上にAQ：QD＝３：１となる点Qをとる。また，線分DP上に∠QRD＝90°となる点Ｒをとる。

このとき，三角すいRPEFの体積を求めなさい。

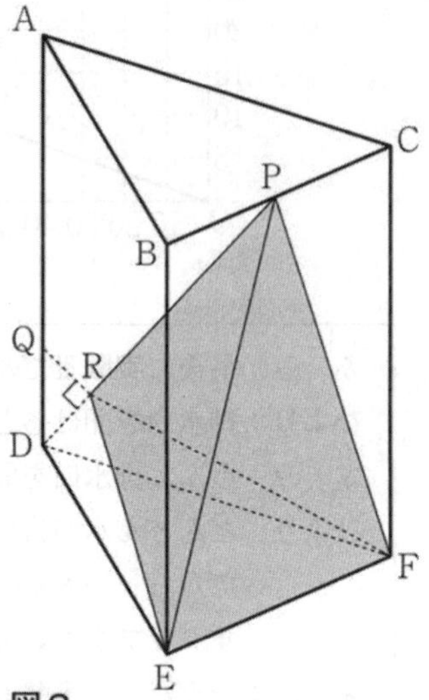

図２

<英語>

時間　50分　　満点　100点

1　次の(1)～(4)は，放送による問題です。それぞれの放送の指示にしたがって答えなさい。

(1)　これから，No.1からNo.5まで，5つの英文を放送します。放送される英文を聞いて，その内容に合うものを選ぶ問題です。それぞれの英文の内容に最もよく合うものを，ア，イ，ウ，エの中から1つ選んで，その記号を書きなさい。

No. 1

ア

イ

ウ

エ
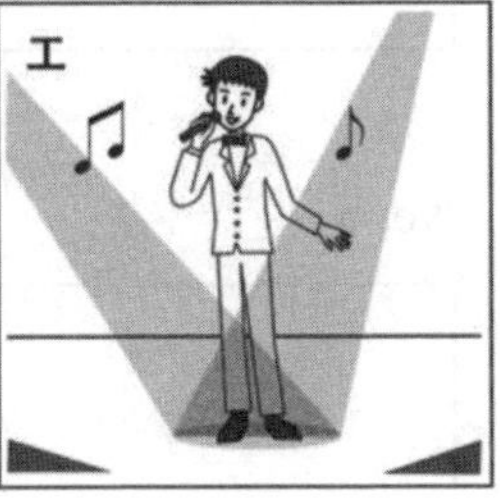

No. 2

ア

イ

ウ

エ

No. 3

ア

ケンの放課後の予定

月	卓球
火	
水	
木	犬の散歩
金	卓球

イ

ケンの放課後の予定

月	
火	卓球
水	
木	犬の散歩
金	卓球

ウ

ケンの放課後の予定

月	
火	犬の散歩
水	
木	卓球
金	卓球

エ

ケンの放課後の予定

月	
火	卓球
水	犬の散歩
木	
金	卓球

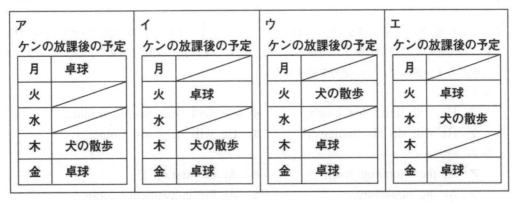

No. 4

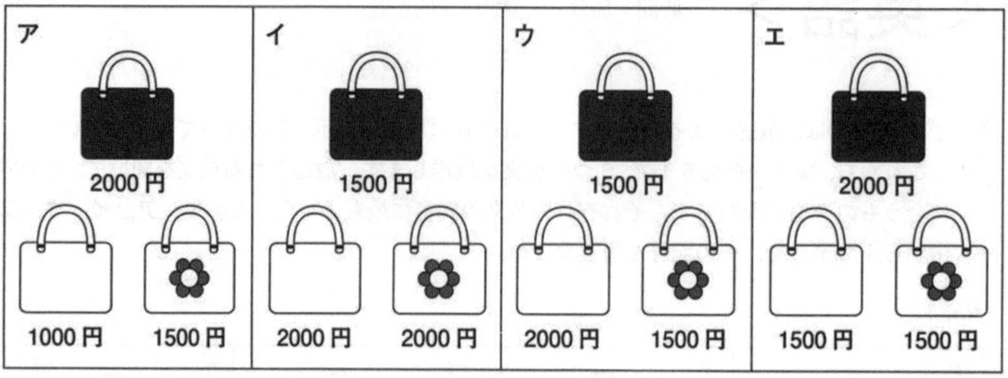

No. 5

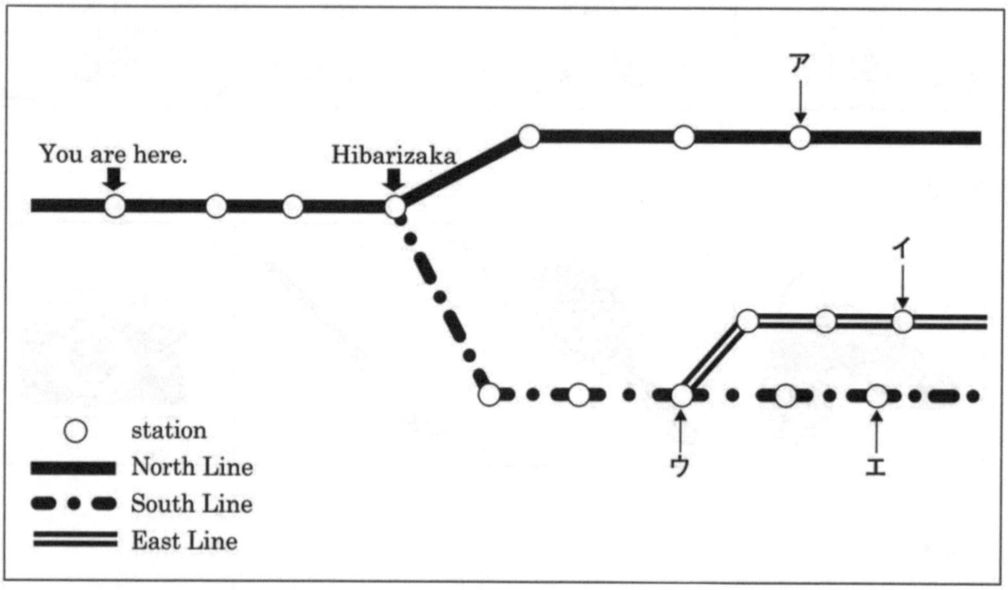

(2)　これから，No.1 からNo.4 まで，4 つの対話を放送します。それぞれの対話のあとで，その対話について 1 つずつ質問します。それぞれの質問に対して，最も適切な答えを，ア，イ，ウ，エの中から 1 つ選んで，その記号を書きなさい。

No.1

ア　He will finish his lunch.　　　イ　He will wait twenty minutes.

ウ　He will do his homework.　　　エ　He will help his mother.

No.2

ア　At the shopping mall.　　　イ　At the station.

ウ　At the bookstore.　　　エ　At the convenience store.

No.3

ア　Two people.　　イ　Three people.　　ウ　Five people.　　エ　Six people.

No. 4

ア　Because he has to get his umbrella.

イ　Because he wants to leave his textbook there.

ウ　Because he has to close the windows.

エ　Because he wants to get his textbook.

(3)　これから，カズ（Kazu）とジュデイ（Judy）の対話を放送します。そのあとで，その内容について，Question No. 1 と Question No. 2 の 2 つの質問をします。それぞれの質問に対して，最も適切な答えを，ア，イ，ウ，エの中から 1 つ選んで，その記号を書きなさい。

No. 1

ア　Only Sally.　　イ　Only Judy.

ウ　Judy and Sally.　　エ　His dance teacher.

No. 2

ア　He will practice dancing with Judy.

イ　He will study for the English test by himself.

ウ　He will take an English test with Judy and Sally.

エ　He will study math and English with Judy and Sally.

(4)　中学生のハナ（Hana）が，英語の授業で自分の経験について発表しています。これからその発表を放送します。その内容について，次の①，②の問いに答えなさい。

①　次のア～エのハナの顔のイラストを，内容に合うように**表情の変化の順番**に並べかえて，記号で答えなさい。ただし，**ア～エの中には 1 つ不要なもの**があります。

②　次の質問の答えになるように，（　）に適切な**英語 1 語**を書きなさい。

How many times has Hana performed in piano concerts?

— She has performed (　　　　) times.

2　コウジ（Koji），ハル（Haru），留学生のマイク（Mike）が，修学旅行における班別行動について話をしています。次の会話文が完成するように，文中の（①）～（⑥）に入る最も適切な語を，あとのア～コの中からそれぞれ 1 つずつ選んで，その記号を書きなさい。ただし，文頭にくる語も小文字で示されています。

Koji: Where should we go during our school trip? Do you have any ideas, Mike?

Mike: This is my second year in Japan, so I want to learn more about Japanese history and traditional culture. I am especially interested in old temples.

Koji: Sounds good. People often say that seeing is believing. Let's go to Hibari Temple first. It was (①) near Lake Hibari five hundred years ago. It is also very (②) for its beautiful flower garden.

Haru: We can try the tea ceremony at the temple. I (③) to the school's tea ceremony club, so I would like to do it there. I wish I (④) enjoy tea ceremony with great people from history.

Mike: Me, too. (⑤), Japanese tea ceremony is now very popular all over the world. I also think that kimonos and *textiles are very interesting.

Koji: According to this website, there are some places to learn about them. Why don't we try *weaving a textile *accessory? It will be a nice present for your mother.

Mike: Amazing! We can learn a lot of things about Japanese history and traditional culture on this trip.

Haru: (⑥) through experience is necessary! So, let's decide where to go next!

* textile(s) 織物 weaving 織ること accessory アクセサリー

ア belong	イ built	ウ join	エ making	オ had
カ learning	キ famous	ク could	ケ besides	コ ready

3 次の⑴，⑵の問いに答えなさい。

⑴ 次の英文は，中学生のタカ（Taka）が授業中に行ったスピーチの一部です。この発表の内容に当てはまるものを，下のア～エの中から１つ選んで，その記号を書きなさい。

How do you feel when you see something blue? For some people, the color blue is *relaxing. For others, it makes them feel sad. When I talk to my friends about it, they also have similar feelings. However, the color blue often makes me feel excited because the members of my favorite soccer team wear blue uniforms. The players' performance always gives me *motivation and energy. In this way, different people may have different feelings about the same color. So, what do you think?

* relaxing 気分を落ち着かせる motivation やる気

ア Everyone gets sad when they see something blue.

イ When some people see a color, each person may have different feelings about it.

ウ Taka wears a blue uniform to give his favorite team motivation and energy.

エ Taka always agrees with his friends' feelings about the color blue.

⑵ 次のページの英文中の □ には，あとのア～ウの３つの文が入ります。意味の通る英文になるように，ア～ウの文を並べかえて，記号で答えなさい。

Have you ever heard of the word "*asakatsu*"? "*Asa*" means early morning and "*katsu*" means activities. For *asakatsu*, people get up early and *make use of their time in the morning. □ However, you don't have to worry about this. It's OK to start doing *asakatsu* just once a week. Why don't you start your day in a good way by doing *asakatsu*?

＊ make use of ～　～を活用する

ア You may think that it is hard to wake up early and do these activities every day.

イ There are also some people who enjoy walking or running every morning.

ウ Some people study before they go to work.

4 高校生のエリオット（Elliot）とユウキ（Yuki）が，教室で学校の「図書館便り」を見ながら話をしています。次の対話文を読んで，(1)，(2)の問いに答えなさい。

Elliot : Hi, Yuki. You are always reading a book when I see you.

Yuki : Hi, Elliot. Yes, I really like reading books. I went to the school library to *borrow a book.

Elliot : That's nice. What kind of book did you borrow this time?

Yuki : Well, this *graph shows that (①) books are the most popular in our school. So, I chose this kind of book. I want to take this book home, but I've been having a small problem....

Elliot : What is it?

Yuki : In high school, we have many textbooks. They are very heavy, so it is difficult to carry them with other books from the library.

Elliot : Oh, I see. Have you ever tried reading *e-books?

Yuki : Does it mean reading on our smartphones?

Elliot : Yes, but we can also use any kind of *device such as a *tablet computer. Both paper books and e-books have their good points. Actually, (②) of our school's students read both paper books and e-books.

Yuki : I have never thought about reading books on any devices.

Elliot : I sometimes read books on my smartphone while I *commute to school by train. According to another graph, about thirty percent of our school's students enjoy reading (③). I think e-books would be more useful for them.

Yuki : I see....

Elliot : This graph is interesting, too. Many students think that they (④) by using e-books. I also think that is the best thing about e-books. It is convenient to read them.

Yuki : If I don't have to carry many heavy books. I'll be happy. I'm now interested in reading books on tablet computers, but I still like paper books better.

Elliot : (　　)(　　)(　　) like paper books?

Yuki : I like collecting and keeping books on my *bookshelf. Actually, (⑤).

Elliot : Really? I hope your dream will come true.

* borrow ～ ～を借りる　graph グラフ　e-book(s) 電子書籍　device(s) 端末
tablet computer(s) タブレット型コンピュータ　commute 通学する　bookshelf 本棚

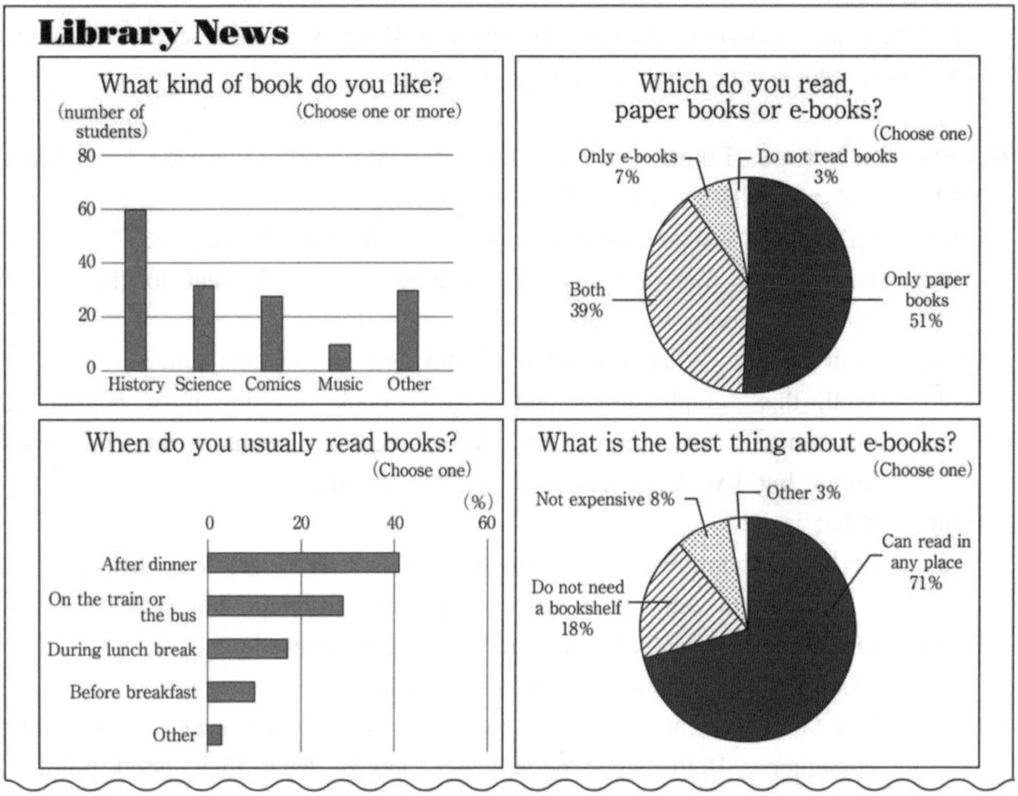

(1) 対話文中の（①）～（⑤）に入る最も適切なものを，ア～エの中から１つ選んで，その記号を書きなさい。

① ア history　イ science　ウ comic　エ music

② ア about twenty percent　イ about forty percent
　ウ about fifty percent　エ about ninety percent

③ ア after they have dinner　イ at lunch
　ウ when they are on the train or the bus　エ before they have breakfast

④ ア can borrow many books from the school library
　イ can buy any books they like
　ウ can look for interesting books
　エ can read in any place

⑤　ア　it is easy to carry them
　　イ　I don't like using any devices
　　ウ　I want to work in a library in the future
　　エ　I have been collecting e-books for several years

(2)　対話の流れに合うように，文中の□の（　）に適切な英語を1語ずつ入れ，英文を完成させなさい。

5　次の英文を読んで，(1)～(5)の問いに答えなさい。

"Brian, let's walk home together," Shinji said. Brian and Shinji go to the same junior high school. Brian came to Japan from Canada about two years ago. They soon became best friends through their classes and baseball team activities.

In the morning, Brian and Shinji were in their Japanese language class. Ms. Yoshida, their teacher, said to the students, "In our next class, we are going to write a letter to someone. Who do you want to send it to? Please decide by then." [ア]

On their way home, Shinji asked Brian, "Have you decided who you're going to send a letter to?" Brian answered, "I'll write a letter to my grandmother who lives in Canada. She has been sick in the hospital since last month. I always wanted to communicate with her *in some way, so I decided to send her a letter to *cheer her up."

[イ] The next day in class, Brian said to Ms. Yoshida, "I'm going to write a letter to my grandmother in Canada. She understands both English and Japanese, but I want to write it in English. I can't express my true feelings in Japanese." Ms. Yoshida said to him, "No problem. It's OK to write your letter in English. I hope that the letter will make your grandmother happy."

[ウ] When Brian started writing, he found that it was hard to express his feelings in the letter. He felt that writing a letter was really *different from communicating through *social media. He imagined how his grandmother would feel after reading the letter. He wanted his letter to cheer her up.

A few weeks after he sent the letter, Brian got a *reply from his grandmother. In it, she said that she was very surprised to get the letter. She also said, "Your letter made me feel better and I'll *treasure it for life." Brian was very glad. He was so *moved that he began to miss her. [エ]

The next day, Brian told Shinji about exchanging letters with Brian's grandmother. Shinji was also happy to hear about it. He said, "Writing a letter to someone takes a lot of time, but it is a good way to show that we think about that person." Brian felt the same way.

Two months later, Brian received another letter from his grandmother. In the letter, she said that she got better and returned home from the hospital. Brian found out that she read his letter every day. When he finished reading her letter, he *noticed that the last word was a little *smudged. "Maybe, her tears...," he thought.

* in some way どうにかして cheer ～ up ～を元気づける different from ～ ～と異なる social media ソーシャルネットワーキングサービスなど reply 返信 treasure ～ ～を大切にする moved 感動した noticed ～ ～に気づいた smudged にじんだ

(1) 本文の内容に合う文を，次のア～クの中から３つ選んで，その記号を書きなさい。

ア Brian and Shinji go to different schools, but they are on the same baseball team.

イ Brian has been in Japan for about two years since he came from Canada.

ウ Ms. Yoshida helped Brian and Shinji write a letter in Japanese.

エ Brian's grandmother understands only English.

オ Brian thought that it was easy to express his feelings when he wrote the letter.

カ Brian's letter made his grandmother surprised and made her feel better.

キ Brian never told Shinji about exchanging letters with Brian's grandmother.

ク Brian's grandmother was in good health again and she left the hospital.

(2) 次の文は，文中の ア ～ エ のどこに入るのが最も適切か，記号で答えなさい。

At the same time, he realized the power of a letter.

(3) 次の①，②の文を，本文の内容と合うように完成させるには， の中に，それぞれ下のア～エのどれを入れるのが最も適切か，記号で答えなさい。

① Ms. Yoshida told her students to ［　　　］.

ア write a letter to make their grandmothers happy

イ ask their parents what they should write in a letter

ウ decide who they would send a letter to

エ look for something new to treasure

② Brian understood that ［　　　］.

ア writing a letter was easier than using social media

イ writing a letter was different from sending a message on social media

ウ sending a letter was the fastest way to communicate with other people

エ sending a letter was not an effective way of cheering his grandmother up

(4) 次の①，②の質問の答えとなるように，（ ）内に適切な英語を１語ずつ書きなさい。

① Why did Brian want to use English to write a letter to his grandmother?

Because he wanted to ( )( )( )( ) in English.

② How did Brian feel when he got the first letter from his grandmother?

He felt very glad and he ( )( )( ) her.

(5) 次のページの英文は，卒業後にカナダへ帰国したブライアン（Brian）がシンジ（Shinji）に書いた手紙の一部です。本文の内容と合うように，（ ）内に８語以上，12語以内で適切な英語を書きなさい。ただし，符号（，．？！など）は語数に含まないものとします。

> Hi, Shinji!　How have you been?　When I started to write this letter, I remembered that we wrote a letter in our class.　I also remembered your words.　I really think that writing a letter to someone is (　　　　　).

6　高校生のマサト（Masato），クラスメイトのシオリ（Shiori），レイラ（Layla）が，マサトの父親のレストランについて話をしています。次のウェブサイトのページを参考にして，会話の流れに合うように，①～④の（　）内の**ア**～**カ**の英語を並べかえて，記号で答えなさい。ただし，それぞれ**不要な語(句)が１つずつ**あります。

○○レストランへの投稿

Ⓐ Mr. A
この店の料理は間違いなくおいしいです。地元の野菜をたくさん使ったサラダは絶品でした。ただ、この辺りのお店の中では値段がちょっと高い方かも。すてきなお店なので、ちょっとぜいたくをしたい特別な日に行ってみてください。

Ⓑ Mr. B
近くの似たようなお店と比べると少し値段が高いですが、このレストランの料理は一級品です。お昼時《どき》は混んでいるので、予約することをおすすめします。

Ⓒ Ms. C
この店では、とてもおいしい料理を楽しむことができます。ただ、１人分の量が多くて、全部を食べ切ることはできませんでした。それから、私のような外国人にとっては、外国語のメニューもあると助かります。

Masato : My father has a restaurant in Mito, and he asked me what ①(ア do　イ to make　ウ how　エ the restaurant　オ should　カ he) better.

Shiori : Well, why don't you look at these *posts from *customers on this website?

Layla : All three posts say that the food is delicious.

Masato : I'm happy to hear that, but the posts by Mr. A and ②(ア Mr. B　イ Ms. C　ウ are　エ higher　オ say that　カ the prices) than the prices at other restaurants in this area.　That may be true.... Well, are there any other comments?

Shiori : Let me see.　Maybe Ms. C's post will be helpful.　She says, "The ③(ア of food in　イ was　ウ amount　エ each dish　オ so small　カ too large) for me."

Masato : Then I'll talk to my father about a service that lets customers choose smaller amounts of food.

Layla : Sounds great!　Also, she talked about a problem with the *menu.　How about making another ④(ア various foreign languages　イ are　ウ but also in

エ menu written オ Japanese カ not only in)?

Shiori : That's a good idea!

Masato : Thank you very much. My father will be so happy.

* post(s) 投稿 customer(s) 客 menu メニュー表

＜理科＞

時間　50分　　満点　100点

1　次の(1)～(8)の問いに答えなさい。

(1)　**図1**のように金属球をばねばかりにつるした状態で，**図2**のa，b，cのように水槽内の水に沈めた。a，b，cそれぞれの位置におけるばねばかりの値の大小関係として最も適切なものを，下の**ア**～**エ**の中から１つ選んで，その記号を書きなさい。ただし，糸の体積や質量は考えないものとする。

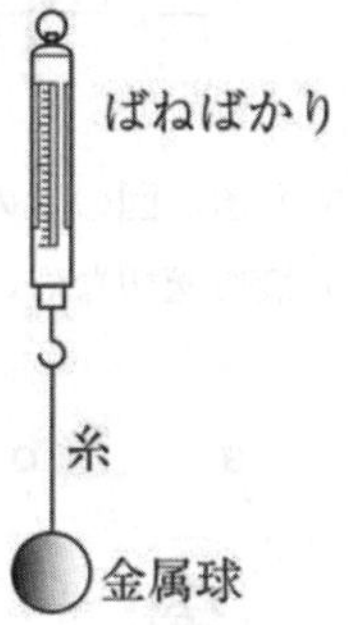

図1

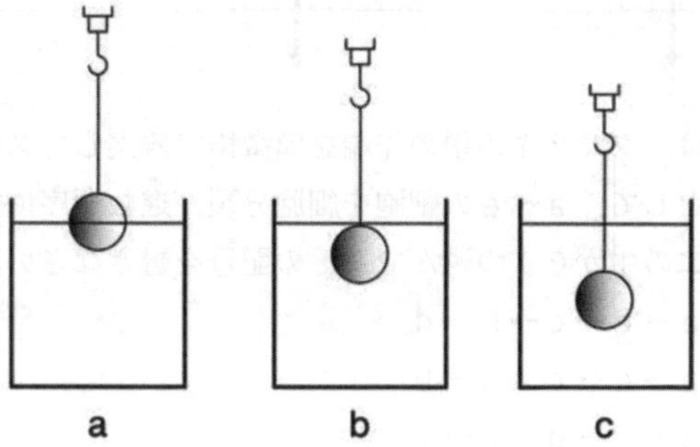

図2

ア　a＞b，b＞c
イ　a＜b，b＜c
ウ　a＞b，b＝c
エ　a＜b，b＝c

(2)　精製水に溶かしたとき，その水溶液に**電流が流れない**物質を，次の**ア**～**エ**の中から１つ選んで，その記号を書きなさい。

ア　水酸化ナトリウム　　**イ**　塩化水素　　**ウ**　食塩　　**エ**　砂糖

(3)　細胞についての説明として最も適切なものを，次の**ア**～**エ**の中から１つ選んで，その記号を書きなさい。

ア　オオカナダモの葉の細胞には，葉緑体が見られる。
イ　核は，液胞の中に存在する。
ウ　細胞質は，酢酸オルセイン液（酢酸オルセイン）で赤く染まる。
エ　細胞壁は，動物細胞，植物細胞ともに，細胞の一番外側にある。

(4)　石灰岩の特徴についての説明として最も適切なものを，次の**ア**～**エ**の中から１つ選んで，その記号を書きなさい。

ア　粒の直径が２㎜以上の岩石のかけらが固まってできている。
イ　火山灰が固まってできており，軽石や火山岩のかけらを含んでいる。
ウ　等粒状組織がみられ，含まれる無色鉱物と有色鉱物の割合が同程度である。
エ　サンゴなどの死がいが固まってできており，うすい塩酸をかけると二酸化炭素が発生する。

(5) 図のように水平な机に物体を置き，手で押し出したところ，物体は手を離れてから一定の速さで運動した。手を離れた後の物体にはたらいている力をすべて表した図を，次のア～エの中から1つ選んで，その記号を書きなさい。ただし，摩擦や空気抵抗は考えないものとする。

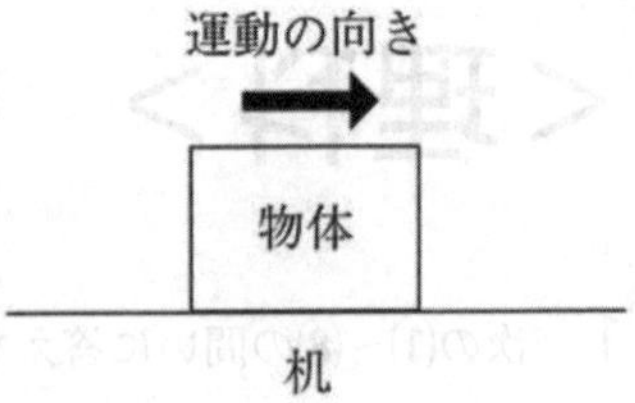

図

ア
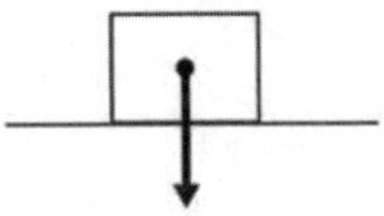
イ
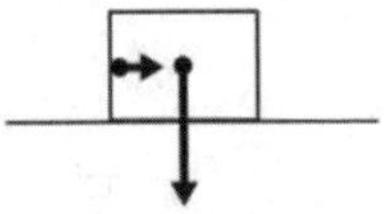
ウ
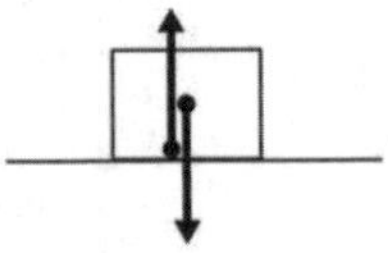
エ
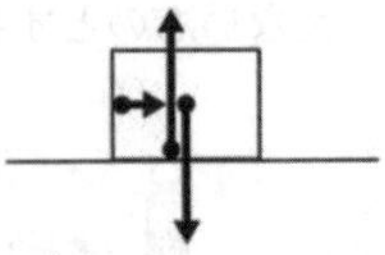

(6) 図は，タマネギの根の先端を顕微鏡で観察してスケッチしたものである。図のaの細胞を1番目として，a～eの細胞を細胞分裂が進む順序に並べたものとして最も適切なものを，次のア～エの中から1つ選んで，その記号を書きなさい。

ア　a→e→c→b→d
イ　a→e→c→d→b
ウ　a→c→d→b→e
エ　a→c→b→d→e

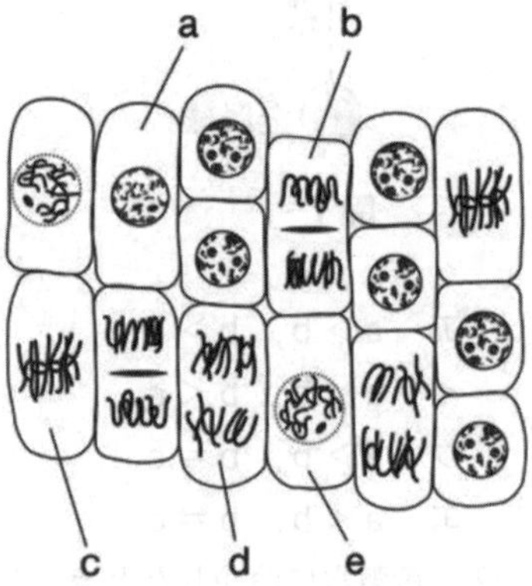

図

(7) 次のア～エの化学反応式の（　）に当てはまる数が2になるものを，1つ選んで，その記号を書きなさい。

ア　$C + O_2 \rightarrow (\quad)CO_2$
イ　$(\quad)Ag_2O \rightarrow 4Ag + O_2$
ウ　$2Mg + (\quad)O_2 \rightarrow 2MgO$
エ　$(\quad)NaHCO_3 + HCl \rightarrow NaCl + CO_2 + H_2O$

(8) 乾湿計を用いて気温と湿度を測定したところ，乾球と湿球の示す目盛りは次のページの図のようになった。また，次のページの表は湿度表の一部である。この測定を行ったときに雨や雪は降っておらず，雲が空全体の6割を覆っていた。このときの湿度と天気の組み合わせとして最も適切なものを，あとのア～エの中から1つ選んで，その記号を書きなさい。

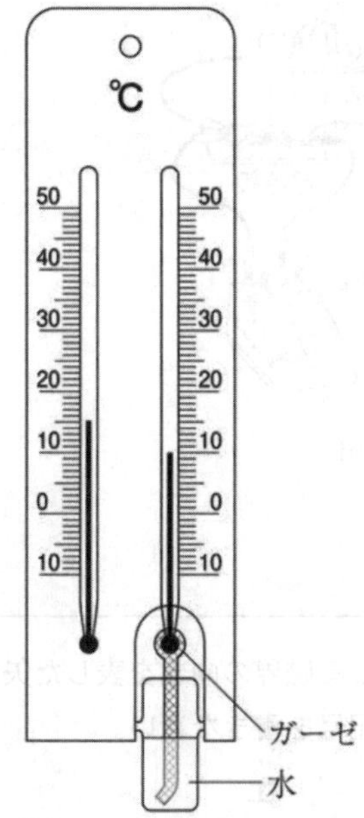

図

表

乾球の読み〔℃〕	乾球と湿球との目盛りの読みの差〔℃〕								
	0	1	2	3	4	5	6	7	8
18	100	90	80	71	62	53	44	36	28
17	100	90	80	70	61	51	43	34	26
16	100	89	79	69	59	50	41	32	23
15	100	89	78	68	58	48	39	30	21
14	100	89	78	67	56	46	37	27	18
13	100	88	77	66	55	45	34	25	15
12	100	88	76	64	53	42	32	22	12
11	100	87	75	63	52	40	29	19	8
10	100	87	74	62	50	38	27	15	5
9	100	86	73	60	48	36	24	12	1

	湿度	天気
ア	38%	くもり
イ	38%	晴れ
ウ	48%	くもり
エ	48%	晴れ

2　太郎さんと花子さんの次の会話を読んで，(1)～(4)の問いに答えなさい。

太郎：モーターは，扇風機や洗濯機などさまざまなものに使われているよね。ゲーム機のコントローラーが振動するのも，モーターのはたらきによるものらしいよ。

花子：そうなんだ。ゲームをするのは楽しいけど，モーターのしくみについて考えるのも楽しそうだね。モーターは，どのようなしくみで動いているのかな。

太郎：今タブレット端末で調べたら，モーターにはコイルと磁石が入っていて，コイルに流れる電流が磁界から力を受けることで回転しているらしいよ。

花子：そういえば，この前の授業で実験したね。ノートを見返してみよう。

花子さんのノートの一部

【目的】

磁界の中で電流を流したコイルの様子を調べる。

【方法】

図1に示す回路を組み立てる。電源装置により電圧を変化させて，コイルに電流を流したとき，コイルがどのように動くかを調べる。

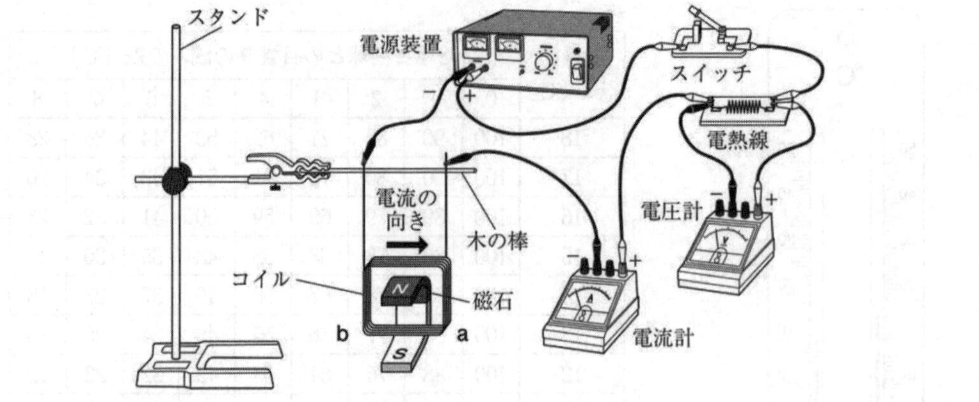

図1

(1)　スイッチを入れたとき，図1のａｂ間を流れる電流により生じる磁界の向きを表した矢印として最も適切なものを，次のア～エの中から１つ選んで，その記号を書きなさい。

ア
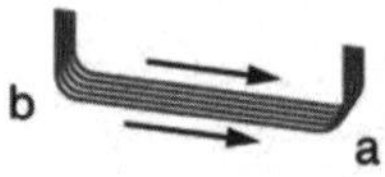

イ

ウ

エ
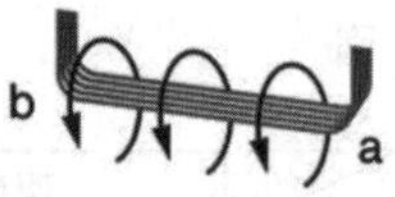

(2)　スイッチを入れて回路に電流を流したところ，電圧計と電流計の示す値は図２のようになった。このとき，電熱線の電気抵抗の大きさは何Ωか，小数第２位を四捨五入して小数第１位まで求めなさい。

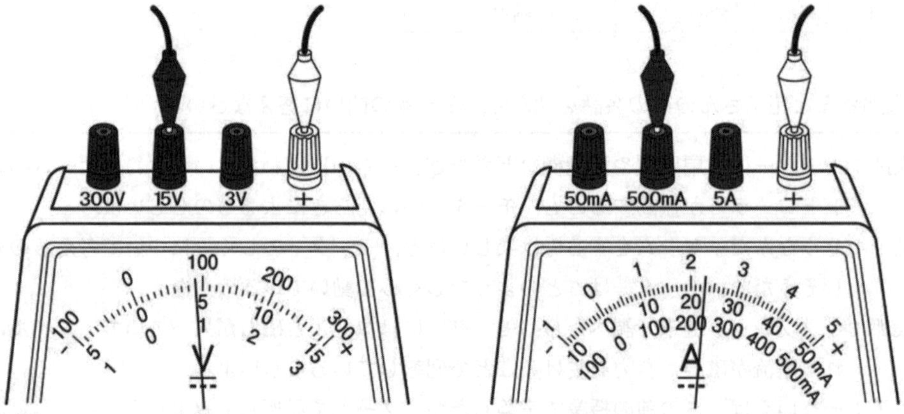

図２

(3)　この実験について考察した次のア～ウについて，正しいものには○を，誤っているものには×を書きなさい。

ア　電源装置の電圧が大きいほど，コイルに流れる電流は大きい。

イ　コイルに流れる電流が大きいほど，コイルは磁界から大きな力を受け，大きく動く。

ウ　電流の向きを逆にし，磁石のＮ極とＳ極を逆にすると，コイルは図１の実験とは逆の方向に動く。

(4)　モーターは手回し発電機（図３）にも使われている。手回し発電機はハンドルを回すとモーターが回転して，**磁界の中でコイルが動いてコイルに電圧が生じ電流が流れる**。この電流を何というか書きなさい。

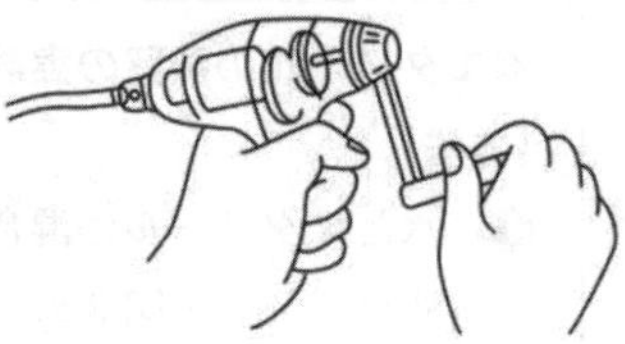
図３

3　太郎さんは，エタノールの状態変化と蒸留に関する実験を行った。あとの(1)～(4)の問いに答えなさい。

≪エタノールの状態変化の実験≫

【方法】

　空気が入らないようにポリエチレンの袋にエタノールを入れて口をしばる（図１）。その袋の上から熱湯を注ぐ。

【結果】

　袋がふくらんだ（図２）。

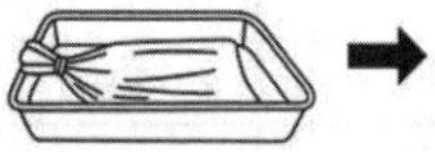
図１

図２

(1)　図２のとき，エタノールの粒子の様子として最も適切なものを，次の**ア**～**エ**の中から１つ選んで，その記号を書きなさい。

ア　エタノールの粒子が熱によって分解されて，二酸化炭素と水蒸気が発生した。
イ　エタノールの粒子の運動が，熱によって激しくなった。
ウ　エタノールの粒子の大きさが，熱によって大きくなった。
エ　エタノールの粒子の数が，熱によって増えた。

(2)　表１は，物質Ａ～Ｅの融点と沸点を示したものである。物質の温度が20℃のときは液体，90℃のときは気体として存在するものの組み合わせとして最も適切なものを，下の**ア**～**コ**の中から１つ選んで，その記号を書きなさい。

表１

	物質A	物質B	物質C	物質D	物質E
融点〔℃〕	660	−39	−115	−210	−116
沸点〔℃〕	2467	357	78	−196	35

ア　物質Aと物質B　　**イ**　物質Aと物質C
ウ　物質Aと物質D　　**エ**　物質Aと物質E
オ　物質Bと物質C　　**カ**　物質Bと物質D
キ　物質Bと物質E　　**ク**　物質Cと物質D
ケ　物質Cと物質E　　**コ**　物質Dと物質E

≪エタノールの蒸留の実験≫

【方法】

❶　水とエタノールの混合物（エタノール水溶液）約50cm^{3}を**図3**のような装置を用いて弱火で加熱し，5本の試験管A，B，C，D，Eの順に一定時間ごとに液体を集める。

❷　それぞれの試験管の液体の温度を20℃にして，質量と体積を測定する。

❸　集めた液体の一部を脱脂綿に含ませ，火をつけたときの様子を調べる。

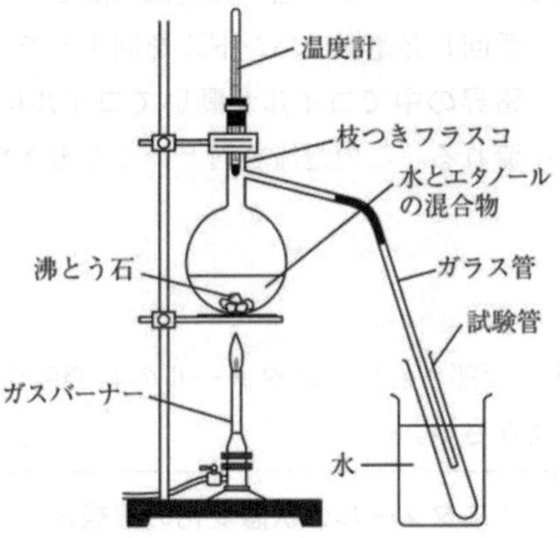

図3

【結果】

試験管	A	B	C	D	E
質量〔g〕	1.9	4.2	5.0	3.7	3.7
体積〔cm^3〕	2.3	5.0	5.6	3.7	3.7
火をつけたときの様子	燃えた			燃えなかった	

(3)　この実験に関する次の**ア**～**ウ**について，正しいものには○を，誤っているものには×を書きなさい。

ア　試験管Cに集められた液体は，火をつけたら燃えたので，水は含まれていない。

イ　枝つきフラスコ内の混合物に含まれるエタノールの割合は，蒸留を開始してから時間が経過していくにつれて，小さくなっていく。

ウ　試験管A～Eは，蒸留を開始してから時間が経過しているものほど，集まった液体の量が多い。

(4)　試験管Bに集まった液体に含まれているエタノールの質量は何gか，求めなさい。ただし，**表2**は，20℃におけるエタノール水溶液の密度と質量パーセント濃度の関係を表している。

表2

密度〔g/cm^3〕	0.91	0.89	0.87	0.84	0.82	0.79
質量パーセント濃度〔%〕	50	60	70	80	90	100

4　太郎さんと花子さんの次の会話を読んで，(1)～(4)の問いに答えなさい。

太郎：ヒトの細胞は，体内に取り込まれた養分からエネルギーを取り出しているよ。

花子：養分からエネルギーを取り出すには，酸素が必要だよ。

太郎：その酸素はa血液によってからだの各細胞に運ばれるんだったね。

花子：肺やからだの各細胞にb血液を送り出しているのは心臓だね。

太郎：細胞に届けられる酸素は，肺呼吸（肺の呼吸運動）によって体内に取り込まれるんだけど，しくみはどうなっているのかな。
花子：c肺のモデル装置をつくって実験してみようよ。

(1)　下線部aについて，その成分の説明として最も適切なものを，次のア～エの中から1つ選んで，その記号を書きなさい。

ア　赤血球は，酸素と結びつくヘモグロビンを含む。
イ　血しょうは，出血したときに血液を固める。
ウ　白血球は，養分や不要な物質などを運ぶ。
エ　血小板は，体内に入った細菌をとらえる。

(2)　図1は，ヒトのからだの体循環・肺循環を模式的に表している。矢印は血液の流れる方向を，w～zは血管を示している。動脈血が流れる血管の組み合わせとして最も適切なものを，次のア～カの中から1つ選んで，その記号を書きなさい。

ア　wとx
イ　wとy
ウ　wとz
エ　xとy
オ　xとz
カ　yとz

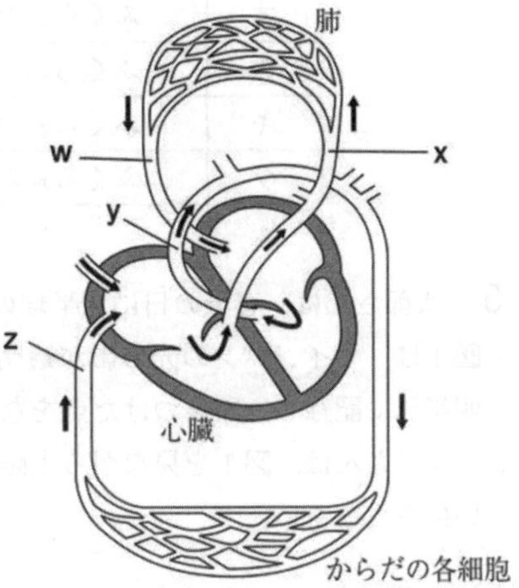

図1

(3)　下線部bについて，次の①～③は，ヒトの心臓の動きと血液の流れを示している。［　　］に当てはまる内容として最も適切なものを，下のア～エの中から1つ選んで，その記号を書きなさい。

① 心房が広がって、血液が心臓の外から心房に流れ込む。
↓
② ［　　　　　　］血液が心室に流れ込む。
↓
③ 心室が縮んで、血液が心臓の外に押し出される。

ア　心房が広がり，心室も広がり　　イ　心房が広がり，心室が縮んで
ウ　心房が縮んで，心室が広がり　　エ　心房が縮んで，心室も縮んで

(4)　下線部cについて，次のような実験を行った。

【方法】
❶ 図2のような装置をつくる。
❷ ゴム風船B（ゴム膜）につながる糸を引く。

【結果と考察】
糸を引くと，ゴム風船Aが［あ］。この状態は息を［い］様子を表している。
この装置では，ストローは気管を，ゴム風船Bは［う］を表している。

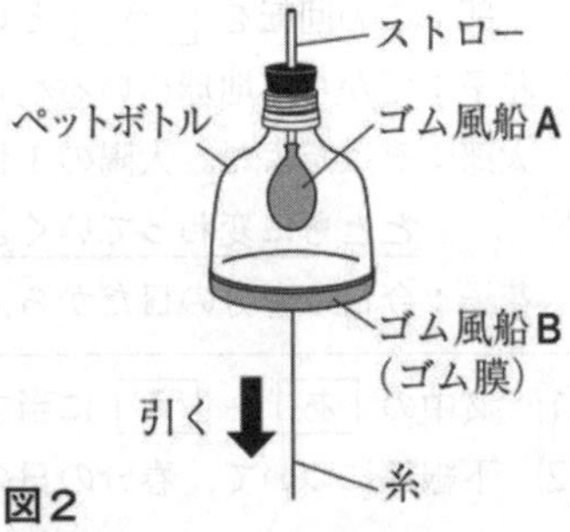

図2

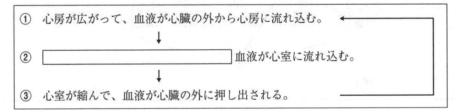

文中の あ ～ う に当てはまる語句の組み合わせとして最も適切なものを，次のア～クの中から１つ選んで，その記号を書きなさい。

	あ	い	う
ア	しぼんだ	吸い込んだ	横隔膜
イ	しぼんだ	吸い込んだ	肺
ウ	しぼんだ	吐き出した	横隔膜
エ	しぼんだ	吐き出した	肺
オ	ふくらんだ	吸い込んだ	横隔膜
カ	ふくらんだ	吸い込んだ	肺
キ	ふくらんだ	吐き出した	横隔膜
ク	ふくらんだ	吐き出した	肺

5　太郎さんは，春分の日に北半球のある地点で，透明半球を用いて太陽の１日の動きを調べた。**図１**は，サインペンの先の影が透明半球の中心にくるようにして，１時間ごとの太陽の位置を透明半球に記録し，印をつけた点をなめらかな線で結び，方角を書き込んだものである。太郎さんと花子さんは，**図１**を見ながら太陽の動きについて話している。下の会話を読んで，(1)～(3)の問いに答えなさい。

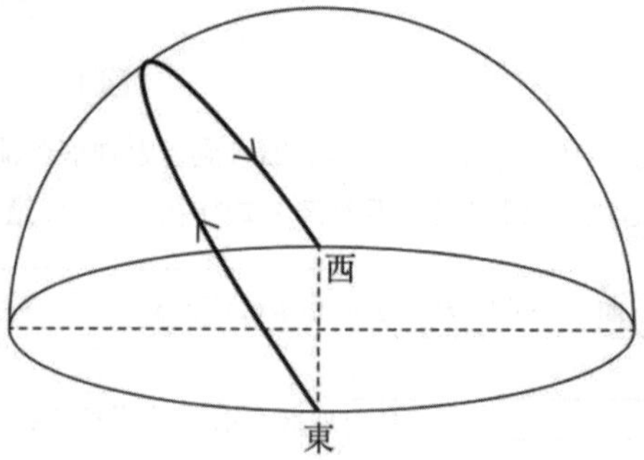

図１

太郎：太陽の動きを観察すると，太陽は朝，東の空からのぼって，夕方，西の空に沈んでいくね。
花子：このように見えるのは，地球が地軸を中心として， あ から い の方向に回転しているからなんだ。
太郎：この回転を う というよね。
花子：だから，地球にいる私たちから見た太陽の動きは見かけの動きなんだよ。
太郎：そうだよね。太陽の１日の見かけの動きを太陽の え といって，その動きは季節とともに変わっていくよ。
花子：今日は春分の日だから，太陽は真東からのぼって真西に沈むよね。

(1)　文中の あ ～ え に当てはまる語を書きなさい。
(2)　下線部について，春分の日の９か月後の，この場所の太陽の動きを表した図として最も適切なものを，次のア～エの中から１つ選んで，その記号を書きなさい。

ア

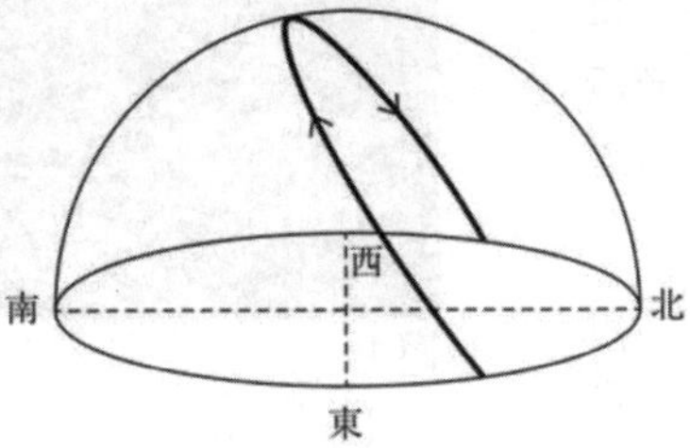

イ

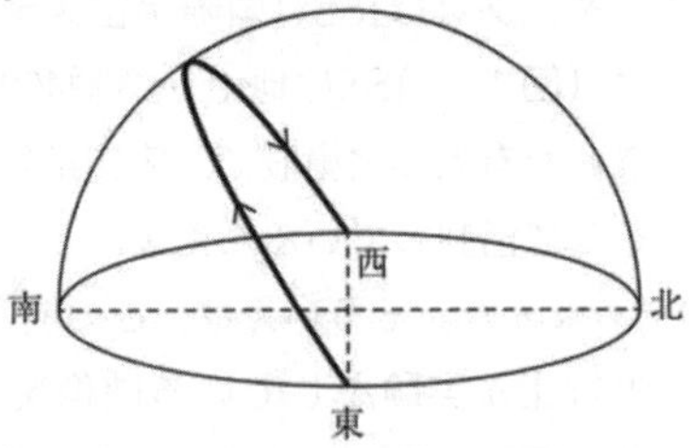

ウ

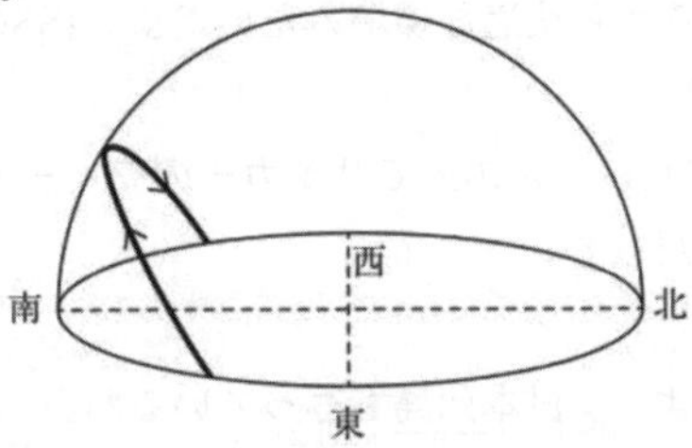

エ

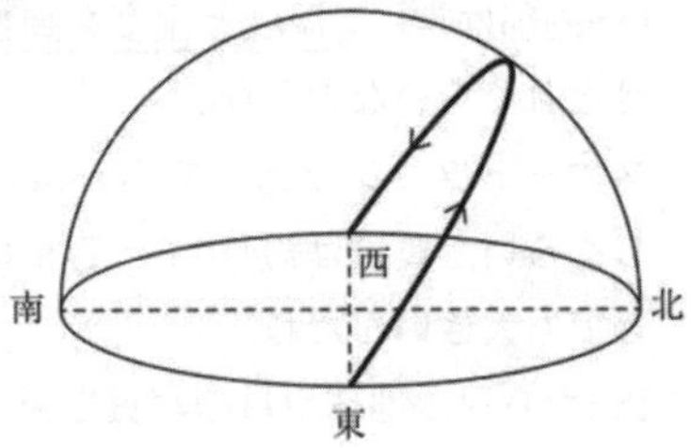

(3)　**図２**は，北半球における夏至の日の地軸の傾き，赤道，太陽光，観測地点における水平面を模式的に表したものである。観測地点が北緯36度であったとすると，夏至の日の太陽の南中高度は何度か，求めなさい。

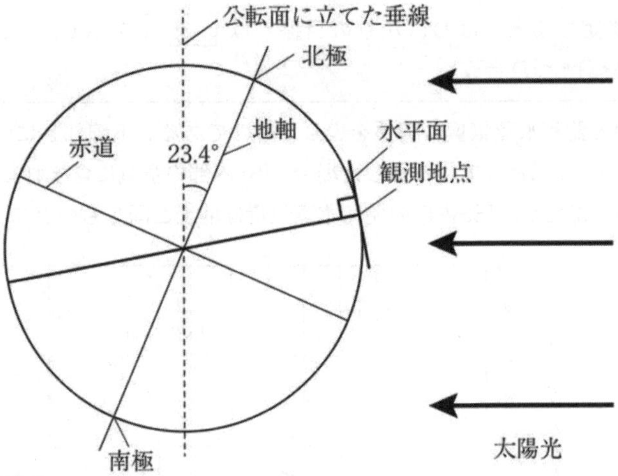

図２

6　太郎さんと花子さんは，親子天体観察会に参加している。次の会話を読んで，(1)～(4)の問いに答えなさい。

太郎：あそこに赤く光って見えるのが火星だね。

花子：そうだね。こっちには木星が見えるよ。

太郎：あっ，あの動いて見えるのは流星かな。

花子：いや，あれはISS（国際宇宙ステーション）だよ（図１）。ISSは地上から約400km上空に建設された有人実験施設で，宇宙飛行士たちが今もそこで活動しているんだよ。

図１

太郎：そうなんだ。そういえば，この前ISS内部で宇宙飛行士が実験をしている映像をテレビで見たよ。宇宙飛行士は浮かんだまま移動していたよ。まるで a 重力がはたらいていないようだった。宇宙飛行士は地上と同じような服装をしていたよ。

花子：ISS内部は常に b 温度と湿度を調整しているから快適な環境みたいだよ。ISSの大きさはどれくらいなのかな。

太郎：スマートフォンで調べてみるね。広さは約110m×70mでサッカーのフィールドと同じくらい，質量は約420ｔ，容積は916m^{3}だって。

花子：とても大きいんだね。

太郎：ISSから見た地球や月の写真も見つかったよ。c 日本列島も写っているね。

花子：ちょうど私たちが住んでいる茨城県が見えるよ。d 雲の様子もよくわかるね。

(1)　下線部 a について，次の文中の［あ］，［い］に当てはまる数値を書きなさい。ただし，月面上の重力の大きさは，地球上での重力の大きさの６分の１とする。

質量180ｇの物体を地球上でばねばかりにつるすと，目盛りは1.8Nを示した。同じ物体を月面上で測定すると，ばねばかりの目盛りは［あ］を示し，上皿天びんでは質量［い］ｇの分銅とつり合う。

(2)　図２は，気温と飽和水蒸気量の関係を表したものである。下線部 b について，ISS内部が気温22.5℃，湿度50％に保たれているとした場合，ISS内部の空気に含まれる水蒸気の質量は何kgか，求めなさい。ただし，ISS内部の飽和水蒸気量は地上と同じものとする。

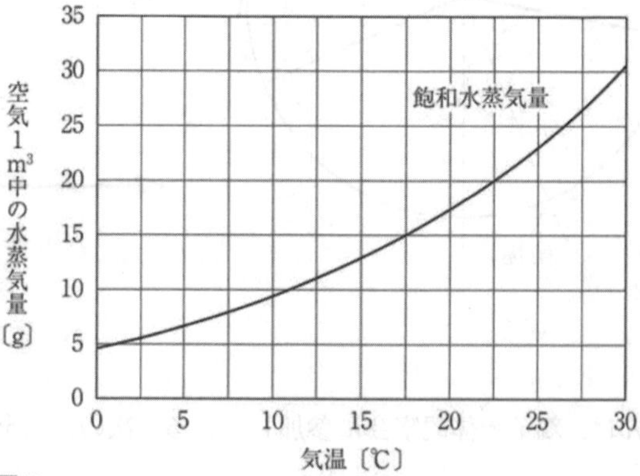

図２

(3)　地球の表面は，プレートと呼ばれるかたい板（岩盤）で覆われている。下線部**c**について，日本列島付近の陸のプレートと海のプレートの動きを模式的に表した図として最も適切なものを，次の**ア**～**キ**の中から１つ選んで，その記号を書きなさい。

ア

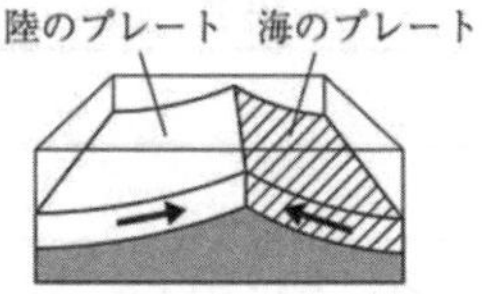

イ

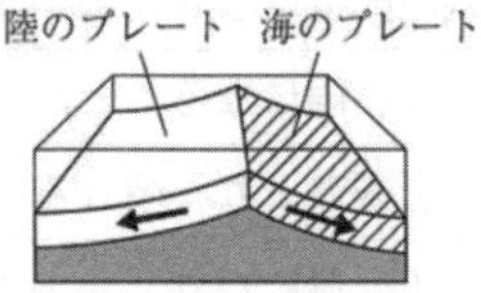

ウ

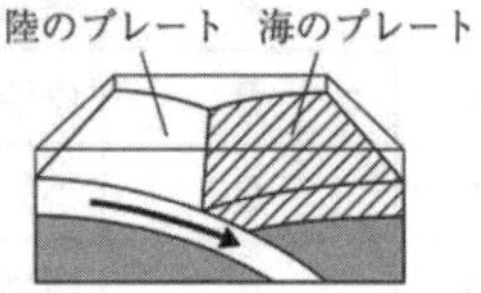

エ

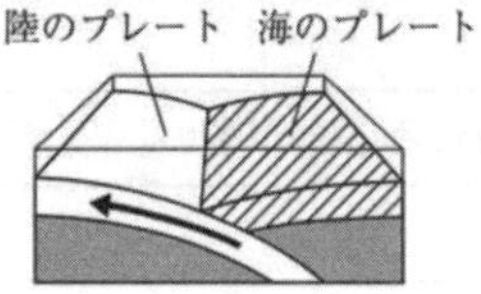

オ

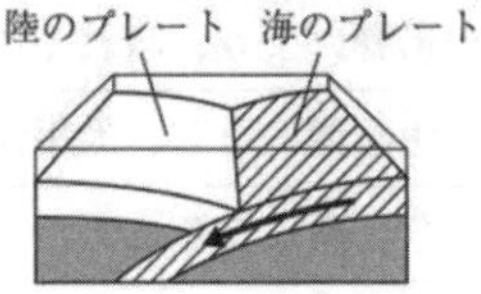

カ

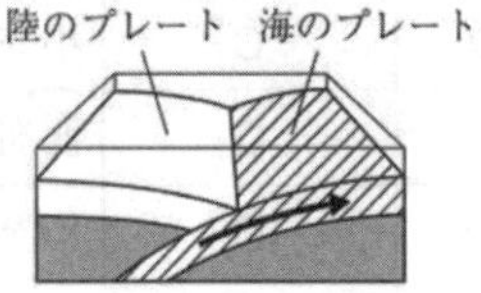

キ

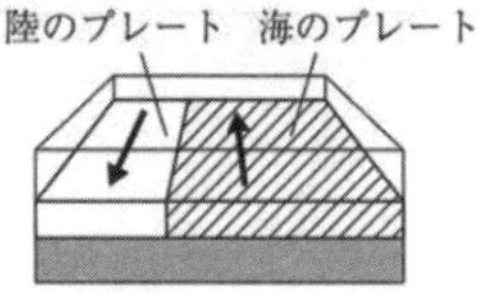

(4)　下線部**d**について，冬型の気圧配置のときに見られる日本列島付近の**雲の様子**と**天気の特徴**の組み合わせとして，最も適切なものを，次のページの**ア**～**シ**の中から１つ選んで，その記号を書きなさい。

A

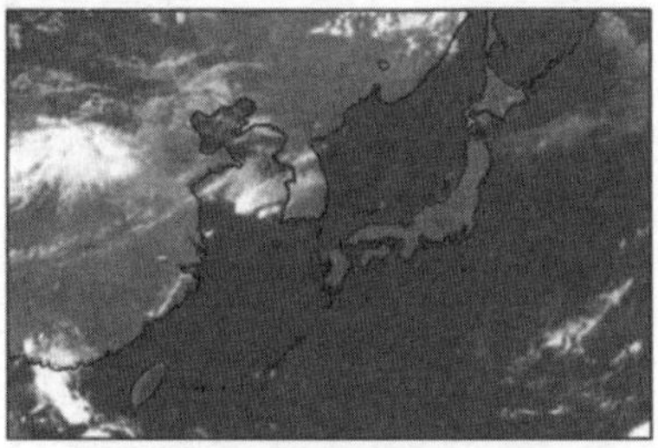

B

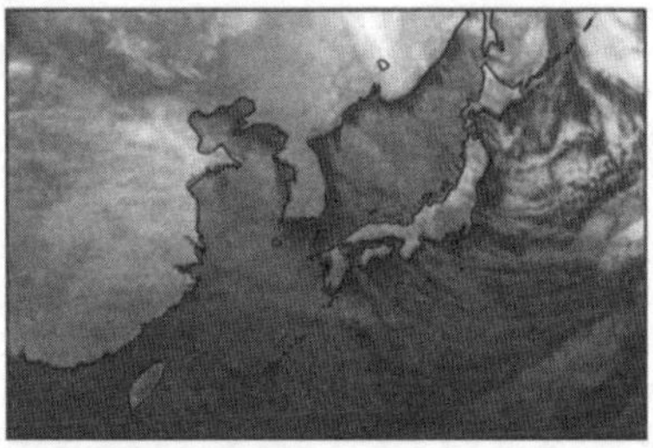

C

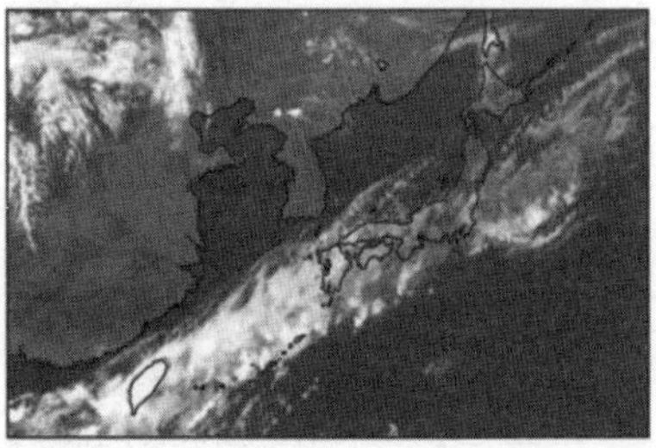

D

（日本気象協会ウェブページより）

	雲の様子	天気の特徴
ア	A	停滞前線ができ、雨になることが多い。
イ	A	小《お》笠原《がさわら》気団の影響により、晴れることが多い。
ウ	A	西高東低の気圧配置になり、太平洋側で晴れることが多い。
エ	B	停滞前線ができ、雨になることが多い。
オ	B	小笠原気団の影響により、晴れることが多い。
カ	B	西高東低の気圧配置になり、太平洋側で晴れることが多い。
キ	C	停滞前線ができ、雨になることが多い。
ク	C	小笠原気団の影響により、晴れることが多い。
ケ	C	西高東低の気圧配置になり、太平洋側で晴れることが多い。
コ	D	停滞前線ができ、雨になることが多い。
サ	D	小笠原気団の影響により、晴れることが多い。
シ	D	西高東低の気圧配置になり、太平洋側で晴れることが多い。

＜社会＞

時間　50分　　満点　100点

1　次の(1)~(8)の問いに答えなさい。

(1)　太郎さんと花子さんは，冬休みに家族で海外旅行をしました。次の文章を読み，訪れた都市を，**資料1**の①～④からそれぞれ選び，組み合わせとして最も適切なものを，下の**ア**～**ク**の中から1つ選んで，その記号を書きなさい。

> 太郎さんは東京国際空港を12月25日の午前11時5分に，花子さんは午後6時25分に出発し，それぞれの目的地に向かいました。太郎さんの乗った飛行機は日付変更線をこえたため，到着は現地の時刻で12月25日の午前9時50分でした。また，花子さんの到着地では夏でした。

資料1

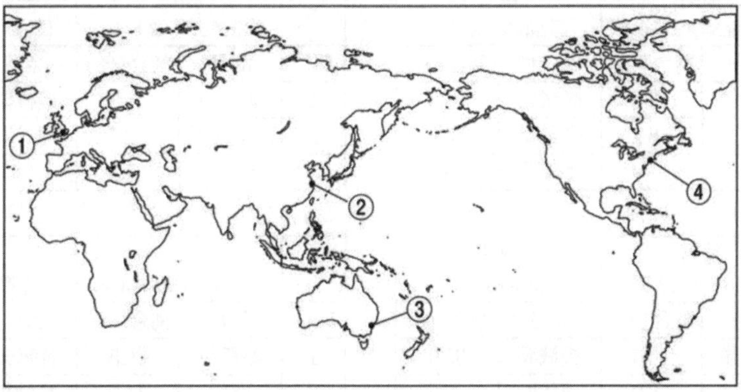

ア　[太郎　①　　花子　④]
イ　[太郎　②　　花子　①]
ウ　[太郎　③　　花子　②]
エ　[太郎　④　　花子　③]
オ　[太郎　②　　花子　③]
カ　[太郎　③　　花子　④]
キ　[太郎　④　　花子　①]
ク　[太郎　①　　花子　②]

(2)　地球上のある地域では，太陽が沈まなかったり，沈んでも暗くならなかったりする白夜《びゃくや》とよばれる現象が起こります。白夜について述べた文として最も適切なものを，次の**ア**～**エ**の中から1つ選んで，その記号を書きなさい。

ア　緯度の低い地域において，夏にみられる。
イ　緯度の低い地域において，冬にみられる。
ウ　緯度の高い地域において，夏にみられる。
エ　緯度の高い地域において，冬にみられる。

(3) **資料２**は，地球の緯線と経線を模式的に示したもので，緯線が赤道を基準に15度ずつ，経線が本初子午線を基準に15度ずつ示されています。日本の中部地方は北緯30度～45度，東経135度～150度の範囲に位置しています。地球の中心に対して，中部地方の反対側にあたる緯度・経度の範囲を示した部分として最も適切なものを，**資料２**の**ア**～**エ**の中から１つ選んで，その記号を書きなさい。

資料２　地球の緯線と経線

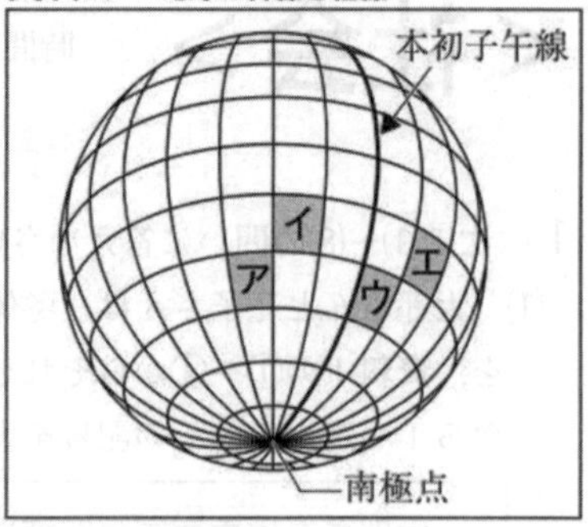

(4) **資料３**から読み取れることとして最も適切なものを，下の**ア**～**エ**の中から１つ選んで，その記号を書きなさい。

資料３　６か国の輸出総額と輸入総額、及び輸出入品の総額に占める上位３品目の割合(2020年)

フランス

	輸出（総額4886億ドル）		輸入（総額5828億ドル）	
順位	品目	割合(%)	品目	割合(%)
1	機械類	19.2	機械類	21.6
2	自動車	8.7	自動車	10.9
3	医薬品	7.9	医薬品	5.7

インド

	輸出（総額2755億ドル）		輸入（総額3680億ドル）	
順位	品目	割合(%)	品目	割合(%)
1	機械類	11.8	機械類	21.3
2	石油製品	9.7	原油	17.5
3	医薬品	7.3	金	6.0

中国

	輸出（総額2兆5891億ドル）		輸入（総額2兆696億ドル）	
順位	品目	割合(%)	品目	割合(%)
1	機械類	44.4	機械類	35.9
2	繊維品	6.0	原油	8.6
3	衣類	5.5	鉄鉱石	6.0

ニュージーランド

	輸出（総額389億ドル）		輸入（総額371億ドル）	
順位	品目	割合(%)	品目	割合(%)
1	酪農品	26.5	機械類	24.2
2	肉類	14.0	自動車	10.9
3	野菜・果実	8.0	石油製品	4.3

アメリカ合衆国

	輸出（総額1兆4303億ドル）		輸入（総額2兆4054億ドル）	
順位	品目	割合(%)	品目	割合(%)
1	機械類	24.6	機械類	29.2
2	自動車	7.1	自動車	10.4
3	精密機械	4.7	医薬品	6.1

日本

	輸出（総額6413億ドル）		輸入（総額6354億ドル）	
順位	品目	割合(%)	品目	割合(%)
1	機械類	35.7	機械類	25.9
2	自動車	18.9	原油	6.8
3	精密機械	5.3	液化天然ガス	4.7

〔「世界国勢図会　2022/23」より作成〕

ア　６か国のすべてにおいて，輸入総額に占める割合のうち，原油が10%以上を占めている。

イ　インドでは，医薬品の輸出額は，金の輸入額を上回る。

ウ　６か国のうち，中国とニュージーランドの２か国だけが，輸出総額が輸入総額を上回る。

エ　フランスとアメリカ合衆国はともに，自動車の輸出額が自動車の輸入額を下回る。

(5) 次のページの**資料４**と**資料５**は，みかんの収穫量が多い上位５県について示したものです。**資料４**の**B**県の県庁所在地を書きなさい。

資料4　みかんの収穫量が多い上位5県　(2021年)

県名	収穫量（万t）
A	14.78
B	12.78
C	9.97
D	9.00
長崎	5.20

〔「データでみる県勢　2023」より作成〕

資料5　みかんの収穫量が多い上位5県の位置　(2021年)

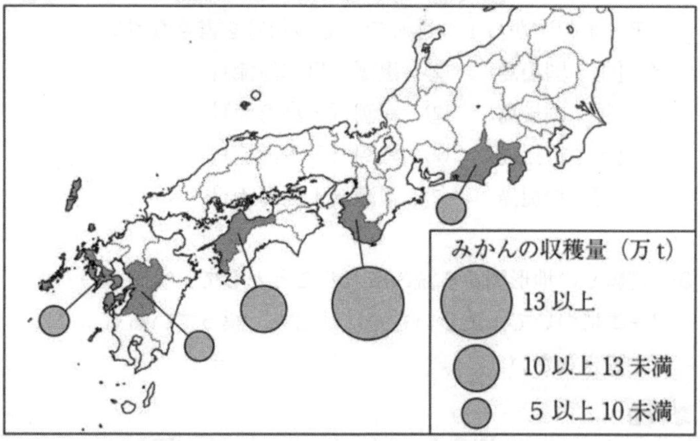

⑹　花子さんは，野菜の生産と畜産の盛んな茨城県と宮崎県の農業を比較し，**資料6**と**資料7**を作成しました。下の**ア**～**エ**について，資料から読み取れることとして正しいものには○を，誤っているものには×を書きなさい。

資料6　茨城県と宮崎県の比較　(2021年)

	人口（万人）	県面積（km²）	耕地面積（km²）		農業産出額（億円）
			田	畑	
茨城県	285.2	6097	953	670	4263
宮崎県	106.1	7735	346	301	3478

〔「データでみる県勢　2023」、農林水産省資料より作成〕

資料7　農業産出額に占める農産物の割合　(2021年)

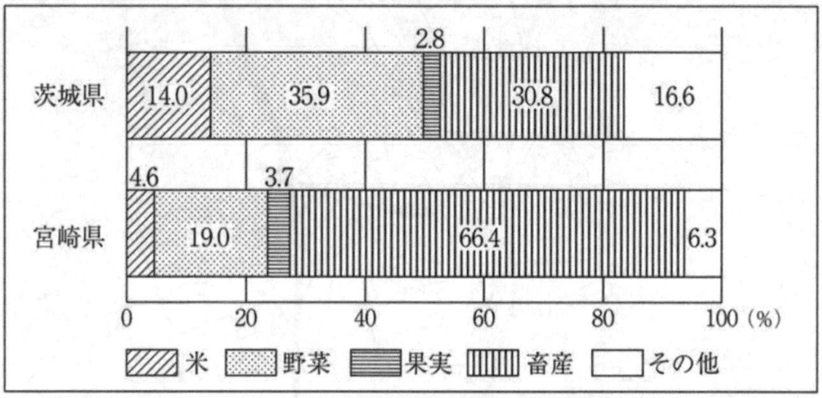

注）農産物の割合は小数第２位を四捨五入したため、合計は100％にならない場合もある。

〔農林水産省資料より作成〕

ア　田の面積は茨城県が大きいが，米の産出額は宮崎県が多い。

イ　県面積のうち，田と畑の面積を合わせた耕地面積の占める割合は茨城県が大きい。

ウ　耕地面積のうち，畑の占める割合は茨城県が大きく，野菜の産出額も茨城県が多い。

エ　宮崎県の畜産の産出額は，茨城県の野菜の産出額よりも多い。

⑺　次のページの**資料8**は，北海道地方と東北地方を中心に示した地図です。日本最北端の島①

と，海流②の名称の組み合わせとして最も適切なものを，次のア～エの中から１つ選んで，その記号を書きなさい。

ア　[①　国後島《くなしりとう》　　②　黒潮（日本海流）]
イ　[①　国後島　　②　親潮（千島海流）]
ウ　[①　択捉島《えとろふとう》　　②　黒潮（日本海流）]
エ　[①　択捉島　　②　親潮（千島海流）]

資料８

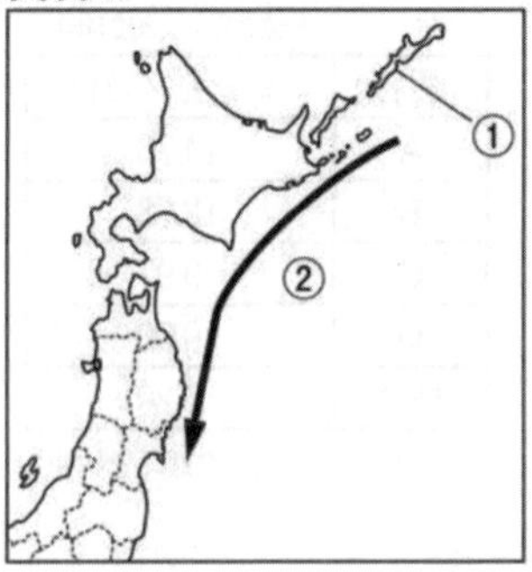

〔「理科年表　2023」より作成〕

(8)　資料９の地形図から読み取れることとして，次のページのア～エについて，正しいものには○を，誤っているものには×を書きなさい。

資料９

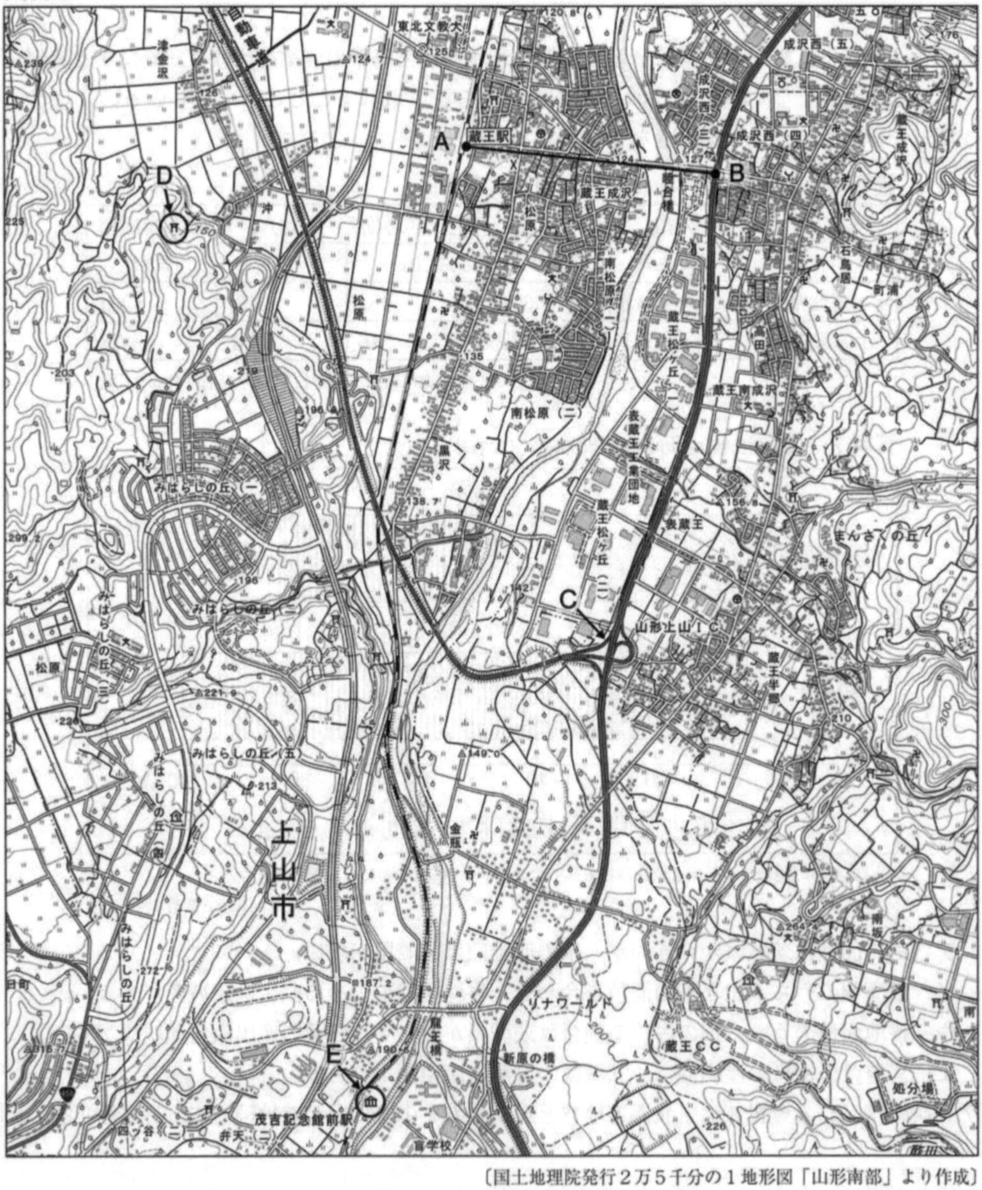

〔国土地理院発行２万５千分の１地形図「山形南部」より作成〕

ア　地形図上のA地点からB地点までの長さを約4㎝とすると，実際の距離は約1㎞である。
イ　Aの「蔵王《ざおう》駅」から見て，Cの「山形上山《かみのやま》IC」は北西にある。
ウ　Dの神社は標高100mよりも高い場所にある。
エ　Eの地図記号は，図書館を表している。

2　次の(1)～(8)の問いに答えなさい。

(1)　**資料1**は，日本最大の古墳《こふん》を示したものです。この古墳の位置として最も適切なものを，**資料2**の**ア**～**エ**の中から1つ選んで，その記号を書きなさい。

資料1　**大仙《だいせん》古墳**

資料2

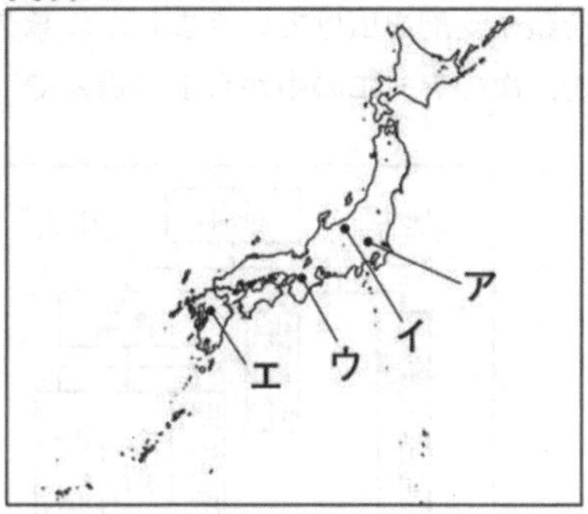

(2)　遣唐使《けんとうし》の停止などによって，日本の風土や生活にあった国風文化《こくふうぶんか》が生まれました。遣唐使が停止された時期を右の年表中の**A**～**D**の中から1つ選んで，その記号を書きなさい。また，国風文化と関連の深い資料として最も適切なものを，あとの**ア**～**エ**の中から1つ選んで，その記号を書きなさい。

西暦	できごと
645	大化《たいか》の改新《かいしん》が始まる
	A
743	墾田永年私財法《こんでんえいねんしざいのほう》が出される
	B
794	都を平安京《へいあんきょう》に移す
	C
1086	院政《いんせい》が始まる
	D
1192	源頼朝《みなもとのよりとも》が征夷大将軍《せいいたいしょうぐん》に任命される

ア

イ

ウ

エ

(3) 鎌倉幕府《かまくらばくふ》は，承久《じょうきゅう》の乱《らん》で後鳥羽上皇《ごとばじょうこう》らの軍を破ると西日本にも勢力を伸ばし，政治のしくみを整え支配を広げていきました。承久の乱後の鎌倉幕府の政治のしくみとして最も適切なものを，次の**ア**～**エ**の中から１つ選んで，その記号を書きなさい。

ア

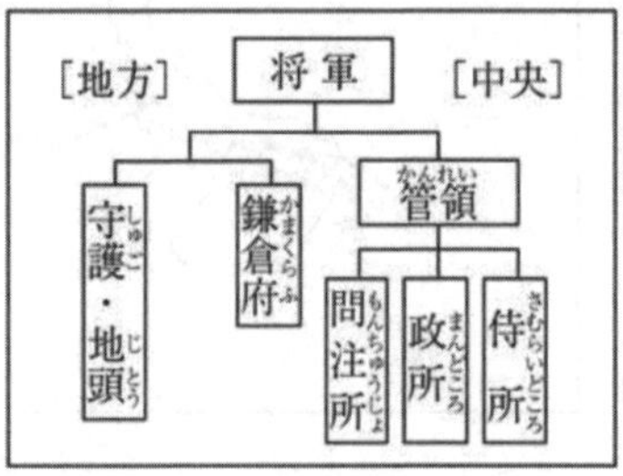

イ

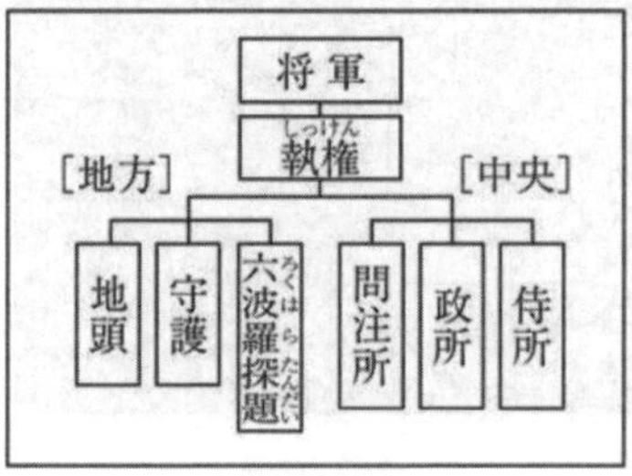

ウ

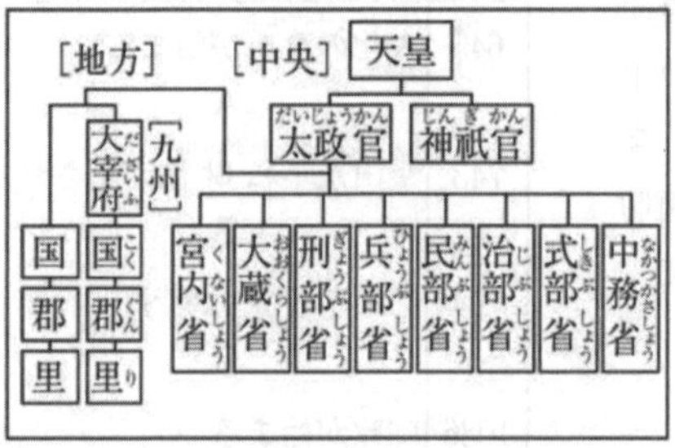

エ

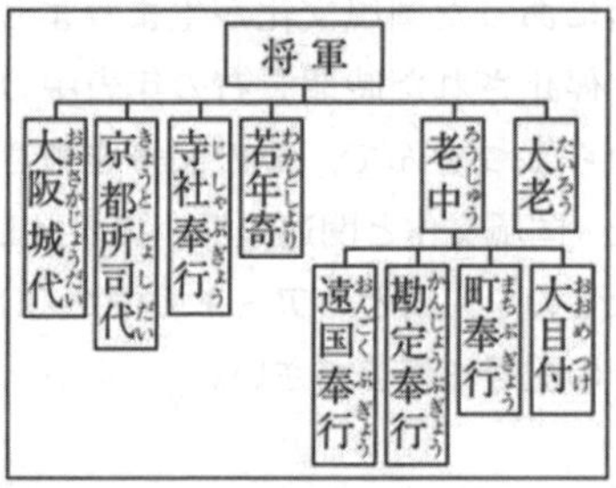

(4) **資料３**は，桃山文化《ももやまぶんか》を代表する建築物の一つです。桃山文化の特徴について述べた文として最も適切なものを，次の**ア**～**エ**の中から１つ選んで，その記号を書きなさい。

ア 大名や豪商《ごうしょう》の権力や富を背景とした，豪華で力強い文化

イ 中国の文化の影響を強く受け，貴族を中心に栄えた国際色豊かな文化

ウ 貴族中心の伝統文化に加え，力を伸ばした武士の力強さが表れた文化

エ 大阪・京都を中心に，経済力をつけた町人《ちょうにん》を担い手とする文化

資料３ 姫路城《ひめじじょう》

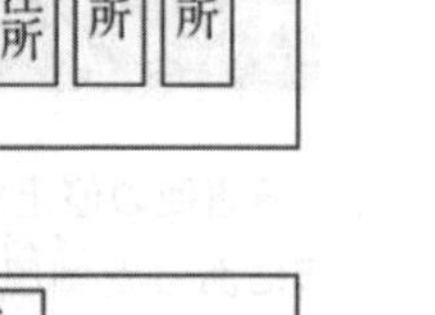

(5) 江戸時代に幕府が大名に向けて出した法令（支配の方針）の内容として最も適切なものを，次のページの**ア**～**エ**の中から１つ選んで，その記号を書きなさい。

ア
寄合《よりあい》の知らせを２回行っても出席しない者は、50文《もん》の罰金とする。

イ
諸国の守護《しゅご》の職務は、京都の御所《ごしょ》の警備と、謀反《むほん》や殺人などの犯罪人の取りしまりに限る。

ウ
城を修理するときは、必ず幕府に届けること。新たに城を築くことは固く禁止する。

エ
天皇の命令をうけたまわりては、必ず守りなさい。

(6)　**資料４**は，日清戦争《にっしんせんそう》と日露戦争《にちろせんそう》における日本の戦費と死者数，日本が得た賠償金《ばいしょうきん》について表したものです。日露戦争の講和会議を受けて条約が結ばれた後に，日比谷《ひびや》焼《や》き打《う》ち事件《じけん》が起こるなど日本の国民に強い不満の声が上がりました。どのような点に不満をもったのか，**資料４**から読み取れることをもとに，下の**＜不満をもった理由＞**の□に当てはまる内容を**15字以上，25字以内**で書きなさい。ただし，「,」も１字に数え，文字に誤りのないようにしなさい。

資料４　日清戦争と日露戦争の比較

	戦費	死者数	日本が得た賠償金について
日清戦争	２億円	1.4万人	２億両《テール》(約３億円)を得た
日露戦争	18.7億円	8.5万人	得られなかった

〔財務省資料より作成〕

＜不満をもった理由＞
日清戦争と日露戦争を比べると，日露戦争のほうが日清戦争よりも戦費と死者数が□から。

(7)　**資料５**は，日清戦争で得られた賠償金などをもとに建設されたものです。明治時代の日本の産業や社会について述べた文として最も適切なものを，次の**ア**～**エ**の中から１つ選んで，その記号を書きなさい。

資料５　八幡製鉄所《やはたせいてつじょ》
(操業開始当時)

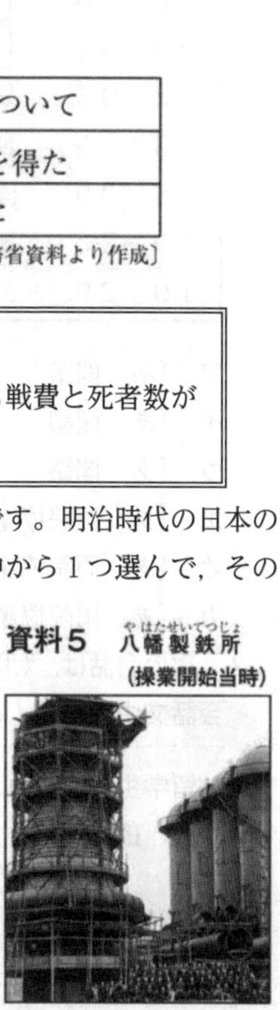

ア　製糸《せいし》業や紡績《ぼうせき》業などの軽工業を中心に産業革命が進んだ。
イ　小作料《こさくりょう》の引き下げなどを求める小作争議が盛んに起こり，日本農民組合が結成された。
ウ　工場などから排出される有害物質により，イタイイタイ病などの公害問題が発生した。
エ　米，砂糖，衣料品などが配給《はいきゅう》制や切符《きっぷ》制になった。

(8)　次の会話は，太郎さんと花子さんと先生が，第二次世界大戦前後の国際社会について話しているものです。会話文中の□に当てはまる語として最も適切なものを，あとの**ア**～**エ**の中から１つ選んで，その記号を書きなさい。

太郎：第二次世界大戦は，1939年９月，ドイツがポーランドに侵攻したことで始まったね。
花子：その後，日本はドイツ・イタリアと日独《にちどく》伊《い》三国同盟《さんごくどうめい》を結んだよね。
先生：このような動きの中で，アメリカのローズベルト大統領とイギリスのチャーチル首相が，第二次世界大戦後の国際社会について話し合って［　　　］を発表し，戦後の平和構想を示したんだよ。

ア　二十一か条の要求　　**イ**　非核《ひかく》三原則　　**ウ**　大西洋憲章《たいせいようけんしょう》　　**エ**　ポツダム宣言

3　次の(1)～(6)の問いに答えなさい。

(1)　**資料１**は，ある日の内閣総理大臣の行動をまとめたものです。また，**資料２**は**資料１**の［あ］～［う］の説明です。**資料１**と**資料２**の［あ］～［う］に当てはまる語の組み合わせとして最も適切なものを，下の**ア**～**カ**の中から１つ選んで，その記号を書きなさい。

資料１　**ある日の内閣総理大臣の行動**

8：16	官邸に到着
8：23	［あ］に出席
8：31	［い］らとの話し合い
12：05	昼食
15：03	ＮＰＯ団体との面会
18：39	国連［う］議長との面会
19：26	報道機関の取材への対応
19：29	公邸に到着

資料２　**資料１の語の説明**

資料１の語	資料１の語の説明
［あ］	内閣総理大臣が政府の方針や行政の仕事に関する物事を決めるために開く会議
［い］	内閣総理大臣と共に内閣を組織する構成員
［う］	国連においてすべての加盟国が平等に一票を持って参加する会議

ア　[あ　閣議　　　　い　首長　　　　う　総会　　　　　]
イ　[あ　閣議　　　　い　国務大臣　　う　総会　　　　　]
ウ　[あ　閣議　　　　い　国務大臣　　う　安全保障理事会]
エ　[あ　両院協議会　い　首長　　　　う　安全保障理事会]
オ　[あ　両院協議会　い　首長　　　　う　総会　　　　　]
カ　[あ　両院協議会　い　国務大臣　　う　安全保障理事会]

(2)　次の会話は，太郎さんとカンボジアからの留学生が，**資料３**を見ながら話しているものです。会話文中の［え］に当てはまる日本語の名称を書きなさい。

留学生：このカンボジアの紙幣を見たことがありますか。
太　郎：いいえ，見たことがありません。初めて見ました。中央に大きな橋が描かれていますね。
留学生：はい。この橋は「きずな橋」とよばれ，日本の支援で建設されました。
太　郎：支援って，ODAのことですか。
留学生：そうです。ODA，正式名称［え］により建設されたものです。
太　郎：橋ができて何が変わりましたか。

留学生：おかげで，農作物を首都に運ぶのが便利になりました。

資料3　カンボジアの紙幣
〔外務省ウェブページより〕

(3)　ひよりさんのグループは，法律案の議決について調べました。**資料4**を見つけ，衆議院の優越についての＜**発表原稿1**＞を作成しました。＜**発表原稿1**＞の［お］に当てはまる文として最も適切なものを，下の**ア**～**エ**の中から１つ選んで，その記号を書きなさい。

資料4　与党・野党別衆議院議員数
(2023年5月20日現在)

	議員数
与党	294
野党	170
欠員	1
合計	465

〔衆議院ウェブページより作成〕

＜**発表原稿1**＞
国会では，二院制がとられており，それぞれで異なる議決がなされることがあります。例えば，**資料4**のような衆議院の議員数で，衆議院が先議する場合を想定して考えてみます。
すべての衆議院議員が出席した状況では，与党議員全員が賛成すれば法律案を可決できます。［お］

ア　また，参議院が否決した法律案は，衆議院議員のうち，すべての野党議員が反対した場合でも，すべての与党議員が賛成すれば，再可決できます。

イ　また，参議院が衆議院の可決した法律案を受けとった後，30日以内に議決しないときは衆議院の議決が国会の議決となるため，法律として成立します。

ウ　しかし，参議院が否決した法律案は，衆議院議員のうち，すべての与党議員が賛成しただけでは再可決できません。

エ　しかし，参議院と衆議院の両院で可決した法律案であっても，国民投票で過半数の賛成を得なければ法律として成立しません。

(4)　次の会話は，花子さんと先生が，消費者保護について話しているものです。会話文中の［か］，［き］に当てはまる語の組み合わせとして最も適切なものを，次のページの**ア**～**カ**の中から１つ選んで，その記号を書きなさい。

花子：この前，買ったばかりのパソコンのバッテリーから煙が出て，それを外そうとしてやけどをしてしまい，病院で治療を受けました。
先生：それは大変でしたね。そのような消費者を保護するしくみがありますよ。［か］にもとづいて損害賠償を求めてみたらどうですか。その場合，パソコンのバッテリーに欠陥があったことを証明するだけで大丈夫ですよ。
花子：どのようにすればよいですか。
先生：2009年に設置され，政府の消費者政策をまとめて担当している［き］のウェブページで確認するのがよいと思います。

ア ［か 製造物責任法 き 経済産業省］
イ ［か 製造物責任法 き 消費者庁 ］
ウ ［か 消費者契約法 き 経済産業省］
エ ［か 消費者契約法 き 消費者庁 ］
オ ［か クーリング・オフ制度 き 経済産業省］
カ ［か クーリング・オフ制度 き 消費者庁 ］

(5) 太郎さんのグループは，市場経済における企業の競争について調べ，＜**発表原稿２**＞を作成しました。＜**発表原稿２**＞の [く] ，[け] に当てはまる語の組み合わせとして最も適切なものを，下の**ア**～**カ**の中から１つ選んで，その記号を書きなさい。

> ＜**発表原稿２**＞
> 製造業者が商品の価格を固定したり，各小売店に安売りをしないよう要求したりすることは，企業の健全な競争をうながすことを目的とする [く] に違反します。価格競争がなくなると値段は高く設定されることが多く，消費者にとって多様で自由な選択が困難になり，消費者の利益が確保されなくなります。[く] は [け] が運用しており，[く] にもとづいて，監視や指導を行います。

ア ［く フェアトレード け 公正取引委員会］
イ ［く フェアトレード け 日本銀行 ］
ウ ［く 契約自由の原則 け 地方裁判所 ］
エ ［く 契約自由の原則 け 日本銀行 ］
オ ［く 独占禁止法 け 公正取引委員会］
カ ［く 独占禁止法 け 地方裁判所 ］

(6) 花子さんは，国民の税負担と社会福祉について調べ，**資料５**をもとに＜**メモ**＞を作成しました。＜**メモ**＞の [こ] ～ [し] に当てはまる語句の組み合わせとして最も適切なものを，次のページの**ア**～**カ**の中から１つ選んで，その記号を書きなさい。

資料５ 社会支出と国民負担の国際比較 (2018年)

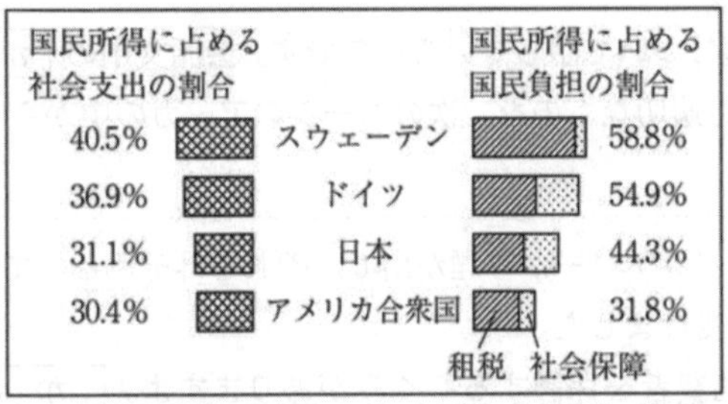

注) 国民所得とは、国民全体が一定期間に得る所得の総額のことである。
注) 社会支出とは、社会保障支出に公的な施設設備費などを含むより広い費用のことである。
注) 社会支出の割合と国民負担の割合は、国民所得に対するそれぞれの割合を示している。
〔国立社会保障・人口問題研究所資料、厚生労働省資料より作成〕

＜メモ＞
「大きな政府」について調べたこと
・国民の税負担は [こ] 。
・政府による社会保障や公共サービスは [さ] 。
・代表的な国として [し] がある。

ア［こ　重い　さ　充実している　し　アメリカ合衆国］
イ［こ　重い　さ　削減されやすい　し　スウェーデン　］
ウ［こ　重い　さ　充実している　し　スウェーデン　］
エ［こ　軽い　さ　削減されやすい　し　スウェーデン　］
オ［こ　軽い　さ　削減されやすい　し　アメリカ合衆国］
カ［こ　軽い　さ　充実している　し　アメリカ合衆国］

4　花子さんのクラスでは，社会科の授業で「人の移動」というテーマでそれぞれが課題を設定し，調べ学習をしました。次の(1)～(6)の問いに答えなさい。

(1)　花子さんは移民について調べ，国ごとに**カード１**～**カード３**にまとめました。これらが示す国の組み合わせとして最も適切なものを，下の**ア**～**カ**の中から１つ選んで，その記号を書きなさい。

カード１
1908年には、日本人が主にコーヒー農園などで仕事をするために移住しはじめた。この国には多くの子孫が日系人として暮らしており、サンパウロには日本人街がみられる。

カード２
この国の南西部やフロリダ半島には、スペイン語を話す人々が暮らしている。彼らの多くは、この国の南側に位置する国々から、仕事を求めて移住してきた。

カード３
かつて、イギリス人によって開拓が進められた。そのため、メルボルンにはヨーロッパ風の歴史的建造物が残る。1970年代以降は、アジアからの移民を中心に受け入れている。

ア［**カード１**　ベトナム　**カード２**　ニュージーランド　**カード３**　メキシコ　］
イ［**カード１**　ベトナム　**カード２**　マレーシア　**カード３**　アラブ首長国連邦］
ウ［**カード１**　ブラジル　**カード２**　アメリカ合衆国　**カード３**　オーストラリア　］
エ［**カード１**　ブラジル　**カード２**　ニュージーランド　**カード３**　アラブ首長国連邦］
オ［**カード１**　カナダ　**カード２**　マレーシア　**カード３**　オーストラリア　］
カ［**カード１**　カナダ　**カード２**　アメリカ合衆国　**カード３**　メキシコ　］

(2)　花子さんは，国境を越えた移動の制限を緩和したEU（ヨーロッパ連合）について調べ，EUの発足とその移り変わりを**<まとめ１>**として作成しました。**<まとめ１>**の［あ］～［う］に当てはまる語句の組み合わせとして最も適切なものを，次のページの**ア**～**エ**の中から１つ選んで，その記号を書きなさい。

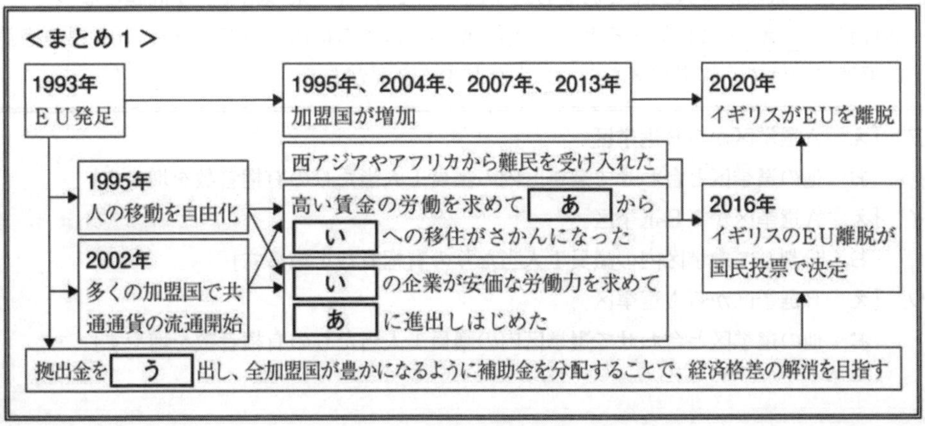

ア［あ　東ヨーロッパ　　い　西ヨーロッパ　　う　経済的に豊かな国が多く］
イ［あ　東ヨーロッパ　　い　西ヨーロッパ　　う　すべての国が均等に　　］
ウ［あ　西ヨーロッパ　　い　東ヨーロッパ　　う　経済的に豊かな国が多く］
エ［あ　西ヨーロッパ　　い　東ヨーロッパ　　う　すべての国が均等に　　］

(3) 太郎さんは，人の移動について歴史的なできごとから調べようと資料を集め，次の**ア**～**エ**のカードを作成しました。**ア**～**エ**のカードを年代の古い順に左から並べて，その記号を書きなさい。

ア

石炭を燃料とする蒸気機関を利用して、世界初の蒸気機関車の鉄道がイギリスで開通した。

イ

日宋《にっそう》貿易で大きな利益を得た平氏《へいし》は、厳島《いつくしま》神社を整備し、海上交通の安全を祈った。

ウ

東大寺《とうだいじ》の正倉院《しょうそういん》には、シルクロードを通って西アジアやインドから伝わった品や、聖武《しょうむ》天皇が使った品などの宝物が納められた。

エ

ポルトガルやスペインを先がけに、ヨーロッパ人が海外進出をして新しい航路が開かれ、アメリカ大陸付近の島などに到達した。

(4) 太郎さんは，人の移動などによる人口の変化によって「一票の格差」が問題となっていることを学びました。**<まとめ２>**の［え］，［お］に当てはまる語句の組み合わせとして最も適切なものを，あとの**ア**～**エ**の中から１つ選んで，その記号を書きなさい。

<まとめ２>
約48万人の有権者によって国会議員が１人選出されるＡ選挙区と，約24万人の有権者によって国会議員が１人選出されるＢ選挙区の間では，「一票の格差」が問題となっている。有権者が［え］に移動すると，「一票の格差」はさらに広がってしまう。「一票の格差」の解消に向けて，Ａ選挙区を［お］などする必要がある。

ア［え　Ａ選挙区からＢ選挙区
　　お　他の選挙区と合わせて選挙区内の議員１人当たりの有権者数を増やす］
イ［え　Ａ選挙区からＢ選挙区
　　お　分割して選挙区内の議員１人当たりの有権者数を減らす］
ウ［え　Ｂ選挙区からＡ選挙区
　　お　他の選挙区と合わせて選挙区内の議員１人当たりの有権者数を増やす］

エ　[え　B選挙区からA選挙区
　　お　分割して選挙区内の議員1人当たりの有権者数を減らす]

(5)　太郎さんは，日本から海外へ渡った人々を調べていくと，明治初期に，政府の使節団が欧米に派遣されたことがわかりました。太郎さんが作成した<メモ>の [か]，[き] に当てはまる語の組み合わせとして最も適切なものを，下のア～エの中から1つ選んで，その記号を書きなさい。

> <メモ>
> ・岩倉《いわくら》使節団では，岩倉具視《いわくらともみ》のほか，[か] や木戸孝允《きどたかよし》らが派遣された。
> ・[き] が終わったアメリカや，ヨーロッパにおいて，政治や産業などの状況を視察した。

ア　[か　西郷隆盛《さいごうたかもり》　き　ピューリタン革命]
イ　[か　大久保利通《おおくぼとしみち》　き　南北《なんぼく》戦争]
ウ　[か　伊藤博文《いとうひろぶみ》　き　第一次世界大戦]
エ　[か　板垣退助《いたがきたいすけ》　き　名誉《めいよ》革命]

(6)　花子さんは，日本の国際支援について調べ，**資料1**と**資料2**を見つけ，<まとめ3>を作成しました。<まとめ3>の [く]，[け] に当てはまる語句の組み合わせとして最も適切なものを，あとのア～ケの中から1つ選んで，その記号を書きなさい。

資料1　青年海外協力隊として日本から派遣された隊員数が1000人を超える国(累計)

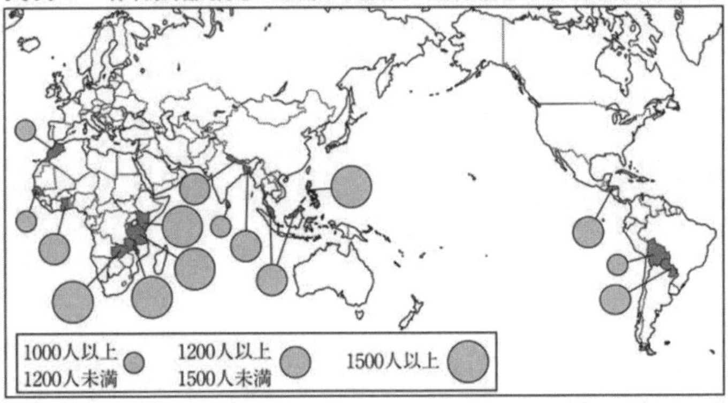

資料2　日本の青年海外協力隊の分野別派遣実績(累計)

分野	派遣人数(人)
人的資源	19382
保健・医療	6452
農林水産	5973
計画・行政	5362
鉱工業	3958
その他	5513
合計	46640

注)　**資料1**、**資料2**は2023年3月31日時点のものである。　〔**資料1**、**資料2**は独立行政法人国際協力機構資料より作成〕

> <まとめ3>
> 世界には，1950年代以降に人口が急速に増加した国があるが，人口の増加に経済成長が追いつかず，貧困から抜け出せない国が存在する。日本はいち早く成長した国として，そのような国を支援している。
> これまでに日本の青年海外協力隊員が1000人以上派遣された国の数が最も多い地域は，[く] である。日本の青年海外協力隊は，教育などの人的資源，保健・医療の支援のほか，[け] など，自立のための支援をしている。

ア　[く　アフリカ　け　農林水産技術の指導]
イ　[く　アフリカ　け　平和維持活動]

ウ ［く アフリカ け 多国籍企業の進出 ］
エ ［く アジア け 農林水産技術の指導］
オ ［く アジア け 平和維持活動 ］
カ ［く アジア け 多国籍企業の進出 ］
キ ［く 南アメリカ け 農林水産技術の指導］
ク ［く 南アメリカ け 平和維持活動 ］
ケ ［く 南アメリカ け 多国籍企業の進出 ］

ア　乃チ放ツテ下老馬ヲ上而随ヒレ之ニ
イ　乃チ放ツテ二老馬ヲ而随ヒ一レ之ニ
ウ　乃チ放ツテ二老馬ヲ一而随ヒレ之ニ
エ　乃チ放ツテ二老馬ヲ一而随ヒ二之ニ一
オ　乃チ放ツテ二老馬ヲ一而随ヒ下之ニ上

(五)　一郎さんたちは、クラスで【Ⅰ】の平家物語を用いた朗読会を行います。【Ⅲ】は、グループでその準備の話し合いをしているところです。後の(1)と(2)の問いに答えなさい。

【Ⅲ】　朗読会に向けての話し合い

一郎　先生が見せてくれた琵《び》琶《わ》法《ほう》師《し》の動画、迫力があったね。

花子　「平家物語」は琵琶の演奏に合わせて語られる「[1]」として親しまれてきたと習ったけど、そのとおりだったね。

一郎　声に出して読むと、躍動感が出るね。あんなふうに読むにはどんなことに気を付けるといいかな。

明子　特に、読むときの[2]を意識するといいと思うよ。文章【Ⅰ】だと、後半にそれを意識できるところがあるよね。たとえば「峰の雪むらぎえて、花かと見ゆる所もあり」と「谷の鶯おとづれて、霞にまよふ所もあり」の組み合わせのところと、「のぼれば白雲皓々として聳え」と「下れば青山峨々として岸たかし」の組み合わせのところだよね。

花子　それは、[3]表現だね。色の対比や、山や谷の風景が思い浮かぶよね。

一郎　ところで、先生が紹介してくれた文章【Ⅱ】について調べてみたんだけれど、「老馬の智」という故事成語があることが分かったよ。

花子　故事成語って中国の古典から生まれた短い言葉のことだね。日本ではそれを教訓にしたり、会話の中に引用したりするって習ったよね。実際に【Ⅰ】の中でも、「[4]」があると言っているね。

先生　話し合いが進んでいますね。文章【Ⅰ】の登場人物の中にも、「老馬の智」という故事成語を意識している人がいると言えそうですね。気付きましたか。

(1)　[1]～[3]に入る言葉として最も適切なものを、それぞれ次のア～ケの中から一つ選んで、その記号を書きなさい。

ア　平曲　　イ　連歌　　ウ　狂言　　エ　リズム
オ　句切れ　　カ　体言止め　　キ　対句　　ク　比喩
ケ　呼応

(2)　[4]に入る最も適切な言葉を、【Ⅰ】より二十七字で抜き出し、最初の五字を書きなさい。

『敵《かたき》にもおそはれよ、山ごえの狩《かり》をもせよ、深山《しんざん》にまよひたらん時は、老馬《らうば》に手綱《たづな》をうちかけて、さきにおつたててゆけ。かならず□へいづるぞ』とこそをしへ候ひしか(教えました)」。※4御曹司《おんざうし》、「①やさしう(立派なこと)も申したる物かな。雪は野原《のはら》をうづめども、老いたる馬ぞ道は知るといふためし(例)あり」とて、白葦毛《しらあしげ》なる老馬に鏡《かがみ》鞍《ぐら》おき、白轡《しろぐつわ》はげ、手綱むすんでうちかけ、さきにおつたてて、いまだ知らぬ深山へこそいり給《たま》へ。此《ころ》はきさらぎはじめの事なれば(季節は二月初めのことなので)、峰の雪むらぎえて(まばらに消えて)、花かと見ゆる所もあり。谷の鶯《うぐひす》おとづれて、霞《かすみ》にまよふ所もあり。のぼれば白雲《はくうん》※5皓々《かうかう》として聳《そび》え、下《くだ》れば青山《せいざん》※6峨々《がが》として岸《きし》たかし(高い崖をなしている)。松の雪だに消えやらで(松のこずえの雪さえ消えずに残り)、苔《こけ》のほそ道かすかなり。嵐にたぐふ折々《をりをり》は(嵐に吹かれたときには)、②梅花《ばいくわ》とも又うたがはるれ。東西に鞭《むち》をあげ(東に西にと馬に鞭をあて)、駒《こま》をはやめて(足を速めて)ゆく程に、山路《さんろ》にて日暮《く》れぬれば(山道で日が暮れたので)、みなおりゐて(馬から降りて)陣をとる。

※1　一の谷＝地名。現在の兵庫県神戸市にある。　※2　鵯越＝地名。
※3　小冠＝小冠者。元服して間もない若者。
※4　御曹司＝上級貴族・武士の息子。ここでは源義経のこと。
※5　皓々＝白く光り輝くさま。
※6　峨々＝山や岩が険しくそびえ立つさま。

【Ⅱ】　古典の文章

※1韓非子《かんぴし》に曰《いは》く、管仲《くわんちゆう》・隰朋《しつぼう》(管仲と隰朋が斉の桓公に)、桓公《くわんこう》に従つて※2孤竹《こちく》を伐《う》つ(征伐したことがあった)。春往《ゆ》いて冬返り(春出陣し冬になって引き上げて来る時)、迷惑して(まごついて道に迷った)道を失ふ。管仲曰く、老馬の智《ち》用《もち》ふ可《べ》き(老馬の知恵を借り用いるべきである)なり、と。③乃《すなわ》ち老馬を放つて之《これ》に随《したが》ひ、遂《つひ》に道を得たり。

※1　韓非子＝韓非とその一派が著した書物。
※2　孤竹＝中国、殷《いん》の時代、河北にあった国の名称。

(一)　【Ⅰ】の①やさしうの読み方を現代仮名遣《づか》いに直して、すべて平仮名で書いたとき、正しいものを次のア～オの中から一つ選んで、その記号を書きなさい。

ア　やさしふ　イ　やさしゅう　ウ　やさしく
エ　やさしむ　オ　やさじう

(二)　【Ⅰ】に②梅花とも又うたがはるれとあるが、梅の花ではないかと疑われたものは何か。最も適切なものを、次のア～エの中から一つ選んで、その記号を書きなさい。

ア　雪　イ　鶯　ウ　霞　エ　苔

(三)　【Ⅰ】の□に入る言葉として最も適切なものを、次のア～エの中から一つ選んで、その記号を書きなさい。

ア　山　イ　道　ウ　谷　エ　陣

(四)　【Ⅱ】の③乃ち老馬を放つて之に随ひは、「乃放老馬而随之」を書き下し文に改めたものである。書き下し文を参考にして「乃《チ》放《ツテ》老馬《ヲ》而随《ヒ》之《ニ》」に返り点を補うとき、正しいものを次のページのア～オの中から一つ選んで、その記号を杳きなさい。

だから、私たちは何かをつくるとき、意識的にも無意識的にも、自然をお手本としたり模倣したりします。

【Ⅱ】　花子さんのノートの一部

初めて読んだ時に大切だと思ったこと

○　建物
・[　A　]である。

○　建築
・[　B　]である。
・ある価値を実現するための意図によって顕在化する考え方である。

○　建築の要素
用・・・建物の用途のこと。基本的な身体機能がほぼ同じなので、科学的に検証できる。
強・・・建物の強度のこと。重力を根拠に計算するから、どこでも結果は同じである。
（用・強）→ 科学
美・・・建物の美しさのこと。[　C　]。
（美）→ 芸術

(四)　【Ⅱ】の[A]と[B]に入る最も適切な言葉を、【Ⅰ】から[A]は十二字、[B]は二十五字で、それぞれ抜き出して書きなさい。

(五)　【Ⅱ】の[C]に入る言葉として最も適切なものを、次のア～エの中から一つ選んで、その記号を書きなさい。

ア　グローバル化が進む現代で、誰もが美しく感じることが必要である

イ　美しさの基準は人それぞれだが、自然のように誰もが美しく感じるものもある

ウ　人と違うことが唯一の価値をもち、変わらない反復性や再現性が重要である

エ　設計者の考えが表れており、住む人の日々の営みの記憶が蓄積するものである

(六)　【Ⅰ】の文章の構成や論理の展開の特徴として最も適切なものを、次のア～オの中から一つ選んで、その記号を書きなさい。

ア　初めに中心となる話題を提示し、その話題を再び問題提起の形で示しつつ説明を加えている。

イ　初めに結論を示して主張を明確にした後で、類似する事柄を取り上げつつ説明を加えている。

ウ　初めに身近な具体例を提示し、途中でその具体例から読み取れることを詳しく説明している。

エ　初めに仮説を立て、それが正しいことを示すために根拠となる数値をもとに論を進めている。

オ　初めに問題提起し、予想される反論に対する筆者の考えを古典の引用をもとに説明している。

四

一郎さんたちは、国語の授業で【Ⅰ】と【Ⅱ】の古典の文章を読み、【Ⅲ】のように話し合いました。後の(一)～(五)の問いに答えなさい。

【Ⅰ】　古典の文章

一一八四年一月、源《みなもとの》義経《よしつね》らは、平家を追って※1一の谷へ向かった。二月六日、義経は一部の兵を率いて、平家の陣の背後に位置する※2鵯越《ひよどりごえ》に迫った。

又武蔵国《むさしのくに》住人別府《べつぷの》小《こ》太郎《たらう》とて、生年《しやうねん》十八歳になる※3小冠《せうくわん》すすみ出《い》でて申しけるは、「父で候《さうら》ひし（父でありました）義重法師《よししげぼつし》がをしへ候ひしは（教えましたのは）、

あいだが二メートルのとき、杉材の梁《はり》※4の太さはどのくらい必要か」。こうした計算は、ドイツで計算しても、日本で計算しても、結果は同じです。地球の重力を考慮し、それを根拠にして計算するからそうなります。〈　ウ　〉

では「用」はどうでしょうか。ここでは人間の「身体機能」から考えてみましょう。二足歩行をする。ごはんを食べる。排泄《はいせつ》する。こうした基本的な身体機能は、たとえ国が違ってもそれほど変わりません。ですから、ある程度科学的に検証することができます。たとえば排泄というトイレの用途は、アルゼンチンでも、日本でも同じです。

一方で、「美」についてはどうでしょうか。「美」は芸術の世界に属するものです。何を美しいと感じるかは、人によって異なり、美しさの基準は曖昧《あいまい》なもの。一方で、たとえば自然のように誰にとっても美しいと感じられるものもあります。海も山も、森も川も、雲も雪も、雨も木も、美しい。〈　エ　〉

建築の美において中心的な役割を果たしているのは、自然の光の存在です。さきほど空間という言葉を定義する際に「［①］が知覚することで成立」すると述べましたが、太陽の光が建築を照らし出すことで、空間が立ち上がるのです。美しさは［②］によって導かれる。太陽という自然の恵みなのです。建築が「光の彫刻」と言われるのは、そのためです。

また、芸術の世界においては、人と違うことが唯一の価値をもつという側面もあります。ですので、反復して同じことを確認する科学と違って、「美」はもっと感覚的で自由な価値観の中にあるのです。言い換えると、頭で［③］に科学して、心で感性的に芸術するとも、とらえられるかもしれません。〈　オ　〉

このように科学である「用」と「強」、そして芸術である「美」をどのように組み合わせていくか。ここに設計者としての考え方が表れるのです。使い手としても、この建物はどのような用途が意図されているのか、どのような構造によって成立しているのか、どういう美が表現されているのか、という切り口から建築を見ることで自分なりに建築を読み取ることができます。そしてこの用・強・美の側面から見ていくことで、自身の建築に対する読み取り方を常にアップデート※5することができるのです。

（光嶋裕介「ここちよさの建築」による。）

※1　ここまで＝本文は、全4章のうちの2章によった。
※2　クライアント＝顧客《こきゃく》。
※3　ユーザー＝商品などの使用者。利用者。
※4　梁《はり》＝主に構造物の上部の重みを支えるために、柱の上にかけわたす水平材。
※5　アップデート＝データを最新のものに更新すること。

(一)　【Ⅰ】の［①］・［②］に入る言葉の組み合わせとして最も適切なものを、次のア～エの中から一つ選んで、その記号を書きなさい。

ア〔①　空間　②　芸術　〕
イ〔①　美　②　自然　〕
ウ〔①　住む人　②　建築家〕
エ〔①　人間　②　光　〕

(二)　【Ⅰ】の［③］に入る言葉として最も適切なものを、次のア～エの中から一つ選んで、その記号を書きなさい。

ア　慢性的　　イ　理性的　　ウ　感情的　　エ　主体的

(三)　【Ⅰ】には、次のページの一文が抜けている。補うのに最も適切な箇所を、【Ⅰ】の〈ア〉～〈オ〉の中から一つ選んで、その記号を書きなさい。

ができるでしょう。〈　ア　〉

「空間」と「場所」についてはどうでしょうか。「空間」は簡単に言うと、主体である人間のまわりを包み込むようにあるもので、それを人間が知覚することで成立します。人間が生きているあいだ、空間は常にその人にまとわりついています。人間が中心にあるものなので、「ここからここまでが空間だよ」というふうに客観的な線引きをすることは困難です。人間がいることではじめて空間が立ち上がるのです。

これに対し「場所」とは、単位として二次元で計測するものです（緯度・経度）。x軸とy軸の座標上の点のように二次元で示すことができるため、人間が不在でも成り立ちます。人がいなくても「○丁目○番地」と指し示すことができる「住所」が、これにあたります。

このように言葉を定義してみると、建築とは何かが少しずつ具体的に考えられるようになります。目に見えない「意図」や「価値」といった考え方が、人間を通して物質としての建物と結びつくことで、そこに意味が生まれ、「建築」や「空間」が立ち上がる。つまり建築は、「人間を主役とした器」なのです。

では、人間を主役とした器である建築とは、どのような要素から成り立っているのでしょうか。

ここでは、建築の古典と呼ばれる本を紐解《ひもと》いてみます。現存するヨーロッパ最古の建築書に、紀元前一世紀に活動したローマの建築家ウィトルウィウス（生没年未詳）が著した「建築書」という本があります。

この本の中でウィトルウィウスは、建築には「用・強・美」という三つの根本的な側面があると言っています。彼は、建築とは「強さと用と美の理《ことわり》が保たれるようになさるべきである」と述べ、次のように記しています。

> **強さの理は、基礎が堅固《けんご》な地盤まで掘り下げられ、材料の中から惜しげなく十分な量が注意深く選ばれている場合に保たれ、用の理は、場が欠陥なく使用上支障なく配置され、その場がそれぞれの種類に応じて方位に叶《かな》い工合《ぐあい》よく配分されている場合に保たれ、美の理は、実に、建物の外観が好ましく優雅であり、かつ肢体の寸法関係が正しいシュムメトリア〔対称〕の理論をもっている場合に保たれるであろう。**
>
> （『ウィトルーウィウス建築書〈普及版〉』森田慶一訳註、東海選書）

建築をつくるにあたっては、それが何をするための建築なのか、その用途を成立させるためにはどのような構造や強度をもたせるのか、それを美しくつくるにはどうすればよいのかを考えなければならない。用・強・美をいかに編み込んでいくのかが、建築家が建築をつくるときに解決しなければならないことであると、ウィトルウィウスは言っています。〈　イ　〉

ウィトルウィウスは二〇〇〇年も前のローマの建築家ですが、彼の述べていることは、現代の建築にそのまま通ずる重みがあります。

僕は、この用・強・美という三つの側面があることが、建築のおもしろさだと感じています。どういうことかと言うと、建築には「科学」に属している部分と、「芸術」に属している部分の両方があるということです。

科学に属しているのは「用」と「強」の側面です。科学の命題は反復性や再現性があること。科学は、誰がどう計算しても、まったく同じ答えが出ることを求めます。

まず「強」についてはわかりやすいでしょう。建築における強度の計算（構造計算）は、科学的なルールに則《のっと》って厳密におこなわれます。「この太さのヒノキの柱は、どれだけの荷重を支え得るか」「柱と柱の

(四) 【Ⅱ】の 希和子の悩みは人間関係以上に、自分自身にあるんだと思うよ。文芸部の目的が物語を創ることであると考えていて、物語れない自分に引け目を感じているんじゃないかな という花子さんの発言は、話し合いの中でどのような役割を果たしているか。最も適切なものを、次の**ア**～**エ**の中から一つ選んで、その記号を書きなさい。

ア 反対意見や賛成意見など、グループ内のさまざまな意見を一つにまとめる役割。

イ 前の人の発言の内容に共感し、さらに自分たちの生活にまで話題を広げる役割。

ウ 自分の考えを示すことで話し合いの展開を修正し、目的に沿って交流を進める役割。

エ 相手に発言を促すことで、登場人物の気持ちについて理解が深まるようにする役割。

(五) 【Ⅰ】の内容の説明として最も適切なものを、次の**ア**～**エ**の中から一つ選んで、その記号を書きなさい。

ア 希和子が自分の気持ちを見つめ直しつつ自己分析することで、文芸部での自分のあり方について考える姿を描いている。

イ 複雑な思いを抱えた希和子が、人との出会いを通して他者の悩みに共感することで精神的に成長していく姿を描いている。

ウ 自らの才能の有無について悩む希和子が、友人に支えられ次なる目標に向けて新たな出発をしようとする姿を描いている。

エ 周囲の人たちとの才能の違いを実感した希和子が、あらためて自分にしか書けない物語を書こうと試みる姿を描いている。

三

花子さんは、国語の授業で【Ⅰ】の文章を読み、【Ⅱ】のように内容をノートにまとめています。後の(一)～(六)の問いに答えなさい。

(【Ⅰ】はページごとに上段から下段に続いている。)

【Ⅰ】 授業で読んだ文章

建築は具体的にどのような要素から成り立っているのか。建築を構想し、つくる建築家は、どのような視点に立って設計をおこなっているのか。こうしたことを紹介しながら、みなさんがより主体的に建築に関わるためのいくつかの入り口を共有していきます。

まずは、建築に関する言葉の定義を整理しておきましょう。

僕※1はここまで、「建築」や「空間」という言葉を特に定義せずに使ってきましたが、これらの言葉の意味を改めて考えてみたいと思います。考えたいのは、「建築（architecture）」と「建物（building）」、「空間（space）」と「場所（place）」の違いです。

そんなことは意識したことがないという人が多いかもしれませんが、「建築」と「建物」は同じようで、同じものではありません。

「建物」は、物質としての建物そのもののことです。一方で「建築」は、ある価値を実現するために意図をもってつくられた建物、あるいはそうした意図によって顕在化する考え方のことです。

意図を込めるのは建築をつくる建築家や職人であったり、発注する※2クライアントであったりしますが、その意図を読み取るのはユーザー※3である住人になります。建築と人間は常にセットとしてあり、この建築の意図を交換することによって建築というものは存在しています。建築は人間の意図を伝達する媒体なのです。だから建築はモノであると同時に考え方でもあるということです。

また建築は、そこに住む人の日々の営みの記憶が蓄積されるものでもあります。そのため、建築とは「記憶の器」である、とも言うことにすることないよね。希和子は気にし過ぎじゃないの。

一郎　第一、希和子のおかげで文芸部が存続できたのだから、上級生らしく胸を張っていればいいのにね。

花子　ちょっと待って。希和子の悩みは人間関係以上に、自分自身にあるんだと思うよ。文芸部の目的が物語を創ることであると考えていて、物語れない自分に引け目を感じているんじゃないかな。

次郎　なるほど。「①そうか、わたしはやはりくやしかったのだ。物語れない己が。」と言っているからね。

明子　陸上に打ち込む妹と話をしたり、バレーボールに打ち込む友達のことを思い出したり、自分の中でどんどん考えが深まっているよ。

次郎　「②でも、わたしにはそんなものさえ、ないのだと思う。」というところからは、希和子がかなり落ち込んでいるのが伝わってくるよね。

一郎　妹の真沙美だって、友達の菜月だって、決して才能が豊かなわけではないのに、陸上やバレーボールに夢中になっているのも希和子はうらやましいんだろうね。そして、そうでない自分がいやなのだと思うよ。

花子　この物語の中心は、才能について悩む希和子の心の揺れなんじゃないかな。③自分の中に閉じ込めてきた感情に向き合い始めたから、希和子は自分には才能があるかどうかが気になるんだね。私自身も、部活動や習いごとをやっていて、自分には才能があるかどうか考えることがあるなあ。

明子　みんなの話を聞いていたら、希和子の悩みが見えてきたよ。

㈠　【Ⅰ】と【Ⅱ】に①そうか、わたしはやはりくやしかったのだ。物語れない己が とあるが、希和子は、「物語る」とはどうすることだと考えているか。最も適切なものを、次のア～エの中から一つ選んで、その記号を書きなさい。

ア　自分の才能を生かして、見たことや聞いたことを文章にまとめること。

イ　トップアスリートの美しい姿を見て、感じたことを豊かに表現すること。

ウ　文芸部員の一人として、他の部員と協力し、優れた小説を書くこと。

エ　体験や感想を述べるのではなく、小説や詩などを創作すること。

㈡　【Ⅰ】と【Ⅱ】に②でも、わたしにはそんなものさえ、ないのだと思う とあるが、このときの希和子の考えとして最も適切なものを、次のア～エの中から一つ選んで、その記号を書きなさい。

ア　才能がないから努力しても仕方がないと思っていたが、奮起して今後は友人に追いつこうという考え。

イ　才能がないとは感じていたが、くやしいと思う気持ちまでもない自分を認めざるを得ないという考え。

ウ　才能がないのだから、他の文芸部員のように自分を好きだと思える余裕などいっさいもてないという考え。

エ　才能がないと自覚しているので、自分の居場所として他に打ち込めるものを探していこうという考え。

㈢　【Ⅱ】の③自分の中に閉じ込めてきた感情 は【Ⅰ】のどの表現を言い換えているか。最も適切なものを、【Ⅰ】の本文中から十五字以上、二十字以内で抜き出して書きなさい。

「五千メートル」
つまり五キロ。自転車通学している学校までよりなお長い距離だ。
走者のフォームはそれぞれ個性があるが、トップアスリートが走る姿は美しいな、と思う。しなやかな足の運び。むだな肉のない身体《からだ》。残り一周の鐘が鳴ってスピードが上がる。※ストライドが伸びる。こんなふうには百メートルだって走れない。何千メートルも走ったあとなのに、まるで短距離選手みたいな走りで、ゴールに飛びこむ。
「ねえ、短距離と、長距離の選手って、性格とかもちがうの？」
わたしは真沙美に聞いてみた。
「ええ？　考えたことない。使う筋肉はちがうけど」
ちなみに真沙美は、リレーの助っ人として陸上をスタートさせたが、重視しているのは走り幅跳びで、大会などでは百メートルと二種目エントリーしているようだ。
「高校でもつづけるんだよね、陸上」
「うん。高校ぐらいまではね」
「やっぱり、陸上って、才能って関係する？」
「トップアスリートなら、あるかもね。けど、中学の部活レベルで、そんなこと言ってもねえ」
「そっか。まあ、そうだよね」
「けど、たまにいるよ。ああ、この子センスあるなって、感じさせる子。都大会とかに楽々出るようなタイプの。それって、やっぱ、才能なのかもしれない。そんな子にかぎって、練習ぎらいとかってうわさが流れて。それでも、あっさり勝っちゃう。ケロッとして走るしか能がないなんて自分で言っちゃったりして。くやしいとは思う。けど、しょうがないよね」
そんな才能はないと、真沙美は自分で思っている。たぶんそれは事実なのだろう。才能なんてほんとうにひとにぎりの人にしか与えられていないものだから。それでも陸上をつづけるのは、好きだから。その「好き」は十分に伝わってくる。それは、菜月からもあふれるほどに伝わる。バレーボール部員としてはめぐまれているとはいえない身長。好きの裏にひそむ、菜月のくやしさ。②でも、わたしにはそんなものさえ、ないのだと思う。
頭数として必要なのだと、文芸部での存在理由を説明してきた。うそではない。けれど、小説を書けるわけではないし、俳句も短歌も詩も作れない――封印していたはずのコンプレックスが、一年生部員の加入をきっかけに解き放たれて増殖していく。だから絵茉たちの言葉が痛い。だったら文芸部などやめてしまえばいいのだ。でも……。それを押しとどめるものはなんなのだろう。

（濱野京子「シタマチ・レイクサイド・ロード」による。）

※　ストライド＝歩幅。

【Ⅱ】　感想の交流の一部

一郎	希和子は直接言われたわけではないけれど、後輩の絵茉や梨津の自分に対する思いを聞いてきっとつらかったよね。僕なら二人に言い返すよ。
次郎	でも、希和子は言い返さなかったね。
花子	入部してから、ずっと、他の部員との違いは感じていたみたいだから、二人の言うとおりだと思ったのかな。
一郎	ただ、希和子だって文芸部員としてエッセイを書いたり、詩を書こうとしたり、努力していたじゃないか。
明子	そうだよね。入ってきたばかりの一年生の言葉なんて気

文章を書くのがきらいなわけではない。下手《へた》でもないと思う。たとえば、公園で花を見る。雨に遭う。商店街でにおいを感じる。そんな瞬間を言葉にしてみたいと思う。けれどそれは、物語ることではない。ほかの部員たちが、物語を生み出そうとしている中で、わたしだけがちがう。去年までは、さほど気に留めなかったそのことが、このところ気にかかってしかたがない。

自分の中からわきあがる豊かな物語があったら！　そういう能力がないこと——たぶんこれまでも、どこかでコンプレックスがあったという自覚はあるのだ。それが、血気盛んな一年の入部で、表にふきでてきたのだろうか。いや、そもそも、最初にわたしを打ちのめしたのは、いちばん親しい友人である楓香なのだ。

先刻、絵茉が口にした才能という言葉。そんなもの、十六、七でわかるはずがないと思う。そうした反論は、しかし、自分の才能を保証するものでもなんでもなくて、もとより、その持ち合わせにはまったく自信はない。

高校生の部活に才能などいるものか、とも思う。それでも、なんで文芸部にいるのかわからない、という梨津の言葉は、このところの自分のためらい、というか後ろめたさを、無理矢理外に引きずりだされるようで痛い。エッセイを書くことは逃げでもごまかしでもないはずだが、ここが自分の居場所だと思うことからは、逃げてきたのではないか。

一生に一作ぐらい、だれだって創作はできる、と山下さんに言われたのは、二月ごろだったろうか。だったら今でなくてもいいでしょう？　と反論したが、文芸部にいる今がチャンスだ、と相手は言葉をかぶせてくる。自分でできないと思っていることを、他人からおまえならできると言われるのも、けっこう傷つくことだと悟った。

詩が書けたらよかった。それで、いろいろ読んでみた。でも、自分の変な理屈っぽさが詩作のじゃまをするようで、結局あきらめた。

エッセイストだって、作家だよ、と楓香に言われたこともある。でも、自分からそれを言うのは、少しくやしい。それを口にしたのが楓香だからなおさらに。①そうか、わたしはやはりくやしかったのだ。物語れない己が。

毎年、陸上の日本選手権は、六月に行われる。同じ陸上競技といっても、正月の駅伝ほど世間に注目されているわけではなさそうだが、陸上部の真沙美にとっては、かなり関心が高いイベントのようで、録画までして観《み》ている。

テレビは、トラックを走る汗だくの選手を映しだしている。梅雨時とはいえ、晴れた日ならば気温はかなり上がるだろう。

「もっとすずしい時期にやればいいのに」

母が、桃をむきながら言った。

「高校野球とかもね。炎天下で連日だよ」

真沙美は、母がむいたばかりの桃に手を伸ばしながら言ったが、目はしっかりと画面に向いている。

日本の夏はどこも暑い。北海道でも三十度を超すが、その暑すぎる夏にも、スポーツは行われる。野球もサッカーも。憑《つ》かれたように熱中する。夢中になる。ただ一筋に打ちこめるもの……。わたしにはない。

今、テレビの画面に映っているのは、長距離のようで、選手たちはグラウンドをただただ何周も走りつづけている。

「これ、どれくらい走るの？」

と聞くと、真沙美がぼそっと答える。

㈢　次の(1)～(4)の――部について、漢字の部分の読みを平仮名で、片仮名の部分を漢字で書きなさい。

(1)　質問して発言の真偽を確認する。

(2)　目を背ける。

(3)　キュウキュウ車に乗る。

(4)　ヤサしい問題を解く。

㈣　次の(1)～(3)の [A] ～ [C] に入る言葉の組み合わせとして最も適切なものを、後のア～エの中から一つ選んで、その記号を書きなさい。

(1)　発表会には不安があった。[A] 予想以上にうまくできた。

(2)　電車で行くか、[B] バスで行くか、よく考えよう。

(3)　「ロケット」は外国語から日本語に取り入れられた語だ。[C] 外来語だ。

ア　A だから　B ただし　C つまり

イ　A しかし　B ただし　C そして

ウ　A だから　B あるいは　C そして

エ　A しかし　B あるいは　C つまり

㈤　次の文章の①～③の――部の言葉の意味として最も適切なものを、それぞれ後のア～エの中から一つ選んで、その記号を書きなさい。

> スポーツの試合を新聞記事にするのは、なかなか①骨だ。記事を書く際には、読み手に試合の流れを分かりやすく伝える表現力が必要である。競技のルールに関する知識も大事だ。これらを身につける努力をすれば、スポーツ担当記者としての②見通しは明るいだろう。③筆が立つ新聞記者はこうした能力をもっている。

(1)　①骨だ

ア　困難だ　イ　簡素だ　ウ　地味だ　エ　独特だ

(2)　②見通しは明るい

ア　物事が分かっている　イ　将来に期待がもてる

ウ　周囲の評価が高い　エ　信用が得られる

(3)　③筆が立つ

ア　文章を書く回数が多い　イ　文章を美しい文字で書く

ウ　文章を書くのが上手である　エ　文章を編集する

二　一郎さんたちは、国語の授業で【Ⅰ】の文章を読み、【Ⅱ】のように読みを深めるための感想の交流を行いました。後の㈠～㈤の問いに答えなさい。（【Ⅰ】はページごとに上段から下段に続いている。）

【Ⅰ】　授業で読んだ文章

湯浅希和子《ゆあさきわこ》は高校二年生で、陸上部に所属する中学生の妹の真沙美《まさみ》がいる。友人には、同級生でバレーボール部員の森重菜月《もりしげなつき》や、文芸部員の坂本楓香《さかもとふうか》がいる。希和子は楓香に誘われ、文芸部に所属している。文芸部員は三年生の山下《やました》さん、後輩の二人を含め七人である。

希和子は、作品の創作に熱心に取り組む他の部員と自分に違いを感じていた。ある日、後輩の村岡絵茉《むらおかえま》や横山梨津《よこやまりつ》が、エッセイばかりを書く希和子について、「なんで文芸部にいるのか、いまいちよくわからない」「文芸の才能あるのかなあ」などと話していた。次は、希和子がそれを立ち聞きしてしまった後の場面である。

＜国語＞

時間　五〇分　満点　一〇〇点

一　次の㈠～㈤の問いに答えなさい。

㈠　光太郎さんの学校では、昨年に引き続き、総合的な学習の時間で手話について学ぶことになりました。そこで、地域で手話のボランティアをしている山本さんを今年も講師として招くことにしました。

次の文は、担任の木村先生を通して山本さんに依頼をした後で、光太郎さんが書いた山本さんへの日程調整をお願いするための改まった手紙です。これを読んで後の(1)～(4)の問いに答えなさい。

【山本さんへの日程調整をお願いする手紙】

（　Ⅰ　）

［A］。［B］。

先日は、手話の講師を引き受けてくださり、ありがとうございます。

今年は、さらに多くのことを教えていただきたいと考えています。

つきましては、事前のごあいさつと、打ち合わせのための時間をいただきたいと存じます。わたしのグループのメンバー四人が行くのに、ご都合のよろしい日をご連絡いただけると幸いです。

お忙しいところ恐れ入りますが、よろしくお願いいたします。

（　Ⅱ　）

令和五年十月二十日

青空中学校二年一組

鈴木光太郎

山本一男　様

(1)　（Ⅰ）・（Ⅱ）に入る言葉の組み合わせとして最も適切なものを、次のア～エの中から一つ選んで、その記号を書きなさい。

ア　Ⅰ　前略　Ⅱ　敬具　　イ　Ⅰ　拝啓　Ⅱ　敬具

ウ　Ⅰ　拝啓　Ⅱ　草々　　エ　Ⅰ　前略　Ⅱ　草々

(2)　［A］に入る時候の挨拶として最も適切なものを、次のア～エの中から一つ選んで、その記号を書きなさい。

ア　あじさいが美しい季節になりました

イ　寒さが身にしみる頃になりました

ウ　夏の暑さがおさまる頃になりました

エ　紅葉がより鮮やかになってきました

(3)　［B］に入る相手の安否《あんぴ》を尋ねる文を「山本様」、「いかが」という言葉を使い、十五字以上、二十五字以内の一文で適切に書きなさい。

(4)　光太郎さんは、山本さんに手紙を送る前にグループの友達に読んでもらいました。そして 行く について、敬語にした方がよいという意見をもらったので、光太郎さんは書き直すことにしました。最も適切な敬語を、次のア～エの中から一つ選んで、その記号を書きなさい。

ア　おいでになる　　イ　いらっしゃる

ウ　うかがう　　エ　ご覧になる

㈡　次のア～エの行書で書かれた漢字を楷書で書いたときに、総画数が一番多いものを一つ選んで、その記号を書きなさい。

ア　滋　イ　棒　ウ　福　エ　揮

MEMO

大切なことはメモしておこうネ！

2024年度

解　答　と　解　説

《2024年度の配点は解答用紙集に掲載してあります。》

＜数学解答＞

1　(1)　①　-6　②　$-2x-9y$　③　$2ab$　④　$2\sqrt{3}+3\sqrt{2}$　(2)　エ

2　(1)　イ　(2)　ウ　(3)　ア　(4)　エ

3　(1)　ア，オ　(2)　$\frac{50}{3}$(cm^2)　(3)　Ⅰ　ウ　Ⅱ　CB＝CF

Ⅲ　2組の辺とその間の角

4　(1)　イ　(2)　①　$\frac{1}{6}$　②　$\frac{5}{18}$

5　(1)　10(cm)　(2)　①　イ　②　(36, 16)

6　(1)　オ　(2)　①　$(32+4\sqrt{2})$(cm^2)　②　$\frac{20\sqrt{2}}{9}$(cm^3)

＜数学解説＞

1 (数・式の計算，平方根，因数分解)

(1)　①　**異符号の2数の和の符号は絶対値の大きい方の符号で，絶対値は2数の絶対値の大きい方から小さい方をひいた差**だから，$3-9=(+3)+(-9)=-(9-3)=-6$

②　**分配法則**を使って，$-3(x+2y)=(-3)\times x+(-3)\times 2y=-3x-6y$だから，$-3(x+2y)+(x-3y)=-3x-6y+x-3y=-3x+x-6y-3y=(-3+1)x+(-6-3)y=-2x-9y$

③　$3a^2b\times 4b\div 6ab=3a^2b\times 4b\times\frac{1}{6ab}=\frac{3a^2b\times 4b}{6ab}=2ab$

④　**分配法則**を使って，$\sqrt{6}(\sqrt{2}+\sqrt{3})=\sqrt{6}\times\sqrt{2}+\sqrt{6}\times\sqrt{3}=\sqrt{6\times 2}+\sqrt{6\times 3}=\sqrt{2\times 3\times 2}+\sqrt{2\times 3\times 3}=2\sqrt{3}+3\sqrt{2}$

(2)　たして$+7$，かけて-8になる2つの数は，$(-1)+(+8)=+7$，$(-1)\times(+8)=-8$より，-1と$+8$だから$x^2+7x-8=\{x+(-1)\}\{x+(+8)\}=(x-1)(x+8)$

2 (角度，資料の散らばり・代表値，不等式，関数$y=ax^2$)

(1)　△CDEの**内角と外角の関係**から，∠DCE＝∠AED－∠CDE＝74°－39°＝35°　正三角形の1つの内角の大きさは60°だから，∠BCD＝∠ACB－∠DCE＝60°－35°＝25°

(2)　**箱ひげ図**とは，右図のように，**最小値，第1四分位数，第2四分位数(中央値)，第3四分位数，最大値**を箱と線(ひげ)を用いて1つの図に表したものである。問題の表より，最小値は1回，最大値は9回である。また，**四分位数**とは，全てのデータを小さい順に並べて4つに等しく分けたときの3つの区切りの値を表し，小さい方から第1四分位数，第2四分位数，第3四分位数というから，第1四分位数は小さい方から3番目の3回，第2四分位数は小さい方から5番目と6番目の**平均値**$\frac{3+4}{2}=3.5$(回)，第3四分位数は大きい方から3番目の6回である。

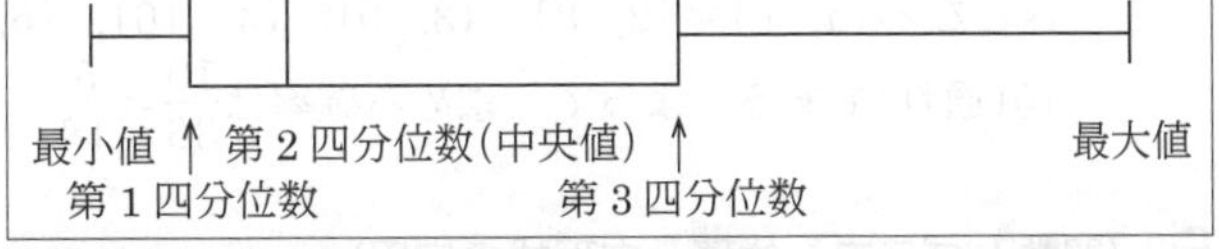

(3)　割引券を使わないとき，大人2人と子ども3人の入園料の合計は，x(円)×2(人)＋y(円)×3(人)＝$2x+3y$(円)　ここで，500円の割引券を1枚使うと，入園料の合計は$2x+3y-500$(円)となり，これが4000円より安くなったから，この数量の関係を表す不等式は$2x+3y-500<4000$である。

(4)　問題のxの**変域**を$-1\leqq x\leqq a$，yの変域を$b\leqq x\leqq 18$とする。関数$y=2x^2$は，原点を通り，y軸について対称な上に開いたグラフであることから，xの変域の両端の値のうち**絶対値**の大きい方で，yの値は最大の18になる。そして，$x=-1$のとき$y=2\times(-1)^2=2$であることから，$x=a$のときyの値は最大の18になり，$18=2a^2$が成り立つ。これを解いて，$a=\pm 3$　$-1\leqq a$であるから，$a=3$であり，xの変域は$-1\leqq x\leqq 3$に決まる。これより，xの変域に0を含むから，関数$y=2x^2$は$x=0$で最小値$y=0$となり，$b=0$であり，yの変域は$0\leqq y\leqq 18$に決まる。

3 (平面図形，角度，面積，合同の証明)

(1)　EF//BDより，**平行線の同位角は等しい**から，∠EBD＝∠CEFである。同様にして，**平行線の錯角も等しい**から，∠BDE＝∠FEDである。

(2)　直線ℓ//直線mより，△ABE∽△DCEであり，**相似比**はAB：DC＝3：6＝1：2だから，**面積比**は$1^2:2^2=1:4$である。これより，△DCE＝4△ABE＝4×5＝20(cm^2)　△DEFと△DCEで，**高さが等しい三角形の面積比は，底辺の長さの比に等しい**から，△DEF：△DCE＝DF：CD＝(CD−CF)：CD＝(6−1)：6＝5：6　よって，△DEF＝△DCE×$\frac{5}{6}$＝20×$\frac{5}{6}$＝$\frac{50}{3}$(cm^2)である。

(3)　(Ⅱの補足説明)△CBFにおいて，ED//BFなので，CE：CB＝CD：CF…④　さらに，①よりCD＝CE＝6(cm)だから，これを④に代入して，6：CB＝6：CF　6CB＝6CF　CB＝CF…③

4 (図形と確率，数の性質，円の性質)

(1)　6枚の赤色のカードから1枚引く引き方は，1，2，3，4，5，6の6通り。そのそれぞれの引き方に対して，6枚の青色のカードから1枚引く引き方が，7，8，9，10，11，12の6通りずつあるから，全てのカードの引き方は6×6＝36(通り)。このうち，赤色のカードに書かれた数をa，青色のカードに書かれた数をbとしたとき，$a+b$が3の倍数となるのは，(a，b)＝(1，8)，(1，11)，(2，7)，(2，10)，(3，9)，(3，12)，(4，8)，(4，11)，(5，7)，(5，10)，(6，9)，(6，12)の12通り。よって，求める確率は$\frac{12}{36}=\frac{1}{3}$

(2)　①　コマを置いた2つの点が，問題の円の直径の両端となるのは，(a，b)＝(1，7)，(2，8)，(3，9)，(4，10)，(5，11)，(6，12)の6通り。よって，求める確率は$\frac{6}{36}=\frac{1}{6}$

②　番号aの点をA，番号bの点をB，番号1の点をCとする。**直径に対する円周角は90°である**ことから，番号1の点Cとコマを置いた2つの点A，Bが，直角三角形の3つの頂点となるのは，辺BCが直径となる(a，b)＝(2，7)，(3，7)，(4，7)，(5，7)，(6，7)の5通りと，辺ABが直径となる(a，b)＝(2，8)，(3，9)，(4，10)，(5，11)，(6，12)の5通りの，全部で5＋5＝10(通り)である。よって，求める確率は$\frac{10}{36}=\frac{5}{18}$

5 (関数とグラフ，体積，方程式の応用)

(1)　求める水面までの高さを$h$cmとすると，空の水そうに入った水の体積20(cm)×30(cm)×h(cm)＝600h(cm^3)は，60秒間に給水口から出た水の量の毎秒100(cm^3)×60(秒間)＝6000(cm^3)に等しいから，600h＝6000より，h＝10　60秒後の水そうの底面から水面までの高さは10cmである。

(2)　①　水そうの底面から水面までの高さが15cm(y＝15)になるのは，(20(cm)×30(cm)−20

(cm)×20(cm))×15(cm)＝毎秒100(cm^3)×x(秒)を解いて，x＝30より，水を入れ始めてから30秒後。水そうの底面から水面までの高さが25cm(y＝25)になるのは，20(cm)×30(cm)×25(cm)－20(cm)×20(cm)×15(cm)＝毎秒100(cm^3)×x(秒)を解いて，x＝90より，水を入れ始めてから90秒後。よって，実験Ⅱについて，満水になるまでのグラフは，点(30，15)，(90，25)を通るグラフとなる。

② 15≦y≦25のとき，水そうの底面から水面までの高さが$y$cmになるのは，20(cm)×30(cm)×(25－y)(cm)＝毎秒150(cm^3)×x(秒)　yについて解いて，$y=-\frac{1}{4}x+25$…㋐　0≦y≦15のとき，水そうの底面から水面までの高さが$y$cmになるのは，20×30×(25－15)＋(20×30－20×20)×(15－y)＝150×x　yについて解いて，$y=-\frac{3}{4}x+45$…㋑　これより，実験Ⅲの結果のグラフは右図の破線のようになる。よって，求める交点の座標は，2点(30，15)，(90，25)を通る直線と，直線㋐との交点である。2点(30，15)，(90，25)を通る直線は，傾きが$\frac{25-15}{90-30}=\frac{1}{6}$なので，$y=\frac{1}{6}x+b$とおいて座標(30，15)を代入すると，$15=\frac{1}{6}\times30+b$　$b=10$　よって，直線の式は$y=\frac{1}{6}x+10$…㋒　㋐と㋒を連立方程式として解いて，x＝36，y＝16　求める交点の座標は(36，16)である。

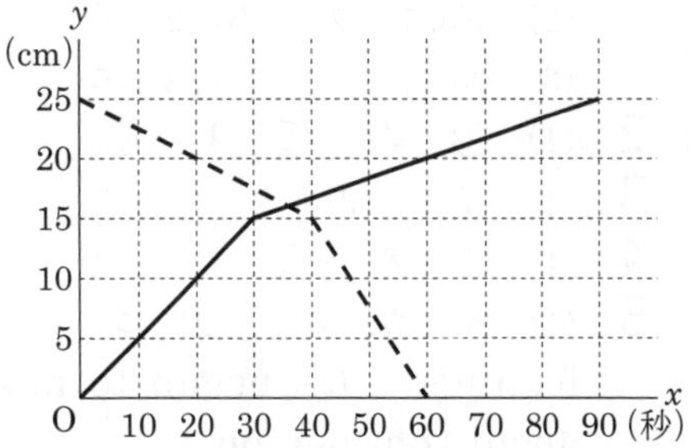

6 (空間図形，空間内の2直線の位置関係，表面積，体積)

(1) **空間内で，平行でなく，交わらない2つの直線はねじれの位置にあるという。**直線ABと平行な直線は，直線DEの1本。直線ABと交わる直線は，直線AC，直線AD，直線BC，直線BEの4本。直線ABとねじれの位置にある直線は，直線CF，直線DF，直線EFの3本である。

(2) ① 点Aから辺BCへ垂線AHを引くと，△ABCはAB＝ACの二等辺三角形で，**二等辺三角形の頂角からの垂線は底辺を2等分する**から，$BH=BC\times\frac{1}{2}=2\times\frac{1}{2}=1$(cm)　△ABHに**三平方の定理**を用いると，$AH=\sqrt{AB^2-BH^2}=\sqrt{3^2-1^2}=2\sqrt{2}$(cm)　よって，$\triangle ABC=\frac{1}{2}\times BC\times AH=\frac{1}{2}\times2\times2\sqrt{2}=2\sqrt{2}$(cm^2)　また，三角柱ABCDEFを展開すると，側面は縦4cm，横3＋2＋3＝8(cm)の長方形になるから，側面積＝4×8＝32(cm^2)　以上より，求める表面積は，△ABC×2＋側面積＝$2\sqrt{2}\times2+32=(4\sqrt{2}+32)$(cm^2)である。

② 右図のように，3点A，D，Pを通る平面で考える。この平面と辺EFとの交点をSとし，点Rから線分PSへ垂線RTを引く。前問①の結果より，$AP=AH=2\sqrt{2}$(cm)　△ADPに三平方の定理を用いると，$DP=\sqrt{AD^2+AP^2}=\sqrt{4^2+(2\sqrt{2})^2}=2\sqrt{6}$(cm)　△ADP∽△RDQで，相似比はDP：DQ＝$2\sqrt{6}$：1だから，$DR=DA\times\frac{1}{2\sqrt{6}}=4\times\frac{1}{2\sqrt{6}}=\frac{\sqrt{6}}{3}$(cm)　RT//DSより，**平行線と線分の比についての定理**を用いると，RT：DS＝PR：DP　$RT=\frac{DS\times PR}{DP}=\frac{AP\times(DP-DR)}{DP}=\frac{2\sqrt{2}\times\left(2\sqrt{6}-\frac{\sqrt{6}}{3}\right)}{2\sqrt{6}}=\frac{5\sqrt{2}}{3}$(cm)

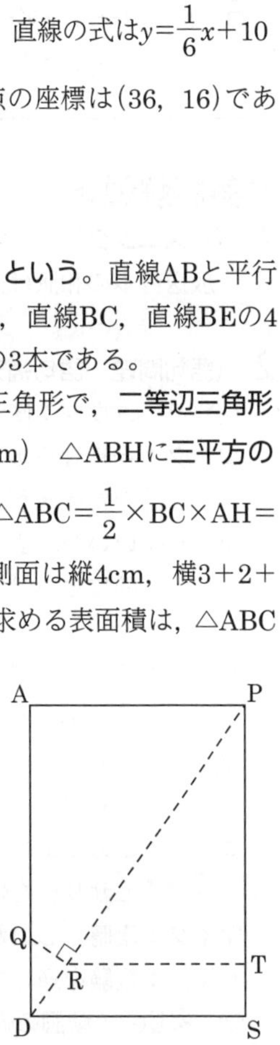

よって，三角すいRPEFの底面を△PEFとしたときの高さは線分RTだから，求める体積は$\frac{1}{3}\times\triangle \mathrm{PEF}\times \mathrm{RT}=\frac{1}{3}\times\left(\frac{1}{2}\times \mathrm{EF}\times \mathrm{PS}\right)\times \mathrm{RT}=\frac{1}{3}\times\left(\frac{1}{2}\times 2\times 4\right)\times\frac{5\sqrt{2}}{3}=\frac{20\sqrt{2}}{9}$ (cm^3)である。

＜英語解答＞

1　(1)　No. 1　ア　　No. 2　ウ　　No. 3　イ　　No. 4　エ　　No. 5　ウ
(2)　No. 1　ウ　　No. 2　イ　　No. 3　ウ　　No. 4　エ
(3)　No. 1　ウ　　No. 2　エ　　(4)　①　イ→ア→エ　　②　three

2　(1)　①　イ　　②　キ　③　ア　　④ ク　　⑤　ケ　　⑥　カ

3　(1)　イ　　(2)　ウ→イ→ア

4　(1)　①　ア　　②　イ　　③　ウ　　④　エ　　⑤　ウ　　(2)　Why do you

5　(1)　イ，カ，ク　　(2)　エ　　(3)　①　ウ　　②　イ　　(4)　①　express his true feelings　　②　began to miss　　(5)　a good way to show that we think about that person

6　①　カ→オ→ア→イ→エ　　②　ア→オ→カ→ウ→エ　　③　ウ→ア→エ→イ→カ
④　エ→カ→オ→ウ→ア

＜英語解説＞

1 (リスニング)

放送台本の和訳は，64ページに掲載。

2 (語句問題：語句補充，受け身，形容詞，仮定法，副詞，動名詞)

(全訳) コウジ：修学旅行中にどこに行ったらいいかな？　何か考えはある，マイク？

マイク：今年は日本で2年目だからもっと日本の歴史や伝統文化について知りたいな。特に古いお寺に興味があるよ。

コウジ：いいね。よく百聞は一見に如かずって言うよね。ヒバリ寺に最初に行こう。これは500年前にヒバリ湖のそばに①(建てられた)んだ。それに美しい花の庭でとても②(有名な)んだよ。

ハル　：そのお寺で茶道をすることができるよ。私は学校の茶道部に③(所属している)からそこでそれをやってみたいな。歴史上の偉大な人たちと茶道が④(できたら)いいなあ。

マイク：僕もだよ。⑤(それに)，日本の茶道は今世界中でとても人気だよね。僕は着物や織物がとても面白いとも思っているんだ。

コウジ：このウェブサイトによると，そのことについて学べる場所がいくつかあるよ。織物のアクセサリーを織るのを試してみるのはどう？　お母さんへのいいプレゼントになるよね。

マイク：素晴らしいね！　この旅行で日本の歴史や伝統文化についてたくさん学べるね。

ハル　：経験を通して⑥(学ぶこと)は必要だよね！　じゃあ，次にどこへ行くか決めよう！

①　<be ＋動詞の過去分詞>で「～される」という受身の表現。　②　be famous for「～で有名な」　③　belong to ～「～に所属する」　④　**I wish I could ～で「～できたらいいな」**　⑤　besides「そのうえ，さらに」　⑥　動詞の～ing 形で動名詞「～すること」という意味を表

すことができる。

3 (短文読解問題：内容真偽，文の並べ換え)

(1)　(全訳)

何か青いものを見たときにどう思いますか？　ある人たちにとっては青色は気分を落ち着かせるものです。他の人たちにとっては悲しい気持ちにさせるものです。そのことについて友達と話すと，彼らも同じような気持ちになります。しかし，私の大好きなサッカーチームのメンバーが青いユニフォームを着ているので，青色はよく私を興奮させます。その選手たちのパフォーマンスはいつも私にやる気とエネルギーを与えてくれます。このように，同じ色について様々な人たちが様々な気持ちを持っているかもしれません。ではみなさんはどう思いますか？

ア 「全ての人が何か青色を見ると悲しくなる」(×)　第2，3文参照。　イ 「ある色を見ると，それぞれの人がそれについて異なる感情を持つかもしれない」(○)　第7文参照。　ウ 「タカは大好きなチームにやる気とエネルギーを与えるために青いユニフォームを着る」(×)　第6文参照。

エ 「タカは青色について友達の気持ちにいつも同意する」(×)　第4，5文参照。

(2)　(全訳)

「朝活」という言葉を聞いたことがありますか？ 「朝」は午前の早い時間のことを意味していて，「活」は活動を意味しています。朝活のために人は早起きをして朝の時間を活用します。仕事に行く前に勉強をする人がいます。毎朝歩いたり走ったりして楽しむ人たちもいます。早起きをして毎日このような活動をするのは大変だと思うかもしれません。でもこのことを心配する必要はありません。週1回だけ朝活をし始めるので大丈夫です。朝活をしていい状態で一日を始めてみたらどうでしょうか？

ウで朝活の例が1つあげられていて，イでは also「～も」があるので2つ目の例だと考える。アの these activities「これらの活動」が指すものはウとイの例なので最後に来ることがわかる。

4 (対話文問題：語句補充)

(全訳)　エリオット：やあ，ユウキ。僕が見るときはいつも本を読んでいるね。

ユウキ　　：やあ，エリオット。うん，僕は読書がとても好きなんだよ。本を借りに学校の図書室に行ったんだ。

エリオット：それはいいね。今回はどんな本を借りたの？

ユウキ　　：ええとね，このグラフは①(歴史)の本がこの学校で一番人気だと表してるんだよ。だからこの種類の本を借りたよ。この本を家に持って帰りたいんだけどちょっと問題があって…。

エリオット：何？

ユウキ　　：高校ではたくさん教科書があるよね。とても重いから図書館の他の本をそれと一緒に運ぶのが難しいよ。

エリオット：ああ，なるほど。電子書籍を読んでみたことはある？

ユウキ　　：スマートフォンで読むってこと？

エリオット：うん，でもタブレットコンピュータみたいなどんな端末も使えるよ。紙の本と電子書籍の両方にいい点があるよね。この学校の生徒の②(約40%)が紙と電子書籍の両方を読んでるね。

ユウキ　　：端末で読書することについて考えたことがなかった。

エリオット：僕は電車で学校に通学するときにスマートフォンでときどき本を読むよ。他のグラフによるとこの学校の生徒の約30％が③(電車やバスに乗っているときに)読むのを楽しんでいるね。電子書籍は彼らにとってより役立っているんだと思うな。

ユウキ　　：そうか…。

エリオット：このグラフも面白い。多くの生徒たちが電子書籍を使うことで④(どこでも読める)と思っているよ。僕もそれが電子書籍の一番いい点だと思う。読むのに便利だよ。

ユウキ　　：たくさんの重い本を持ち運ぶ必要がないならうれしいな。今タブレットコンピュータで読書するのに興味があるけど，まだ紙の本の方がすきだな。

エリオット：どうして紙の本が好きなの？

ユウキ　　：僕の本棚に本を集めて保管するのが好きなんだ。実は将来図書館で働きたいんだ。

エリオット：本当？　夢がかなうといいな。

(1)　①　グラフの What kind of book do you like?「どんな本が好きですか」を見ると一番人気なのは history とある。　②　グラフの Which do you read, paper books or e-books?「紙の本と電子書籍のどちらを読みますか」を見ると Both「両方」が39％なのでイがふさわしい。　③　グラフの When do you usually read books?「普段いつ本を読みますか」を見ると約30％なのは電車やバスに乗っているときとわかる。　④　グラフの What is the best thing about e-books?「電子書籍の一番いい点はなんですか」を見ると71％が「どこでも読める」と答えている。　⑤　最後のユウキの発話はなぜ紙の本が好きかに対する返答。また最後にエリオットが「夢がかなうといいな」と言っているので将来の夢を語っているウがふさわしい。

(2)　直前にユウキが紙の本の方が好きだと言っており，直後に理由を述べているので Why「なぜ」の疑問文になると考える。現在のことを話しているので一般動詞の現在形の疑問文<do you ＋動詞の原形～？>となる。

5 (長文読解問題・スピーチ：内容真偽，文挿入，語句補充，英問英答)

(全訳)「ブライアン，一緒に家まで歩こうよ」とシンジが言いました。ブライアンとシンジは同じ中学校に通っています。ブライアンは約2年前にカナダから日本に来ました。彼らはクラスと野球チームの活動を通してすぐに親友になりました。

午前中，ブライアンとシンジは国語の授業中でした。彼らの先生であるヨシダ先生が生徒たちに「次の授業で誰かに手紙を書きます。誰に送りたいですか？　その時までに決めておいてください」と言いました。

家に帰る途中シンジはブライアンに「誰に手紙を書くか決めた？」と聞きました。ブライアンは「カナダに住んでいる祖母に手紙を書くよ。先月から病気で入院しているんだ。いつもどうにかして彼女とコミュニケーションを取りたいと思っていたから，元気づけるために彼女に手紙を送ることにしたよ」と答えました。

次の日の授業でブライアンはヨシダ先生に「カナダにいる祖母に手紙を書くつもりです。彼女は英語と日本語の両方がわかるけど，でも英語で書きたいです。自分の本当の気持ちは日本語では表せません」と言いました。ヨシダ先生は彼に「問題ないですよ。英語で手紙を書いて大丈夫です。あなたの手紙がおばあさんを喜ばせるといいですね」と言いました。

ブライアンは書き始めると手紙で自分の気持ちを表すのが大変だと気がつきました。彼はソーシャルメディアを通してコミュニケーションを取ることと手紙を書くことは本当に違うと思いました。祖母が手紙を読んだ後にどんな気持ちになるか想像しました。彼は手紙で彼女を元気づけたかったのです。

手紙を送ってから数週間後ブライアンは祖母から返信を受け取りました。そこで彼女は手紙をもらってとても驚いたと言っていました。彼女はまた「あなたの手紙が私を回復させてくれたし，一生大切にする」と言っていました。ブライアンはとても嬉しく思いました。彼はとても感動したので彼女がいなくてさみしく思い始めました。エ同時に彼は手紙の力に気がつきました。

次の日，ブライアンはシンジに，ブライアンの祖母と手紙の交換をすることについて話しました。シンジもそれを聞いてとても嬉しく思いました。彼は「誰かに手紙を書くことは時間がかかるけど，その人について考えていることを表す良い方法だね」と言いました。ブライアンは同じように思いました。

2か月後，ブライアンは祖母からもう一通の手紙を受け取りました。その手紙で彼女は回復して退院して家に戻ったと言っていました。ブライアンは彼女が毎日彼の手紙を読んでいることがわかりました。彼女の手紙を読み終わったとき，彼は最後の言葉が少しにじんでいることに気がつきました。「多分彼女の涙…」と彼は思いました。

(1)　ア「ブライアンとシンジは違う学校へ行っているが同じ野球チームだ」(×)　第1段落参照。　イ「ブライアンはカナダから来てから約2年間日本にいる」(○)　第1段落第3文参照。　ウ「ヨシダ先生はブライアンとシンジが日本語で手紙を書くのを手伝った」(×)　第4段落参照。　エ「ブライアンの祖母は英語だけわかる」(×)　第4段落参照。　オ「ブライアンは手紙を書いたとき自分の気持ちを表現することは簡単だと思った」(×)　第5段落第1文参照。　カ「ブライアンの手紙は祖母を驚かせ，彼女をより良い気分にさせた」(○)　第6段落参照。　キ「ブライアンはシンジに祖母との手紙交換について話さなかった」(×)　第7段落参照。　ク「ブライアンの祖母はまた健康になり退院した」(○)　最終段落参照。

(2)　挿入する文はブライアンが手紙の良い点を感じたことがわかるので手紙を書いたあと，そして嬉しい気持ちになったときだと考える。アとイはまだ手紙を書いていない。ウは書いていて手紙の難しさを感じている段落。エは手紙が祖母を回復させて喜ばせた段落なのでふさわしい。**at the same time**「同時に」

(3)　①　完成した英文はウ「ヨシダ先生は生徒たちに誰に手紙を書くか決めるように言った」となる。第2段落参照。　②　完成した英文はイ「ブライアンはソーシャルメディアでメッセージを送ることと手紙を書くことは違うことだと理解した」となる。第5段落第2文参照。

(4)　①　「ブライアンが祖母への手紙を書くのに英語を使いたかったのはなぜですか」解答は「彼は英語で本当の気持ちを表したかったから」となる。第4段落のブライアンの発話を参照する。本文の my true feelings の my「私の」を his「彼の」に変えることに注意する。　②「祖母から1つ目の手紙を受け取ったときブライアンはどう感じましたか」解答は「彼はとても嬉しく思い，彼女がいなくてさみしく思い始めた」となる。第6段落第5文を参照。

(5)　完成した全文は「やあ，シンジ！　その後どう？　この手紙を書き始めたときクラスで手紙を書いたことを思い出したよ。きみの言葉も思い出した。誰かに手紙を書くことは(その人について考えていることを表す良い方法)だと僕は本当に思うよ。」第7段落のシンジの発話を参照。

6　(語句並べ換え：間接疑問文，助動詞，目的語と補語，不定詞，接続詞，比較，分詞)

(全訳)　マサト：僕の父は水戸にレストランがあるんだけど，僕に①(そのレストランをもっとよくするために何をすべきか)聞いてきたんだ。

シオリ：えーっと，このウェブサイトのお客さんの投稿を見てみたらどう？

レイラ：この投稿全部で料理がおいしいって言ってるね。

マサト：それを聞いて嬉しいけど，Aさんと②(Bさんの投稿ではこのエリアの他のレストランよりも価格が高いと言ってるね)。それは事実かもしれない…。うーん，他のコメントはある？

シオリ：ちょっと待ってね。多分Cさんの投稿が役立つかも。彼女は「私には③(一人分の料理の量が多すぎた)」と言ってるね。

マサト：じゃあ，お客さんに少なめの量の料理を選んでもらうサービスについて話してみるよ。

レイラ：いいね！　それに彼女はメニューの問題についても話しているね。④(日本語だけじゃなくて様々な外国語で書かれたもう一つのメニュー)を作るのはどう？

シオリ：それはいい考えだね！

マサト：どうもありがとう。父はとても喜ぶよ。

① (～ and he asked me what)he should do to make the restaurant(better.) asked me の後ろに疑問詞で始まる文が続いている間接疑問文。疑問詞の後ろは主語，(助)動詞の語順になるので，what should he ではなく what he should となる。**<make ＋人・もの・こと＋形容詞・名詞・過去分詞>で「(人・もの・こと)を～にする」**という表現。ここでは make the restaurant better で「レストランをよりよくする」の意味。不要な語句はウ。

② (～ but the posts by Mr. A and)Mr. B say that the prices are higher(than the prices at other restaurants in this area.)イのMs. Cは値段について述べていないので不要。say that の that は接続詞で後ろに主語と動詞のある文が続き「～ということを言っている」の意味を表す。**<形容詞の比較級＋ than ～>で「～より(形容詞)だ」**という比較の表現。ここでは high「高い」の比較級 higher than となる。

③ (She says, "The)amount of food in each dish was too large(for me.) Cさんの投稿では量が多いとあるので不要な語はオ。amount「量」

④ (How about making another)menu written not only in Japanese but also in various foreign languages(?) **名詞の後ろに動詞の過去分詞形を続けて「～された(名詞)」**と表現できる。ここでは write「書く」の過去分詞形 written を menu の後ろに続けて「書かれたメニュー」となる。**not only A but also B は「AだけでなくBも」**の意味。不要な語はイ。

2024年度英語　聞き取りテスト

〔放送台本〕

ただいまから1番の，放送による聞き取りテストを行います。問題は(1)から(4)までの4つです。放送中メモを取ってもかまいません。

それでは(1)の問題から始めます。

(1)　これから，No.1からNo.5まで，5つの英文を放送します。放送される英文を聞いて，その内容に合うものを選ぶ問題です。それぞれの英文の内容に最もよく合うものを，ア，イ，ウ，エの中から1つ選んで，その記号を書きなさい。それぞれの英文は，2回放送します。では，はじめます。

No. 1　My brother is talking on the phone.

No. 2　We use this when we paint a picture.

No. 3　Ken will practice table tennis on Tuesday and Friday.　He will walk his dog on Thursday.

No. 4　The black bag is the most expensive. The white bag and the one with a flower on it are the same price.

No. 5　If you want to get to Wakaba Station, take the North Line to Hibarizaka Station and change trains to the South Line there. Wakaba Station is the third station from Hibarizaka.

これで(1)の問題を終わります。

〔英文の訳〕

No.1　私の兄[弟]は電話で話しています。

No.2　私たちは絵を描くときにこれを使います。

No.3　ケンは火曜日と金曜日に卓球の練習をするでしょう。彼は木曜日に犬の散歩をするでしょう。

No.4　この黒いカバンは一番高価です。この白いカバンと，花がついているのは同じ値段です。

No.5　ワカバ駅に行きたければ，ノース線に乗ってヒバリザカ駅に行き，そこでサウス線に乗り換えます。ワカバ駅はヒバリザカから3つ目の駅です。

〔放送台本〕

次に，(2)の問題に移ります。

(2)　これから，No.1からNo.4まで，4つの対話を放送します。それぞれの対話のあとで，その対話について1つずつ質問します。それぞれの質問に対して，最も適切な答えを，ア，イ，ウ，エの中から1つ選んで，その記号を書きなさい。対話と質問は，2回放送します。では，はじめます。

No.1　A: Ken, can you wash the dishes after lunch?
B: OK, Mom. But I want to finish my homework first.
A: How long will it take?
B: Just give me twenty minutes. I'll wash them after that.
Question: What will Ken do first after lunch?

No.2　A: Hi Shota. I'm surprised to see you here. Where are you going?
B: The shopping mall. I hear the new bookstore there is very nice.
A: Really? I'm going to the shopping mall, too. I need new shoes. Can I go with you?
B: Sure! Oh, look! The train is coming.
Question: Where are they now?

No. 3　A: My sister and I will go to a restaurant for dinner this evening. Do you want to come with us?
B: Sure! That sounds nice!
A: Actually, Meg and Bob will also join us. Is that OK?
B: Of course. It'll be nice to see them.
Question: How many people will have dinner together at the restaurant this evening?

No.4　A: Oh, George, it's raining outside. I have to go back to the classroom to get my umbrella. Do you have to get yours?
B: No, but I left my math textbook there. Let's go together, Karen.
A: OK. I hope the classroom is still open.

B: Me, too. We should hurry.

Question: Why will George go back to the classroom?

これで(2)の問題を終わります。

〔英文の訳〕

No.1　A：ケン，昼食のあとにお皿を洗ってくれる？

B：オーケー，お母さん。でもまず宿題を終わらせたいよ。

A：どれくらいかかるの？

B：20分だけちょうだい。そのあとに洗うよ。

質問：ケンは昼食後に最初に何をしますか？

答え：ウ　宿題をする。

No.2　A：こんにちは，ショウタ。ここであなたに会って驚きました。どこへ行くんですか？

B：ショッピングモールです。そこの新しい本屋がとてもいいと聞きました。

A：本当ですか？　私もショッピングモールへ行きます。新しい靴が必要なんです。一緒に行ってもいいですか？

B：もちろん！　あ，見てください！　電車が来ますよ。

質問：彼らは今どこにいますか？

答え：イ　駅。

No.3　A：私の姉[妹]と私は今晩夕飯を食べにレストランへ行くつもりです。一緒に行きますか？

B：もちろん！　いいですね！

A：実はメグとボブも私たちと参加します。いいですか？

B：もちろんです。彼らに会えるのはいいですね。

質問：今晩レストランで何人が一緒に夕飯を食べますか？

答え：ウ　5人。

No.4　A：ああ，ジョージ，外は雨が降っているよ。傘を取りに教室に戻らないと。あなたは傘を取りに行かないといけない？

B：いや，でも数学の教科書がそこにあるんだ。一緒に行こう，カレン。

A：オーケー。教室がまだ空いていることを願うわ。

B：僕も。急がないと。

質問：ジョージが教室にもどるのはなぜですか？

答え：エ　教科書を取りたいから。

〔放送台本〕

次に，(3)の問題に移ります。

(3)　これから，カズ(Kazu)とジュディ(Judy)の対話を放送します。そのあとで，その内容について，Question No.1とQuestion No.2の2つの質問をします。それぞれの質問に対して，最も適切な答えを，ア，イ，ウ，エの中から1つ選んで，その記号を書きなさい。対話と質問は，2回放送します。では，はじめます。

Kazu: Hi Judy Can you help me study for the English test?

Judy: Sure, Kazu. When do you want to meet? How about tomorrow?

Kazu: I cannot meet tomorrow because I have a dance lesson. Can we meet on Wednesday?

Judy: I'm going to meet Sally that day.

Kazu: I see.
Judy: Sally and I are going to study for the math test. We think math is very difficult, so we are nervous…
Kazu: Well, I have an idea! I'll join you. I'm good at math, so I can help you and Sally.
Judy: Oh, that's a great idea! After we finish studying math, we can study together for the English test.
Questions: No.1 Who will Kazu meet on Wednesday?
No.2 What will Kazu do on Wednesday?

これで(3)の問題を終わります。

〔英文の訳〕

カズ　：やあ，ジュディ。英語のテストの勉強を手伝ってくれる？
ジュディ：もちろん，カズ。いつ会いたい？　明日はどう？
カズ　：明日はダンスレッスンがあるから会えないんだ。水曜日に会える？
ジュティ：その日はサリーに会うつもり。
カズ　：そうなんだ。
ジュディ：サリーと私は数学のテストの勉強をするつもりなの。私たちは数学がとても難しいと思っているからとても心配で…。
カズ　：えっと，考えがある！　僕が参加するよ。僕は数学が得意だから僕があなたとサリーを手伝うよ。
ジュディ：ああ，それはいい考えだね！　数学を勉強し終わったら，英語のテストの勉強を一緒にできるね。

質問：No.1　水曜日にカズは誰と会いますか？
答え：ウ　ジュディとサリー。
質問：No.2　水曜日にカズは何をしますか？
答え：エ　数学と英語をジュディとサリーと勉強する。

〔放送台本〕

次に，(4)の問題に移ります。

(4)　中学生のハナ(Hana)が，英語の授業で自分の経験について発表しています。これからその発表を放送します。その内容について，次の①，②の問いに答えなさい。英文は，2回放送します。では，はじめます。

I performed in a piano concert yesterday. It was my third time but I was still very nervous. Then, when I was on the stage, I saw my grandfather in the audience. I was surprised. I didn't think he would come, because I made him angry a few days ago. After the performance, I spoke to him. He was crying and told me that my performance was really good. I was very happy to hear that. I hope he will come to my next concert.

これで，放送による聞き取りテストを終わります。

〔英文の訳〕

私は昨日ピアノのコンサートで演奏をしました。それは3回目でしたが，まだとても緊張しました。そしてステージに上がったとき，観客の中に祖父を見つけました。驚きました。数日前に彼を怒らせたので彼が来るとは思っていませんでした。演奏のあと彼と話しました。彼は泣いていて，私の演奏がとてもよかったと私に言いました。それを聞いてとても嬉しかったです。次のコンサートに彼が来ることを願っています。

① イ → ア → エ

② 「ハナはこれまでに何回ピアノのコンサートで演奏しましたか？」「(3)回演奏しました」

＜理科解答＞

1 (1) ウ (2) エ (3) ア (4) エ (5) ウ (6) イ (7) イ (8) エ

2 (1) ウ (2) 19.6〔Ω〕 (3) ア ○ イ ○ ウ × (4) 誘導電流

3 (1) イ (2) ケ (3) ア × イ ○ ウ × (4) 3.36〔g〕

4 (1) ア (2) イ (3) ウ (4) オ

5 (1) あ 西 い 東 う 自転 え 日周運動 (2) ウ (3) 77.4〔度〕

6 (1) あ 0.3〔N〕 い 180〔g〕 (2) 9.16〔kg〕 (3) オ (4) カ

＜理科解説＞

1 (各分野小問集合)

(1) 水中に多くの体積が沈んでいる物体ほど大きな浮力がはたらくため，ばねばかりの値は小さくなる。

(2) 非電解質の物質を選ぶ。

(3) オオカナダモの葉は緑色をしているため，葉緑体がある。

(4) サンゴの骨格などの主成分である炭酸カルシウムが塩酸と反応し，二酸化炭素が発生する。

(5) 等速直線運動をしている物体には重力と垂直抗力がはたらいているが，これらの**合力は0**になっている。

(6) 核の中に染色体が現れたあと，染色体が分かれて細胞の両端に移動する。両端に集まった染色体はそれぞれ新しい核を形成し，細胞の中央に仕切りができることで細胞分裂が行われる。

(7) 正しい化学反応式は，次のようになる。 ア $C+O_2 \rightarrow CO_2$ ウ $2Mg+O_2 \rightarrow 2MgO$ エ $NaHCO_3+HCl \rightarrow NaCl+CO_2+H_2O$

(8) 乾球の読みが15℃の行と，湿球の読みが15−10＝5(℃)の列が交差する欄の値を読むと，湿度は48%となる。また，雲が空に占める割合が2～8の場合，天気は晴れとなる。

2 (電流と磁界)

(1) 電流の進む向きに対し，時計回りに同心円状の磁界が生じる。

(2) **抵抗〔Ω〕＝電圧〔V〕÷電流〔A〕**より，4.5〔V〕÷0.23〔A〕＝19.56…〔Ω〕→19.6〔Ω〕

(3) ウ 回路を流れる電流の向きを変える実験は行っていないため，ウの考察を行うことはできない。

(4) コイル内の磁界を変化させることで生じる電流を，誘導電流という。

3 (状態変化と蒸留)

(1) 物質は，気体になると，液体のときよりも粒子の運動が激しくなるため粒子間の間隔が広くなり，体積が増加する。

(2) 20℃のときに液体の物質は，融点が20℃よりも低い。また，90℃で気体の物質は沸点が90℃よりも低い。これらの条件を満たしている物質を選ぶ。

(3) 沸騰が始まってまもなくは，水よりも沸点が低いエタノールが主に気体となって出てくるが，時間とともに水を多く含む気体に変化していく。

(4) 試験管Bの液体の密度は，**密度〔g/cm³〕$=\frac{\text{物質の質量〔g〕}}{\text{物質の体積〔cm}^3\text{〕}}$**より，4.2〔g〕÷5.0〔$\text{cm}^3$〕＝0.84〔g/$\text{cm}^3$〕　表より，0.84g/$\text{cm}^3$の密度のエタノールの質量パーセント濃度は80％とわかる。よって，液体中に含まれるエタノールの質量は，4.2〔g〕×0.8＝3.36〔g〕

4 (動物の体のつくりとはたらき)

(1) 血しょうは物質の運搬，白血球は体内に入った細菌をとらえ，血小板は出血時に血液を固めるはたらきをもつ。

(2) 動脈血は，肺から出て，心臓を通り，からだの各細胞に達するまでの間の血液である。

(3) 心房が広がることで心房内に入った血液は，心房が縮むことで心室へ押し出される。心室へ入った血液は心室が縮むことで，心臓の外に押し出される。

(4) 糸を引くと，ペットボトル内の容積が増えるため気圧が下がり，ストローから空気がゴム風船Aの中へ入るために，ゴム風船はふくらむ。これは，息を吸い込んだときのモデルである。

5 (天体)

(1) 太陽が一日のうちに東から南を通り，西へ沈むように見えるのは，地球が西から東へ自転していることによるものである。このような太陽の見かけの運動を，日周運動という。

(2) 春分の日の9か月後は冬至のころである。冬至のころ，太陽は真東よりも南側からのぼり，真西よりも南側に沈む。

(3) **夏至の日の南中高度〔°〕＝90°－(緯度－23.4°)**より，90°－(36°－23.4°)＝77.4°

6 (総合問題)

(1) 重力はばねばかりではかることができ，場所によって変化する値である。月面上でばねばかりが示す値は，1.8〔N〕×$\frac{1}{6}$＝0.3〔N〕　質量は上皿天びんではかることができ，場所によって変化しない。

(2) 22.5°における飽和水蒸気量は約20gで，このうちの50％の水蒸気を空気1m^3中に含んでいる。よって，ISS内の空気1m^3に含まれる水蒸気は，20〔g/m^3〕×0.5＝10〔g/m^3〕　ISSの容積は916m^3なので，10〔g/m^3〕×916〔m^3〕＝9160〔g〕→9.16〔kg〕

(3) 日本列島付近では，陸のプレートの下に海のプレートが沈み込んでいる。

(4) 冬のころ，**西高東低の気圧配置**となり，日本には北西の季節風がふく。この風がもとになり，筋状の雲が日本海付近にかけて多く見られる。また，日本海側では雪が多く降るが，太平洋側では乾燥した晴れの日が続く。

＜社会解答＞

1　(1)　エ　(2)　ウ　(3)　ア　(4)　エ　(5)　松山(市)　(6)　ア　×　イ　○　ウ　×　エ　○　(7)　エ　(8)　ア　○　イ　×　ウ　○　エ　×

2　(1)　ウ　(2)　時期　C　資料　ア　(3)　イ　(4)　ア　(5)　ウ　(6)　多いにもかかわらず，賠償金を得られなかった　(7)　ア　(8)　ウ

3　(1)　イ　(2)　政府開発援助　(3)　ウ　(4)　イ　(5)　オ　(6)　ウ

4　(1)　ウ　(2)　ア　(3)　ウ→イ→エ→ア　(4)　エ　(5)　イ　(6)　ア

＜社会解説＞

1　**(地理的分野―世界地理－地形・貿易・気候，―日本地理－農林水産業・日本の国土・都市・地形・地形図の見方)**

(1)　まず地図上の①～④の都市を確定する。①はイギリスのロンドン，②は中国の上海，③はオーストラリアのシドニー，④はアメリカ合衆国のニューヨークである。花子さんの，到着地が夏の12月ということから，花子さんの到着地は**南半球**であることがわかり，地図上の③のシドニーであることがわかる。日本の**標準時子午線**は東経135度である。ニューヨークの標準時が西経75度である。135(度)＋75(度)＝210(度)で，経度差は，210度となる。地球は24時間で360度自転するので，**15度で1時間の時差**となる。210(度)÷15＝24(時間)となる。太郎さんは，12月25日午前11時5分に出発し，途中で**日付変更線**を西から東に越えるので，日付を1日遅らせることが必要であり，ニューヨークに到着するのは，12月25日午前9時50分となる。

(2)　地球上の緯度の高い地域である南極点近くや北極点近くでは，真夜中になっても薄明になっているか，または，太陽が沈んでも暗くならない現象が起こり，これを**白夜**という。地球が**自転**する軸は，太陽に対して23.5度傾いている。そのため南極圏では12月から1月まで，太陽光が届かず白夜が起こり，北極圏では6月から7月に白夜が起こる。解答はウである。

(3)　地球上の1点と地球の中心を結ぶ直線の延長が，反対側で地球の表面と交わる点を**対せき点**という。いわば，地球の裏側である。日本の中部地方は北緯30度から45度なので，その中心は，北緯37.5度になる。中部地方の東経は，135度から150度なので，その中心は東経142.5度となる。東経142.5(度)－180(度)＝西経37.5(度)となる。**本初子午線**は西経0度であるから，対せき点は，南緯37.5度，西経37.5度となる。地図に示されている本初子午線と**南極点**から判断して，地図上の位置では，アとなる。

(4)　ア　アメリカ・中国では，**輸入総額**に占める**原油**の割合は，10％を超えてはいない。　イ　インドでは輸出総額の7.3％を医薬品が占め，その額は200億ドルを超えているが，金の輸入額は220億ドルを超えている。　ウ　中国とニュージーランドだけでなく，日本も**輸出総額**が輸入総額を上回っている。ア・イ・ウのどれも誤りであり，エが正しい。　エ　フランスもアメリカ合衆国も，自動車の輸出総額が輸入総額を下回っている。

(5)　みかんの収穫量が全国の第二位なのは，愛媛県である。愛媛県の**県庁所在地**は，松山市である。なお，みかんの収穫量の全国第一位は，和歌山県である。

(6)　ア　田の面積は，茨城県の方が大きく，**米の産出額**も茨城県の方が大きい。　イ　県面積のうち，**耕地面積**の占める割合は茨城県の方が大きい。　ウ　耕地面積のうち，畑の占める割合は茨城県の方が大きいが，**野菜産出額**は，宮崎県の方が多い。　エ　宮崎県の畜産の産出額は，茨城県の野菜産出額よりも多い。解答は以下のとおりである。ア×イ○ウ×エ○

(7)　北海道根室半島の沖合にあり，国後島の北東に位置するのが**択捉島**(えとろふとう)である。1855年の**日露修好条約**では，択捉島以南が日本，得撫島(うるっぷとう)以北がロシアと定められた。日本の北端で，**北方領土**と言われるが，現在はロシアが実効支配しており，ロシアからの返還が課題となっている。東シナ海を北上して，九州と奄美大島の間のトカラ海峡から太平洋に入り，日本の南岸に沿って流れ，房総半島沖を東に流れる**暖流**を**黒潮**という。黒潮は，**日本海流**ともいう。これとぶつかるように，北から南下してくる**寒流**を**親潮**という。親潮は，**千島海流**ともいう。正しい組み合わせは，エである。

(8)　ア　長さは，**地形図**上では4cmである。この地形図の**縮尺**は2万5千分の1なので，計算すれば，4(cm)×25,000＝100,000(cm)＝1,000(m)＝1(km)である。　イ「蔵王駅」から見て，「山形IC」は，ほぼ南東の方角にある。　ウ　**標高**を表す数字150がそばにある。Dの神社は，ほぼ標高150mであるとわかる。また，この地形図の縮尺は2万5千分の1で，等高線は10mごとに引かれている。　エ「血」は，図書館ではなく，博物館である。「🕮」が図書館である。解答は以下のとおりである。ア○，イ×，ウ○，エ×

2 (歴史的分野—日本史時代別－古墳時代から平安時代・鎌倉時代から室町時代・安土桃山時代から江戸時代・明治時代から現代，—日本史テーマ別－政治史・外交史・法律史・社会史・経済史・文化史，—世界史－政治史)

(1)　資料1の写真の**大仙古墳**は，日本を代表する古墳群である**百舌鳥・古市古墳群**の一つである。古墳時代の最盛期である4世紀後半から5世紀後半にかけて築造されたものであり，2019年に**世界遺産**に登録された。大阪府堺市に存在し，資料2の地図上のウに存在する。

(2)　時期　894年に**菅原道真**の建言により，**遣唐使が停止**されて以来，中国との正式な国交は途絶え，平安中期には日本独自の**国風文化**が栄えた。遣唐使の停止された時期は，年表中のCの時期である。　資料　国風文化と関連の深い資料は，アである。資料アは，平安時代の貴族の住まいであった**寝殿造**である。資料イは，室町時代の寺院の庭である**石庭**(**枯山水**)である。資料ウは，安土桃山時代に**狩野永徳**が描いた障壁画「**唐獅子図屏風**」である。資料エは，江戸時代に**本阿弥光悦**がつくった**蒔絵**(まきえ)の硯箱(すずりばこ)である。イ・ウ・エのどれも別の時代の説明であり，アが正しい。

(3)　ア　将軍の下に**管領**が置かれたのは，室町時代の幕府の職制である。　イ　将軍の下に**執権**が置かれ，京都には**六波羅探題**が置かれたのは，鎌倉時代である。　ウ　天皇の下に**太政官・神祇官**が並置され，**二官八省一台五衛府**と総称されたのは，奈良時代の律令制度である。　エ　将軍の下に政務を統括する**老中**が置かれ，老中の上に臨時に**大老**が置かれたのは江戸時代である。ア・ウ・エのどれも別の時代の説明であり，イが正しい。

(4)　イ　中国の影響を強く受け，国際色豊かな**天平文化**が花開いたのは奈良時代である。　ウ　貴族中心の伝統文化に武士の文化が融合したのは**室町文化**である。　エ　**町人**を担い手とする文化が花開いたのは，江戸前期の**元禄文化**である。イ・ウ・エのどれも別の時代の文化の説明であり，アが正しい。**姫路城**に代表される**安土桃山文化**である。大名や豪商が担い手となったのは，アの安土桃山文化である。

(5) ア　室町時代に生産力の向上によって実力を蓄えた農民たちは，団結して**惣**という自治組織をつくった。惣では代表者を定め，**寄合**を開いて，農民みずから**掟**を作った。資料アは，掟の一例である。　イ　鎌倉時代の1232年に幕府が定めた，**御成敗式目**の一文である。　エ　**聖徳太子**が，604年に定めた**憲法十七条**の第三条である。ア・イ・エのどれも，別の時代の資料である。ウが正しい。　ウ　江戸幕府が諸**大名**を統制するために制定した法令が，**武家諸法度**である。

1615年に二代将軍**徳川秀忠**のときに発布されたものが最初で，武家諸法度元和令である。以後，将軍の代替わりごとに改訂された。三代将軍**徳川家光**のときに発せられた武家諸法度寛永令が，**参勤交代**を初めて明文化するなど重要である。武家諸法度の内容の一つとして，新しく城を築くことを禁止している。

(6)　**日露戦争**の死者数と戦費が，**日清戦争**に比べてはるかに多かったにもかかわらず，**ポーツマス条約**の内容に**賠償金**の支払いがなかったことから，弱腰の政府に対して国民の不満が爆発した。上記のことを簡潔に指摘し，字数制限を守り，□に当てはまるように解答する。なお，政府系の新聞社や交番などを襲った事件が，日比谷焼打事件である。

(7)　イ　**小作争議**が盛んに起こったのは，大正時代であり，**日本農民組合**が設立されたのは1922年である。ウ　1968年に，**イタイイタイ病**が日本で初めて**公害**病と認定された。エ　米・砂糖・衣料品などが**配給制**や**切符制**となったのは，**日中戦争**が本格化した1930年代末期のことである。配給制や切符制は**太平洋戦争**を経て，**第二次世界大戦**後まで続いた。イ・ウ・エのどれも別の時代のことであり，アが正しい。　ア　**製糸業**や**紡績業**の**機械化**が進み，日本での**産業革命**が進んだのは，1890年代からである。

(8)　**大西洋憲章**とは1941年に大西洋上のイギリス軍艦で行われた，アメリカ大統領**ローズヴェルト**とイギリス首相**チャーチル**の会談で合意されたものである。8か条からなる戦後方針の表明が大西洋憲章である。その第一条は「両国ハ領土的其ノ他ノ増大ヲ求メス。」である。

3 （公民的分野―国の政治の仕組み・国際社会との関わり・消費生活・社会保障・経済一般）

(1)　あ　**内閣総理大臣が主宰**し，内閣を構成する内閣総理大臣およびすべての**国務大臣**(**閣僚**)が出席して行われるのが**閣議**である。毎週火曜日と金曜日に午前10時から総理官邸の閣議室にて開催される。国会開会中は，**国会議事堂**内の閣議室において午前9時から開催される。具体的な閣議の手続きは，すべて慣例に委ねられ，多数決方式ではなく**全会一致**によることになっている。　い　閣議では内閣総理大臣と国務大臣の話し合いがなされる。なお，**首長**とは地方公共団体の長を指す語句であり，閣議には関係がない。　う　**国連**(**国際連合**)において，すべての加盟国が平等に一票を行使するのが，**総会**である。**安全保障理事会**では，5国の**常任理事国**と10国の**非常任理事国**が議決権を持つが，常任理事国は**拒否権**を持っている。正しい組み合わせは，イである。

(2)　**発展途上国**の経済・社会の発展や福祉の向上を支援するために，先進工業国の政府が行う資金や技術面での援助を，**政府開発援助**(ODA＝Official Development Assistance)という。2022年には日本のODAは，金額では5,790億円で，アメリカ・ドイツに次ぎ世界第三位である。しかし，GNI(国民総所得)比では，日本は0.34％で世界第12位であり，ODAに供する比率は大きくない。

(3)　**日本国憲法**第59条に「衆議院で可決し，参議院でこれと異なつた議決をした法律案は，衆議院で出席議員の三分の二以上の多数で再び可決したときは，法律となる。」と規定されている。この問題の場合，衆議院の議員数は465名で，**与党**議員が294名であるから，与党議員がすべて賛成しても再可決することはできない。正答はウである。

(4)　**製造物の欠陥**により，人の生命，身体，または財産にかかわる被害が生じた場合，その製造業者などが損害賠償の責任を負うと定めた法律が，1995年に施行された**製造物責任法**である。**PL法**(Law for Product Liability)とも呼ばれる。正しい組み合わせはイである。消費者行政の「舵取り役」として，2009年に**消費者庁**が設立された。消費者が主役となって，安心して安全で豊かに暮らすことができる社会を実現するのが，消費者庁の役割である。

(5)　1947年に施行された**独占禁止法**の目的は，公正かつ自由な競争を促進し，事業者が自主的な判断で自由に活動できるようにし，消費者が不当に高い価格で商品を購入しなくてよいようにすることである。独占禁止法の規制を実現する組織として，**公正取引委員会**が設けられている。なお，**フェアトレード**は，発展途上国の原料や製品を，先進国が適正な価格で継続的に購入し，市場で販売し，それを消費することをいう。

(6)　国民から多くの税を集めて，政府が積極的に経済政策・社会政策を行おうとする場合，これを「**大きな政府**」という。反対語は「**小さな政府**」である。大きな政府の下では，国民の税負担は重くなるが，社会保障は充実する。大きな政府の国は北欧に多いが，特にスウェーデンでは，その傾向が顕著である。

4 (地理的分野―世界地理－人口・人々のくらし，歴史的分野―日本史時代別－古墳時代から平安時代・明治時代から現代，―日本史テーマ別－文化史・外交史，―世界史－技術史・社会史，公民的分野―日本の政治の仕組み・国際社会との関わり)

(1)　カード1は，「日本からの移民」「サンパウロの日本人街」の語句からブラジルだとわかる。カード2は，「フロリダ半島」の語句からアメリカ合衆国だとわかる。カード3は，イギリスによって開拓が進められた「メルボルン」の語句からオーストラリアだとわかる。正しい組み合わせは，ウである。

(2)　EU各国の間には，経済格差があり，ドイツ・フランスなど**西ヨーロッパ**の方が，ポーランド・ルーマニア・ハンガリーなど**東ヨーロッパ**よりも豊かである。そのため，東ヨーロッパから西ヨーロッパへ高い賃金を求めて**移民**が流入している。また，豊かな西ヨーロッパの国々の方が多くのEUへの**拠出金**を出すことが行われている。拠出金は，経済的に豊かな西ヨーロッパの国が多く出すため，東ヨーロッパの国は拠出金より多いEUからの補助金を得ている。

(3)　カードア　湯を沸かして発生する蒸気の力を利用する**蒸気機関車**(SL)は，**産業革命**が進行中のイギリスで誕生した。1804年，英国のトレビシックが作製し走らせたSLが史上最初のものとされている。その後，SLは**スチーブンソン**らによって改良され，1825年に「ロコモーション号」がストックトン・ダーリントン間を走行した。　カードイ　12世紀後期に，**平清盛**は大規模な修築を行って**大輪田泊**(おおわだのとまり＝現在の神戸港)を整備し，大規模な**日宋貿易**を行って，**平氏政権**の財源とした。日宋貿易では，日本からは刀や工芸品などが輸出され，宋からは大量の**宋銭**が輸入された。宋銭は，日本の市場で広く流通するようになった。　カードウ　東大寺敷地内に存在する，**校倉造**(あぜくらづくり)の大規模な高床倉庫を**正倉院**という。正倉院宝物庫には**聖武天皇**・光明皇后ゆかりの品をはじめとする，8世紀を中心とした多数の美術工芸品を収蔵している。**シルクロード**を通じて唐にもたらされた，ペルシアなど西域の影響を受けた文化財も多い。　カードエ　15世紀半ばから17世紀半ばの**大航海時代**の説明である。大航海時代は，スペイン・ポルトガル等の各国が植民地を求めて航海した時代である。したがって，年代の古い順に並べると，ウ→イ→エ→アとなる。

(4)　**有権者**一人あたりの国会議員が多い選挙区は，有権者一人あたりの国会議員が少ない選挙区よりも，一票の価値が小さく，「**一票の格差**」が問題となっている。一人あたりの国会議員が少ないA選挙区からB選挙区へ有権者が移動すると，「一票の格差」が小さくなる。なお，A選挙区を分割すれば格差は小さくなる。他に，B選挙区を隣接の選挙区と合併して「格差」を小さくする方法もある。

(5)　1871年に派遣された岩倉具視を正使とする**岩倉使節団**に加わっていたのは，**大久保利通**と**伊藤博文**である。岩倉使節団が派遣されたのは，**南北戦争**の直後である。南北戦争とは，1861年から1865年に行われた，アメリカ合衆国と，その連邦組織から脱退した南部11州が結成した南部連合との戦争である。南北戦争終結後，まだ6年しかたたないうちに，岩倉使節団はアメリカ合衆国を訪れたのである。

(6)　人口が急激に増加し，貧困から抜け出せない国に，日本の**青年海外協力隊**が派遣されている。派遣先はアフリカの国々が多い。青年海外協力隊は，教育・保健・医療など様々な支援をしている。

<国語解答>

一　(一)　(1)　イ　(2)　エ　(3)　(例)山本様には，いかがお過ごしでしょうか　(4)　ウ　(二)　ウ　(三)　(1)　しんぎ　(2)　そむ(ける)　(3)　救急　(4)　易(しい)　(四)　エ　(五)　(1)　ア　(2)　イ　(3)　ウ

二　(一)　エ　(二)　イ　(三)　封印していたはずのコンプレックス　(四)　ウ　(五)　ア

三　(一)　エ　(二)　イ　(三)　エ　(四)　A　物質としての建物そのもの　B　ある価値を実現するために意図をもってつくられた建物　(五)　イ　(六)　ア

四　(一)　イ　(二)　ア　(三)　イ　(四)　ウ　(五)　(1)　1　ア　2　エ　3　キ　(2)　雪は野原を

<国語解説>

一　**(知識―接続語の問題，脱文・脱語補充，漢字の読み書き，筆順・画数・部首，語句の意味，短文作成，敬語)**

(一)　(1)　後に時候の挨拶が続くときの手紙の書き出しは，「**拝啓**」，これに対応する終わりの言葉は「**敬具**」である。　(2)　日付に「十月二十日」とあるので，エの「**紅葉が……**」を選ぶ。(3)「安否」は無事かどうかや日常の様子ということ。「尋ねる文」なので，疑問文にする。指定語句の「山本様」「いかが」を必ず入れて「**山本様には，いかがお過ごしでしょうか**」などと書く。　(4)「行く」は自分たちの行動なので，謙譲語のウ「**うかがう**」に書き直す。ア「おいでになる」とイ「いらっしゃる」は「行く」「来る」の尊敬語，エ「ご覧になる」は「見る」の尊敬語である。

(二)　ア「滋」は12画，イ「棒」は12画，ウ「**福」は13画**，エ「揮」は12画。

(三)　(1)「**真偽**」は，本当かうそかということ。　(2)「**背**」には，「ハイ・せ・せい・そむ(く)・**そむ(ける)**」という読みがある。　(3)「**救**」と「**急**」の順序に注意。　(4)「**易(しい)**」を同じ読みの「優(しい)」と混同しない。

(四)　(1)は，前の「不安」から予想されることと逆の「うまくできた」が後に続くので，「**しかし**」が入る。(2)は，「電車」と「バス」のどちらかを選ぶことを示すので，「**あるいは**」が入る。(3)は，後の「外来語」が前の内容をまとめた語句なので，「**つまり**」が入る。したがって，エが正解。

(五)　(1)「骨」は，**労苦を必要とする**という意味でも用いられる。　(2)「見通し」は**未来の予測**，「明るい」は**希望が持てる**ことを表す。　(3)「**筆が立つ**」は。**文章を書くのが上手である**ことを表す慣用句である。

二 (小説・話し合い－情景・心情，内容吟味，文脈把握)

(一)　希和子は，自分の**体験や感想**をエッセイとして書くことは「物語ることではない」と考えている。希和子にとって「物語ること」とは，「自分の中からわきあがる豊かな物語」を**小説**として書いたり，**詩**を「創作」したりすることなのである。正解はエ。アは，エッセイを書くことであり，希和子の考えと合わない。イは，題材をトップアスリートに限定している点が不適切。ウは，「他の部員と協力し」が誤りである。

(二)　真沙美にはバレーボールの才能はないが，「好き」という気持ちとその裏にひそむくやしさがある。希和子の問題は自分の才能に自信がないことではなく，「文章を書くのがきらいなわけではない」という気持ちの裏に**「くやしさ」がない**ことである。したがって，イが正解となる。アの「追いつこうという考え」は，本文から読み取れない。ウの「自分を好きだと思える余裕」は的外れ。希和子が探しているのは文芸部での存在理由であり，エの「他に打ちこめるもの」ではない。

(三)　最終段落から**「封印していたはずのコンプレックス」**(16字)を抜き出す。「封印する」は表に出さないつもりでしまっておくという意味，「コンプレックス」は劣等感という意味である。

(四)　波線部までの話は，客観的な希和子の存在意義を確認し，希和子のあるべき姿という方向に進んでいる。花子さんは，ここで希和子の心情に注目し，**自分の意見を述べて話し合いを軌道修正している**ので，ウが適切な説明である。アの「意見を一つにまとめる」，イの「自分たちの生活にまで話題を広げる」，エの「相手に発言を促す」は，いずれもこの発言にあてはまらない。

(五)　アは，【Ⅰ】で希和子の**才能がないというコンプレックスを自覚し，「物語れない己」をくやしく思い**，妹との会話からあらためて**文芸部での自分の存在理由を考える**様子が描かれていることと一致するので，適切である。イは，「他者の悩みに共感する」が本文と合わない。ウは，希和子の悩みの中心は「自分の才能の有無」ではないし，「新たな出発をしようとする姿」は読み取れない。エの「あらためて……物語を書こうとする姿」は，描かれていない。

三 (論説文－内容吟味，文脈把握，段落・文章構成，脱文・脱語補充)

(一)　空欄①は，空間の定義の一部である。〈ア〉の後の段落に「『空間』は……**人間**が知覚することで成立します」とあるので，「人間」が入る。空欄②には，美しさを導くものが入る。二つの空欄を含む段落の初めに「建築の美において中心的な役割を果たしているのは，自然の**光**の存在です」とあるので，「光」が適切である。したがって，エが正解となる。

(二)　「頭で③に科学して」と「心で感性的に芸術する」の対比から，空欄③には「感性的」の対義語であるイ「**理性的**」が入る。

(三)　一文冒頭の「だから」は，前のことを理由として後にその結果を述べるときに用いる接続詞である。一文後半の「**自然をお手本としたり模倣したり**」に注目すると，〈エ〉の前の段落で「**自然のように誰にとっても美しいと感じられるもの**」とあり，一文の行動の理由の説明になっているので，エが正解となる。

(四)　第5段落に注目する。Aは，「『建物』は，**物質としての建物そのもの**のことです」から抜き出して書く。Bは，「『建築』は，**ある価値を実現するために意図をもってつくられた建物**，あるいはそうした意図によって顕在化する考え方のことです」から抜き出して書く。

(五)　〈エ〉の前の段落の「**何を美しいと感じるかは，人によって異なり，美しさの基準は曖昧**なもの。一方で，たとえば**自然のように誰にとっても美しいと感じられるもの**もあります」と一致するイが正解。アは，美しさの基準を統一するということなので誤り。ウの「人と違うことが唯一の価値」が本文にない内容。「変わらない反復性や再現性」は，科学に求められるものである。エは建築全体に関わることであり，「美」の説明としては不適切である。

(六) 【Ⅰ】は，初めに「**建築は具体的にどのような要素から成り立っているのか**」と話題を示し，建築に関する言葉の定義を整理した後で，「では，人間を主役とした器である**建築とは，どのような要素から成り立っているのでしょうか**」と，あらためて同じ問題を提起して説明しているので，アは適切である。イの「結論」やウの「具体例」，エの「仮説」は，初めに示されていない。オは，「反論」にあたる内容が本文にないので，不適切である。

四 (古文・漢文―内容吟味，文脈把握，脱文・脱語補充，仮名遣い，その他)

〈古文口語訳〉 また武蔵の国の住人で別府小太郎といって，年齢が18歳になる若者が進み出て申すことには，「父でありました義重法師が教えましたのは，『敵にも襲われよ，山越えの狩りをもせよ。深い山で迷ったようなときは，老馬に手綱をかけて，先に追い立てて行け。必ず道に出るぞ』と教えました」。義経は，「立派なことを申した者だな。雪が野原をうずめても，年老いた馬は道を知るという前例もある」と言って，白葦毛である老馬に鏡鞍をおき，白いくつわをかけ，手綱を結んでかけ，先に追い立てて，まだ知らない深い山へお入りになった。季節は2月初めのことなので，峰の雪がまばらに消えて，花かと見える所もある。谷のうぐいすが訪れて，霞に迷う所もある。登ると白い雲が光り輝いてそびえ，下ると青い山や岩が険しくそびえ立って高い崖をなしている。松のこずえの雪さえ消えずに残り，苔の細い道がかすかに見える。嵐に吹かれたときには，梅の花ではないかともまた思う。東に西にと馬に鞭をあて，足を速めていくうちに，山道で日が暮れたので，みな馬から降りて陣をしいた。

〈漢文口語訳〉 韓非子が言うには，管仲と隰朋が，斉の桓公に従って孤竹を征伐したことがあった。春出陣し，冬になって引き上げて来る時，まごついて道に迷った。管仲が言うには，老馬の知恵を借り用いるべきである，と。そこで老馬を放してこれについて行き，その結果道がわかった。

(一) 「**しう**」を「**しゅう**」に直して「**やさしゅう**」と書くのが正しいので，イを選ぶ。

(二) 前の文の「松の雪」が消えずに残り，激しい風が吹くと梅の花びらのように舞い散るということなので，アが正解。

(三) 別府小太郎は道に迷ったときに対処する方法について述べており，後の御曹司(義経)の言葉に「老いたる馬ぞ道を知る」とあることから，空欄にはイ「道」が入ると考えられる。

(四) 原文は「乃放老馬而随之」，漢字を読む順序は「乃老馬放(而)之随」である。「老馬」2字を「放」より先に読むので，**「放」に二点，「馬」に一点**をつける。「之」1字を「随」より先に読むので，**「随」にレ点**をつける。したがって，ウが正解となる。

(五) (1) 1 『平家物語』を琵琶の伴奏に合わせて語る音曲を**平曲**という。 2 平曲は節をつけて語るものなので，**リズム**が大切である。 3 同じ形式をもち，「峰」と「谷」，「白雲」と「青山」など内容が対応する二つの句を並べる表現技法を，**対句**という。

(2) 御曹司(義経)の言葉から「**雪は野原を**うづめども，老いたる馬ぞ道は知るといふためし」を抜き出し，最初の5字を書く。

茨城県公立高等学校

2023年度

★★★★★★★★★★★★★★★★★★★★★★★

入 試 問 題

2023 年度

●くわしい解説……53ページ

＜数学＞

時間　50分　　満点　100点

1　次の(1)，(2)の問いに答えなさい。

(1)　次の①～④の計算をしなさい。

①　$1-6$　　　　②　$2(x+3y)-(5x-4y)$

③　$15a^2b\div 3ab^3\times b^2$　　　　④　$\dfrac{9}{\sqrt{3}}-\sqrt{12}$

(2)　x^2-6x+9　を因数分解しなさい。

2　次の(1)～(4)の問いに答えなさい。

(1)　下の図は，ある中学校の3年生25人が受けた国語，数学，英語のテストの得点のデータを箱ひげ図で表したものである。

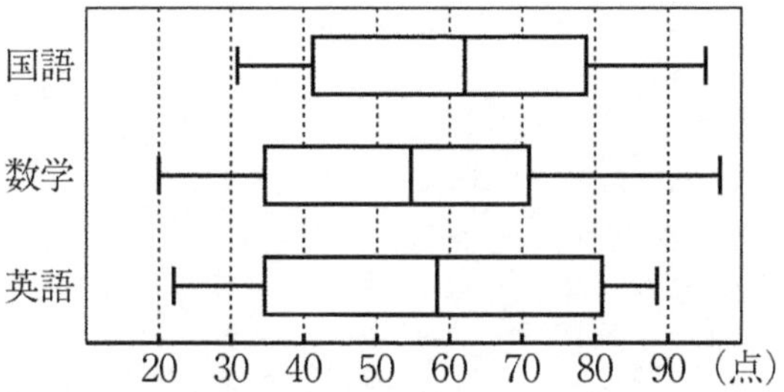

図

このとき，これらの箱ひげ図から読み取れることとして正しく説明しているものを，次の**ア**～**エ**の中から**2つ**選んで，その記号を書きなさい。

ア　3教科の中で国語の平均点が一番高い。

イ　3教科の合計点が60点以下の生徒はいない。

ウ　13人以上の生徒が60点以上の教科はない。

エ　英語で80点以上の生徒は6人以上いる。

(2)　$\dfrac{252}{n}$の値が，ある自然数の2乗となるような，最も小さい自然数 n の値を求めなさい。

(3)　x についての2次方程式　$x^2+3ax+a^2-7=0$　がある。
$a=-1$ のとき，この2次方程式を解きなさい。

(4)　チョコレートが何個かと，それを入れるための箱が何個かある。1個の箱にチョコレートを30個ずつ入れたところ，すべての箱にチョコレートを入れてもチョコレートは22個余った。そこで，1個の箱にチョコレートを35個ずつ入れていったところ，最後の箱はチョコレートが32個になった。

このとき，箱の個数を求めなさい。

3　下の**図1**のように[1]から[7]までの番号の書かれた階段がある。地面の位置に太郎さん，[7]の段の位置に花子さんがいる。太郎さん，花子さんがそれぞれさいころを1回ずつ振り，自分が出した目の数だけ，太郎さんは[1]，[2]，[3]，…と階段を上り，花子さんは[6]，[5]，[4]，…と階段を下りる。例えば，太郎さんが2の目を出し，花子さんが1の目を出したときは，下の**図2**のようになる。また，2段離れているとは，例えば，**図3**のような状態のこととする。

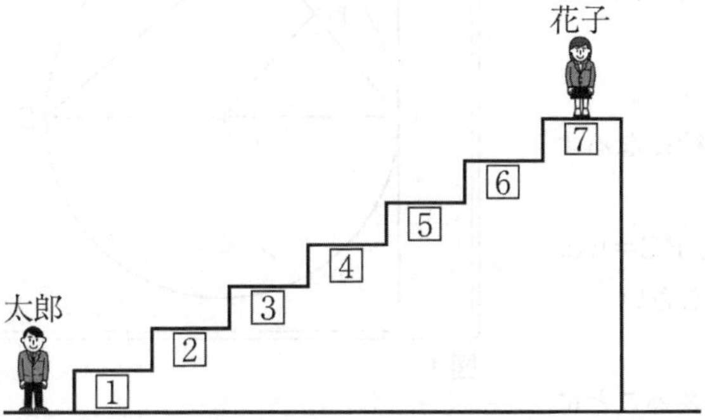

図1

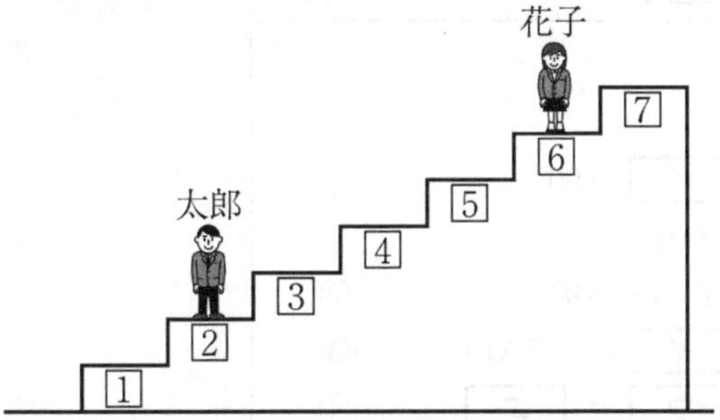

図2

図3　2段離れている例

このとき，次の**(1)**～**(3)**の問いに答えなさい。

ただし，さいころは各面に1から6までの目が1つずつかかれており，どの目が出ることも同様に確からしいとする。

(1)　太郎さんと花子さんが同じ段にいる確率を求めなさい。

(2)　太郎さんと花子さんが2段離れている確率を求めなさい。

(3)　太郎さんと花子さんが3段以上離れている確率を求めなさい。

4 右の図1のように，タブレット端末の画面に長さが14cmの線分ABを直径とする円Oが表示されている。さらに，円Oの円周上の2点A，Bと異なる点C，点Aにおける円Oの接線ℓ，ℓ上の点Pが表示されている。点Pはℓ上を動かすことができ，太郎さんと花子さんは，点Pを動かしながら，図形の性質や関係について調べている。

このとき，次の(1)，(2)の問いに答えなさい。

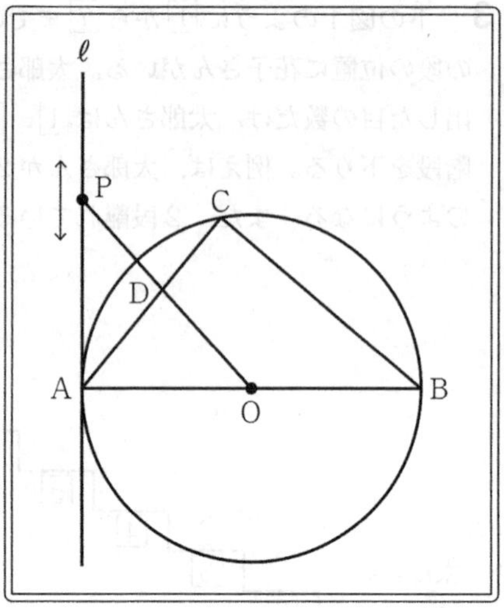

図1

(1) 太郎さんは線分OPと線分BCが平行になるように点Pを動かした。

① 線分ACと線分OPの交点をDとし，BC＝10cmとするとき，線分ODの長さを求めなさい。

② 太郎さんは，△ABC∽△POAであることに気づき，次のように証明した。[ア] ～ [オ] をうめて，証明を完成させなさい。

〈証明〉

△ABCと△POAにおいて，

[　　ア　　] だから，[イ] ＝90 …①

直線ℓは点Aにおける円Oの接線だから，

∠PAO ＝90° …②

①，②より，[イ] ＝∠PAO …③

平行線の同位角は等しいから，[ウ] ＝ [エ] …④

③，④より，[　　オ　　] がそれぞれ等しいので，

△ABC∽△POA

(2) 花子さんは，右の図2のように∠AOP＝60°となるように点Pを動かした。線分OPと円Oとの交点をEとするとき，△APEの面積を求めなさい。

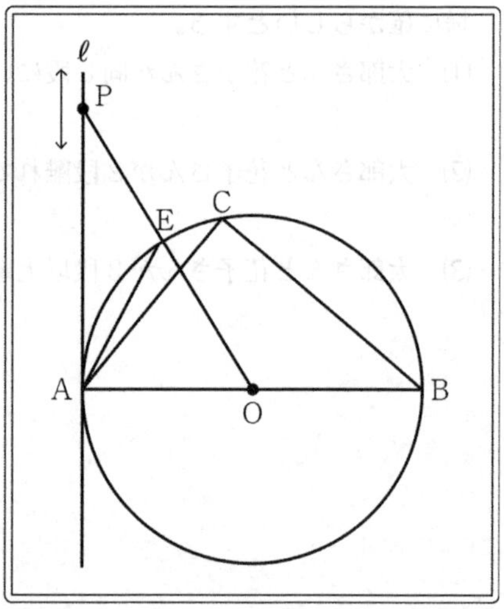

図2

5　O (0, 0), A (6, 0), B (6, 6) とするとき，次の(1)，(2)の問いに答えなさい。

(1)　右の**図1**において，m は関数 $y = ax^2 (a > 0)$ のグラフを表し，C (2, 2)，D (4, 4) とする。

①　m が点Bを通るとき，a の値を求めなさい。

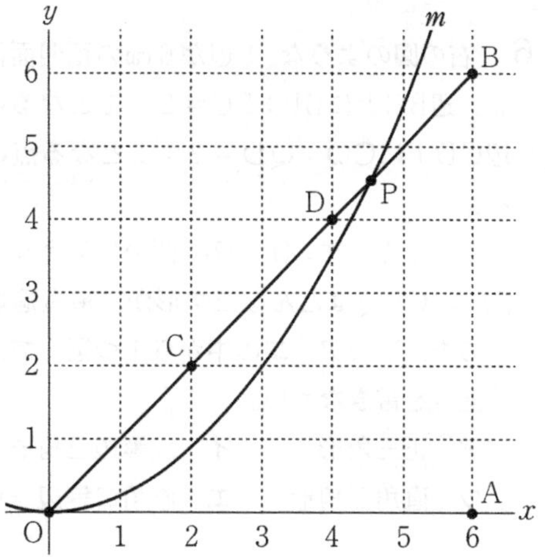

図1

②　次の文章の [Ⅰ] ～ [Ⅲ] に当てはまる語句の組み合わせを，下の**ア**～**カ**の中から１つ選んで，その記号を書きなさい。

> m と線分OBとの交点のうち，点Oと異なる点をPとする。はじめ，点Pは点Dの位置にある。
> ここで，a の値を大きくしていくと，点Pは [Ⅰ] の方に動き，小さくしていくと，点Pは [Ⅱ] の方に動く。
> また，a の値を $\frac{1}{3}$ とすると，点Pは [Ⅲ] 上にある。

ア　[Ⅰ　点B　Ⅱ　点C　Ⅲ　線分OC]
イ　[Ⅰ　点B　Ⅱ　点C　Ⅲ　線分CD]
ウ　[Ⅰ　点B　Ⅱ　点C　Ⅲ　線分DB]
エ　[Ⅰ　点C　Ⅱ　点B　Ⅲ　線分OC]
オ　[Ⅰ　点C　Ⅱ　点B　Ⅲ　線分CD]
カ　[Ⅰ　点C　Ⅱ　点B　Ⅲ　線分DB]

(2)　右の**図2**で，$y = bx$ で表される直線 ℓ と２点A，Bを除いた線分ABが交わるとき，その交点をEとする。

このとき，次の［**条件１**］と［**条件２**］の両方を満たす点の個数が12個になるのは，b がどのような値のときか。b のとりうる値の範囲を，不等号を使った式で表しなさい。

> ［**条件１**］　x 座標も y 座標も整数である。
> ［**条件２**］　△OEBの辺上または内部にある。

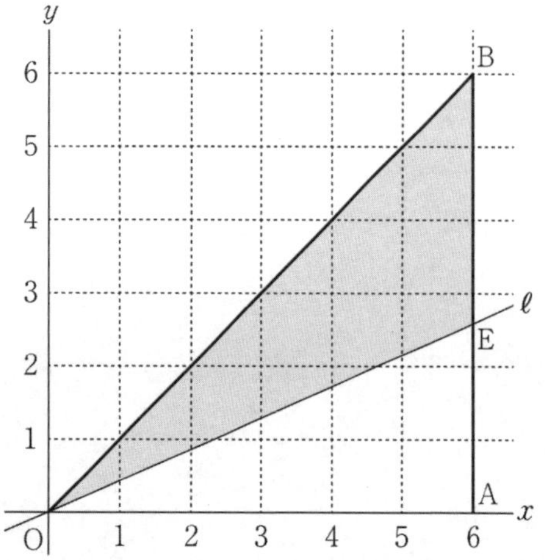

図2

6 右の図のような，1辺が6㎝の正四面体がある。辺BC上にBP：PC＝2：1となる点P，辺CD上にCQ：QD＝2：1となる点Qをとる。

このとき，次の(1)，(2)の問いに答えなさい。

(1) △CPQはどんな三角形か。最も適切なものを，次の**ア**～**エ**の中から1つ選んで，その記号を書きなさい。

ア 正三角形　　**イ** 二等辺三角形

ウ 直角三角形　　**エ** 直角二等辺三角形

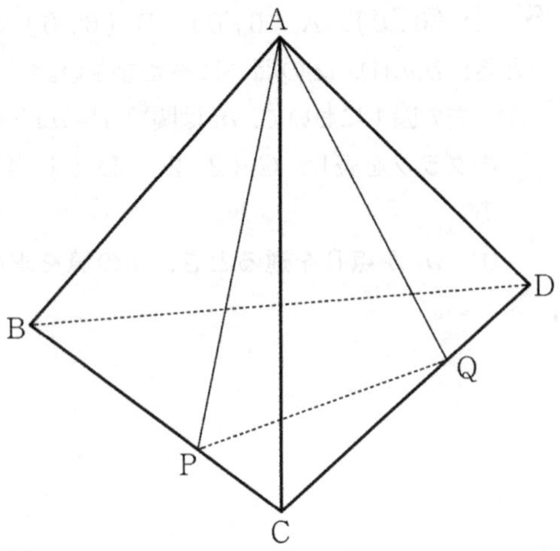

図

(2) ① 線分AQの長さを求めなさい。

② 直線APを軸として，△APQを1回転させてできる立体の体積を求めなさい。ただし，円周率はπとする。

＜英語＞

時間　50分　　満点　100点

1　次の(1)～(4)は，放送による問題です。それぞれの放送の指示にしたがって答えなさい。

(1)　これから，No.1 から No.5 まで，５つの英文を放送します。放送される英文を聞いて，その内容に合うものを選ぶ問題です。それぞれの英文の内容に最もよく合うものを，ア，イ，ウ，エの中から１つ選んで，その記号を書きなさい。

No. 1

No. 2

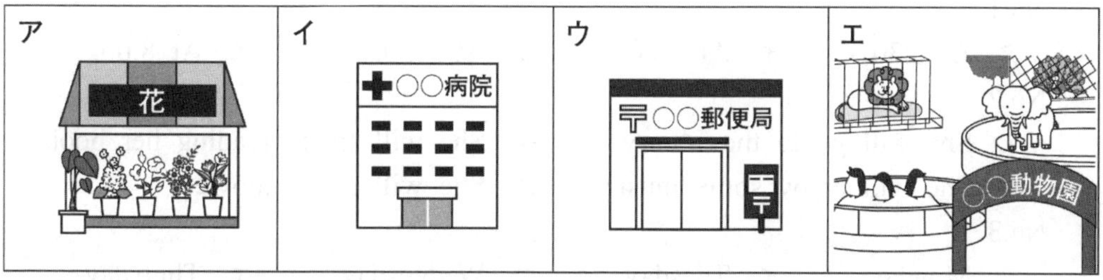

No. 3

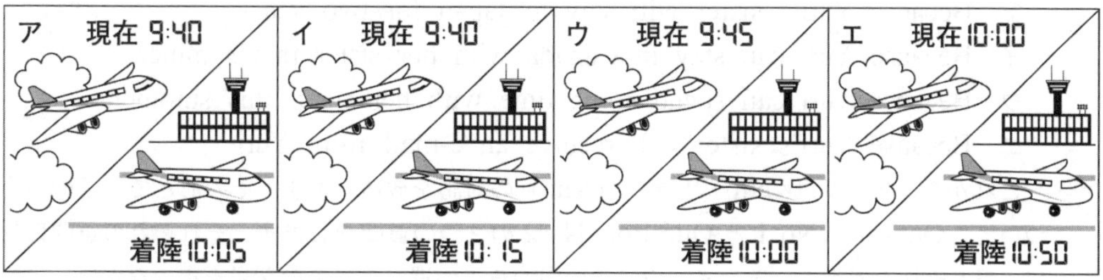

No. 4

ア

遠足に行きたい場所

1位	わかば公園
2位	ひばり城
3位	あおい博物館

イ

遠足に行きたい場所

1位	あおい博物館
2位	わかば公園
3位	ひばり城

ウ

遠足に行きたい場所

1位	あおい博物館
2位	ひばり城
3位	わかば公園

エ

遠足に行きたい場所

1位	ひばり城
2位	あおい博物館
3位	わかば公園

No. 5

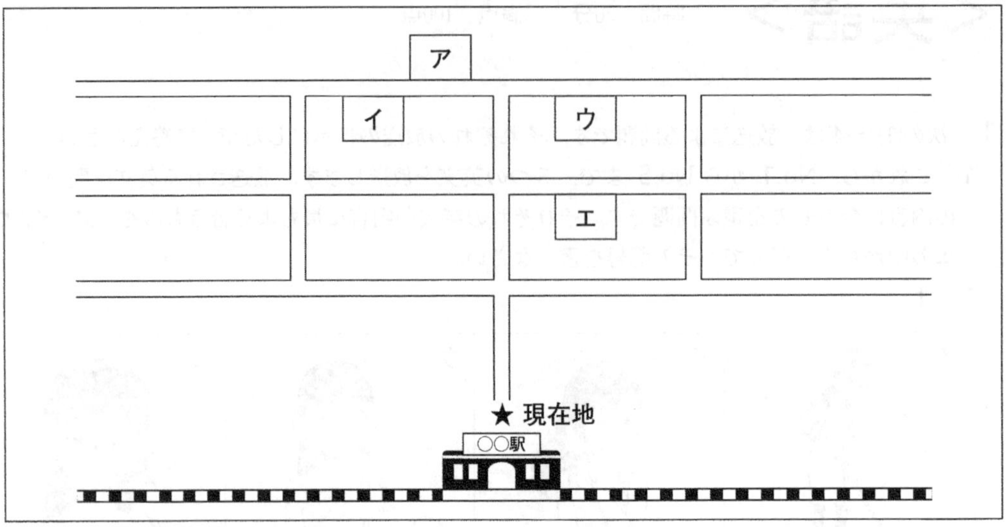

(2) これから，No.1 から No.4 まで，４つの対話を放送します。それぞれの対話のあとで，その対話について１つずつ質問します。それぞれの質問に対して，最も適切な答えを，ア，イ，ウ，エの中から１つ選んで，その記号を書きなさい。

No.1

ア At 6:30.　イ At 7:00.　ウ At 7:30.　エ At 8:00.

No.2

ア She will go to the library.　イ She will finish reading her book.

ウ She will enjoy some music.　エ She will see a movie.

No.3

ア Monday.　イ Tuesday.　ウ Wednesday.　エ Thursday.

No.4

ア Because Yuri's sister will stay in Japan for two years.

イ Because Yuri can stay in Canada with her sister this summer.

ウ Because Yuri can spend some time with her sister this summer.

エ Because Yuri's sister will receive an e-mail from Yuri.

(3) これから，ケンジ（Kenji）とアン（Ann）の対話を放送します。そのあとで，その内容について，Question No.1 と Question No.2 の２つの質問をします。それぞれの質問に対して，最も適切な答えを，ア，イ，ウ，エの中から１つ選んで，その記号を書きなさい。

No.1

ア A book.　イ A key.　ウ A cap.　エ A pen.

No.2

ア Because Ann is carrying a lot of books.

イ Because Kenji has to write a report.

ウ Because Ann knows who he is.

エ Because Kenji wants to go to the library with Ann.

(4) 外国人の観光客に，添乗員が市内観光について説明しています。これからその説明を放送します。その内容について，次の①，②の問いに答えなさい。

① この市内観光で訪れる場所を，訪れる順番に並べかえて，記号で答えなさい。

② 次の質問の答えになるように，（　）に適切な**英語1語**を書きなさい。

How long does this city trip take?

— It takes (　　　　　) hours.

これで，放送による聞き取りテストを終わります。

2 モリ先生（Mr. Mori）が留学生のティナ（Tina），ジム（Jim）と話をしています。次の会話文を読んで，下の(1)，(2)の問いに答えなさい。

Mr. Mori: Tina, your Japanese is very good. How long have you been studying Japanese?

Tina: Thank you. For three years. I talk a lot with my *host family in Japanese but it is difficult to read Japanese, especially *kanji*. I ①(w　　) I could read all the *kanji* *characters.

Mr. Mori: I see. *Kanji* will help you understand Japanese better. Jim, you have lived in Japan longer than Tina. You are good at ②(b　　) speaking and reading Japanese. How do you usually ③(p　　) reading Japanese?

Jim: I read many books ④(write) in easy Japanese. You can learn a lot of Japanese little by little. Now, I often read **manga*. Reading it is ⑤(easy) than reading other kinds of books.

Mr. Mori: That's good not only for ⑥(child) but also for adults. It is very important to enjoy studying.

＊host family　ホストファミリー　character(s)　文字　*manga*　マンガ

(1) 会話文が完成するように，文中の①～③の（　）内に，最も適切な英語を，それぞれ1語ずつ書きなさい。なお，答えはすべて，（　）内に示されている文字で書き始めるものとします。

(2) 会話文が完成するように，文中の④～⑥の（　）の中の語を，それぞれ1語で適切な形に直して書きなさい。

3　次の(1)，(2)の問いに答えなさい。

(1)　次の英文は，新聞記事の一部です。この記事が伝えている内容として最も適切なものを，下のア～エの中から１つ選んで，その記号を書きなさい。

In Japan, over 3 percent of people have pets, such as dogs and cats. Spending time with animals can make people feel happy. It also has good *effects on their health. For example, some people feel *healthy when they walk with their dog. Some people feel *relaxed when they are with their cat. If you really want to *lead a happy and healthy life, living with pets may be a good choice.

＊ effect(s)　効果　healthy　健康な　relaxed　くつろいだ　lead a ～ life　～な生活を送る

ア　The only way to lead a happy life is to have a pet.

イ　Almost all the people want to live with pets.

ウ　Some people feel happy when they are with their pet.

エ　Going to a pet shop will be a good way to improve your health.

(2)　次の英文中の［　］には，下のア～ウの３つの文が入ります。意味の通る英文になるように，ア～ウの文を並べかえて，記号で答えなさい。

I like English movies. I want to watch them without *subtitles. Let me tell you the steps I will use. ［　　　］ Through these steps, I hope to improve my ability and enjoy English movies.

＊ subtitle(s)　映画やテレビの字幕

ア　Then, I will watch it without subtitles and repeat some of the words that they say.

イ　I will watch a movie with Japanese subtitles first because I want to enjoy the story.

ウ　After I know the story in Japanese, I will watch the movie with English subtitles to understand what the actors are saying.

4　アメリカ合衆国に留学中の高校生のジュン（Jun）と友人のサム（Sam）が，レストランでメニューを見ながら話をしています。次の対話文を読んで，(1)，(2)の問いに答えなさい。

Sam：　Look at this *menu. What will you have, Jun?

Jun：　Well, everything looks so delicious that I cannot choose. Have you decided yet, Sam?

Sam：　Yes. I always choose（ ① ）when I come to this restaurant. It is very popular. Today we can eat the steak.

Jun：　［（　　　）（　　　）（　　　） have you been here before?］

Sam：　I have been here several times with my friends.

Jun：　So you know a lot about this restaurant.

Sam：　Right. Are you still thinking about（ ② ）to eat?

Jun：　Yeah. *Honestly, I don't like steak very much. So if they have a dish with vegetables, that may be good for me.

Sam: Then, how about curry and rice? You can choose the vegetable curry.

Jun: Really? That sounds great! I'll have that.

Sam: Do you want something to drink?

Jun: I want the orange juice.

Sam: Sorry, Jun. Orange juice is not on the list for the "*Drink Set". You need to pay two *dollars for it, so it will be (③) *in total.

Jun: I see. That will be no problem. How about you?

Sam: I'll have coffee. Also I would like to have chocolate cake for *dessert. So I have to pay ...

Jun: Wait. Your birthday is (④), right? You can get a two-dollar *discount today. So, you'll only need to pay twelve dollars.

Sam: All right. Thank you so much for letting me know.

Jun: You're welcome. When we have time next month, (⑤)? I would like to try the "Special Sandwich".

Sam: Of course! I'd like to, too!

This Month's Menu March 2023

Food with "Drink Set"

・Today's Lunch [$ 10] (Steak, Soup, Rice/Bread)

・Pizza [$ 7] ・Sandwiches [$ 6] ・Noodles [$ 8]

・Curry and Rice [$ 8] (Beef/Chicken/Vegetable)

"Drink Set": Coffee/Tea/Cola (*Choose one)

Drink [$2]

・Coffee ・Tea ・Cola

・Apple Juice ・Orange Juice ・Banana Milk

Dessert [$4]

・Cheese Cake ・Chocolate Cake ・Ice Cream

● Birthday Month : $2 Discount

● NEW MENU "Special Sandwich [$9]" *April 1st～

＊ menu メニュー　Honestly 正直なところ　Drink Set ドリンクセット
dollar(s) ドル（アメリカの通貨単位，＄で表す）　in total 合計で　dessert デザート
discount 値引き

(1) 対話文中の（①）～（⑤）に入る最も適切なものを，ア～エの中から１つ選んで，その記号を書きなさい。

① ア Today's Lunch　イ sandwiches　ウ pizza　エ noodles
② ア how　イ when　ウ where　エ what
③ ア 8 dollars　イ 9 dollars　ウ 10 dollars　エ 11 dollars
④ ア February 10th　イ March 10th　ウ April 10th　エ May 10th
⑤ ア how about making sandwiches together
　イ is this restaurant still open
　ウ do you want me to bring more money
　エ can we come here again

(2) 対話の流れに合うように，文中の［　］の（　）に適切な英語を１語ずつ入れ，英文を完成させなさい。

5 次の英文は，ミキ（Miki）が書いたスピーチの原稿です。この英文を読んで，(1)～(5)の問いに答えなさい。

"Miki, be ready to move to a new house! You can't take many books." My mother kept saying this. We were going to leave town and move abroad in two months. I had too many books on the *bookshelf. I said, "But, Mom, these are my *treasures. I want to keep these books." ［ ア ］ I read them many times when I was a little child and they are full of good memories. Though I was a junior high school student, I still loved those books very much.

My mother said, "I understand how you feel. But Miki, I'm sure that those books will meet some new people in the future, and you will, too." ［ イ ］ I asked my mother, "Will my books meet new people?" I thought, "What does she mean?" I knew it would be hard to take all of those books to the new house. But I wanted to keep all my treasures.

One Saturday, I went to the city library to say goodbye to my favorite place and to an old woman who worked there. I said to her, "This will be the last time here." She looked surprised. I spent some time in the library and talked with her. When I left the library, the old woman ran after me. She gave me an old book.

After I got home, I started to read the book. Soon I found that it was very interesting. I continued reading it for two hours and finally finished it. The book was about a girl who had to move. ［ ウ ］ She became stronger through meeting new people. Her story gave me great *courage. I remembered my mother's words.

The next day, I went to the library and said “thank you” to the old woman. She smiled and looked happy. She said, “I moved to this town when I was as old as you. I read that book and it gave me courage. Good luck at your new place.”

I never thought that I would *let go of my favorite books, but I understood my mother’s words. I decided to give them to other people *like the old woman did. I wanted my books to make someone feel excited or *encouraged.

A few days later, I went to a *used-book store with my mother. [エ] I sold some of my treasures. My books would meet someone. I hoped that they would become *someone else’s treasures.

Before we moved, the bookshelf in my room became a little lighter. And my heart did, too.

＊ bookshelf　本棚　　treasure(s)　宝物　　courage　勇気　　let go of ～　～を手放す
like ～　～のように　　encouraged　励まされた　　used-book store　古本屋
someone else’s　誰か他の人の

(1) 本文の内容に合う文を，次のア～クの中から３つ選んで，その記号を書きなさい。

ア Miki and her family moved to a new house in the same town.
イ Miki’s mother had a lot of books about treasures.
ウ Miki’s books were her treasures because they gave her good memories.
エ Miki soon agreed with her mother’s idea about letting go of all of her books.
オ One Saturday, Miki went to the library to look for some books.
カ Miki was given a book by the old woman at school.
キ Miki finished reading the book which the old woman gave her in two hours.
ク The old woman moved when she was a junior high school student.

(2) 次の文は，文中の [ア] ～ [エ] のどこに入るのが最も適切か，記号で答えなさい。

I thought she was like me.

(3) 次の①，②の文を，本文の内容と合うように完成させるには，[　　] の中に，それぞれ下のア～エのどれを入れるのが最も適切か，記号で答えなさい。

① The old book given by the old woman made [　　　　].
ア Miki nervous　　イ Miki encouraged
ウ Miki’s mother angry　　エ Miki’s mother surprised

② On Sunday, Miki went [　　　　].
ア to the library to say “thank you” to the old woman
イ to the used-book store to say goodbye to her town
ウ to the library to give her treasures to other people
エ to the used-book store to read a book

(4) 下線部の内容を次の内の□ように表したとき，（　）に入る適切な英語を，本文から４語で抜き出して書きなさい。

And my heart (　　　　　　　　　), too.

(5) 次の質問の答えとなるように，（　　）内に適切な英語を１語ずつ書きなさい。

① When Miki decided to let go of some of her books, what did she understand?
　She understood (　　) (　　) (　　) words meant.

② When Miki sold some of her books, what did she hope?
　She hoped that (　　) (　　) (　　) someone else's treasures.

6　留学生のエマ（Emma）が，クラスメイトのアズサ（Azusa）とタケル（Takeru）に次の２つのウェブサイトを見せながら旅行について相談しています。会話の流れに合うように，①～④ の（　）内の英語を並べかえて，記号で答えなさい。ただし，それぞれ不要な語（句）が１つずつあります。

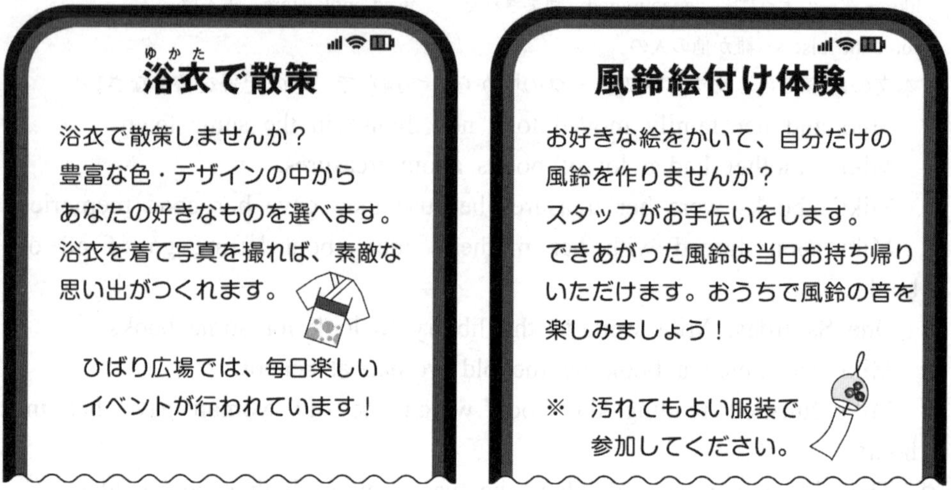

浴衣《ゆかた》で散策
浴衣で散策しませんか？
豊富な色・デザインの中から
あなたの好きなものを選べます。
浴衣を着て写真を撮れば、素敵な
思い出がつくれます。
ひばり広場では、毎日楽しい
イベントが行われています！
風鈴絵付け体験
お好きな絵をかいて、自分だけの
風鈴を作りませんか？
スタッフがお手伝いをします。
できあがった風鈴は当日お持ち帰り
いただけます。おうちで風鈴の音を
楽しみましょう！
※　汚れてもよい服装で
参加してください。

Emma：Summer vacation starts next week!　I'm going to *take a day trip with my friends next Wednesday.　Which is better to do on the trip, wearing a *yukata* or *painting on a *wind chime?

Azusa：If I ①(ア I would　イ choose　ウ painting on a wind chime　エ wearing a *yukata*　オ were　カ you,).　Walking around the city * in traditional clothes sounds great！

Takeru：Painting on a wind chime sounds nice.

Emma：Why do you think so?

Takeru：Because you can take it home with you.　You can enjoy the sound of the wind chime at home.　The staff members ②(ア wear　イ you　ウ will　エ paint on　オ show　カ how to) a wind chime.

Azusa：Well, if you wear a *yukata* and take some pictures of yourself, you can enjoy them later, too.

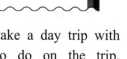

Emma: That's true.... I can't decide which activity I should choose.

Takeru: Well... ③(ア you イ do ウ a wind chime エ why オ don't カ paint on) in the morning? Then you can wear a *yukata* in the afternoon.

Emma: That's a good idea. I'll do that. I don't ④(ア my *yukata* イ clean ウ to エ want オ dirty カ make).

＊ take a day trip　日帰り旅行をする　paint on ～　～に絵をかく　wind chime　風鈴
in ～　～を着て

<理科> 時間 50分 満点 100点

1 次の(1)~(8)の問いに答えなさい。

(1) 図のようにビーカーに水を入れ，ガスバーナーで加熱した。しばらくすると，あたためられた水が上に移動した。このように，物質の移動によって熱が全体に伝わる現象を何というか，最も適切なものを，次の**ア**~**エ**の中から１つ選んで，その記号を書きなさい。

ア 沸騰
イ 対流
ウ 放射
エ 伝導

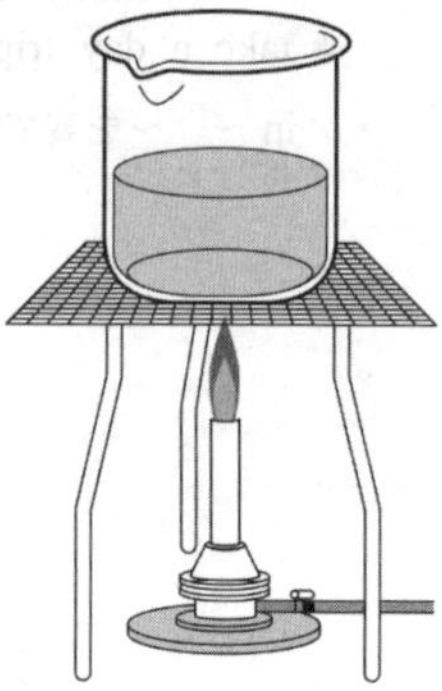

図

(2) １㎜くらいの太さの銅線に対して次の**操作１**，**操作２**を行った。その結果の組み合わせとして最も適切なものを，下の**ア**~**エ**の中から１つ選んで，その記号を書きなさい。

操作１：電流が流れるかどうか調べる
操作２：ハンマーでたたく

	操作１	**操作２**
ア	流れた	くずれて割れた
イ	流れた	広がった
ウ	流れなかった	くずれて割れた
エ	流れなかった	広がった

(3) 植物のスギ，イチョウ，ソテツに共通する特徴を説明したものとして最も適切なものを，次の**ア**~**エ**の中から１つ選んで，その記号を書きなさい。

ア 花には外側からがく，花弁，おしべ，めしべが見られる。
イ 雌花には子房があり，果実の中に種子ができる。
ウ 胞子のうがあり，胞子によってふえる。
エ 胚珠《はいしゅ》がむきだしになっており，花粉は直接胚珠につく。

(4) 次のページの**図**は，ある日の天気図である。この後数日間に関東地方から近畿《きんき》地方で予想される状況を説明したものとして最も適切なものを，下の**ア**~**エ**の中から１つ選んで，その記号を書きなさい。

ア 大雪になる地域が多くなることが予想される。
イ 干ばつによって農作物に被害が出ることが予想される。
ウ 大雨による河川の増水が予想される。
エ 朝方，冷え込みが強くなることが予想される。

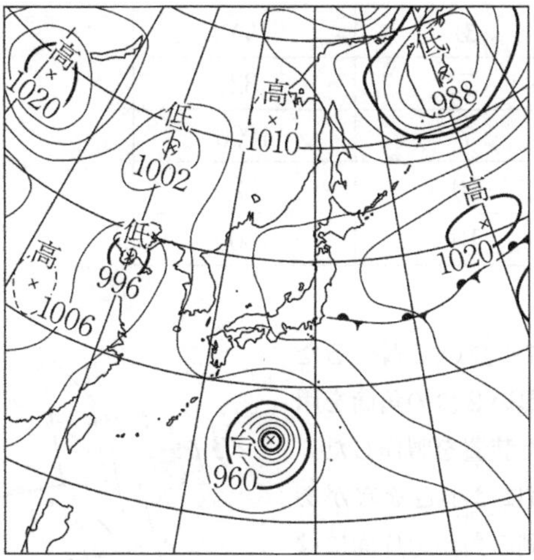

図　（気象庁の資料により作成）

(5)　ティッシュペーパーでプラスチックのストローをこすると，こすったティッシュペーパーとこすられたストローのそれぞれに静電気が生じた。この電気の力が利用されている装置として最も適切なものを，次の**ア**～**エ**の中から１つ選んで，その記号を書きなさい。

ア　手回し発電機　　**イ**　電子レンジ　　**ウ**　コピー機　　**エ**　スピーカー

(6)　酸化銀が熱により分解すると，ある気体が発生する。この気体を説明したものとして最も適切なものを，次の**ア**～**エ**の中から１つ選んで，その記号を書きなさい。

ア　色もにおいもなく，空気中で火をつけると爆発して燃える。

イ　体積で，乾燥した空気の約８割を占めている。

ウ　水に溶けやすく，上方置換法で集める。

エ　ものを燃やすはたらきがあり，空気よりも密度が大きい。

(7)　動物の生殖細胞や受精について説明したものとして最も適切なものを，次の**ア**～**エ**の中から１つ選んで，その記号を書きなさい。

ア　精子は減数分裂によってできるため，精子の中にある染色体の数は，親の体をつくる細胞の中にある染色体の数よりも少ない。

イ　精子は体細胞分裂によってでき，卵は減数分裂によってできるため，卵の中にある染色体の数は，精子の中にある染色体の数よりも少ない。

ウ　精子と卵の受精によって，受精卵の中にある染色体の数は，親の体をつくる細胞の中にある染色体の数の２倍になる。

エ　卵の中にある染色体の数は，受精卵の中にある染色体の数と同じである。

(8)　次の文は，地震について説明したものである。文中の あ ， い に当てはまる数値の組み合わせとして最も適切なものを，次のページの**ア**～**エ**の中から１つ選んで，その記号を書きなさい。

地震の大きさを表す用語には，震度とマグニチュードがある。震度は，ある地点での揺れの程度を表したものであり，日本では あ 段階に分けられている。マグニチュードは，地震の規模を数値で表したものである。例えば，マグニチュードの数値が２大きくなると，エネルギーは い 倍になる。

	あ	い
ア	7	32
イ	7	1000
ウ	10	32
エ	10	1000

2 太郎さんは光の進み方について調べるために，白い半透明の紙と黒い２つの角筒を用いて**図１**のような形をした装置を製作した。装置の外側の角筒の片面には小さな穴があけられている。また，内側の角筒の片面には白い半透明の紙が貼られ，これがスクリーンの役割をしている。**図１**の矢印の方向から内側の角筒をのぞき込むことで，小さな穴を通過した光がスクリーンに映る様子を観察することができる。この装置を使って，太郎さんは**実験**を行った。(1)～(4)の問いに答えなさい。

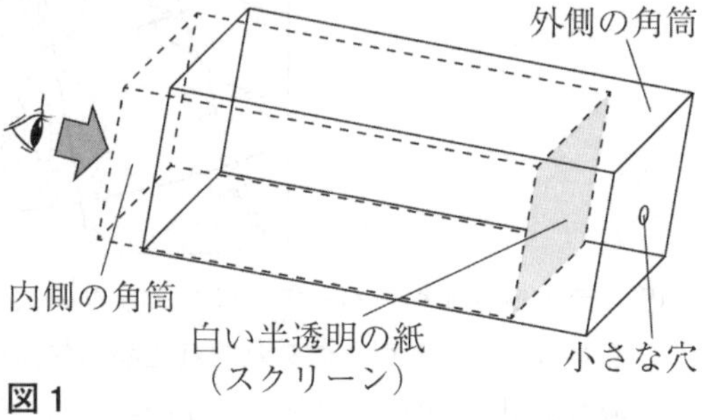

図１

≪実験≫

太郎さんがこの装置を机上にある花に向けて，内側の角筒をのぞき込んだところ，白い半透明の紙（スクリーン）上に像がうすく映っているところが見られた。

次に，太郎さんは装置の外側の角筒の片面にあけられている穴を広げ，**図２**のように穴のところに凸レンズを取りつけた。この装置を用いて机上にある花を観察するために，内側の角筒と外側の角筒を重ねた状態から外側の角筒を固定し，内側の角筒を引き出すように引いた。はじめはスクリーン上にはっきりとした像は見られなかったが，ある位置まで内側の角筒を引くと，スクリーン上にはっきりと像が見えるようになった。このとき角筒を引くことをやめた。

(1) スクリーン上にはっきりと見えた像のことを何というか，書きなさい。

(2) 次の文は，凸レンズを装着することでスクリーン上にはっきりと像が見えるようになった理由について述べたものである。文中の あ ， い に当てはまる語句の組み合わせとして最も適切なものを，次のページの**ア**～**エ**の中から１つ選んで，その記号を書きなさい。

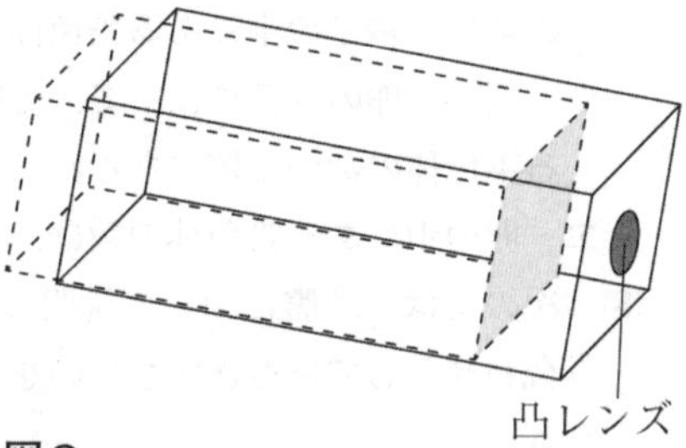

図２

凸レンズを装着することでスクリーン上にはっきりと像が見えるようになったのは，光の あ という性質によって，物体の表面ではね返った光がレンズを通過した後， い からである。

	あ	い
ア	屈折	1点に向かって進むようになった
イ	屈折	広がって進むようになった
ウ	全反射	1点に向かって進むようになった
エ	全反射	広がって進むようになった

(3)　**図3**は，スクリーンにはっきりと像ができたときの花と凸レンズを模式的に表したものである。花は矢印を用いて模式的に表されていて，凸レンズの焦点は点F_1，点F_2に存在している。また，スクリーンは省略されている。

花の上部の点**Q**ではね返った光のうち，凸レンズの軸（光軸）に平行に進み凸レンズに入った光と，凸レンズの中心を通る光は，それぞれどのように進むか。2つの光の道すじを，それぞれ実線で作図しなさい。同様に，スクリーン上に見える像についても矢印を用いて正しい位置に作図しなさい。ただし，スクリーンは解答用紙にかかなくてよい。また，像を求めるためにかいた線は消さなくてよい。

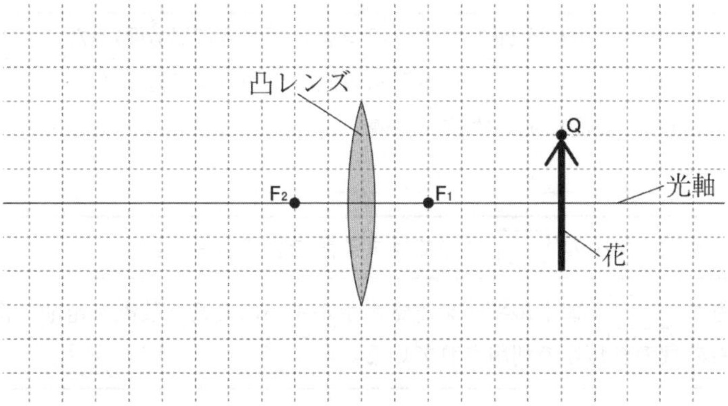

図3

(4)　**図4**は，太郎さんが装置を用いて花を観察している様子を表したものである。太郎さんから見てスクリーンに映る花の像の見え方は，どのようになるか。最も適切なものを，次の**ア**～**エ**の中から1つ選んで，その記号を書きなさい。

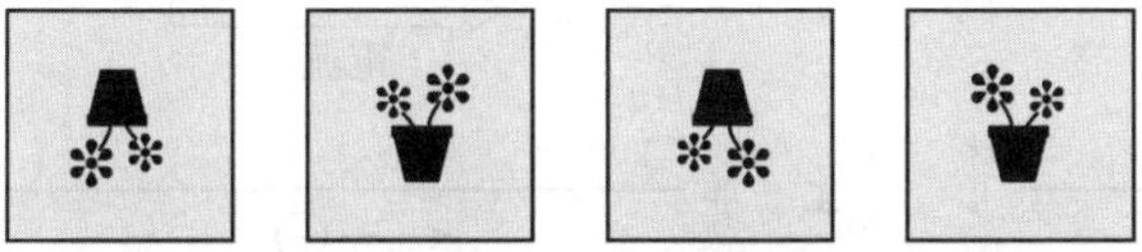

ア　　イ　　ウ　　エ

図4

3 太郎さんは，**図１**のような装置を組み立ててダニエル電池を用いた**実験１**を行い，どのようなしくみで電気エネルギーを取り出せるかを調べた。⑴～⑸の問いに答えなさい。

≪実験１≫

【方法】

❶ 電子オルゴールとつなぎ，音が鳴るかどうかで電流の向きを調べる。

❷ プロペラ付きモーターにつなぎかえて，水溶液の様子をしばらく観察する。

❸ 金属板の様子を観察する。

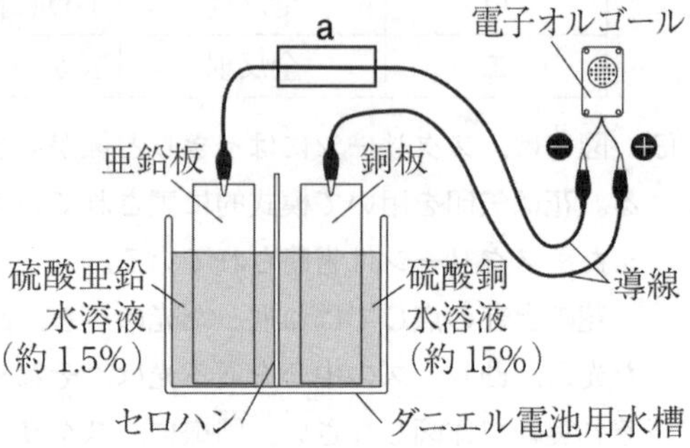

図１

【結果】

	結果
❶	亜鉛板と銅板を**図１**のようにつないだときに音が鳴った。
❷	プロペラは回転し、硫酸銅水溶液の色がうすくなった。
❸	銅板の表面に赤い物質が付着し、亜鉛板は表面に凹凸ができて、黒くなっていた。

⑴ 電池に関する次の文中の □ に当てはまる語を書きなさい。

> 物質のもつ □ エネルギーを電気エネルギーに変える装置を電池（化学電池）といい，私たちの身のまわりで利用されている。

⑵ ダニエル電池の＋極で起こる反応を電子e^-を用いた化学反応式で書きなさい。

⑶ **実験１**の**図１**中の**a**において，導線を電子が流れる向きと，電流が流れる向きを表した図として最も適切なものを，次の**ア**～**エ**の中から１つ選んで，その記号を書きなさい。なお，図中の⊖は電子を表している。

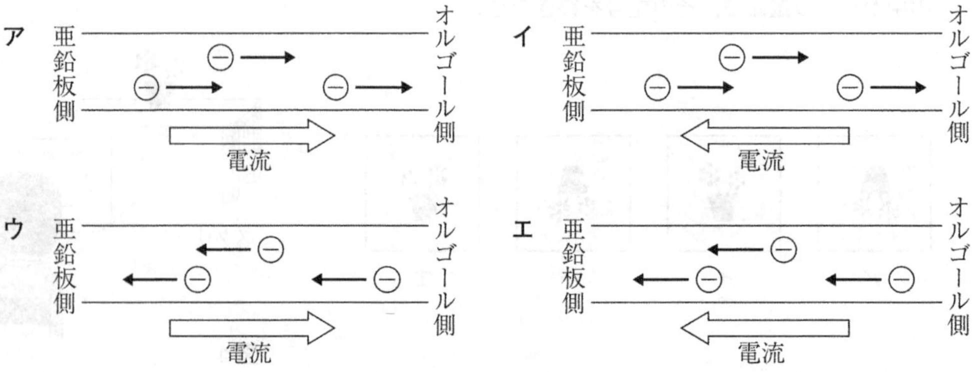

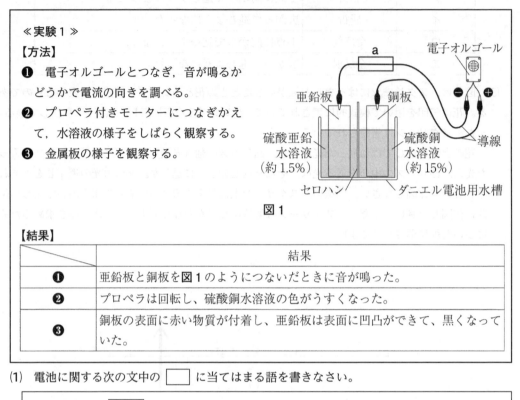

(4)　**実験1**について，セロハンの代わりにイオンを通さないガラス製の板を用いて，2つの水溶液が混ざらないようにしたときの結果を説明したものとして，最も適切なものを，次の**ア**～**エ**の中から1つ選んで，その記号を書きなさい。

ア　電子オルゴールの音は鳴らなかった。

イ　プロペラの回転の向きが反対になった。

ウ　亜鉛板に赤い物質が付着した。

エ　硫酸銅水溶液の色が濃くなった。

(5)　太郎さんは，3種類の金属（亜鉛，金属**A**，銅）について，イオンへのなりやすさを調べるために**実験2**を行った。

≪**実験2**≫

【方法】

図2のように，亜鉛板，金属**A**の板，銅板をそれぞれ，硫酸亜鉛水溶液，金属**A**のイオンを含む水溶液，硫酸銅水溶液に入れて，その様子を観察した。

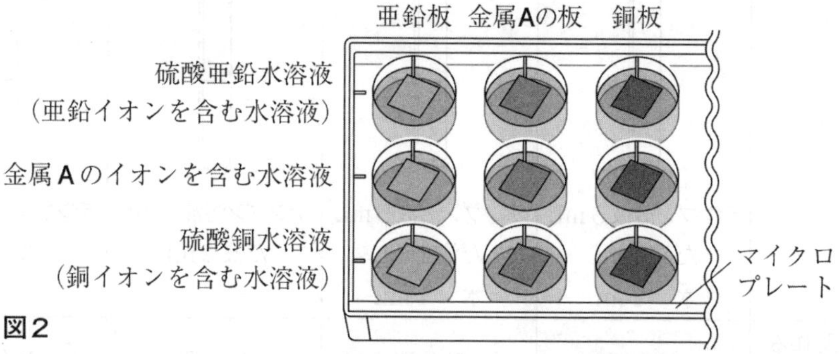

図2

【結果】

	亜鉛板	金属**A**の板	銅板
硫酸亜鉛水溶液	変化なし	変化なし	変化なし
金属**A**のイオンを含む水溶液	金属**A**が付着	変化なし	変化なし
硫酸銅水溶液	銅が付着	銅が付着	変化なし

亜鉛，金属**A**，銅の3種類の金属の板とそれぞれのイオンを含む水溶液を組み合わせてダニエル電池と同じしくみの電池を作った。**＋極**と**－極**の組み合わせとして，正しいものには○を，誤っているものには × を書きなさい。

	＋極	**－極**
ア	亜鉛と硫酸亜鉛水溶液	金属**A**と金属**A**のイオンを含む水溶液
イ	金属**A**と金属**A**のイオンを含む水溶液	亜鉛と硫酸亜鉛水溶液
ウ	銅と硫酸銅水溶液	金属**A**と金属**A**のイオンを含む水溶液
エ	金属**A**と金属**A**のイオンを含む水溶液	銅と硫酸銅水溶液

4　花子さんは，デンプンに対するヒトのだ液のはたらきについて調べるために，次の**実験**を行った。(1)～(4)の問いに答えなさい。

≪実験≫

【方法】

❶　４本の試験管**A**，**B**，**C**，**D**にデンプン溶液５mLを入れる。

❷　試験管**A**と試験管**B**にはだ液１mLと水１mLを，試験管**C**にはだ液２mLを，試験管**D**には水２mLを加えて，ふり混ぜる。

❸　約40℃の湯の入ったビーカーに４本の試験管を入れてあたためる。ただし試験管**A**，**C**，**D**は10分間，試験管**B**は20分間入れてあたためる。

❹　それぞれにヨウ素液を少量加えてふり混ぜ，変化の様子を観察する。

試験管	試験管**A**	試験管**B**	試験管**C**	試験管**D**
溶液の内訳	 デンプン溶液５mL だ液１mL 水　１mL	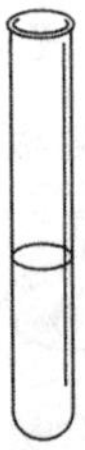 デンプン溶液５mL だ液１mL 水　１mL	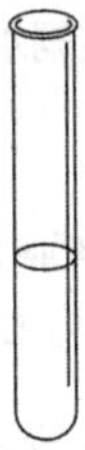 デンプン溶液５mL だ液２mL	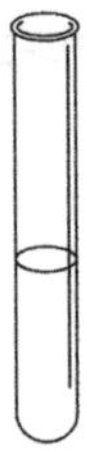 デンプン溶液５mL 水２mL
湯に入れる時間	10分間	20分間	10分間	10分間

【結果】　ヨウ素液を加えたときの色の変化の様子

試験管	試験管**A**	試験管**B**	試験管**C**	試験管**D**
変化の様子	うすい青紫色に変化した	変化しなかった	変化しなかった	青紫色に変化した

(1)　試験管**B**，**C**の溶液の色が変化しなかったのは，だ液に含まれる消化酵素がデンプンを分解したためである。この消化酵素を何というか，書きなさい。

(2)　試験管**A**の溶液の色の変化が試験管**B**，試験管**C**とは異なった理由は何か。次の文中の［あ］，［い］に当てはまる語の組み合わせとして最も適切なものを，次のページの**ア**～**エ**の中から１つ選んで，その記号を書きなさい。

> 試験管**A**の溶液の色の変化が異なったのは，試験管**A**が試験管**B**に比べて湯に入れる時間が［あ］ためだと考えられる。また，試験管**C**に比べて加えただ液の量が［い］ためだと考えられる。

	あ	い
ア	短かった	少なかった
イ	短かった	多かった
ウ	長かった	少なかった
エ	長かった	多かった

(3)　花子さんは，だ液に含まれる消化酵素によって，デンプンが麦芽糖などの糖に分解されることを確かめるために，次のような操作を行った。次の文中の［う］，［え］に当てはまるものは何か。［う］には，糖が含まれていることを調べるための，溶液名を書きなさい。また，［え］には，最も適切なものを，下の**ア**～**エ**の中から１つ選んで，その記号を書きなさい。

> **方法❶**～**❸**を行った後，試験管**C**に［う］を加えて，ふりながら加熱すると，［え］の沈殿ができた。

ア　青紫色　　**イ**　緑色　　**ウ**　赤褐色　　**エ**　黄色

(4)　ヒトのからだの中では，デンプンは最終的にブドウ糖に分解される。右の図の**A**～**G**のうち，その過程ではたらく消化酵素に関わる器官はどれか。その組み合わせとして最も適切なものを，次の**ア**～**カ**の中から１つ選んで，その記号を書きなさい。

ア　B，F　　　　**イ**　F，G
ウ　A，C，D　　**エ**　E，F，G
オ　A，B，D，E　**カ**　C，D，E，G

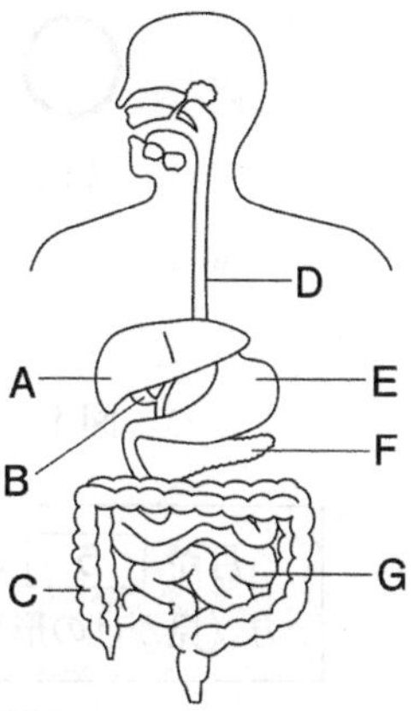

図

5　太郎さんと花子さんは，月と金星について話している。次の会話を読んで，(1)～(4)の問いに答えなさい。

> 太郎：月や金星は見え方に特徴があるね。
> 花子：そうだよね。月の直径は太陽の直径の約［あ］なのに，月と太陽がほぼ同じ大きさに見えるのはどうしてかな。
> 太郎：地球から太陽までの距離が地球から月までの距離の約［い］だから，月と太陽がほぼ同じ大きさに見えるんだね。
> 花子：月と地球と太陽の並び方によって，日食や月食も起こるよね。そして，地球から近い天体は動きを観察しやすいから，昔からいろいろ調べられてきたね。
> 太郎：ガリレオ・ガリレイは，金星の見え方の変化も地動説を信じる根拠にしたみたいだよ。

(1) 文中の あ , い に当てはまるものの組み合わせとして最も適切なものを，右のア～エの中から１つ選んで，その記号を書きなさい。

	あ	い
ア	400倍	400倍
イ	400倍	400分の１
ウ	400分の１	400倍
エ	400分の１	400分の１

(2) 図１は，月，地球，太陽の位置関係を模式的に表したものである。月食について説明した下の文中の う , え に当てはまるものを答えなさい。なお， う には図１のＡ～Ｈの中から， え には下のア～エの中から，１つ選んで，その記号を書きなさい。

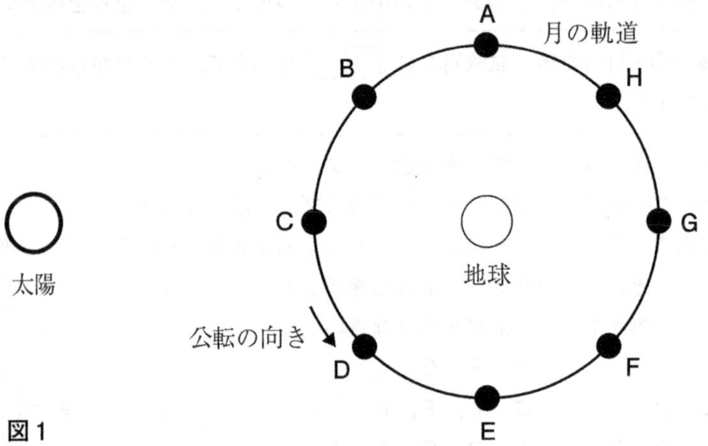

図１

月が う の位置にあるとき，月食が起こることがある。 う の位置の月の見え方（見かけの形）は え である。

ア 新月　イ 満月　ウ 上弦の月　エ 下弦の月

(3) 図２は金星の公転を模式的に表したものである。図２をもとに金星の見え方について説明した文中の お ～ き に当てはまるものの組み合わせとして正しいものを，次のページのア～エの中から１つ選んで，その記号を書きなさい。

金星が三日月のような形に見えるのは図２の お の位置にあるときで，満月に近い形に見えるのは か の位置にあるときである。また，見える大きさについては，ａの位置にあるときはｂの位置にあるときより き 見える。

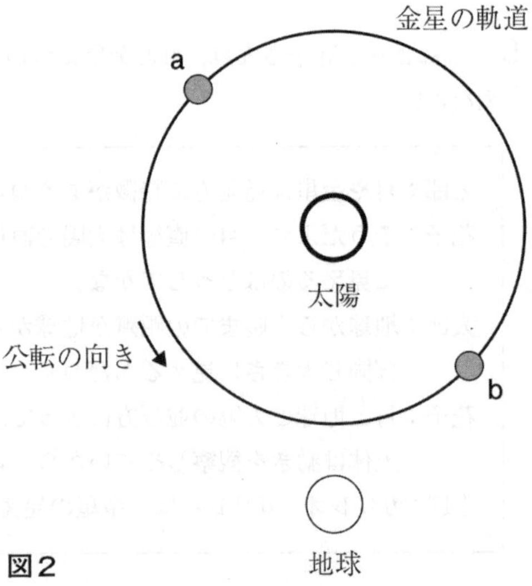

図２

	お	か	き
ア	a	b	大きく
イ	a	b	小さく
ウ	b	a	大きく
エ	b	a	小さく

(4)　太郎さんは，金星を真夜中に観察しようとしたが，観察できなかった。金星を真夜中に観察することができない理由を，「地球」，「公転」という２つの語を用いて書きなさい。

6　次の(1)，(2)の問いに答えなさい。

(1)　太郎さんは，先生と理科の授業で学んだことについて振り返りを行っている。次の会話を読んで，あとの①，②の問いに答えなさい。

太郎：持続可能な社会の実現に向けて，再生可能エネルギーの研究は重要なものだとわかりました。特に，aバイオマス発電については，発電所で燃料を燃焼させるにもかかわらず，大気中の二酸化炭素は増加しないという点が興味深かったです。

先生：そうですね。間伐材を燃料にした場合は，その植物が光合成によって吸収した二酸化炭素と，発電の燃料として燃焼させた際に出される二酸化炭素の量がほぼつり合うのでしたね。

太郎：そのように考えると，植物の光合成は持続可能な社会の実現にとっても，大事な反応だと思います。

先生：そうですね。光合成については，授業ではオオカナダモとBTB液（BTB溶液）を使って実験し，BTB液の色の変化から，植物が二酸化炭素を吸収するのかどうかを調べましたね。では，これ以外の方法で植物が二酸化炭素を吸収するのかどうかを調べることはできますか。

太郎：はい，できると思います。石灰水を使えば調べられると思います。

先生：では，どのような実験を行えばよいと思いますか。

太郎：まず，２本の試験管A，Bを用意します。試験管A，Bそれぞれに採取したばかりの大きさがほぼ同じタンポポの葉を入れ，さらに試験管Bはアルミニウムはくで覆います。それから，試験管A，Bそれぞれにストローで息をふきこみ，すぐにゴム栓でふたをします。そして，それらの試験管に，光合成に十分な時間光を当てた後，石灰水を使って，植物が二酸化炭素を吸収したのかどうかを調べようと思います。

先生：よく考えましたね。でも，bこの実験だけでは，「植物が二酸化炭素を吸収するのかどうか」を調べる実験の対照実験としては不十分ではないでしょうか。

①　下線部aに関する説明として正しいものを次のア～エの中から２つ選んで，その記号を書きなさい。

ア　バイオマス発電では，化石燃料を用いた火力発電と異なり，タービンは必要としない。
イ　バイオマス発電では，動物の排泄物《はいせつぶつ》も燃料となる。

ウ バイオマス発電では，燃料を安定して確保することが課題である。

エ バイオマス発電では，放射線を出す放射性廃棄物の管理が重要である。

② 下線部**b**について，もう１本試験管を増やし，「植物が二酸化炭素を吸収するのかどうか」を調べるための実験を行う場合，どのような実験を行えばよいか。

次の追加実験に関する文中の **あ** ～ **う** に当てはまる語の組み合わせとして最も適切なものを，あとの**ア**～**ク**の中から１つ選んで，その記号を書きなさい。

> 試験管**A**の結果と比較するために，新しい試験管**C**に，タンポポの葉を **あ** ，アルミニウムはくで **い** ，ストローで息を **う** ものを準備し，その後，光合成に十分な時間光を当てる実験を行う。

	あ	い	う
ア	入れて	覆い	ふきこんだ
イ	入れて	覆い	ふきこまない
ウ	入れて	覆わず	ふきこんだ
エ	入れて	覆わず	ふきこまない
オ	入れないで	覆い	ふきこんだ
カ	入れないで	覆い	ふきこまない
キ	入れないで	覆わず	ふきこんだ
ク	入れないで	覆わず	ふきこまない

(2) 花子さんと太郎さんは，光合成と光の強さについて話している。次の会話を読んで，あとの①，②の問いに答えなさい。

> 花子：光を強くすると光合成は活発になるのかな。試験管の中にタンポポの葉を入れて，LEDライトを１灯か２灯当てた場合で石灰水を入れて，にごり方を比べられたらおもしろいのだけど。
>
> 太郎：そうだね。でも，石灰水のにごり方って，数値として表すのは難しそうだね。吸収した二酸化炭素の量を数値として比較できるような方法がないかな。
>
> 花子：理科の授業で石灰水について勉強したよ。それを実験で利用できないかな。

花子さんのノートの一部

○石灰水について

・石灰水は，水酸化カルシウム$Ca(OH)_2$が溶解した飽和水溶液である。また，二酸化炭素CO_2は水に溶けると，炭酸H_2CO_3となる。

・石灰水に二酸化炭素を通すと，次の化学反応が起こる。

$Ca(OH)_2 + H_2CO_3 \rightarrow CaCO_3 + 2H_2O$

・石灰水が白くにごるのは，炭酸カルシウム$CaCO_3$が，水に溶けにくい白色の固体だから。

・このように，この反応は，水に溶けた二酸化炭素と水酸化カルシウムの中和である。

≪実験≫

【方法】

❶　4本の試験管D，E，F，Gを用意する。**表**に示す組み合わせで，大きさのほぼ同じタンポポの葉および同量の二酸化炭素を試験管に入れ，ゴム栓をする。（二酸化炭素の量は，光合成を行うのに十分な量とする。）

❷　**表**に示すように昼白光のLEDライトを1灯または同じLEDライトを2灯用い，試験管に光を30分当てる。

❸　試験管に石灰水を入れ，再びゴム栓をしてよくふる。

❹　石灰水をろ過し，ろ液に少量のBTB液を入れる。

❺　ＢＴＢ液の色の変化に注意しながら，ろ液にある濃度の塩酸を少しずつ加えていき，中性になるまでに必要な塩酸の量を測定する。

表

	実験の操作		
	方法❶で試験管に加えるもの		**方法❷**で用いるＬＥＤライトの数
	二酸化炭素	タンポポの葉	
試験管D	入れない	入れない	1灯
試験管E	入れる	入れない	1灯
試験管F	入れる	入れる	1灯
試験管G	入れる	入れる	2灯

【結果の予想】

・試験管Dと試験管Eを比べた場合，**方法❺**で中性になるまでに必要な塩酸の量は，試験管Eの方が少なくなる。

（理由）［え］ため，石灰水の中の水酸化カルシウムの量が減るから。

・試験管E～試験管Gで使用する塩酸の量の大小関係は［お］となる。

（理由）タンポポの葉を入れた試験管では，光を強くすることで光合成が活発になり，タンポポの葉が吸収する二酸化炭素の量が増えるから。

①　文中の［え］に当てはまる内容として最も適切なものを，次の**ア**～**エ**の中から1つ選んで，その記号を書きなさい。

ア　石灰水は，水酸化カルシウムの飽和水溶液である

イ　二酸化炭素を入れることで，試験管内の酸素の割合が減っている

ウ　炭酸カルシウムが，水に溶けない白色の固体である

エ　炭酸と水酸化カルシウムが，中和している

②　文中の［お］に当てはまる内容として最も適切なものを，次の**ア**～**エ**の中から1つ選んで，その記号を書きなさい。

ア　試験管E＞試験管F＞試験管G　　**イ**　試験管E＞試験管G＞試験管F

ウ　試験管G＞試験管F＞試験管E　　**エ**　試験管G＞試験管E＞試験管F

＜社会＞

時間　50分　　満点　100点

1　社会科の授業で,「世界や日本のさまざまな地域の特色を見いだそう」という課題で，班ごとにテーマを設定し，学習しました。次の1，2に答えなさい。

1　A班では「世界の姿と諸地域」というテーマを設定しました。(1)~(4)の問いに答えなさい。

資料1　**世界地図**

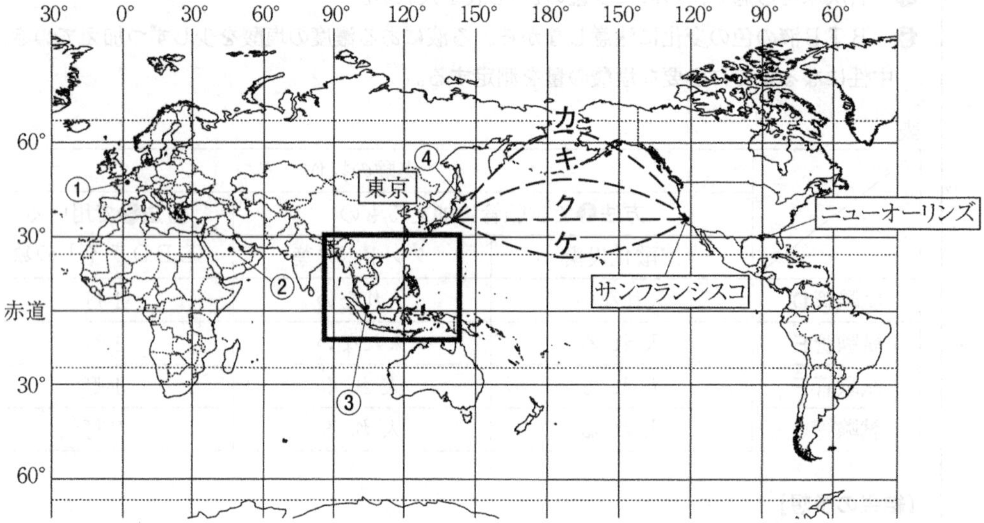

(1)　太郎さんは，**資料1**をもとに世界の気候について調べました。次の**ア**~**エ**のグラフは，**資料1**にある①~④のそれぞれの都市の気温と降水量を表したものです。**資料1**にある②の都市に当てはまるグラフを，次の**ア**~**エ**の中から1つ選んで，その記号を書きなさい。

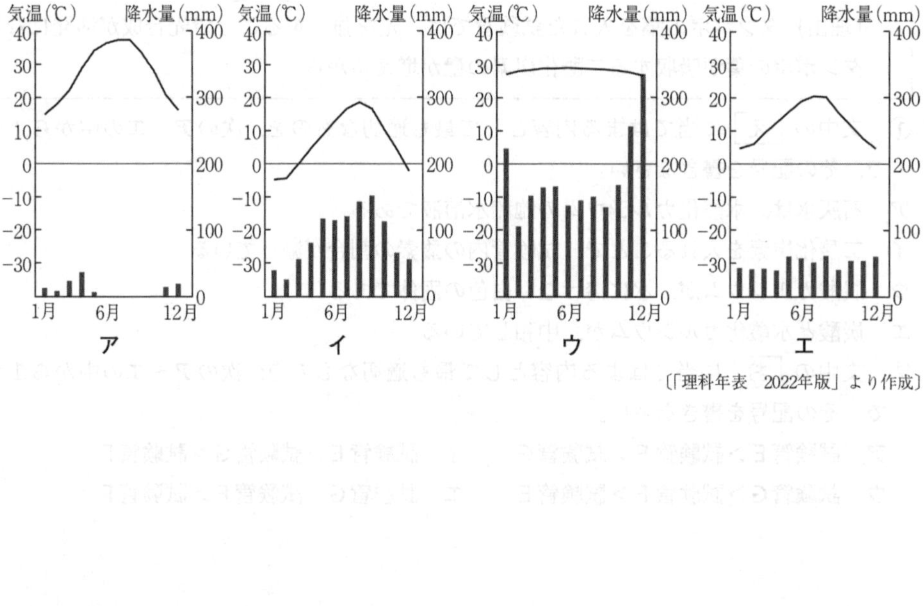

〔「理科年表　2022年版」より作成〕

(2)　太郎さんが見つけた**資料２**は，「中心（サンフランシスコ）からの距離と方位が正しい地図」です。サンフランシスコと東京の最短ルートを**資料１**の地図上に表現する場合最も適切なものを，**資料１**の**カ**～**ケ**の中から１つ選んで，その記号を書きなさい。

資料２　中心からの距離と方位が正しい地図

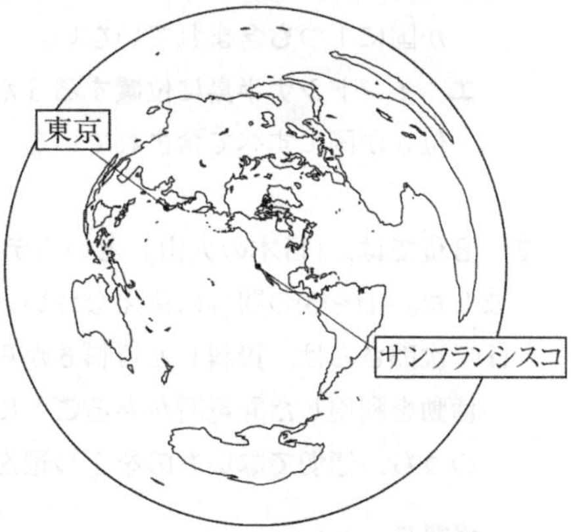

(3)　太郎さんは，前のページの**資料１**のニューオーリンズで，12月22日午後７時からプロバスケットボールの試合が始まることを知りました。試合が始まるとき日本は何月何日の何時か，書きなさい。その際，解答用紙の**午前・午後**のどちらかを〇で囲みなさい。ただし，標準時の基準となる子午線は，ニューオーリンズは西経90度，日本（明石）は東経135度とします。

(4)　花子さんは，アジア州の国々に関心をもちました。**資料３**は，**資料１**の□の地域を示しています。**資料３**の■で示した10か国は，東南アジア諸国連合の2022年現在の加盟国です。

①　東南アジア諸国連合の略称を**アルファベット５文字（大文字）**で書きなさい。

②　**資料４**は**資料３**の加盟国の加盟年と国内総生産を示しています。インドシナ半島に位置する５か国（ミャンマー，タイ，カンボジア，ベトナム，ラオス）について読み取ったものとして最も適切なものを，あとの**ア**～**エ**の中から１つ選んで，その記号を書きなさい。

資料３　東南アジア諸国連合の加盟国

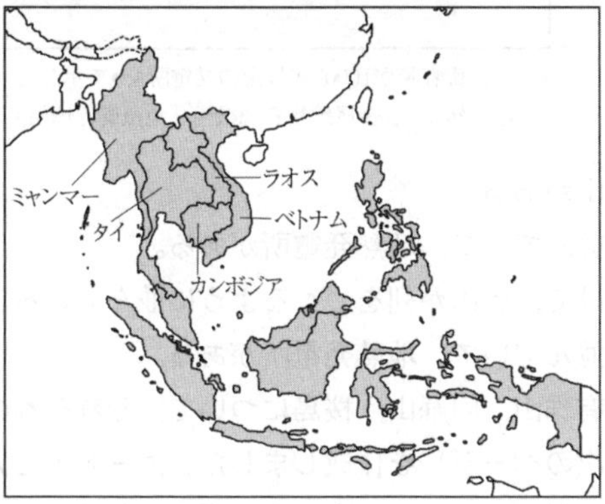

資料４　東南アジア諸国連合への加盟年および国内総生産

国名	加盟年	国内総生産（百万ドル）		国内総生産の変化（倍）
		1990年	2019年	
インドネシア	1967	133858	1119191	8.4
マレーシア		44025	364684	8.3
フィリピン		49095	359354	7.3
シンガポール		38892	372074	9.6
タイ		88460	542017	6.1
ブルネイ	1984	3901	13469	3.5
ベトナム	1995	6472	261921	40.5
ラオス	1997	902	18823	20.9
ミャンマー		6173	76785	12.4
カンボジア	1999	1698	27098	16.0

注）　国内総生産の変化とは、2019年の国内総生産が1990年と比べて何倍になったかを示したもので、数字は小数第２位で四捨五入している。

〔「世界国勢図会　2021/22年版」より作成〕

ア　インドシナ半島に位置する５か国は，すべて1967年に東南アジア諸国連合に加盟した。

イ　インドシナ半島に位置する５か国の2019年の国内総生産をすべて合わせても，インドネシアの2019年の国内総生産には及ばない。

ウ　インドシナ半島に位置する５か国は，加盟国の中で2019年の国内総生産が大きい上位５か国に１つも含まれていない。

エ　インドシナ半島に位置する５か国は，加盟国の中で国内総生産の変化（倍）が大きい上位５か国にすべて含まれている。

2　Ｂ班では，「日本の火山」というテーマを設定して，火山と人々の生活の関係について調べました。⑴～⑶の問いに答えなさい。

⑴　次郎さんは，**資料５**と**資料６**から日本列島の各地には多くの火山が見られることや，火山活動を利用した発電所があることに気づきました。**資料５**と**資料６**を読み取った下の**ア**～**エ**のうち，**適切でないもの**を１つ選んで，その記号を書きなさい。

資料５　日本の主な火山

注）主な火山の位置を▲で示した。また，「過去およそ１万年以内に噴火した，あるいは現在噴気活動が活発な火山」を対象とした。
〔産業技術総合研究所「日本の活火山」より作成〕

資料６　地熱《ちねつ》発電所の分布

注）設備容量が1000kW以上の発電所を●で示した。
〔石油天然ガス・金属鉱物資源機構「地熱資源情報」より作成〕

ア　日本固有の領土である北方領土には火山がある。
イ　奥羽《おうう》山脈には火山が列をつくるように並んでいて，地熱発電所がある。
ウ　富士山から伊豆《いず》諸島や小笠原《おがさわら》諸島にかけて，火山が列をつくるように並んでいる。
エ　紀伊《きい》山地には火山が列をつくるように並んでいて，地熱発電所がある。

⑵　次郎さんは，**資料５**に示した火山のうち有珠山，阿蘇山，桜島について，それぞれの周辺地域の特徴を調べ，**カード１**～**カード３**（次のページ）を作成しました。**カード１**と**カード３**の［あ］に共通して当てはまる語と，**カード２**にまとめた火山名の組み合わせとして最も適切なものを，下の**ア**～**カ**の中から１つ選んで，その記号を書きなさい。

ア　［**あ**　温泉　　**カード２**　桜島　］　　**イ**　［**あ**　温泉　　**カード２**　阿蘇山　］
ウ　［**あ**　温泉　　**カード２**　有珠山　］　　**エ**　［**あ**　世界遺産　　**カード２**　有珠山　］
オ　［**あ**　世界遺産　　**カード２**　阿蘇山　］　　**カ**　［**あ**　世界遺産　　**カード２**　桜島　］

カード１
大規模なカルデラをもつことで有名。隣接する県には、別府《べっぷ》などに あ があり、この地域は火山に関する観光資源に恵まれる。

カード２
県庁所在地にあり、市内には火山灰が頻繁に降る。また、湾内に位置しており、湾の周辺にはシラス台地が見られる。

カード３
たびたび噴火し、周辺に被害をもたらしてきたが、洞爺湖《とうやこ》の湖畔に あ があり、この地域の重要な観光資源になっている。

(3) 良子さんは，北海道の十勝岳が約30年周期で噴火を繰り返していることに興味をもち，防災マップ（ハザードマップ）を取り寄せました。すると，かつて，山に積もっていた雪が噴火による火砕流《かさいりゅう》などの熱で溶けて融雪型火山泥流《ゆうせつがたかざんでいりゅう》が発生し，ふもとで生活する人々を襲ったことがわかりました。このことに関連した**資料７**を読み取った下の**ア**～**エ**について，正しいものには○を，誤っているものには × を書きなさい。

資料７　十勝岳の中規模噴火を想定した防災マップ（ハザードマップ）の一部

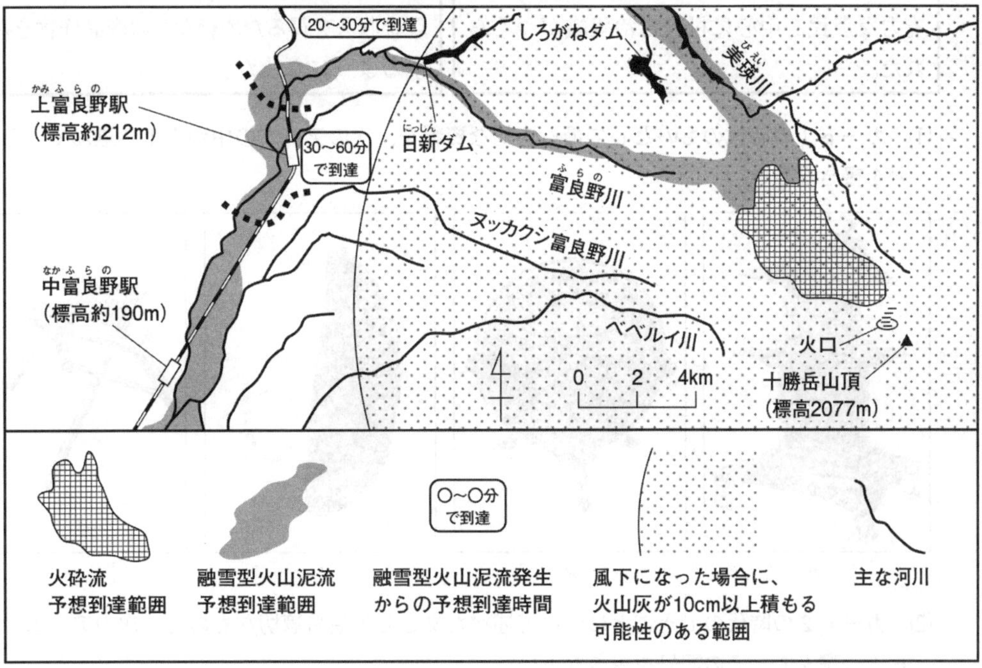

注）融雪型火山泥流とは、火山活動によって火山をおおう雪や氷が溶かされることで発生し、火山噴出物と水が混合して地表を流れる現象のこと。

〔上富良野町「十勝岳火山防災マップ」より作成〕

ア　上富良野駅から半径２kmの全域で，火山灰が10cm以上積もることが想定されている。

イ　日新ダムやしろがねダムは，富良野川や美瑛川に沿って流れる融雪型火山泥流をせき止めることができる場所に設置されている。

ウ　山に雪が積もっているときに噴火した場合，中富良野駅にいる人は上富良野駅方面には避難しないほうがよい。

エ　中富良野駅には，ベベルイ川から流れてきた融雪型火山泥流が到達することが想定されている。

2　社会科の授業で，「日本のそれぞれの時代にはどのような特色があるか」という課題で，班ごとにテーマを設定し，学習しました。次の１，２に答えなさい。

1　A班では，「日本の農業の歴史」というテーマを設定し，調べたことをまとめ，**カード１**～**カード４**を作成しました。(1)～(4)の問いに答えなさい。

カード１　稲作の開始 朝鮮《ちょうせん》半島から稲作が伝わり、たて穴住居《あなじゅうきょ》の近くには高床倉庫《たかゆかそうこ》が造られ、収穫した稲を収めた。むらどうしの戦いも始まった。	**カード２　農業の発達** 草や木を焼いた灰が肥料として使われるようになった。また、同じ田畑で米と麦を交互に作る二毛作《にもうさく》が行われるようになった。さらに、定期的に市《いち》が開かれた。
カード３　有力農民の登場 二毛作やかんがい用の水車、肥料などの使用が広がり、収穫が増えた。農村では有力な農民を中心に村の自治組織がつくられた。	**カード４　商品作物の生産** 新田開発で農地の面積が広がり、技術の向上により生産力はめざましく伸びた。現金収入を得るため綿などの商品作物を栽培するようになった。

(1)　**カード１**の時代のものとして最も適切な資料を，次の**ア**～**エ**の中から１つ選んで，その記号を書きなさい。

ア

イ

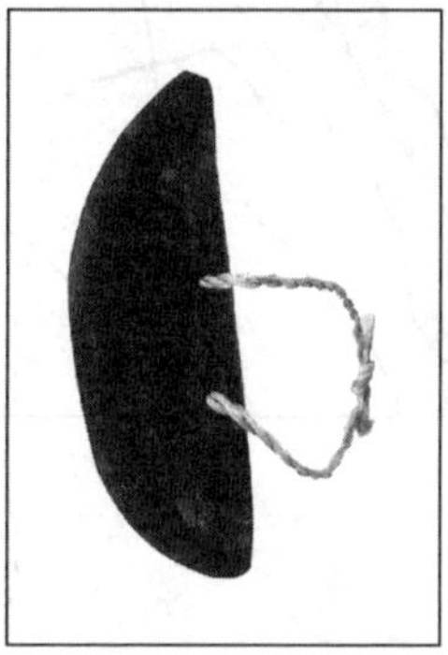
ウ

エ

(2)　**カード２**の時代のできごとについて述べた文として最も適切なものを，次の**ア**～**エ**の中から１つ選んで，その記号を書きなさい。

ア　日本は中国から進んだ文化などを取り入れようとして，遣隋使《けんずいし》を派遣した。
イ　北条《ほうじょう》氏が政治の実権を握り，執権《しっけん》という地位に就いた。
ウ　聖武《しょうむ》天皇は，国ごとに国分寺《こくぶんじ》と国分尼寺《こくぶんにじ》を，都には東大寺《とうだいじ》を建てた。
エ　政治の立て直しをはかった桓武《かんむ》天皇は，都を平安京《へいあんきょう》に移した。

(3)　太郎さんと花子さんは，**カード３**の時代の特色について調べる中で，次のページの**資料１**を見つけ，話し合いをしました。次のページの会話文中の **あ** に当てはまる内容として最も適切なものを，次のページの**ア**～**エ**の中から１つ選んで，その記号を書きなさい。

資料1　石に刻まれた一揆の記録

正長元年ヨリ
前は神戸《かんべ》　四か
サキ者カンヘ四カン
郷《ごう》　負い目ある
カウニヲヰメアル
べからず
ヘカラス

ア　関所の廃止
イ　土地の開墾
ウ　借金の帳消し
エ　鉱山の開発

太郎：産業の発達とともに，村では人々が生活を守るために，有力な農民を中心に，自治組織をつくっていたんだ。
花子：年貢《ねんぐ》の徴収を村で請け負ったり，おきてをつくったりして，村の秩序を守っていたね。
太郎：**資料1**は，1428年に起きた土一揆《つちいっき》に関するものだね。土一揆《どいっき》では，農民たちが，土《ど》倉《そう》や酒屋《さかや》などをおそったりしたんだよね。
花子：**資料1**からは［あ］を要求したことがわかるね。

(4)　太郎さんは，**カード4**の時代の特色について興味をもち，調べていく中で，**資料2**と**資料3**を見つけ，下のような<ノート>にまとめました。<ノート>の［い］～［え］に当てはまる語の組み合わせとして最も適切なものを，下の**ア**～**エ**の中から1つ選んで，その記号を書きなさい。

資料2　アメリカと1858年に結んだ条約(部分要約)

- 下田《しもだ》・函館《はこだて》のほか、神奈川《かながわ》、長崎《ながさき》、新潟《にいがた》、兵庫《ひょうご》を開港すること。(略)
- 日本人に対して法を犯したアメリカ人は、アメリカ領事裁判所《りょうじさいばんしょ》において取り調べのうえ、アメリカの法律によって罰すること。

資料3　横浜《よこはま》港の輸出品・輸入品の割合(1865年)

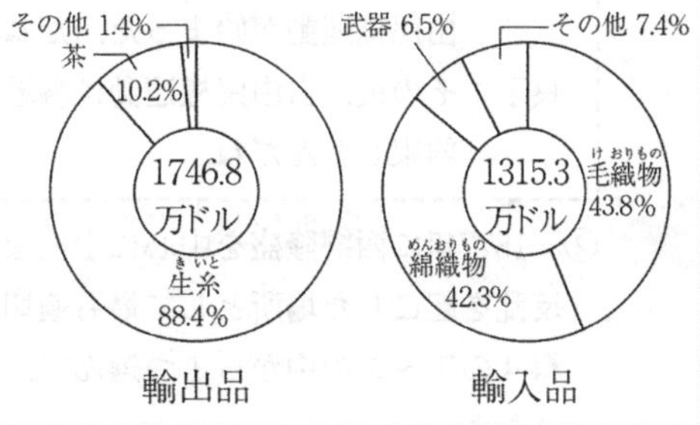

注)　生糸にはまゆ、蚕卵紙《さんらんし》(蚕の卵を産み付けた紙)を含む。
また、綿織物には綿糸を含む。

〔「横浜市史」より作成〕

<ノート>
資料2から，欧米列強がアジアへ進出する中，日本は［い］を結んで，神奈川（横浜）などで貿易が行われたことがわかった。また，**資料3**から，主要な輸出品となった［う］の国内での生産はさかんになった一方，海外から安くて質のよい［え］が輸入されたため，国内の［え］生産に影響が出たのではないだろうか。

ア［い　日米和親条約《にちべいわしんじょうやく》　う　綿織物　え　生糸］
イ［い　日米修好通商条約《にちべいしゅうこうつうしょうじょうやく》　う　綿織物　え　生糸］
ウ［い　日米和親条約　う　生糸　え　綿織物］
エ［い　日米修好通商条約　う　生糸　え　綿織物］

2　B班では，「近代の日本と世界」というテーマを設定し，19世紀～20世紀にかけての日本と世界の動きについて調べたことをまとめて，**カード５～カード７**を作成しました。(1)～(3)の問いに答えなさい。

カード５

政府を去った板垣退助《いたがきたいすけ》らは専制政治を非難し、民撰議院設立《みんせんぎいんせつりつ》(の)建白書《けんぱくしょ》を提出した。こうして、自由民権運動が始まった。日本各地にこの運動が広がっていった。

カード６

日本の植民地とされていた朝鮮では、京城《けいじょう》（現在のソウル）で独立を宣言する文章が発表され、人々が「独立万歳」をさけんで行進し、独立運動が広がった。

カード７

第一次世界大戦後、社会運動が活発になった。労働運動では、ストライキなどの労働争議が増え、農村では、小作料の引き下げなどを求める小作争議が盛んになった。

(1)　①　**カード５**について話し合っている次の会話文中の **お** に共通して当てはまる内容を，**５字以内**で書きなさい。

次郎：板垣退助たちが，民撰議院設立の建白書を出して， **お** ことを求めたのは，なぜだろう。

良子：それまでは少数の人の意見で政治が行われていたからじゃないかな。

次郎：なるほど。このことをきっかけとして，国民が政治に参加することを求めて，自由民権運動が始まったんだね。

良子：その後，自由民権運動は各地に広まり，1881年，政府は1890年に **お** ことを約束したんだね。

②　1877年に西郷隆盛《さいごうたかもり》を中心に士族《しぞく》などが大規模な反乱を起こした場所として最も適切なものを，**資料４**の**ア**～**エ**の中から１つ選んで，その記号を書きなさい。

資料４　地図

(2)　**カード６**の下線部よりも前に起こったできごととして最も適切なものを，次の**ア**～**エ**の中から１つ選んで，その記号を書きなさい。

ア　孫文《そんぶん》が民族の独立と近代国家の建設をめざして革命運動を起こした。

イ　第五福竜《だいごふくりゅう》（龍《りゅう》）丸《まる》の事件から，原水爆の禁止を求める運動が全国に広がった。

ウ　ベトナム戦争に対し，世界各地で反戦運動が高まった。

エ　植民地支配から独立した国の代表が，アジア・アフリカ会議で平和共存を訴えた。

(3) 次郎さんは，**カード7**について調べていく中で，**資料5**と**資料6**を見つけ，次のような**<まとめ>**を作成しました。**資料5**と**資料6**を参考にして，**<まとめ>**の か と き に当てはまる語の組み合わせとして最も適切なものを，下の**ア**～**エ**の中から1つ選んで，その記号を書きなさい。

資料5　日本国内の物価と賃金の推移

	物価	賃金
1912年	100	100
1913年	103.9	101.4
1914年	98.4	100.5
1915年	111.3	100.6
1916年	173.5	106.2
1917年	218.7	122.3
1918年	316.8	161.8
1919年	359.4	222.9
1920年	286.5	289.6

注）表の数値は1912年の額を100としたときの比を表す。
注）物価は主要15品目の平均。
〔「日本長期統計総覧」より作成〕

資料6　1917年にある国で起きた民衆のデモ

> <まとめ>
> **資料5**から，日本国内の賃金が上昇したことがわかる。この理由として日本では，1914年に始まった第一次世界大戦により好景気を迎えたことが考えられる。しかし，戦争が長期化する中， か したので，民衆の生活が苦しくなったのではないだろうか。同じ頃，**資料6**のようにある国では，戦争への不満から民衆のデモが起き，レーニンを中心として新しい政府ができた。このことを き という。

ア　[か　物価が上昇　　き　世界恐慌《せかいきょうこう》]
イ　[か　物価が上昇　　き　ロシア革命]
ウ　[か　物価が下落　　き　世界恐慌]
エ　[か　物価が下落　　き　ロシア革命]

3　社会科の授業で,「現代の民主政治と経済はどのようになっているのだろうか」という課題でテーマを設定し，学習しました。あとの1～3に答えなさい。

1　ひよりさんは,「裁判の変化」というテーマを設定し，次のページの**資料1**～**資料3**をもとに，<まとめ1>を作成しました。(1)，(2)の問いに答えなさい。

> <まとめ1>
> 2008年から，犯罪の被害者やその家族などが希望に応じて あ 裁判に参加することができる制度が始まった。2009年からは，国民が あ 裁判に参加する裁判員制度が始まった。裁判がより国民に身近なものとなってきているといえる。

資料１ 犯罪の被害者が裁判に参加している法廷内イメージ図

注） 被害者参加人とは、裁判への参加を許可された犯罪の被害者などのこと。

注） 被害者参加弁護士とは、裁判で犯罪の被害者などが自身の考えを主張できるように支える弁護士のこと。

〔内閣府資料より作成〕

資料２ 裁判に参加した犯罪の被害者の声の一部

（裁判を担当した検察官が、）法に無知な自分に的確にアドバイスなどをしてくれたことや、被害者感情を踏まえて踏みこんだ尋問をしてくれたことに、感謝している。

注） 尋問とは、問いただすこと。

〔法務省資料より作成〕

資料３ ひよりさんが傍聴した裁判に関するメモ

・犯罪の被害者の話も聞いていた。
・被告人に出された判決は有罪だった。
・被告人は、その後、控訴《こうそ》したそうだ。

(1) <まとめ１>の あ に共通して当てはまる語を，**漢字２字**で書きなさい。

(2) **資料３**から，この裁判が行われた裁判所として最も適切なものを，次の**ア**～**エ**の中から１つ選んで，その記号を書きなさい。

ア 地方裁判所　**イ** 最高裁判所　**ウ** 弾劾裁判所　**エ** 高等裁判所

2 洋子さんは，「地方自治のしくみ」というテーマを設定し，下のような<まとめ２>を作成しました。(1)～(3)の問いに答えなさい。

資料４ Ｂ市の住民のＡさんが、条例の制定の請求をした際の流れ

条例の制定を請求するＡさんが、最低でも い 人以上の署名を集めるための活動を開始する。

↓

Ｂ市の選挙管理委員会が、署名簿を審査し、署名の効力(有効･無効)について決定する。

↓

条例の制定を請求するＡさんが、Ｂ市の う に、署名簿と条例を制定する際に必要な書類を提出する。

↓

Ｂ市の市議会で、条例の案が審議される。

<まとめ２>

地方公共団体には，地方議会と，地方公共団体の長である う が置かれ，住民のための政治を行っている。地方議会の議員と う は，直接，住民によって選挙で選ばれる。

地方議会は，地方公共団体の独自の法である条例を制定したり，地方財政について話し合ったりする。

地方の政治は，国の政治と比べて私たちの身近な生活に深く関わっている。地方公共団体の住民には，**資料４**のように，直接請求権が認められている。それは，住民の意思を強く生かすためである。

地方財政には，自主財源と依存財源がある。足りない財源については，借金としての［え］を発行するなどして補う。

⑴　**資料４**でＢ市の有権者が52500人の場合，［い］に入る数字として最も適切なものを，次の**ア**～**エ**の中から１つ選んで，その記号を書きなさい。

ア　1050　　**イ**　8750　　**ウ**　17500　　**エ**　35000

⑵　**資料４**と＜まとめ２＞の［う］に共通して入る語として最も適切なものを，次の**ア**～**エ**の中から１つ選んで，その記号を書きなさい。

ア　首相　　**イ**　大統領　　**ウ**　党首　　**エ**　首長

⑶　＜まとめ２＞の［え］に当てはまる語を，**漢字３字**で書きなさい。

3　太郎さんと花子さんは，「身近な経済」というテーマを設定し，話し合いをしました。⑴～⑶の問いに答えなさい。

太郎：昨日携帯電話を買ってきたけど，これは［お］だよね。
花子：そうだね。［お］は，当事者同士，それぞれ個人の自由な意思で行われるんだね。一度［お］をすると，お互いに守る責任が生じるんだよ。
太郎：消費者に関するトラブルのニュースもよく聞くよね。
花子：それで，日本では消費者を守るために，aさまざまな法律や制度がつくられてきたんだね。
太郎：そういえば，企業で働くことも［お］になるんだよね。だから，働くときにはb企業と労働者の関係について考えることも大切になるね。

⑴　［お］に共通して当てはまる語として最も適切なものを，次の**ア**～**エ**の中から１つ選んで，その記号を書きなさい。

ア　注文　　**イ**　決済　　**ウ**　契約　　**エ**　サービス

⑵　下線部**a**について，消費者の自立（自立した消費活動）を支援する法律の名前として最も適切なものを，次の**ア**～**エ**の中から１つ選んで，その記号を書きなさい。

ア　製造物責任法（PL法）　　**イ**　消費者基本法
ウ　独占禁止法　　**エ**　環境基本法

⑶　下線部**b**に関連して，次の**ア**～**エ**のうち，労働基準法に定められている内容として，正しいものには○を，誤っているものには×を書きなさい。

ア　労働条件の決定においては，労働者と使用者は対等の関係であること
イ　労働者が労働条件について団結して交渉できること
ウ　男女同一賃金を原則とすること
エ　毎週少なくとも２日の休日とすること

4 次の１，２に答えなさい。

1　次の会話は，花子さんと太郎さんが，「住みよい町づくり」について話し合ったものです。これを読んで，(1)~(4)の問いに答えなさい。

花子：身体の不自由な方やお年寄りにとって住みよい町とはどんな町だろうね。

太郎：例えば，茨城県のWebページ「茨城県庁舎の概要」を見ると，「身体の不自由な方，お年寄りへの配慮」という項目があるね。

花子：そうだね。「庁舎内外の出入り口，廊下，エレベーター，駐車場は，段差を少なくし，スロープや手すりを設けました。また，音声案内，点字ブロック，点字表示板を整備するなど，身体の不自由な方やお年寄りも安心して利用できるよう配慮しています。」とあるね。

太郎：身体の不自由な方やお年寄りが利用しやすいように公共の建物や交通機関などが整備されていくことを　あ　化というね。

花子：それは，住みよい町づくりにとって大切なことだね。

太郎：住みよい町づくりといえば，オーストラリア出身のオリバー先生が，「オーストラリアでは，多様な人々に開かれた社会をめざしているよ。」と授業で言っていたよ。

(1)　会話文中の　あ　に当てはまる語を**カタカナ６字**で書きなさい。

(2)　太郎さんの話を聞き，花子さんはオーストラリアに興味をもち，**<まとめ１>**を作成しました。**<まとめ１>**の　い　，　う　に当てはまる語の組み合わせとして最も適切なものを，下の**ア**～**エ**の中から１つ選んで，その記号を書きなさい。

<まとめ１>
　オーストラリアでは，1970年代以降，　い　と呼ばれる政策をやめ，近年では，インドやフィリピン，ベトナムなどアジアからの移民が増えたことにより，多文化主義の社会（多文化社会）を築くことが進められている。移民だけでなく，　う　を中心とする先住民の伝統を守ることにもつながり，「多様な人々に開かれた社会」になっている。

ア　［　い　白豪《はくごう》主義　　う　マオリ　］
イ　［　い　白豪主義　　う　アボリジニ(アボリジニー)　］
ウ　［　い　地域主義　　う　マオリ　］
エ　［　い　地域主義　　う　アボリジニ(アボリジニー)　］

(3)　太郎さんは，住みよい町づくりと関連づけ，交通の発展について調べました。次の**ア**～**エ**を年代の古い順に左から並べて，その記号を書きなさい。

ア　ポルトガルのバスコ・ダ・ガマがインドに着く航路を発見し，ヨーロッパとインドが海路で直接つながった。

イ　江戸や大阪に荷物を運ぶため，東まわり航路や西まわり航路が開かれた。

ウ　モンゴル帝国や元《げん》が陸と海の交通路を整え，ユーラシア大陸の東西の交流が盛んになった。

エ　本州四国連絡橋の児島《こじま》（倉敷《くらしき》）－坂出《さかいで》ルートが開通した。

(4)　太郎さんは，交通の発展について調べていくうちに，鉄道運賃は，公共料金の１つであることを知りました。次の**ア**～**カ**のうち，公共料金に当てはまるものを**2つ**選んで，その記号を書きなさい。

ア　郵便料金　　　**イ**　映画館の入場料
ウ　直売所で販売するレタスの価格　　　**エ**　スーパーマーケットで販売するリンゴの価格
オ　公立学校授業料　　　**カ**　ライブチケットの価格

2　次の会話は，次郎さんと良子さんが，「わたしたちの地域と学校」について話し合ったものです。これを読んで，(1)，(2)の問いに答えなさい。

次郎：水戸《みと》市には水戸藩９代藩主徳川斉昭《とくがわなりあき》によって1841年に設立された a 弘道館《こうどうかん》があるね。
良子：弘道館は水戸藩の藩校だったんだよね。わたしたちの地域の未来を考えると，学校の存在は大切だよね。
次郎：そうだね。日本全体を見ると，b 人口の変化にともなって，学校の維持が課題となっている地域もあるみたいだよ。

(1)　下線部 a について，弘道館が設立された19世紀のできごとを述べた文として最も適切なものを，次の**ア**～**エ**の中から１つ選んで，その記号を書きなさい。
ア　法然《ほうねん》が開いた浄土宗《じょうどしゅう》など，新しい仏教が民衆に広まった。
イ　杉田玄白《すぎたげんぱく》らが『解体新書《かいたいしんしょ》』を出版し，蘭学《らんがく》の基礎を築いた。
ウ　松下村塾《しょうかそんじゅく》で人材の育成を行っていた吉田松陰《よしだしょういん》が処罰された。
エ　日本国憲法《にほんこくけんぽう》《にっぽんこくけんぽう》が制定され，義務教育は無償と定められた。

(2)　下線部 b について，良子さんたちは**資料１**と**資料２**から**<まとめ２>**を作成しました。**<まとめ２>**の [え]，[お]，[か] に当てはまる語の組み合わせとして最も適切なものを，あとの**ア**～**エ**の中から１つ選んで，その記号を書きなさい。

(資料１・資料２は次のページにあります。)

<まとめ２>
1980年代ごろから，日本における小学校児童の数は減少傾向にある。また，日本全体の人口ピラミッドは，1950年ころから30年ごとに見ると，[え] から [お]，さらに [か] へと変わってきている。これらのことから，長期的に見て，少子高齢化が進んでいると考えられる。

ア　[**え**　富士山型　　**お**　つぼ型　　**か**　つりがね型]
イ　[**え**　つぼ型　　**お**　富士山型　　**か**　つりがね型]
ウ　[**え**　つりがね型　　**お**　つぼ型　　**か**　富士山型]
エ　[**え**　富士山型　　**お**　つりがね型　　**か**　つぼ型]

資料１ 日本における小学校児童数の変化

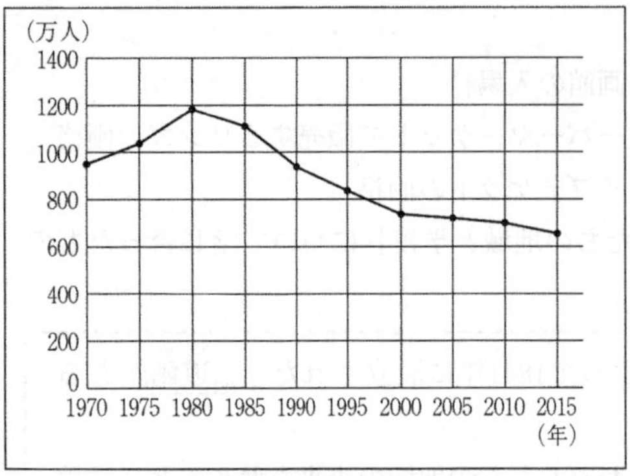

〔「文部科学統計要覧(令和２年版)」より作成〕

資料２ 日本の人口ピラミッド

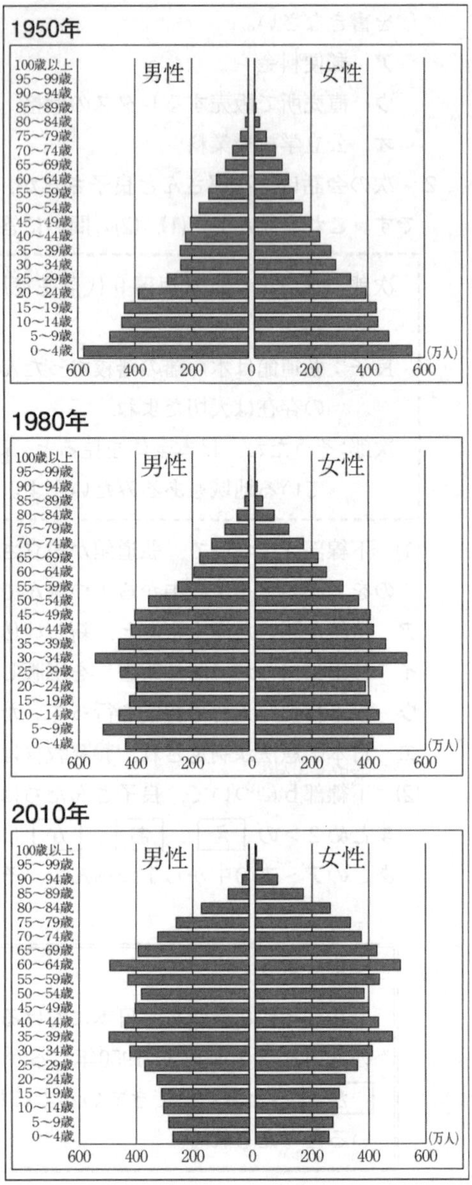

〔総務省資料より作成〕

(2)　【Ⅰ】の――部「利」のへんを行書で書いたものとして最も適切なものを、次のア～エの中から一つ選んで、その記号を書きなさい。

ア 
イ 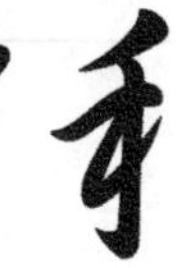
ウ 
エ 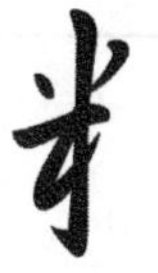

(二)　次の(1)～(4)の――部について、漢字の部分の読みを平仮名で、片仮名の部分を漢字で書きなさい。

(1)　寸暇をさいて勉強する。
(2)　破れた衣服を繕う。
(3)　苦労がムクわれる。
(4)　人口のゾウゲンが目立つ。

(三)　「握手」という熟語の構成の説明として最も適切なものを、次のア～オの中から一つ選んで、その記号を書きなさい。

ア　二字が似た意味の漢字を重ねたもの。
イ　二字が対になる漢字を組み合わせたもの。
ウ　上の漢字が下の漢字を修飾しているもの。
エ　下の漢字が上の漢字の目的や対象を示すもの。
オ　主語と述語の関係にあるもの。

㈣　【Ⅲ】の E に入る言葉を、【Ⅱ】から十三字で抜き出して書きなさい。

㈤　【Ⅲ】の――部の花子さんの発言は、話し合いの中でどのような役割を果たしているか。最も適切なものを、次のア～エの中から一つ選んで、その記号を書きなさい。

ア　話し合いの内容を整理する役割
イ　相手の発言の根拠を確認する役割
ウ　相手に話題の転換を促す役割
エ　話し合いの目的を意識させる役割

【Ⅳ】花子さんのグループの発表のスライド

ア
○ 視点を変える経験の積み重ね
ヘーゲル　絶対知
さまざまな視点でものを見る

イ
○ 視点を変える難しさ
複数の思考回路をもつ
大変な作業の繰り返し

ウ
○ 視点を変える良い点
ハンニバル
不可能が可能になる

エ
○ 商人の視点の違い

同じ事実	商人	事実に対する違う意見
碓氷の峠道を登ること	江州	山が F とよい
	他国	山が G とよい

オ
○ 宮崎　駿の視点
めんどくさいのは　うらやましいな
「めんどくさい」の連発はなぜ？

㈥　【Ⅳ】のスライドは、【Ⅲ】の話し合いをもとに作成したものである。**発表の順番になるように**、ア～オの記号を並び替えて書きなさい。

㈦　【Ⅳ】の F と G に入る言葉を、【Ⅱ】をもとに考え、それぞれ二字で書きなさい。

四　次の㈠～㈢の問いに答えなさい。

㈠　次の【Ⅰ】～【Ⅲ】を読んで、後の⑴と⑵の問いに答えなさい。

【Ⅰ】**書き下し文**
孔子曰《いは》く、薬酒《やくしゅ》は口に苦きも、病に利《り》あり。　　、行ひに利あり。

【Ⅱ】**訓読文（訓読するための文）**
孔子曰ク、薬酒ハ苦キモ㆓於口㆒ニ、而利アリ㆓於病㆒ニ。
忠《ちゅう》言《げん》ハ逆《さから》フモ㆓於耳㆒ニ、而利アリ㆓於行㆒ヒニ。

【Ⅲ】**現代語訳**
孔子がこう言った、「薬酒は口に苦いが、病気には効き目がある。真心から出た言葉は耳に痛いが、行いには助けとなる。」

⑴　【Ⅰ】の　に入る語句として最も適切なものを、次のア～エの中から一つ選んで、その記号を書きなさい。

ア　耳に逆ふも忠言は
イ　忠言は逆ふも耳に
ウ　忠言は耳に逆ふも
エ　耳に忠言は逆ふも

さいとは無縁だと思っていた。しかし、違っていた。「めんどくさいっていう自分の気持ちとの戦いなんだよ」「大事なものは、たいていめんどくさい」「めんどくさくないとこで生きてると、めんどくさいのはうらやましいなと思うんです」。めんどくさいの連発である。

　私は思った。みんな多かれ少なかれ「めんどくさい」という気持ちと戦いながら仕事をしている。「めんどくさいが仕事のやりがいを生んでいる」と考えてはどうだろうか。

（戸田智弘「ものの見方が変わる　座右の寓話《ぐうわ》」による。）

※1　江州＝近江国（現在の滋賀県）の別称。
※2　碓氷＝群馬県西部の地名。
※3　参入障壁＝参加することのさまたげとなるもの。

【Ⅲ】　グループでの話し合いの一部

花子　【Ⅰ】では、「視点を変える」ことの大切さが強調されていましたね。

一郎　【Ⅱ】は、その具体例として読むことができますね。

花子　【Ⅰ】と【Ⅱ】の内容をうまく組み合わせて、発表のスライドの構成を考えていきましょう。

一郎　【Ⅰ】では、「視点を変える難しさ」が最初に述べられています。それを一番目のスライドにするのはどうでしょう。

明子　でも、難しさを最初にすると、聞いているみんなは取り組もうとする気持ちがなくなってしまうのではないでしょうか。

次郎　それなら「視点を変える良い点」を一番目のスライドにすればいいですね。その次に「難しさ」を出してはどうでしょうか。

一郎　そうですね。やはり僕も「良い点」から聞きたいです。最初は筆者が言うように「難しさ」を述べた方がいいかと思ったのですが。

花子　では「良い点」を先に述べて、その後で「難しさ」を述べていく順番にしましょう。

明子　そうですね。でも一番初めに宮崎駿さんを出すのが効果的ではないでしょうか。「めんどくさいのはうらやましいな」というセリフが興味を引くと思います。

次郎　なるほど。そうすると聞いているみんなに、なぜこの発言なのか、という疑問を抱かせて、興味を引くことができそうですね。

一郎　「めんどくさい」は否定的な気持ちですが、【Ⅱ】の中で筆者は、そのことが［E］のだと肯定的にとらえていますね。

明子　それでは二番目に次郎さんの言っていたように「良い点」をもってきて、その具体例として、【Ⅱ】の商人の視点の違いを入れましょう。

次郎　いいですね。【Ⅰ】の結論として、さまざまな視点で物を見る経験が大切だと述べているので、視点を変える経験の積み重ねを一番最後にもってくると、私たちの伝えたいことがはっきりしますね。

花子　ありがとうございました。発表するのが楽しみですね。

点を確実に手に入れることであり、歴史上の哲学者の言葉を分析することによって、私たちは視点を変えることができる。

イ　視点を変えることは繰り返しを必要とする作業であるが、多くの視点で物事を捉える経験を積み重ねることによって、どんな問題でも解決の糸口を見つけることができるはずである。

ウ　視点を変えることは一般的には敬遠されがちだが、西洋では、哲学を通して視点を変える思考法を多くの人が学ぶことによって、問題を解決するための論理的思考力を高めている。

エ　ヘーゲルは、人間がさまざまな経験を重ねることで、その人自身の中に無数の視点が浮かび上がってくると言っており、そのことで、私たちは神様レベルに一気に達することができる。

(三)　花子さんは【I】を読んで、「視点を変えようとしない理由」を次のようにまとめた。[D]に入る最も適切な言葉を、【I】から十二字で抜き出して書きなさい。

○　視点を変えようとしない理由
- 複雑な作業
- 人間は怠け者
- [D]

【II】

昔、※1江州《ごうしゅう》の商人と他国の商人が、二人で一緒に※2碓氷《うすい》の峠道を登っていた。焼けつくような暑さの中、重い商品を山ほど背負って険しい坂を登っていくのは、本当に苦しいことだった。

途中、木陰に荷物を下ろして休んでいると、他国の商人が汗を拭きながら嘆いた。「本当にこの山がもう少し低いといいんですがね。世渡りの稼業に楽なことはございません。だけど、こうも険しい坂を登るんでは、いっそ行商をやめて、帰ってしまいたくなりますよ」

これを聞いた江州の商人はにっこりと笑って、こう言った。

「同じ坂を、同じくらいの荷物を背負って登るんです。あなたがつらいのも、私がつらいのも同じことです。このとおり、息もはずめば、汗も流れます。だけど、私はこの碓氷の山が、もっともっと、いや十倍も高くなってくれれば有難いと思います。そうすれば、たいていの商人はみな、中途で帰るでしょう。そのときこそ私は一人で山の彼方へ行って、思うさま商売をしてみたいと思います。碓氷の山がまだまだ高くないのが、私には残念ですよ」

どんな仕事にも、その仕事特有の苦労がある。

二人の商人の苦労は、普通の人ならば体一つで登るだけでも大変な山道を、重い荷物を担《かつ》いで運ぶことである。誰でもできる仕事ではあるまい。筋力や体力はもちろんのこと、忍耐力も必要だろう。仕事特有の苦労は、ある種の※3参入障壁になる。つまり、その仕事に新たに就きたいと思う人を思いとどまらせるのだ。

世の中には、「手間ひまがかかってめんどくさいわりにはお金が儲《もう》からない」という仕事は多い。確かに、それはその仕事のデメリットである。しかし、それは同時に参入障壁にもなっている。

先日、「〈プロフェッショナル　仕事の流儀〉宮崎駿《みやざきはやお》スペシャル〈風立ちぬ　一〇〇〇日の記録〉」という番組の再放送を見た。この中で、宮崎が何度も発する言葉に私は衝撃を受けた。それは「めんどくさい」という言葉だ。「え、宮崎駿でも、めんどくさいって思うんだ」。私は驚いた。私は、宮崎駿レベルのクリエーターであれば、めんどくて「一番は?」と尋ねられたら、やはり視点を変えるところを挙げると思います。普段、ある一つの見方しかできていないものを、別の見方をすることではじめて、本質が見えてくるのですから。

　いくら疑っても、別の見方ができなければ先には進めません。そのあと、再構成するわけですが、極端な場合には、別の見方をするだけで答えが立ち現れてくることもあるのです。入口がふさがっている時、その入口しかないと思っていたら先には進めません。そんな時、裏口に気づけば、それだけで問題は解決します。[C]、塀をよじのぼれることに気づくとか、その塀の下に穴を掘って入るとか……。

　だから視点をうまく変えることができれば、どんな問題でも解決の糸口が見つかるはずなのです。私の好きな言葉にカルタゴ※2の名将軍ハンニバルの名言があります。あっと驚く戦術で勝ち続けてきた将軍です。それは、「視点を変えれば不可能が可能になる」というものです。

　私にとっては、この言葉自体がすでに一つの新たな視点でした。つまり、視点を変えるだけで不可能が可能になるという視点を手に入れたのです。それ以来、問題にぶちあたるたび、そういう視点で問題に向き合うようにしています。絶対に解決できると。

　その方法として、色んな視点でとらえるようにしているのです。究極は神様でしょう。神様には全部見えているはずです。これは神を信じるかどうかとは別に、あらゆる物事を知りうる存在があるとして、それを神と呼ぶならばという話です。私は常にそんな神様を想像して、神様ならどう見えているかと考えるのです。すると無数の視点が浮かび上がってきます。

　ただ、この域に一気に達することができるわけではありません。私も長い時間をかけて、色んな視点で物事を見る経験を積み重ねたことで、そうした視点のストックができ、神様の想像ができるようになりました。

　逆にいうと、そういう経験を積み重ねれば誰だって神様レベルに近づくことはできるということです。神様レベルとかって、なんだか子どものようなことをいっているように聞こえるかもしれませんが、実はこれは近代ドイツの偉大な哲学者ヘーゲルがいっていたことなのです。

　彼は絶対知という言葉を使ったのですが、これは人間の意識が様々な経験を経ることで、神様のような知に達することができるということです。絶対という言葉からもわかると思いますが。その場合の経験というのは、様々な視点でものを見る経験だといっていいと思うのです。（小川仁志「中高生のための哲学入門―「大人」になる君へ―」による。）

※1　ワーク＝ワークショップのこと。進行役や講師を迎えて行う体験型講座。

※2　カルタゴ＝アフリカ北部にあった古代の都市。

(一)　【I】の[A]～[C]に入る言葉の組み合わせとして最も適切なものを、次のア～エの中から一つ選んで、その記号を書きなさい。

ア　A しかし　B では　C しかも

イ　A 確かに　B しかし　C なぜなら

ウ　A さて　B なぜなら　C または

エ　A なぜなら　B でも　C あるいは

(二)　【I】の内容に合っているものとして最も適切なものを、次のア～エの中から一つ選んで、その記号を書きなさい。

ア　視点を変える最大のメリットは、不可能を可能にするという視うれしかった。
・昔の人の笑いの感覚は、今の人の笑いの感覚に似ているように笑っていることが分かった。
・興味をもって調べることは大切だと思った。

三　花子さんたちは、国語の授業で、【Ⅰ】と【Ⅱ】の文章を読み、グループごとに分かったことをスライドで発表することになりました。そのために【Ⅲ】の話し合いをして、【Ⅳ】のようにまとめました。後の㈠～㈦の問いに答えなさい。

【Ⅰ】

　視点を変えるためのワーク[※1]をやってもらうと、よく「難しい」という反応が返ってきます。疑うのも難しいですが、まだこれは方法としてはシンプルな方です。単純にいうと、自分が思っていることと反対のことを思い浮かべればいいのですから。再構成も割とできます。論理的思考なので、比較的慣れているのです。

　でも、視点を変えるというのは、複雑な作業であるうえに、日ごろやりません。だから難しいのです。まず複雑な作業であるというのは、頭を複数持つということです。正確には複数の思考回路を持つということなのですが。

　人間は通常一つの思考回路で物事を考えます。あたかも道を一つ選んでそこをずっと歩いていくかのように。視点を変えるということは、その今歩いている道から急に別の道に移らないといけなくなった状態です。

　そうすると、まずどこから別の道に行けばいいのかわからないでしょう。その前にそもそもどこにどんな別の道があるのか探さなければなりません。これは大変な作業なのです。さらに厄介なのは、その作業を何度か繰り返さなければならない点です。

　それにしても、なぜ私たちは日ごろ視点を変えようとしないのか？　もちろん複雑な作業だからやりたくないというのはあるでしょう。でも、決してそれだけが理由だとは思えません。［A］、視点を変えるメリットがそれを上回るなら、私たちはなんでもやるはずです。人間とはそういう生き物です。

　もしかしてそれほどのメリットがない？　いや、そんなことはないでしょう。視点を変えれば得することはいっぱいあります。それ以上に怠け者？　それも多少あるかもしれません。でも、私の推測はこうです。多くの人がそのメリットに気づいていないのではないかと思うのです。

　頑張って視点を変えれば、必ずメリットがあるにもかかわらず、そのことに気づいていない。なぜなら、それを教えてくれる学問がないからです。哲学がまさにその学問なのですが、日本では一部の人しか哲学を学びませんね。しかもその哲学は視点を変える思考法ではなく、歴史上の哲学者の言葉を分析するものです。

　西洋ではもっと多くの人が学んでいますが、それもやはり視点を変える思考法ではなく、歴史上の哲学者の言葉の分析なのです。だからみんな気づかないのも無理ありません。［B］、皆さんはもう知ってしまったのです。哲学には視点を変えるというプロセスがあること、そしてそれは大きなメリットをもたらすことを。だからやらない手はありません。

　哲学のプロセスはいずれもとても大事なのですが、その中でもあえ

習ひ、③我が非は覚えぬとこそ。無言聖《むごんひじり》に似たり。
して）

※1　貪瞋痴＝貪《むさぼ》りと怒りと無知。
※2　聖人＝知徳が最も優れ、万人が仰ぎ崇拝する人。

(一)　ア上人・イ修行者・ウ法師・エ凡夫・オ人　の中で、異なる人物を指す言葉を一つ選んで、その記号を書きなさい。

(二)　①たとひ　を現代仮名遣《づか》いに直して、すべて平仮名で書きなさい。

(三)　②さもあるべし　の内容として最も適切なものを、次のア～エの中から一つ選んで、その記号を書きなさい。

ア　普通の人の「貪瞋痴」に対して腹を立てても不思議はない。
イ　生まれてから一度も怒ったことがなくても不思議はない。
ウ　決して怒らないと人から誤解されていても不思議はない。
エ　腹を立てたことを全部覚えていたとしても不思議はない。

(四)　③我が非　の具体的内容として最も適切なものを、次のア～エの中から一つ選んで、その記号を書きなさい。

ア　上人について、いつも他人の嫌がる批判をしてしまうこと。
イ　上人について、結論を出さずに話をうやむやにしてしまうこと。
ウ　修行者について、自分の発言と行動が一致していないこと。
エ　修行者について、他人の助言を安易に行動に移してしまうこと。

(五)　一郎さんは、【Ⅰ】とテーマが似ている話「無言上人の事」を見つけ、【Ⅱ】のように、あらすじと感想をノートにまとめた。しかし、感想を読み返した際に、昔の人の笑いの感覚は、今の人の笑いの感覚に似ているように笑っている　の箇所の表現が適切ではないと思い、書き直すことにした。「ことが分かった。」につながるように、＝＝部の言葉を使い、十五字以上、二十字以内で書きなさい。（句読点を含む。）

【Ⅱ】一郎さんのノートの一部

〈「無言上人の事」のあらすじ〉

四人の上人（僧）が道場内での七日間の無言修行（物を言わずに、精神を統一する修行）を行った。←

お手伝いの法師のみが道場への出入りを行った。←

道場内の灯火が消えようとしていたので、ある僧が、お手伝いの法師に呼びかけた。←

ほかの僧が「無言修行の場で、声を出していいわけがありません。」と言った。←

二人の言葉を聞いた僧は、「みなさんは、この場ですべきことを分かっていますか。」と言った。←

それを聞いた上の位の老僧が、「私だけは、物を言わない。」と言って、うなずいた。

〈感想〉

・難しい話だったけど、繰り返し読んだら理解できたので、

ウ　晴美と早紀の見事なソリパートの歌声に聴き入っていて、いつの間にか時が過ぎたことに驚いたから。

エ　晴美と彼女を勇気づけた涼万のことを考えていたが、思いがけずすばらしい歌声が聞こえてきたから。

㈣　【Ⅰ】に③俺、何やってんだろ　とあるが、この時の岳の気持ちとして最も適切なものを、次のア～エの中から一つ選んで、その記号を書きなさい。

ア　他のクラスメイトが合唱の練習に打ち込みながら団結していくのに、バスケットボールの練習にも、合唱の練習にも参加していない自分のことを情けなく思う気持ち。

イ　晴美と早紀がソリパートを大成功させてみんなから歓声と拍手を浴びる中、音楽室の前で、一人で歌声を聞いていることしかできない自分を励まそうとする気持ち。

ウ　晴美の様子が気になって合唱の練習の様子を見に行ったのに、涼万に勇気づけられる晴美の様子を見て、一刻も早く自分も合唱の練習に参加しようとあせる気持ち。

エ　ソリを合唱に取り入れるという奇策を提案した音心に比べると、自分には音楽の才能がないので、バスケットボールでみんなを見返してやろうと発奮する気持ち。

㈤　【Ⅰ】の内容や表現の説明として最も適切なものを、次のア～エの中から一つ選んで、その記号を書きなさい。

ア　登場人物の心の中を丁寧に描くことで、気持ちを分かりやすく表現している。

イ　季節の変化を描くことで、登場人物の揺れ動く気持ちを表現している。

ウ　登場人物のユーモアのある言動を描くことで、微妙な人間関係の変化を表現している。

エ　複数の登場人物の内面を詳細に描くことで、人間関係を分かりやすく表現している。

二　一郎さんは、国語の授業で【Ⅰ】の古典の文章を読みました。後の㈠～㈤の問いに答えなさい。

【Ⅰ】古典の文章

ある遁世《とんせい》のア上人《しやうにん》の、学生《がくしやう》なるが庵室《あんじつ》へ、（世を離れた学僧の上人の部屋に）修行者常に来《きた》る。中にあるイ修行者の云《い》はく、「ウ法師は生まれてより後、すべて腹を立て候《さぶら》はぬ」（一切、怒ったことがありません）と云ふを、上人の云はく、「凡夫《ぼんぶ》は、※1貪瞋痴《とんじんち》の三毒を具《ぐ》せり。（人は「貪瞋痴」というものを備えている）①たとひ浅深厚薄《せんしんこうはく》こそあれ、いかでか腹立ち給《たま》はざらむ。（お怒りにならないことはないでしょう）縁《えん》にあはぬ時こそ立たね、（怒る機会に出会わなければ腹は立たないが、さもなければ腹は立つもの）また立つを覚《おぼ》え給はぬか。※2聖人にておはしまさば、（聖人でいらっしゃれば）②さもあるべし。エ凡夫ながらかく宣《のたま》ふ、虚事《そらごと》と覚ゆるなり」（嘘だと思われる）と云へば、「立たぬと云はば、立たぬにておはしませかし。（私が怒らないと言うのなら、怒らないとお思いになっておけばよいじゃないですか）オ人を虚事の者になし給ふは、いかにとて候ふぞ」（どのようなお考えか）と、顔を赤めて、首をねぢて叱《しか》りければ、「さては、さこそは」とてやみけり。（と、けりをつけた）嗚呼《をこ》がましく侍《はんべ》り。（愚かなやりとりです）凡夫の（人の常と

③俺、何やってんだろ。

一階に続く踊り場で立ち止まった。どこかでずれたわずかな隙間から、冷たい空気がすうすうと体に入ってくるみたいだった。

（佐藤いつ子「ソノリティ　はじまりのうた」による。）

※1　ソリ＝ソロの複数形。複数人で旋律などを歌唱・演奏すること。
※2　気圧されて＝全体の感じや相手の勢いに圧倒されて。
※3　フラッシュバック＝過去の強烈な体験が突然脳裏によみがえること。
※4　ビブラート＝音を際立たせるために音声を細かくふるわせる技法。

【Ⅱ】感想の交流の一部

一郎	岳がバスケの朝練を抜け出してきたのは、よっぽど合唱の様子が気になっていたのかな。
花子	それよりも、晴美のことを心配しているから見に来たんだと思うよ。
次郎	そうだね。晴美を傷つけてしまって、岳も相当後悔しているんじゃないかな。
花子	晴美はいつも自信があって、目立つのが好きだけど、岳のせいで自信をなくしてしまった様子だね。
一郎	そうだけど、岳は自分の行動を後悔しているだけとは思えないんだよね。
次郎	どんなところが？
一郎	晴美の泣き顔を回想している場面があるけど、大切に思っていなければこんな表現はしないと思うよ。それから、晴美を勇気づけている涼万の姿を想像する岳の様子からも、晴美への好意を感じるよね。
花子	なるほどね。結局、晴美は歌うことができてよかったよ。
次郎	「②岳はハッとして顔を起こした」ってあるけど、岳の晴美への思いも含めて、複雑な気持ちを表しているんだね。

㈠　【Ⅰ】に①岳の胃のあたりが、きりきり締めつけられた　とあるが、その理由として最も適切なものを、次のア～エの中から一つ選んで、その記号を書きなさい。

ア　自信がない晴美に無理やりソリのパートを押しつけた、音心の勝手な行動に腹が立ったから。

イ　自分が合唱の練習に参加していないことで、クラスに迷惑をかけているかもしれないと考えたから。

ウ　晴美がいつもと違って自信がなさそうな様子なのは、自分のせいかもしれないと感じたから。

エ　バスケットボールの練習に参加することができない自分は、合唱で役割を果たすべきだと思ったから。

㈡　【Ⅱ】にこんな表現　とあるが、その表現を【Ⅰ】から二十四字で抜き出して、その初めと終わりの三字を書きなさい。（句読点を含む。）

㈢　【Ⅰ】と【Ⅱ】に②岳はハッとして顔を起こした　とあるが、その理由として最も適切なものを、あとの**ア**～**エ**の中から一つ選んで、その記号を書きなさい。

ア　歌うことをためらっていた晴美が、涼万のアドバイスで歌うことを決心したので、寂しくなったから。

イ　クラスがまとまったことに安心して、バスケットボールの朝の練習に戻れることがうれしかったから。

音心は演奏を止めた。

「どうして」

「出来ないよ。みんなに迷惑かけちゃう」

①岳の胃のあたりが、きりきり締めつけられた。

いつも自信たっぷりで、あんなに目立つのが大好きなキンタが……。頼まれたことを引き受けないネガティブなキンタなんて、今まで見たことがない。

晴美の涙顔がまたフラッシュバック[※3]した。宝石みたいに綺麗《きれい》な涙が、玉の汗の中で光っている。

握りつぶされたみたいに、胸がギュッと苦しくなった。

キンタ、やれよ。あの天才井川が、お前がいいって言ってるんだから、だいじょうぶだよ。

祈るような気持ちになった。

「誰か他の人……」

晴美の中途半端なつぶやきに、岳は思わず前のめりになって、音楽室のドアに手をかけた。

出来るよ、キンタがやれよ！

ドアを開けてそう言いそうになったとき、誰かが言葉を放った。

「なぁキンタ、まずやってみようぜ。それでダメだったら、また考えればいいじゃん」

しばしの沈黙ののち、晴美の声が続いた。

「……うん」

教室に安堵《あんど》のどよめきが広がった。岳はそっとドアから手を離した。しばらくそのまま、ぼんやりしていた。

音心の前奏が始まり、合唱に入った。

涼万か……。

岳はつま先を見つめた。さっきの声は間違いなく涼万だった。涼万のひとことが、晴美を勇気づけたのだ。

——はじめはひとり孤独だった

気づくと、音心が提案したソリパートが始まっていた。②岳はハッとして顔を起こした。

——ふとした出会いに希望が生まれ
新しい本当のわたし
未来へと歌は響きわたる

音心の抑えめな伴奏にのって、早紀と晴美のふたりの声が重なり合う。

早紀の透き通ったまっすぐなソプラノに、晴美の憂いのあるビブラート[※4]の効いたアルト。清らかさと切なさの相反するようなメロディーが混ざりあって、新しい音楽が生まれた。

岳は知らず知らずのうちに、腕に立った鳥肌をさすっていた。

ソリパートが終わると、ほんの少し間を置いて全員での合唱が始まった。いつもとは迫力が違った。

岳は音楽室から離れた。歌が終わってみんなが出てきたとき、こっそりそばで聴いていたことを知られたくなかった。

階段に足を落とすようにゆっくり降りた。だんだんと歌声が遠ざかっていく。やがて曲が終わったのか、大きな歓声と拍手が聞こえた。きっと、ソリパートが大成功して、みんな盛り上がっているのだろう。

バスケの練習をしているわけでもなく、合唱でひとつになりつつあるクラスの一員にもなれていない。

＜国語＞

時間　五〇分　満点　一〇〇点

一　一郎さんたちは、国語の授業で【Ⅰ】の文章を読み、【Ⅱ】のように感想の交流を行いました。後の㈠～㈤の問いに答えなさい。

【Ⅰ】 授業で読んだ文章

　バスケットボール部の武井岳《たけいがく》と山東涼万《さんとうりょうま》と金田晴美《かねだはるみ》（キンタ）、吹奏楽部の井川音心《いがわそうる》と水野早紀《みずのさき》の五人は、緑山《みどりやま》中学校一年五組のクラスメイトである。岳を除く四人は、毎朝、合唱コンクールの練習に励んでいる。岳は、以前、晴美に歌が下手だと言って、泣かせてしまったことを気にかけている。次の場面は、膝を痛めてバスケットボール部の朝の練習を見学していた岳が、体育館を抜け出して、合唱の練習の様子を見に来たところである。

　首にかけたスポーツタオルを、両手でグッと引っ張った。気づくと、曲が終わっていた。

「今の、とっても良かったと思います。もう一度やりましょう」

　指揮者の早紀の声だ。

「待って。ちょっと提案があるんだけど」

　今度は音心の声だ。

「五組の合唱、すごく良くなったと思うけど、どのクラスもどんぐりの背比べで、絶対に勝てるってところまでは、いってないと思うんだ」

　みんなが少しざわついた。

「だから勝つには、奇策がいる。で、提案なんだけど、最初の四小節のAメロって、三回繰り返しがあるよね。その二回目のAメロをソロでやったらどうかな」

「えっ、ソロ⁉」

　今度は一気に騒がしくなった。

「うん。正確に言うとソロじゃなくてソリ※1かな。ソプラノとアルトのふたり。たとえば伴奏はこんな感じで、すこし抑えめにして」

　そう言うと音心は、アレンジしてさらさらとピアノを奏でた。

「おぉ～。なんかいい感じだね」

　教室がわいている。

　岳は音心の即興演奏に、大きく息を吸い込んだ。きっと音心も涼万みたいな天才肌に違いない。

「なぁ井川、それで誰がソリっつーのやんの？」

「うん。このふたりしかないと思っているんだ」

　教室の中のちょっとした緊張が、廊下まで伝わってきた。

「水野早紀と金田晴美」

　反射的に岳の肩が跳ね上がった。

「えっ！」

　晴美の大声が響く。それをスルーして、音心は続けた。

「早紀、ソリの間は指揮をせずに、前を向いて歌うんだ。出来るよね」

　いちおう質問形だが、その言葉には有無を言わせない迫力がある。おそらく早紀は、※2気圧《けお》されてうなずいたのだろう。

「金田もOKだよね。じゃ、早速やってみよう」

　ざわついた空気が、すっとおさまった。前奏がまさに始まったとき、晴美が声を上げた。

「ごめん。わたし、やっぱり無理」

MEMO

大切なことはメモしておこうネ！

2023年度

解　答　と　解　説

《2023年度の配点は解答用紙集に掲載してあります。》

＜数学解答＞

1　(1)　①　-5　②　$-3x+10y$　③　$5a$　④　$\sqrt{3}$　(2)　$(x-3)^2$

2　(1)　イ，エ　(2)　$(n=)7$　(3)　$(x=)\dfrac{3\pm\sqrt{33}}{2}$　(4)　5(個)

3　(1)　$\dfrac{1}{6}$　(2)　$\dfrac{2}{9}$　(3)　$\dfrac{1}{3}$

4　(1)　①　5(cm)　②　ア　半円の弧に対する円周角[線分ABは直径]　イ　∠ACB　ウ　∠ABC　エ　∠POA　オ　2組の角　(2)　$\dfrac{49\sqrt{3}}{4}$(cm^2)

5　(1)　①　$(a=)\dfrac{1}{6}$　②　オ　(2)　$\dfrac{3}{5}<b\leqq\dfrac{2}{3}$

6　(1)　ウ　(2)　①　$2\sqrt{7}$ (cm)　②　$\dfrac{50\sqrt{7}}{7}\pi$ (cm^3)

＜数学解説＞

1　(数・式の計算，平方根，因数分解)

(1)　①　**異符号の2数の和の符号は絶対値の大きい方の符号で，絶対値は2数の絶対値の大きい方から小さい方をひいた差**だから，$1-6=(+1)+(-6)=-(6-1)=-5$

②　**分配法則**を使って，$2(x+3y)=2\times x+2\times 3y=2x+6y$だから，$2(x+3y)-(5x-4y)=2x+6y-5x+4y=2x-5x+6y+4y=(2-5)x+(6+4)y=-3x+10y$

③　$15a^2b\div 3ab^3\times b^2=15a^2b\times\dfrac{1}{3ab^3}\times b^2=\dfrac{15a^2b\times b^2}{3ab^3}=5a$

④　$\dfrac{9}{\sqrt{3}}=\dfrac{9\times\sqrt{3}}{\sqrt{3}\times\sqrt{3}}=\dfrac{9\sqrt{3}}{3}=3\sqrt{3}$，$\sqrt{12}=\sqrt{2^2\times 3}=2\sqrt{3}$ だから，$\dfrac{9}{\sqrt{3}}-\sqrt{12}=3\sqrt{3}-2\sqrt{3}=(3-2)\sqrt{3}=\sqrt{3}$

(2)　**乗法公式$(a-b)^2=a^2-2ab+b^2$**より，$x^2-6x+9=x^2-2\times x\times 3+3^2=(x-3)^2$

2　(資料の散らばり・代表値，数の性質，二次方程式，方程式の応用)

(1)　ア　**箱ひげ図**からは**平均値**は読み取れない。　イ　各教科の箱ひげ図より，数学の最低点は20点であるが，国語と英語の最低点はそれぞれ20点を超えているから，3教科の合計点が60点以下の生徒はいない。正しい。　ウ　生徒の人数は25人だから，**第2四分位数(中央値)**は点数の高い方から13番目の生徒の点数。国語の第2四分位数(中央値)は60点を超えているから，国語で60点以上の生徒は13人以上いる。正しくない。　エ　**第3四分位数**は点数の高い方から6番目と7番目の生徒の点数の平均値。英語の第3四分位数は80点を超えているから，英語で80点以上の生徒は6人以上いる。正しい。

(2)　$\dfrac{252}{n}=\dfrac{2^2\times 3^2\times 7}{n}$より，$\dfrac{252}{n}$の値が，ある自然数の2乗となるのは，$\dfrac{2^2\times 3^2\times 7}{7}=2^2\times 3^2=36=6^2$，$\dfrac{2^2\times 3^2\times 7}{2^2\times 7}=3^2$，$\dfrac{2^2\times 3^2\times 7}{3^2\times 7}=2^2$，$\dfrac{2^2\times 3^2\times 7}{2^2\times 3^2\times 7}=1=1^2$の4通り。7，$2^2\times 7$，$3^2\times 7$，$2^2\times 3^2\times 7$のうち最も小さい自然数は7

(3)　xについての2次方程式$x^2+3ax+a^2-7=0$は，$a=-1$のとき，$x^2+3\times(-1)\times x+(-1)^2-7=0$　$x^2-3x-6=0$　**解の公式**を用いて，$x=\dfrac{-(-3)\pm\sqrt{(-3)^2-4\times1\times(-6)}}{2\times1}=\dfrac{3\pm\sqrt{9+24}}{2}=\dfrac{3\pm\sqrt{33}}{2}$

(4)　箱の個数をx個とする。1個の箱にチョコレートを30個ずつ入れたところ，すべての箱にチョコレートを入れてもチョコレートは22個余ったから，チョコレートの個数は$30x+22$(個)…①　また，1個の箱にチョコレートを35個ずつ入れていったところ，最後の箱はチョコレートが32個になったから，チョコレートの個数は$35(x-1)+32$(個)…②　①＝②より，$30x+22=35(x-1)+32$　これを解いて$x=5$　箱の個数は5個である。

3 (確率)

(1)　太郎さん，花子さんがそれぞれさいころを1回ずつ振るとき，全ての目の出方は$6\times6=36$(通り)。このうち，太郎さんと花子さんが同じ段にいるのは，(太郎さんが出した目，花子さんが出した目)＝(1，6)，(2，5)，(3，4)，(4，3)，(5，2)，(6，1)の6通り。よって，求める確率は$\dfrac{6}{36}=\dfrac{1}{6}$

(2)　太郎さんと花子さんが2段離れているのは，(太郎さんが出した目，花子さんが出した目)＝(1，4)，(2，3)，(3，2)，(3，6)，(4，1)，(4，5)，(5，4)，(6，3)の8通り。よって，求める確率は$\dfrac{8}{36}=\dfrac{2}{9}$

(3)　太郎さんと花子さんが3段以上離れているのは，(太郎さんが出した目，花子さんが出した目)＝(1，1)，(1，2)，(1，3)，(2，1)，(2，2)，(3，1)，(4，6)，(5，5)，(5，6)，(6，4)，(6，5)，(6，6)の12通り。よって，求める確率は$\dfrac{12}{36}=\dfrac{1}{3}$

4 (線分の長さ，相似の証明，面積)

(1)　①　△ABCで，OD//BCより，**平行線と線分の比についての定理**を用いて，OD：BC＝AO：AB＝7：14＝1：2　$\mathrm{OD}=\mathrm{BC}\times\dfrac{1}{2}=10\times\dfrac{1}{2}=5$(cm)

②　2つの三角形の相似は，「3組の辺の比がそれぞれ等しい」か，「2組の辺の比とその間の角がそれぞれ等しい」か，「2組の角がそれぞれ等しい」ときにいえる。本証明は，「2組の角がそれぞれ等しい」をいうことで証明する。**半円の弧に対する円周角(ア)は90°だから**，∠ACB(イ)＝90°…①　直線ℓは点Aにおける円Oの接線であり，**接線と接点を通る半径は垂直に交わるから**，∠PAO＝90°…②　①，②より，∠ACB＝∠PAO…③　仮定より，OP//BCで，**平行線の同位角は等しいから**，∠ABC(ウ)＝∠POA(エ)…④　③，④より，「2組の角(オ)がそれぞれ等しい」ことがいえる。

(2)　∠PAO＝90°，∠AOP＝60°より，△POAは30°，60°，90°の直角三角形で，3辺の比は2：1：$\sqrt{3}$だから，OP＝AO×2＝7×2＝14(cm)，PA＝AO×$\sqrt{3}$＝7×$\sqrt{3}$＝$7\sqrt{3}$(cm)　また，OE＝OA＝7(cm)より，PE＝OP－OE＝14－7＝7(cm)　△APEと△POAで，**高さが等しい三角形の面積比は，底辺の長さの比に等しいから**，△APE：△POA＝PE：OP＝7：14＝1：2
$\triangle\mathrm{APE}=\triangle\mathrm{POA}\times\dfrac{1}{2}=\left(\dfrac{1}{2}\times\mathrm{AO}\times\mathrm{PA}\right)\times\dfrac{1}{2}=\left(\dfrac{1}{2}\times7\times7\sqrt{3}\right)\times\dfrac{1}{2}=\dfrac{49\sqrt{3}}{4}$(cm²)

5 (関数とグラフ)

(1)　①　$y=ax^2$が点B(6，6)を通るとき，$6=a\times6^2=36a$より，$a=\dfrac{6}{36}=\dfrac{1}{6}$である。

②　関数$y=ax^2$のグラフは，$a>0$のとき，aの値が大きくなるほどグラフの開きぐあいは小さく

なり，aの値が小さくなるほどグラフの開きぐあいは大きくなる。はじめ，点Pが点Dの位置にあるとき，aの値を大きくしていくと，mの開きぐあいは小さくなり，点Pは線分CD上を，点C(Ⅰ)の方に動く。また，aの値を小さくしていくと，mの開きぐあいは大きくなり，点Pは線分BD上を，点B(Ⅱ)の方に動く。また，mが点C(2, 2)を通るとき，$2=a\times 2^2=4a$より$a=\frac{1}{2}$，mが点D(4, 4)を通るとき，$4=a\times 4^2=16a$より$a=\frac{1}{4}$だから，$\frac{1}{2}>\frac{1}{3}>\frac{1}{4}$より，$a$の値を$\frac{1}{3}$とすると，点Pは線分CD(Ⅲ)上にある。

(2)　右図において，直線ℓが点(6, 4)を通るとき(直線ℓ_1)，[条件1]と[条件2]の両方を満たす点の個数は，○印の点の12個になる。また，直線ℓが点(5, 3)を通るとき(直線ℓ_2)，[条件1]と[条件2]の両方を満たす点の個数は，●印の点を加えた13個になる。以上より，直線ℓ_1の傾き$=\frac{4}{6}=\frac{2}{3}$，直線ℓ_2の傾き$=\frac{3}{5}$だから，[条件1]と[条件2]の両方を満たす点の個数が12個になるのは，直線ℓの傾きが，直線ℓ_2の傾きより大きく，直線ℓ_1の傾き以下のときであり，$\frac{3}{5}<b\leqq\frac{2}{3}$である。

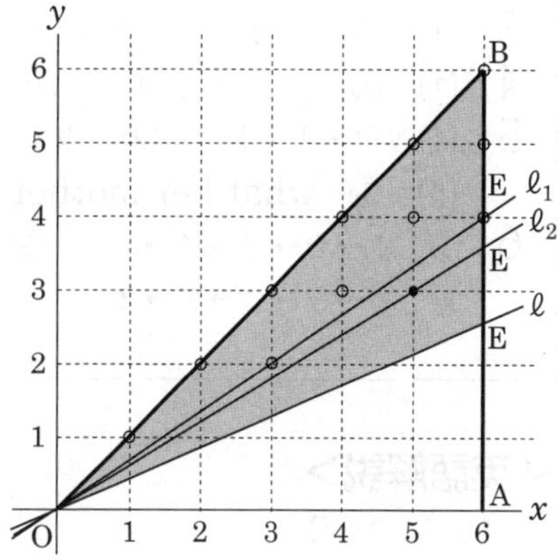

6 (正四面体，線分の長さ，回転体の体積)

(1)　∠L，∠M，∠Nがそれぞれ30°，60°，90°の直角三角形MNLを考えると，3辺の比はML：NM：LN＝2：1：$\sqrt{3}$…㋐　である。△CPQと△MNLで，正四面体の4つの面は合同な正三角形だから，∠QCP＝60°…㋑　仮定より，∠LMN＝60°…㋒　㋑，㋒より，∠QCP＝∠LMN…㋓　$\mathrm{PC}=\mathrm{BC}\times\frac{1}{2+1}=6\times\frac{1}{3}=2$(cm)　$\mathrm{CQ}=\mathrm{CD}\times\frac{2}{2+1}=6\times\frac{2}{3}=4$(cm)　よって，PC：CQ＝2：4＝1：2…㋔　㋐，㋔より，PC：CQ＝NM：ML＝1：2…㋕　㋓，㋕より，2組の辺の比とその間の角がそれぞれ等しいので，△CPQ∽△MNL　よって，△CPQは直角三角形である。

(2)　①　点Aから辺CDへ垂線AHを引くと，△ADHは30°，60°，90°の直角三角形で，3辺の比は2：1：$\sqrt{3}$ だから，$\mathrm{DH}=\mathrm{AD}\times\frac{1}{2}=6\times\frac{1}{2}=3$(cm)　$\mathrm{AH}=\mathrm{DH}\times\sqrt{3}=3\times\sqrt{3}=3\sqrt{3}$ (cm)　QD＝CD－CQ＝6－4＝2(cm)　QH＝DH－QD＝3－2＝1(cm)　△AQHに**三平方の定理**を用いると，$\mathrm{AQ}=\sqrt{\mathrm{AH}^2+\mathrm{QH}^2}=\sqrt{(3\sqrt{3})^2+1^2}=2\sqrt{7}$ (cm)

②　AC＝AD＝6(cm)，PC＝QD＝2(cm)，∠ACP＝∠ADQ＝60°より，2組の辺とその間の角がそれぞれ等しいので，△ACP≡△ADQ　これより，△APQはAP＝AQ＝$2\sqrt{7}$ (cm)の二等辺三角形　また，△CPQは30°，60°，90°の直角三角形で，3辺の比は2：1：$\sqrt{3}$ だから，$\mathrm{PQ}=\mathrm{PC}\times\sqrt{3}=2\times\sqrt{3}=2\sqrt{3}$ (cm)　点Aから線分PQへ垂線AIを引くと，**二等辺三角形の頂角からの垂線は底辺を2等分する**から，$\mathrm{PI}=\frac{\mathrm{PQ}}{2}=\frac{2\sqrt{3}}{2}=\sqrt{3}$ (cm)　△APIに三平方の定理を用いると，$\mathrm{AI}=\sqrt{\mathrm{AP}^2-\mathrm{PI}^2}=\sqrt{(2\sqrt{7})^2-(\sqrt{3})^2}=5$(cm)　$\triangle\mathrm{APQ}=\frac{1}{2}\times\mathrm{PQ}\times\mathrm{AI}=\frac{1}{2}\times 2\sqrt{3}\times 5=5\sqrt{3}$ (cm²)　点Qから線分APへ垂線QJを引くと，線分QJは△APQの底辺をAPとしたときの高さ　よって，$\triangle\mathrm{APQ}=\frac{1}{2}\times\mathrm{AP}\times\mathrm{QJ}=5\sqrt{3}$ (cm²)　$\mathrm{QJ}=\frac{5\sqrt{3}\times 2}{\mathrm{AP}}=\frac{5\sqrt{3}\times 2}{2\sqrt{7}}=\frac{5\sqrt{21}}{7}$(cm)　以上より，直線APを軸として，△APQを1回転させてできる立体の体積は，底面の円の半径がQJ，高さがAJの円錐と，底面の円の半径がQJ，高さがJPの円錐を合わせた立体の体積だから，$\frac{1}{3}\times\pi\times\mathrm{QJ}^2\times\mathrm{AJ}+\frac{1}{3}\times\pi\times\mathrm{QJ}^2\times\mathrm{JP}=\frac{1}{3}\times\pi\times\mathrm{QJ}^2\times(\mathrm{AJ}+\mathrm{JP})=\frac{1}{3}\times\pi\times\mathrm{QJ}^2\times\mathrm{AP}=\frac{1}{3}\times\pi\times\left(\frac{5\sqrt{21}}{7}\right)^2\times 2\sqrt{7}=\frac{50\sqrt{7}}{7}\pi$ (cm³)

＜英語解答＞

1　(1)　No. 1　エ　No. 2　イ　No. 3　ウ　No. 4　エ　No. 5　ア
(2)　No. 1　ア　No. 2　エ　No. 3　イ　No. 4　ウ
(3)　No. 1　イ　No. 2　ア　(4)　①　ア→エ→イ→ウ　②　eight

2　(1)　①　wish　②　both　③　practice　(2)　④　written　⑤　easier
⑥　children

3　(1)　ウ　(2)　イ→ウ→ア

4　(1)　①　ア　②　エ　③　ウ　④　イ　⑤　エ　(2)　How many times

5　(1)　ウ・キ・ク　(2)　ウ　(3)　①　イ　②　ア　(4)　became a little lighter
(5)　①　what her mother's　②　they would become

6　①　オ→カ→ア→イ→エ　②　ウ→オ→イ→カ→エ　③　エ→オ→ア→カ→ウ
④　エ→ウ→カ→ア→オ

＜英語解説＞

1　(リスニング)

放送台本の和訳は，60ページに掲載。

2　(語句問題：語句補充，語形変化，仮定法，形容詞，動名詞，分詞，比較，名詞)

(全訳)　モリ先生：ティナ，あなたの日本語はとても上手ですね。どれくらい日本語を学んでいるんですか？

ティナ　：ありがとうございます。3年間です。私はホストファミリーとたくさん日本語で話しますが，日本語を読むこと，特に*漢字*は難しいです。全部の*漢字*を読めたら①(いいなと思います)。

モリ先生：なるほど。*漢字*は日本語をより理解するのを手助けしてくれますね。ジム，あなたはティナよりも長く日本に住んでいますね。日本語を話すことも読むことも②(両方)上手です。いつもどうやって日本語を読むの③(を練習して)いるのですか？

ジム　　：簡単な日本語で④(書かれている)本をたくさん読みます。たくさんの日本語を少しずつ学ぶことができます。今，私はよくマンガを読みます。それを読むことは他の種類の本を読む⑤(より簡単です)。

モリ先生：それは⑥(子どもたち)だけでなく大人にもいいですね。勉強を楽しむことがとても大切です。

(1)　①　wish は「～すればいいのだがと思う」の意味で，**I wish I could** ～で「～できたらいいな」という仮定法の表現。　②　**both A and B**「AとBも両方とも」　③　**practice ～ing**「～する練習をする」

(2)　④　動詞の**過去分詞形**には**「～される」という受身の意味**があり，名詞を後ろから修飾することができる。written は write「～を書く」の過去分詞。ここではmany books written in easy Japanese で「簡単な日本語で書かれた多くの本」の意味となる。　⑤　**＜形容詞・副詞の比較級＋than ～＞で「～より(形容詞・副詞)だ」**という比較の表現。easy の比較級は easier。　⑥　child「子ども」は単数形で複数形は children になる。

3 (短文読解問題：内容真偽，文の並べ換え)

(1) (全訳) 日本では30%以上の人が犬や猫などのペットを飼っている。動物と過ごす時間は人を幸せにすることができる。健康にもいい効果がある。例えば犬と散歩をすると健康に感じる人もいる。猫と一緒にいるとくつろいだ気分になる人もいる。もし本当に幸せで健康的な生活を送りたいならばペットとの生活は一つのいい選択かもしれない。　ア「幸せな生活を送る唯一の方法はペットを飼うことだ」(×)　最終文参照。唯一ではない。　イ「ほとんどすべての人がペットを飼いたいと思っている」(×)　第1文参照。30%以上が飼っているが，ほぼ全員が飼いたいわけではない。　ウ「ペットと一緒にいると幸せに感じる人がいる」(○)　第2～5文参照。　エ「ペットショップへ行くことは健康を向上させるいい方法だ」(×)　最終文参照。

(2) (全訳) 私は英語の映画が好きです。字幕なしでそれを見たいです。私が使うステップをお話させてください。イ私話を楽しみたいのでまず日本語字幕付きの映画を見ます。ウ日本語で話がわかったら，俳優が何を言っているのかを理解するために英語字幕付きでその映画を見ます。ア私そして字幕なしで見て彼らが言っていることをいくつかリピートします。これらのステップを通して私の能力を上げて英語の映画を楽しめることを願っています。イの first「最初に，まず」があるので最初のステップとわかる。ウの最初の After は「～したあとで」の意味。「日本語で話がわかったあとで」とあるので，イに続く。アの Then は「それから」。後半の they が指しているのはウの the actors である。**文の並べ替え問題では代名詞が指しているもの，順番を表す表現などに注目する。**

4 (対話文問題：語句補充)

(全訳) サム：このメニューを見て。ジュンは何を食べる？

ジュン：うーん，全部おいしそうに見えて選べないな。サムはもう決めた？

サム　：うん。僕はこのレストランにくるといつも①(今日のランチ)を選ぶんだ。とても人気だよ。今日はステーキが食べられる。

ジュン：今までにここに何回来たことがあるの？

サム　：友達と数回来たことがあるよ。

ジュン：じゃあこのレストランについてよく知っているんだね。

サム　：そうだよ。まだ②(何を)食べるか考えてるの？

ジュン：うん，正直なところステーキがあまり好きじゃないんだ。だからもし野菜の料理があれば僕にはいいかもしれないな。

サム　：じゃあ，カレーライスはどう？　野菜カレーを選べるよ。

ジュン：本当？　それはいいね！　それを食べるよ。

サム　：何か飲み物はいる？

ジュン：オレンジジュースが欲しいな。

サム　：ごめん，ジュン。オレンジジュースは「ドリンクセット」のリストにないよ。2ドル払わないといけないから，合計で③(10ドル)になるよ。

ジュン：なるほど。それは問題ないよ。きみはどうするの？

サム　：僕はコーヒーを頼むよ。それとデザートにチョコレートケーキを食べたいな。だから僕が払うのは…。

ジュン：待って。きみの誕生日は④(3月10日)だよね？　今日2ドル値引きがあるよ。だから払うのは12ドルだけだね。

サム　：そうだ。教えてくれてありがとう。

ジュン：どういたしまして。来月時間があったら⑤(またここに来られる)？「スペシャルサンドイッチ」を食べてみたいんだ。

サム　：もちろん！　僕もだよ！

(1)　①　空欄のあとに「今日はステーキ」とある。メニューでは steak は Today's Lunch「今日のランチ」に含まれている。　②　**＜疑問詞＋ to ＋動詞の原形＞で「～すべきか」**の意味を表すことができる。what to ～で「何を～すべきか」となる。how to ～「どのように～すべきか」, when to ～「いつ～すべきか」, where to ～「どこに～すべきか」の意味。　③　5～7つ目のサムの発話までの会話を参照。メニューによるとカレーは8ドル，セットに入らないオレンジジュースは2ドルで10ドルとなる。　④　メニューの一番上に「2023年3月」とある。また下から2行目に「誕生月：2ドル値引き」とあることから March「3月」が誕生日とわかる。　⑤　空欄直後に「スペシャルサンドイッチを食べたい」とあるので「また来たい」のだと考える。メニューを見ると一番最後に「新メニュー『スペシャルサンドイッチ(9ドル)4月1日～』」とある。ア「一緒にサンドイッチを作るのはどう？」，イ「このレストランはまだ空いているかな？」，ウ「もっとお金を持ってきてほしい？」は文脈に合わない。　(2)　空欄直後のサムが回数を答えているので回数を訪ねる How many times「何度～？」となる。several は「いくつかの」。**現在完了形＜have ＋動詞の過去分詞形＞は「(今までに)～したことがある」**という経験を表すことができる表現。

5 **(長文読解問題・スピーチ：内容真偽，文挿入，語句補充，語句解釈，英問英答)**

(全訳)「ミキ，新しい家へ行く準備をしておきなさい！　たくさんの本は持って行けないよ」母はこれを言い続けていました。私たちは2か月後に町を離れて海外へ引っ越しをすることになっていました。私は本棚にたくさんの本がありすぎました。私は「でもお母さん，これは私の宝物なの。本を取っておきたい」と言いました。私は小さいときにこれらの本を何度も読み，いい思い出が詰まっていました。私は中学生でしたが，私はこれらの本がとても大好きでした。

母は「あなたの気持ちはわかる。でもミキ，これらの本は将来新しい人に出会うし，あなたもそうなの」と言いました。私は母に「私の本が新しい人に出会う？」とたずねました。私は「どういう意味？」と思いました。新しい家にこれらのすべての本を持って行くのは大変だとわかっていました。でも私の宝物を全部取っておきたかったのです。

ある土曜日，私のお気に入りの場所とそこで働くお年寄りの女性にお別れを言うために市の図書館へ行きました。私は彼女に「これでここにくるのが最後なんです」と言いました。彼女は驚いていました。私は図書館で時間を過ごし，彼女と話をしました。図書館を出るときそのお年寄りの女性が私のあとを追いかけてきました。彼女は私に古い本をくれました。

家についてから私はその本を読み始めました。すぐにそれがとても面白いと思いました。2時間それを読み続けてついに読み終えました。その本は引っ越しをしなくてはならない女の子についての本でした。ウ私は彼女が私のようだと思いました。彼女は新しい人たちと出会うことを通してより強くなりました。彼女の物語は私に大きな勇気を与えてくれました。私は母の言葉を思い出しました。

次の日，図書館へ行ってそのお年寄りの女性に「ありがとうございました」と言いました。彼女は微笑んで嬉しそうでした。彼女は「私はあなたくらいの年のときにこの街に引っ越してきたのよ。その本を読んで勇気をもらったの。新しい場所で幸運がありますように」と言いました。

私はお気に入りの本を手放すことは考えてもいませんでしたが，母の言葉を理解しました。そのお年寄りの女性がしたように，それらを他の人にあげることに決めました。私は私の本で誰かがわくわくしたり，励まされたりしてほしかったのです。

数日後，母と古本屋へ行きました。私の宝物のいくつかを売りました。私の本は誰かに出会うでしょう。私はこれらの本が他の誰かの宝物になることを願いました。

引っ越しをする前に，私の部屋の本棚は少し軽くなりました。そして私の心もそうでした。

(1)　ア「ミキと家族は同じ町の新しい家に引っ越しをした」(×)　第1段落第3文参照。　イ「ミキの母親は宝物についてのたくさんの本を持っていた」(×)　第1段落参照。　ウ「ミキの本はいい思い出をくれたので彼女の宝物だった」(○)　第1段落参照。　エ「ミキは全ての本を手放すという母親のアイディアにすぐに同意した」(×)　第2段落参照。　オ「ある土曜日ミキは本を探しに図書館へ行った」(×)　第3段落第1文参照。カ「ミキは学校でお年寄りの女性から本をもらった」(×)　第3段落最後の2文参照。　キ「ミキはお年寄りの女性がくれた本を2時間で読み終えた」(○)　第4段落第1～3文参照。ク「お年寄りの女性は中学生のときに引っ越しをした」(○)　第5段落第3文，第1段落最終文参照。このスピーチはミキが中学生のころのことを述べている。

(2)　代名詞 she「彼女」が誰を指しているのかを考える。このスピーチにはミキ，母親，お年寄りの女性，本の中の女の子の4人が出てくる。「私」と「彼女」が似ているという内容の箇所を探す。ウは前後が引っ越しをした主人公の少女の話でミキの状況に似ている。アの前後はミキの本棚の本についての内容，イの前は本の処分についての母親の意見，エの前後は母親と行った古本屋のことについてなので文脈に合わない。

(3)　①　完成した英文はイ「お年寄りの女性からもらった古い本がミキを励ました」となる。第4段落最後から2文目参照。　②　完成した英文は「日曜日，ミキはお年寄りの女性に『ありがとうございました』と言うために図書館へ行った」となる。第5段落第1文参照。

(4)　下線部 did は do の過去形。do は先行する動詞や動詞を含む表現の繰り返しを避けるために代用して使うことができる。ここでは直前の文の became a little lighter を繰り返さずに did で代用している。

(5)　①「本を手放すことを決めたときミキは何を理解しましたか」解答は「彼女は母親の言葉が何を意味しているのかを理解した」。第6段落参照。What did her mother's words mean?「彼女の母親の言葉は何を意味していましたか？」という疑問文を She understood に続ける間接疑問文。**間接疑問文では語順は＜疑問詞＋主語＋動詞＞となる。**　②「本を売ったときミキは何を願いましたか？」解答は「彼女はそれらが他の誰かの宝物になることを願いました」。第7段落参照。

6 (語句並べ換え：仮定法，助動詞，不定詞，目的語と補語)

(全訳)　エマ　：来週夏休みが始まるね！　次の水曜日に友達と日帰り旅行をするつもりなの。*浴衣*を着るのと風鈴に絵を描くのと旅行でどっちをする方がいいかな？

アズサ：もし私が①あなただったら*浴衣*を着るのを選ぶな。伝統的な服を着て街を歩くのはすてきだな！

タケル：風鈴に絵を描くのがいい感じだな。

エマ　：どうしてそう思うの？

タケル：家に持って帰れるから。家で風鈴の音を楽しむことができるよ。スタッフが風鈴に②絵を描く方法を教えてくれるよ。

アズサ：ええと，もし*浴衣*を着て自分の写真を撮れば，あとでも楽しめるよ。

エマ　：その通りね…。どっちの活動を選ぶべきか決められないわ。

タケル：うーん…。午前中に③風鈴に絵を描くのはどう？　それから午後に*浴衣*を着られるよ。

エマ ：それはいい考えね。そうするわ。私は④<u>浴衣を汚したく</u>ないな。

① (If I) were you, I would choose wearing a yukata(.) **If I were you, I would** ～は**「もし私があなただったら，～するでしょう」**という現実とは違うことを仮定する仮定法の表現。下線部直後に「伝統的な服を着て」とあるので浴衣を選ぶ。不要な語句はウ。

② (The staff members) will show you how to paint on(a wind chime.) 風鈴の話をしているので語群のwear が不要な語と考える。助動詞 willには動詞の原形が続く。動詞は show か paint on だが，paint on は後ろに a wind chime と続けて「風鈴に絵を描く」となるので最後になる。showは **show A Bで「AにBを教える」**の意味がある。<how to ＋動詞の原形>で「どのように～するか(～の方法)」の意味。

③ Why don't you paint on a wind chime(in the morning?) **<Why don't you ＋動詞の原形～？>で「～したらどうですか」**という提案を表す表現。不要な語はイ。

④ (I don't) want to make my *yukata* dirty(.) ウェブサイトの風鈴体験の最後に服装について書かれている。<want to ＋動詞の原形>は「～したい」。**<make ＋人・もの・こと＋形容詞・名詞・過去分詞>で「(人・もの・こと)を～にする」**という表現。ここではmake my *yukata* dirty で「浴衣を汚くする」となる。

2023度英語　聞き取りテスト

〔放送台本〕

ただいまから1番の，放送による聞き取りテストを行います。問題は(1)から(4)までの4つです。放送中メモを取ってもかまいません。

それでは(1)の問題から始めます。

(1) これから，No. 1 からNo. 5 まで，5つの英文を放送します。放送される英文を聞いて，その内容に合うものを選ぶ問題です。それぞれの英文の内容に最もよく合うものを，ア，イ，ウ，エの中から1つ選んで，その記号を書きなさい。それぞれの英文は，2回放送します。では，はじめます。

No. 1 My sister is brushing her teeth.

No. 2 When you are sick, you should go to this place.

No. 3 We are flying over Ibaraki now. We will arrive at the airport in 15 minutes.

No. 4 Aoi Museum is more popular than Wakaba Park, but the museum is not as popular as Hibari Castle.

No. 5 If you want to go to the shop, go down the street and turn left at the third corner. You'll find it on your right.

これで(1)の問題を終わります。

〔英文の訳〕

No.1 私の姉[妹]は歯を磨いています。

No.2 病気のとき，この場所に行くべきです。

No.3 私たちは今茨城の上空を飛んでいます。15分後に空港に到着します。

No.4 あおい博物館はわかば公園よりも人気ですが，博物館はひばり城ほど人気がありません。

No.5 もしそのお店に行きたいなら，この道を行って3つ目の角を左に曲がってください。右側にそれが見えます。

〔放送台本〕

次に，(2)の問題に移ります。

(2) これから，No. 1 からNo. 4 まで，4つの対話を放送します。それぞれの対話のあとで，その対話について1つずつ質問します。それぞれの質問に対して，最も適切な答えを，ア，イ，ウ，エの中から1つ選んで，その記号を書きなさい。対話と質問は，2回放送します。では，はじめます。

No. 1 A: Bob, I have to go to school early tomorrow for the school festival.
B: Me, too. I have to arrive at school by seven thirty.
A: How long does it take to get to school?
B: It takes one hour.
Question: What time will Bob leave for school tomorrow?

No. 2 A: Yuka, what will you do tomorrow afternoon?
B: I'll go to the library. I have finished reading my book, so I want to read another.
A: OK. John and I will go to the movies tomorrow afternoon. Do you want to join us?
B: Oh, yes. Sounds great. I'll go to the library this afternoon instead.
Question: What will Yuka do tomorrow afternoon?

No. 3 A: Oh, no! I forgot about the homework.
B: We need to give it to our teacher by Thursday.
A: We only have today, tomorrow, and Thursday. What do we have to do?
B: We have to write a report about the book we read during winter vacation.
Question: What day of the week is it "today"?

No. 4 A: Hi, Yuri. You look so happy.
B: That's right, Fred. I got an e-mail from my sister. She is studying in Canada.
A: How long has she been there?
B: For two years. She is going to come back this summer, and we'll have a birthday party for her.
Question: Why does Yuri look happy?

これで(2)の問題を終わります。

〔英文の訳〕

No.1 A：ボブ，私は学園祭のために明日早く学校へ行かなくてはなりません。
B：私もです。7時半までに学校に着かなくてはなりません。
A：学校に行くのにどれくらいかかりますか？
B：1時間かかります。
質問：ボブは明日何時に学校へ出発しますか？
答え：ア　6時半。

No.2 A：ユカ，明日の午後何をしますか？

B：図書館へ行きます。本を読み終わったので他のが読みたいんです。
A：オーケー。ジョンと私は明日の午後映画に行きます。私たちと一緒に行きたいですか？
B：ああ，はい。いいですね。その代わりに今日の午後に図書館へ行きます。
質問：明日の午後ユカは何をしますか？
答え：エ　彼女は映画を見ます。

No.3　A：ああ，やだ！　宿題のこと忘れてました。
B：木曜日までに先生に提出する必要があります。
A：今日と明日と木曜日しかないです。何をしなくてはなりませんか？
B：冬休み中に読んだ本についてレポートを書かないといけません。
質問："今日"は何曜日ですか？
答え：イ　火曜日。

No.4　A：こんにちは，ユリ。とても嬉しそうですね。
B：そうなんです，フレッド。姉からメールが来たんです。彼女はカナダで勉強しています。
A：彼女はどれくらいそこにいるんですか？
B：2年です。この夏に帰ってくる予定で，私たちは彼女の誕生日パーティーをするつもりです。
質問：ユリが嬉しそうなのはなぜですか？
答え：ウ　ユリはこの夏，姉と一緒に時間を過ごすことができるから。

〔放送台本〕

次に，(3)の問題に移ります。

(3)　これから，ケンジ(Kenji)とアン(Ann)の対話を放送します。そのあとで，その内容について，Question No. 1とQuestion No. 2の2つの質問をします。それぞれの質問に対して，最も適切な答えを，ア，イ，ウ，エの中から1つ選んで，その記号を書きなさい。対話と質問は，2回放送します。では，はじめます。

Kenji:　Hi Ann, what happened?
Ann:　Hey Kenji, I picked this up. I think it's that boy's.
Kenji:　That's not good. He can't enter his house without it.
Ann:　That's right. I want to run after him, but...
Kenji:　Wow, you have so many books.
Ann:　I just went to the library. I need a lot of books for my report.
Kenji:　They look so heavy.... OK, I'll go after him!
Ann:　Thank you!
Kenji:　That boy with the dog, right?
Ann:　No. Go after the tall boy walking in front of him!
Kenji:　OK.
Questions:　No. 1　What did Ann pick up?
No. 2　Why will Kenji go after the tall boy instead of Ann?

これで(3)の問題を終わります。

〔英文の訳〕

ケンジ：こんにちは，アン，どうしたの？
アン　：こんにちは，ケンジ，これを拾ったの。あの男の子のだと思う。

ケンジ：それはよくないね。彼はこれがないと家に入れないよ。
アン　：その通りね。彼を追いかけたいけど…。
ケンジ：わあ，たくさん本を持っているね。
アン　：ちょうど図書館へ行っていたの。レポートにたくさんの本が必要なのよ。
ケンジ：重そうだね…。オーケー，僕が追いかけるよ！
アン　：ありがとう！
ケンジ：犬といるあの男の子だよね？
アン　：ちがう。彼の前を歩いている背の高い子を追いかけて！
ケンジ：オーケー。
質問：No.1　アンは何を拾いましたか？
答え：イ　鍵
質問：No.2　なぜアンの代わりにケンジが背の高い男の子を追いかけるのですか？
答え：ア　アンがたくさんの本を運んでいるから。

〔放送台本〕
次に，(4)の問題に移ります。
(4)　外国人の観光客に，添乗員が市内観光について説明しています。これからその説明を放送します。その内容について，次の①，②の問いに答えなさい。英文は，2回放送します。では，はじめます。

Welcome to our city trip. Today we'll visit some famous places by bus. It's nine o'clock now. First, we'll arrive at the City Museum in 20 minutes. We'll have one and a half hours to see many famous pictures there. In the afternoon, we'll go to the City Garden. During this season we can see beautiful flowers. Oh, I forgot to say. Before we visit the garden, we'll have lunch at Aoi restaurant. Finally, we'll go to the Music Hall and enjoy some wonderful music. Today's trip will be over at five in the afternoon.

これで，放送による聞き取りテストを終わります。

〔英文の訳〕
市内観光へようこそ。今日私たちはバスで有名なところをいくつか訪れます。現在9時です。まず20分以内に市立博物館に到着します。そこで1時間半，多くの有名な絵画を見ます。午後はシティガーデンへ行きます。この季節は美しい花を見ることができます。ああ，言い忘れました。ガーデンを訪れる前にアオイレストランでランチを食べます。最後にミュージックホールへ行って素晴らしい音楽を楽しみます。今日の観光は午後5時に終わります。
①　ア→エ→イ→ウ
②　「この市内観光はどのくらいかかりますか？」「(8)時間かかります」

＜理科解答＞

1　(1)　イ　(2)　イ　(3)　エ　(4)　ウ　(5)　ウ　(6)　エ　(7)　ア
(8)　エ
2　(1)　実像　(2)　ア　(3)　次ページの図　(4)　ア

3　(1)　化学　(2)　$Cu^{2+}+2e^{-}\rightarrow Cu$　(3)　イ
(4)　ア　(5)　ア　×　イ　○　ウ　○　エ　×
4　(1)　アミラーゼ　(2)　ア　(3)　う　ベネジクト液　え　ウ　(4)　イ
5　(1)　ウ　(2)　う　G　え　イ　(3)　エ
(4)　金星が地球よりも内側を公転しているから。
6　(1)　①　イ，ウ　②　キ　(2)　①　エ　②　ウ

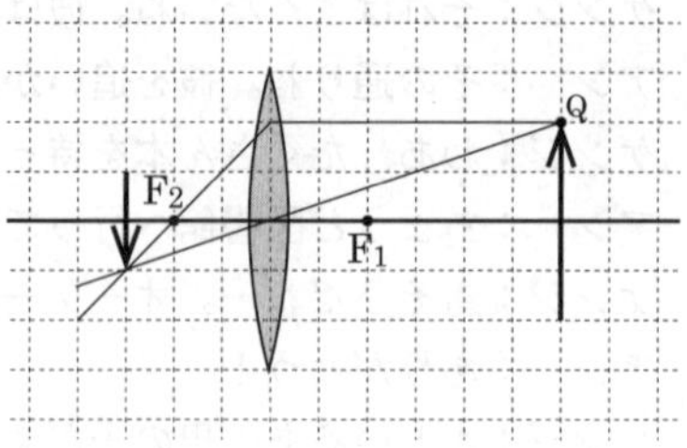

＜理科解説＞

1　(各分野小問集合)

(1)　液体や気体のように，あたためられたものが移動することで熱が伝わる現象を，対流という。

(2)　銅は金属であるため電流を通し，たたくとうすく広がる性質をもつ。

(3)　スギ，イチョウ，ソテツはすべて**裸子植物**で，花弁や子房がない花をさかせる。胚珠はむきだしであるため，花粉は直接胚珠につき，やがて種子をつくる。

(4)　台風が見られることから，やがて日本が強風や大雨にみまわれることが予想される。

(5)　コピー機は，静電気を帯びた像にトナー(粉状のインク)を吸着させることで，印刷を行う。

(6)　酸化銀を加熱すると，**銀と酸素に分解**する。酸素は空気よりも密度が大きい気体で，ものを燃やすはたらきがある。

(7)　精子や卵の生殖細胞は，減数分裂によってできる。そのため，生殖細胞内にある染色体の数は，体細胞の中にある染色体の数の半分となる。よって，生殖細胞が合体してできる受精卵がもつ染色体は，**体細胞と同じ数**になる。

(8)　震度は0～7があり，5と6はそれぞれ弱と強に分かれているため，10段階となっている。マグニチュードは1大きくなると，エネルギーが約32倍になるため，マグニチュードが2大きくなると，$32\times32=1024$より，およそ1000倍となる。

2　(光の性質)

(1)　凸レンズを通してできた，スクリーンなどにうつし出せる像を，実像という。

(2)　凸レンズで実像ができるとき，光は1点に集まるように，凸レンズで屈折している。

(3)　点Qから出て光軸に平行に進み，凸レンズに入射した光は，屈折してF_2の焦点を通る。また，点Qから出て凸レンズの中心を通った光は，直進する。この光の道すじと，できた像(たて2マス分の長さ)を記入する。

(4)　同じ位置から実物と実像を見ると，実像は実物に対して，上下左右が逆向きになって見える。

3　(イオンへのなりやすさ，電池)

(1)　電池は，物質のもつ化学エネルギーを電気エネルギーに変えて取り出すための装置である。

(2)・(3)　電池では，－極で生じた電子が導線を通って＋極へ流れ込む。この電池は，亜鉛が溶液にとけて亜鉛イオンとなるときに放出された電子が，電子オルゴールを通って銅板に入る。よって，**亜鉛板が－極，銅板が＋極**となる。銅板では，水溶液中の銅イオンが電子を2個受け取り，銅原子になる変化が起こる。また，電子の移動する向きと逆の向きに，電流が流れる。

(4)　ダニエル電池は，2種類の水溶液が直接混ざることはないが，セロハンを通してイオンが互

いの水溶液中を行き来することで，電池のはたらきを維持できる。ガラスではイオンの行き来ができないため，電池のはたらきをもたなくなる。

(5)　硫酸亜鉛水溶液の結果から，亜鉛イオンは，金属Aと銅よりもイオンになりやすい。金属Aのイオンを含む水溶液の結果から，金属Aは，銅よりもイオンになりやすいが，亜鉛よりはイオンになりにくい。硫酸銅水溶液の結果から，銅は亜鉛や金属Aよりもイオンになりにくい。これらを整理すると，イオンになりやすいほうから順に，**亜鉛，金属A，銅**の順になる。このうち，2種類の金属を電極にする場合，イオンになりやすい金属が－極，イオンになりにくい金属が＋極となる。また，ダニエル電池と同じしくみをつくる場合，電極と同じ金属のイオンを含む水溶液を用いる。アは，亜鉛のほうが－極になるので誤り，エは金属Aが－極になるので誤り。

4 (だ液のはたらき)

(1)　だ液には，デンプンの分解に関わるアミラーゼという消化酵素が含まれている。

(2)　試験管Aと試験管Bの結果を比べると，湯に入れる時間だけが異なっているので，ヨウ素液による色の変化がちがっているのは，あたためた時間のちがいが原因と考えられる。また，試験管Aと試験管Cの結果を比べると，だ液の量だけが異なっているので，ヨウ素液による色の変化がちがっているのは，だ液の量のちがいが原因と考えられる。

(3)　麦芽糖やブドウ糖が含まれる水溶液に，ベネジクト液を加えて加熱すると，赤褐色の沈殿を生じる。

(4)　デンプンは，**だ液，すい液，小腸の壁にある消化酵素**によって，最終的にブドウ糖にまで分解される。

5 (天体)

(1)　地球から見た月と太陽が同じ大きさに見えるのは，月の直径が太陽の直径の約400分の1であるが，地球から見た太陽の距離は，地球から月までの距離の約400倍だからである。

(2)　月食は，太陽－地球－月の順に一直線上に並んだときに起こって見える。このとき，月は満月の形に見える。

(3)　金星は，地球に近づくほど欠けて見え，地球から離れるほど丸く見える。また，地球から離れるほど小さく見える。

(4)　金星は，地球よりも内側を公転しているので，地球から見ると**夕方の西の空か明け方の東の空**にしか観察することができない。真夜中に地平線上にのぼることはない。

6 (発電，植物のはたらき，中和)

(1)　①　バイオマス発電は，燃料にバイオマス(生物を由来とする燃料)を利用した火力発電であるため，放射線を出すことはなく，発電機やそれを動かすタービンを使用する。　②　試験管AとBの結果を比較することで，日光と二酸化炭素の吸収の関係を確かめることができる。ただし，この変化が本当に植物によるものであったのかを確かめるためには，植物を入れず，ほかの条件は試験管Aと同じにして実験を行う必要がある。

(2)　①　実験後の試験管Dには空気が入っているので，二酸化炭素をほぼ含んでいない。したがって，石灰水を入れても水酸化カルシウムの濃度に変化はほとんどないと考えられる。実験後の試験管Eには，試験管Dよりも多く二酸化炭素が含まれているため，石灰水を入れると炭酸と水酸化カルシウムの中和が起こる。よって，石灰水に含まれている水酸化カルシウムの量は減少する。したがって，石灰水を完全に中和するのに必要な塩酸の量は，試験管Dのほうが多くなると考えられる。　②　実験後の試験管Eに含まれる二酸化炭素の量は，実験前と比べて変わらない。実験後の試験管Fでは，タンポポが光合成を行い二酸化炭素を吸収するため，二酸化炭素の量は減少している。実験後の試験管Gでは，光を強くしたことで光合成が活発になった影響で，試験管Fよりも残っている二酸化炭素の量は少ない。よって，実験後の二酸化炭素の量が多い順に並べると，試験管E＞試験管F＞試験管Gとなる。二酸化炭素の量が多いほど，石灰水(水酸化カルシウム)と多く反応するため，中和に必要な塩酸は少なくなる。このことから，中和するのに必要な塩酸の量が多い順に並べると，試験管G＞試験管F＞試験管Eとなる。

＜社会解答＞

1　(1)　ア　(2)　キ　(3)　12月23日　午前　午後10時　(4)　①　ASEAN
②　イ　2　(1)　エ　(2)　ア　(3)　ア　×　イ　×　ウ　○　エ　×

2　1　(1)　ウ　(2)　イ　(3)　ウ　(4)　エ　2　(1)　①　国会を開く[議会を開く]
②　エ　(2)　ア　(3)　イ

3　1　(1)　刑事　(2)　ア　2　(1)　ア　(2)　エ　(3)　地方債　3　(1)　ウ
(2)　イ　(3)　ア　○　イ　×　ウ　○　エ　×

4　1　(1)　バリアフリー　(2)　イ　(3)　ウ→ア→イ→エ　(4)　ア，オ
2　(1)　ウ　(2)　エ

＜社会解説＞

1　**(地理的分野―世界地理－気候・地形・貿易，―日本地理－地形・エネルギー・日本の国土・地形図の見方)**

1　(1)　資料1の世界地図上の②は，サウジアラビアである。サウジアラビアでは，一年を通して降雨がほとんどなく，気温は夏で平均35℃近く，冬でも10℃前後のため，**雨温図**のアが該当する。　(2)　資料2のように，ある場所(この問題の場合はサンフランシスコ)からの**距離**と**方角**が正しく示されている地図を**正距方位図**という。資料1の地図は，**メルカトル図法**で描かれているため，緯度が高いほど距離は長く，面積は広く描かれる。したがって，サンフランシスコ・東京間の最短のルートは，クではなく，カ・キのように北側に湾曲した線になる。そして，資料2で示されているように，最短ルートは陸地の上を通らないので，キとなる。　(3)　地球は24時間で360度自転するので，**15度で1時間**の時差となる。日本の**標準時子午線**は，東経135度であるから，西経90度のニューオーリンズとの経度差は225度となり，計算すれば時差は15時間となる。ニューオーリンズが12月22日午後7時なら，東京は時差15時間の12月23日午前10時となる。
(4)　①　1967年に，インドネシア・シンガポール・タイ・フィリピン・マレーシアの5か国によって地域協力機構として設立されたのが，**東南アジア諸国連合＝ASEAN**である。その後5か国が加わり，現在の加盟国は10か国である。　②　ア　インドシナ半島に位置する国々のうち，ベトナム・ラオス・ミャンマー・カンボジアの4か国は，1990年代にASEANに加盟している。
ウ　インドシナ半島に位置する5か国のうちでは，タイが**国内総生産**で2位である。　エ　インドシナ半島に位置する5か国のうち，タイは国内総生産の伸びが，6.1倍と低い方から2番目である。ア・ウ・エには誤りがあり，イのみが正しい。

2　(1)　ア・イ・ウは，どれも正しく資料5と資料6を読み取っており，エが誤っている。紀伊半

島には，火山はなく，**地熱発電所**もない。　(2)　カード1は，大規模なカルデラをもつことで有名な**阿蘇山**である。カード2は，桜島の説明であり，**桜島**は県庁所在地の鹿児島市にある。そして，桜島の火山の**火山灰**が**シラス**台地を形成することで知られている。カード3の洞爺湖の湖畔にあるのは，**有珠山**である。3か所とも有名な火山であり，近くには温泉が湧き出ている。正しい組み合わせは，アである。　(3)　ア　上富良野駅から2km以内でも，火山灰が10cm以上積もらない場所がある。アは×である。　イ　富良野川や美瑛川に沿って流れる融雪型火山泥流を，日新ダムやしろがねダムは，せき止めることはできない。イは×である。　エ　中富良野駅は，ベベルイ川から流れてきた融雪型火山泥流をかろうじてまぬがれることができる。エは×である。ア・イ・エのどれも**ハザードマップ**の読み取りに誤りがあり，ウのみが正しく○である。

2 (歴史的分野—日本史時代別－旧石器時代から弥生時代・古墳時代から平安時代・鎌倉時代から室町時代・安土桃山時代から江戸時代・明治時代から現代，—日本史テーマ別－政治史・外交史・技術史・経済史，—世界史－政治史)

1　(1)　カード1の，稲作が始まったのは弥生時代である。アは，飛鳥時代につくられた玉虫厨子である。イは，江戸時代初期につくられた地球儀である。エは，江戸時代の農具である千歯こきである。ア・イ・エのどれも時代が異なり，ウが正しい。ウは，弥生時代に稲の穂首刈りをするときに使われた石包丁である。　(2)　カード2のような農業の発達が見られたのは，鎌倉時代から室町時代にかけてである。アの**遣隋使**の派遣は，飛鳥時代の607年のことである。ウの**聖武天皇**が**東大寺**などを建立したのは，奈良時代である。エの**桓武天皇**が都を**平安京**に移したのは，平安時代の794年のことである。ア・ウ・エのどれも時代が異なり，イが正しい。イの北条氏が執権として政治を動かしたのは，鎌倉時代のことである。　(3)　カード3は，室町時代の説明である。ここでいわれている村の自治組織は，惣と呼ばれる。鎌倉幕府は御家人の窮乏を救済するために，1297年に御家人の借金を帳消しにする**徳政令**を発布したが，室町幕府も同様の措置をとり，さらには庶民が徳政と号して，借金の帳消しを求める**徳政一揆**を起こすようになった。最初の徳政一揆は，1428年の**正長の土一揆**である。正解はウである。　(4)　カード4は，江戸時代後期である。資料2は，5港の開港を示している。駐日総領事**ハリス**の圧力に押され，**大老の井伊直弼**が朝廷の勅許を得ないまま，米国との貿易を始める内容の**日米修好通商条約**を結んだ。1858年の日米修好通商条約で新たに開港することになった港は，**神奈川・長崎・兵庫・新潟**である。(下田・函館はすでに日米和親条約により開港していたが，神奈川の開港決定により，下田は閉港した。)江戸初期には輸入されていた**生糸**が，この幕末の貿易では，最大の輸出品となっていた。なお，幕末には，綿糸・毛織物・綿織物は全て輸入品である。正しい組み合わせは，エである。

2　(1)　①　1874年の**板垣退助**らによる**民撰議院設立建白書**の提出に始まり，**藩閥政治**に反対して国民の自由と権利を要求し，そのための**国会開設**を求めた政治運動が，**自由民権運動**である。国会の開設を要求する運動は全国的に広がった。藩閥政府は，**集会条例**などの法令によって，自由民権運動を弾圧する一方で，**国会開設の勅諭**を発布し，国会開設の準備を進めた。　②　1873年の**征韓論争**に敗れ，政府から下野していた**西郷隆盛**が，1877年に鹿児島(旧**薩摩藩**)の士族を率いて，新政府に対する反乱を起こしたのが，**西南戦争**である。最大で最後の士族の反乱となった。鹿児島の地図上の位置は，エである。　(2)　カード6に示される**三・一独立運動**は，日本の植民地支配に抵抗し，1919年に朝鮮で起こった事件である。　イ　**第五福竜丸**は，1954年にマーシャル諸島ビキニ環礁でアメリカがおこなった水爆実験により被ばくした漁船である。ビキニ環礁での核実験をきっかけに**原水爆禁止運動**が広がり，原子爆弾投下から10年たった広島市で，1955年に**第1回原水爆禁止世界大会**が開かれた。　ウ　**ベトナム戦争**に，アメリカは大軍を送り込み，

1964年には**北爆**を開始した。これらに対し，世界各地で反戦運動が広まった。 エ **第二次世界大戦**後に独立したアジア・アフリカの国々と日本など29か国の代表が，1955年インドネシアのバンドンで開催した国際会議が，**アジア・アフリカ会議**である。**バンドン会議**ともいう。**平和十原則**を共同宣言として発表した。イ・ウ・エはどれも，三・一独立運動よりも後のできごとである。アが，三・一独立運動よりも前のできごとである。**辛亥革命**は，清朝下の中国で1911年に起こった革命である。民族主義・民権主義・民生主義の**三民主義**を唱えた**孫文**が辛亥革命を指導し，清朝を打倒するとともに，2000年以上続いてきた専制政体を倒して，1912年にアジアで最初の共和国である**中華民国**を建設した。 (3) 資料6のある国とはロシアである。**第一次世界大戦**が長期化する中で，物価が上昇して民衆の不満が激しくなり，**レーニン**の指導の下，1917年に**ロシア革命**が起こった。後に正式に成立したのが**ソビエト社会主義共和国連邦(ソ連)**である。

3 (公民的分野―裁判・地方自治・消費生活・経済一般)

1 (1) 犯罪をおこした疑いがあって起訴された人が，本当に犯罪を行ったのか，もし行ったとしたのならどの程度の刑罰を与えるのか，などを決める裁判が**刑事裁判**である。2008年に，被害者本人やその家族や遺族も刑事裁判に直接関わり，被告人に直接質問できる制度が始まった。2009年から実施されている**裁判員制度**では，殺人など重大な刑事事件の一審の裁判に，くじで選ばれた市民の裁判員が参加することが行われている。 (2) 「被告人はその後**控訴**した。」の一文から，この裁判が第一審である**地方裁判所**で行われたことがわかる。控訴とは，第一審(地方裁判所)の判決を不服とし，第二審(**高等裁判所**)へ訴え出ることである。第二審である高等裁判所であれば，さらに上級の裁判所である**最高裁判所**に対して異議申し立てを行うのは「**上告**」である。

2 (1) 地方自治における**直接請求**では，**条例**の制定・改廃を求める場合は，有権者数の**50分の1**以上の署名を，首長に提出することになっている。B市の有権者が，問題のように52,500人であれば，その50分の1の1,050人の署名が必要となる。 (2) 地方自治体の長は，都道府県でも市町村でも，地方自治法に示されているとおり，**首長**と呼ばれる。 (3) 地方公共団体が一会計年度を超えて行う借入れを**地方債**という。財政基盤の弱い自治体では，地方債に大きく頼るところもある。地方債は年度を超えて償還され，**公債費**の形で支出される。

3 (1) 二人以上の当事者が合意することによって，法的な権利義務関係が発生する行為を，**契約**という。契約は，申し込みの意思表示と，それに対応する承諾の意思表示が合致することによって成立する。 (2) 1968年に定められた**消費者保護基本法**では，消費者と事業者との間にある，情報力や交渉力などの格差を踏まえ，不利益になる事実を伝えずに，不当な契約をした場合には，契約を取り消すことが可能であると定めている。2004年に改正され，**消費者基本法**となった。消費者の八つの権利を明記する一方で，国・地方自治体の責務や事業者の責務が明記されている。 (3) ア **労働基準法**は，その第二条で「労働条件は，労働者と使用者が，対等の立場において決定すべきものである。」と定めている。 ウ 労働基準法は，その第4条において「使用者は，労働者が**女性**であることを理由として，賃金について，**男性**と差別的取扱いをしてはならない。」と定めている。アとウが○である。イは，**労働組合法**の内容であり，×である。エは，休日に関して法律で決められているのは，「会社は毎週少なくとも1日，社員に休日を与えなければならない。」ということであり，×である。

4 (地理的分野―世界地理－人々のくらし，―日本地理－交通・人口，歴史的分野―日本史時代別－古墳時代から平安時代・安土桃山時代から江戸時代，―日本史テーマ別－政治史・文化史・法律

史，—世界史－社会史，公民的分野—基本的人権・経済一般)

1 (1) 障壁となるものを取り除くことで，生活しやすくしようという考え方を「**バリアフリー**」という。もともとは建築用語として，道路や建築物の入口の段差などを除去することを意味していたが，現在では，物理的な障壁以外に，社会的・制度的・心理的なバリアの除去という意味で用いられている。 (2) オーストラリアは，19世紀半ば以来，1960年代まで，白人以外の移住を制限する**白豪主義政策**をとっていたが，世界中から人種差別だと非難が寄せられ，1972年に廃止した。そのため，移民に占める中国人など**アジア出身者**の割合が大きくなり，2016年では，約44%となっている。現在のオーストラリアは，**アボリジニ**という先住民や多くの国からの移民も含め，様々な文化を互いに尊重し合う多文化社会を築こうとしている。 (3) ア **バスコ・ダ・ガマ**は，ポルトガル人の航海者・探検家であり，ポルトガル王の命を受けて，**東回り航路**をとり，アフリカ大陸の南端の**喜望峰**を回って，1498年に**インドに到達**した。15世紀末のことである。これにより，大量の**こしょう**がヨーロッパにもたらされるようになった。 イ 江戸や大阪に荷物を運ぶ，**東回り航路・西回り航路**が発達したのは，江戸幕府の4代将軍徳川家綱のときであり，17世紀のことである。 ウ モンゴル帝国や元が交通路を整えたのは，13世紀のことである。 エ 本州四国連絡橋の児島—坂出ルートが開通したのは，1988年のことである。したがって，年代の古い順に並べると，ウ→ア→イ→エとなる。 (4) 国会や政府及び地方公共団体が，その料金の決定や改定に直接関与する料金のことを，**公共料金**という。政府が認可する鉄道運賃・郵便料金，地方自治体が決定する公立学校授業料などがある。公共料金にあてはまるのは，アとオである。

2 (1) ア **法然**が，**比叡山延暦寺**で修行をしたのち，「**南無阿弥陀仏**」と唱えれば誰でも**極楽往生**できるという**浄土宗**を開いたのは1175年で，12世紀のことである。 イ **杉田玄白・前野良沢**らが『**ターヘル・アナトミア**』を翻訳し，『**解体新書**』を出版したのは1774年で，18世紀後期のことである。 エ **日本国憲法**が公布されたのは1946年であり，施行されたのは1947年のことであり，20世紀の半ばのことである。ア・イ・エのどれも時代が異なり，ウが正しい。**大老井伊直弼**によって行われた**安政の大獄**では，尊王攘夷を唱える大名・武士・公家などが処罰された。倒幕・維新で活躍する志士を多く輩出したのが長州の松下村塾であるが，松下村塾を開いた吉田松陰は，この安政の大獄の中で1859年に処刑された。ウの，吉田松陰が処刑されたのが，19世紀のできごとである。 (2) えは，**多産多死**の傾向が著しい富士山型の**人口ピラミッド**である。おは，第一次**ベビーブーム**と第二次ベビーブームのところが出っ張った，つりがね型の人口ピラミッドである。かは，**少子高齢化**が著しく進んだつぼ型の人口ピラミッドである。正しい組み合わせは，エである。

<国語解答>

一 (一) ウ　(二) (初め) 宝石み　(終わり) いる。　(三) エ　(四) ア　(五) ア

二 (一) ア　(二) たとい　(三) イ　(四) ウ　(五) (例) 昔の人と，今の人の笑いの感覚は似ている(ことが分かった。)

三 (一) エ　(二) イ　(三) メリットに気づいていない　(四) 仕事のやりがいを生んでいる　(五) ア　(六) オ→ウ→エ→イ→ア　(七) F 高い　G 低い

四 (一) (1) ウ　(2) イ　(二) (1) すんか　(2) つくろ(う)　(3) 報(われる)　(4) 増減　(三) エ

＜国語解説＞

一 (小説―情景・心情，内容吟味，指示語の問題)

(一)　「胃が締めつけられる」は，心配やストレスで胃痛がすることを表す「胃が痛い」の派生的表現。リード文に「**岳は，以前，晴美に歌が下手だと言って，泣かせてしまったことを気にかけている**」とある。このことをふまえたウが正解。アの怒りは的外れ。イとエは，岳は自分が合唱の練習に参加することを考えていないので，不適切である。

(二)　「こんな表現」は，「晴美の泣き顔を回想している場面」の表現である。【Ⅰ】から「**宝石みたいに綺麗な涙が，玉の汗の中で光っている。**」を抜き出し，初めと終わりの3字を書く。

(三)　「ハッとして」は，突然のことに驚く様子を表している。ここは，教室の外から中の様子をうかがっていた岳が**ソリパートの美しい音楽に驚く**場面なので，エが正解。アの「寂しくなった」，イの「うれしかった」は，「ハッとして」という表現と合わない。ウは，岳が驚いた理由を「時が過ぎたこと」としている点が不適切である。

(四)　傍線部③の直前に，「**バスケの練習をしているわけでもなく，合唱でひとつになりつつあるクラスの一員にもなれていない**」とある。岳は，部活にもクラスにも居場所がない自分の状態を情けなく思っているので，アが正解。イの「自分を励まそうとする気持ち」，エの「発奮する気持ち」のような前向きな気持ちはこの場面に合わない。ウの「合唱の練習に参加しようとあせる気持ち」は，教室から離れるという岳の行動と矛盾する。

(五)　【Ⅰ】は，**岳の心の中を丁寧に描いている**ので，アが正解。イの「季節の変化」は描かれていない。ウの「ユーモアのある言動」による「人間関係の変化」は書かれていない。内面が描かれているのは岳一人なので，「複数の登場人物の内面を詳細に描く」と説明するエは誤りである。

二 (古文―内容吟味，指示語の問題，仮名遣い，短文作成)

〈口語訳〉　ある世を離れた学僧の上人の部屋に，修行者がいつも来る。その中のある修行者が言うことには，「私は生まれてから，一切，怒ったことがありません」と言うのを(聞いて)，上人が言うことには，「人は『貪瞋痴』(＝貪りと怒りと無知)という三つの毒を備えている。たとえ浅い，深い，厚い，薄いということがあっても，お怒りにならないことはないでしょう。怒る機会に出会わなければ腹は立たないが，さもなければ腹は立つものとお思いにならないのか。聖人でいらっしゃれば，そうであっても不思議ではない。(しかし，あなたは)凡人でありながらこのようにおっしゃるのは，嘘だと思われる」と言うと，「私が怒らないと言うのなら，怒らないとお思いになっておけばよいじゃないですか。人をうそつき扱いなさるのは，どのようなお考えか」と，顔を赤くして，首をねじ曲げて怒ったので，「なんとまあ，本当に」と，けりをつけた。愚かなやりとりです。人の常として，自分の欠点はわからない。無言聖と同じようなものである。

(一)　ア「**上人**」は世を離れた学僧の上人であり，庵室の主人である。ウ「法師」とオ「人」はイ「修行者」が自分を指して言った言葉，エ「凡夫」は上人が修行者を指して言った言葉である。

(二)　「**ひ**」を「**い**」に直して「**たとい**」とする。

(三)　「さ」は修行者が言った「**生まれてより後，すべて腹を立て候はぬ**」という言葉を指しているので，この内容を現代語で説明したイが正解。

(四)　この挿話の「我が非」にあたる内容は，**修行者が「生まれてより後，すべて腹を立て候はぬ」と言いながらすぐに腹を立てた**ことなので，ウが適切である。ア・イ・エは，「非」の内容の説明が不適切であり，アとイは「我」を上人と解釈している点でも誤りである。

(五)　二重傍線部「昔の人の笑いの感覚は，今の人の笑いの感覚に似ているように笑っている」は，主部の「笑いの感覚は」と述部の「笑っている」が対応していない不適切な表現である。主部と述部の対応，15～20字という制限字数，後に続く表現に注意して，「**昔の人と，今の人の笑いの感覚は似ている**」(19字)，「昔の人の笑いの感覚は，今の人のに似ている」(20字)などと書く。

三 (論説文・話し合い―内容吟味，文脈把握，接続語の問題，脱文・脱語補充)

(一) Aは，前に筆者が考えたことを述べ，後にその考えの根拠を述べているので，「**なぜなら**」が入る。Bは，前に「気づかないのも無理」ないということを述べ，後に予想されることとは逆の「もう知ってしまった」ということを述べているので，逆接の「しかし」「**でも**」が入る。Cは，前の「裏口に気づ」くと後の「塀をよじのぼ」るなどの中からどれかを選ぶことを示すので，「または」「**あるいは**」が入る。したがって，このすべてを満たすエが正解となる。

(二) 【Ⅰ】は，「視点を変える」ことについて「難しい」「何度か繰り返さなければならない」と述べ，さらに「**視点をうまく変えることができれば，どんな問題でも解決の糸口が見つかる**はずなのです」と説明する。この内容と合致するイが正解。アは，視点を変える手段を「歴史上の哲学者の言葉を分析すること」に限定しているので不適切。ウは，空欄Bを含む段落に西洋で多くの人が学んでいるのは「視点を変える思考法」ではないことが書かれているので，誤り。エは，「人間の意識」の経験を「人間」の経験として説明している点が不適切である。

(三) 筆者は【Ⅰ】の前半で，人間が視点を変えようとしない理由として，「複雑な作業だからやりたくない」「怠け者」「**メリットに気づいていない**」の三つを挙げている。

(四) 【Ⅱ】で「めんどくさい」を肯定的に捉えている言葉としては「大事なもの」「うらやましい」もあるが，13字という条件があるので「**仕事のやりがいを生んでいる**」を抜き出す。

(五) 花子さんは，ここまでの一郎さん，明子さん，次郎さんの発言をふまえて発表のスライドの順番を確認しているので，「**話し合いの内容を整理する**」と説明するアが正解。イの「発言の根拠」は確認していない。ウの「話題の転換」，エの「目的を意識させる」は不適切な説明である。

(六) スライドの順序が，話し合いが進むにつれて変化していることに注意する。後半の明子さんの発言に注目すると，一番初めに「**宮崎駿さん**」(＝オ)，二番目に「**視点を変える良い点**」(＝ウ)，「**商人の視点の違い**」(＝エ)の順にスライドを示すことが分かる。また，その後の次郎さんの発言に「**視点を変える経験の積み重ね**(＝ア)を一番最後にもってくる」とあるので，その前に「**視点を変える難しさ**」(＝イ)を入れることになり，発表の順番はオ→ウ→エ→イ→アとなる。

(七) 【Ⅱ】で，他国の商人は「この山がもう少し**低いといいんですがね**」と言っているが，これを聞いた江州の商人は「十倍も**高くなってくれれば有難い**」と言っている。したがって，Fは「高い」，Gは「低い」が入る。

四 (漢文・知識―脱文・脱語補充，漢字の読み書き，熟語，書写)

(一) (1) 空欄に対応する訓読文は「忠言逆於耳」で，「耳」に**一点**，「逆」に**二点**がついており，「於」は読まないので，漢字を読む順序は「**忠言耳逆**」となる。これに送りがなをつけたウが正解。 (2) 「**利**」のへんは「禾」(のぎへん)で，行書で書くとイのようになる。アは「ネ」(しめすへん)，ウは「木」(きへん)，エは「米」(こめへん)を行書で書いたものである。

(二) (1) 「**寸暇**」は，ほんのちょっとのひまのこと。 (2) 「**繕う**」は，衣服などの破れやほつれを直すという意味。 (3) 「**報われる**」は，したことにふさわしい結果を得たときに用いる表現。 (4) 「**増減**」の「減」を形の似ている「滅」と間違えないように注意する。

(三) 「**握手**」は後の「手」が前の「握る」という**動作の対象**になっているので，エが適切である。

MEMO

大切なことはメモしておこうネ！

茨城県公立高等学校

2022年度

入試問題

2022年度

●くわしい解説……55ページ

＜数学＞　時間　50分　満点　100点

1　次の問いに答えなさい。

(1)　次の①～④の計算をしなさい。

①　$4-(-9)$　　　　　②　$\sqrt{6}\times\sqrt{3}-\sqrt{8}$

③　$6a^3b\times\dfrac{b}{3}\div 2a$　　　　　④　$\dfrac{x+6y}{3}+\dfrac{3x-4y}{2}$

(2)　2次方程式　$(x+3)(x-7)+21=0$　を解きなさい。

2　次の問いに答えなさい。

(1)　連立方程式 $\begin{cases} ax+by=-11 \\ bx-ay=-8 \end{cases}$ の解が $x=-6$，$y=1$ であるとき，a，b の値を求めなさい。

(2)　－3，－2，－1，1，2，3の数が一つずつ書かれた6枚のカードがある。その中から1枚のカードをひき，もとに戻し，再び1枚のカードをひく。1回目にひいたカードに書かれた数を a，2回目にひいたカードに書かれた数を b とする。

このとき，点（a，b）が関数 $y=\dfrac{6}{x}$ のグラフ上にある確率を求めなさい。

ただし，どのカードがひかれることも同様に確からしいとする。

(3)　ある洋品店では，ワイシャツを定価の3割引きで買うことができる割引券を配布している。割引券1枚につきワイシャツ1着だけが割引きされる。この割引券を3枚使って同じ定価のワイシャツを5着買ったところ，代金が8200円だった。このとき，ワイシャツ1着の定価を求めなさい。

ただし，消費税は考えないものとする。

(4)　右の図のように関数 $y=-x^2$ のグラフがある。このグラフ上の点で，x 座標が－1である点をA，x 座標が2である点をBとする。このとき，△OABの面積を求めなさい。

ただし，原点Oから点（1，0）までの距離と原点Oから点（0，1）までの距離は，それぞれ1㎝とする。

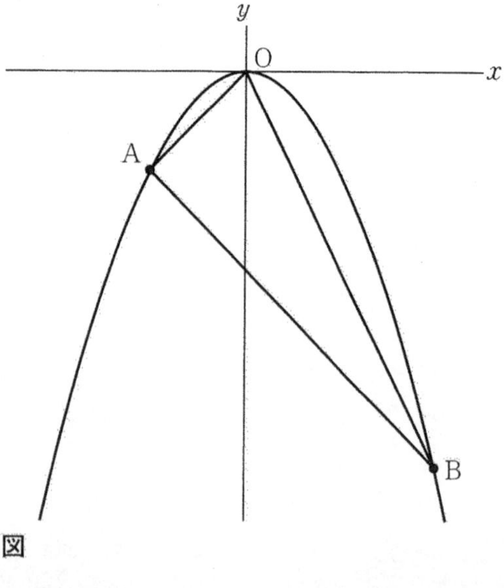

図

3　コンピュータの画面に，正方形ABCDと，頂点Bを中心とし，BAを半径とする円の一部分が表示されている。点Pは２点B，Cを除いた辺BC上を，点Qは２点C，Dを除いた辺CD上を，それぞれ動かすことができる。太郎さんと花子さんは，点P，Qを動かしながら，図形の性質や関係について調べている。

このとき，次の(1)～(3)の問いに答えなさい。

(1)　下の図１のように，線分AQと線分DPの交点をRとする。∠PDC＝∠QADであるとき，△DPC∽△DQRであることに太郎さんは気づき，下のように証明した。

$\boxed{a}$ ～ $\boxed{c}$ に当てはまるものを，〔　　〕の選択肢の中からそれぞれ一つ選んで，その記号を書きなさい。

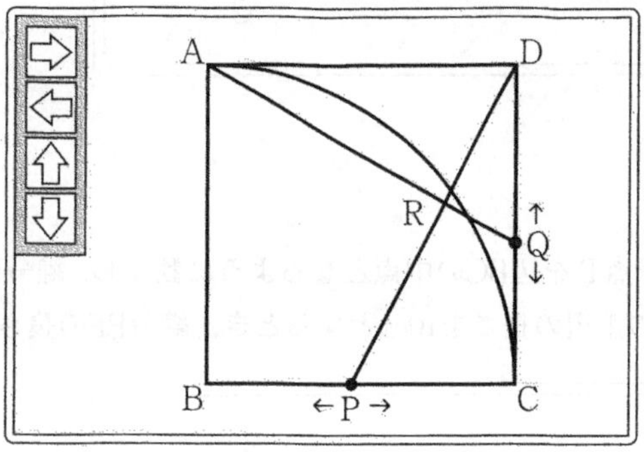

図１

（証明）　△DPCと△AQDにおいて，
仮定から，　∠PDC＝∠QAD　　…①
四角形ABCDは正方形だから，
DC＝AD　　…②
∠DCP＝∠ADQ＝90°　…③
①，②，③より，１組の辺とその両端の角がそれぞれ等しいので，
△DPC≡△AQD　　…④
また，△DPCと△DQRにおいて，
④より，合同な図形の対応する角は等しいので，
∠DPC＝∠ $\boxed{a}$　　…⑤
また，共通な角だから，
∠PDC＝∠ $\boxed{b}$　　…⑥
⑤，⑥より，$\boxed{\quad c \quad}$ ので，
△DPC∽△DQR

a，*b* の選択肢

ア	DQR	イ	QRD
ウ	QDR	エ	DCP
オ	ADP	カ	RAD

c の選択肢

ア　３組の辺の比がすべて等しい
イ　３組の辺がそれぞれ等しい
ウ　２組の辺の比が等しく，その間の角が等しい
エ　２組の角がそれぞれ等しい

(2)　次のページの図２のように，線分AQと弧ACとの交点をEとすると，点Qを動かしても∠AECの大きさは一定であることに花子さんは気がついた。∠AECの大きさを求めなさい。

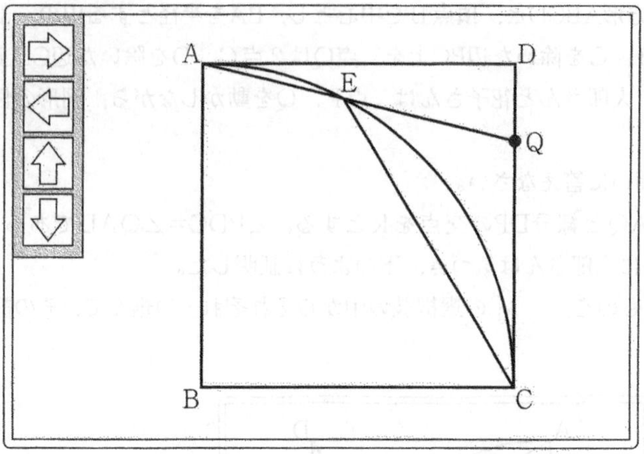

図２

(3)　下の図３のように，点Ｐを辺BCの中点となるように動かし，線分PDと弧ACとの交点をＦとする。正方形ABCDの１辺の長さを10㎝とするとき，線分PFの長さを求めなさい。

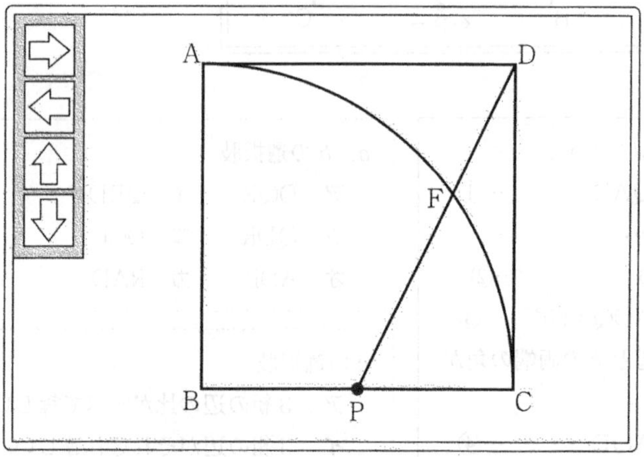

図３

4　Ｓ町では，2700ｍ離れた２地点Ａ，Ｂ間で，２台の無人自動運転バスＰ，Ｑの導入実験を行った。次のページの表は，バスＰ，Ｑの走行の規則についてまとめたものである。また，次のページの図は，地点Ａを出発してから x 分後の地点Ａからの距離を y ｍとして，x と y の関係をグラフに表したものである。

ただし，２地点Ａ，Ｂを結ぶ道路は直線とする。

このとき，次の(1)，(2)の問いに答えなさい。

(1)　①　バスＰが２回目に地点Ｂに到着した時刻を求めなさい。

②　バスＱの，地点Ｂに到着するまでの速さは分速何ｍか求めなさい。

(2)　２地点Ａ，Ｂを結ぶ道路上に地点Ｃがある。地点Ｃを，地点Ａに向かうバスＱが通過した８分後に，地点Ａに向かうバスＰが通過した。地点Ｃは地点Ｂから何ｍのところにあるか求めなさい。

表

バスＰ	午前 10 時に地点Ａを出発し、実験を終了するまで一定の速さで走行する。 ２地点Ａ、Ｂ間を片道９分で３往復する。 バスＱと同時に地点Ａに戻り、実験を終了する。
バスＱ	午前 10 時に地点Ａを出発し、地点Ｂまで一定の速さで走行する。 地点Ｂに到着後、７分間停車し、その間に速さの設定を変更する。 バスＰと同時に地点Ｂを出発し、地点Ａまで一定の速さで走行する。 バスＰと同時に地点Ａに戻り、実験を終了する。

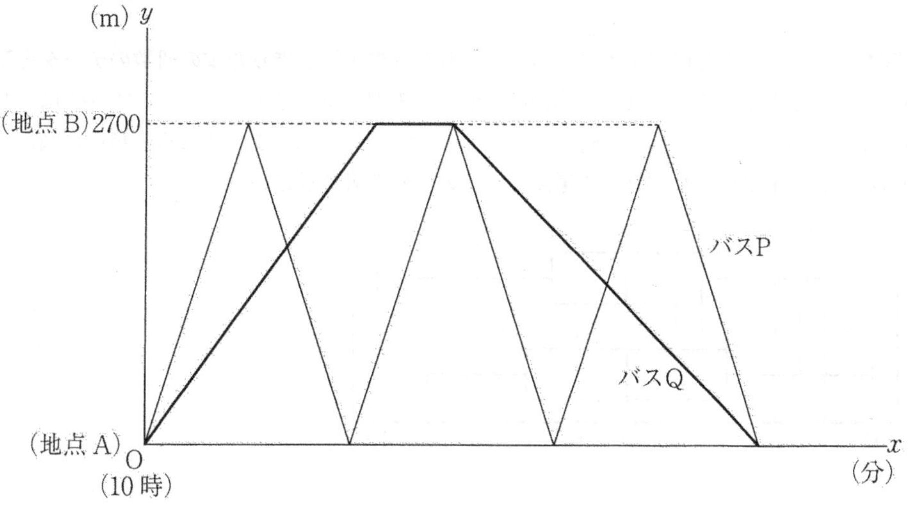

図

5　Ａ組，Ｂ組，Ｃ組の生徒について，６月の１か月間に図書館から借りた本の冊数を調査した。このとき，次の(1)，(2)の問いに答えなさい。

(1)　下の**図１**は，Ａ組20人について，それぞれの生徒が借りた本の冊数をまとめたものである。

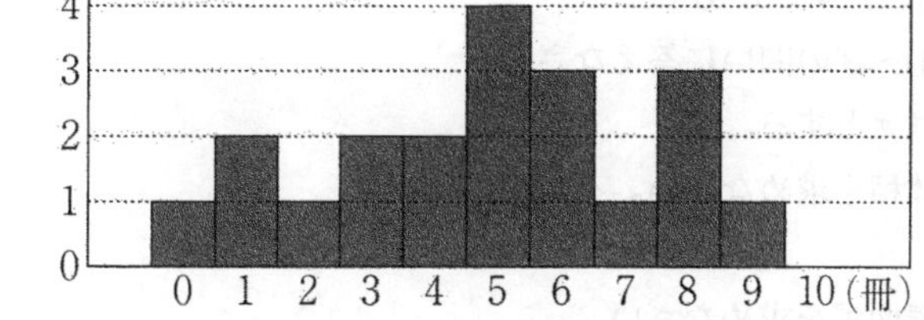

図１

① 本の冊数の平均値を求めなさい。

② **図１**に対応する箱ひげ図を，次の**ア**～**エ**の中から一つ選んで，その記号を書きなさい。

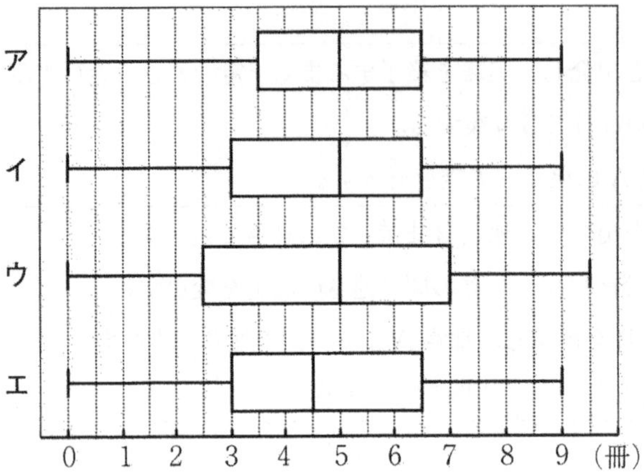

(2) 下の**図２**は，Ｂ組20人とＣ組20人について，それぞれの生徒が借りた本の冊数のデータを箱ひげ図に表したものである。これらの箱ひげ図から読み取れることとして，下の①～④は正しいといえるか。「**ア**　正しいといえる」,「**イ**　正しいといえない」,「**ウ**　これらの箱ひげ図からはわからない」の中からそれぞれ一つ選んで，その記号を書きなさい。

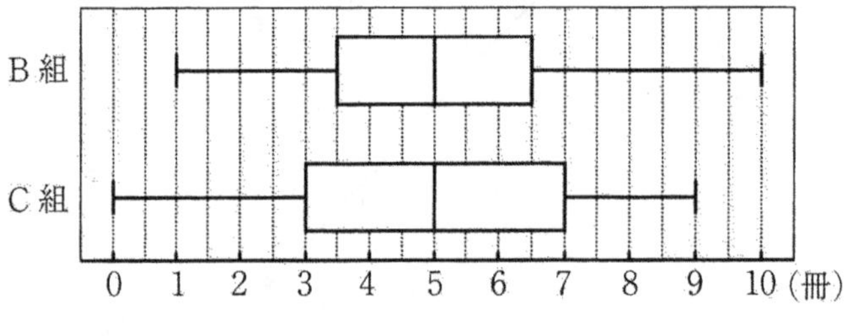

図２

① Ｂ組とＣ組の四分位範囲を比べるとＢ組の方が大きい。

② Ｂ組とＣ組の中央値は同じである。

③ Ｂ組もＣ組も，３冊以下の生徒が５人以上いる。

④ Ｂ組とＣ組の平均値は同じである。

6 右の**図１**のような，底面の半径が２cm，母線の長さが６cm，高さが$4\sqrt{2}$cm，頂点がＯの円すいがある。

このとき，次の(1)～(3)の問いに答えなさい。

ただし，円周率はπとする。

(1) この円すいの体積を求めなさい。

(2) この円すいの表面積を求めなさい。

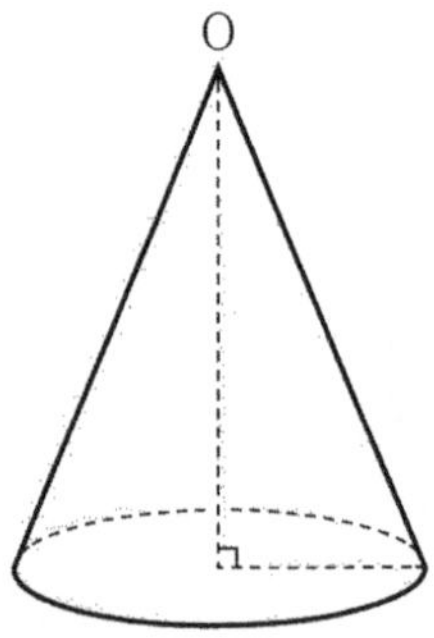

図１

(3)　下の**図２**のように，この円すいにおける底面の直径の一つをABとする。点Ｐは線分OA上の点でOP＝２㎝であり，点Ｑは線分OB上を動く点である。点Ｂから点Ｐを通るようにして点Ｑまでひもをかける。ひもの長さが最短となるように点Ｑをとるとき，そのひもの長さを求めなさい。

ただし，ひもの太さや伸び縮みは考えないものとする。

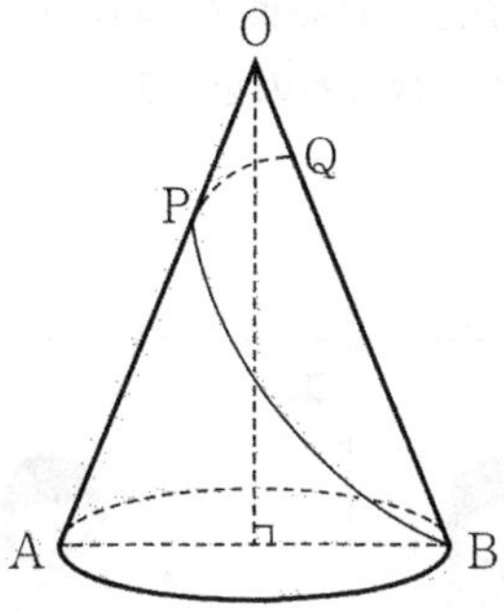

図２

＜英語＞

時間 50分 満点 100点

1 次の(1)～(4)は，放送による問題です。それぞれの放送の指示にしたがって答えなさい。

(1) これから，No. 1 から No. 5 まで，五つの英文を放送します。放送される英文を聞いて，その内容に合うものを選ぶ問題です。それぞれの英文の内容に最もよく合うものを，ア，イ，ウ，エの中から一つ選んで，その記号を書きなさい。

No. 1

No. 2

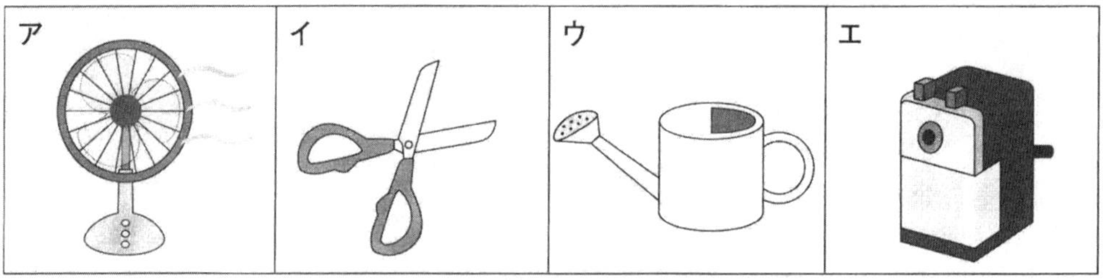

No. 3

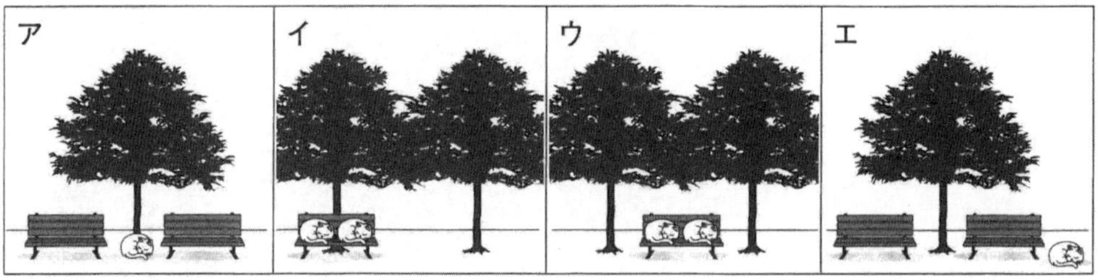

No. 4

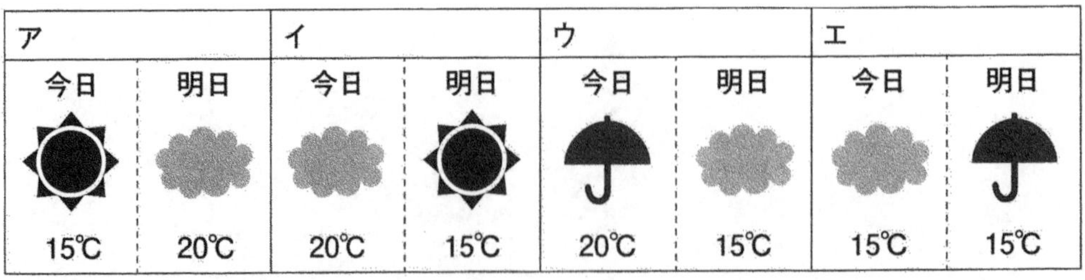

No. 5

ア
勉強のスケジュール

英語	8:00-10:00
数学	10:00-11:00

イ
勉強のスケジュール

英語	10:00-12:00
数学	12:00-13:00

ウ
勉強のスケジュール

英語	8:00-10:00
数学	10:00-13:00

エ
勉強のスケジュール

数学	10:00-12:00
英語	12:00-13:00

(2)　これから，No. 1 から No. 4 まで，四つの対話を放送します。それぞれの対話のあとで，その対話について一つずつ質問します。それぞれの質問に対して，最も適切な答えを，ア，イ，ウ，エの中から一つ選んで，その記号を書きなさい。

No. 1

ア　Yes, she did.　　イ　No, she didn't.

ウ　Yes, she has.　　エ　No, she hasn't.

No. 2

ア　He will learn how to make Japanese food.

イ　He will go to a Japanese restaurant.

ウ　He will make Japanese food for his friends.

エ　He will go back to America.

No. 3

ア　At 12:45.　　イ　At 12:50.　　ウ　At 1:15.　　エ　At 1:50.

No. 4

ア　The school festival will be held for three days.

イ　Lisa will have a dance contest in the gym.

ウ　The brass band concert will be held in the music hall.

エ　The brass band concert will be held only on Saturday.

(3)　これから，ジム（Jim）と店員との雑貨屋での対話を放送します。そのあとで，その内容について，Question No. 1 と Question No. 2 の二つの質問をします。それぞれの質問に対して，最も適切な答えを，ア，イ，ウ，エの中から一つ選んで，その記号を書きなさい。

No. 1

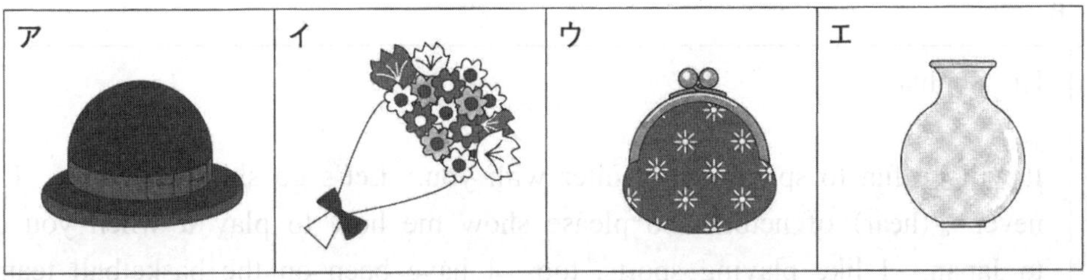

No. 2

ア　500yen.　　イ　1,500yen.　　ウ　2,000yen.　　エ　2,500yen.

(4) 英語の授業で，生徒たちがクラスメイトのメイ（Mei）のスピーチを聞いてメモを取っています。これからそのスピーチを放送します。その内容について，下の空欄①には数字を，空欄②，③にはスピーチで用いた英語の中から適切な語を１語ずつ書き，メモを完成させなさい。

スピーチを聞いたある生徒のメモ

Mr. Anderson: (　　①　　) years old
・takes a walk every morning
→ good for his (　　②　　)
・keeps our town (　　③　　)
Mei respects him very much!

これで，放送による聞き取りテストを終わります。続いて，問題２に進みなさい。

2 次のＡとＢの英文は，日本に住む高校生のモモコ（Momoko）と，モモコの家でホームステイをする予定のマレーシア（Malaysia）に住むソフィア（Sophia）がやりとりしたメールです。それぞれの英文を読んで，あとの(1)，(2)の問いに答えなさい。

Ａ

Hi, Momoko.

My name is Sophia, and I'm fifteen years old. It is always hot in Malaysia, but I learned that Japan has four ①(s　　). When I go to Japan next ②(D　　), I can enjoy winter in Japan, right? I hope I can go skiing with you.

In my school, I play sports ③(s　　) as tennis and *netball. I don't think netball is popular in Japan. Do you play any sports? I can't wait to meet you.

＊ netball　ネットボール（バスケットボールに似た球技）

Ｂ

Hi, Sophia.

It will be fun to spend next winter with you. Let's go skiing together. I have never ④(hear) of netball, so please show me how to play it when you come to Japan. I like playing sports, too. I have been on the basketball team for five years. Last month, ⑤(we) team won a tournament, and now we are practicing ⑥(hard) than before. I can't wait to play sports together.

(1)　Aの英文が完成するように，文中の①～③の（　）内に，最も適切な英語を，それぞれ1語ずつ書きなさい。なお，答えはすべて（　）内に示されている文字で書き始めるものとします。

(2)　Bの英文が完成するように，文中の④～⑥の（　）の中の語を，それぞれ1語で適切な形に直して書きなさい。

3　次の(1)，(2)の問いに答えなさい。

(1)　次の英文は，ふたば市（Futaba City）のウェブサイトの一部です。この記事が伝えている内容として最も適切なものを，下のア～エの中から一つ選んで，その記号を書きなさい。

Futaba City will start a *bike sharing service next spring! You can *rent a bike from 30 *parking lots in the city at any time. You don't have to return the bike to the same parking lot, and you only need one hundred yen to rent a bike for twenty-four hours. You can pay with your smartphone or *in cash. This bike sharing service will make your life in Futaba City easier.

* bike sharing service　貸し出し自転車サービス　rent ～　～を借りる
parking lot(s)　駐輪場　in cash　現金で

ア　People must rent and return bikes at the same place.
イ　The bike sharing service is good for the environment.
ウ　To use the bike sharing service, smartphones are necessary.
エ　In Futaba City, people can rent a bike when they like.

(2)　次の英文中の □ には，下のア～ウの三つの文が入ります。意味の通る英文になるように，ア～ウの文を並べかえて，記号で答えなさい。

People have tried to create new things to make life better. At the same time, they have been interested in the *natural world, and many scientists have been watching it *carefully. □ Scientists used this idea to make the Shinkansen go into *tunnels like those birds.

* natural　自然の　carefully　注意深く　tunnel(s)　トンネル

ア　Sometimes they get useful ideas from animals like birds.
イ　As a result, they have got a lot of new ideas from it
ウ　Some birds go into water with quiet movements.

4　高校生のシホ（Shiho）とクラスメイトのアナ（Anna）が，次のページのウェブサイトを見ながら話をしています。下の対話文を読んで，(1)，(2)の問いに答えなさい。

Anna : Hi, Shiho. What are you doing?
Shiho : I'm looking at Hibari Zoo's website. I will go there with my family. Do you want to come with us, Anna?
Anna : Yes! When will you go?
Shiho : (①)
Anna : Sorry, I have a piano lesson this Saturday until three in the afternoon at the City Hall.

Shiho : No problem. We'll go there in the evening. The tickets will be cheaper. Look at the website.

Anna : That's true. Then, each person can save (②) yen.

Shiho : Yes. Also, you should bring your [　　　]. If you don't show it when you buy a ticket, you can't get the student *discount.

Anna : Okay. Hey, (③)?

Shiho : My family and I will go there by car. *Do you want a ride?

Anna : Thank you, but I'll go *directly from the City Hall. It's *far from your house, right?

Shiho : Then you should take the bus... Look at this page. There is a *timetable.

Anna : There are two lines. Which line should I take?

Shiho : Hmm... If you take the Blue Line, you need 25 minutes to get to the zoo. If you take the Red Line, 35 minutes.

Anna : All right. Can we meet at the *entrance?

Shiho : Yes. How about meeting at four o'clock?

Anna : Then I'll take the bus (④).

Shiho : Anna, which event would you like to go to? They have four kinds of events.

Anna : Really? I like big animals, but I cannot pay a lot of money. I can use only 3,000 yen this week.

Shiho : Then how about (⑤)?

Anna : That sounds great! It will be fun.

* discount 割引　Do you want a ride? 乗っていく？　directly 直接　far 遠い
timetable 時刻表　entrance 入口

Hibari Zoo

Tickets

	8:30~16:00	16:00~21:00
Adults	2,000 yen	1,700 yen
High school and junior high school students ※	1,200 yen	900 yen
Elementary school students	1,000 yen	700 yen
Small children (4-6 years old)	600 yen	300 yen

※To get the student discount, please show your student card when you buy a ticket.

Event Time　◆You need to pay for some events.

Taking pictures with elephants	9:30	13:30	15:30	16:30	*Free
Playing with rabbits	11:00	14:30	16:00	17:30	Free
Giving food to pandas	10:00	12:00	14:00	16:30	3,000 yen
Walking with baby horses	13:00	15:00			500 yen

* Free 無料

Bus from City Hall to Hibari Zoo

	Blue Line	Red Line
08	25 40	30 55
09	25 40	30 55
14	25 40	30 55
15	25 40	30 55

(1) 対話中の（①）～（⑤）に入る最も適切なものを，ア～エの中から一つ選んで，その記号を書きなさい。

① ア Let's go next Sunday.　　イ How about this Saturday?
　 ウ When are you free?　　エ I haven't decided yet.

② ア 1,200　イ 900　ウ 800　エ 300

③ ア how many times have you been there　　イ who will go with you
　 ウ how can I get to the zoo　　エ when do you buy a ticket

④ ア at two forty　　イ at three twenty-five
　 ウ at three thirty　　エ at three fifty-five

⑤ ア "Taking pictures with elephants"　　イ "Playing with rabbits"
　 ウ "Giving food to pandas"　　エ "Walking with baby horses"

(2) 対話の流れに合うように，文中の □ に入る適切な英語を，対話文またはウェブサイトの中から２語で抜き出し，英文を完成させなさい。

5　下の英文は，高校生のミズキ（Mizuki）が書いたスピーチの原稿です。この英文を読んで，(1)～(5)の問いに答えなさい。

Hello, everyone. My name is Mizuki. Today, I would like to talk about the things I learned through *blind soccer.

When I was a junior high school student, I learned that our city was going to hold a big sports event. My mother said, "How about joining the event? It sounds interesting, right?" I thought so, too. In that event, people were going to have lessons and experience various sports. I wanted to play blind soccer because I was a member of the soccer team in junior high school. I asked my friend, Jun, to come with me.

The next weekend, Jun and I went to the event. We saw some famous players. [ア] When we arrived at the soccer field, Ms. Tanaka, a blind soccer player, was there. I was surprised because I often watched her games on TV before. [イ] When the lesson began, Jun and I were so nervous that we did not know what to do. However, she was friendly and said, "Don't worry. You will have fun."

When my eyes *were covered, I felt very scared. I felt I could not move or run on the field. I could hear the sound of the ball, but it was too difficult to know where the ball was. [ウ]

When the lesson ended, Ms. Tanaka told us that we should keep *covering our eyes and walk around outside the soccer field. She said, "You will learn more."

I wanted to buy something to eat, so Jun took off his *blindfold and took me to the shop. I had to go down the stairs and walk through the hallway which was full of people. I became tired but *discovered a lot of things. [エ]

I thought my life would be hard if I couldn't see *clearly. Then I asked Ms. Tanaka how I could help people who can't see clearly. She told me that I should just help them when they need help. She smiled and said, "You don't have to think too much. We are not the only people who need a *hand. You *ask for other people's help when you *are in trouble, right? For example, when you *get lost, you may ask someone to help you. All of us need help from other people."

*Thanks to her words, I feel that giving other people a hand is easier. We cannot live alone, and we *naturally help each other in our everyday lives. I learned this from experiencing blind soccer.

Thank you for listening.

* blind soccer ブラインドサッカー（視覚に障がいのある人のために考案された競技）
be covered おおわれる　cover ～ ～をおおう　blindfold 目かくし
discover ～ ～を発見する　clearly はっきりと　hand 助け，援助
ask for ～ ～を求める　be in trouble 困っている　get lost 道に迷う
Thanks to ～ ～のおかげで　naturally 自然なこととして

(1) 本文の内容に合う文を，次のア～クの中から三つ選んで，その記号を書きなさい。

ア The sports event sounded interesting to Mizuki, and he joined the event with a friend.
イ Jun told Mizuki to take part in the sports event.
ウ Mizuki knew nothing about Ms. Tanaka before he went to the event.
エ Mizuki and Jun were nervous but Ms. Tanaka gave them kind words.
オ Mizuki knew where the ball was because he could hear the sound.
カ When Mizuki went to the shop, his eyes were covered.
キ Ms. Tanaka asked Mizuki to help people because they often get lost.
ク Mizuki decided to be a famous soccer player like Ms. Tanaka.

(2) 次の文は，文中の [ア] ～ [エ] のどこに入るのが最も適切か，記号で答えなさい。

We got very excited to see them.

(3) 次の①，②がそれぞれ質問と答えの適切な組み合わせとなるように，（　）内に本文中から連続する英語を抜き出して書きなさい。ただし，それぞれ【　】で指定された語数で答えること。

① Why did Mizuki want to play blind soccer at the sports event?
Because he was (　　　　　　) in junior high school.【6語】

② How does Mizuki feel after listening to Ms. Tanaka's words?
He feels that (　　　　　　　　　　). 【7語】

(4) 次の英文はミズキのスピーチを聞いた生徒が書いたものです。(①) ～ (③) に入る最も適切な英語を，下のア～エの中から一つ選んで，その記号を書きなさい。

I think Mizuki had a great experience. I have never played blind soccer. However, I can imagine it would be hard to play soccer if (①). Mizuki met Ms. Tanaka at the sports event and learned some important things. After this experience, he thought that he wanted to (②). I agree with Ms. Tanaka's idea. She said (③), so we should support each other in our everyday lives.

① ア my eyes were covered　　イ we didn't have time to practice
ウ many people were watching me　　エ I couldn't hear anything

② ア play blind soccer more　　イ learn how to teach soccer
ウ go to the sport event again　　エ help people in trouble

③ ア everyone should help people who get lost
イ everyone should learn more about blind soccer
ウ everyone needs someone's help
エ everyone needs soccer players' help

(5) このスピーチのタイトルとして最も適切なものを，ア～エの中から一つ選んで，その記号を書きなさい。

ア Making friends at the sports event
イ Let's learn how to play blind soccer
ウ An exciting life of a famous soccer player
エ There is something we can do for others

6 サトル (Satoru) と留学生のアイシャ (Aisha)，フェイロン (Fei Long) の3人が，休日にあおい町 (Aoi Town) に出かける話をしています。下の二つのポスターを見ながら，会話の流れに合うように，①～④の ( ) 内の英語を並べかえて，記号で答えなさい。ただし，それぞれ**不要な語（句）が一つずつ**あり，文頭に来る語（句）も小文字で示されています。

Aoi Art Museum	Aoi Science Museum
【場所】　あおい駅から歩いて5分 【今月の特別企画】 ＊有名漫画家の原画を展示 ＊地元ゆかりの画家による絵画作品を郷土史とともに紹介	【場所】　あおい駅から歩いて20分 【今月の特別企画】 ＊サイエンスショー「エネルギー問題について考える」(世界の現状を3D映像で) ＊写真展「海の不思議」 (世界で活躍する写真家の作品を展示)

Satoru : Please look at the posters. We will go to Aoi Station by train, then walk to one of the museums. ①(ア how　イ want to　ウ you

エ which museum　オ do　カ visit)? Aisha, you like the Aoi Art Muscum, right?

Aisha : Yes, because ②(ア famous cartoonists　イ taken　ウ many pictures　エ by　オ there are　カ drawn) in this museum.

Fei Long : I see. Actually, my idea is different. I am interested in the science museum.

Satoru : Why?

Fei Long : Because we can learn many things about ③(ア that　イ have to　ウ the amazing ocean　エ energy problems　オ solve　カ we).

Aisha : But we can learn many things in the art museum, too. For example, the history of Aoi Town... Oh, also, ④(ア takes　イ to walk　ウ it　エ only 5 minutes　オ only 20 minutes　カ from) Aoi Station to the museum.

Satoru : Umm... It's very hard to decide.

＜理科＞

時間　50分　　満点　100点

1　次の(1)～(8)の問いに答えなさい。

(1)　家庭用のコンセントの電源には交流が使われており，スマートフォンなどの充電器は，交流を直流に変換している。交流の説明として正しいものを，次の**ア**～**エ**の中から一つ選んで，その記号を書きなさい。

ア　電流の流れる向きが周期的に入れかわる。　**イ**　乾電池につないだ回路に流れる。

ウ　電圧の大きさは常に100Ｖである。　**エ**　ＤＣと表現することがある。

(2)　次の文は，ある気体の性質について説明したものである。これに当てはまる気体を，下の**ア**～**エ**の中から一つ選んで，その記号を書きなさい。

この気体は肥料の原料やガス冷蔵庫などの冷却剤として用いられている。また，無色で特有の刺激臭があり，水にひじょうに溶けやすい性質がある。

ア　酸素　**イ**　二酸化炭素　**ウ**　水素　**エ**　アンモニア

(3)　図は，アサガオの写真である。アサガオの特徴を説明した次の文中の［あ］，［い］に当てはまる語句の組み合わせとして最も適当なものを，下の**ア**～**エ**の中から一つ選んで，その記号を書きなさい。

アサガオは双子葉類であり，維管束は［あ］おり，葉脈は［い］脈になっている。

図

	あ	い
ア	輪状に並んで	網状
イ	輪状に並んで	平行
ウ	ばらばらに分布して	網状
エ	ばらばらに分布して	平行

(4)　図は，ある季節の典型的な天気図である。図のような気圧配置を特徴とする季節の茨城県の天気の説明として最も適当なものを，次の**ア**～**エ**の中から一つ選んで，その記号を書きなさい。

ア　幅の広い帯状の雲が東西に停滞し，長雨となる。

イ　高温で湿度が高く，蒸し暑い晴天の日が続く。

ウ　移動性高気圧が次々にやってきて，４～６日くらいの周期で天気が変わる。

エ　かわいた晴天の日が続く。

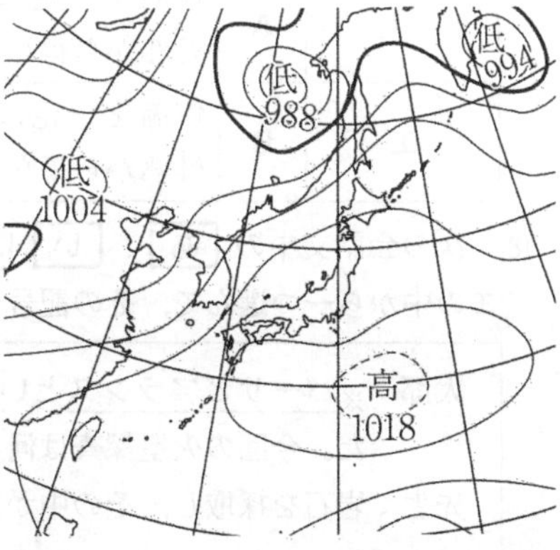

図　（気象庁の資料により作成）

(5) 動滑車を使った仕事の説明として最も適当なものを，次の**ア**～**エ**の中から一つ選んで，その記号を書きなさい。ただし，動滑車とひも（糸）の質量は考えないものとする。

ア 物体を動かすのに必要な力を小さくすることができるが，力を加える距離は長くなる。つまり物体に対する仕事の大きさは変わらない。

イ 物体を動かすのに必要な力を小さくすることができ，力を加える距離も短くなる。つまり物体に対する仕事の大きさは小さくなる。

ウ 物体を動かすのに必要な力を小さくすることはできないが，力を加える距離は短くなる。つまり物体に対する仕事の大きさは小さくなる。

エ 物体を動かすのに必要な力を小さくすることはできず，力を加える距離も短くならない。つまり物体に対する仕事の大きさは変わらない。

(6) 原子を構成する粒子である，陽子，中性子，電子についての説明として正しいものを，次の**ア**～**エ**の中から**すべて**選んで，その記号を書きなさい。なお，正しいものがない場合は，**なし**と書きなさい。

ア 原子核は陽子と電子からできている。

イ 1個の原子がもつ陽子の数と電子の数は等しい。

ウ 同じ元素で中性子の数が異なる原子が存在する場合がある。

エ 陽子は負の電気をもつ。

(7) 図中のA，Bは，スズメとトカゲのいずれかの生物の体温と外界の温度の関係を示したものである。次の文中の あ ，い に当てはまる記号と語句の組み合わせとして最も適当なものを，下の**ア**～**エ**の中から一つ選んで，その記号を書きなさい。

トカゲの体温と外界の温度の関係を示しているのは，図中の あ であり，トカゲは い 。

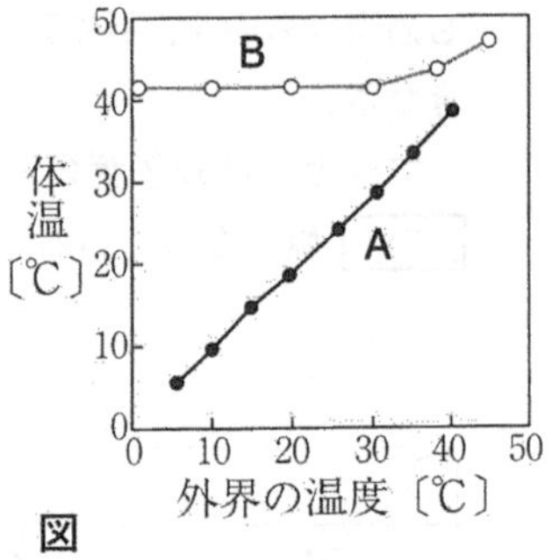

図

	あ	い
ア	A	外界の温度が変わっても、体温を一定に保つことができるしくみをもつ
イ	B	外界の温度が変わっても、体温を一定に保つことができるしくみをもつ
ウ	A	体温を一定に保つしくみがないため、外界の温度が下がったときは、外部から得られる熱でできるだけ体温を保とうとする
エ	B	体温を一定に保つしくみがないため、外界の温度が下がったときは、外部から得られる熱でできるだけ体温を保とうとする

(8) 次の会話文中の あ ，い に当てはまる語の組み合わせとして正しいものを，後の**ア**～**エ**の中から一つ選んで，その記号を書きなさい。

太郎：※パーサビアランスという火星探査車が火星に着陸したというニュースを見ました。今回の火星探査は何を調べるために行われているのでしょうか。

先生：岩石を採取し，その中から生物の痕跡《こんせき》を探し出すことだそうです。

太郎：火星は岩石でできているということなのですか。

先生：そうですね。密度が大きいことから，火星は［あ］に分けられていますね。火星の大気の主な成分を覚えていますか。

太郎：火星の大気はほとんどが［い］だと授業で学習しました。

先生：今回の火星探査では，大気の［い］から酸素を作り出す実験も行われるそうです。将来の有人火星探査や火星への移住に役立てられるかもしれませんね。

※　2020年７月に打ち上げられた，火星の地質や環境などを調べる装置を備えた車

	あ	い
ア	地球型惑星	メタン
イ	地球型惑星	二酸化炭素
ウ	木星型惑星	メタン
エ	木星型惑星	二酸化炭素

2　太郎さんと花子さんは科学イベントに参加し，音の速さを調べる実験を行った。次の花子さんのノートについて，あとの(1)～(4)の問いに答えなさい。

花子さんのノート

【課題】

空気中を伝わる音の速さを調べる。

【方法】

図１

❶　図１のように，20m間隔で86人が１列に並び，1.7㎞の距離で実験を行う。

❷　列の最後尾の人が音を出す係になる。
以下の振動数の異なる三つの音を使用する。

音	シンバルの音	人の声	ビッグホーン（警音器）の音
			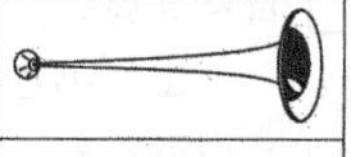
振動数	4000Hz	1000Hz	185Hz

図２

❸　図２のように，並んでいる人は，音が聞こえたら旗をあげる。

❹　並んでいる人以外は，先頭や最後尾付近から旗のあがるようすを観察する。
また，旗のあがるようすを離れた場所から撮影して確認する。

❺　音を出し，音が聞こえる最大の到達距離とその地点までの到達時間を測定する。

❻　到達距離と到達時間をもとに，音の伝わる速さを求める。

※太郎さんは旗をあげる係で，私は旗があがるようすを確認する係になった。

【結果】

表

	到達距離〔m〕	到達時間〔s〕	音の伝わる速さ〔m/s〕
シンバルの音	980	2.89	339
人の声	1180	3.46	341
ビッグホーン(警音器)の音	1700	5.03	338

(気温 15℃、風速 5 m/s)

・音が鳴ると，後ろの人から順番に旗をあげていくようすが見られたので，a 音が伝わるようすが見てわかった。

・私が観察していた場所では，太郎さんが旗をあげたようすが見えた後に，音が聞こえてきた。

・音が聞こえたら旗をあげる係の太郎さんは，b 最初に音を聞いた後，遅れてもう一度音を聞いた。

【考察】

・教科書には，気混が15℃の時，音が空気中を伝わる速さは，約340m/s であることが書いてある。今回の実験では，例えばシンバルを使用したときの結果は339m/s で，340m/s と比べると誤差が0.3%となり，他の音も含めて教科書の値と近い値になった。

・今回の実験は図３のように，人の列と平行で等しい距離に壁がある場所で行われた。太郎さんの位置で再び音が聞こえたのは，壁からの反射があったからだと考えられる。

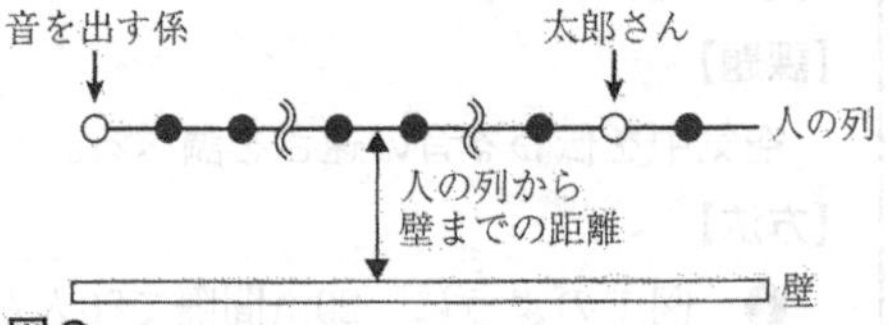

図３

(1) 方法❷での振動数について述べた次の文中の □ に当てはまる語として最も適当なものを，下のア～エの中から一つ選んで，その記号を書きなさい。

シンバルの音と人の声の振動数を比較すると，シンバルの音の振動数の方が大きいため，人の声よりシンバルの音の方が □ 音になる。

ア 高い　イ 低い　ウ 大きい　エ 小さい

(2) この実験について述べた文として正しいものを，次のア～エの中からすべて選んで，その記号を書きなさい。なお，正しいものがない場合は，なしと書きなさい。

ア 音の伝わる速さは，到達距離を到達時間で割ることで求めることができる。

イ シンバルの音は到達時間が最も短いため，同じ位置にいる人に伝える場合，シンバルの音の方が人の声よりも速く伝わる。

ウ ビッグホーン（警音器）の音の到達距離は最も大きいため，同じ位置にいる人に伝える場合，ビッグホーンの音の方が人の声よりも速く伝わる。

エ 音が空気中を伝わる速さは，光が空気中を伝わる速さと比べると遅い。

(3) 下線部 a について，ビッグホーンから出て空気中を伝わる音の，ある時点における，波のようす（A）と伝わり方をばねで表したようす（B）はどのようになるか。A，B の組み合わせとして最も適当なものを，次のア～エの中から一つ選んで，その記号を書きなさい。ただし，Aの図中の点は空気の粒を表している。

ア

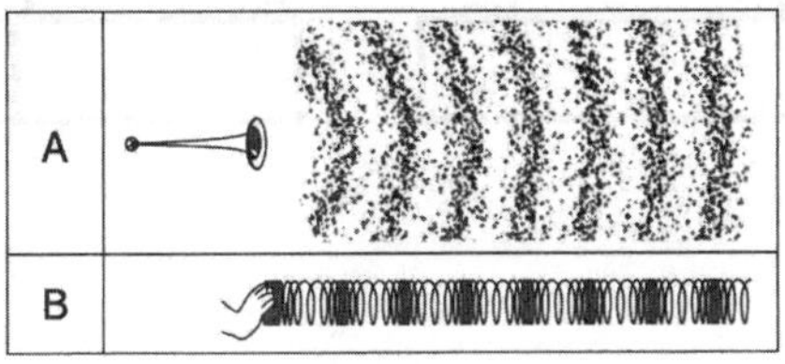

イ

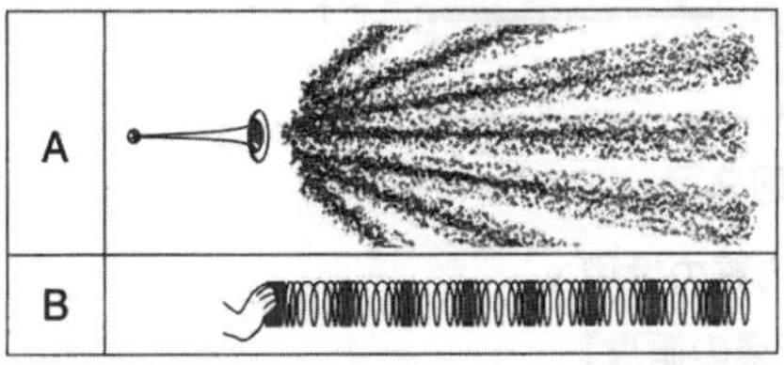

ウ

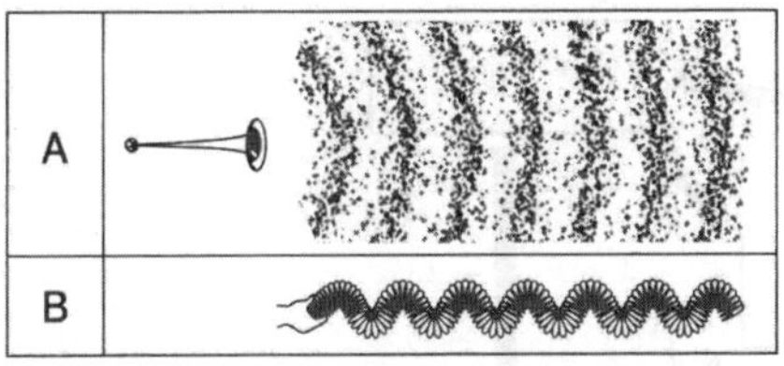

エ

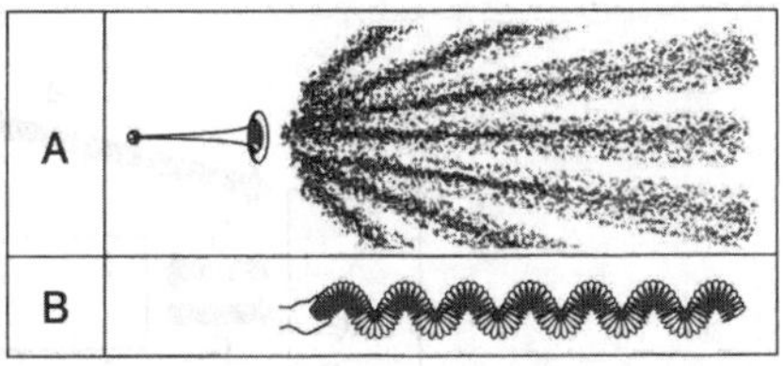

(4) 下線部bについて，花子さんは，太郎さんが遅れてもう一度聞いた音は図3の壁で反射したものだと考えた。太郎さんは，音を出してから1秒後に直接伝わった音を聞き，音を出してから2秒後に反射した音を聞いた。このときの人の列から壁までの距離は何mと考えられるか。最も適当なものを，次のア～カの中から一つ選んで，その記号を書きなさい。ただし，空気中を伝わる音の速さは340m/sとし，音が反射した場合の進み方は，光の反射と同様に入射角と反射角は等しくなるものとする。

ア　128m　　イ　255m　　ウ　$170\sqrt{3}$m　　エ　340m　　オ　$340\sqrt{3}$m　　カ　680m

3　太郎さんと花子さんは理科の授業で生態系について学んだ後，放課後に太郎さんがまとめたノートを見返しながら振り返りを行った。あとの(1)～(4)の問いに答えなさい。

太郎さんのノートの一部

≪生態系≫

【生物どうしの関係】

自然界では生態系の中でさまざまな生物（生産者，消費者，分解者）が互いに関わり合いながら生きている。

【生物の数量的な関係】

ある生態系で，植物（Ⅰ），草食動物（Ⅱ），肉食動物（Ⅲ）の数量的関係を模式的に表すと図1のようなピラミッド形になる。

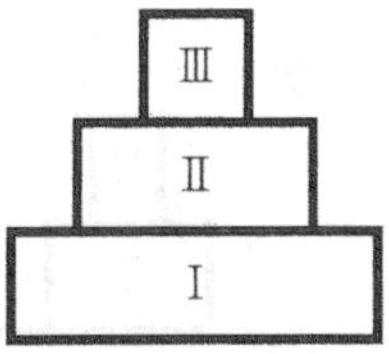

図1

【生物の数量変化の例】

ある生態系で，次のページの図2のAのように草食動物（Ⅱ）が減少すると，B⇨C⇨Dの順に数量が変化し，最終的には図1のつり合いのとれたもとの状態にもどる。ただし，図2中のそれぞれの点線は，図1で示した生物の数量的関係のつり合いがとれた状態を表している。

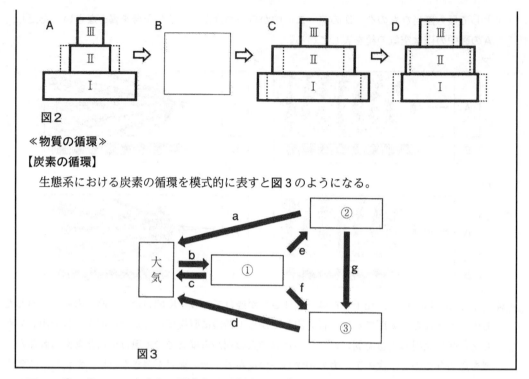

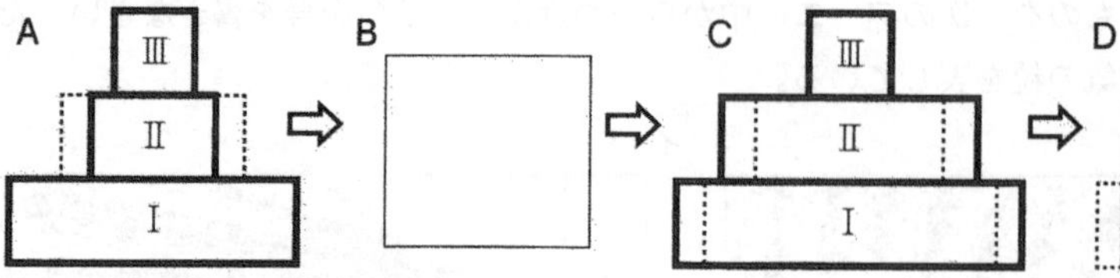

図２

≪物質の循環≫

【炭素の循環】

生態系における炭素の循環を模式的に表すと図３のようになる。

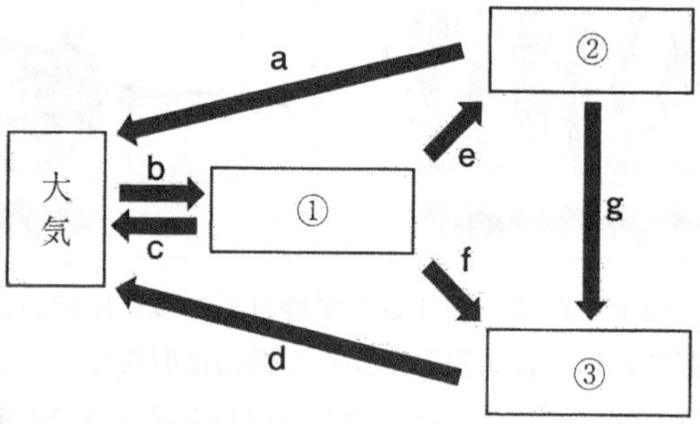

図３

※図３の①～③には，生産者，消費者，分解者のいずれかが入る。

(1)　生態系における生産者・消費者と生物の組み合わせとして最も適当なものを，次のア～エの中から一つ選んで，その記号を書きなさい。

ア　ダンゴムシ，ミミズ，トビムシ，シイタケのすべてが生産者である。

イ　ダンゴムシは消費者，ミミズ，トビムシ，シイタケは生産者である。

ウ　ダンゴムシ，ミミズ，トビムシは消費者，シイタケは生産者である。

エ　ダンゴムシ，ミミズ，トビムシ，シイタケのすべてが消費者である。

(2)　図２中のＢに当てはまる図として最も適当なものを，次のア～エの中から一つ選んで，その記号を書きなさい。

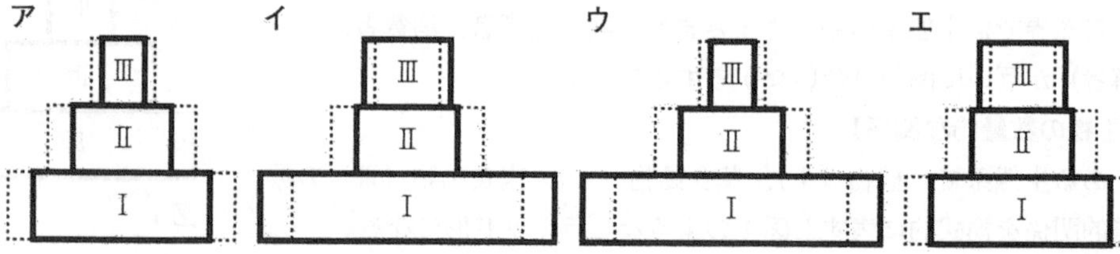

(3)　図３の矢印のうち，有機物の流れを表す矢印の組み合わせとして最も適当なものを，次のア～クの中から一つ選んで，その記号を書きなさい。

ア　a，d　　　　　　**イ**　b，c

ウ　a，d，g　　　　**エ**　e，f，g

オ　a，b，c，d　　**カ**　b，c，e，f

キ　a，d，e，f，g　**ク**　a，b，c，d，e，f，g

(4)　次の太郎さんと花子さんの会話文中の あ ～ う に当てはまるものの組み合わせとして最も適当なものを，下の**ア**～**ク**の中から一つ選んで，その記号を書きなさい。ただし， あ には図３中の①～③が， い には生産者であることを示すはたらきが， う には図３中のａ～ｄが入るものとする。

> 太郎：生態系の授業の内容を振り返ろうと思ってノートにまとめてみたよ。
> 花子：私は，**図３**の炭素の循環がよくわからないのだけれど，生産者は あ でいいのかな。
> 太郎：そうだね。 あ のところには，大気との間に い を表す矢印 う があるから生産者を表しているね。
> 花子：そうか，そのように考えればいいんだね。ありがとう。

	あ	い	う
ア	①	呼吸	b
イ	①	光合成	b
ウ	①	呼吸	c
エ	①	光合成	c
オ	②	呼吸	a
カ	②	光合成	a
キ	③	呼吸	d
ク	③	光合成	d

4　太郎さんは，ある地域の地層について調べ，ノートにまとめた。**図１**はボーリング調査が行われた**地点Ａ**，**Ｂ**，**Ｃ**，**Ｄ**とその標高を示す地図である。**図２**は，**地点Ａ**，**Ｂ**，**Ｃ**，**Ｄ**でのボーリング試料を用いて作成した柱状図である。

この地域では，断層やしゅう曲，地層の上下の逆転はなく，地層はある一定の方向に傾いている。また，各地点で見られる凝灰岩《ぎょうかいがん》の層は同一のものである。次のページの(1)～(4)の問いに答えなさい。ただし，地図上で**地点Ａ**，**Ｂ**，**Ｃ**，**Ｄ**を結んだ図形は正方形で，**地点Ｂ**から見た**地点Ａ**は真北の方向にある。

太郎さんのノートの一部

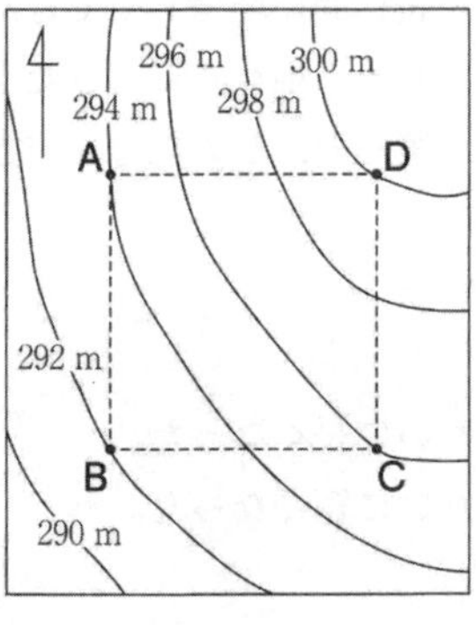

図１

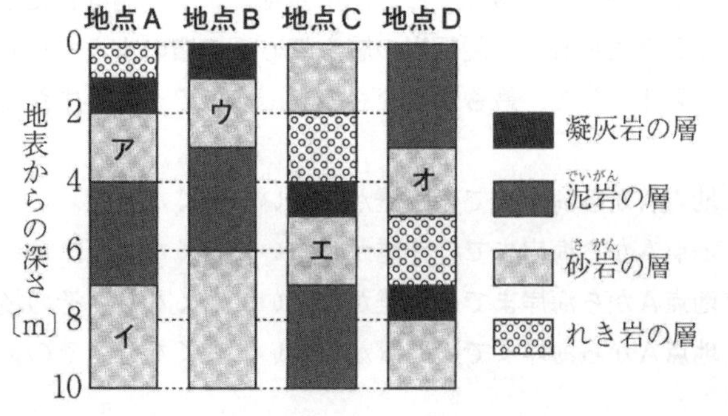

図２

(1) 地点Dの泥岩の層から，ビカリアの化石が発見されたことから，この地層は新生代に堆積《たいせき》したことが推定される。次の文の [あ]，[い] に当てはまる語の組み合わせとして最も適当なものを，下のア～エの中から一つ選んで，その記号を書きなさい。

地層の堆積した年代を推定できる化石を [あ] といい，ビカリアのほかに，新生代に堆積したことが推定できる化石には [い] がある。

	あ	い
ア	示相化石	アンモナイト
イ	示相化石	ナウマンゾウ
ウ	示準化石	アンモナイト
エ	示準化石	ナウマンゾウ

(2) 図2のア，イ，ウ，エ，オの砂岩の地層のうち，堆積した時代が最も新しいものはどれか。最も適当なものを，図2のア～オの中から一つ選んで，その記号を書きなさい。

(3) 太郎さんはこの地域の地層は南に傾いていると予想した。その理由を説明した次の文中の [　　] に当てはまる値として，最も適当なものを，下のア～エの中から一つ選んで，その記号を書きなさい。

【南北方向について】

地点Aと地点Bにおいて，「凝灰岩の層の地表からの深さ」を比較すると，地点Aでは地点Bよりも1m深いが，「地表の標高」は地点Aが地点Bよりも2m高いので，「凝灰岩の層の標高」は地点Aが地点Bよりも1m高い。地点Dと地点Cにおいても同様に，「凝灰岩の層の標高」は地点Dが地点Cよりも1m高い。よって，地層は南が低くなるように傾いている。

【東西方向について】

地点Aと地点Dにおいて，「地表の標高」から「凝灰岩の層の地表からの深さ」を差し引くことで，それぞれの凝灰岩の層の標高を求めると，地点A，地点Dともに [　　] mとなった。よって，東西方向の傾きはないことがわかった。地点Bと地点Cも同様に，東西方向の傾きはなかった。

【まとめ】

南北方向，東西方向の二つの結果から，この地域の地層は南に傾いていると予想した。

ア 290～291　イ 291～292　ウ 292～293　エ 293～294

(4) 地点Aでは，凝灰岩の層の下に，砂岩，泥岩，砂岩の層が下から順に重なっている。これらは，地点Aが海底にあったとき，川の水によって運ばれた土砂が長い間に堆積してできたものであると考えられる。凝灰岩の層よりも下の層のようすをもとにして，地点Aに起きたと考えられる変化として，最も適当なものを，次のア～エの中から一つ選んで，その記号を書きなさい。

ア 地点Aから海岸までの距離がしだいに短くなった。

イ 地点Aから海岸までの距離がしだいに長くなった。

ウ 地点Aから海岸までの距離がしだいに短くなり，その後しだいに長くなった。

エ 地点Aから海岸までの距離がしだいに長くなり，その後しだいに短くなった。

5　花子さんは石灰石の主成分である炭酸カルシウム（$CaCO_3$）と，うすい塩酸が反応するときの質量の関係を調べるため，次のような実験を行い，ノートにまとめた。下の(1)～(5)の問いに答えなさい。

花子さんのノートの一部

【方法】

❶　炭酸カルシウムを2.00 g，4.00 g，6.00 g，8.00 g，10.00 gずつはかりとる。

❷　❶ではかりとった炭酸カルシウムを，それぞれ図のようにうすい塩酸20.00 gに加え，反応させる。

❸　反応が終了したら質量を測定し記録する。

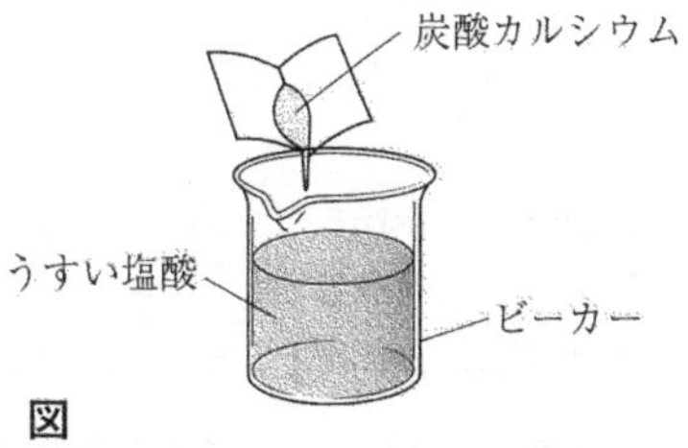

図

【化学反応式】

$CaCO_3$ ＋ [あ] HCl → [い] ＋ H_2O ＋ CO_2

【結果】

炭酸カルシウムの質量〔g〕	2.00	4.00	6.00	8.00	10.00
反応後の質量〔g〕	21.12	22.24	23.58	25.58	27.58

※反応後の質量は，ビーカーの質量を差し引いた値

(1)　[あ] に当てはまる数値を書きなさい。また，[い] に当てはまる化学式として最も適当なものを，次の**ア**～**エ**の中から一つ選んで，その記号を書きなさい。

ア　CaCl　　**イ**　$CaCl_2$　　**ウ**　CaHCl　　**エ**　Ca_2Cl

(2)　この実験では，反応前後の質量を比較することで，二酸化炭素の発生量を求めることができる。これは化学変化におけるある法則を利用しているからである。この法則の説明として最も適当なものを，次の**ア**～**エ**の中から一つ選んで，その記号を書きなさい。

ア　化学変化の前後で，化学変化に関係する物質全体の質量は変化しない。

イ　物質が化合するとき，それに関係する物質の質量の比は変化する。

ウ　化学変化の後，化学変化に関係する物質全体の質量は増加する。

エ　化学変化の後，化学変化に関係する物質全体の質量は減少する。

(3)　この実験で用いたうすい塩酸20.00 gに，炭酸カルシウムは何gまで反応すると考えられるか。次のページの方眼紙にグラフを書いて数値を求め，最も適当なものを，次の**ア**～**オ**の中から一つ選んで，その記号を書きなさい。

ア　4.00 g

イ　4.50 g

ウ　5.00 g

エ　5.50 g

オ　6.00 g

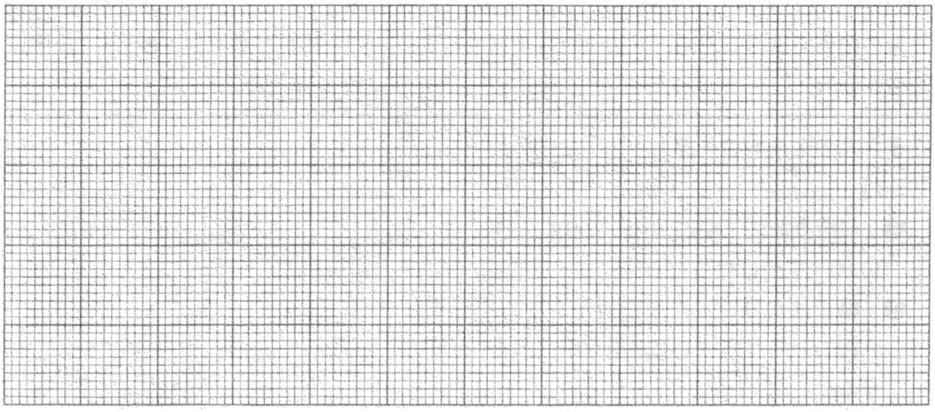

(4) 実験の結果から，どのように考察することができるか。次の文中の [う] と [え] に当てはまる語句の組み合わせとして，最も適当なものを，下の**ア**～**カ**の中から一つ選んで，その記号を書きなさい。

> 実験の結果，ある質量以上の炭酸カルシウムをうすい塩酸に加えると，反応せず残った炭酸カルシウムが見られた。これは，うすい塩酸の量に対して炭酸カルシウムの量が [う] と考えられる。反応せず残った炭酸カルシウムが見られる場合は，加える炭酸カルシウムの質量が [え] と考えられる。

	う	え
ア	過剰になったため	増加すると、発生する二酸化炭素の質量も増加する
イ	過剰になったため	増加しても、発生する二酸化炭素の質量は変わらない
ウ	過剰になったため	増加すると、発生する二酸化炭素の質量は減少する
エ	不足したため	増加すると、発生する二酸化炭素の質量も増加する
オ	不足したため	増加しても、発生する二酸化炭素の質量は変わらない
カ	不足したため	増加すると、発生する二酸化炭素の質量は減少する

(5) 花子さんは今回の実験で炭酸カルシウムとうすい塩酸を用いて二酸化炭素を発生させた。同様に二酸化炭素が発生するものを，次の**ア**～**キ**の中から**すべて**選んで，その記号を書きなさい。

ア　メタンを空気中で燃焼させる。
イ　塩化銅水溶液を電気分解する。
ウ　酸化銅に炭素を混ぜて加熱する。
エ　炭酸水素ナトリウムを加熱する。
オ　炭酸水素ナトリウムにうすい塩酸を加える。
カ　炭酸ナトリウム水溶液に塩化カルシウム水溶液を加える。
キ　マグネシウムを空気中で燃焼させる。

6　花子さんは，科学部の活動中に，先生から空気の質量について，次の問題を出されて，実験を行った。下の(1)～(4)の問いに答えなさい。

問題

図１のように空気を入れたゴム製の風船を糸で棒につるした。この状態で，棒は傾くことなく，二つの風船の質量は等しくつりあっている。

二つの風船のうち，右側の風船の空気を抜いてしぼませると，どのようになるか。

ただし，支点からそれぞれの風船までの距離は等しく，糸と棒の質量は考えないものとする。

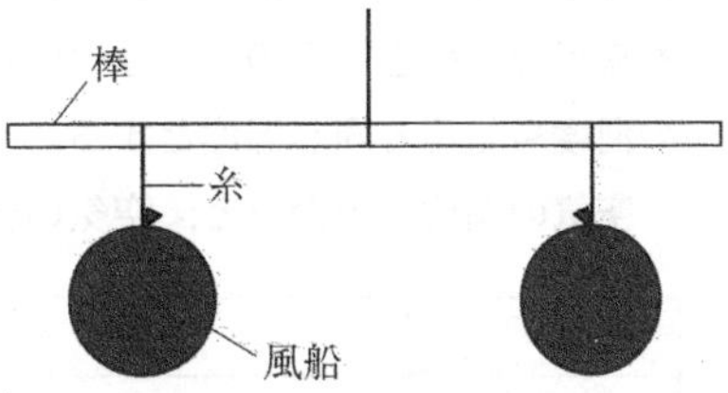

図１

先生：では，問題の答えを実験で確かめてみましょう。

花子：左側の風船が下がりました。このことから，空気には質量があるということがいえるのではないでしょうか。実際に空気の質量を測る方法はないのですか。

先生：それでは，スプレー缶を使った実験（**実験１**）をしてみましょう。

実験１

【方法】

❶　空のスプレー缶の質量を測定する。

❷　このスプレー缶に空気入れで空気を入れる。ある程度入ったところで空気が抜けないようにして空気入れを外して，缶の質量を測定する。

❸　図２のように水槽に水を入れ，メスシリンダーに500mＬの空気を移す。

❹　再び缶の質量を測定する。

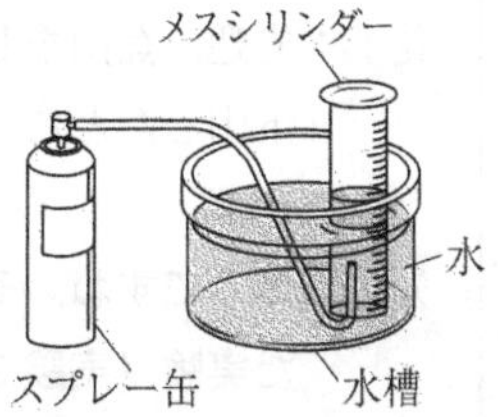

図２

【結果】

表

空の缶の質量〔g〕	空気を入れた後の缶の質量〔g〕	空気を移した後の缶の質量〔g〕
166.31	169.24	168.63

(1)　**方法❸**での気体の集め方の名称とその集め方で集められる気体の一般的な性質の組み合わせとして最も適当なものを，次の**ア**～**エ**の中から一つ選んで，その記号を書きなさい。

	気体の集め方	集められる気体の一般的な性質
ア	上方置換法	水に溶けやすく、空気よりも密度が小さい。
イ	上方置換法	水に溶けにくい。
ウ	水上置換法	水に溶けやすく、空気よりも密度が小さい。
エ	水上置換法	水に溶けにくい。

(2) **実験１**の結果から，このときの空気の密度が何$\mathrm{kg/m^3}$か求めなさい。ただし，$1\,\mathrm{mL}=1\,\mathrm{cm^3}$であり，答えは小数第２位まで求めること。

(3) **実験１**を行った時よりも，気温だけが高い条件で実験を行った場合，求められる空気の密度はどうなると考えられるか。次の文の [あ] と [い] に当てはまる語句の組み合わせとして最も適当なものを，下の**ア**～**オ**の中から一つ選んで，その記号を書きなさい。ただし，器具や水の温度も気温と同じ温度とする。

空気の温度が上がると，空気の体積が [あ] ため，求められる空気の密度は [い] 。

	あ	い
ア	大きくなる	大きくなる
イ	小さくなる	大きくなる
ウ	変わらない	変わらない
エ	大きくなる	小さくなる
オ	小さくなる	小さくなる

花子：空気に重さがあるということは，地球をとりまく大気にも重さがあるということですね。

先生：そうですね。その大気による圧力を大気圧，または気圧と言います。

花子：先週，登山をしたのですが，頂上でペットボトルの水を飲み干した後，ふたを閉め，下山したところ，ペットボトルがへこんでいました。これは気圧と関係があるのですか。

先生：そうですね。それも気圧と関係があります。実際にその現象を，しょう油容器を使った実験（**実験２**）で再現してみましょう。

実験２

【目的】

ペットボトルがへこむようすを実験で再現する。

【準備するもの】（図３）

A：※ガラス瓶《びん》　※圧力に耐えられるもの

B：ふたをしたしょう油容器　　C：空気を入れる装置

D：空気を抜く装置　　E：温度計

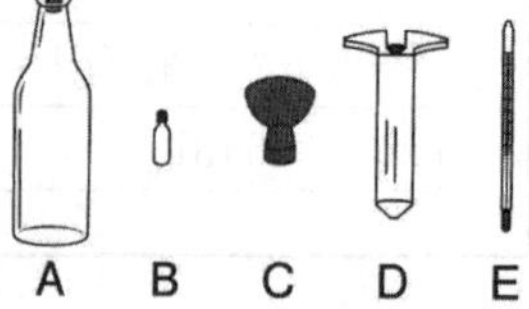
A　B　C　D　E

図３

【方法】

ガラス瓶の中に，ふたをしたしょう油容器と温度計を入れる。次に，[あ] 。

【結果】

ガラス瓶の中のしょう油容器は，へこんだ。ガラス瓶の中の温度は [い] 。

(4) **実験２**の文中の [あ] と [い] に当てはまる語句の組み合わせとして，最も適当なものを，次のページの**ア**～**エ**の中から一つ選んで，その記号を書きなさい。

	あ	い
ア	空気を入れる装置を使って、ガラス瓶の中の空気を増やす	上昇した
イ	空気を入れる装置を使って、ガラス瓶の中の空気を増やす	低下した
ウ	空気を抜く装置を使って、ガラス瓶の中の空気を減らす	上昇した
エ	空気を抜く装置を使って、ガラス瓶の中の空気を減らす	低下した

＜社会＞

時間 50分 満点 100点

1 次の１，２に答えなさい。

1 世界の諸地域について，次の(1)～(3)の問いに答えなさい。

資料１ 世界地図

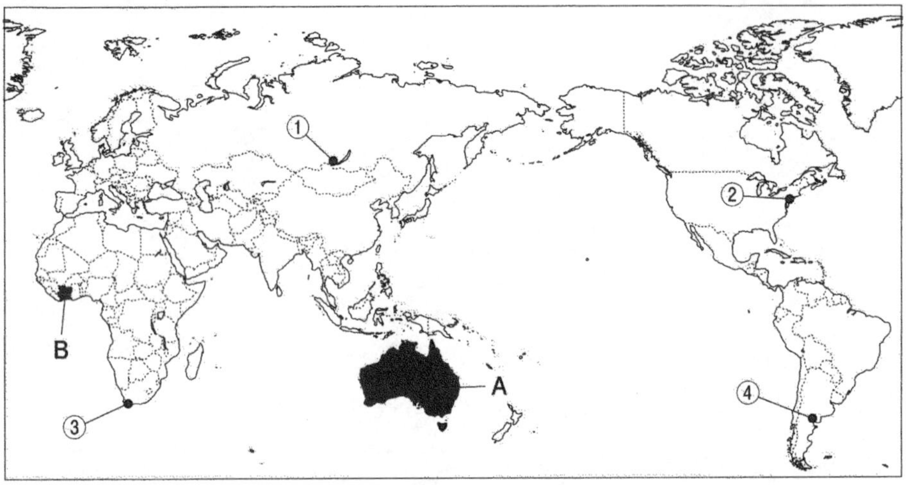

(1) 次のグラフは，**資料１**にある①～④のいずれかの都市の気温と降水量を表したものである。**資料１**にある④の都市に当てはまるグラフを，次の**ア**～**エ**の中から一つ選んで，その記号を書きなさい。

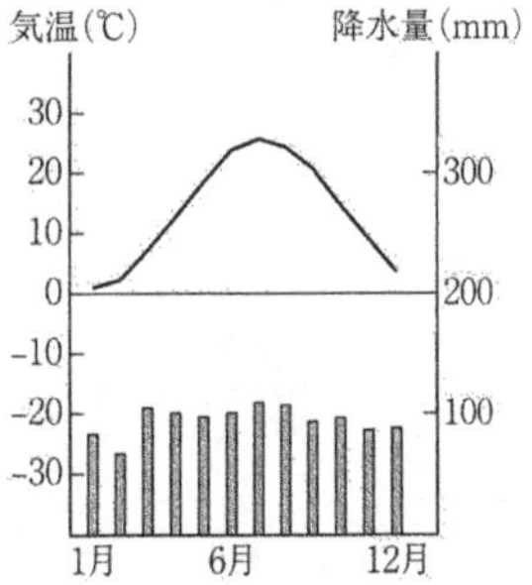

ア

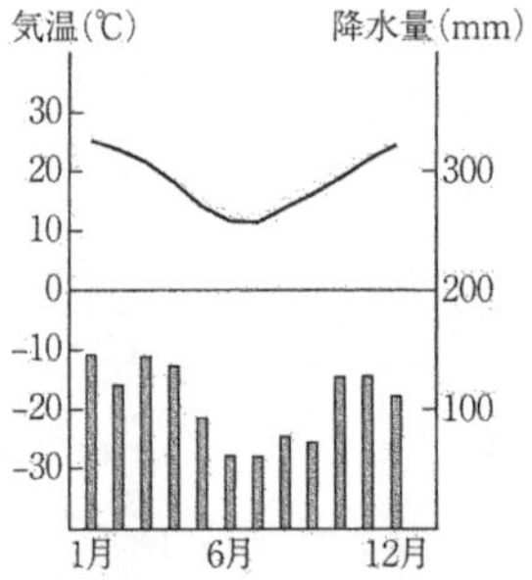

イ

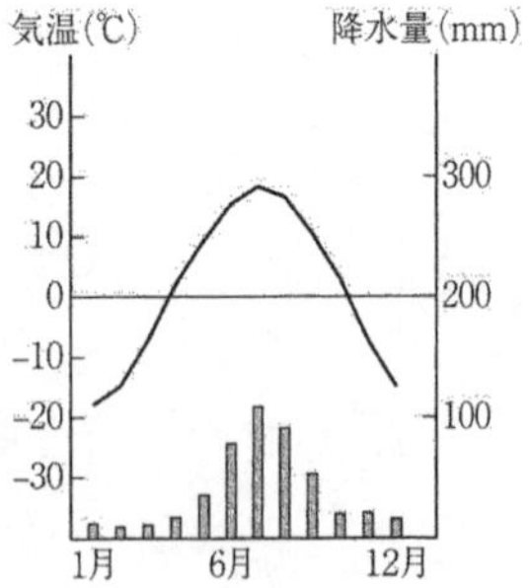

ウ

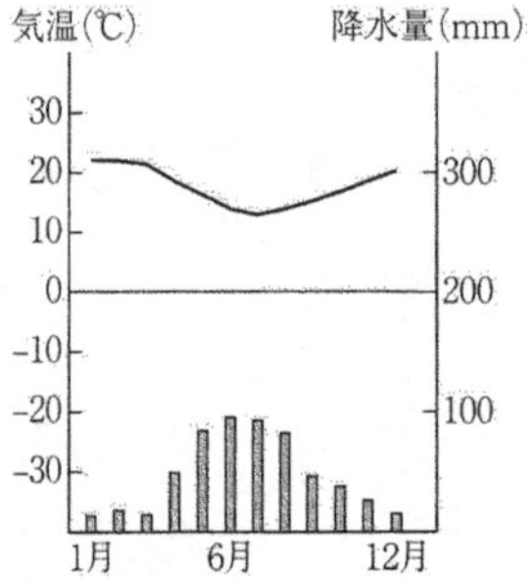

エ

〔「理科年表」2021 年版より作成〕

(2)　**資料2**は，**資料1**の**A**のオーストラリアの輸出額の総計に占める主要輸出相手国の割合の推移を示したものである。**資料2**の**ア**～**エ**は，アメリカ，イギリス，中国，日本のいずれかである。イギリスと中国に当てはまるものを，**ア**～**エ**の中からそれぞれ一つ選んで，その記号を書きなさい。

資料2　オーストラリアの輸出額の総計に占める主要輸出相手国の割合の推移

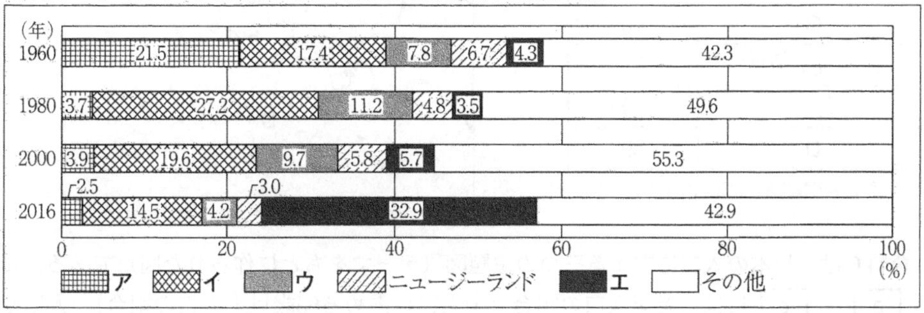

〔オーストラリア政府外務貿易資料より作成〕

(3)　次の<**メモ**>は，アフリカ州の産業についてまとめたものである。<**メモ**>の［a］に当てはまる語を**カタカナ**で書きなさい。また，［b］と［c］に当てはまる語の組み合わせとして適切なものを，下の**ア**～**エ**の中から一つ選んで，その記号を書きなさい。

> <**メモ**>
> アフリカ州では，19世紀末までに多くの地域がヨーロッパ諸国による植民地となり，［a］と呼ばれる大農園で作物が作られるようになった。多くの国は，特定の鉱産資源や農作物を輸出して成り立つ［b］の国となっている。
> **資料1**の**B**のコートジボワールでは，**資料3**のように，［c］が主要な輸出品目となっており，その生産量は，2019年現在で世界第1位となっている。

資料3　コートジボワールにおける輸出額の割合(%)（2018年）

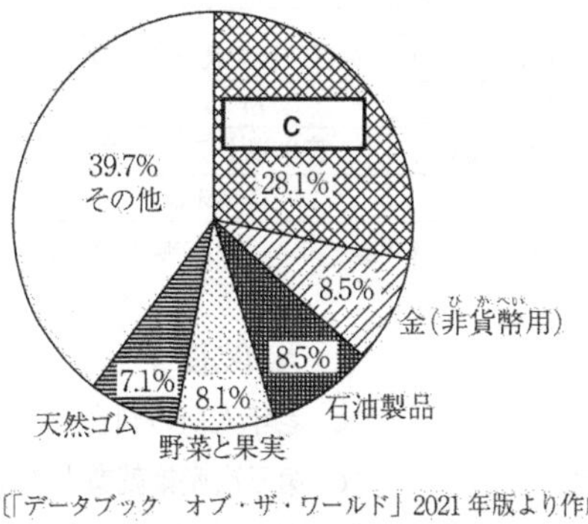

〔「データブック　オブ・ザ・ワールド」2021年版より作成〕

ア　［b　加工貿易　　c　カカオ(豆)］
イ　［b　加工貿易　　c　綿花］
ウ　［b　モノカルチャー経済　　c　カカオ(豆)］
エ　［b　モノカルチャー経済　　c　綿花］

2　日本や身近な地域について，次の(1)～(5)の問いに答えなさい。

(1)　**資料4**（次のページ）は，**資料5**（次のページ）の**A**～**D**を含む日本の主な島の面積を示したものである。**B**の島を，下の**ア**～**エ**の中から一つ選んで，その記号を書きなさい。

ア　国後《くなしり》島　　**イ**　択捉《えとろふ》島　　**ウ**　淡路《あわじ》島　　**エ**　佐渡《さど》島

資料4 日本の主な島の面積

島	面積(km²)
A	3167
B	1489
沖縄島	1209
C	855
大島(奄《あま》美《み》大島《おおしま》)	712
対馬	696
D	593

〔「日本国勢図会」2021／22年版より作成〕

資料5

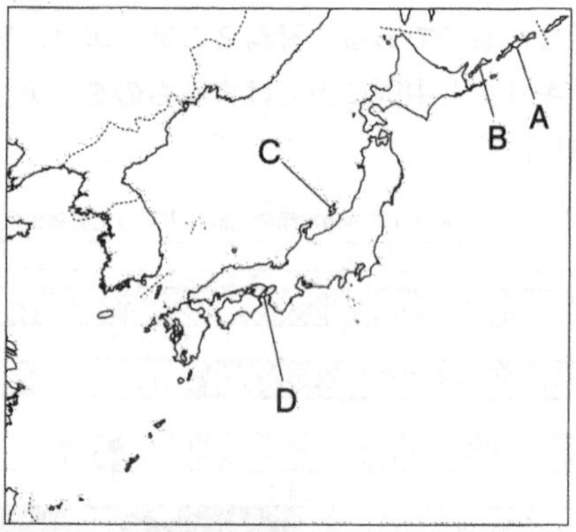

(2) **資料6**は，日本の人口に関する三つの主題図（テーマをもとに作られた図）である。**資料6**の a ～ c には，老年人口の割合（全人口に占める65歳以上人口の割合），人口密度，第三次産業就業者の割合（全就業者に占める第三次産業就業者の割合）のいずれかが当てはまる。 a ～ c の組み合わせとして適切なものを，下の**ア**～**カ**の中から一つ選んで，その記号を書きなさい。

資料6 日本の人口に関する三つの主題図(2017年)

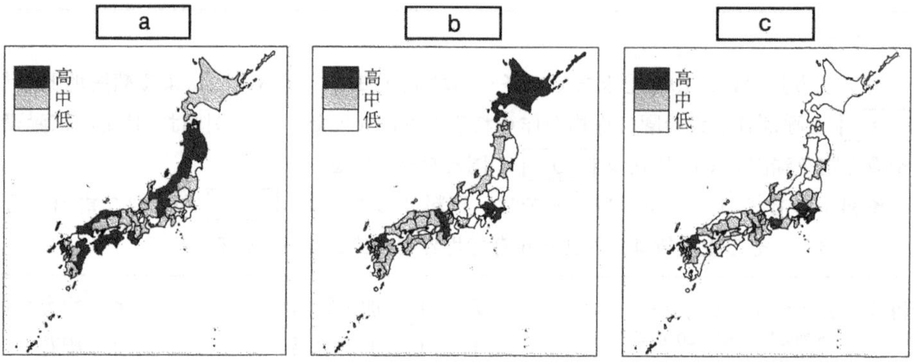

注) **資料6**の各主題の高中低の内訳は右の表のとおりとする。

	老年人口の割合	人口密度(1km²当たり)	第三次産業就業者の割合
高	31%以上	1000人以上	74%以上
中	28%以上31%未満	190人以上1000人未満	65%以上74%未満
低	28%未満	190人未満	65%未満

〔「データでみる県勢」2019、2021年版より作成〕

ア ［a 第三次産業就業者の割合　b 老年人口の割合　c 人口密度］
イ ［a 第三次産業就業者の割合　b 人口密度　c 老年人口の割合］
ウ ［a 人口密度　b 老年人口の割合　c 第三次産業就業者の割合］
エ ［a 人口密度　b 第三次産業就業者の割合　c 老年人口の割合］
オ ［a 老年人口の割合　b 人口密度　c 第三次産業就業者の割合］
カ ［a 老年人口の割合　b 第三次産業就業者の割合　c 人口密度］

(3) 次のページの**資料7**は，近畿地方の２府５県についてまとめたものである。三重県に当てはまるものを，**資料7**の**ア**～**エ**の中から一つ選んで，その記号を書きなさい。また，三重県の県庁所在地名を下の**オ**～**ク**の中から一つ選んで，その記号を書きなさい。

資料７　近畿地方の２府５県のデータ（2018 年）

府県	人口密度（人 /km²）	産出額			製造品出荷額（億円）	重要文化財指定件数（件）
		農業（億円）	林業（億円）	漁業（海面）（億円）		
ア	197.8	1158	40	127	27549	395
イ	4625.5	332	4	46	179052	682
ウ	561.7	704	24	39	59924	2199
エ	310.2	1113	51	446	112597	188
奈良県	362.8	407	29	−	21998	1327
滋賀県	351.6	641	11	−	81024	825
兵庫県	652.8	1544	38	523	166391	470

注）重要文化財指定件数については、2021 年 8 月 1 日時点のものである。

〔「データでみる県勢」2021 年版、文化庁資料より作成〕

オ　大津市　　**カ**　四日市市　　**キ**　津市　　**ク**　松山市

(4)　**資料８**はある地域の地形図である。**資料８**から読み取れるものとして**適切でないもの**を，下の**ア**～**エ**の中から一つ選んで，その記号を書きなさい。

資料８

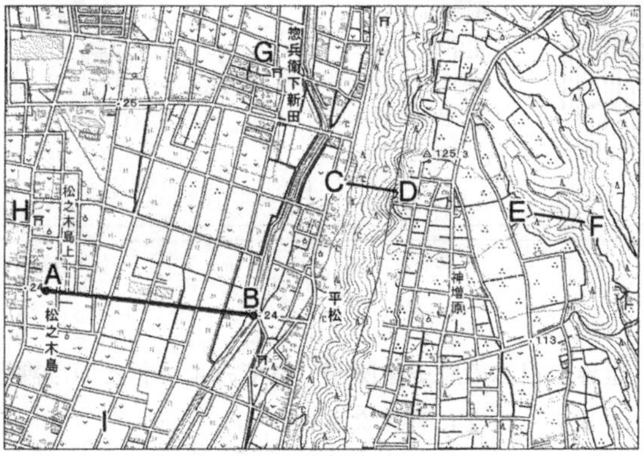

〔国土地理院発行２万５千分の１地形図「笠井」より作成〕

ア　地形図上の**A**地点から**B**地点までの長さを約３cmとすると，実際の距離は約750mである。

イ　**C**－**D**間と**E**－**F**間では，**E**－**F**間の方が，傾斜が急である。

ウ　**G**付近の神社から見てH付近の神社は南西の方角にある。

エ　**I**付近には畑が見られる。

(5)　次のページの**資料９**～**資料12**は，茨城県と北海道の農業を比較したものである。これらの資料から読み取れるものとして**適切でないもの**を，下の**ア**～**エ**の中から一つ選んで，その記号を書きなさい。

ア　農業産出額に占める畜産の割合は，茨城県よりも北海道が大きい。

イ　米の産出額は，茨城県よりも北海道が多い。

ウ　北海道の農家一戸あたりの耕地面積は，茨城県の約５倍である。

エ　耕地面積規模別の農家の割合は，茨城県は3.0ha未満が８割以上を占め，北海道は3.0ha以上が８割以上を占める。

資料９　茨城県と北海道の農業産出額に占める農産物の割合(2018年)

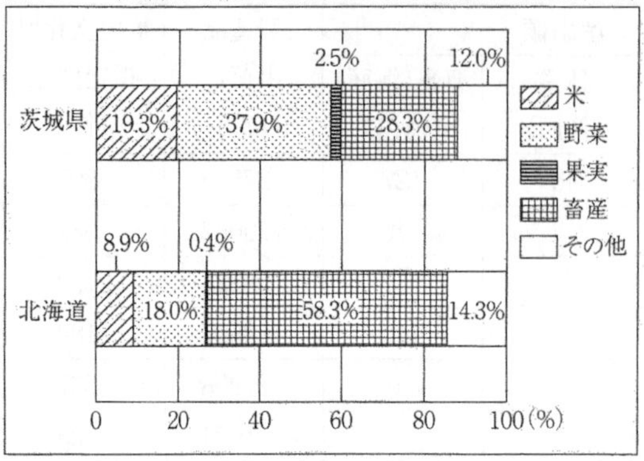

注)　割合は四捨五入しているので、合計が100%にならない場合がある。
〔「データでみる県勢」2021年版より作成〕

資料10　茨城県と北海道の耕地面積と農家戸数(2015年)

	耕地面積(ha)	農家戸数(戸)
茨城県	170900	57239
北海道	1147000	38086

〔「データでみる県勢」2017年版より作成〕

資料11　農業産出額の順位(2018年)(単位：億円)

	農業産出額	
1位	北海道	12593
2位	鹿児島県	4863
3位	茨城県	4508
4位	千葉県	4259
5位	宮崎県	3429

〔「データでみる県勢」2021年版より作成〕

資料12　茨城県と北海道の耕地面積規模別の農家の割合(2015年)

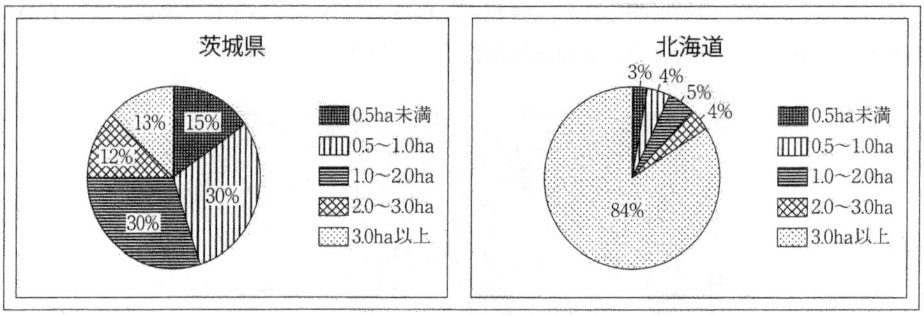

〔「地理統計要覧」2021年版より作成〕

2　社会科の授業で，「世界と日本の歴史を関連づけてみよう」という課題で，班ごとにテーマを設定し，学習しました。次の１，２に答えなさい。

1　１班では，「社会と信仰」というテーマを設定して調べました。あとの(1)～(4)の問いに答えなさい。

良子：この前の授業で３つの宗教について学習したので，右の<メモ１>を作ってみたんだ。

太郎：私たちが使っている「西暦」は，イエスが生まれたとされる年を基準としているんだよね。

雪子：時代区分の学習で，「b年号」や「時代」というのも習ったけど，どのような内容だったかな。

太郎：「年号」は「元号」とも言うよ。日本では中国にならって７世紀半ばに初めて使用されたんだよ。

次郎：「時代」は縄文時代や奈良時代といった歴史上の区分のことだよ。

<メモ１>

宗教名	おこした人
仏教	シャカ
キリスト教	イエス
イスラム教	aムハンマド

雪子：興味のある時代の社会と信仰について調べてみようよ。私はc平安時代について調べてみるね。
太郎：それならd江戸時代を調べてみるよ。

(1)　下線部aに関連して，ムハンマドがイスラム教をおこしたころの日本の様子を述べた文として適切なものを，次のア～エの中から一つ選んで，その記号を書きなさい。

ア　倭《わ》の奴国《なこく》の王が，後漢《ごかん》に使いを送り，皇帝《こうてい》から金印《きんいん》を授かった。

イ　唐《とう》の都 長安《ちょうあん》（西安《せいあん》）にならった平城京《へいじょうきょう》が，奈良につくられた。

ウ　隋《ずい》の進んだ文化を取り入れるため，小野妹子《おののいもこ》らが隋に派遣された。

エ　大王《おおきみ》《だいおう》を中心として，近畿地方の豪族《ごうぞく》で構成する大和政権《やまとせいけん》が生まれた。

(2)　下線部bについて，次のⅠ～Ⅲは，年号（元号）がついた歴史上の出来事について述べたものである。それらを古い順に並べたものを，下のア～カの中から一つ選んで，その記号を書きなさい。

Ⅰ　後醍醐天皇《ごだいごてんのう》が，天皇中心の新しい政治をめざし，貴族《きぞく》（公家《くげ》）を重視する政治を行った。（建武《けんむ》の新政《しんせい》）

Ⅱ　中大兄皇子《なかのおおえのおうじ》や中臣鎌足《なかとみのかまたり》らによって蘇我《そが》氏が倒され，政治改革が始められた。（大化《たいか》の改新《かいしん》）

Ⅲ　院政《いんせい》をめぐる天皇家や藤原氏《ふじわらし》の争いを，武士《ぶし》が武力で解決し急速に地位を高めた。（保元《ほうげん》の乱《らん》）

ア　［Ⅰ－Ⅱ－Ⅲ］　**イ**　［Ⅰ－Ⅲ－Ⅱ］　**ウ**　［Ⅱ－Ⅰ－Ⅲ］
エ　［Ⅱ－Ⅲ－Ⅰ］　**オ**　［Ⅲ－Ⅰ－Ⅱ］　**カ**　［Ⅲ－Ⅱ－Ⅰ］

(3)　雪子さんは，下線部cの平安時代について興味をもち，<メモ2>を作成しました。**資料1**の建物がある寺院の位置を，**資料2**のア～エの中から一つ選んで，その記号を書きなさい。

また<メモ2>の［あ］，［い］に当てはまる語の組み合わせとして適切なものを，あとのオ～クの中から一つ選んで，その記号を書きなさい。

資料1　中尊寺金色堂《ちゅうそんじこんじきどう》の内部

資料2

<メモ2>
平安時代の初めには，最澄《さいちょう》と空海《くうかい》が［あ］で学んだ新しい仏教の教えを日本に伝えた。その後，日本では国風《こくふう》文化が広まった。また，［い］を唱えて阿弥陀仏《あみだぶつ》にすがり，死後に極楽浄土《ごくらくじょうど》に生まれ変わることを願う浄土信仰（浄土の教え）が広まり，**資料1**のような寺院が建てられた。

オ　[あ　宋《そう》　い　念仏《ねんぶつ》]　　カ　[あ　唐　い　念仏]
キ　[あ　唐　い　題目《だいもく》]　　ク　[あ　宋　い　題目]

(4)　太郎さんは，下線部dの江戸時代に興味をもち，**資料3**を見つけ，この時代のキリスト教について自分で調べたことを**<メモ3>**のように整理し，**<まとめ1>**を作成しました。**<まとめ1>**の［う］～［お］に当てはまる語の組み合わせとして適切なものを，下の**ア**～**エ**の中から一つ選んで，その記号を書きなさい。

資料3　日本におけるキリスト教徒の人数の推移(推計)

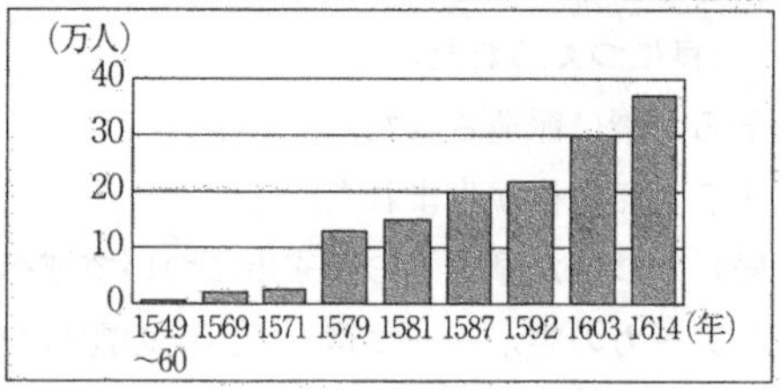

〔「日本キリスト教史」より作成〕

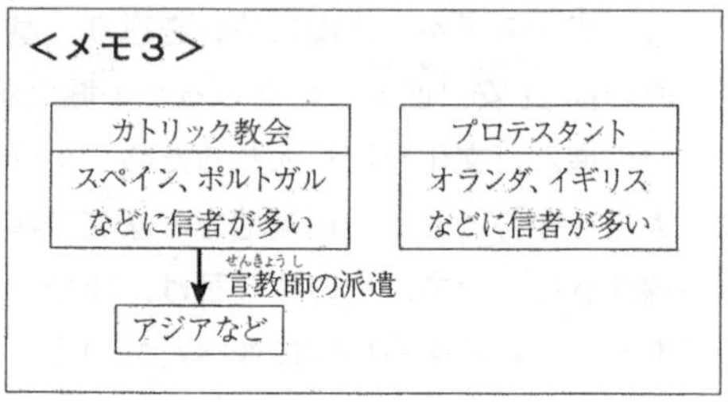

<まとめ1>

16世紀半ば以降，［う］の宣教師が来航してキリスト教を布教《ふきょう》したので，日本におけるキリスト教徒の人数が増えた。江戸幕府は，貿易の利益のために布教を初め黙認していたが，キリスト教徒が幕府の支配に抵抗することを恐れ，キリスト教の禁教《きんきょう》とともに貿易の［え］に乗り出した。その後，スペインやポルトガルの船が来航を禁止されるなか，当時日本と貿易を行っていたヨーロッパの国の中で［お］が日本と貿易を続けることになった。

ア　[う　カトリック教会　え　拡大　お　イギリス]
イ　[う　カトリック教会　え　制限　お　オランダ]
ウ　[う　プロテスタント　え　拡大　お　オランダ]
エ　[う　プロテスタント　え　制限　お　イギリス]

2　2班では，「歴史の中の動物」というテーマを設定し，**カード1**～**カード3**を作成しました。あとの(1)～(3)の問いに答えなさい。

カード1　馬(うま)
1274年の文永《ぶんえい》の役《えき》では，元・高麗《こうらい》軍に対し，日本の御家人《ごけにん》は馬に乗るなどして戦った。
また，中世には馬借《ばしゃく》とよばれる［か］が活躍した。

カード2　象(ぞう)
江戸幕府8代将軍《しょうぐん》の e徳川吉宗《とくがわよしむね》のとき，中国商人が長崎にもたらした象は，江戸まで陸路で移動し，沿道の人々が見物した。

カード3　パンダ
1972年，日中友好の証《あかし》として，中国から2頭のパンダが贈られ，上野動物園《うえのどうぶつえん》で飼育されることになった。

(1)　**カード1**の［か］に当てはまる語を，次の**ア**～**エ**の中から一つ選んで，その記号を書きなさい。

ア　運送業者　　**イ**　造船業者　　**ウ**　金融業者　　**エ**　手工業者

(2)　**カード２**の下線部**ｅ**が享保《きょうほう》の改革を行っていた時期と，同じ世紀のできごとについて述べた文として適切なものを，次の**ア**～**エ**の中から一つ選んで，その記号を書きなさい。

ア　インドでは，ガンディーらがイギリスからの独立運動を推し進めた。

イ　アメリカでは，奴隷制《どれいせい》などをめぐって南北戦争《なんぼくせんそう》が起こった。

ウ　フランスでは，フランス革命が始まり，人権宣言《じんけんせんげん》が発表された。

エ　ポルトガルのバスコ＝ダ＝ガマの船隊がインドに到達した。

(3)　花子さんは**カード３**について調べていく中で，**資料４**を見つけ，**<まとめ２>**を作成しました。**資料４**と**<まとめ２>**の［き］に当てはまるできごとを，下の**ア**～**エ**の中から一つ選んで，その記号を書きなさい。

資料４　第二次世界大戦後の近隣諸国との関係回復

西暦	できごと
1951年	サンフランシスコ平和《へいわ》条約《じょうやく》を締結
1956年	日《にっ》ソ共同宣言《きょうどうせんげん》に調印
1965年	日韓基本条約《にっかんきほんじょうやく》を締結
1972年	［き］

<まとめ２>
パンダが日本にやってきたのは、1972年に日本と中国が［き］したことで、両国の国交が正常化されたからである。

ア　下関条約《しものせきじょうやく》を締結

イ　日中共同声明《にちゅうきょうどうせいめい》に調印

ウ　日中平和友好条約《にっちゅうへいわゆうこうじょうやく》を締結

エ　日清修好条規《にっしんしゅうこうじょうき》を締結

3　次の(1)～(7)の問いに答えなさい。

(1)　**資料１**は地方公共団体と国の政治のしくみについて表したものである。地方公共団体と国の政治のしくみについて説明した文として適切なものを，下の**ア**～**エ**の中から一つ選んで，その記号を書きなさい。

資料１　地方公共団体と国の政治のしくみ

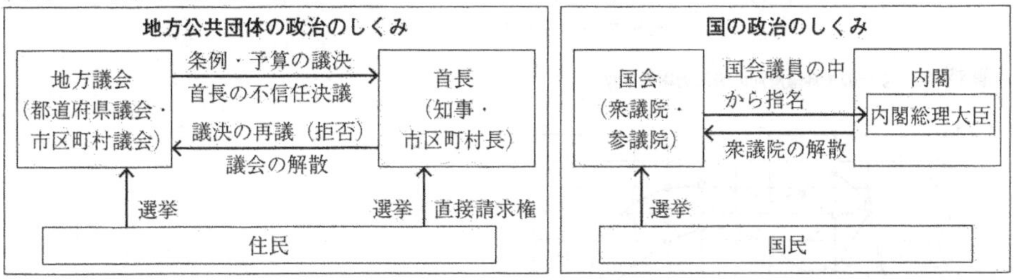

ア　地方公共団体の政治では直接請求権が認められているが，国の政治では認められていない。

イ　地方公共団体の住民は首長を，国民は内閣総理大臣を選挙で直接選ぶことができる。

ウ　地方議会も国会もともに二院制が採用されている。

エ　首長は地方議会の解散の権限はないが，内閣は衆議院の解散の権限がある。

(2)　日本国憲法で保障されている権利が，公共の福祉により制限を受けることがある。例えば，

「高速道路建設のため，正当な補償のもとで住民に立ち退《の》きを求める場合」がある。この場合に住民が制限を受けることになる権利として最も適切なものを，次の**ア**～**エ**の中から一つ選んで，その記号を書きなさい。

ア　集会・結社の自由　　**イ**　表現の自由　　**ウ**　財産権　　**エ**　労働基本権

(3)　太郎さんは，環境美化委員会で，クラスの清掃計画の案を作りました。社会科で学習した効率や公正の考え方に基づいて案をチェックするために，次の**ア**～**エ**の観点を考えてみました。効率の考え方に基づいて作られた観点として最も適切なものを，次の**ア**～**エ**の中から一つ選んで，その記号を書きなさい。

ア　クラスの生徒全員に清掃分担が割り振られているか。

イ　クラスの生徒全員から意見を聞く機会や話し合いの場を設けているか。

ウ　時間内に清掃を終えるために，それぞれの清掃場所の清掃手順は適切か。

エ　当番の割り当てが，一部の生徒に過大な負担となっていないか。

(4)　**資料2**～**資料4**は2021年6月に改正された育児・介護《かいご》休業法に関連する資料である。これらの資料から読み取れることとして適切なものを，次のページの**ア**～**オ**の中から**すべて**選んで，その記号を書きなさい。

資料2　育児・介護休業法の改正ポイントの一部

①本人または配偶者の妊娠・出産等を申し出た労働者に対し、休業を取得する意向があるかを確認するよう、事業主に義務づけた。
②男性が、通常の育児休業とは別に、子の生後8週間以内に最大4週間の休暇を取れるようにする。この休暇は2回まで分割取得を可能とする。
③従業員数1000人超の企業は、育児休業等の取得の状況を年1回公表することを義務づけられた。

注）育児休業とは、1歳に満たない子を養育する男女労働者が、会社に申し出ることにより、1歳になるまでの間で希望する期間、育児のために休業できる制度をさす。

〔厚生労働省資料より作成〕

資料3　男性と女性の育児休業取得率の推移
(2012年度～2019年度)

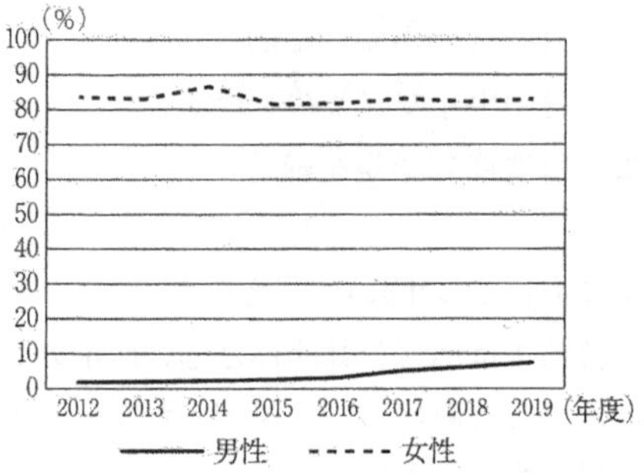

〔厚生労働省資料より作成〕

資料4　女性の年齢階層別の労働力率の推移

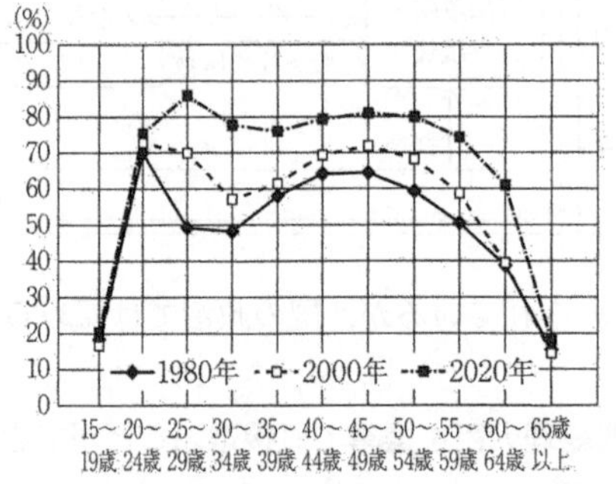

注）労働力率とは、以下の式で表される労働力人口比率をさす。
<(就業者および完全失業者の人数)÷(15歳以上の人数)>

〔総務省資料より作成〕

ア　2012年度から2019年度における育児休業取得率は，男性は常に10％未満，女性は常に80％以上であり，大きな差が見られる。

イ　2015年度から2019年度にかけて男性と女性の育児休業取得率を比べると，女性の方が取得率の伸びが大きい。

ウ　2020年の25～64歳における女性の労働力率は，2000年と比べて，どの年齢階層においても高くなっている。

エ　育児・介護休業法の改正によって，男性が，通常の育児休業とは別に，子の生後８週間以内に最大４週間の休暇を取れるようにすることが定められた。

オ　育児・介護休業法の改正によって，すべての企業は育児休業等の取得の状況を年１回公表することを義務づけられた。

(5)　**資料５**は，政府と家計，企業の関係を示したものである。a，b，cの説明の組み合わせとして適切なものを，次の**ア**～**カ**の中から一つ選んで，その記号を書きなさい。

資料５　政府と家計、企業の関係

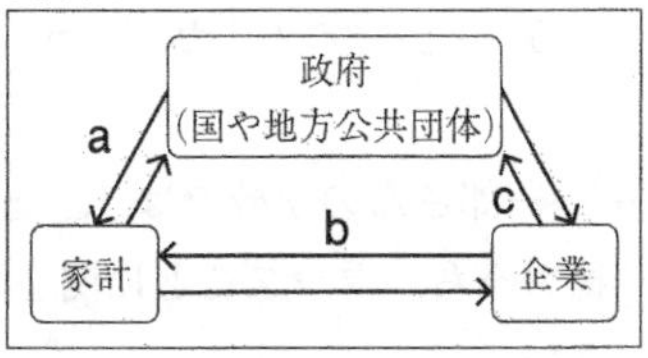

ア　[a　賃金を支払う　　b　公共サービスを提供する　　c　税金を納める]
イ　[a　賃金を支払う　　b　税金を納める　　c　公共サービスを提供する]
ウ　[a　税金を納める　　b　賃金を支払う　　c　公共サービスを提供する]
エ　[a　税金を納める　　b　公共サービスを提供する　　c　賃金を支払う]
オ　[a　公共サービスを提供する　　b　税金を納める　　c　賃金を支払う]
カ　[a　公共サービスを提供する　　b　賃金を支払う　　c　税金を納める]

(6)　次の［　　］の文は，経済政策について述べたものである。文中の［ a ］に当てはまる語を**カタカナ**で書きなさい。また，［ b ］～［ d ］に当てはまる語の組み合わせとして適切なものを，下の**ア**～**カ**の中から一つ選んで，その記号を書きなさい。

> 好景気（好況）が行きすぎると，物価が上がり続ける［ a ］が生じてしまいます。そのため，日本銀行は，物価の変動をおさえて景気を安定させるために，［ b ］政策を行います。その方法の一つとして，国債などを銀行から買ったり，銀行に売ったりする公開市場操作を行います。好景気のときには日本銀行が国債などを［ c ］傾向を強めることによって，世の中に出回るお金の量を［ d ］ことで，生産や消費をおさえて景気を落ち着かせます。

ア　[b　財政　c　買う　d　増やす]　　**イ**　[b　財政　c　売る　d　増やす]
ウ　[b　財政　c　買う　d　減らす]　　**エ**　[b　金融　c　売る　d　減らす]
オ　[b　金融　c　買う　d　減らす]　　**カ**　[b　金融　c　売る　d　増やす]

(7)　**資料６**は，2018年６月に国連の安全保障《あんぜんほしょう》理《り》事《じ》会《かい》で決議できなかった，ある重要な決議案に賛成した国，反対した国，棄権《きけん》した国の内訳を示したものである。この決議案が**決議できなかった理由**を示した次のページの［　　］の文中の［ a ］に当てはまる国名と［ b ］に当てはまる語の組み合わせとして適切なものを，次のページの**ア**～**エ**の中から一つ選んで，その記号を書きなさい。ただし，a には同じ国名が入る。

資料６ 国連の安全保障理事会におけるある重要な決議案の投票結果

賛成(10)	反対(1)	棄権(4)
クウェート、フランス、ロシア、中国、ペルー、コートジボワール、カザフスタン、赤道ギニア、ボリビア、スウェーデン	a	イギリス、オランダ、ポーランド、エチオピア

決議できなかった理由

常任理事国としての b をもつ a が反対したからである。

ア ［a アメリカ b 司法権］ イ ［a ドイツ b 司法権］
ウ ［a アメリカ b 拒否権］ エ ［a ドイツ b 拒否権］

4 一郎さんの学校では，国連の持続可能な開発目標（ＳＤＧｓ《エスディジーズ》）について学習しました。17の目標のうち，クラスごとに関心のある目標を選び，それについて調べました。次の１～３に答えなさい。

1 ３年１組では，「10 人や国の不平等をなくそう」に注目し，ヨーロッパ州の国々について，次のような＜表＞を作成しました。下の(1)，(2)の問いに答えなさい。

＜表＞

国名	ドイツ	フランス	スペイン	スロバキア	ブルガリア
ＥＵに加盟した年	1952年	1952年	1986年	2004年	2007年
一人あたり国民総所得(2019年)(米ドル)	47488	41155	29860	18916	9794

注） 1993年以前の加盟年は、EUのもとになった共同体に加盟した年を示している。
また、一人あたりの国民総所得は、国民が国内や海外で一定期間に得た所得を国民の人数で割ったものである。
〔外務省資料、「世界の統計」2021年版より作成〕

(1) 一郎さんは，＜表＞を見て，次のような＜まとめ＞を作成しました。＜まとめ＞の あ ， い に当てはまる語の組み合わせとして適切なものを，下のア～エの中から一つ選んで，その記号を書きなさい。

＜まとめ＞
2000年代にＥＵに加盟した東ヨーロッパの国では，西ヨーロッパの国と比較して，一人あたりの国民総所得が あ という傾向がみられる。これに示されるように，ヨーロッパ州内には， い の問題がある。

ア ［あ 低い い 貿易摩擦］ イ ［あ 高い い 貿易摩擦］
ウ ［あ 低い い 経済格差］ エ ［あ 高い い 経済格差］

(2) 洋子さんは，ヨーロッパ州と他の州を比べるため，次のページの**資料１**，**資料２**から＜メモ１＞を作成しました。Ａ州からＤ州は，アフリカ州，アジア州，ヨーロッパ州，北アメリカ州のいずれかを示しています。**資料１**，**資料２**，＜メモ１＞を見て，ヨーロッパ州に当てはまるものを，下の**ア**～**エ**の中から一つ選んで，その記号を書きなさい。

資料1　各州の人口(2019年)

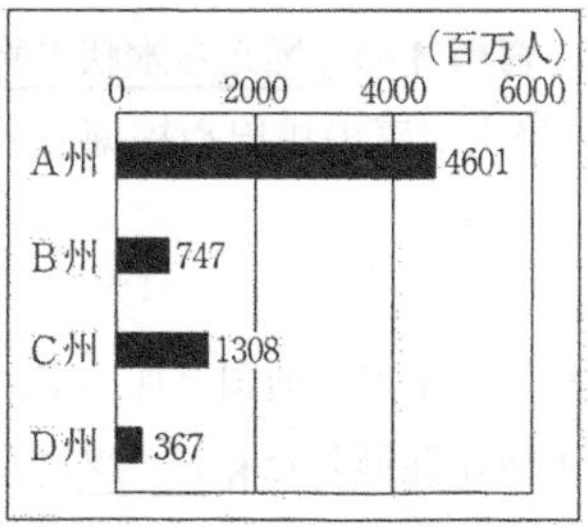

〔「日本国勢図会」2020／21年版より作成〕

資料2　各州を構成する各国の国内総生産(GDP)の合計(2009年、2019年)

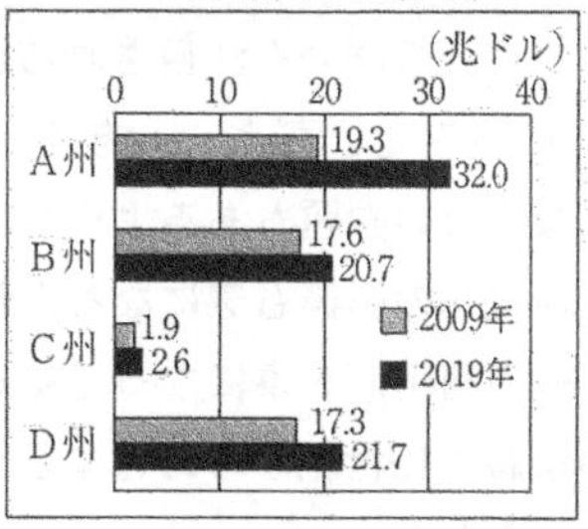

〔国際連合資料より作成〕

<メモ1>

・A州の人口は、アフリカ州の約3.5倍である。
・アジア州は、2009年と比べて2019年のGDPの合計が約1.7倍になった。
・北アメリカ州は2019年のGDPの合計が、B州と比べて約1兆ドル多い。

ア　A州　　**イ**　B州　　**ウ**　C州　　**エ**　D州

2　3年2組では,「7　エネルギーをみんなにそしてクリーンに」に注目し，世界の発電と環境政策について調べる中で，**資料3**～**資料6**を見つけ，それらの資料をもとに話し合いました。あとの(1)～(4)の問いに答えなさい。

資料3　主な国の発電量の内訳(2017年)

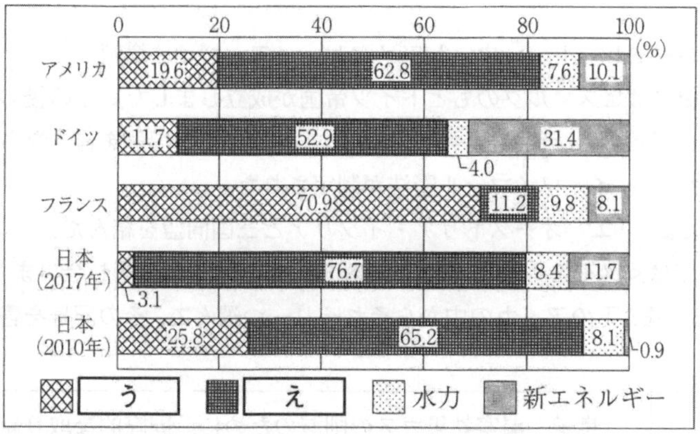

注)　**資料3**の新エネルギーは、再生可能エネルギーから水力発電を除いたものを示している。割合は四捨五入しているので、合計が100%にならない場合がある。

〔「データブック　オブ・ザ・ワールド」2014、2021年版より作成〕

資料4　燃える氷状の物質

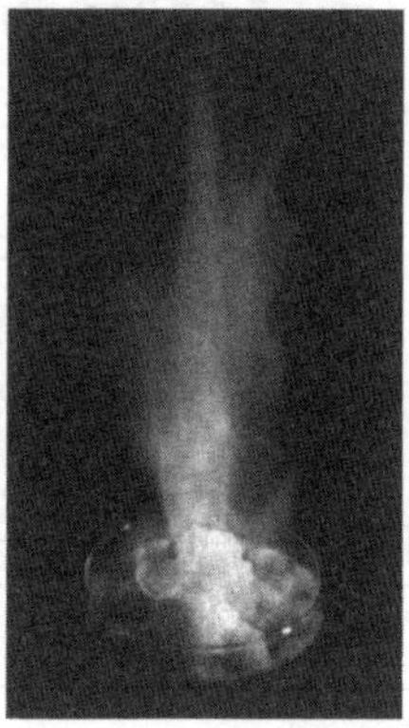

資料5　二酸化炭素の総排出量が多い国・地域(2018年)

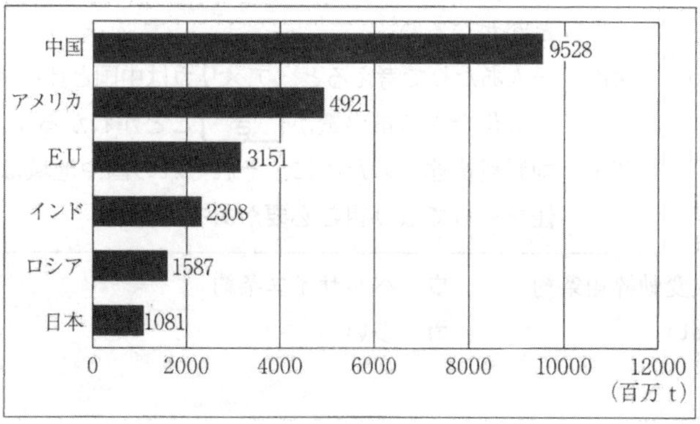

〔「日本国勢図会」2021／22年版より作成〕

資料6　二酸化炭素総排出量が多い国・地域の人口(2018年)

国名	人口(万人)
中国	141505
アメリカ	32677
ＥＵ	50970
インド	135405
ロシア	14397
日本	12653

注)　ＥＵの人口には、イギリス及びキプロス北部を含む。

〔「日本国勢図会」2019／20年版より作成〕

花子：資料３を見ると，それぞれの国には特徴があるね。
太郎：フランスは他国と比べて［う］発電の割合が高いという特徴があるよね。
良子：日本では，［え］発電の割合が高くなったね。発電のための資源の多くは輸入に頼っているけど，今後は新しい資源の開発も注目されるね。資料４のa燃える氷状の物質が日本近海でみつかっているみたいだよ。一方で，二酸化炭素の排出や採掘技術など，今後解決しなければならない課題もあるようだよ。
太郎：確かに［え］発電は，環境への影響も気になるよね。
次郎：うん。再生可能エネルギーの利用が大事になってくるね。ドイツは他国と比べて，新エネルギーの利用が多いよね。19世紀からめざましく工業が発展したbドイツは，どんな国なのかを調べてみようかな。
良子：私は世界のc温室効果ガスを削減するための取り組みを調べるね。

(1)　資料３，会話文中の［う］，［え］それぞれに当てはまる語の組み合わせとして適切なものを，次のア～エの中から一つ選んで，その記号を書きなさい。

ア［う　原子力　　え　火力］　　イ［う　火力　　え　風力］
ウ［う　火力　　え　地熱］　　エ［う　原子力　　え　風力］

(2)　資料４，会話文中の下線部aの燃える氷状の物質を何というか，次のア～エの中から一つ選んで，その記号を書きなさい。

ア　ウラン　　イ　メタンハイドレート　　ウ　レアメタル　　エ　バイオ燃料

(3)　下線部bについて，19世紀にはビスマルクのもとドイツ帝国が成立しました。その後のドイツに関する次のア～エのできごとを，年代の古い順に左から並べて，その記号を書きなさい。

ア　ベルリンの壁が崩壊した。　　イ　ワイマール憲法が制定された。
ウ　日独《にちどく》伊《い》三国同盟《さんごくどうめい》を結んだ。　　エ　オーストリア・イタリアと三国同盟を結んだ。

(4)　下線部cについて，２組では＜メモ２＞を作成し，資料５，６を見ながら話し合いました。［お］～［き］に当てはまる語を，下のア～カの中からそれぞれ一つ選んで，その記号を書きなさい。

＜メモ２＞
・［お］の採択《さいたく》（1997年）
…先進国に温室効果ガス削減を義務づける。
・［か］の採択（2015年）
…途上国を含む各国が，温室効果ガス削減目標を自ら定めて取り組む。

良子：温室効果ガスの削減のために，国際的な取り組みがされていることがわかったよね。でも，二酸化炭素の総排出量の状況は国によって異なるよ。
太郎：中国，アメリカの二酸化炭素の総排出量が多いことがわかるね。
次郎：一人あたりで考えると，アメリカは中国と比べて，二酸化炭素の排出量が［き］ことがわかるよ。
花子：削減目標達成のために，それぞれの国や地域は責任をもって取り組む必要があるよね。

ア　パリ協定　　イ　気候変動枠組条約　　ウ　ベルサイユ条約
エ　京都議定書　　オ　少ない　　カ　多い

3　3年3組では,「16　平和と公正をすべての人に」に注目し, 次のような＜メモ3＞を作成しました。下の(1), (2)の問いに答えなさい。

＜メモ3＞　戦争や紛争を防ぐために設立されたこれまでのしくみ

国際機関の名称	d 国際連盟《こくさいれんめい》	国際連合《こくさいれんごう》
発　足	e 1920年	1945年
加盟国	42か国(発足当時)	51か国(発足当時) 193か国(2021年現在)
制裁措置	経済制裁	経済制裁、武力制裁

(1)　下線部dについて, 次の文中の [く] に当てはまる語を, 下のア～エの中から一つ選んで, その記号を書きなさい。

> 国際連盟は, アメリカのウィルソン大統領の提案した [く] をもとに設立された。しかし, アメリカは国内で議会の反対があり, 国際連盟に加盟しなかった。

ア　十四《じゅうよん》か条《じょう》の平和原則《へいわげんそく》　　イ　ポツダム宣言《せんげん》
ウ　二十一《にじゅういっ》か条《じょう》の要求《ようきゅう》　　エ　大西洋憲章《たいせいようけんしょう》

(2)　下線部eについて, 第一次世界大戦が始まった1914年から国際連盟が設立された1920年の間に起きた日本のできごとを, 次のア～エの中から一つ選んで, その記号を書きなさい。

ア　満州事変《まんしゅうじへん》が起こった。　　イ　原敬《はらたかし》が首相に指名された。
ウ　大日本帝国憲法《だいにっぽんていこくけんぽう》《だいにほん》が発布された。　　エ　ポーツマス条約が結ばれた。

(2) 卒業式でシュクジを述べる。

ア 字　イ 事　ウ 時　エ 辞

㈣ 次の(1)～(3)の――部の漢字の部分の読みを平仮名で書きなさい。

(1) 険しい山道。　(2) 凡庸な性格。　(3) 時の流れを遡る。

四　(一)～(四)の問いに答えなさい。

(一)　次の**【手紙】**の［　　］に入る表現として、最も適切なものを、後の**ア**～**エ**の中から選んで、その記号を書きなさい。

【手紙】

拝啓

　すがすがしい秋晴れが続いていますが、皆様にはいかがお過ごしでしょうか。私たちは今、月末の文化祭に向けて準備を進めているところです。

　さて、先日は、職場体験をさせていただき、ありがとうございました。消防士の仕事について、想像以上に大変だということが分かったと同時に、さらにあこがれの思いが強くなりました。最も印象に残っているのは、［　　］

（中略）

　これから季節の変わり目となりますが、風邪などひかれませんように、お体を大切になさってください。

敬具

九月十五日

もみじ市立北中学校二年一組　坂本　正

もみじ中央消防署長

安田 哲郎 様

ア　皆様が訓練に対して真剣にお取り組みする姿です。

イ　皆様が訓練に対して真剣に取り組まれる姿です。

ウ　皆様が訓練に対して真剣にお取り組みする姿が印象的です。

エ　皆様が訓練に対して真剣に取り組まれる姿が印象的です。

(二)　次の送り状**【Ⅰ】**・**【Ⅱ】**について述べたものとして、最も適切なものを、後の**ア**～**エ**の中から選んで、その記号を書きなさい。

【Ⅰ】

お届け先	郵便番号	300-****
	電話番号	029(***)1234
	住　所	ひまわり市中央町
		1-23-4
	氏　名	青空保育園　御中 ~~様~~
~~ご~~依頼主	郵便番号	300-****
	電話番号	029(***)4321
	住　所	みずうみ市白鳥町
		5-678-9
	氏　名	白鳥中学校 生徒会 ~~様~~

【Ⅱ】

~~お~~届け先	郵便番号	300-****
	電話番号	029(***)1234
	住　所	ひまわり市中央
		町1-23-4
	氏　名	青空保育園　~~様~~
~~ご~~依頼主	郵便番号	300-****
	電話番号	029(***)4321
	住　所	みずうみ市白
		鳥町5-678-9
	氏　名	白鳥中学校 生徒会 ~~様~~

ア　**【Ⅰ】**は**【Ⅱ】**と異なり、住所を読みやすくする工夫をしている。

イ　**【Ⅱ】**は**【Ⅰ】**と異なり、相手に対する敬意を適切に表している。

ウ　**【Ⅰ】**は**【Ⅱ】**と同様に、相手に対する敬意を適切に表している。

エ　**【Ⅱ】**は**【Ⅰ】**と同様に、住所を読みやすくする工夫をしている。

(三)　次の(1)・(2)の――部の片仮名の部分を漢字に直したものとして、最も適切なものを、それぞれ後の**ア**～**エ**の中から一つ選んで、その記号を書きなさい。

(1)　遠足が雨でエンキになる。

ア　季　　**イ**　期　　**ウ**　起　　**エ**　機

（五箇公一「これからの時代を生き抜くための生物学入門」による。）

(五) 【Ⅱ】の B に入る言葉として、最も適切なものを、次のア～エの中から選んで、その記号を書きなさい。

ア 指標　イ 弊害　ウ 代案　エ 犠牲

(六) 小川さんが発表原稿を作成するときに、【Ⅱ】を用いることで、どのような効果が得られるか。最も適切なものを、次のア～エの中から選んで、その記号を書きなさい。

ア 【Ⅰ】に書かれている内容を同じ視点から繰り返すことで、発表者の考えをより明確に示す効果。

イ 【Ⅰ】に書かれている内容とは反対の主張を示すことで、聞き手と議論をできるようにする効果。

ウ 【Ⅰ】に書かれている内容と異なる視点を示すことで、聞き手が考えを広げたり深めたりする効果。

エ 【Ⅰ】に書かれている内容を簡潔に整理することで、聞き手が想像しやすくなる効果。

(七) 次は、小川さんが発表で示すために作成したスライドの一部です。C、D に入る内容として、最も適切なものを、それぞれ次のア～エの中から選んで、その記号を書きなさい。

C

ア 多くの生物種が絶滅してきたこと

イ 生物学・生態学の専門的な知識をもつこと

ウ 「生態系サービス」について理解すること

エ 同じ生物種でも少しずつ変化があること

D

ア 絶滅危惧種のリストを作成すること

イ 絶滅危惧種を施設で増やすこと

ウ 絶滅危惧種が生息できる環境を整えること

エ 国産の絶滅危惧種を保護すること

【スライドの一部】

【Ⅰ】の文章

◇ 筆者が考える「生物多様性」

生物の種数の多さ

＋

C

【Ⅱ】の文章

◇ 筆者が考える「生物多様性保全」

× 絶滅危惧種を生き残らせればいい。

○ D が必要である。

でもある。〈　カ　〉

このように、私たち人類を含む多くの生物の存在を支え、進化を保証するためにも多様な生物の存続が不可欠なのである。

（高橋進「生物多様性を問いなおす－世界・自然・未来との共生とSDGs」による。）

※1　鼈甲＝タイマイの甲。櫛《くし》や眼鏡の縁などに多く用いる。
※2　タイマイ＝ウミガメ科のカメ。
※3　輪廻＝仏教の考え方で、生物が生まれては死に、また他の世界に生まれ迷うことを、いつまでも繰り返すこと。

㈠　【Ⅰ】に　それでは、私たちに役に立たない生物種であれば、絶滅しても問題はないのだろうか　とあるが、このことについて筆者はどのように考えているか。最も適切なものを、次の**ア**～**エ**の中から選んで、その記号を書きなさい。

ア　人類に役立つ生物種の絶滅さえ回避すればよい。
イ　多様な生物種の絶滅を回避しなくてはならない。
ウ　多くの生物種を絶滅させたのだからやむを得ない。
エ　すべての生物種を条約で保護する必要がある。

㈡　【Ⅰ】の A に入る言葉として、最も適切なものを、次の**ア**～**エ**の中から選んで、その記号を書きなさい。

ア　しかし　**イ**　すなわち　**ウ**　つまり　**エ**　たとえば

㈢　次の一文は、【Ⅰ】の〈ア〉～〈カ〉のどこに入るか。最も適切な箇所の記号を書きなさい。

> これは、食べ物を通してエネルギーが循環する、エネルギーが不滅だということでもある。

㈣　【Ⅰ】の文章の展開の説明として、最も適切なものを、次の**ア**～**エ**の中から選んで、その記号を書きなさい。

ア　「生態系サービス」について、意見と意見を対比して考察を述べている。
イ　生物多様性保全の必要性について、疑問を想定して主張を述べている。
ウ　生物多様性の機能・価値について、客観的な事実を示して反論を述べている。
エ　生物種絶滅の回避について、研究者の著作を引用して疑問を述べている。

【Ⅱ】（【Ⅰ】を読んだ後に見つけた文章の一部）

環境省が編纂《へんさん》する『レッドデータブック』や市販の『レッドデータアニマルズ』など、絶滅に瀕《ひん》する生物たちのリストを見て、これらの生物たちを守らなくてはならないと多くの人が感じるはずです。

ただ、希少種、危惧種を守ること自体は目的ではなく、自然環境を保全するためのプロセスにすぎないことは理解しておく必要があります。絶滅に瀕する生物が生き残れさえすればいいという話ではないのです。絶滅危惧種を施設で増やすことが生物多様性保全ではありません。その動物を守るためにはどういう生息環境が必要かを考え、環境を復元する、修復するということが結果的に生物多様性と生態系を保全することにつながります。

絶滅の危機にあるトキでいうと、トキが生息することができる環境を整えることができれば、かつての日本の自然を取り戻すことができたことになります。トキという生物が環境修復の B となるわけです。中国産のトキを守ることが目的ではなく、トキが住める、多様性豊かな自然を取り戻すことが目的となるのです。

になり、兄を敬い仕えるようになった。

三　小川さんは、国語の授業で、調べたことをまとめて発表する学習活動を行うことになりました。地域の図書館で動物図鑑の絶滅危惧種に目がとまり、「生物多様性」をテーマに発表しようと考えました。発表原稿を作成するために見つけた文章【Ⅰ】・【Ⅱ】について、後の㈠～㈦の問いに答えなさい。

【Ⅰ】

生物多様性が私たち人類にとって重要なことは、多くの人が漠然《ばくぜん》とは理解できるに違いない。生物多様性が私たちにもたらす機能・価値は「生態系サービス」として、①供給サービス（食料、医薬品、その他遺伝資源などの提供）、②調整サービス（気候、水資源、汚染などの除去・調整）、③文化的サービス（精神、宗教、教育など非物質的なもの）、④基盤サービス（土壌形成、栄養循環など）に分類され、私たちの生活にとって欠くことのできないものだ。〈　ア　〉

それでは、私たちに役に立たない生物種であれば、絶滅しても問題はないのだろうか。また、これまでにも地球の歴史上では、恐竜を始め多くの種が絶滅してきたことも知られている。リョコウバトなど多くの生物を私たち人類が絶滅に追いやったのも事実だ。最近一〇〇年間の生物絶滅の速度は、地球の歴史の中で類をみない速度だという。

[A]、現代にいたるまで地球上の生物たちは、何事もなかったかのように生き永《なが》らえている。種の絶滅の回避は、それほど重要な課題なのだろうか。仮に種の絶滅を防がなくてはいけないとしても、人類に役立つ種の絶滅だけを回避すればよいのではないだろうか。象牙《ぞうげ》や漢方薬、※1鼈甲《べっこう》の材料のために絶滅の危機にあるアフリカゾウやサイ、※2タイマイは、その取引を規制して保護しようとするワシントン条約があり、それによって保護されているのではないか。〈　イ　〉

これらの生物多様性保全の必要性や生物種絶滅の回避への疑問点に対して、説得力のある説明をし、それを理解するためには、ある程度の生物学・生態学の専門的な知識も必要になる。実際、生物学・生態学分野の研究者による生物多様性に関する著作も多く出版されている。〈　ウ　〉

これらの説明の中で、多くの人が知っているものに「食物連鎖」がある。大型動物も、その餌となる動植物が必要であり、またその餌の生物もさらに他の生物を必要とし、食物が鎖の輪のように連なっているというものだ。〈　エ　〉

あるいは、命というものが次々と受け継がれていく、仏教でいうところの※3「輪廻《りんね》」にも通ずるものだ。そして、多様な生物がいたからこそ、地球上での生命の誕生から四〇億年の悠久の時を環境の変化にも耐えてきた。この連綿と続いてきた生物の営みを、生物学者の岩槻《いわつき》邦《くに》男《お》は「生命系」と表現している（『生命系　生物多様性の新しい考え』岩波書店）。

「生物多様性」というと、単に生物の種数が多いことと考えがちだ。もちろんこれも含まれるが、たとえば生物学的には一種類の私たち人間（ホモ・サピエンス）でも顔つきや毛髪などに個性があるように、同じ生物種でも少しずつ変化があることも生物多様性だ。〈　オ　〉

イギリスの生物学者チャールズ・ダーウィンは、ガラパゴス諸島の野鳥フィンチの口ばしの形状が島ごとに異なることを発見した。その形状は島の環境とそれに伴う餌となる植物の実（種）などの形質に合わせたように変化したものと推論した。これを『種の起源』（一八五九年）として発表した。これがいわゆる進化論（ダーウィン自身は、自然淘汰《とうた》説として発表）だ。この進化を支えるものが、遺伝子の変異徳行《とくかう》(道徳にかなった行い)のおよばざる故《ゆゑ》(理由)なり。若《も》し足下、令兄にかたんと(勝とうとするなら)2おぼさば、今より心を改めて徳行を脩《をさ》めなば、3やがて令兄よりも上に立《たち》なんこと必《ひつ》せり」と4いひて、弟大《おほい》に悦《よろこ》び、日夜言行を慎み、二年許《ばかり》も経て、二難の誉《ほまれ》(優劣つけがたい兄弟となったので)あるに至りしかば、弟の驕慢《けうまん》(わがままなふるまい)いつのまにかやみて、兄をそしる(非難する)事なきのみならず、兄を敬ひつかへて、人の耳目を驚《おどろか》せし事あり。

【Ⅱ】話し合いの一部

田中	「弟大に悦び」とありますが、どうして或人の教えに、弟は大いに喜んだのだと思いますか。
佐藤	②兄に勝つ方法が分かったからだと思います。また、③或人の伝え方が、弟の意欲をかき立てるものだったのではないでしょうか。
鈴木	結局、或人の教えを聞き入れ改心して言行を慎んだため、弟は人として成長できたのですね。
田中	適切なアドバイスは、④人生を変えるほどの大きな影響を与えるのですね。

(一)【Ⅰ】の1ひとしく・2おぼさば・3やがて・4いひて のうち、現代仮名遣いで書いた場合と表記が異なるものを一つ選んで、その番号を書きなさい。

(二)【Ⅰ】の①足下 と同じ人物を、ア弟・イ其兄・ウ人・エ或人から一つ選んで、その記号を書きなさい。

(三)【Ⅱ】に②兄に勝つ方法 とあるが、【Ⅰ】ではどのように示しているか。その具体的内容として、最も適切なものを、次のア～エの中から選んで、その記号を書きなさい。

ア　詩文を作ること　イ　手かきに励むこと

ウ　徳行を修めること　エ　名望を得ること

(四)【Ⅱ】に③或人の伝え方 とあるが、【Ⅰ】で或人はどのような伝え方をしているか。その具体的説明として、最も適切なものを、次のア～エの中から選んで、その記号を書きなさい。

ア　まず、弟にも十分な能力があることを伝え、次に、必ず目標を達成できる具体的な方法を示している。

イ　まず、全体的に兄と比べ劣っていることを分からせ、次に、特に劣っている能力を詳しく説明している。

ウ　まず、兄の名声の高さと人望の大きさを確認し、次に、心を入れ替えて奮起することを促している。

エ　まず、兄の役割と弟の役割を説明し、次に、必ず兄を敬わなければならないことを具体例で示している。

(五)【Ⅱ】に④人生を変えるほどの大きな影響 とあるが、【Ⅰ】における弟への影響はどのようなものであったか。最も適切なものを、次のア～エの中から選んで、その記号を書きなさい。

ア　兄に劣等感を抱いていたが、兄と比べて徳行が足りないと書物を読んで悟り、兄に勝つことができた。

イ　兄に劣等感を抱いていたが、兄に勝つため熱心に学問に励んだことで、兄を乗り越えることができた。

ウ　兄の悪口を言っていたが、兄の名声と優れた人望を後から知って驚き、兄を敬い仕えるようになった。

エ　兄の悪口を言っていたが、兄と優劣つけがたい評価を得るようきなさい。

ア いつもより明るい様子の丸山と風呂へ行くことができるのを楽しみにする気持ち。

イ 浮かない表情を見せたり明るくふるまったりする丸山を心配する気持ち。

ウ 曖昧な返事をしたり風呂に誘ったりする丸山の身勝手さにいらだつ気持ち。

エ 博物館へ行けずに沈んでいた丸山がすっかり気を取りなおしたことに安心する気持ち。

(三) **【Ⅰ】・【Ⅱ】**の中に ②不安やあせり とあるが、丸山がそれを感じた理由として、最も適切なものを、次の**ア**～**エ**の中から選んで、その記号を書きなさい。

ア 丸山の誘いで美大を受験することになった心平が、美術の先生に特訓をお願いしたから。

イ 丸山が紹介した絵画教室でデッサン力が上達したため、心平が美大を目指すようになったから。

ウ これまで美大への進学を目指してきた丸山が、心平のせいでデッサンの練習時間が減ったから。

エ 真剣に絵を描いて美大を目指してきた丸山が、心平の優れた才能を知ってしまったから。

(四) **【Ⅱ】**の「言動から主人公の人物像を考える」の［　　］にはそれぞれ本文中の根拠となる部分が入るが、そこに入るものとして、**適切でないもの**を、次の**ア**～**エ**の中から一つ選んで、その記号を書きなさい。

ア 「どした？　なんかあった？」

イ 会話が途切れ、怜は隣にいる丸山をさりげなくうかがった。

ウ 怜はびっくりし、湯のなかで丸山のほうに体を向けた。

エ そうか、マルちゃんは心平に嫉妬して、でもそんな自分がたまらなくいやなんだ。

(五) **【Ⅰ】**の表現の特徴として、最も適切なものを、次の**ア**～**エ**の中から選んで、その記号を書きなさい。

ア 短い会話を重ねることで、少しずつ互いに不信感を募らせる怜と丸山の関係を描いている。

イ 人物や情景について詳細に描写することで、怜と丸山を取り巻く状況を想像しやすくしている。

ウ 丸山から見た怜についての描写を多く用いることで、怜が内面に抱える苦悩を巧みに表現している。

エ 直喩を多用することで、心平、怜、丸山の複雑な心情や人間関係を印象づけている。

二

田中さんたちは、「昔の人の考え方を知ろう」という国語の授業で、**【Ⅰ】**の古典の文章を読み、**【Ⅱ】**のように内容についてグループで話し合いました。後の(一)～(五)の問いに答えなさい。

【Ⅰ】古典の文章

ア一弟(一人の弟)ありて、**イ**其《その》兄と同じく学問をなして、名望(名声と人望が)の兄にしかざるを恥《はぢ》て、ややもすれば**ウ**人に対して兄の短(短所)を云《い》ふ。**エ**或《ある》人これを教《をしへ》ていふ、「①足下《そくか》と令兄《れいけう》(あなたと兄上と)、博学1ひとしく詩文ひとしく、手かきすること(巧みに字を書く)まで、何一つも令兄に劣《おとり》たる事なくて、名望令兄にしかざるは、

※1　吹聴する＝広く言い広める。
※2　格天井＝角材を広い間隔で格子形に組んで上に板を張った天井。
※3　山本先生＝心平の担任の先生。
※4　鷹揚＝ゆったりと落ち着いていること。
※5　餅湯城＝混泉街の海辺の丘の上に建てられた観光用の城。
※6　波濤＝大波。
※7　心象＝意識に浮かんだ姿や像。

【Ⅱ】佐藤さんのノート

○　言動や出来事から登場人物の心情を考える

心平	怜（主人公）	丸山
A		〈才能ってこういうことなのかもなあって、俺はつくづく思った〉
B → C		丘の麓の絵画教室を紹介
D		〈『じゃあしばらくデッサンの練習できないな』と思った。そのまま美大受験に飽きてくれればもっといいのにって喜んだ〉
	①急いで二階に上がり、風呂の道具をそろえて、また階段を駆け下りる	「怜も風呂行かない？」
	「餅の湯」に二人で行く	
初耳（→B）	丸山の②不安やあせりを感じ取っている	（回想）二月にあった文化祭　夜の海と丘のてっぺんに白く浮かびあがる不吉な廃墟

○　言動から主人公の人物像を考える

〈根拠〉

「マルちゃんはずっと真剣に絵を描いて、美大を目指してきたんだから、ちらっとそんなふうに思っちゃうのも当然なんじゃないの」

〈人物像〉

相手の気持ちを察することができる人物

(一)　次のア～エは【Ⅱ】の A ～ D に入る出来事である。 C に入るものとして、最も適切なものを、次のア～エの中から選んで、その記号を書きなさい。

ア　指を骨折する　　イ　粘土で馬の埴輪を作る
ウ　絵画教室に通い始める　　エ　美大受験を決める

(二)　【Ⅰ】・【Ⅱ】の中に①急いで二階に上がり、風呂の道具をそろえて、また階段を駆け下りるとあるが、このときの怜の気持ちとして、最も適切なものを、次のア～エの中から選んで、その記号を書

「『餅の湯』に来た夜って、布団に入るとなんか足がむずむずするときがある」と、怜は洗い場に立ちこめる湯気を見ながら言った。
「俺もある。血行がよくなるからかな」
「見た目はふつうのお湯と変わらないのに、温泉って不思議だね」
会話が途切れ、怜は隣にいる丸山をさりげなくうかがった。丸山は電灯を映して揺れる湯面を眺めている。ふくふくとした耳たぶが熱気のせいで少し赤くなっている。
「俺さ、自分がいやになったよ」
しばらくの沈黙ののち、丸山が静かに話しだした。
「どうして」
「心平が美大受けることにしたの、知ってる？」
「いや、初耳」
怜はびっくりし、湯のなかで丸山のほうに体を向けた。「いまからやってまにあうもんなの？デッサンとか大変なんだろ」
※3「山本《やまもと》先生も驚いたみたいで、俺や美術の林《はやし》先生にいろいろ聞いてきたよ」
山本先生の慌てぶりを思い出したのか、丸山はちょっと笑った。
「俺が通ってる丘の麓の絵画教室を紹介してあげた。心平は部活があるから土日しか来られないし、まだ初級者コースだけど、デッサンはどんどんうまくなってる」
「学科だってあるのに、あいつなに考えてんだ」
「そっちはまた俺たちが特訓してあげればいいんじゃない」
丸山はあくまでも※4鷹揚《おうよう》である。「怜もこのあいだ、心平が粘土で作った馬の埴輪《はにわ》を見たでしょ。才能ってこういうことなのかもなあって、俺はつくづく思った」
「もしかして心平、土器づくりが楽しかったことを思い出して、美大を受けるなんて言いだしたの？」
「詳しくは聞いてないけど、そうなんじゃないかな。絵画よりは陶芸とか彫刻とか、立体物に興味があるみたいだったし」
お湯から出した手で顔をぬぐった丸山は、ついでに表面張力を楽しむように、掌《てのひら》で二度ほど湯を叩《たた》いた。その行為に、丸山にしてはめずらしいいらだちを感じて、
「だけどどうして、マルちゃんが自分をいやになるんだよ」
と、怜はおずおずと尋ねた。
「心平が指を骨折したって聞いたとき」
丸山は低くかすれた声で言った。「俺はまっさきに、『じゃあしばらくデッサンの練習できないな』と思った。そのまま美大受験に飽きてくれればもっといいのにって喜んだ」
怜は咄嗟《とっさ》に言葉が出なかった。そうか、マルちゃんは心平に嫉妬して、でもそんな自分がたまらなくいやなんだ。
二月にあった文化祭で、丸山が出品した絵が思い浮かんだ。ずっと取り組んでいたその油絵は、※5餅湯《もちゆ》城と青い海が描かれているはずだったが、怜がしばらく部活をさぼっているあいだに、夜の海と丘のてっぺんに白く浮かびあがる不吉な廃墟《はいきょ》に変じていた。キャンバスのうえで、闇からにじむ暗紫《あんし》の※6波濤《はとう》が逆巻く。マルちゃん、新境地だな、と怜は呑気《のんき》に思ったものだが、あれは自身に対する②不安やあせりを感じた丸山の、荒々《あらあら》しい※7心象風景だったのかもしれない。
怜はといえば画用紙に適当に絵の具を塗りたくり、抽象画だと言い張ってお茶を濁した。
「マルちゃんはずっと真剣に絵を描いて、美大を目指してきたんだから、ちらっとそんなふうに思っちゃうのも当然なんじゃないの」
（三浦しをん「エレジーは流れない」による。）

〈国語〉

時間　五〇分　満点　一〇〇点

一　佐藤さんは、国語の授業で【Ⅰ】の文章を読み、登場人物の心情や主人公の人物像を【Ⅱ】のようにノートにまとめました。後の㈠～㈤の問いに答えなさい。（【Ⅰ】はページごとに上段から下段に続いている。）

【Ⅰ】授業で読んだ文章

高校三年生の怜《れい》は、海と山に囲まれたのどかな温泉街に暮らしている。進路選択が迫る中だが、友人の心平《しんぺい》や竜人《りゅうじん》、丸山《まるやま》と騒がしい毎日を過ごしていた。そんなある日、心平が指を骨折してしまう。

「おう、マルちゃん。心平のこと聞いた？」

「聞いた」

丸山はなぜか浮かない表情でうなずいた。「竜人に博物館へ誘われたけど、断ったよ」

「俺も。ほっときゃいいんだ、あいつらのことは」

「うん……」

「どした？　なんかあった？」

「ううん……」

力なく首を振った丸山は、気を取りなおしたようにあえて明るく、

「怜も風呂行かない？」

と持ちかけてきた。怜はすでに夕飯まえ、家の風呂に入っていたが、もちろん、

「いいね。ちょっと待ってて」

と答えた。①急いで二階に上がり、風呂の道具をそろえて、また階段を駆け下りる。

丸山は洗面器を抱え、店のまえでうつむきかげんに立っていた。怜はシャッターを半分だけ下ろし、丸山と連れだって、商店街のなかほどへと歩きだした。

「餅《もち》の湯《ゆ》」は、五、六人も入ればみちみちの浴槽《よくそう》しかない、古くてこぢんまりした公衆浴場だ。商店街の住民が当番制で清掃や管理をすることで、ほそぼそとつづいてきた。地元住民は木札を見せれば一回百円で入れるし、観光客も三百円を払えば利用できる。

源泉かけ流しで泉質がいいので、「この湯に浸《つ》からないと一日が終わらない」と言う近所の高齢者は多かった。長年「餅の湯」を利用してきたおばあさんたちは、たしかに年齢のわりに肌がつやつやしている。そんな彼女たちが、商店街で店番をするついでに「餅の湯」の効能を観光客に※1吹聴《ふいちょう》するのだから、説得力がある。最近では、旅館やホテルをチェックアウトしたあと、帰りがけに「餅の湯」へ立ち寄る観光客もちらほらいた。タイル貼りの浴槽や、旧式の蛇口がついた狭い洗い場、二階にある畳敷きの休憩所と檜《ひのき》の※2格天井《ごうてんじょう》など、レトロなつくりが「かわいい」と人気なのだそうだ。

とはいえ、怜と丸山が「餅の湯」を訪れたときには、あと三十分ほどで営業時間が終わる頃合いだったからか、男湯にほかに客はいなかった。出入り口の引き戸を開けてすぐ右手にある、二畳ほどの事務スペースで暇そうにテレビを見ていた金物屋のおじさんに代金を渡し、下駄箱《げたばこ》に靴を収める。

手早く髪と体を洗い、二人そろって湯船に浸かると、自然と「ふぃー」と声が出た。ここの湯は無色透明だが、ほのかに海の香りがし、舐《な》めると少ししょっぱい。

MEMO

大切なことはメモしておこうネ！

2022年度

解 答 と 解 説

《2022年度の配点は解答用紙集に掲載してあります。》

<数学解答>

1 (1) ① 13　② $\sqrt{2}$　③ a^2b^2　④ $\frac{11}{6}x$　(2) ($x=$)0, 4

2 (1) ($a=$)2(, $b=$)1　(2) $\frac{1}{9}$　(3) 2000(円)　(4) 3(cm²)

3 (1) a ア　b ウ　c エ　(2) 135(度)　(3) $3\sqrt{5}$ (cm)

4 (1) ① (午前)10(時)27(分)　② (分速)135(m)　(2) 1500(m)

5 (1) ① 4.8(冊)　② イ　(2) ① イ　② ア　③ ア　④ ウ

6 (1) $\frac{16\sqrt{2}}{3}\pi$ (cm³)　(2) 16π (cm²)　(3) $2\sqrt{7}+\sqrt{3}$ (cm)

<数学解説>

1 (数・式の計算, 平方根, 二次方程式)

(1) ① 正の数・負の数をひくには, 符号を変えた数をたせばよい。$4-(-9)=4+(+9)=4+9=13$

② $\sqrt{6}\times\sqrt{3}-\sqrt{8}=\sqrt{6\times3}-\sqrt{2^3}=\sqrt{2\times3\times3}-\sqrt{2^2\times2}=3\sqrt{2}-2\sqrt{2}=(3-2)\sqrt{2}=\sqrt{2}$

③ $6a^3b\times\frac{b}{3}\div2a=6a^3b\times\frac{b}{3}\times\frac{1}{2a}=\frac{6a^3b\times b\times1}{3\times2a}=a^2b^2$

④ $\frac{x+6y}{3}+\frac{3x-4y}{2}=\frac{2(x+6y)+3(3x-4y)}{6}=\frac{2x+12y+9x-12y}{6}=\frac{11}{6}x$

(2) 2次方程式$(x+3)(x-7)+21=0$の左辺を展開して整理すると, $(x+3)(x-7)+21=x^2+(3-7)x+3\times(-7)+21=x^2-4x-21+21=x^2-4x=x(x-4)=0$　よって, $x=0$, 4

2 (方程式の応用, 関数・グラフと確率, 図形と関数・グラフ, 面積)

(1) x, yについての連立方程式$\begin{cases}ax+by=-11\cdots①\\bx-ay=-8\cdots②\end{cases}$の解が$x=-6$, $y=1$だから, ①, ②に$x=-6$, $y=1$を代入して, $\begin{cases}a\times(-6)+b\times1=-11\\b\times(-6)-a\times1=-8\end{cases}$　整理して, $\begin{cases}-6a+b=-11\cdots③\\-a-6b=-8\cdots④\end{cases}$
③, ④をa, bについての連立方程式とみて解く。③×6+④より, $-36a-a=-66-8$　$-37a=-74$　$a=2$　これを③に代入して, $-6\times2+b=-11$　$b=1$　よって, $a=2$, $b=1$

(2) 1回目のカードのひき方は, -3, -2, -1, 1, 2, 3の6通り。そのそれぞれのひき方に対して, 2回目のカードのひき方が, -3, -2, -1, 1, 2, 3の6通りずつあるから, 全てのカードのひき方は$6\times6=36$(通り)。このうち, 点(a, b)が関数$y=\frac{6}{x}$のグラフ上にある, すなわち, $ab=6$となるのは, $(a, b)=(-3, -2)$, $(-2, -3)$, $(2, 3)$, $(3, 2)$　$\frac{4}{36}=\frac{1}{9}$

(3) ワイシャツ1着の定価をx円とする。割引券1枚につきワイシャツ1着だけが定価の3割引きで買うことができる割引券を3枚使って, 定価がx円のワイシャツを5着買ったところ, 代金が8200円だったから, $x\times(1-0.3)\times3+x\times(5-3)=8200$　整理して, $2.1x+2x=8200$　これを解いて, $x=2000$　ワイシャツ1着の定価は2000円である。

(4) 点A，Bは$y=-x^2$上にあるから，そのy座標はそれぞれ$y=-(-1)^2=-1$，$y=-2^2=-4$ よって，A$(-1,\ -1)$，B$(2,\ -4)$ 直線ABの傾き$=\dfrac{-4-(-1)}{2-(-1)}=-1$ 直線ABの式を$y=-x+b$とおくと，点Aを通るから，$-1=-(-1)+b$ $b=-2$ 直線ABの式は$y=-x-2$ これより，直線ABとy軸との交点をCとするとC$(0,\ -2)$であり，OC＝2cm 以上より，△OAB＝△OAC＋△OBC$=\dfrac{1}{2}\times$OC×(点Aのx座標の絶対値)$+\dfrac{1}{2}\times$OC×(点Bのx座標の絶対値)$=\dfrac{1}{2}\times2\times1+\dfrac{1}{2}\times2\times2=3$(cm²)

3 (相似の証明，角度，線分の長さ，三平方の定理)

(1) 2つの三角形の相似は，「3組の辺の比がそれぞれ等しい」か，「2組の辺の比とその間の角がそれぞれ等しい」か，「2組の角がそれぞれ等しい」ときにいえる。本証明は，「2組の角がそれぞれ等しい」をいうことで証明する。1組目の等しい角は，事前に証明した△DPC≡△AQDより，**合同な図形の対応する角は等しい**ことから，∠DPC＝∠AQD＝∠DQR…(a) 2組目の等しい角は，頂点Dで重なる共通な角であることから，∠PDC＝∠QDR…(b) (a)，(b)より，「2組の角がそれぞれ等しい」…(c) ことがいえる。

(2) △ABEと△CBEがそれぞれAB＝EB, CB＝EBの二等辺三角形であることを考慮すると，$\angle AEC=\angle BEA+\angle BEC=\dfrac{180^\circ-\angle ABE}{2}+\dfrac{180^\circ-\angle CBE}{2}=\dfrac{180^\circ-\angle ABE+180^\circ-\angle CBE}{2}=\dfrac{360^\circ-(\angle ABE+\angle CBE)}{2}=\dfrac{360^\circ-90^\circ}{2}=135^\circ$

(3) △DPCに**三平方の定理**を用いると，$PD=\sqrt{PC^2+DC^2}=\sqrt{5^2+10^2}=5\sqrt{5}$ (cm) 点Fから辺BCへ垂線FHを引くと，FH//DCだから，△PHF∽△PCDなので，PH：FH：PF＝PC：DC：PD$=5:10:5\sqrt{5}$ これより，PH$=x$とすると，FH$=\dfrac{10}{5}$PH$=2x$，PF$=\dfrac{5\sqrt{5}}{5}$PH$=\sqrt{5}\,x$ △BFHに三平方の定理を用いると，$BF^2=BH^2+FH^2=(BP+PH)^2+FH^2$より，$10^2=(5+x)^2+(2x)^2$ 整理して，$x^2+2x-15=0$ $(x-3)(x+5)=0$ ここで，$x>0$より，$x=3$ よって，PF$=\sqrt{5}\,x=\sqrt{5}\times3=3\sqrt{5}$ (cm)

4 (関数とグラフ)

(1) ① バスPは実験を終了するまで一定の速さで走行し，2地点A，B間を片道9分で走行するから，バスPが2回目に地点Bに到着した時刻は，午前10時の9(分)×3＝27(分)後の，午前10時27分である。

② 問題のグラフから，バスQは，地点Aを出発して地点Bに到着するまでに，27(分)－7(分)＝20(分)かかったことが分かる。よって，バスQの，地点Bに到着するまでの速さは，**(速さ)＝(道のり)÷(時間)**より，2700(m)÷20(分)＝(分速)135(m)である。

(2) 右図において，3点D，E，Fのx座標はそれぞれ27，9×5＝45，9×6＝54だから，それぞれの座標はD(27，2700)，E(45，2700)，F(54，0)である。これより，直線DFの傾き$=\dfrac{0-2700}{54-27}=-100$だから，直線DFの式を$y=-100x+b$とおくと，点Fを通ることから，$0=-100\times54+b$ $b=5400$ 直

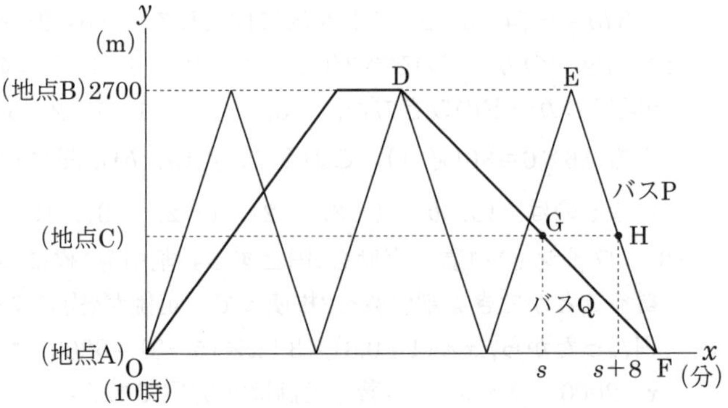

線DFの式は$y=-100x+5400$…①　同様にして，直線EFの式は$y=-300x+16200$…②　前ページの図において，点Gは，地点Aに向かうバスQが地点Cを通過した点を表し，点Hは，地点Aに向かうバスPが地点Cを通過した点を表す。点Gのx座標をsとすると，地点Hのx座標は問題の条件より$s+8$と表される。①，②より，$-100s+5400=-300(s+8)+16200$が成り立ち，これを解いて，$s=42$　以上より，地点Cは地点Bから$2700-(-100\times42+5400)=1500$(m)のところにある。

5 (資料の散らばり・代表値)

(1)　①　(本の冊数の**平均値**)＝(冊数の合計)÷(生徒の人数の合計)＝$(0\times1+1\times2+2\times1+3\times2+4\times2+5\times4+6\times3+7\times1+8\times3+9\times1)\div20=96\div20=4.8$(冊)

②　**箱ひげ図**とは，右図のように，**最小値，第1四分位数，第2四分位数(中央値)，第3四分位数，最大値**を箱と線(ひげ)を用いて1つの図に表したものである。図1より，最小値は0(冊)，第1四分位数は$\frac{3+3}{2}=3$(冊)，第2四分位数(中央値)は$\frac{5+5}{2}=5$(冊)，第3四分位数は$\frac{6+7}{2}=6.5$(冊)，最大値は9(冊)だから，図1に対応する箱ひげ図はイである。

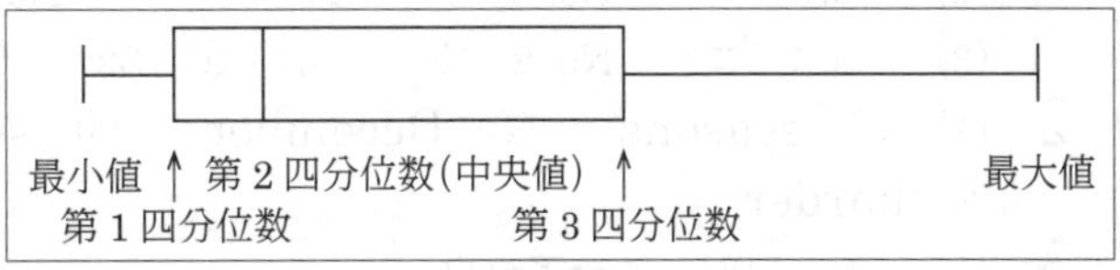

(2)　①　箱の横の長さを**四分位範囲**といい，第3四分位数から第1四分位数を引いた値で求められる。明らかに，箱の横の長さはB組＜C組だから，B組とC組の四分位範囲を比べるとC組の方が大きい。①は正しいとはいえない。

②　B組とC組の中央値(第2四分位数)は5冊で同じである。②は正しいといえる。

③　第1四分位数は借りた本の冊数の少ない方から5番目と6番目の生徒の平均値。B組とC組の第1四分位数がそれぞれ3.5冊，3冊であることから，B組もC組も，3冊以下の生徒が5人以上いる。③は正しいといえる。

④　箱ひげ図からは平均値は読み取れない。④はこれらの箱ひげ図からはわからない。

6 (円すいの表面積と体積，ひもの最短の長さ)

(1)　(円すいの体積)＝$\frac{1}{3}\times$(底面積)$\times$(高さ)＝$\frac{1}{3}\times(\pi\times2^2)\times4\sqrt{2}=\frac{16\sqrt{2}}{3}\pi$ (cm^3)

(2)　**半径r，弧の長さℓのおうぎ形の面積は$\frac{1}{2}\ell r$**で求められるから，(円すいの表面積)＝(底面積)＋(側面積)＝$(\pi\times2^2)+\left(\frac{1}{2}\times2\pi\times2\times6\right)=16\pi$ (cm^2)

(3)　ひもの長さが最短となるのは，ひもBPの長さとひもPQの長さがそれぞれ最短となるときである。ひもBPの長さが最短となるのは，右図のように，展開図上で直線となるときで，このときのひもの長さは線分BPの長さに等しい。また，ひもPQの長さが最短となるのは，展開図上でOB⊥PQとなるときで，このときのひもの長さは線分PQの長さに等しい。右図のおうぎ形の中心角は$360^\circ\times\frac{2\pi\times2}{2\pi\times6}=120^\circ$より，$\angle BOH=\angle POQ=\frac{120^\circ}{2}=60^\circ$　よって，△BOHは30°，60°，90°の直角三角形で，3辺の比は$2:1:\sqrt{3}$だから，OH＝

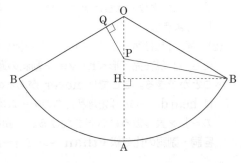

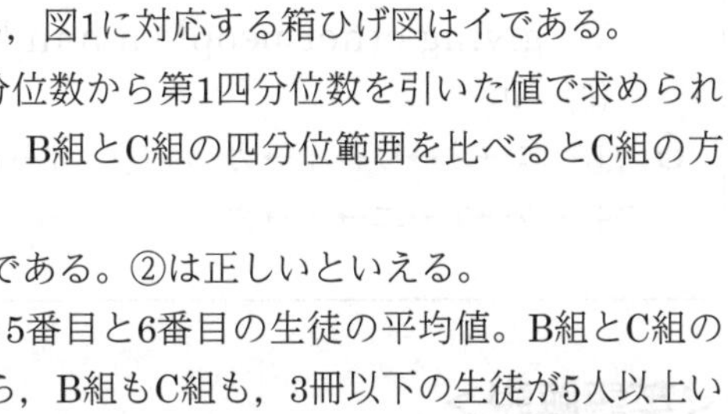

$\frac{OB}{2}=\frac{6}{2}=3$(cm), $BH=\sqrt{3}OH=\sqrt{3}\times3=3\sqrt{3}$(cm)　△PHBに三平方の定理を用いて, $BP=\sqrt{BH^2+PH^2}=\sqrt{BH^2+(OH-OP)^2}=\sqrt{(3\sqrt{3})^2+(3-2)^2}=2\sqrt{7}$(cm)　△POQは30°, 60°, 90°の直角三角形で, 3辺の比は$2:1:\sqrt{3}$だから, $PQ=\frac{\sqrt{3}}{2}OP=\frac{\sqrt{3}}{2}\times2=\sqrt{3}$(cm)　以上より, ひもの最短の長さは, $BP+PQ=2\sqrt{7}+\sqrt{3}$(cm)

<英語解答>

1　(1)　No. 1　イ　　No. 2　ウ　　No. 3　ア　　No. 4　ウ　　No. 5　ア
(2)　No. 1　エ　　No. 2　ア　　No. 3　ウ　　No. 4　ア
(3)　No. 1　エ　　No. 2　ウ　　(4)　①　82　　②　health　　③　clean

2　(1)　①　seasons　　②　December　　③　such　　(2)　④　heard　　⑤　our　　⑥　harder

3　(1)　エ　　(2)　イ→ア→ウ

4　(1)　①　イ　　②　エ　　③　ウ　　④　イ　　⑤　ア　　(2)　student card

5　(1)　ア, エ, カ　　(2)　ア　　(3)　①　a member of the soccer team
②　giving other people a hand is easier　　(4)　①　ア　　②　エ　　③　ウ
(5)　エ

6　①　エ→オ→ウ→イ→カ　　②　オ→ウ→カ→エ→ア　　③　エ→ア→カ→イ→オ
④　ウ→ア→エ→イ→カ

<英語解説>

1 (リスニング)

放送台本の和訳は, 62ページに掲載。

2 (語句問題：語句補充, 語形変化, 現在完了, 代名詞, 比較)

(1)　①「マレーシアはいつも暑いけど日本には四季があることを知った」いつも暑いマレーシアに対して日本は4つの何があるかを考える。seasonは「季節」だがここでは4つの季節なのでseasonsと複数の形にすること。　②「次の12月に日本へ行くときは日本の冬を楽しめますよね？」大文字のDで始まっており, 冬を表すことができるのはDecember「12月」と考える。③「私の学校では私はテニスやネットボールのようなスポーツをします」**<such as ～>で「～のような」**の意味。

(2)　④「私はネットボールのことを聞いたことがないので日本に来たときにやり方を教えてください」現在完了形**<have ＋動詞の過去分詞形>は「～したことがある」**という経験を表すことができる。ここではneverがあるので「～したことがない」の意味。hearの過去分詞形はheard。　⑤「先月私たちのチームはトーナメント戦で勝ち」weの所有格ourは「私たちの～」を表し後ろに名詞を続ける。　⑥「今私たちは以前よりも熱心に練習しています」**<形容詞・副詞の比較級＋than ～>で「～より(形容詞・副詞)だ」**という比較の表現となる。

3 (短文読解問題：内容真偽, 文の並べ換え)

(1)　内容は「ふたば市は次の春に貸し出し自転車サービスを開始します！市内の30ある駐輪場からいつでも自転車を借りられます。同じ駐輪場に返す必要はなく，借りるには24時間で100円が必要なだけです。スマートフォンか現金で払えます。このサービスでふたば市の生活がより楽になります」という意味。　ア「自転車は同じ場所で借りて返さないといけない」(×)　第3文参照。　イ「貸し出し自転車サービスは環境にいい」(×)　そのような記述はない。　ウ「貸し出し自転車サービスを使うためにスマートフォンは必須だ」(×)　第4文参照。　エ「ふたば市では好きな時に自転車を借りられる」(○)　第2文参照。

(2)　内容は「人々は生活をよりよくするために新しいものを作り出してきた。同時に自然界にも興味を持ち，多くの科学者がそれを注意深く観察してきた。イ結果としてそこから多くの新しいアイディアを得ている。ア時に鳥のような動物から役立つアイディアを得る。ウ鳥には静かな動きで水に入るものがいる。科学者はこの鳥のように新幹線がトンネルに入れるようにこのアイディアを用いた」の意味。空欄直前の文で natural world「自然界」について述べられており，文後半にある it はこれを指している。イの it もこの「自然界」を指していると考える。アとウはその具体例で鳥が挙げられている。アはイで述べられたアイディアの例をあげ，ウで鳥の性質について具体的な内容となっている。

4　(対話文問題：語句補充)

(全訳)　アナ：こんにちは，シホ。何してるの？

シホ：ヒバリ動物園のウェブサイトを見てる。家族とそこに行くの。一緒に来る，アナ？

アナ：うん！　いつ行くの？

シホ：①(この土曜日はどう？)

アナ：ごめんね，土曜日にはシティホールで午後3時までピアノのレッスンがあるのよ。

シホ：問題ないよ。私たちは夕方に行くよ。チケットが安いの。ウェブサイトを見て。

アナ：本当だ。じゃあそれぞれ②(300)円節約できるね。

シホ：うん。それに学生証を持ってきた方がいいよ。チケットを買うときにそれを見せないと学生割引がされないの。

アナ：オーケー。ねえ，③(どうやって動物園に行ったらいい？)

シホ：家族と私はそこまで車で行くの。乗っていく？

アナ：ありがとう，でもシティホールから直接行く。あなたの家から遠いよね？

シホ：じゃあバスに乗った方がいいよ…。このページを見て。時刻表があるよ。

アナ：2つの線があるね。どっちを乗るべき？

シホ：ええと…。もしブルー線に乗ったら動物園まで25分必要。レッド線に乗ったら35分。

アナ：わかった。入口で待ち合わせる？

シホ：うん。4時に会うのはどう？

アナ：じゃあ④(3時25分)のバスに乗るね。

シホ：アナ，どのイベントに行きたい？　4種類のイベントがあるよ。

アナ：本当？　大きい動物が好きだけど，お金はたくさん払えない。今週は3000円しか使えないの。

シホ：じゃあ，⑤(「ゾウと写真を撮る」)はどう？

アナ：素晴らしいね！　面白いだろうね。

(1)　①　直後にアナが土曜日は行けないと言っていることから土曜日を提案していると考える。

②　ウェブサイトからチケット代を比べる。save は「～を救う，貯める，節約する」の意味が

ある。 ③ 直後に車で行くと答えているので行き方を聞いているのがわかる。 ④ 7つ目のシホの発話と時刻表を参照し，4時に間に合うものを選ぶ。 ⑤ 直前のアナの発話に合うものをウェブサイトのイベントタイム欄から選ぶ。

(2) 空欄直後で学割の話をしている。ウェブサイトのチケット欄外を見ると「学割を受けるためにはチケット購入時に学生証を提示してください」とある。

5 **(長文読解問題・スピーチ：内容真偽，文挿入，英問英答，語句補充)**

(全訳) みなさん，こんにちは。私の名前はミズキです。今日はブラインドサッカーから学んだことを話したいと思います。

私が中学生のとき，私たちの市で大きなスポーツイベントが行われることを知りました。母は「イベントに参加したら？ 面白そうだよね？」と言いました。私もそう思いました。そのイベントではレッスンを受けたり様々なスポーツの経験ができることになっていました。私は中学校でサッカー部に入っていたのでブラインドサッカーをやってみたいと思いました。友達のジュンに一緒に行こうと誘いました。

次の週末，ジュンと私はそのイベントに行きました。有名な選手を何人か見ました。ア 彼らを見て私たちはとても興奮しました。 サッカー場に着いたとき，ブラインドサッカー選手のタナカさんがそこにいました。私は以前によく彼女の試合をテレビで見ていたので驚きました。レッスンが始まったとき，ジュンと私はとても不安になり何をすべきかわかりませんでした。しかし，彼女はフレンドリーで「心配しないで。楽しめるよ」と言いました。

目が覆われた時，とても怖く感じました。私はフィールドで動いたり走ったりできないと感じました。ボールの音は聞こえますが，そのボールがどこにあるのかを知るのは難しくてできませんでした。

レッスンが終わったとき，タナカ先生は私たちに目を覆い続けて，サッカー場の外を歩くべきだと言いました。彼女は「もっと知ることができる」と言いました。私は何か食べるものを買いたかったので，ジュンが目かくしを取って，私をお店に連れて行きました。階段を降り，人があふれている廊下を歩かなくてはなりませんでした。疲れましたがたくさんのことを発見しました。

もしはっきりと見えなかったら生活は大変だろうと思いました。そして私はタナカさんにはっきり見えない人たちをどのように助けられるかをたずねました。彼らが助けを必要とするときにただ助けてあげた方がいいと彼女は言いました。彼女は微笑んで「考えすぎる必要はありません。助けを必要としているのは私たちだけではありません。あなたは困っているときに他の人たちの助けを求めますよね？ 例えば道に迷ったら誰かに助けを求めます。私たちみんなが他の人たちからの助けが必要です」と言いました。

彼女の言葉のおかげで，私は他の人を助けることがより簡単に感じました。私たちは1人で生きることはできず，日々の生活で自然なこととしてお互いに助け合っています。私はブラインドサッカーを経験することからこれを学びました。

聞いてくれてありがとうございました。

(1) ア 「スポーツイベントはミズキにとって面白そうに感じて，友達とイベントに参加した」(○) 第2段落参照。 イ 「ジュンはミズキにスポーツイベントに参加するように言った」(×) 第2段落最終文参照。 ウ 「ミズキはイベントに行く前タナカさんについて何も知らなかった」(×) 第3段落第4，5文参照。 エ 「ミズキとジュンは不安だったがタナカさんが優しい言葉を彼らにかけてくれた」(○) 第3段落最後の2文参照。 オ 「ミズキは音が聞こえたのでボールがどこにあるかわかった」(×) 第4段落第3文参照。 カ 「ミズキがお店に行ったとき彼の目は覆われていた」(○)　第5段落参照。　キ 「タナカさんはミズキに，人々はよく道に迷うから彼らを助けるように言った」(×)　第6段落参照。　ク 「ミズキはタナカさんのような有名なサッカー選手になると決心した」(×)　そのような記述はない。

(2) 代名詞が誰を指しているのかを考える。We は第2段落でよく出てきておりジュンとミズキを指していると考える。後半の them は複数の人。「見て興奮した」ので有名な選手を見たとある直後のアがふさわしい。イの直前はタナカさんについて述べているので複数の人を表していない。

(3) ① 「ミズキはなぜスポーツイベントのブラインドサッカーに参加したいと思いましたか」解答例「彼は中学のサッカー部員だったから」の意味。第2段落最後から2文目参照。　② 「タナカさんの言葉を聞いたあとミズキはどのように感じましたか」解答例「他の人を助けることはより簡単に感じた」の意味。第6段落と第7段落第1文参照。

(4) ① 「しかし，もし目が覆われていたらサッカーをするのは大変だろうと想像できる」ブラインドサッカーの話をしているのでアがふさわしい。　② 「この経験のあと彼は困っている人を助けたいと思った」第6，7段落から助けたい気持ちがあることがわかる。　③ 「彼女はみんな誰かの助けを必要としていると言っていたので，私たちは日々の生活でお互いに支え合うべきだ」第6段落参照。

(5) ブラインドサッカーに参加したことにより，お互いに支え合っていることに気づき人を手助けすることに対するハードルが下がったことが第7段落からわかるので，エ「他の人のために私たちができることがある」がふさわしい。　ア 「スポーツイベントで友達を作る」　イ 「ブラインドサッカーのやり方を学ぼう」　ウ 「有名なサッカー選手のエキサイティングな人生」は内容と合わない。

6 （語句並べ換え：不定詞，分詞，関係代名詞）

① Which museum do you want to visit(?) 「どちらの博物館に行きたいですか」疑問文なので how か which のどちらかで始まると考える。続く文で「あおいアート美術館が好きですよね？」と聞いているので「どちらに行きたいか」を訪ねる which で始まる文になるとわかる。一般動詞現在形の疑問文は**＜疑問詞＋ do ＋主語＋動詞の原形～？＞**の語順となる。want to に動詞の原形を続けて「～したい」の意味。

② there are many pictures drawn by famous cartoonists「有名な漫画家によって描かれた絵がたくさんある」there are に複数名詞を続けて「(複数のもの)があります」の表現となるので many pictures が続く。動詞の過去分詞形は名詞の後ろについて「～された(名詞)」と表現することができる。ここでは draw「描く」の過去分詞形 drawn をpictures の後ろにつけて「描かれた絵」という意味となる。taken は「(写真など)を撮る」の意味があるのでここでは不要な語となる。

③ energy problems that we have to solve「私たちが解決しなければならないエネルギー問題」solve「解決する」があるのでポスターを見るとエネルギー問題のことを言っているとわかるのでウは不要。目的格の関係代名詞の問題で energy problems に that，主語，動詞を続けて詳しく説明する。**have to に動詞の原形を続けて「～しなくてはならない」**の意味。

④ it takes only 5 minutes to walk from「～からたったの徒歩5分しかかからない」直前に美術館の話をしているのでオは不要だとわかる。**＜it takes ＋時間＋ to ＋動詞の原形～＞で「～するのに(時間)かかる」**の表現。

2022年度英語　聞き取りテスト

〔放送台本〕

ただいまから1番の，放送による聞き取りテストを行います。問題は(1)から(4)までの四つです。放送中メモを取ってもかまいません。

それでは(1)の問題から始めます。

(1)　これから，No. 1から No. 5まで，五つの英文を放送します。放送される英文を聞いて，その内容に合うものを選ぶ問題です。それぞれの英文の内容に最もよく合うものを，ア，イ，ウ，エの中から一つ選んで，その記号を書きなさい。それぞれの英文は，2回放送します。では，はじめます。

No. 1　My sister is running after a dog.

No. 2　We use this when we give plants some water.

No. 3　There are two benches under a tree and a cat is sleeping between them.

No. 4　It will be cloudy tomorrow, and it will be colder than today.

No. 5　It's ten o'clock now. I have studied English for two hours, and now I will study math for one hour.

これで(1)の問題を終わります。

〔英文の訳〕

No.1　私の姉[妹]は犬を追って走っている。

No.2　私たちは植物に水をあげるときにこれを使います。

No.3　一本の木の下に2つベンチがあり，その間に猫が寝ています。

No.4　明日は曇りで今日よりも寒い。

No.5　今10時です。私は今まで2時間英語を勉強していて，1時間数学を勉強します。

〔放送台本〕

次に，(2)の問題に移ります。

(2)　これから，No. 1から No. 4まで，四つの対話を放送します。それぞれの対話のあとで，その対話について一つずつ質問します。それぞれの質問に対して，最も適切な答えを，ア，イ，ウ，エの中から一つ選んで，その記号を書きなさい。対話と質問は，2回放送します。では，はじめます。

No. 1　A: Mary, have you ever visited a foreign country?

B: No, I haven't. How about you, John?

A: I have been to Japan three times.

B: Japan is a country I want to visit someday. Please tell me about your trip.

Question: Has Mary ever been to Japan?

No. 2　A: Mai, can you teach me how to make Japanese food?

B: Sure, Bob. Come to my house next Sunday if you are free. My mom and I will show you.

A: Great. Then I can make it for my friends after I go back to America. They'll be surprised.

B: Sounds good.

Question: What will Bob do next Sunday?

No. 3　A: Here we are. The baseball game will begin soon.

B: I'm thirsty. Can I go and buy something to drink?

A: Yes, but it's one o'clock, so we only have fifteen minutes before the game begins.

B: OK. I'll come back soon.

Question: What time will the baseball game begin?

No. 4　A: Lisa, the school festival will be held from this Friday to Sunday, right?

B: Yes. My brass band will have a concert in the gym on the first day.

A: Sounds great! I'd like to go there. What time will it start?

B: It will start at two o'clock in the afternoon.

Question: What is true about the school festival?

これで(2)の問題を終わります。

〔英文の訳〕

No. 1　A：メアリー，外国に行ったことがありますか？

B：ないです。あなたは，ジョン？

A：3回日本に行ったことがあります。

B：日本は私がいつか訪れたい国です。あなたの旅行について教えてください。

質問：メアリーは日本に行ったことがありますか？

答え：エ　いいえ，ありません。

No. 2　A：マイ，日本食の作り方を教えてくれますか？

B：もちろんです，ボブ。もし暇なら次の日曜日に私の家に来てください。母と私が教えますよ。

A：いいですね。じゃあ僕はアメリカに帰ったら友達に作ってあげます。驚くでしょうね。

B：いいですね。

質問：次の日曜日にボブは何をしますか？

答え：ア　彼は日本食の作り方を学ぶ。

No. 3　A：着きました。野球の試合がもうすぐ始まります。

B：のどが渇きました。何か飲み物を買いに行っていいですか？

A：はい，でも1時だから試合が始まるまで15分しかありません。

B：オーケー。すぐに戻ります。

質問：野球の試合は何時に始まりますか？

答え：ウ　1時15分。

No. 4　A：リサ，学園祭はこの金曜日から日曜日に開かれるんですよね？

B：はい。私のブラスバンドは初日に体育館でコンサートを開きます。

A：いいですね！　そこに行きたいです。何時に始まりますか？

B：午後2時に始まります。

質問：学園祭について正しいのは何ですか？

答え：ア　学園祭は3日間開かれる。

〔放送台本〕

次に，(3)の問題に移ります。

(3)　これから，ジム(Jim)と店員との雑貨屋での対話を放送します。そのあとで，その内容について，Question No. 1と Question No. 2の二つの質問をします。それぞれの質問に対して，最も適切な答えを，ア，イ，ウ，エの中から一つ選んで，その記号を書きなさい。対話と質問は2回放送します。では，はじめます。

Clerk: How can I help you?

Jim: I'm looking for something for my grandmother's birthday, but I only have 2,000 yen.

Clerk: OK. Then, how about this hat? It's the most popular in this shop. It's 1,500 yen.

Jim: Well, my grandmother doesn't go out often, so I don't want to buy her a hat.

Clerk: So, something she can use at home would be better, right?

Jim: Yes. I thought giving her flowers was a good idea, but my sister is going to give them to her.

Clerk: Then how about this? She can put the flowers in it.

Jim: That's a good idea! How much is it?

Clerk: Oh, I'm sorry. It's actually 2,500 yen, but… 2,000 yen will be fine.

Jim: Thank you very much.

Questions: No. 1 What will Jim buy for his grandmother's birthday?

No. 2 How much will Jim pay?

これで(3)の問題を終わります。

〔英文の訳〕

店員：おうかがいしましょうか？

ジム：祖母の誕生日に何かを探しているんですが，2000円しかなくて。

店員：オーケー。ではこの帽子はどうですか？　このお店で一番人気なんです。1500円です。

ジム：えーと，祖母はあまり頻繁に外出しないので，帽子は買いたくないんです。

店員：では家で使える何かの方がいいですね？

ジム：はい。花をあげるのがいいと思ったんですが，姉[妹]が祖母にそれを買うんです。

店員：ではこれはどうですか？　それに花を入れることができます。

ジム：それはいい考えですね！　いくらですか？

店員：ああ，すみません。これは実は2500円なんですが…2000円でいいです。

ジム：ありがとうございます。

質問：No.1　ジムは祖母の誕生日に何を買いますか？

答え：エ

質問：No.2　ジムはいくら払いますか？

答え：ウ　2000円。

〔放送台本〕

次に，(4)の問題に移ります。

(4)　英語の授業で，生徒たちがクラスメイトのメイ(Mei)のスピーチを聞いてメモを取っています。これからそのスピーチを放送します。その内容について，下の空欄①には数字を，空欄②，③にはスピーチで用いた英語の中から適切な語を1語ずつ書き，メモを完成させなさい。英文は，2回放送します。では，はじめます。

Mr. Anderson is 82 years old, and he lives near my house. He takes a walk for thirty minutes every morning. When I meet him, he always tells me how good walking is for his health. He says he has never become sick since he started walking in the morning twenty years ago. When he takes a walk, he often collects garbage to keep our town clean. I respect him very much, and I want to be like him.

これで，放送による聞き取りテストを終わります。

〔英文の訳〕

アンダーソンさんは82歳で，私の家のそばに住んでいます。彼は毎朝30分歩きに行きます。彼に会うといつも歩くことがどれだけ自分の健康にいいかを教えてくれます。20年前に朝歩き始めてから病気をしたことがないと言います。彼は歩くときに，町をきれいに保つためによくゴミ拾いをしています。私は彼をとても尊敬していて，彼のようになりたいです。

①　82「彼は82歳です」。

②　health「彼の健康にいい」

③　clean「街をきれいに保つ」

＜理科解答＞

1　(1)　ア　(2)　エ　(3)　ア　(4)　イ　(5)　ア　(6)　イ，ウ　(7)　ウ　(8)　イ

2　(1)　ア　(2)　ア，エ　(3)　ア　(4)　ウ

3　(1)　エ　(2)　ウ　(3)　エ　(4)　イ

4　(1)　エ　(2)　オ　(3)　ウ　(4)　エ

5　(1)　あ　2　い　イ　(2)　ア　(3)　エ　(4)　イ　(5)　ア，ウ，エ，オ

6　(1)　エ　(2)　1.22〔kg/m^3〕　(3)　エ　(4)　ア

＜理科解説＞

1　(各分野小問集合)

(1)　交流は，電流の流れる向きや大きさが周期的に入れかわる電流で，略号としてACが用いられる。

(2)　酸素，二酸化炭素，水素は無臭の気体である。

(3)　双子葉類の植物の茎の維管束は輪状に並んでおり，葉脈は網目状に広がる網状脈となっている。

(4)　日本の南の海上に大きな高気圧(太平洋高気圧)が発達している。これは夏に特徴的な天気図である。

(5)　**仕事の原理**より，動滑車などの道具を用いても，最終的にする仕事の大きさは変わらない。また，動滑車を使うと，必要な力が小さくなるかわりに，力を加える距離は長くなる。

(6)　原子核は陽子と中性子からなり，陽子は＋(正)の電気をもつ。

(7)　トカゲはハ虫類であることから変温動物であり，外界の温度の変化によって，体温が変化する。自分で体温を一定にすることはできない。

(8)　火星は岩石からなる惑星で，**地球型惑星**に分類されている。大気のほとんどが二酸化炭素である。

2 (音の性質)

(1)　振動数が多くなるほど，音の高さが高くなる。

(2)　音の伝わる速さは，**到達距離÷到達時間**で求めることができる。光が伝わる速さに比べ，音が伝わる速さは大変遅い。

(3)　水面を伝わる波紋のように，音は，音源から同心円状に波となって周囲に伝わっていく。ばねについては，音の波と同様の模様となっているものを選ぶ。

(4)　音を出す係の人(位置Wとする)が出した音は，太郎さん(位置Xとする)まで直進し，1秒後に伝わったことから，WとXの距離は，340〔m/s〕×1〔s〕＝340〔m〕　よって，WとXの中点(Yとする)からXまでの距離は，340〔m〕÷2＝170〔m〕　また，Wから出た音が壁で入射角＝反射角となるように反射して(反射した点をZとする)，Xに伝わるまで2秒かかっていることから，「WZ＝ZX」となり，WZ＋ZX＝340×2＝680〔m〕　よって，ZからXまでの距離は，(680÷2＝)340m。このことから，△XYZは∠XYZ＝90°の直角三角形であり，辺の長さの比がXY：YZ：ZX＝170：YZ：340となる。　三平方の定理を利用すると，$ZX^2=XY^2+YZ^2$，$340^2=170^2+YZ^2$より，$YZ=170\sqrt{3}$〔m〕　これは，人の列から壁までの距離を表している。

3 (生態系)

(1)　分解者は，自然界の有機物をとり入れているために，消費者であるともいえる。

(2)　Ⅱの生物群が少なくなると，Ⅱを食べるⅢが減少し，Ⅱに食べられるⅠが増加する。

(3)　図3は炭素の循環なので，大気とは二酸化炭素を表している。よって，大気とのやりとりを表す矢印はすべて無機物の移動を表している。生物間の移動は有機物である。

(4)　図3は炭素の循環なので，大気とは二酸化炭素を表している。二酸化炭素の吸収と排出を行っている生物群①が生産者である。すべての生物は呼吸を行うが，生産者の植物は，他の生物群が行わない光合成を行う。また，生産者と消費者から物質をとり入れている③が，分解者を表している。

4 (地層の広がり)

(1)　アンモナイトは中生代，ナウマンゾウは新生代に地層ができたことを表す**示準化石**である。

(2)　この地域に見られる凝灰岩の層を基準にして，ア～オの地層を比べる。凝灰岩よりも上に堆積するオの層が最も新しい。

(3)　地点Aの凝灰岩の上面の標高は，294－1＝293〔m〕，下面の標高は，294－2＝292〔m〕　地点Dの凝灰岩の上面の標高は，300－7＝293〔m〕，下面の標高は，300－8＝292〔m〕

(4)　砂岩のもとになる砂と，泥岩のもとになる泥では，泥のほうが河口から離れた沖合で堆積する。よって，地点Aから海岸までの距離が一度長くなったが，その後短くなったことが考えられる。

5 (質量保存の法則)

(1) **炭酸カルシウム＋塩化水素→塩化カルシウム＋水＋二酸化炭素**の反応となる。また，反応後の水を構成する水素原子は塩化水素に由来する。反応後の水素原子は2個あることがわかるので，反応前にも水素原子は2個あることになる。よって，塩化水素分子は2個あることがわかる。

(2) **質量保存の法則**とは，反応前後で物質全体の質量は変わらないことを表した法則である。

(3) 質量保存の法則を利用して，うすい塩酸20.00g用いて反応したときに発生した二酸化炭素の質量を求めると，右の表のようになる。この実験では，炭酸カルシウムの質量を増やしても，発生する二酸化炭素の質量は2.42gが上限であることから，二酸化炭素が2.42g発生するために必要な最小限の炭酸カルシウムの質量xgを求める。2.00：0.88＝x：2.42　x＝5.50〔g〕　よって，うすい塩酸20.00gと過不足なく反応する炭酸カルシウムの質量は，5.50gであるといえる。

炭酸カルシウムの質量〔g〕	2.00	4.00	6.00	8.00	10.00
反応後の質量〔g〕	21.12	22.24	23.58	25.58	27.58
発生した二酸化炭素の質量〔g〕	0.88	1.76	2.42	2.42	2.42

(4) 炭酸カルシウムが反応せずに残るのは，反応できるうすい塩酸がなくなり，炭酸カルシウムが過剰に加えられたためである。よって，炭酸カルシウムの質量を増加しても，うすい塩酸が不足しているため，発生する二酸化炭素の質量は変わらない。

(5) イは塩素，カとキは気体は発生しない。

6 (気体の性質)

(1) 水上置換法で集めることができる気体は，共通して水に溶けにくいという性質をもつ。

(2) **$1m^3$あたりの質量が何kgであるか**を求める。500mLの空気の質量が169.24−168.63＝0.61〔g〕より，$1m^3$(1000000mL)当たりの質量は，$0.61\text{〔g〕}\times\frac{1000000\text{〔mL〕}}{500\text{〔mL〕}}=1220\text{〔g〕}$　これは1.22kgに相当する。

(3) 空気の体積が大きくなっても質量は変化しないため，**密度は小さくなる**。

(4) 上空の空気が入っているペットボトルの中の空気の気圧は，地上の気圧よりも低くなっているため，ペットボトルを地上に持ってくると，高い気圧の空気にペットボトル内の低い気圧の空気が押されるために，ペットボトルがへこむ。よって，しょう油容器の中の気圧よりも，まわりの気圧のほうが大きくなるようにすれば，実験2でペットボトルがへこむようすを再現できる。そのためには，ガラス瓶の中の空気を増やせばよい。また，気圧が高くなると，空気の温度は上昇する。

＜社会解答＞

1 1 (1) イ　(2) イギリス ア　中国 エ　(3) a プランテーション　bとc ウ
2 (1) ア　(2) カ　(3) 三重県 エ　県庁所在地名 キ　(4) イ　(5) ウ

2 1 (1) ウ　(2) エ　(3) 位置 ア　あとい カ　(4) イ　2 (1) ア
(2) ウ　(3) イ

3 (1) ア　(2) ウ　(3) ウ　(4) ア，ウ，エ　(5) カ　(6) a インフレーション[インフレ]　b〜d エ　(7) ウ

4 1 (1) ウ　(2) イ　2 (1) ア　(2) イ　(3) エ→イ→ウ→ア
(4) お エ　か ア　き カ　3 (1) ア　(2) イ

＜社会解説＞

1 （地理的分野―世界地理－気候・貿易・産業，―日本地理－日本の国土・人口・工業・都市・地形図の見方・農林水産業）

1 (1) ④の都市は，アルゼンチンの首都ブエノスアイレスである。**南半球**にあるため，12月・1月・2月の気温が高く，6月・7月・8月の気温が低い。また一年を通じて雨が多めである。**雨温図**のイがあてはまる。 (2) オーストラリアの輸出相手国は，1960年代は，かつて**宗主国**であったイギリスが第1位であったが，近年次第にアジアの国々の比重が増して，2016年では中国が第1位となっている。イギリスがアであり，中国がエである。 (3) a 熱帯・亜熱帯地域の広大な農地に大量の資本を投入し，天然ゴムや油やしなど単一作物を大量に栽培する大規模農法を**プランテーション**という。栽培されるのは，輸出目的で作られる商品作物である。植民地時代につくられたプランテーションが，現在に引き継がれているものが多い。 bとc 特定の農産物や鉱産資源などの輸出品に頼る国の経済の状態を，**モノカルチャー経済**という。天候や国際価格の影響を受けるため，農産物や鉱産資源から安定した収入を得ることができず，不安定な経済状態となりがちである。アフリカ州にはモノカルチャー経済状態の国が多く見られ，カカオ豆に大きく依存する資料1のBのコートジボワールはその典型的な例である。

2 (1) 資料4，資料5のBは，**北方領土**の中で，**択捉島**に次いで大きな面積の**国後島**である。沖縄島や佐渡島よりも大きな面積であることに留意したい。 (2) 東京都及び近県が高く，北海道が低いのは，**人口密度**であり，資料6のcである。東京都及び近県・北海道がともに高いのは**第三次産業就業者**の割合であり，資料6のbである。主に日本海側の県が高いのは，**老年人口**の割合であり，資料6のaである。解答は，カである。 (3) 三重県 近畿地方で最も**人口密度**が低いのは和歌山県であり，2番目に低いのが三重県である。また，**製造品出荷額**では，**中京工業地帯**に含まれる三重県が，**阪神工業地帯**に含まれる大阪府に次いで多い。三重県は，エである。 県庁所在地名 三重県の**県庁所在地**は津市である。大津市は滋賀県の，松山市は愛媛県の県庁所在地である。四日市市は，三重県の工業の盛んな主要都市である。 (4) ア・ウ・エは，正しい。イが誤りである。この**地形図**の縮尺は2万5000分の1なので，**等高線**は標高差10mごとに引かれている。C－D間とE－F間を比べると，C－D間の方が等高線の数が多く，傾斜が急であることがわかる。 (5) 資料9で見ると，アは正しい。資料9と資料11から計算すると，**農業産出額**全体に大きな差があるため，米の産出額は茨城県よりも北海道の方が多く，イは正しい。資料12で比較すると，エは正しい。誤っているのはウである。資料10から計算すると，北海道の農家一戸あたりの耕地面積は，茨城県の約10倍である。

2 （歴史的分野―日本史時代別－旧石器時代から弥生時代・古墳時代から平安時代・鎌倉時代から室町時代・安土桃山時代から江戸時代・明治時代から現代，―日本史テーマ別－政治史・外交史・社会史・文化史・経済史，―世界史－政治史）

1 (1) **ムハンマド**が最初に神の啓示を受けたとされ，**イスラム教**を起こしたのは610年のことである。 ア **奴国王**が**後漢**の皇帝から**金印**を授かったのは，57年のことである。 イ **平城京**が奈良につくられたのは，710年のことである。 ウ **小野妹子**が**遣隋使**として派遣されたのは，607年のことである。 エ **大和政権**が生まれたのは，4世紀のことである。よって正しいのは，ウである。 (2) Ⅰ **後醍醐天皇**が**建武の新政**を始めたのは，1333年のことである。 Ⅱ **大化の改新**が始められたのは，645年のことである。 Ⅲ **保元の乱**が起こったのは，1156年のことである。したがって，年代の古い順に並べると，Ⅱ→Ⅲ→Ⅰとなる。解答は，エである。
(3) 位置 **中尊寺**は，陸奥国**平泉**に建立された。資料2のアの位置である。 あとい **最澄**と

空海は，**遣唐使**に同行して**唐**にわたり，9世紀の初頭に帰国して**密教**を伝えた。平安中期には，やがて救いのない世が来るという**末法思想**が流行し，**阿弥陀如来**を信仰し，**念仏**を唱えて，**極楽浄土**に往生しようとする，**浄土信仰**が盛んになった。カの組み合わせが正しい。　(4)　宗教改革後，ヨーロッパで勢力を拡大する**プロテスタント**に対抗し，**カトリック教会**の側に**イエズス会**がつくられ，海外布教に力が注がれた。江戸幕府は貿易を制限し，**長崎**での貿易が認められていたのは，**中国**と**オランダ**のみとなった。プロテスタントを信仰するオランダは唯一のヨーロッパの国として，入国・貿易を認められていた。

2　(1)　鎌倉時代から室町時代に，馬を利用して物資を輸送した運送業者を，**馬借**という。主に近畿圏で活動し，日本海沿岸から馬借によって陸路を運ばれた物資が，琵琶湖の水上交通を経由して，大津に集まるルートなどで利用された。　(2)　**享保の改革**が行われたのは，1716年から1745年で，18世紀のことである。　ア　インドで**ガンディー**らが「非暴力・不服従」の独立運動を推し進めたのは，第一次世界大戦後の1920年からである。イ　アメリカで**南北戦争**が起こったのは，1861年のことである。　ウ　**フランス革命**が始まり，**人権宣言**が発表されたのは，1789年のことである。エ　**バスコ＝ダ＝ガマ**の船隊がインドに到達したのは，1498年である。ア・イ・エのどれも享保の改革と別の世紀のことである。ウのフランス革命が，享保の改革と同じ18世紀のことである。　(3)　田中角栄首相が訪中して周恩来首相と**日中共同声明**に署名し，国交が正常化したのは，1972年のことである。その6年後，**日中平和友好条約**が結ばれた。

3 (公民的分野―国の政治の仕組み・地方自治・基本的人権・経済一般・国際社会との関わり)

(1)　イ　国民は選挙で**内閣総理大臣**を直接に選ぶことはできない。　ウ　国では衆議院と参議院の**二院制**が採用されているのに対し，地方議会では二院制は採用されていない。　エ　**地方公共団体**の**首長**は，**地方議会**の解散の権限を持つ。イ・ウ・エのどれも誤りであり，アが正しい。ア　地方公共団体の政治では，条例の制定や改廃・首長や議員の解職・議会の解散などについて，住民が**直接請求**をすることができる。

(2)　高速道路建設のため住民が立ち退きを求められるのは，**日本国憲法**第29条に定められている**公共の福祉**による**財産権**の制限である。

(3)　時間・費用・労力の面で無駄を省く考え方が，「**効率**」である。手続き・機会や結果において公平を期す考え方が，「**公正**」である。ア・イ・エはどれも公正の考え方である。ウの，時間内に清掃を終えるために清掃手順を検討するのは，効率の考え方である。

(4)　イ　2015年から2019年にかけて，男性と女性の**育児休業**取得率を比べると，男性がわずかながら伸びているのに対し，女性はほとんど横ばいである。　オ　法律の改正によって育児休業等の取得の状況を公表することが義務づけられたのは，従業員1000人超の企業のみである。イとオには誤りがあり，ア・ウ・エが正しい。

(5)　**家計**は，**政府**に対して所得税などの**税金**を納め，**公共サービス**を受ける。家計は，**企業**に対して**労働力**を提供し，**賃金**を受け取る。企業は，政府に対して法人税などの税金を納める。カの組み合わせが正しい。

(6)　a　自由競争が行われている市場では，好景気の時には，市場に出回っている通貨量が多いために，商品の需要量が供給量を上回り続け，物価が上がり続ける現象が起こる。これが**インフレーション**(インフレ)である。反対は**デフレーション**(デフレ)である。　b～d　日本銀行は，景気の良いときには，国債などを一般の銀行に売る**公開市場操作**を行い，一般の銀行が保有する資金量を減らす。これを**売りオペレーション**という。資金量の減った一般の銀行は，貸し出し金利を引き上げ，市場に出回る通貨量を減らす。これらによって景気を抑制することが，日本銀行が行う**金融政策**の一例である。

(7) **国際連合**の**安全保障理事会**では，**アメリカ・イギリス・フランス・ロシア・中国**の5か国の**常任理事国**が1か国でも反対すると，決議ができないことになっている。常任理事国は**拒否権**をもっていることになる。この決議案の場合は，拒否権をもつアメリカが反対したことにより成立しなかった。

4 **(地理的分野—世界地理ー人々のくらし・人口・資源・エネルギー，—日本地理ーエネルギー，—環境問題，歴史的分野—日本史時代別ー明治時代から現代，—日本史テーマ別ー政治史，—世界史ー政治史)**

1 (1) ＜表＞に見られるように，2000年代に**EU**に加盟したスロバキア・ブルガリアなど東ヨーロッパの国では，設立当初から加盟しているドイツ・フランスなど西ヨーロッパの国と比較して，一人あたりの**国民総所得**が半分以下であり，格段に低い。ヨーロッパ州内には**経済格差**の問題があると言える。 (2) 各州のうち，一番人口の多いのはアジア州であり，A州がアジア州である。A州の人口はアフリカ州の約3.5倍であるから，C州がアフリカ州である。北アメリカ州は，**国内総生産(GDP)**の合計がB州と比べて約1兆ドル多いのであるから，D州が北アメリカ州である。したがって，残るB州がヨーロッパ州である。

2 (1) フランスは世界有数の原発大国と言われており，発電量の約7割を占めるのが**原子力発電**である。日本の発電量の8割弱を占めるのが，**火力発電**である。東日本大震災の際の福島第一原発の事故以後，日本では原子力発電の占める割合が減り，火力発電が中心となった。正しい組み合わせは，アである。 (2) **天然ガス**の主成分であるメタンが低温高圧下で水に溶け込み，氷状になったものを**メタンハイドレート**という。燃える氷ともいわれている。シベリア・アラスカなどの**永久凍土地帯**や大陸周辺の深海底に多量のメタンハイドレートがあるとみられ，天然ガス資源として有望視されているが，採掘は困難である。 (3) ア **ベルリンの壁**が崩壊したのは，1989年である。 イ **ワイマール憲法**が制定されたのは，1919年である。 ウ **日独伊三国同盟**が結ばれたのは，1940年である。 エ ドイツがオーストリア・イタリアと**三国同盟**を結んだのは，1882年である。したがって，時代の古い順に並べると，エ→イ→ウ→アとなる。

(4) お 1997年の**地球温暖化防止会議**で，**京都議定書**が採択された。議定書では，先進工業国に**二酸化炭素**など**温室効果ガス**の排出量を削減することを義務づけたが，発展途上国に温室効果ガスの排出削減が義務づけられなかったことが，課題として残った。 か 2015年に採択されたのが**パリ協定**である。パリ協定では，2020年以降の気候変動の問題に関する，発展途上国も対象とする国際的な枠組みが定められ，世界の平均気温上昇を**産業革命**前と比較して，2℃より充分低く抑え，1.5℃に抑えることが目標とされた。 き アメリカは3億人強の人口で49億tの二酸化炭素排出量であり，14億人強の人口で95億tの二酸化炭素排出量の中国よりも，一人あたりの排出量が多い。

3 (1) 1919年から1920年まで，**第一次世界大戦**の講和会議として開催された**パリ会議**は，アメリカ大統領**ウィルソンの十四か条の原則**の柱である**国際協調・民族自決**の精神で進められた。この国際協調の精神を具体化したものが，**国際連盟**である。 (2) ア **満州事変**が起こったのは，1931年である。 ウ **大日本帝国憲法**が発布されたのは，1889年である。 エ **日露戦争**の講和条約として**ポーツマス条約**が結ばれたのは，1905年である。ア・ウ・エのどれも別の時代のできごとであり，1914年から1920年の間に起こったできごととしては，イが正しい。**米騒動の後**，1918年に**立憲政友会**の総裁である**原敬**が首相に指名された。原内閣は**本格的政党内閣**と言われた。

＜国語解答＞

一　(一)　ウ　(二)　イ　(三)　エ　(四)　ウ　(五)　イ
二　(一)　4　(二)　ア　(三)　ウ　(四)　ア　(五)　エ
三　(一)　イ　(二)　ア　(三)　エ　(四)　イ　(五)　ア　(六)　ウ
　(七)　C　エ　D　ウ
四　(一)　イ　(二)　ア　(三)　(1)　イ　(2)　エ
　(四)　(1)　けわ(しい)　(2)　ぼんよう　(3)　さかのぼ(る)

＜国語解説＞

一　(小説－情景・心情，内容吟味，文脈把握)

(一)　Aは，丸山が心平の「才能」に気づいたのは「心平が粘土で作った馬の埴輪を見た」ときなので，イが入る。Bは，丸山が「絵画教室」を紹介したのは，美大受験を決めた心平のことを山本先生に相談されたときなので，エが入る。Cは，**絵画教室を紹介された心平の行動**なので，ウが入る。Dは，下段の丸山の心境が心平が指を骨折したと聞いたときのものなので，アが入る。

(二)　怜は，丸山が「**浮かない表情**」だったり「気を取りなおしたようにあえて**明るく**」ふるまったりする様子に何かあると感じ，**心配**しているので，イが正解。アは「いつもより明るい様子」「楽しみ」が不適切。丸山の明るさは，不自然なものであった。ウの「いらだつ気持ち」は，本文から読み取れない。エは，「博物館に行けずに沈んでいた」が誤り。丸山は，竜人の誘いを断っている。

(三)　文章の最後の怜の言葉から，**丸山**が「**真剣に絵を描いて，美大を目指してきた**」ことがわかる。丸山は，**心平**が土器作りに**才能**を発揮して美大受験を決め，絵画教室でデッサンが「どんどんうまくなってる」ことに脅威をおぼえ，「不安やあせり」を感じたのである。正解はエ。アは「丸山の誘い」が誤り。美術の先生の「特訓」も，本文にない内容である。イは，心平が美大を目指すようになってから絵画教室に行くようになったので，誤り。ウは，心平は丸山のデッサンの練習時間には無関係なので，不適切である。

(四)　主人公である怜が「相手の気持ちを察することができる人物」であることの根拠として**適切でないもの**を選ぶ。アは，相手を気づかう言葉なので適切。イの「さりげなくうかがった」は，怜が丸山の気持ちを知ろうとしている様子を描写している。ウの「**びっくりし**」は，相手の予想外の言葉に対する反応なので，これが適切でないものである。エは，怜が丸山の気持ちを推察している部分なので，適切である。

(五)　この文章は，**怜や丸山の言動や餅の湯の情景を丁寧に描写する**ことで，二人を取り巻く状況が浮かびあがるようになっているので，イが正解。アは，「互いに不信感を募らせる」が誤り。ウは，怜と丸山の関係を取り違えて説明している。直喩は「ような」「みたいな」などを用いた比喩表現であるが，この文章では多用されていないので，エの説明は誤りである。

二　(古文―内容吟味，仮名遣い)

〈口語訳〉　一人の弟がいて，その兄と同じように学問をして，名声と人望が兄に及ばないのを恥ずかしく思って，どうかすると他の人に対して兄の短所を言う。ある人がこの弟に教えて言うことには，「あなたと兄上とは，博学であることも同じ，詩文の巧みさも同じ，巧みに字を書くことまで，何一つとして兄上に劣っていることがなくて，名声と人望が兄上に及ばないのは，道徳にかなった行いが及ばないためです。もしあなたが，兄上に勝とうとするなら，今から心を改めて道徳にかなった行いをするならば，そのうちに兄上よりも上に立つだろうということは確かです。」と言って，弟はたいそう喜んで，昼も夜も言葉や行いを慎み，2年ほども経って，優劣つけがたい兄弟となったので，弟のわがままなふるまいはいつのまにかおさまって，兄を非難することがないだけでなく，兄を敬い仕えて，世間の人たちの耳と目を驚かせたということがある。

(一) 4「**いひて**」を現代仮名遣いで書くと「**いいて**」となる。

(二) 「足下」は傍注にあるように「あなた」という意味。「或人」が「**一弟**」に向かって言った言葉なので，アが正解となる。

(三) 或人は，弟に対して「令兄にかたんとおぼさば，今より心を改めて**徳行を脩めなば**，やがて令兄よりも上に立なんこと必せり」とアドバイスしているので，ウが正解。

(四) 或人は，まず弟の「博学」「詩文」「手かきすること」といった**能力が兄に劣らない**ことを伝えた後，「徳行を修める」という**具体的な方法を示している**ので，正解はアである。イの「兄に比べ劣っていること」は，或人の言葉と矛盾する。ウの「確認」，エの「役割」は，或人の言葉にない。

(五) 文章の後半の「**二難の誉あるに至りしかば**」「**兄を敬ひつかへて**」の内容を説明したエが適切である。アは，「書物を読んで悟り」が誤り。弟は，或人の言葉をきっかけに変わった。また，本文には「兄に勝つことができた」とは書いていない。イは，「学問に励んだ」「兄を乗り越えることができた」が誤り。ウは，「兄の名声と優れた人望を後から知って驚き」が不適切。初めから知っていて，劣等感を抱いていたからこそ，兄の悪口を言っていたのである。

三 (論説文－内容吟味，段落・文章構成，接続語の問題，脱文・脱語補充)

(一) 筆者の考えは，【Ⅰ】の最後に「**多様な生物の存続が不可欠なのである**」と書いてあるので，このことを別の形で表現したイが正解である。

(二) 前に「多くの種が絶滅してきた」ことを述べ，後に「地球上の生物たちは，何事もなかったかのように生き永らえている」と書かれているので，逆接のア「**しかし**」が入る。

(三) 挿入する文の「**食べ物を通してエネルギーが循環する**」は，〈 エ 〉の前の段落の「**食物連鎖**」を説明したものであるから，この一文は〈 エ 〉に入る。

(四) 【Ⅰ】は，「**生物多様性保全の必要性**や生物種絶滅の回避への**疑問点**」を示して論を展開し，「多様な生物の存続が不可欠」という**主張**を述べているので，イが正解。アの「生態系サービス」については冒頭で触れているが，そこから意見を対比したり考察を深めたりはしていない。ウの「客観的な事実」にあたる記述はない。本文の引用は，生物多様性についての筆者の主張を補強するものであり，エにあるような「生物種絶滅の回避」についての疑問を述べるためのものではない。

(五) トキが生息できることが環境が修復できたという判断の基準となるということであるから，物事を判断する目安という意味のア「**指標**」が入る。

(六) 【Ⅰ】は，「生物多様性保全」の必要性を述べた文章であるが，【Ⅱ】は，**環境**という視点から生物多様性保全について述べている。「**異なる視点**を示す」ことに言及したウが正解。アは「同じ視点」が誤り。二つの文章はいずれも生物多様性保全の必要性を認める立場であり，「反対の主張を示す」と説明するイは誤り。エは，【Ⅱ】は【Ⅰ】の要約ではないので，不適切である。

(七) Cは，【Ⅰ】の〈 オ 〉の前の段落に「**同じ生物種でも少しずつ変化があること**も生物多様性だ」とあるので，エが正解。他の選択肢は，「生物多様性」の説明になっていない。Dは，【Ⅱ】の第2段落「その動物を守るためにはどういう**生息環境**が必要かを考え，環境を復元する，修復するということが結果的に生物多様性と生態系を保全することにつながります」をふまえたウが正解。他の選択肢は，環境に言及していないので，不適切である。

四 (知識—内容吟味，脱文・脱語補充，漢字の読み書き)

(一) 直前の「最も印象に残っているのは」という表現に呼応するのは「**～姿です**」である。また，「取り組む」の敬語表現として適切なのは「**取り組まれる**」である。両方を満たすイの表現が適切。アとウは「お取り組みする」がおかしい。ウとエは「～印象的です」が前の表現と呼応していない。

(二) 【Ⅰ】は住所の文字部分と番地の**行を分けて書いている**ので読みやすいが，【Ⅱ】は続けて書いているので読みにくい。また，【Ⅰ】はお届け先の氏名欄の「様」を消す代わりに「**御中**」を入れて相手に対する敬意を適切に表しているが，【Ⅱ】は「様」を消しているだけなので敬意が表されていない。このことから，住所の書き方について正しく指摘しているアを選ぶ。イは，【Ⅰ】と【Ⅱ】の説明が逆になっている。ウは，【Ⅱ】は敬意を表していないので誤り。エは，【Ⅱ】は住所を読みやすくする工夫をしていないので，不適切である。

(三) (1) 「**延期**」は，期日や期限を先にのばすこと。 (2) 「**祝辞**」は，祝いの言葉という意味。

(四) (1) 「**険**」の音読みは「ケン」で，「危険」「冒険」などの熟語を作る。 (2) 「**凡庸**」は，特に優れたところがないという意味。 (3) 「**遡る**」は，送りがなにも注意すること。

MEMO

大切なことはメモしておこうネ！

茨城県公立高等学校

2021年度

★★★★★★★★★★★★★★★★★★★★★★★★

入 試 問 題

2021 年度

●くわしい解説……53ページ

＜数学＞

時間　50分　　満点　100点

1　次の各問に答えなさい。

(1)　A，B，C，Dの4つのチームが自分のチーム以外のすべてのチームと試合を行った。下の**表**は，その結果をまとめたものである。得失点差とは，得点合計から失点合計をひいた値である。

このとき，下の **ア** に当てはまる数を求めなさい。

表

チーム	試合数	勝った試合数	引き分けた試合数	負けた試合数	得点合計	失点合計	得失点差
A	3	2	1	0	8	1	＋7
B	3	1	1	1	3	7	**ア**
C	3	1	1	1	4	4	0
D	3	0	1	2	1	4	－3

(2)　下の**図**のように，長方形ABCDの中に1辺の長さが$\sqrt{5}$mと$\sqrt{10}$mの正方形がある。このとき，斜線部分の長方形の周の長さを求めなさい。

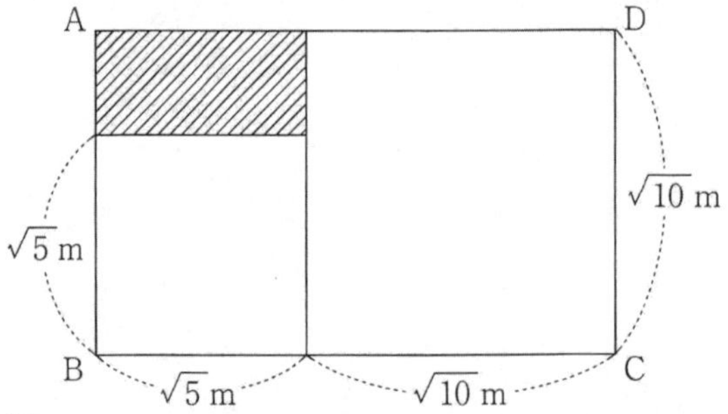

図

(3)　1000円で，1個a円のクリームパン5個と1個b円のジャムパン3個を買うことができる。ただし，消費税は考えないものとする。

この数量の関係を表した不等式としてもっとも適切なものを，次の**ア**～**エ**の中から一つ選んで，その記号を書きなさい。

ア　$1000-(5a+3b)<0$

イ　$5a+3b<1000$

ウ　$1000-(5a+3b)\geqq 0$

エ　$5a+3b\geqq 1000$

(4) 花子さんは，下の**図**の平行四辺形ABCDの面積を求めるために，辺BCを底辺とみて，高さを測ろうと考えた。

点Pを下の**図**のようにとるとき，線分PHが高さとなるような点Hを作図によって求めなさい。

ただし，作図に用いた線は消さずに残しておくこと。

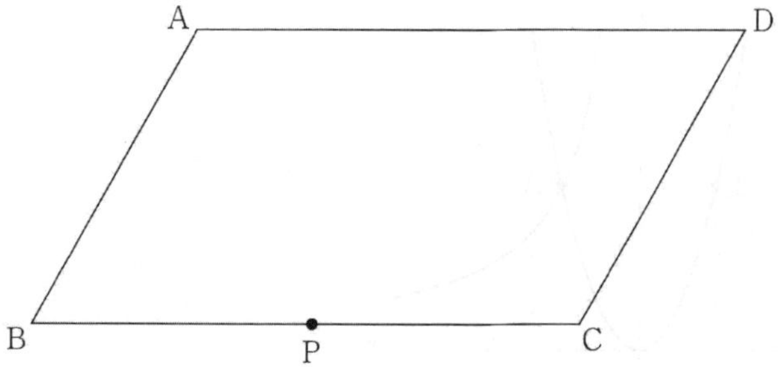

図

2 次の各問に答えなさい。

(1) 「連続する3つの整数の和は，3の倍数である」

このことを次のように説明した。

> **(説明)**
> 連続する3つの整数のうち，もっとも小さい整数を n とすると，連続する3つの整数は小さい順に n，[ア]，[イ] と表すことができる。
> ここで，
> n +([ア])+([イ])＝3([ウ])
> [ウ] は整数だから，3([ウ]) は3の倍数である。
> したがって，連続する3つの整数の和は，3の倍数である。

このとき，上の [ア] ～ [ウ] に当てはまる式を，それぞれ書きなさい。

(2) 太郎さんは庭に，次の2つの条件[1]，[2]を満たすような長方形の花だんを作ることにした。

> **(条件)**
> [1] 横の長さは，縦の長さより5m長い。
> [2] 花だんの面積は，24m^2である。

縦の長さを x mとして方程式をつくると，次のようになる。

[ア] ＝24

したがって，この方程式を解くと，x ＝[イ]，[ウ] となる。

x ＝[イ] は，縦の長さとしては適していないから，縦の長さは [ウ] mである。

このとき，上の [ア] には当てはまる式を，[イ]，[ウ] には当てはまる数を，それぞれ書きなさい。

(3) 下の図で，点Aは関数 $y=\dfrac{2}{x}$ と関数 $y=ax^2$ のグラフの交点である。点Bは点Aを y 軸を対称の軸として対称移動させたものであり，x 座標は -1 である。

このことから，a の値は ［ア］ であり，関数 $y=ax^2$ について，x の値が1から3まで増加するときの変化の割合は ［イ］ であることがわかる。

このとき，上の ［ア］，［イ］ に当てはまる数を，それぞれ書きなさい。

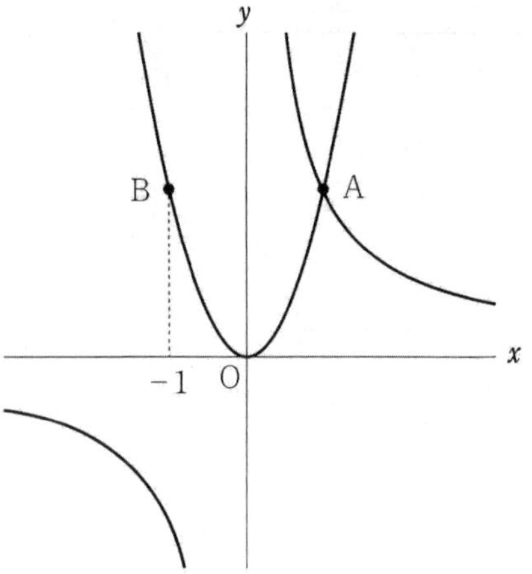

図

(4) 陸上競技部のAさんとBさんは100m競走の選手である。下の**図1**，**図2**は，2人が最近1週間の練習でそれぞれ100mを18回走った記録をヒストグラムに表したものである。これらのヒストグラムをもとに，次の1回でより速く走れそうな選手を1人選ぶとする。

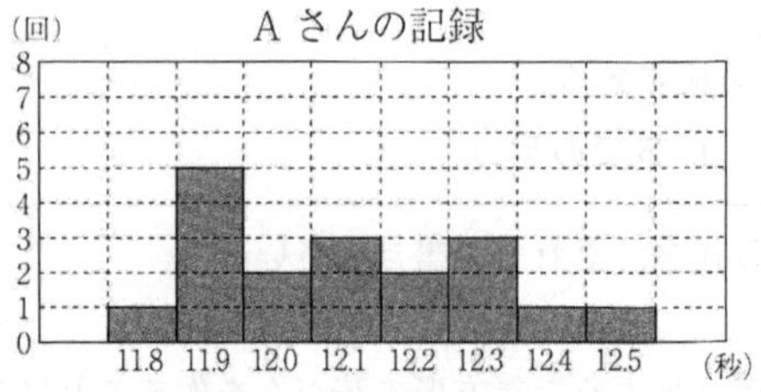

図1

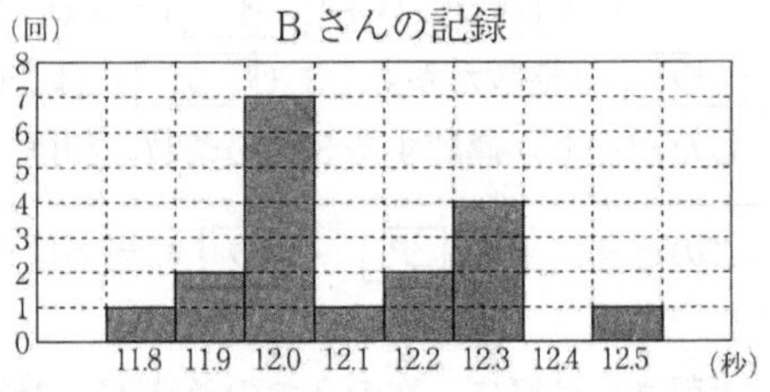

図2

このとき，あなたならどちらの選手を選びますか。Aさん，Bさんのどちらか一方を選び，その理由を，2人の中央値（メジアン）または最頻値（モード）を比較して説明しなさい。

3 先生と太郎さんと花子さんの次の会話を読んで，あとの(1)～(3)の問いに答えなさい。

(先生と太郎さんと花子さんの会話)

先生：次のページの**図1**の△ABCは，∠ABC＝66°，∠BAC＝90°の直角三角形です。
△ABCを直線 ℓ にそってすべらないように転がしていくことを考えましょう。次のページの**図2**のように，点Aを中心に回転させたとき，もとの位置の三角形を

△AB′C′とすると，△ABCの頂点Bが，△AB′C′の辺B′C′上にくるときがあります。

太郎：先生，このときの∠BAB′の大きさは [ア] なので，**図2**の△ABCは点Aを中心に時計回りに [ア] だけ回転移動させたことになります。

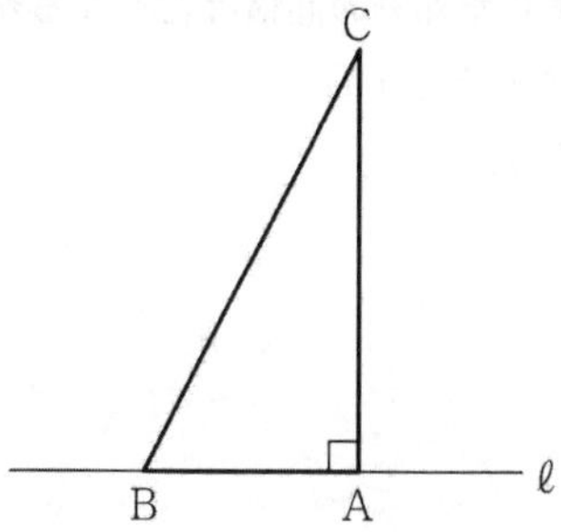

図1

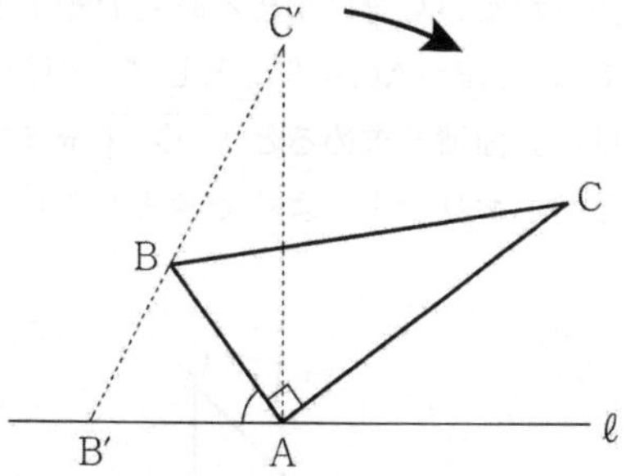

図2

先生：よく気がつきましたね。では次に，下の**図3**のように△ABCをAB＝ACの直角二等辺三角形にして，同じように転がしていくことを考えましょう。

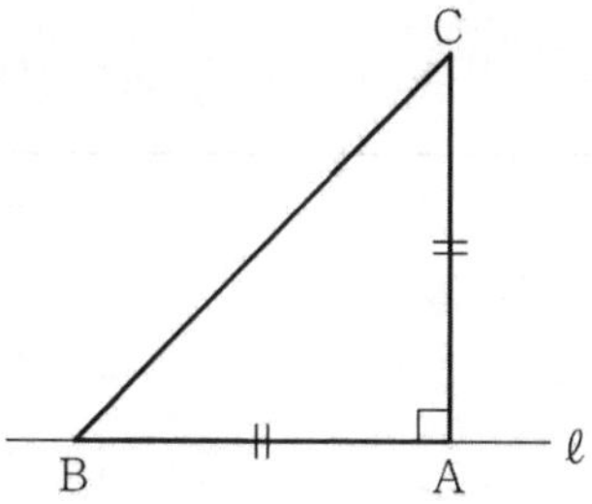

図3

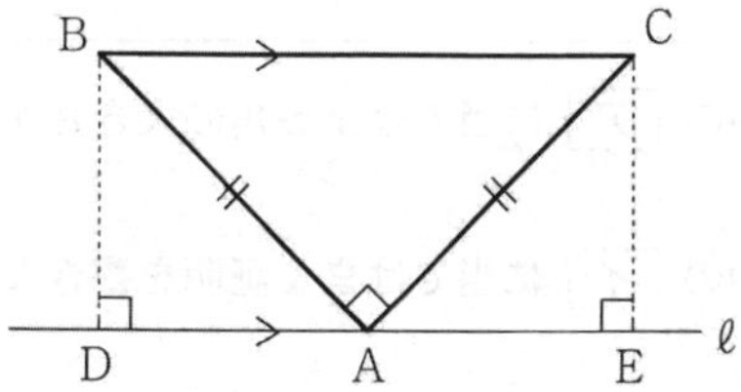

図4

太郎：上の**図4**のように，直線ℓと辺BCが平行になるときがあります。

花子：このとき，点B，Cから直線ℓに垂線をひき，直線ℓとの交点をそれぞれD，Eとすると，△ADB≡△AECが成り立ちそうね。

先生：では，花子さん，黒板に証明を書いてください。

花子：はい。次のように証明できます。

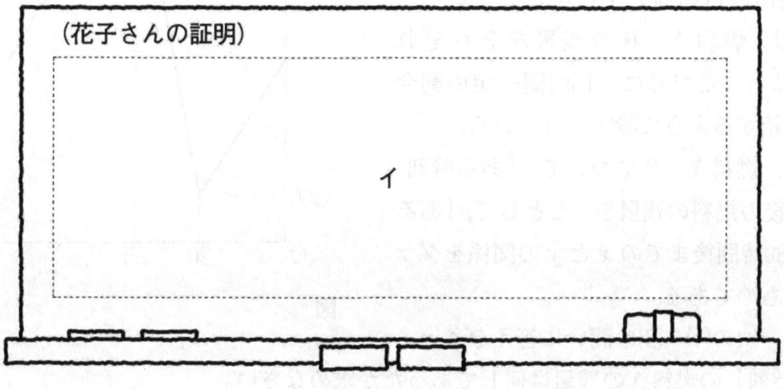

先生：そのとおりです。よくできましたね。

さらに，図３の直角二等辺三角形ABCを，下の図５のように，直線ℓにそってすべらないように，点Bが再び直線ℓ上にくる斜線の図形の位置まで転がしていくことを考えましょう。

太郎：点Bが動いた跡にできる線と直線ℓとで囲まれた部分の面積はどうなるかな。

先生：では，AB＝AC＝３㎝として，面積を求めてみましょう。

太郎：はい。面積を求めると［ウ］cm^2になりました。

先生：そのとおりです。よくできましたね。

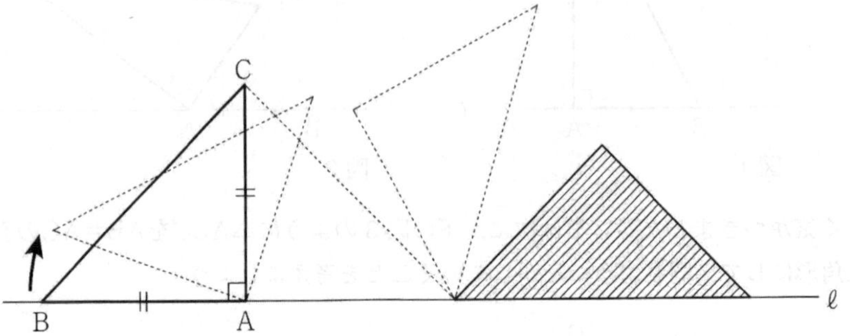

図５

(1) 会話中の［ア］に当てはまる角の大きさを求めなさい。

(2) 会話中の［イ］に当てはまる証明を書きなさい。

(3) 会話中の［ウ］に当てはまる数を求めなさい。ただし円周率はπとする。

4　H市の工場では，２種類の燃料A，Bを同時に使って，ある製品を作っている。燃料A，Bはそれぞれ一定の割合で消費され，燃料Aについては，1時間あたり30L消費される。また，この工場では，燃料自動補給装置を導入して，無人で長時間の自動運転を可能にしている。この装置は，燃料A，Bの残量がそれぞれ200Lになると，ただちに，15時間一定の割合で燃料を補給するように設定されている。

右の図は，燃料A，Bについて，「ある時刻」からx時間後の燃料の残量をy Lとして，「ある時刻」から80時間後までのxとyの関係をグラフに表したものである。

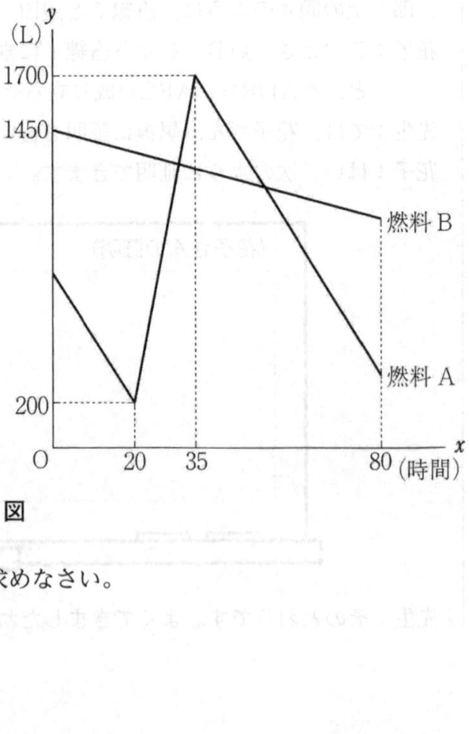

図

このとき，次の(1)～(3)の問いに答えなさい。

(1) 「ある時刻」の燃料Aの残量は何Lであったか求めなさい。

(2)「ある時刻」の20時間後から35時間後までの間に，燃料Aは1時間あたり何L補給されていたか求めなさい。

(3)「ある時刻」から80時間後に燃料A，Bの残量を確認したところ，燃料Aの残量は燃料Bの残量より700L少なかった。

このとき，燃料Bが「ある時刻」から初めて補給されるのは「ある時刻」から何時間後か求めなさい。

5　下の図のようなA～Eのマスがあり，次の手順[1]～[3]にしたがってコマを動かす。

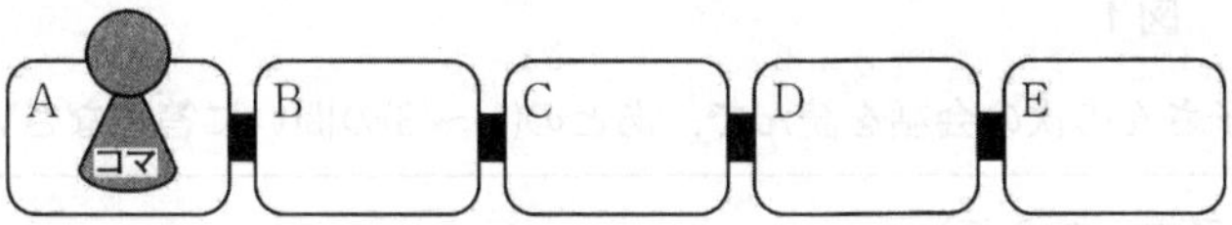

図

（手順）

[1]　はじめにコマをAのマスに置く。

[2]　1つのさいころを2回投げる。

[3]　1回目に出た目の数をa，2回目に出た目の数をbとし，**「条件X」**だけAから1マスずつコマを動かす。

ただし，コマの動かし方は，A→B→C→D→E→D→C→B→A→B→C→……の順にAとEの間をくり返し往復させることとする。

例えば，5だけAから1マスずつコマを動かすとDのマスに止まる。

また，さいころは1から6までの目が1つずつかかれており，どの目が出ることも同様に確からしいとする。

このとき，次の(1)，(2)の問いに答えなさい。

(1)　手順[3]の**「条件X」**を，**「aとbの和」**とする。

①　Eのマスに止まる確率を求めなさい。

②　コマが止まる確率がもっとも大きくなるマスを，A～Eの中から一つ選んで，その記号を書きなさい。また，その確率を求めなさい。

(2)　手順[3]の**「条件X」**を，**「aのb乗」**とする。

1回目に4の目が出て，2回目に5の目が出たとき，コマが止まるマスを，A～Eの中から一つ選んで，その記号を書きなさい。

6　下の図１は，三角すいの展開図であり，AB＝12㎝，AC＝９㎝，ED＝５㎝である。

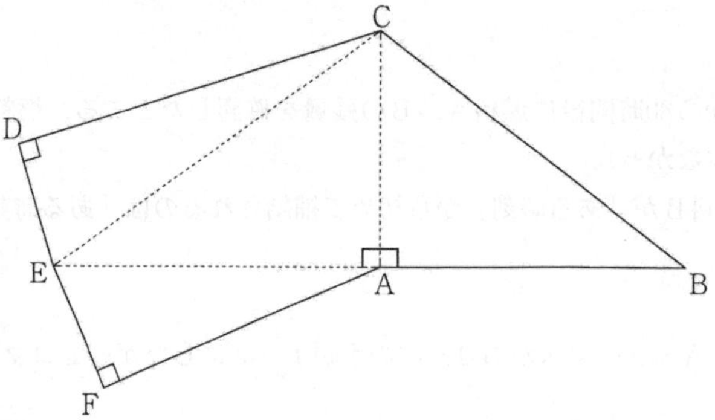

図１

太郎さんと花子さんの次の会話を読んで，あとの(1)～(3)の問いに答えなさい。

（太郎さんと花子さんの会話）

太郎：辺ABと辺ACの長さがわかっているから，三角形ABCの面積は簡単に求めることができるよ。他の三角形の面積も求めることができるかな。

花子：辺EDの長さが５㎝だから，三角形CDEの面積もわかりそうね。

太郎：確かにそうだね。三角形CDEの面積は［　ア　］㎠になるよ。

花子：次は，この展開図を組み立てて体積について考えてみましょう。

太郎：どの面を底面としてみると体積が求めやすいかな。

花子：組み立てたときに頂点が重なるところがあるので，**図２**のように展開図に**面(あ)**，**面(い)**，**面(う)**，面(え)と名前をつけて考えてみると，**面(え)**を三角すいの底面とするといいかもしれないね。

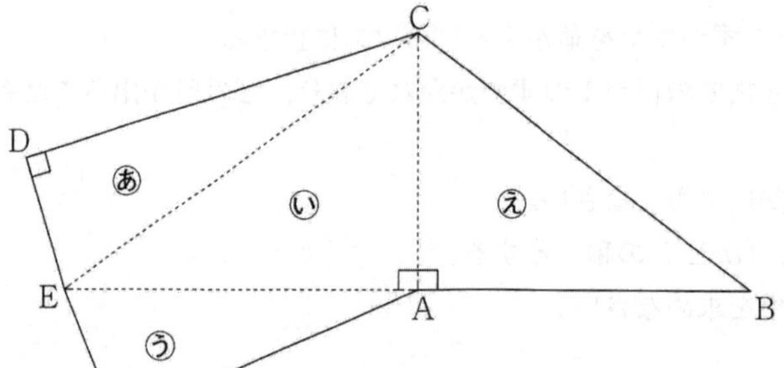

図２

太郎：なるほど。そうすると。**面(え)**と垂直になるのは［　イ　］だよ。

花子：これで体積を求めることができそうね。

太郎：計算してみたら，三角すいの体積は［　ウ　］㎤になるよ。

花子：ところで，底面とする面を変えてみると，三角すいの高さが変わるわね。

太郎：なるほど。そうすると，三角すいの高さが，一番高くなるのは［　エ　］を底面にしたときで，一番低くなるのは［　オ　］を底面にしたときだよ。

(1)　会話中の ア に当てはまる数を求めなさい。

(2)　会話中の イ に当てはまる面を，**面㋐**～**面㋒**の中からすべて選んで，その記号を書きなさい。また， ウ に当てはまる数を求めなさい。

(3)　会話中の エ ， オ に当てはまる面を，**面㋐**～**面㋓**の中から一つ選んで，その記号をそれぞれ書きなさい。

<英語>

時間 50分 満点 100点

1 次の(1)~(4)は，放送による問題です。それぞれの放送の指示にしたがって答えなさい。

(1) これから，No.1 から No.5 まで，五つの英文を放送します。放送される英文を聞いて，その内容に合うものを選ぶ問題です。それぞれの英文の内容に最もよく合うものを，**ア**，**イ**，**ウ**，**エ**の中から一つ選んで，その記号を書きなさい。

No. 1

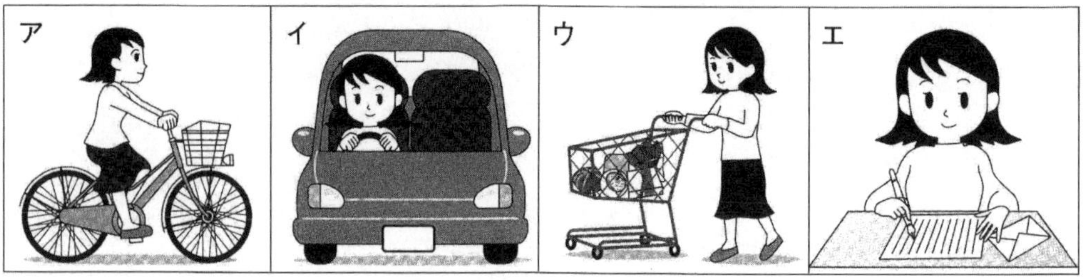

No. 2

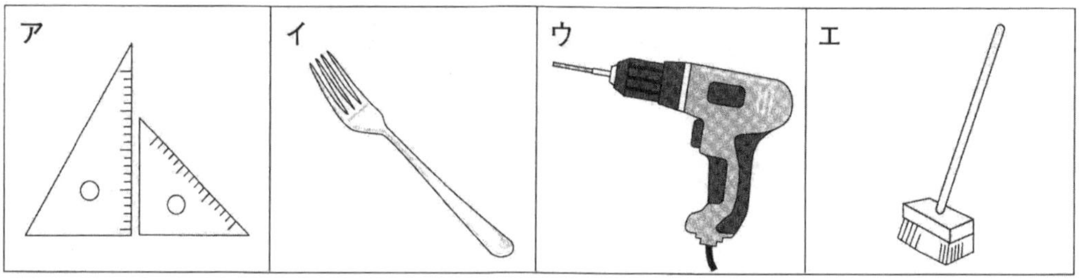

No. 3

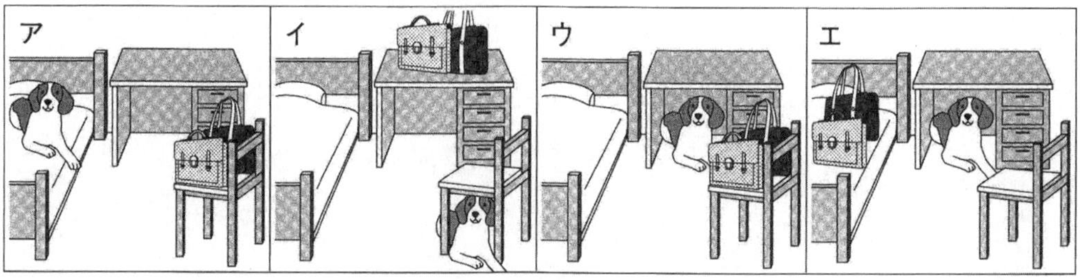

No. 4

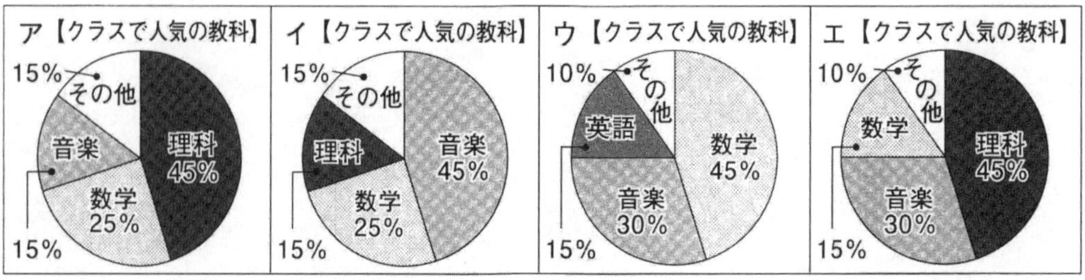

No. 5

ア【10月 新潟にいた期間】

日	月	火	水	木	金	土
				1	2	3
4	5	**6**	**7**	**8**	**9**	10
11	12	13	14	15	16	17
18	19	20	21	22	23	24
25	26	27	28	29	30	31

イ【10月 新潟にいた期間】

日	月	火	水	木	金	土
				1	2	3
4	5	6	7	**8**	**9**	**10**
11	12	13	14	15	16	17
18	19	20	21	22	23	24
25	26	27	28	29	30	31

ウ【10月 新潟にいた期間】

日	月	火	水	木	金	土
				1	2	3
4	5	6	7	8	9	10
11	12	**13**	**14**	**15**	**16**	17
18	19	20	21	22	23	24
25	26	27	28	29	30	31

エ【10月 新潟にいた期間】

日	月	火	水	木	金	土
				1	2	3
4	5	6	7	8	9	10
11	12	13	14	**15**	**16**	**17**
18	19	20	21	22	23	24
25	26	27	28	29	30	31

(2) これから，No.1 から No.4 まで，四つの対話を放送します。それぞれの対話のあとで，その対話について一つずつ質問します。それぞれの質問に対して，最も適切な答えを，ア，イ，ウ，エの中から一つ選んで，その記号を書きなさい。

No.1

ア Becky is.　　イ Bob is.

ウ Kate is.　　エ Becky and Bob are.

No.2

ア Because she wanted to go shopping.

イ Because her family went shopping.

ウ Because the weather was bad.

エ Because she didn't want to go to the mountain.

No.3

ア She can't ask where her dictionary is.

イ She can't tell where the table is.

ウ She can't find Kevin.

エ She can't find her dictionary.

No.4

ア He will play in the tennis tournament next weekend.

イ He won all the games in the tennis tournament yesterday.

ウ He played tennis with Maki in the tournament.

エ He talked about tennis with Maki yesterday.

(3) これから，客室乗務員のジュディー（Judy）と乗客のリク（Riku）との飛行機内での対話を放送します。そのあとで，その内容について，Question No.1 と Question No.2 の二つの質問をします。それぞれの質問に対して，最も適切な答えを，ア，イ，ウ，エの中から一つ選んで，その記号を書きなさい。

No.1

ア Because he wants to be a singer in the future.

イ Because he wants to know about high school life in America.

ウ Because he wants to sing both Japanese songs and English songs.

エ Because he wants to make a high school student happy.

No.2

ア　At four o'clock.　　イ　At four twenty.

ウ　At four thirty-five.　　エ　At four fifty-five.

(4) ユイ（Yui）の中学校の授業で，ウッド先生（Ms. Wood）が生徒たちに話をしています。これからその内容を放送します。ウッド先生の話の内容について正しいものはどれですか。下のア，イ，ウ，エの中から一つ選んで，その記号を①に書きなさい。

また，あなたがユイの立場なら，ウッド先生の質問に対して何と答えますか。英語１文で②に書きなさい。

①　ウッド先生の話の内容について正しいもの

ア　The students from the elementary school will visit Yui's junior high school.

イ　The students from Yui's junior high school will take the train to the elementary school.

ウ　The students from Yui's junior high school will arrive at the elementary school before ten o'clock.

エ　The students from the elementary school will play sports outside in the afternoon.

②　ウッド先生の質問に対する答え

(　　　　　　　　　　　　　　　　　　　　　　　　　　　　)

これで，放送による聞き取りテストを終わります。続いて，問題２に進みなさい。

2　次のＡとＢの英文は，茨城県に住む高校生のサチコ（Sachiko）と，ニューヨーク市に住むマーサ（Martha）がやり取りしたメールです。それぞれの英文を読んで，下の(1)，(2)の問いに答えなさい。

Ａ

Hello, Sachiko. How are you? I'm happy that I can visit you this summer. I have never ①(be) to Japan. Everything will be new to me. I'm very interested in Japanese culture. I'd like to go to famous places and talk with you a lot. I'm sure that I can have a lot of good ②(memory). Now I have one question. Is Ibaraki ③(hot) than New York in summer?

Ｂ

Hi, Martha. Thank you for your e-mail. I don't know about the summer in New York, but Ibaraki is very hot in summer. There is a festival in my town on ④(A　　　) 10. My friends and I will ⑤(t　　　) you to the festival. Last year, my father ⑥(b　　　) a *_yukata_ for me as a present at a _kimono_ shop.

This summer you can wear my *yukata* in the festival. I hope you will enjoy staying in Ibaraki. See you soon.

* *yukata* 浴衣《ゆかた》

(1) Aの英文が完成するように文中の①～③の（　）の中の語を，それぞれ1語で適切な形に直して書きなさい。

(2) Bの英文が完成するように，文中の④～⑥の（　）内に最も適切な英語を，それぞれ1語ずつ書きなさい。なお，答えはすべて（　）内に示されている文字で書き始めるものとします。

3 次の(1)，(2)の問いに答えなさい。

(1) 次の英文は，新聞記事の一部です。この記事が伝えている内容として最も適切なものを，下のア～エの中から一つ選んで，その記号を書きなさい。

How many colors do you see in a *rainbow? Most Japanese people think it has seven colors. They are red, orange, yellow, green, blue, *indigo blue and *purple. Some American people may say it has six colors. In other cultures, there are people who think it has five. All of these ideas are right because we are all different. If you understand differences, you will see the world in a different way.

* rainbow 虹　indigo blue 藍《あい》色　purple 紫色

ア It is important to see a lot of colors in a rainbow.

イ People from different cultures always see the same number of colors in a rainbow.

ウ Japanese people don't know how many cultures there are in the world.

エ We can learn different ways of thinking by understanding differences.

(2) 次の英文中の［　］には，下のア～ウの三つの文が入ります。意味の通る英文になるようにア～ウの文を並べかえて，記号で答えなさい。

I went to Hokkaido with my family during winter vacation for the first time. At first, I thought that I couldn't enjoy the trip because it was very cold there. ［　　　　］ The *sushi* I ate on the third day was great. I want to go there again.

ア I also ate many kinds of dishes.

イ For example, I enjoyed skiing and other winter sports.

ウ However, I had a lot of fun.

4 高校生のタクヤ（Takuya）とニュージーランドからの留学生のクリス（Chris）が，15ページのウェブサイトを見ながら話をしています。下の対話文を読んで，(1)，(2)の問いに答えなさい。

Takuya: Hi, Chris. What are you doing on your computer?

Chris: I'm just looking for a place to play basketball.

Takuya: There are some *courts at Asahi Sports Park.

Chris: Really? I'll see its website. Oh, the park has (①), so we can play at the park.

Takuya: Are you going to play with your classmates?

Chris: Yes, but we only have nine people now. We need another person. Can you join us?

Takuya: Sure. It will be fun.

Chris: Thank you, Takuya. Oh, look here. (②). Do you have any balls?

Takuya: I have some balls, so we can use mine.

Chris: Really? That's nice.

Takuya: When are we going to play?

Chris: I want to play next Sunday.

Takuya: I'm so sorry. I have a swimming lesson on that day. How about next Monday?

Chris: I'm free, but look at this website again. □ because it is *closed.

Takuya: Well, then let's go there on Saturday morning.

Chris: That's a great idea. I think the other members can come on Saturday.

Takuya: What time shall we meet?

Chris: Let's meet in front of the park entrance when the park opens.

Takuya: Do you mean at (③)?

Chris: Yes.

Takuya: I see. How long will we play? I have to meet my sister at the station at one o'clock.

Chris: Are you going to take the bus to the station?

Takuya: Yes.

Chris: (④).

Takuya: All right. I can arrive there before she comes.

Chris: Then we can play for three hours. We need money to use a court. We will use just one court, so each of us needs (⑤) yen.

Takuya: OK. See you on Saturday.

* court(s) (テニスなどの) コート　　closed 閉まっている

(1) 対話中の (①) ～ (⑤) に入る最も適切なものを，ア～エの中から一つ選んで，その記号を書きなさい。

① ア three badminton courts　　イ four tennis courts
　 ウ two basketball courts　　エ two volleyball courts

② ア We can't borrow basketballs from the park
　 イ We need money to use basketballs at the park
　 ウ We can only borrow tennis balls from the park
　 エ Someone has already borrowed basketballs from the park

③ ア seven　イ eight　ウ nine　エ ten

Asahi Sports Park

Opening Hours

Tuesday – Friday	8:00 – 20:00
Saturday	9:00 – 18:00
Sunday	10:00 – 19:00

Closed Days

Every Monday
December 30 – January 3

How many courts

3 badminton courts
4 tennis courts
2 basketball courts
2 volleyball courts

How much

To use one court for one hour, each group needs...

Badminton	— 500 yen
Tennis	— 500 yen
Basketball	— 1,000 yen
Volleyball	— 1,000 yen

Bus

Station → Park (about 20 minutes)					
7:20	7:50	8:20	8:50	9:50	10:50
11:50	12:50	13:50	14:50	15:50	

Park → Station (about 20 minutes)					
9:30	10:15	11:00	11:45	12:30	13:15
14:00	14:45	15:30	16:15	17:15	

※We don't have any balls or rackets.
※You must not eat on the courts.

④　ア　You should leave the park at eleven fifty
　　イ　You should leave the park at twelve forty
　　ウ　You should take the bus at eleven forty-five
　　エ　You should take the bus at twelve thirty

⑤　ア　100　　イ　300　　ウ　1,000　　エ　3,000

(2)　対話の流れに合うように，文中の［　］に入る適切な英語を，4語以上，8語以内で書き，英文を完成させなさい。

5　下の英文を読んで，次のページの(1)～(4)の問いに答えなさい。

Kazuma is a high school student and studies English very hard. Last year, his teacher, Ms. Aoki, said, "Kazuma, you study English very hard. You can join a special English learning program in a high school in America this summer. I am sure that it will be a wonderful experience. You can learn English with students from other parts of the world." Kazuma *became interested in the program. He thought, "This will be a good chance to learn English in America. It will be exciting." ［ 1 ］ Then, he decided to join the program.

When Kazuma arrived at the school in America, he was very excited because he *was confident in his English. On the first day of the program, Kazuma joined five lessons and studied with twenty-five students from different places around the world. They had their own goals for their future. A few days later, Kazuma thought that the lessons in the school *were very different from the ones in Japan. The students had to read a lot for the lessons. During the lessons, they needed to talk about the books they read at home. They had their own *opinions and shared them during the lessons. Kazuma understood what other students said. ［ 2 ］ He felt alone. He lost his *confidence. He

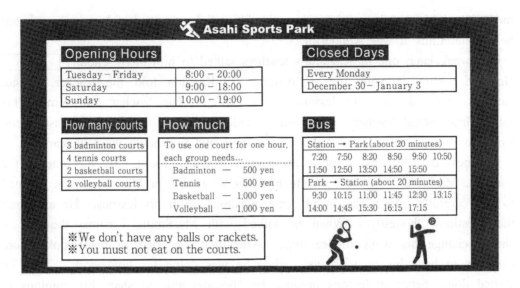

remembered Ms. Aoki's words. She said, "It will be a wonderful experience," but he did not think it was wonderful.

One week later, one of Kazuma's teachers talked to him after school. [3] He said, "How is your life in America?" Kazuma told the teacher, "Other students really do well in lessons but I can't." The teacher told him, "This school has special teachers who support students. You should go and ask them. I'm sure you can get a lot of *advice from them and find better ways of learning."

The next day, Kazuma went to the special teachers' room. He met one of the teachers, Ms. Smith. [4] He told her about his problems and she listened to him carefully. Then she asked some questions about his lessons. He answered the questions *honestly. When he talked with Ms. Smith, Kazuma thought he should change his ways of learning. After that, he tried to read books more carefully to have his own opinions when he was doing his homework. Then he started doing better in lessons because he *became able to share his opinions in English. He became confident again and his English improved. The program was a wonderful experience for him.

* become interested in ～　～に興味をもつ　be confident in ～　～に自信のある
be different from ～　～とは異なる　opinion(s)　意見　confidence　自信
advice　助言，アドバイス　honestly　正直に　become able to ～　～できるようになる

(1) 本文の内容に合う文を，次の**ア**～**ク**の中から三つ選んで，その記号を書きなさい。

ア Ms. Aoki showed Kazuma the English program in Australia.

イ Kazuma was not interested in joining the program Ms. Aoki talked about.

ウ Kazuma joined the lessons with the students from different parts of the world in an American school.

エ Kazuma told his opinions to other students on the first day of the English program.

オ One of Kazuma's teachers told Kazuma that he should ask the special teachers about his problems.

カ Kazuma didn't visit the special teacher because he did well in lessons.

キ Ms. Smith asked a lot of questions when she talked with Kazuma's teacher.

ク Kazuma thought his experience became wonderful after he talked with Ms. Smith.

(2) 次の文は，文中の [1] ～ [4] のどこに入るのが最も適切か，番号で答えなさい。

However, he couldn't have his own opinions and didn't say anything.

(3) 次の①，②の質問に，それぞれ指定された語数の英文で答えなさい。ただし，符号（. , ? ! など）は，語数には含まないものとします。

① How many lessons did Kazuma join on the first day in a high school in America?　（4語）

② What did Kazuma think when he talked with Ms. Smith?　（9語以上）

(4) 次は，本文を読んだ高校生のアツシ（Atsushi）と留学生のケリー（Kelly）の対話文です。①，②に入る英文をあなたの立場で，それぞれ15語程度で書きなさい。ただし符号（., ？！など）は，語数には含まないものとします。

Kelly: I think Kazuma's experience in America was good. Tell me your opinion about his experience, Atsushi.

Atsushi: (①)

Kelly: I understand. What do you usually do to improve your English?

Atsushi: (②)

Kelly: Oh, that's different from Kazuma's ways of learning.

6 以下の英文は，あなたが友人のマイク（Mike）からもらったメールの一部です。マイクの質問に対するあなたの答えを英語30語以上で書きなさい。なお，記入例にならい，符号（., ？！など）は，その前の語につけて書き，語数には含まないものとします。

【あなたがマイクからもらったメールの一部】

I am doing my homework and I have to write about "the most important thing in my life." For example, my father said that friendship is the most important in his life because he and one of his friends often helped each other when they *were in trouble. The most important thing in my life is my watch. My grandfather gave it to me when I entered junior high school. Now, I am more interested in this *topic and I want to know about other people's important things. What is the most important thing in your life? Why do you think so?

* be in trouble 困っている　　topic 話題，トピック

記入例				
	Are	you	Ms.	Brown?
	No,	I'm	not.	

30

60

＜理科＞

時間　50分　満点　100点

1　次の⑴～⑷の問いに答えなさい。

⑴　掃除機や扇風機などにはモーターが使用され，モーターの回転には電磁石が使われている。電磁石のしくみを調べるために，図のようにコイルと乾電池を用いて実験を行った。スイッチを入れて電流を流したところ，方位磁針が一定の向きを指して静止した。このとき，方位磁針が指した向きとコイルのまわりの磁力線を模式的に表した図として正しいものを，次の**ア**～**エ**の中から一つ選んで，その記号を書きなさい。ただし，方位磁針の黒く塗《ぬ》られている側がN極である。

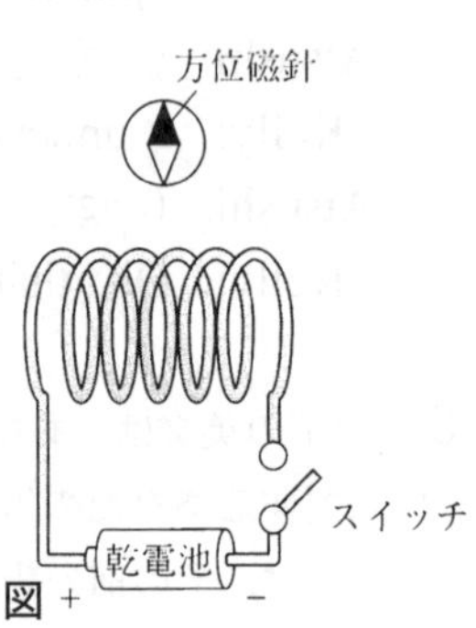

図

ア

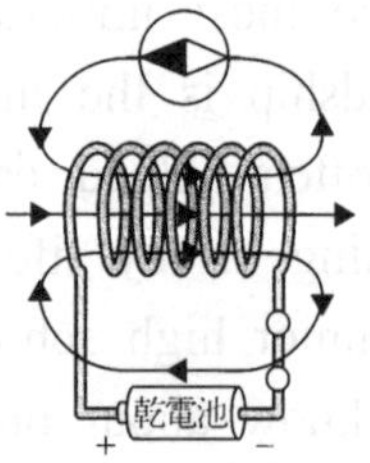

イ

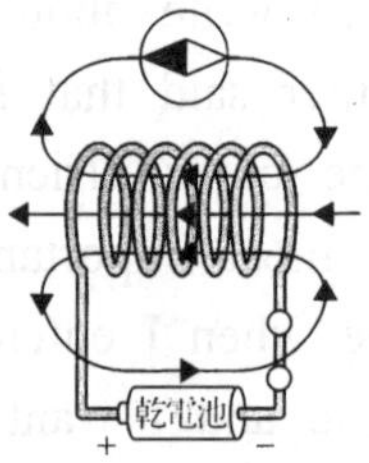

ウ

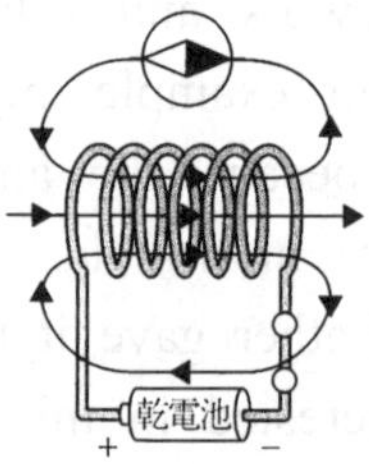

エ

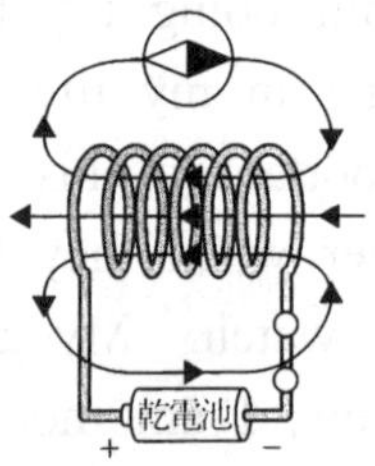

⑵　物質の表面に金属をめっきするときなど，電気分解の技術を用いて，さまざまな製品が作られている。水酸化ナトリウムを溶かした水を装置上部まで満たして電気分解し，図のように気体が集まったところで実験を終了した。陰極で発生した気体の性質として正しいものを，次の**ア**～**エ**の中から一つ選んで，その記号を書きなさい。

ア　発生した気体に，赤インクをつけたろ紙を近づけるとインクの色が消える。

イ　発生した気体に，マッチの火を近づけると音を立てて気体が燃える。

ウ　発生した気体に，水でぬらした青色リトマス紙をかざすと赤色になる。

エ　発生した気体に，火のついた線香を入れると線香が激しく燃える。

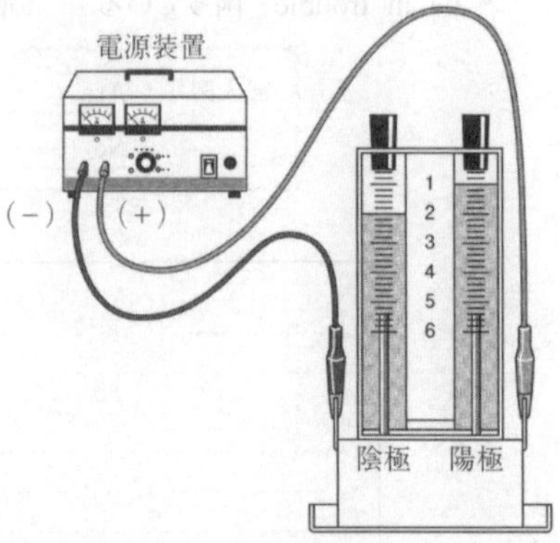

図

⑶　太郎さんは家庭科の授業で，食物に含まれている栄養について学び，ヒトがどのように養分を消化しているかについて興味をもった。次のページの**図**はさまざまな養分がいろいろな消化酵素のはたらきによって，どのような物質に分解されるかを表している。**だ液中の消化酵素**と**物質B**の組み合わせとして正しいものを，次のページの**ア**～**カ**の中から一つ選んで，その記号を書きなさい。

	だ液中の消化酵素	物質B
ア	アミラーゼ	モノグリセリド
イ	ペプシン	モノグリセリド
ウ	アミラーゼ	ブドウ糖
エ	ペプシン	ブドウ糖
オ	アミラーゼ	アミノ酸
カ	ペプシン	アミノ酸

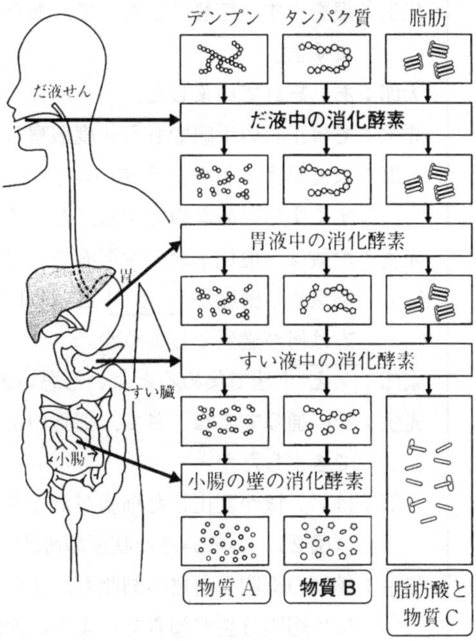

図

(4)　花子さんが，ある日の午後10時に茨城県内のある地点で北の空を観察したところ，Aの位置に北斗七星が見えた。図は，北極星と北斗七星との位置関係を模式的に表したものである。

同じ地点で，3か月後の午後7時に北の空を観察したとき，北斗七星はどの位置に見えると考えられるか。最も適当なものを，図のア～エの中から一つ選んで，その記号を書きなさい。

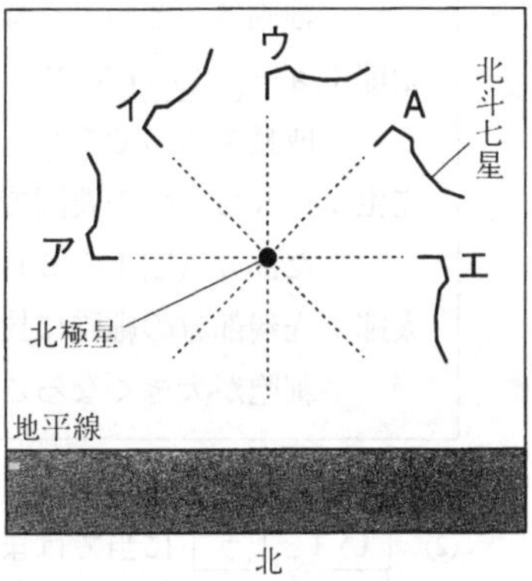

図

2　次の(1)～(3)の問いに答えなさい。

(1)　太郎さんと先生が，タマネギの根の成長について話している。次の会話を読んで，あとの①～③の問いに答えなさい。

太郎：先生，タマネギの根はどのようにしてのびるのでしょうか。

先生：よい質問ですね。それでは顕微鏡を用いて，実際に根の先端部分（図1のA）の細胞を観察してみましょう。

～～～～～～～～～～～～～～～～～～～～～～～～～～～～～～～～

太郎：細胞が重なり合ってしまってよく見えません。

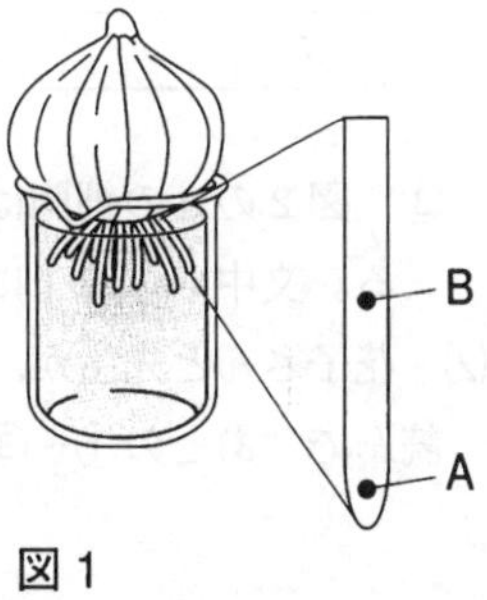

図1

先生：根をうすい塩酸にひたして，あたためましたか。そうすることで，観察しやすくなりますよ。

太郎：あ，忘れていました。

先生：では正しい手順でもう一度観察してみてください。

太郎：よく見えました。うすい塩酸にひたしてあたためる理由は，　あ　，細胞を見やすくするためなのですね。ところで，塩酸はどのような液体なのですか。

先生：塩酸は，塩化水素の水溶液で，胃液にも含まれています。塩化水素は水に　い　，空気より密度が　う　という性質があります。このような性質をもつ気体の集め方は何が適当でしょうか。

太郎：　え　法で集めるとよいと思います。

先生：その通りですね。さて，細胞のようすのスケッチはできましたか。

太郎：はい。核が変化した細胞がたくさん観察できました（図２）。いろいろな状態の細胞が見られますね。

先生：植物の細胞も動物の細胞も，体全体が成長するときには細胞分裂が起きています。太郎さんのスケッチにある，特徴的な細胞に記号を付けました（図２）。細胞は，どのような順番で分裂しますか。

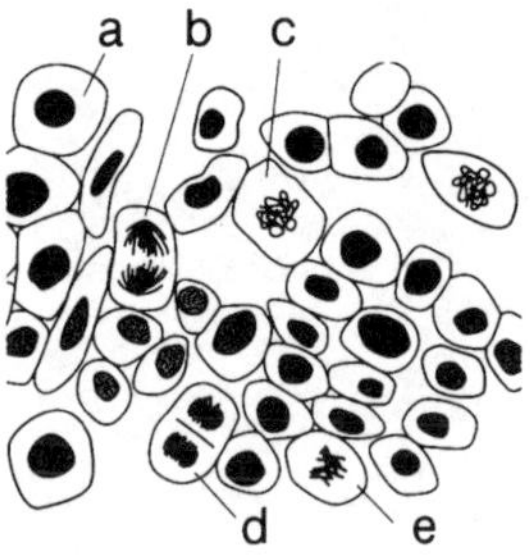

図２

太郎：a→　お　です。ということは，細胞分裂で細胞の数がふえることによって根が成長するのですね。

先生：それも一つの要因です。それ以外にも要因がありますので，次は根の先端から離れた部分（図１のB）を観察してみましょう。

太郎：先端部分の細胞に比べ，大きい細胞が観察できました。細胞の数がふえることと，細胞が大きくなることで根が成長するのですね。

①　文中の　あ　に当てはまる内容を書きなさい。

②　い　，　う　に当てはまる語の組み合わせとして正しいものを，次の**ア**～**エ**の中から一つ選んで，その記号を書きなさい。また，　え　に当てはまる気体の集め方の名称を書きなさい。

	い	う
ア	溶けやすく	大きい
イ	溶けやすく	小さい
ウ	溶けにくく	大きい
エ	溶けにくく	小さい

③　図２のaの細胞は細胞分裂が起きていない状態で，b～eの細胞は細胞分裂中の状態である。文中の　お　に当てはまる正しい細胞分裂の順番を，aに続いて記号で書きなさい。

⑵　花子さんと先生が，実験で用いる測定機器の操作について話している。次のページの会話を読んで，あとの①～③の問いに答えなさい。

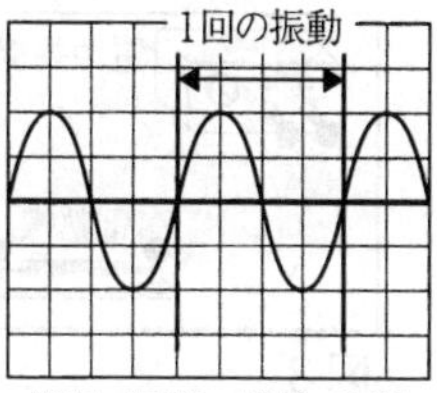

縦軸：振幅　横軸：時間

図1

花子：モノコードの弦をはじいたときに出た音の波形をオシロスコープに表示させたら，図1のようになりました。

先生：もっと強くはじいたらどうなるでしょう。

花子：a 表示された波形が変化しました。さらに強くはじいたら，画面内に1回の振動の波形全体が表示されなくなってしまいました。

先生：そのような時は，オシロスコープのつまみを回します。

花子：1回の振動の波形全体が表示されました。

先生：つまみを回すことで測定範囲を変えています。測定範囲を変更できるものについては他に電圧計などがありました。

花子：はい。b 測定する電圧が予想できないときは，電圧計の－《マイナス》端子のつなぎ方に注意して回路をつくり測定しました。

先生：つなぎ方を間違えると，電圧計が壊れてしまう可能性があります。

花子：以前，多くの電池を直列につないだら豆電球のフィラメントが切れて，光らなくなったことがありました。

先生：それを防ぐために，豆電球は決められた電流と電圧の範囲内で使用することが大切です。一つの方法として，抵抗を用いると豆電球にかかる電圧を調整することができます。

花子：抵抗を用いるのですか。

先生：考えやすくするために，図2のように2個の抵抗で考えてみましょう。抵抗Aは2Ωで，電源の電圧が9Vのとき，抵抗Aにかかる電圧を3Vにするには，抵抗Bの抵抗の大きさは何Ωにすればよいでしょうか。

花子：［　　　］Ωですね。直列に抵抗をつなげることで，抵抗Aにかかる電圧を小さくすることができるのですね。

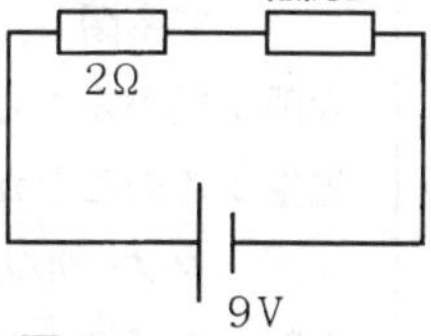

図2

① 下線部aの結果として最も適当なものを，次のア～エの中から一つ選んで，その記号を書きなさい。ただし，縦軸は振幅を，横軸は時間を表しており，はじく強さ以外の条件は変わらないものとする。

ア
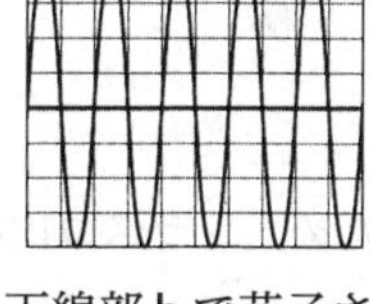

イ
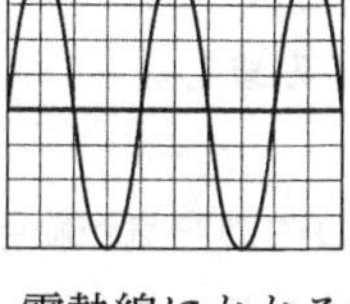

ウ
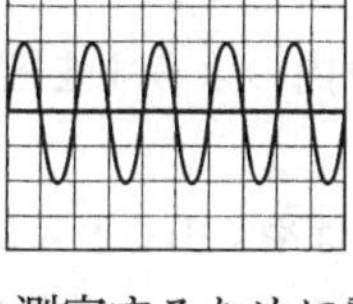

エ
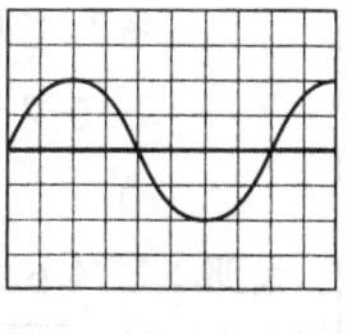

② 下線部bで花子さんは，電熱線にかかる電圧を測定するために電源装置，電圧計，電熱線，導線を使って回路をつくった。次のページの図3の黒い点（●）どうしをつないで導線を実線でかき加え，回路を完成させなさい。また，導線を最初につなぐ電圧計の－端子として最も適当なものを，次のページの図4のア～ウの中から一つ選んで，その記号を書きなさい。ただし，図4は図3の電圧計の端子部分を拡大し，詳細に示した図である。

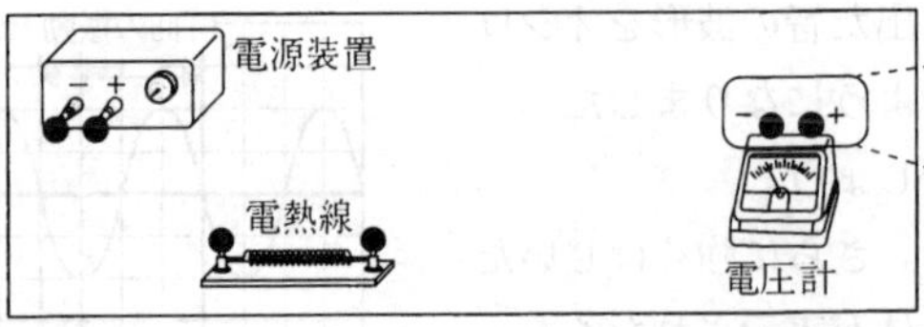

図3

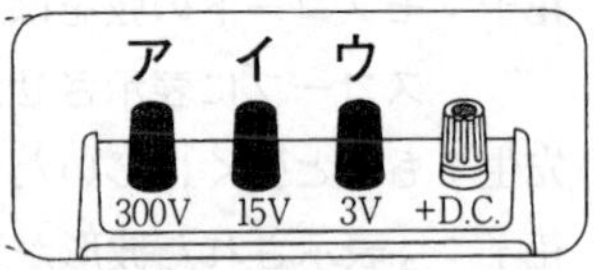

図4

③ 文中の □ に当てはまる数値を求めなさい。

(3) 太郎さんと先生が，雲のでき方について話している。次の会話を読んで，下の①～④の問いに答えなさい。

太郎：先生，雲はどのようにしてできるのでしょうか。

先生：雲の発生には，水の状態変化がかかわっています。まず，液体が気体になるようすを観察しましょう。観察しやすいように，水の代わりにエタノールを使って実験してみます。エタノールを15mＬはかりとって，質量を計測してください。

太郎：11.9ｇでした。

先生：そこから，エタノールの密度が計算できますね。

太郎： あ g／cm^3です。

先生：では，ポリエチレンの袋にエタノールを入れ，袋の空気をぬいた後，袋の口を輪ゴムでしばって密閉し，袋に熱湯をかけてみましょう。

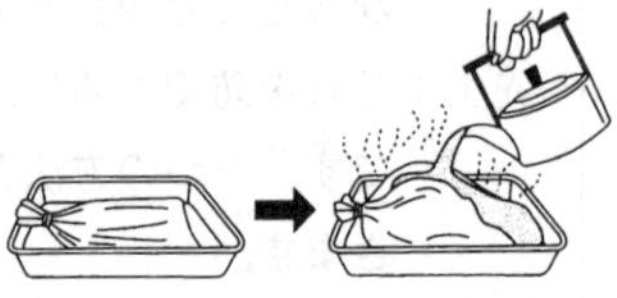

図１

太郎：袋がふくらみました（図１）。

先生：このことから，ポリエチレンの袋の中にある液体のエタノールが気体になると，エタノールの粒子のようすや，密度はどのように変化すると考えられますか。

太郎：粒子の い ，密度は う なります。

先生：そうですね。次に気体である水蒸気が液体に変わる現象を観察してみましょう。フラスコの内側を少量の水でぬらし，線香のけむりを少し入れ，大型注射器をつないでください（図２）。そしてピストンをすばやく押したり引いたりしてフラスコ内のようすを観察してみましょう。

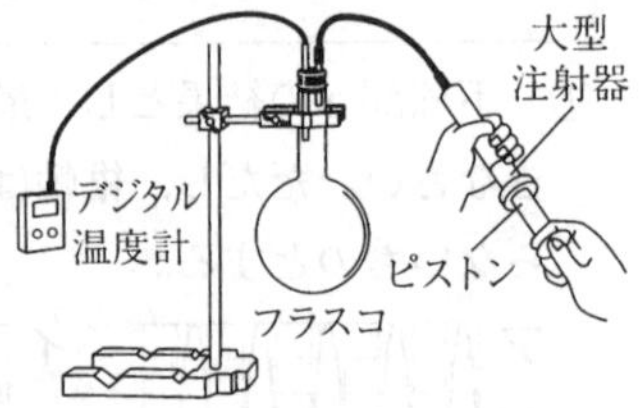

図２

太郎：ピストンをすばやく引くと，フラスコ内の空気が膨張するため，フラスコ内の温度が え ので，フラスコ内が白くくもりました。

先生：では，この実験から，雲はどのように発生すると考えられますか。

太郎： お ，この実験（図２）のような変化が生じ，雲が発生すると考えられます。温度や圧力の変化によって，水が状態変化することにより雲が発生するのですね。

① 文中の あ に当てはまる数値を求めなさい。答えは小数第３位を四捨五入し，小数第２位まで求めること。ただし，１mL＝１cm^3とする。

② 文中の い ， う に当てはまる語の組み合わせとして正しいものを，次のア～エの中から一つ選んで，その記号を書きなさい。

	い	う
ア	数が増え	大きく
イ	数が増え	小さく
ウ	運動が激しくなり	大きく
エ	運動が激しくなり	小さく

③ 文中の え に当てはまる語を書きなさい。

④ 文中の お に当てはまる説明を，次のア～エの中から一つ選んで，その記号を書きなさい。

ア　水蒸気を含む空気が上昇すると，まわりの気圧が低くなり

イ　水蒸気を含む空気が上昇すると，まわりの気圧が高くなり

ウ　水蒸気を含む空気が下降すると，まわりの気圧が低くなり

エ　水蒸気を含む空気が下降すると，まわりの気圧が高くなり

3　太郎さんは，斜面を下る台車の速さを調べる実験を行い，ノートにまとめた。あとの(1)～(4)の問いに答えなさい。ただし実験において斜面と台車の間の摩擦や空気の抵抗は考えないものとする。

太郎さんの実験ノートの一部

【課題】

斜面を下る台車は，どのように速さが変化するのだろうか。

【手順】

❶ 滑走台を斜めに固定する（図１）。

❷ 台車を斜面上に静止させ，そっと手を離す。このときの台車の運動を記録タイマー（１秒間に50回打点するもの）で記録する。

❸ テープを0.1秒間ごとにハサミで切り取り，図２のように，左から順に紙へ貼りつける。

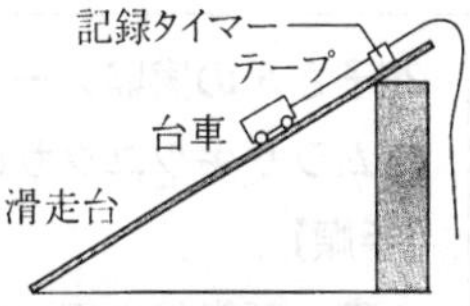

図１

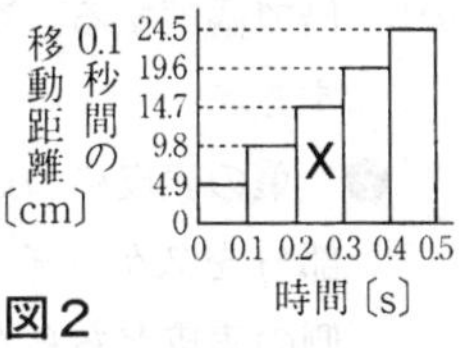

図２

(1) 図３において，斜面上の台車にはたらく重力Wを，斜面にそう力Aと斜面に垂直な力Bに分解し，力Aと力Bを矢印でかきなさい。ただし，作図した矢印が力Aと力Bのどちらかがわかるように，A，Bの記号をそれぞれ書きなさい。

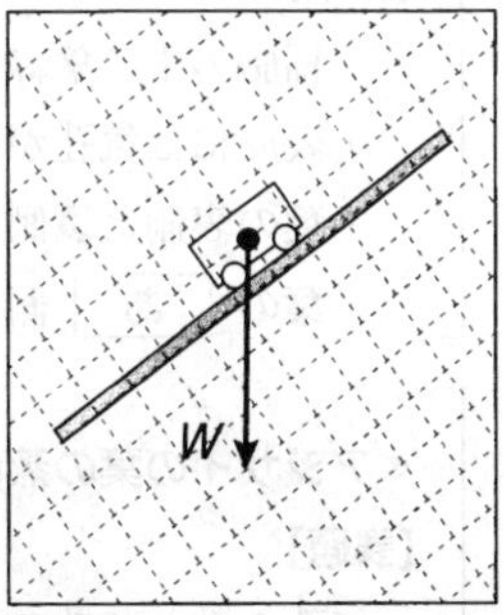

図３

(2) 下線部について，テープの切り方として最も適当なものを，次のア～エの中から一つ選んで，その記号を書きなさい。

ア

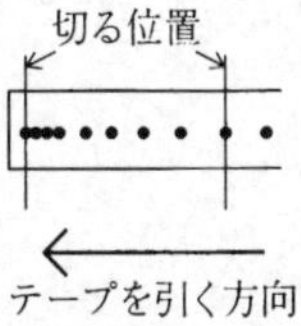

イ

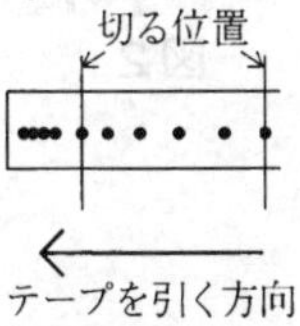

ウ

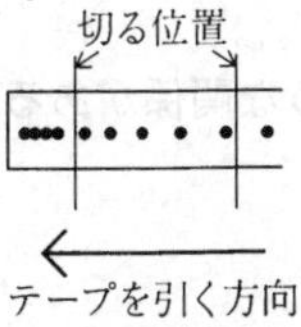

エ

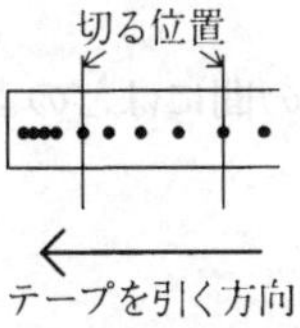

(3)　図２において，Ｘのテープに打点が記録された間の台車の平均の速さは何cm/ｓか，求めなさい。

(4)　実験をもとに，太郎さんは自転車で坂道を下るときの速さの変化について考えた。図４のように，自転車が斜面上の点Ｐで静止していたとする。自転車が斜面を下り始めたところ，速さは一定の割合で増えた。５秒後から，ブレーキをかけることで，自転車は一定の速さで斜面を下った。この運動のようすを表したグラフとして最も適当なものを，次のア～エの中から一つ選んで，その記号を書きなさい。ただし，自転車が点Ｐから斜面を下り始めるときを０秒とする。

図４

ア　　イ　　ウ　　エ

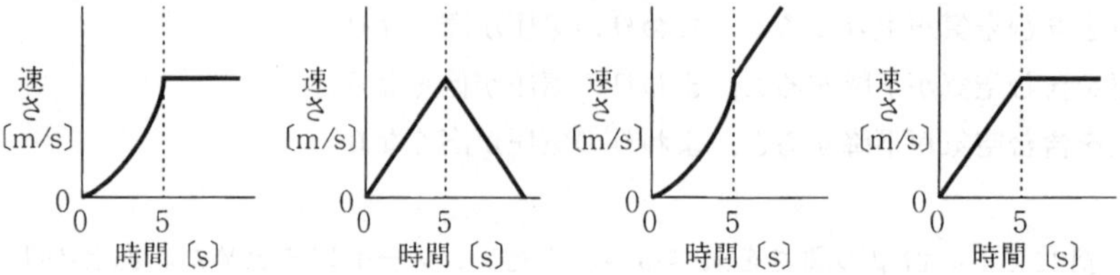

4　花子さんは，植物の葉のつくりとはたらきについて観察と実験を行い，ノートにまとめた。あとの(1)～(6)の問いに答えなさい。

花子さんの実験ノートの一部

≪ムラサキツユクサの葉の表皮の観察≫

【手順】

❶　顕微鏡を用いて，接眼レンズ10倍，対物レンズ４倍で観察する。次に対物レンズを10倍に変えて観察する。

❷　葉の表皮について，視野の中で，最も気孔が多い部分をスケッチする。（図１，図２は葉の表側と裏側の表皮どちらかのスケッチである。）

【結果】

・細胞の中に葉緑体が見えた。
・表皮には気孔が存在していた。
・葉の表側と裏側では気孔の数に差があった。図１は葉の［　あ　］側で，気孔の数が多かった。

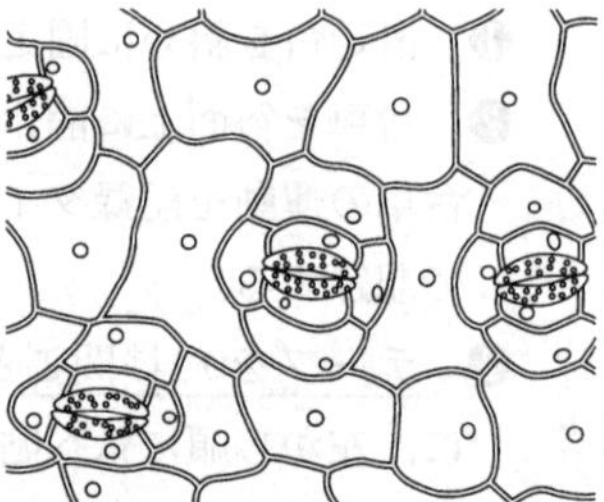

図１

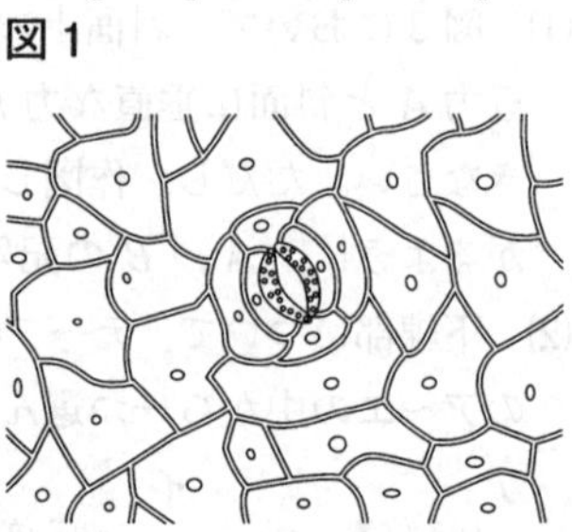

図２

≪アジサイの葉の蒸散の実験≫

【課題】

気孔の数と蒸散の量との間にはどのような関係があるか。

【手順】

❶　ほぼ同じ大きさの葉で，枚数がそろっているアジサイの枝を９本用意し，３本ずつＡのグループ，Ｂのグループ，Ｃのグループとする。

❷　Ａのグループは何も塗らない。Ｂのグループは葉の表側にワセリンを塗る。Ｃのグループは葉の裏側にワセリンを塗る。

❸　それぞれの試験管に同じ量の水を入れ，水中で切った枝をそれぞれ１本ずつさす。

❹　試験管に油を注ぐ。

❺　１時間後に試験管の中の水の量をはかり，減少した水の量を調べて，それぞれのグループの平均値を求める。

【予想】

①　ムラサキツユクサの観察結果から，アジサイの葉も同じつくりであるとすると，アジサイの葉の蒸散の量は葉の［い］側からのほうが多いと考えられる。

②　Ｂのグループは葉の表側にワセリンを塗るので，試験管から減少した水の量は，葉の裏側から蒸散した量である。

③　Ｃのグループは葉の裏側にワセリンを塗るので，試験管から減少した水の量は，葉の表側から蒸散した量である。

【結果】

試験管から減少した水の量（３本の試験管の平均の値）

表

Ａのグループ	Ｂのグループ	Ｃのグループ
2.8mL	2.4mL	0.7mL

実験条件　気温25℃，湿度46％

【考察】

・実験の結果から，Ｃのグループと比べてＢのグループのほうが減少した水の量が多いので，予想①は適切であった。

・実験の結果から，［う］ので，葉以外の部分からも蒸散していると考えられる。つまり，予想②と予想③は十分ではなかった。

・仮に，葉の表側と裏側にワセリンを塗って同じ実験をした場合，試験管から減少する水の量は［え］mLになると考えられる。

(1)　**ムラサキツユクサの葉の表皮の観察**において，対物レンズを**手順❶**のように変えたとき，観察できる範囲と視野の明るさはどう変化するか。最も適当なものを，それぞれ次の**ア**～**ウ**の中から一つ選んで，その記号を書きなさい。

〔観察できる範囲〕

ア　広くなる　　**イ**　変わらない　　**ウ**　狭くなる

〔視野の明るさ〕

ア　暗くなる　　**イ**　変わらない　　**ウ**　明るくなる

(2)　図２で，気孔はどこか。解答用紙の図の気孔を黒く塗りつぶしなさい。

(3) 文中の あ ， い に当てはまる語を書きなさい。

(4) 下線部のように考えた理由を，実験の**結果**をもとに， う に当てはまるように書きなさい。

(5) 文中の え に当てはまる数値を求めなさい。

(6) 花子さんは，**アジサイの葉の蒸散の実験**において，**手順❹**で油を注ぐ理由が気になり，油を注がない試験管も用意して同じように実験した。その結果，油を注がずに実験した試験管は，この実験結果よりも多くの水が減少した。このような結果となった理由を「試験管に油を注がないことで，」という書き出しに続けて説明しなさい。

5 太郎さんは科学部の先生と地質調査に向かい，露頭《ろとう》（地層が地表面に現れているところ）を観察し，赤褐色《せきかっしょく》の層に着目した。先生から，この層にはある時代に噴火した火山**A**の火山灰が含まれていると教えてもらった。そこで，この赤褐色の層を少し採取し，理科室で観察を行った。次の，観測地での先生の説明と太郎さんの観察ノートを読んで，あとの(1)～(5)の問いに答えなさい。

観測地での先生の説明

この a 火山灰が含まれる層は，遠くに見える火山**A**から噴出した火山灰が，主に西から東へ吹く上空の強い風の影響を受けて堆積してできたと考えられています。また，私たちの中学校の近くにも，この火山灰が含まれる層が見られます。中学校の近くで見られる層は，今私たちがいる観測地と同じ時期に堆積したもので，その厚さはこの観測地より薄いことがわかっています。

図を見てください。これは，火山**A**の噴火による火山灰の広がりを推定したものです。数値は，降り積もった火山灰のおよその厚さを表しています。

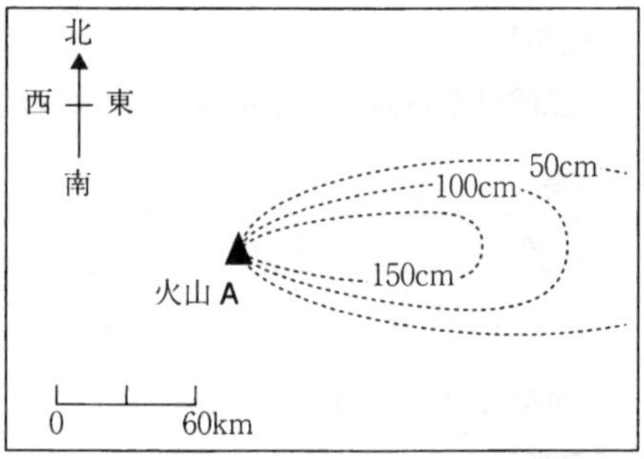

図

太郎さんの観察ノートの一部

【手順】

❶ 採取した火山灰を蒸発皿にとり， あ 。これを何度も繰り返し，残った粒を乾燥させる。

❷ 乾燥させた粒をペトリ皿に広げ，双眼実体顕微鏡を用いて観察する。

【結果】

・観察できた粒の特徴とそこから推定される鉱物は，**表**のとおりであった。

表

主な特徴	特徴から推定される鉱物
・不規則な形 ・無色や白色 →	い
・柱状，短冊《ざく》状の形 ・無色や白色，うす桃色 →	チョウ石
・長い柱状，針状の形 ・こい緑色や黒色 →	う
・短い柱状，短冊状の形 ・緑色や褐色 →	キ石
・不規則な形 ・黒色 ・磁石に引きつけられる →	磁鉄鉱

・観察した火山灰は b [い] やチョウ石が多く見られたのに比べて，[う] やキ石や磁鉄鉱の数はとても少なかった。

(1) 下線部 a の火山灰や，火山の噴火によって火口から出た火山ガス，溶岩などをまとめて何というか，書きなさい。

(2) 太郎さんと先生がいる観測地と火山 A，中学校の位置関係を表している図として最も適当なものを，次のア～エの中から一つ選んで，その記号を書きなさい。

ア

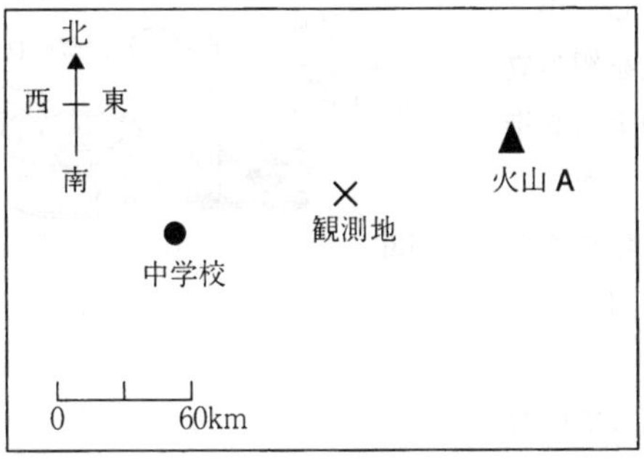

イ

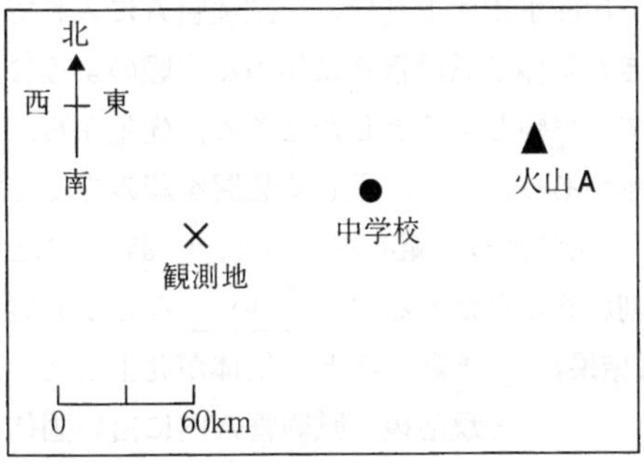

ウ

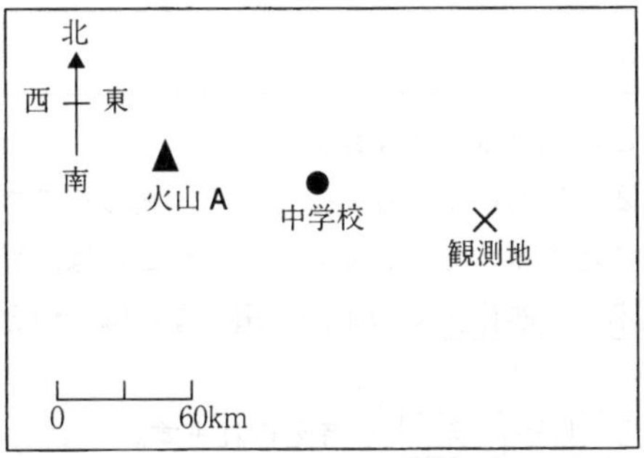

エ

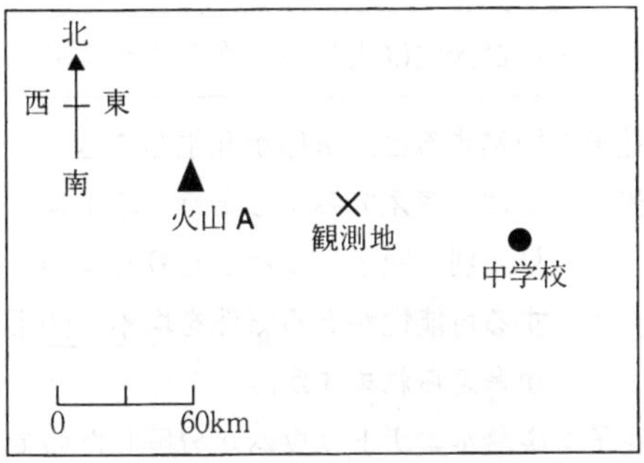

(3) 文中の [あ] に当てはまる具体的な操作を書きなさい。

(4) 太郎さんは，観察できた粒の特徴をもとに，火山灰に含まれる鉱物は何か考えた。表中の，[い]，[う] に当てはまる鉱物として最も適当なものを，次のア～エの中からそれぞれ一つ選んで，その記号を書きなさい。

ア　セキエイ

イ　クロウンモ

ウ　カクセン石

エ　カンラン石

(5) 下線部 b から考えられる，この火山の噴火のようすを，「マグマのねばりけが」という書き出しに続けて説明しなさい。

6　花子さんは，ホットケーキがふくらむ理由について調べるために先生と実験を行い，ノートにまとめた。あとの(1)～(4)の問いに答えなさい。

花子さんの実験ノートの一部

≪実験１≫

小麦粉，水，炭酸水素ナトリウムを混ぜて生地を作り，ホットプレートで加熱したところ，生地がふくらんだ。

≪実験２≫

炭酸水素ナトリウムを試験管Ａに入れて加熱し，出てきた気体を試験管Ｂに集める。図のように装置を組み立て，実験しようとしたところ，先生から，次のような指示があったので，正しく装置を組み立てて実験した。

「図のように組み立てると，［　あ　］ことで試験管Ａが割れることがあるので［　い　］ことが必要です。」

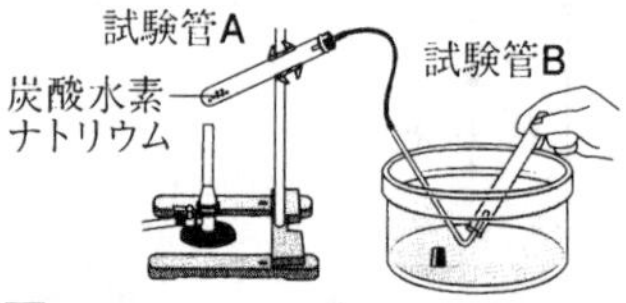

図

【結果】　・加熱すると，気体が発生した。

・反応後，試験管Ａ内に白い固体が残っていた。

・試験管Ａに生じた液体に青色の塩化コバルト紙をつけると赤色に変化した。

花子さんと先生は実験後に次のような会話をした。

花子：加熱すると，気体が発生してきました。この気体は何ですか。

先生：では，考えてみましょう。原子は，化学変化において，なくなったり，新しくできたり，別の原子に変わったりしないということを覚えていますか。ということは，発生する可能性がある気体を塩素，酸素，窒素，二酸化炭素の中から選ぶならば，何と何が考えられますか。

花子：炭酸水素ナトリウムが分解したので，［　う　］と［　え　］が考えられます。

先生：そうですね。実際には［　う　］が発生しています。どのような実験を行い，どのような結果になると，［　う　］が発生したと言えるでしょうか。

花子：集めた気体が入った試験管Ｂに［　お　］という結果になると，［　う　］が発生したと言えます。

先生：では，実験してみましょう。

花子：実験の結果，［　う　］が発生したことが確認できました。これがホットケーキがふくらむ理由ですか。でも，水を加熱して生じる水蒸気はホットケーキをふくらませる理由にはならないのですか。

先生：では，［　か　］を混ぜて加熱して，確認してみましょう。

≪実験３≫

［　か　］を混ぜて生地を作り，ホットプレートで加熱した。

【結果】　生地がふくらまなかった。

【まとめ】　ホットケーキがふくらむ理由は，炭酸水素ナトリウムを加熱することによって［　う　］が生じたからである。

⑴　文中の あ ，い に当てはまる内容を書きなさい。ただし，あ には図のように組み立てて実験することで生じる現象を，い には正しく組み立てる方法を書きなさい。

⑵　文中の う ，え に当てはまる語を，下線部の塩素，酸素，窒素，二酸化炭素から選んで書きなさい。また，う が発生したことを確かめる実験方法とその結果を，お に当てはまるように書きなさい。

⑶　文中の か に当てはまる物質を，**実験１**で用いた小麦粉，水，炭酸水素ナトリウムから二つ選んで書きなさい。

⑷　炭酸水素ナトリウムが加熱により分解するときの化学反応式を書きなさい。

＜社会＞　時間　50分　　満点　100点

1　ある中学校の社会科の授業で，「北海道地方にはどのような特色があるのだろうか」という課題で，班ごとにテーマを設定し，学習しました。次の１～３に答えなさい。

1　Ａ班では，北海道の自然環境に興味をもち，「北海道の気候の特色」というテーマを設定し，**資料１**～**資料３**を集めました。下の(1)～(3)の問いに答えなさい。

資料１　札幌と東京の気温と降水量

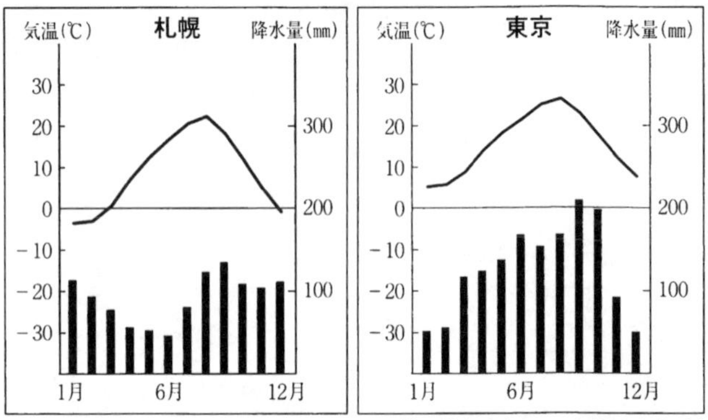

〔「理科年表」2019 年版より作成〕

資料２　札幌，釧路《くしろ》の８月の平均気温と日照時間

	気温(℃)	日照時間(時間)
札幌	22.3	171.0
釧路	18.0	127.1

〔「理科年表」2019 年版より作成〕

資料３　北海道地方の地図

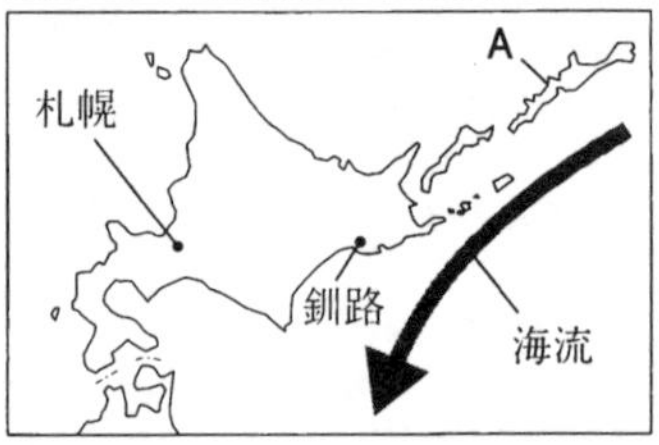

(1)　Ａ班は，**資料１**から読み取ったことをもとに，北海道の気候について調べ，次のような＜**メモ**＞を作成しました。＜**メモ**＞の［あ］，［い］に当てはまる語の組み合わせとして最も適切なものを，下の**ア**～**エ**の中から一つ選んで，その記号を書きなさい。

＜メモ＞
　資料１から，札幌は，東京と比較して，1年を通して気温が［あ］ことがわかります。また，札幌は，冬に湿った［い］からの季節風が吹くため，冬の降水量が多くなっています。

ア［あ　低い　　い　北東］　　**イ**［あ　高い　　い　北東］
ウ［あ　低い　　い　北西］　　**エ**［あ　高い　　い　北西］

(2)　Ａ班は，**資料２**から，同じ北海道の中でも，札幌と比較して釧路の夏の日照時間が短いことを知り，その要因を調べ，次の＜**メモ**＞を作成しました。＜**メモ**＞の［う］に当てはまる内容を，**資料３**の海流の名称にふれながら書きなさい。

＜メモ＞
　釧路の夏の日照時間が短い要因として，濃霧の発生があげられます。夏，釧路で濃霧が発生しやすいのは，釧路付近に向けて吹く南東からの湿った季節風が，**資料３**にある［う］ためであると考えられます。

(3)　資料３中の日本最北端の島Ａの名称を書きなさい。

2　Ｂ班では，「北海道と同じ緯度や経度にある国の様子」というテーマを設定し，話し合いました。あとの(1)，(2)の問いに答えなさい。

資料４　北緯43度の緯線，東経141度の経線を示した世界地図

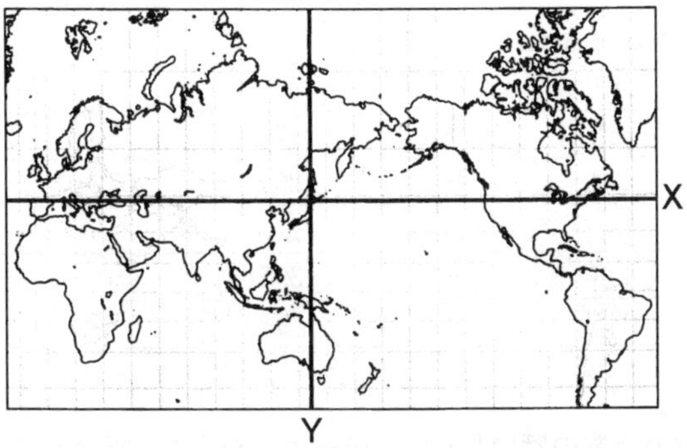

次郎：資料４の地図に示された，札幌を通る北緯43度の緯線Ｘ，東経141度の経線Ｙは様《さま》々《ざま》な国を通っているね。緯線Ｘはアメリカを通っているよ。

洋子：アメリカでは，広大な国土と豊かな自然のもと a 農業が発達し，豊富な資源を利用して工業化も進んでいるわ。

次郎：経線Ｙは b オーストラリアを通っているね。オーストラリアの特色についても調べてみよう。

(1)　下線部ａについて，洋子さんは，アメリカの農業の特色について調べ，資料５，資料６を集め，下の<メモ>を作成しました。資料５，資料６から読み取ったことをもとに，<メモ>の［え］に当てはまる内容を，「一人当たり」という語を用いて書きなさい。

資料５　アメリカの農業の様子

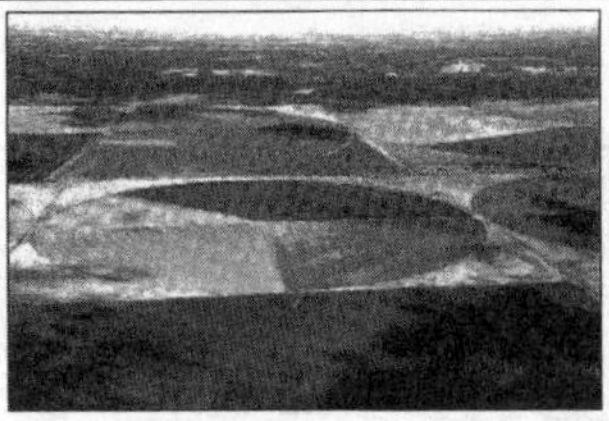

たくさんのスプリンクラーがついたかんがい装置が散水しながら動くので，畑は円形になっています。

小麦地帯などでは，大型機械を利用して収穫が行われます。

資料６　アメリカと日本の農業比較（2016年）

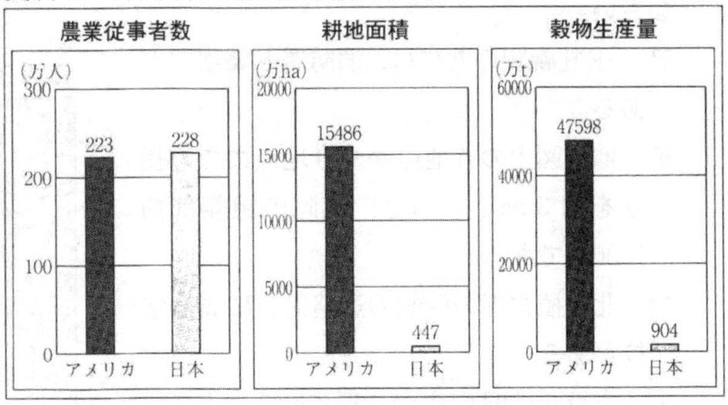

〔「世界国勢図会」2018/19，「データブック　オブ・ザ・ワールド」2020より作成〕

<メモ>
資料５，資料６から，アメリカの農業は，日本と比較して［　え　］ということがわかりました。

(2) 下線部bについて，次郎さんは，オーストラリア大陸の気候について調べ，**資料7**を見つけました。**資料7**は，世界を五つの気候帯に分けたときの，大陸別気候帯面積の割合を示したものです。**資料7**のうちオーストラリア大陸に当てはまるものを，**ア**～**エ**の中から一つ選んで，その記号を書きなさい。

資料7 世界の大陸別気候帯面積の割合

単位(%)

	北アメリカ	アフリカ	ア	イ	ウ	エ
熱帯	5.2	38.6	7.4	16.9	63.4	—
乾燥帯	14.4	46.7	26.1	57.2	14.0	—
温帯	13.5	14.7	17.5	25.9	21.0	—
冷帯(亜寒帯)	43.4	—	39.2	—	—	—
寒帯	23.5	—	9.8	—	1.6	100.0

〔「データブック オブ・ザ・ワールド」2020より作成〕

3 C班では，「北海道の産業の歴史」というテーマを設定し，調べたことをもとに**<発表原稿>**を作成しています。下の(1)～(4)の問いに答えなさい。

<発表原稿>

・明治《めいじ》時代になると，政府は北海道に開拓使《かいたくし》という役所を置き，大規模な開拓を行いました。そのような中，c札幌は開拓の拠点として発展しました。

・その後・自然環境を生かしたり，d自然環境に働きかけたりしながら，農業や水産業などのe産業を発展させました。

・現在は，豊かな自然や歴史を生かした観光業が発達し，f多くの観光客が訪れています。

(1) 下線部cについて，C班では，**資料8**の札幌の地形図を見つけました。**資料8**の地形図について述べた文として最も適切なものを，次の**ア**～**エ**の中から一つ選んで，その記号を書きなさい。

ア JR札幌駅の北には，消防署と警察署がある。

イ 地形図上の**A**地点から**B**地点までの長さを約3cmとすると，実際の距離は約1500mである。

ウ 北大《ほくだい》植物園の西側の道路沿いに高等学校がある。

エ 市役所は旧庁舎《きゅうちょうしゃ》から見て南西にある。

資料8

〔国土地理院発行2万5千分の1地形図「札幌」より作成〕

(2) 下線部dについて，三郎さんは，北海道で一番長い川である石狩川《いしかりがわ》に興味をもち，**資料9**を見つけ，次のページの**<メモ>**を作成しました。次のページの**資料9**を参考に，土地利用の変化について，**<メモ>**の **お** に当てはまる内容を書きなさい。

資料 9　石狩川流域の変遷

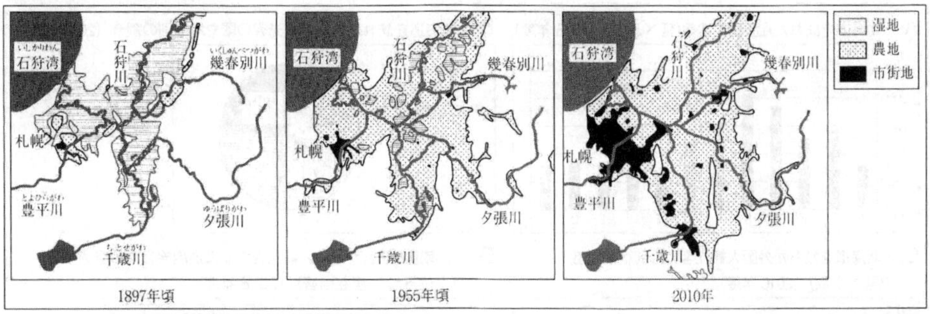

〔石狩川振興財団資料より作成〕

<メモ>
資料 9 の石狩川流域は，もともと泥炭地とよばれる湿地が広がっていました。そこで，水はけをよくするために大規模な排水路を整備したり，ほかの場所から土を運びこんだりしたことなどで，[お]。

(3)　下線部 **e** について，良子さんは，2016年に北海道新幹線が開業したことを知り，北海道と東北地方の産業を比較するため，**資料10**を見つけました。**資料10**のうち宮城県に当てはまるものを**ア**～**エ**の中から一つ選んで，その記号を書きなさい。また，宮城県の県庁所在地名を書きなさい。

資料 10　北海道と東北地方の各県の人口と産業の比較（2016 年）

道県名	人口（千人）	農業産出額（億円）	漁業産出額（億円）	製造品出荷額等（億円）	年間商品販売額（十億円）
北海道	5352	12115	3000	61414	18892
青森	1293	3221	682	18318	3380
山形	1113	2391	29	26875	2588
ア	2330	1843	760	41389	12151
イ	1268	2609	361	23897	3501
ウ	1010	1745	31	12497	2396
エ	1901	2077	79	48692	4901

注）製造品出荷額等とは，製造品出荷額，加工賃収入額，その他の収入額等の合計である。
〔「データで見る県勢」2018・2019 ほかより作成〕

(4)　下線部 **f** について，三郎さんは，北海道を訪れる外国人観光客について調べ，次のページの**資料11**を見つけ，その中の三つの資料を使い，次のようにまとめました。**資料11**の **A** ～ **E** の中から三郎さんが使った資料として適切なものを三つ選んで，その記号を書きなさい。

<まとめ>
北海道を訪れる外国人観光客は，主に東アジアから航空機を使って訪れます。また，北海道を訪れる外国人観光客の宿泊者数は，ほかの時期に比べて冬の時期に多いことがわかります。

資料 11

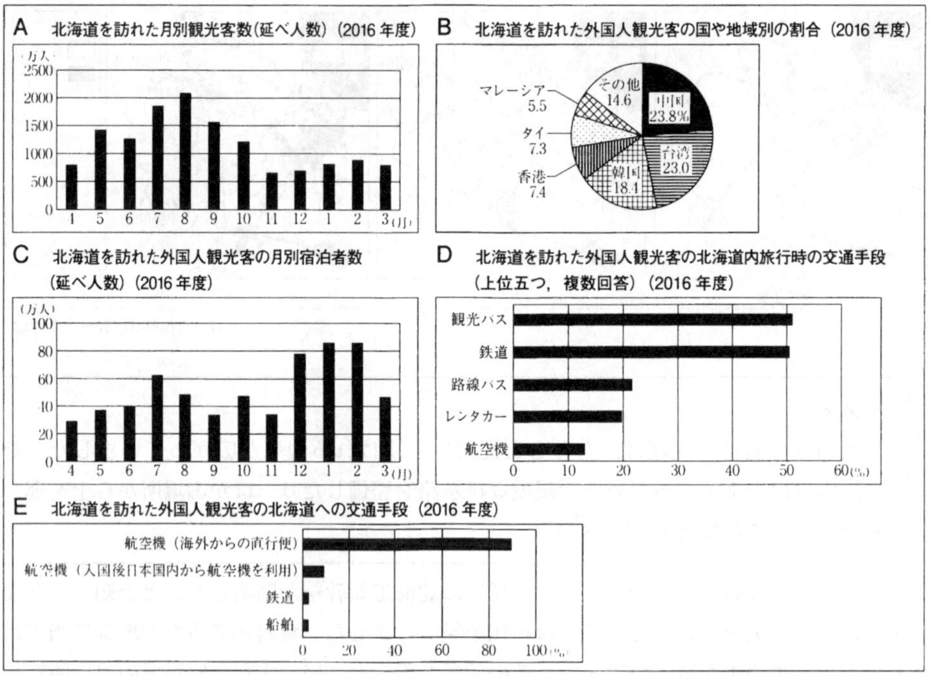

〔A~Eは北海道経済部観光局資料より作成〕

2 ある中学校の社会科の授業で,「それぞれの時代にはどのような特色があるのだろうか」という課題で,班ごとにテーマを設定し,学習しました。次の1,2に答えなさい。

1 A班は,「政治や経済の動きに注目する」というテーマを設定し,資料を見つけ,**カード1~カード4**を作成しました。あとの(1)~(4)の問いに答えなさい。

カード1 倭《わ》(日本)の国々《くにぐに》と中国との関係 江戸《えど》時代に志賀島《しかのしま》で発見された「漢《かんの》 委《わの》(倭)奴《なの》国王《こくおう》」と刻まれた金印《きんいん》は,漢《かん》(後漢《ごかん》)の皇帝《こうてい》から授けられたと考えられている。	**カード2 武士《ぶし》の政権の誕生** 保元《ほうげん》の乱《らん》・平治《へいじ》の乱ののち,武士が大きな力をもつようになり,平 清盛《たいらのきよもり》が武士としてはじめて太政大臣《だいじょうだいじん》となった。
カード3 全国的な貨幣制度・交通網の整備 江戸幕府《ばくふ》は,新たに金貨《きんか》・銀貨《ぎんか》・銅貨《どうか》(銭貨《せんか》)を流通させ,全国的な陸上や水上の交通網を整備した。	**カード4 大日本帝国憲法《だいにっぽんていこくけんぽう》の制定** 伊藤博文《いとうひろぶみ》らにより大日本《だいにほん》帝国憲法が制定され,議会政治が始まり,日本はアジアで最初の近代的な立憲《りっけん》(制《せい》)国家《こっか》となった。

(1) 太郎さんは,**カード1**の倭の国々と中国との関係を調べていく中で,**資料1**を見つけ,花子さんと話し合いました。[あ] に当てはまる内容を書きなさい。

資料1 中国の歴史書に記されている内容

3世紀に,邪馬台国《やまたいこく》の女王卑弥呼《ひみこ》が,魏《ぎ》に朝貢《ちょうこう》して,「親魏《しんぎ》倭王《わおう》」の称号などを受けたことが記されている。	太郎:**カード1**や**資料1**には,中国から金印や称号を得たとあるけど,どうしてかな。 花子:中国の皇帝に貢《みつ》ぎ物をおくり,[あ] ことが目的だったみたいだね。

(2)　太郎さんは，**カード2**の平清盛に興味をもち，平氏《へいし》の政権と摂関政治《せっかんせいじ》とを比較するために**資料2**を見つけ，次のような**<メモ>**を作成しました。**<メモ>**の［い］に当てはまる内容を書きなさい。また，摂関政治が行われた頃に造られた建築物を，下の**ア**～**エ**の中から一つ選んで，その記号を書きなさい。

資料2　皇室《こうしつ》と藤原氏《ふじわらし》・平氏の関係

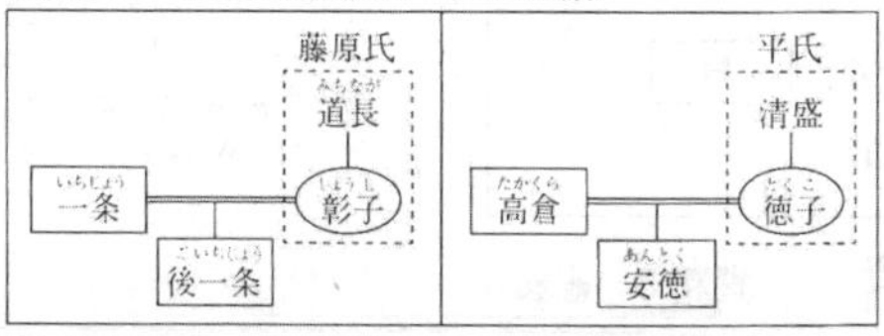

注）□は天皇，○は女性，＝は婚姻関係を示す。

<メモ>
　資料2に見られるように，平氏は，藤原氏と同様に［い］ことで，権力を強めた。

ア

イ

ウ

エ

(3)　花子さんは，**カード3**の江戸時代の物流について調べ，**資料3**，**資料4**を見つけました。「天下《てんか》の台所《だいどころ》」とよばれた**資料3**の港のあった都市の場所を，**資料4**の**A**～**D**の中から一つ選んで，その記号を書きなさい。

資料3　にぎわう港

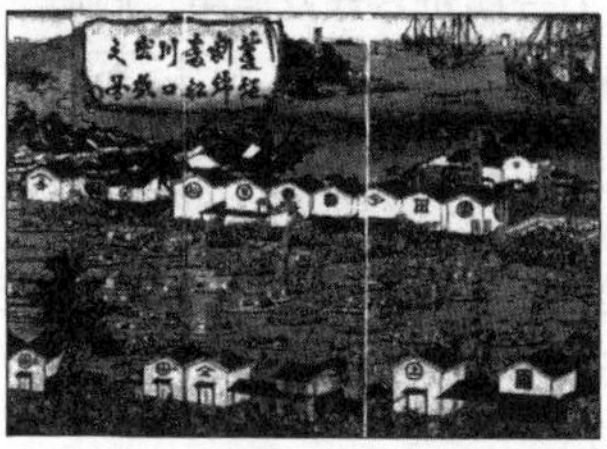

資料4

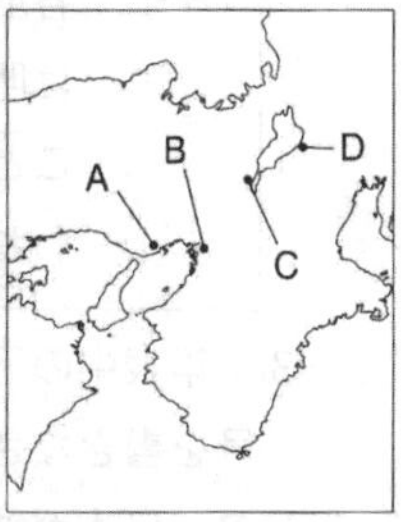

(4)　太郎さんは，**カード4**の大日本帝国憲法について調べていく中で，**資料5**を見つけ，次のような**<メモ>**を作成しました。［う］に当てはまる内容を，下の**ア**～**エ**の中から一つ選んで，その記号を書きなさい。また，**資料5**を参考にして，**<メモ>**の［え］に当てはまる内容を，「主権《しゅけん》」の語を用いて書きなさい。

資料5　大日本帝国憲法（一部）

第1条　大日本帝国ハ万世一系《ばんせいいっけい》ノ天皇之《これ》ヲ統治ス
第3条　天皇ハ神聖ニシテ侵スベカラズ
第4条　天皇ハ国ノ元首ニシテ統治権ヲ総攬《そうらん》シ此《こ》ノ憲法ノ条規《じょうき》ニ依《よ》リ之ヲ行ウ

<メモ>
　伊藤博文が憲法を学んだ頃のドイツでは，［う］。伊藤らが中心になって作成した大日本帝国憲法には，**資料5**から，［え］という特徴が見られます。

ア　統一を果たしたビスマルクが，富国強兵《ふこくきょうへい》を進めていました
イ　皇帝ナポレオンの支配に対する抵抗運動が高まっていました
ウ　レーニンらが臨時政府《りんじせいふ》を倒し，革命《かくめい》政府（ソビエト政府）を樹立しました
エ　ワイマール憲法が定められ，労働者の基本的権利が保障されました

2　B班は，「土地制度の変化に注目する」というテーマを設定し，作成した年表をもとに話し合いました。次のページの(1)～(3)の問いに答えなさい。

(1) 次郎さんは，下線部aについて洋子さんと話し合いました。 お に当てはまる内容を，「身分」の語を用いて書きなさい。

西暦	できごと
1582	a 太閤検地《たいこうけんち》
1873	b 地租改正《ちそかいせい》
1946	c 農地改革《のうちかいかく》

注)年表中の西暦は，それぞれのできごとが始まった年を示す。

> 次郎：豊臣秀吉《とよとみひでよし》は，全国統一を進めながら，太閤検地や刀狩《かたながり》を行ったんだよね。
> 洋子：そうだね。これらの政策によって， お ，近《きん》世《せい》社会のしくみが築かれたんだね。

(2) 次郎さんは，下線部bに興味をもち，**資料6**を見つけ，洋子さんと話し合いました。 か に当てはまる内容を，地租の具体的な税率にふれながら書きなさい。

資料6 地券《ちけん》

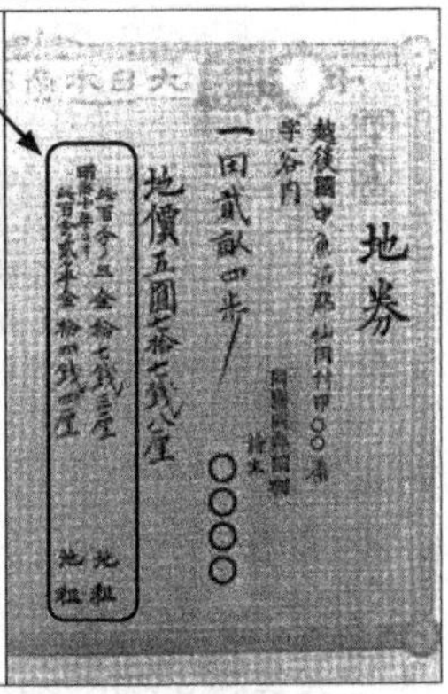

□の中には、
「此《この》百分ノ三　金拾(十)七銭《せん》三厘《りん》　地租
明治十年ヨリ
此百分ノ貳(二)ヶ半　金拾四銭四厘　地租」
と書いてある。

注)銭・厘は、円より小さい貨幣単位で、銭は円の百分の一、厘は円の千分の一を示す。

> 次郎：地租改正のときに，茨城県では，地租改正反対の一揆《いっき》がおきていたね。
> 洋子：各地で一揆がおきた結果，政府は明治10年（1877年）に か ことが，**資料6**から読み取れるわね。

(3) 年表中の下線部cと最も関係の深いできごとを，次の**ア**～**エ**の中から一つ選んで，その記号を書きなさい。

ア 日本が独立を回復した　**イ** GHQによる占領政策が始まった
ウ 太陽暦《たいようれき》が採用された　**エ** 55年体制《ねんたいせい》が終了した

3 ある中学校の社会科の授業で，「私たちの社会のしくみはどのようになっているのだろうか」という課題で，班ごとにテーマを設定し，学習しました。次の1，2に答えなさい。

1 A班は，職場体験で学んだことを生かして，「地域と経済」というテーマを設定し，**レポート**にまとめました。次の(1)～(3)の問いに答えなさい。

レポート

> **△△スーパー□□店について**
> ①店について
> • 雑貨，日用品，a 食料品を扱う。
> • 平日の客数は約1900人で，昼と夕方に客が多い。
> • 最近，近くにb コンビニエンスストアができ，競合している。
> ②経営上の工夫
> • チラシやＳＮＳを利用した広告
> • c 消費税増税に合わせて，店内の価格表示を切り替えた。

(1) 下線部aについて，太郎さんと花子さんの会話を読んで，文中の あ ， い に当てはまる語の組み合わせとして最も適切なものを，あとの**ア**～**エ**の中から一つ選んで，その記号を書きなさい。

> 太郎：最近，小麦粉や果物など，輸入品の値段が上がっているのはなぜだろう。
> 花子：その原因の一つに，為替相場（為替レート）があるみたいだわ。例えば，「１ド

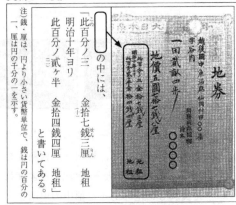

ル＝100円」から「1ドル＝ **あ** 円」になり，ドルなどの外国の通貨に対して円の価値が下がることを円安といい，一般的に輸入品の価格が上がるのよ。
太郎：でも一方で，円安により日本からの **い** などは増えそうだね。

ア [あ 90　い 海外旅行の件数]　イ [あ 90　い 自動車の輸出]
ウ [あ 110　い 海外旅行の件数]　エ [あ 110　い 自動車の輸出]

(2) 下線部bについて，太郎さんは，コンビニエンスストアについて調べ，**資料1**を見つけ，次のような<ノート>を作成しました。<ノート>の **う** に当てはまる語を，下の**ア**～**エ**の中から一つ選んで，その記号を書きなさい。また，**資料1**を参考に，<ノート>の **え** に当てはまる内容を，「本部」の語を用いて書きなさい。

資料1　売場面積1㎡当たりの年間商品販売額(2014年)

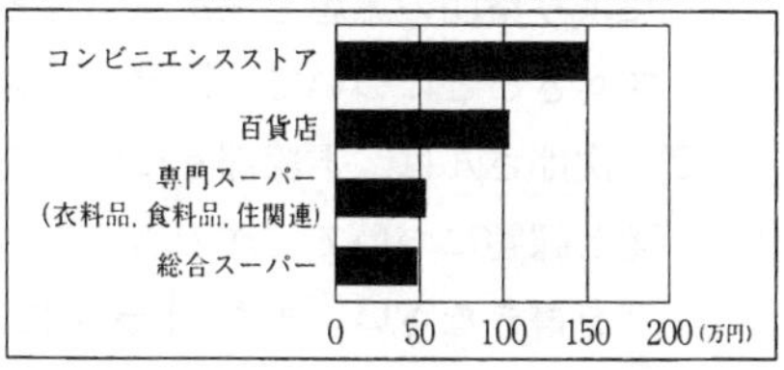

〔経済産業省資料より作成〕

<ノート>
○企業の種類
・企業には，私企業と公企業があり，コンビニエンスストアは私企業に分類され， **う** は公企業に分類される。
○コンビニエンスストアの特徴
・売り場面積が比較的狭い店舗が多い。
・本部と契約して加盟店になる形式の店舗が多く，商品は本部からの指示で配送される。
・POS(販売時点情報管理)システムにより，販売時に商品のバーコードを読み取り，いつ，どこで，何がどれだけ売れたのかをデータとして把握している。
○コンビニエンスストアが販売額を伸ばす工夫
・POSシステムを用いて， **え** している。

ア 造幣局　イ 農家　ウ 個人商店　エ 株式会社

(3) 花子さんは，下線部cについて調べていく中で，**資料2**を見つけ，次のような<メモ>を作成しました。消費税のように，税金を納める人と税金を負担する人が一致しない税金を何というか書きなさい。また，**資料2**をもとに<メモ>の **お** に当てはまる内容を書きなさい。

資料2　2人以上の世帯における年収別消費税負担額と負担割合(2018年)

年収 (万円)	税率8%の場合の 1か月当たりの 消費税負担額(円)	月収に占める 消費税負担額 の割合(%)
200～250	13214	5.8
700～750	21174	4.0
1500～	35098	2.7

注)2018年当時のデータのため，消費税は8%となっている。
注)収入から，収入を得るために必要な費用を差し引いたものが所得になる。　〔総務省資料ほかより作成〕

<メモ>
消費税は，国民の収入(所得)に関係なく，一定の税率が課されるが，**資料2**で消費税負担額の割合に着目すると， **お** という傾向がある。

2　B班は「身近にあるきまり（ルール)」というテーマを設定し，話し合いました。あとの(1)～(3)の問いに答えなさい。

次郎：私たちの生活を考えると，学校生活のきまりや会社の規則，スポーツのルールなどのように，d身近なところにきまりがあるね。
洋子：そうね，きまりは対立を調整してトラブルを解決したり，未然に防いだりすることに役立っているわ。きまりには慣習として行われるもののほかに，法律や条例などで定められているものもあるわね。

次郎：法律は，e選挙によって選ばれた国会議員で構成される国会で制定されるんだね。

洋子：万一，争いや犯罪が起きた場合には，法にもとづいてf裁判が行われ，私たちの権利が守られるとともに，社会の秩序が保たれているのよ。

(1) 下線部dについて，きまりについて話し合うときに，民主主義の原理にもとづいて多数決により集団の意思を決定することがあります。このとき多数決で結論を出すに当たって配慮すべきことについて，「少数」という語を用いて書きなさい。

(2) 次郎さんは，下線部eについて調べていく中で，資料3，資料4を見つけ，選挙制度の変遷と課題について，次のような<メモ>を作成しました。<メモ>の［か］に当てはまる数字を書きなさい。また，［き］に当てはまる内容を書きなさい。

資料3 衆議院議員総選挙における有権者数と全人口に占める有権者の割合の推移

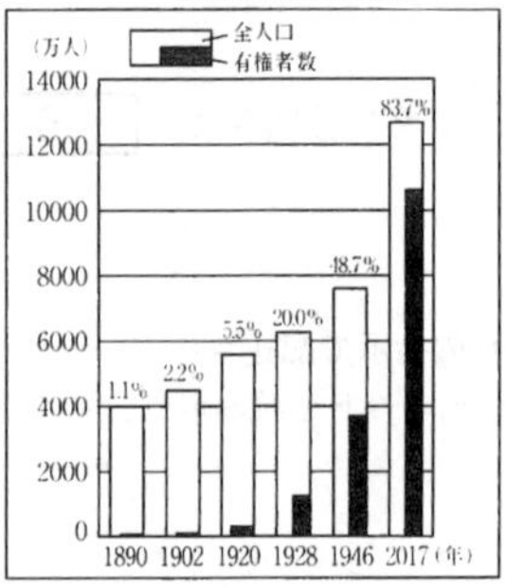

注）％の数値は，全人口に占める有権者の割合を示す。

〔総務省資料より作成〕

資料4 衆議院議員総選挙・小選挙区の議員一人当たりの有権者数（2019年9月1日現在）

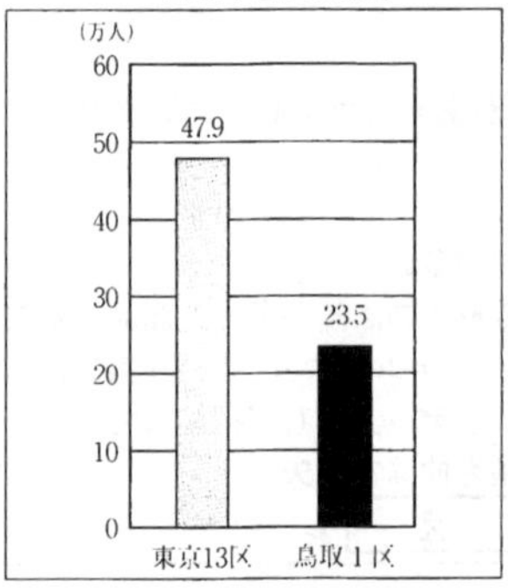

〔総務省資料より作成〕

<メモ>

資料3について，かつては性別や納税額などで選挙権が制限されていたが，1946年に実施された選挙では，満［か］歳以上のすべての国民に選挙権が与えられ，全人口に占める有権者の割合は2倍以上に増えた。さらに，2016年から選挙権年齢が引き下げられ，幅広い年齢層の意見が国政に反映されることが期待されている。一方，資料4から，課題として［き］があることがわかる。

(3) 下線部fについて，洋子さんは裁判員制度に興味をもち，調べていく中で資料5～資料7を見つけ，<まとめ>を作成しました。<まとめ>の［く］に当てはまる内容を「司法」という語を用いて書きなさい。

資料5 裁判員候補者の辞退率

2009年	53.1%
2014年	64.4%
2019年	66.7%

資料6 裁判員として裁判に参加した感想（2019年）

非常によい経験と感じた	63.4%
よい経験と感じた	33.6%
その他	3.1%

注）割合は四捨五入しているため，合計が100%にならない場合もある。

資料7 資料6で「非常によい経験，よい経験」と回答した理由の主なもの

- 裁判のしくみや事件に関することがらを学び，証拠にもとづき公平な判断を下すプロセスや考え方について理解できた。
- 被告人に対してこれだけの人が関わり審議していること，裁判官がどの意見も尊重して話し合いを進める様子がよかった。

〔資料5～資料7は最高裁判所資料より作成〕

<まとめ>

裁判員制度は開始から10年以上経過し，資料5から裁判員候補者に選ばれても辞退する人が増えていることがわかる。一方で，国民が刑事裁判に参加することで，裁判の内容や進め方に国民の視点や感覚が反映されるようになることが期待されている。また，資料6，資料7からは，［く］ことも期待されていることがわかる。

4　ある中学校の社会科の授業で，「どのように持続可能な社会をつくっていけばよいのだろうか」という課題で，班ごとにテーマを設定し，学習しました。次の１～３に答えなさい。

１　Ａ班では，「安全な水の供給」というテーマを設定して調べ，**資料１**～**資料３**を見つけ，これらの資料をもとに話し合いました。下の(1)～(3)の問いに答えなさい。

資料１　日本の水道普及率

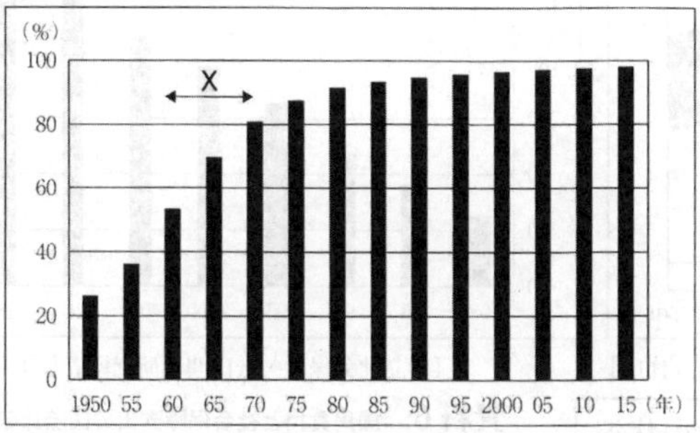

〔厚生労働省資料より作成〕

資料２　世界の人口と水需要量の変化

	世界の人口（億人）	世界の水需要量（㎦）
1950年	25.36	1382
2000年	61.43	3565
2050年（予測）	97.35	5467

〔国際連合資料，内閣官房資料ほかより作成〕

資料３　安全な飲み水を確保できる人の割合（2015年）

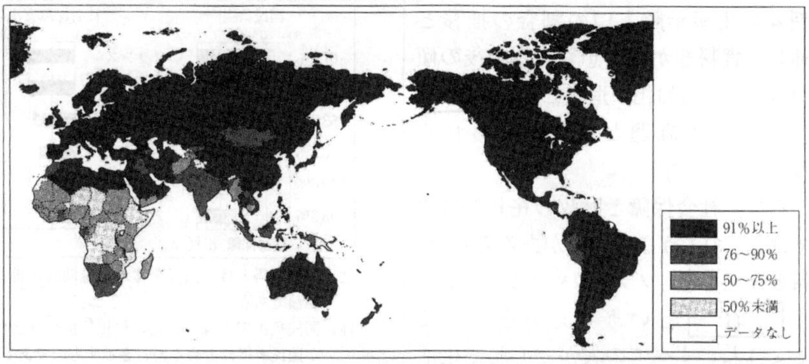

〔国際連合資料より作成〕

太郎：**資料１**を見ると，日本の水道普及率が急激に伸びている時期があるね。
花子：**資料１**のＸの時期は，［あ］と一致しているね。
太郎：一方，**資料２**を見ると，［い］という予測から，水不足の問題がおこると考えられるね。
花子：また，**資料３**の情報から，［う］という問題が見えてくるね。
太郎：子どもたちが，長い時間をかけて川などに水をくみに行く話を聞いたことがあるよ。
花子：水の確保は当たり前のようにできるわけではないのね。

(1)　文中の［あ］に当てはまる内容を，次の**ア**～**エ**の中から一つ選んで，その記号を書きなさい。

ア　株式と土地の価格が異常に高くなるバブル景気《けいき》の時期
イ　第四次中東戦争《だいよじちゅうとうせんそう》がおこり，石油価格が大幅に上昇した時期
ウ　朝鮮《ちょうせん》戦争が始まり，軍需《ぐんじゅ》物資が調達されることによりおこった特需《とくじゅ》景気の時期
エ　年平均で10％程度の経済成長率が続く高度《こうど》経済成長《けいざいせいちょう》の時期

(2)　文中の［い］に当てはまる内容を書きなさい。

(3)　文中の［う］に当てはまる内容を，解答用紙の書き出し「他地域に比べてアフリカでは，」に続けて書きなさい。

2　B班では，「日本の少子高齢化」というテーマを設定して調べ，**資料4**～**資料6**を見つけ，これらの資料をもとに話し合いました。下の(1)～(3)の問いに答えなさい。

資料4　日本の人口構造の推移と見通し

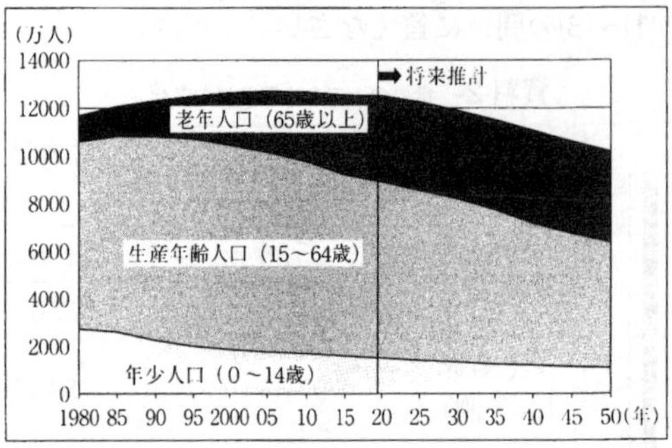

〔内閣府資料より作成〕

資料5　日本の社会保障給付費の推移

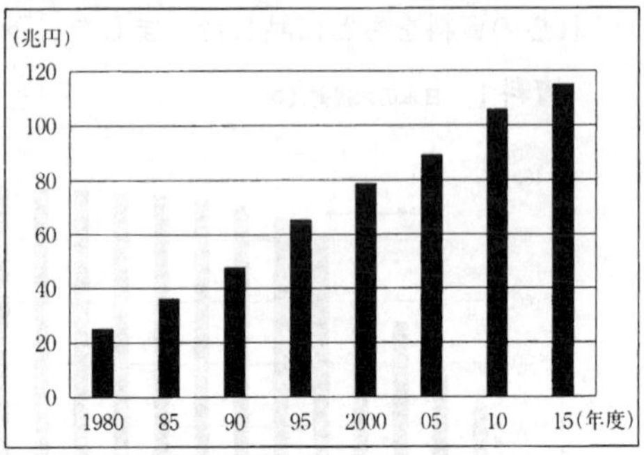

〔国立社会保障・人口問題研究所資料より作成〕

次郎：**資料4**から，日本の a 少子高齢化の状況がよくわかるね。

洋子：**資料4**の生産年齢人口の割合の推移と見通し，**資料5**から予想される今後の傾向から，少子高齢化が進むと，[え]ことが将来の課題として考えられるわね。

次郎：ところで，社会保障と財政の在り方については，どのような考え方があるのかな。

洋子：**資料6**を見ると，フランスやスウェーデンは，[お]という考え方をとっているようね。すべての人が安心して生活できるような社会保障制度はどのようなものか，考えてみようよ。

資料6　国民負担と社会保障支出の国際比較
(2015年度)

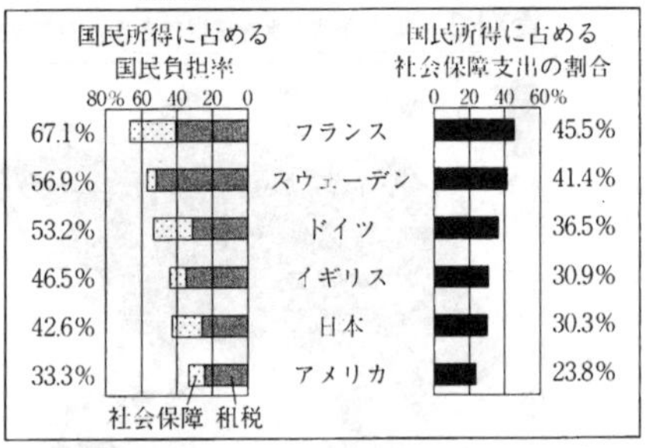

注）国民所得とは，国民全体が一定期間に得る所得の総額である。

注）国民負担率とは，国民の租税負担や社会保障負担が国民所得に占める割合を示すものである。

〔国立社会保障・人口問題研究所資料より作成〕

(1)　下線部aについて，**資料4**から読み取れる日本の人口に関する内容として当てはまらないものを，次の**ア**～**エ**の中から一つ選んで，その記号を書きなさい。

ア　年ごとの人口の変化がわかる。　　**イ**　将来人口が予想できる。

ウ　人口密度がわかる。　　**エ**　世代別のおおよその人口割合がわかる。

(2)　文中の[え]に当てはまる内容を，「生産年齢人口」，「社会保障給付費」の語を用いて書きなさい。

(3)　文中の[お]に当てはまる内容を，「国民負担」，「社会保障」の語を用いて書きなさい。

3　C班では，「日本の交通」をテーマに設定し，調べたことをもとに<**発表原稿**>を作成しています。あとの(1)～(3)の問いに答えなさい。

<**発表原稿**>

日本では1872年に b 初めて鉄道が開通し，その後，官営に加えて民間による鉄道建設が進み，全国に鉄道網が広がりました。戦後は，経済が急速に発展する中で，1964年の東京オリンピックに合わせて，東海道新幹線が開通しました。各地に高速道路も整備されてい

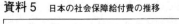

きました。日本は，国内の交通網の発達によって c 人やものの移動が活発となり，産業も活性化しました。

一方で，交通の変化は，日本各地で様々な変化をもたらすことがあります。d 交通をどのように整備し持続可能な社会をつくるか，今後の課題の一つとなっています。

(1)　下線部 b について，当時の鉄道開通区間として適切なものを，次のア～エの中から一つ選んで，その記号を書きなさい。

ア　新橋《しんばし》・上野《うえの》間　　イ　新橋・横浜間　　ウ　大阪・京都間　　エ　大阪・神戸間

(2)　下線部 c について，三郎さんは，**資料 7** が自分の住む市のホームページに掲載されていることを知り，関連する**資料 8** を見つけ，**＜メモ＞**を作成しました。**＜メモ＞**の [か] に当てはまる内容を書きなさい。

資料 7　ある市のホームページ

ノーマイカーデー
市では，毎年ノーマイカーデーを実施しています。実施期間は，5月から8月までの4か月間，毎月第2週目の1週間，期間中に2日以上，ノーマイカー通勤を実施していただくものです。

注）ノーマイカー通勤とは，自転車，徒歩，バス，鉄道等での通勤を心がけ，自家用乗用車で通勤する場合は，相乗りを心がける通勤のことである。　〔ある市のホームページより作成〕

資料 8　輸送量当たりの二酸化炭素の排出量(旅客)（2018 年度）

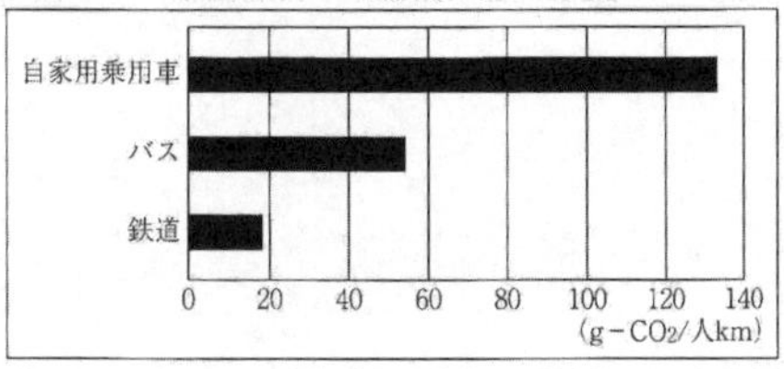

注）g－CO_2/人kmとは，二酸化炭素の排出量を輸送量(輸送した人数X輸送した距離)で割ったものである。　〔国土交通省資料より作成〕

＜メモ＞
私の市の**資料 7** のノーマイカーデーは，様々な目的で行われています。環境対策の一つとして，**資料 8** から，通勤に自家用乗用車を使わないことにより，[か] ことができると考えられます。

(3)　下線部 d について，良子さんは，乗客と宅配の荷物をいっしょに運ぶ貨客混載《かきゃくこんさい》のバスの運行が，過疎化の進む地域と最寄りの都市を結ぶバス路線で行われていることを知り，**資料 9**，**資料10**を見つけ，下のようにまとめました。**＜まとめ＞**の [き]，[く] に当てはまる内容を書きなさい。

資料 9　貨客混載のバス

・貨客混載のバスは，路線バスに一定量の宅配便の荷物を積載できるようになっています。
・一例として，車両中央部の座席を一部減らし，荷台スペースとして宅配会社に有料で貸し出しています。

〔環境省資料ほかより作成〕

資料 10　過疎地域のバス路線

過疎地域では，利用者の少ないバス路線が廃止されたり，便数が減らされたりして，病院や買い物に行くのが不便になっているところもあります。

＜まとめ＞
貨客混載のバスは，**資料 9** から，バス会社にとって [き] ことが利点としてあげられます。このような取り組みが行われることで，[く] ことができれば，**資料10**のような過疎地域の課題の解決につながると考えられます。私も，持続可能な社会をつくるために，どのような工夫ができるか考えていきたいです。

【会話】

山田　昨日のテレビドラマの最終回、すごくおもしろかったね。

大野　そうだね。でも、最後のシーンがなければ、もっと想像が膨らんでよかったと思うな。

山田　たしかに、あのシーンは［　　］だったね。

1　圧巻　　2　余地　　3　蛇足　　4　推敲《すいこう》

2　本文では、興味のない本こそたくさん読むべきだと述べられているが、A中学校の生徒は、学校の勉強などで時間がないから本を読まない。

3　本文では、読書が総合的知を感じる唯一無二の道だと述べられているが、A中学校の生徒は、楽しく時間を過ごすために読書する人が最も多い。

4　本文では、特定の専門知を極めることが重要だと述べられているが、A中学校の生徒は、テレビやマンガで想像力や空想力を養っている。

(五)　【Ⅱ】の A に入る最も適切な言葉を、本文中から十字以内で抜き出して書きなさい。

(六)　【Ⅱ】の　では、アンケートの結果で何か気になることはありますか　という司会の発言は、どのような役割を果たしているか。その説明として最も適切なものを、次の1～4の中から選んで、その番号を書きなさい。

1　これからの話し合いの視点を示し、ねらいに即した意見を引き出す役割。

2　これまでの話し合いから生じた疑問を投げかけ、確認する役割。

3　これからの話し合いの仕方で気をつけるべき点について考えさせる役割。

4　これまでの話し合いをまとめ、話し合う意義を再確認させる役割。

(七)　本文と【Ⅰ】・【Ⅱ】を参考にして、A中学校の生徒の読書生活を充実させるためのあなたの意見を書きなさい。ただし、以下の条件に従うこと。

1　百字以上、百五十字以内で書くこと。（句読点を含む。）

2　二段落構成とし、第一段落には、A中学校の読書の現状とその理由についてまとめ、第二段落には、読書生活を充実させるためにどのような取り組みができるかを具体的に書くこと。

3　正しい原稿用紙の使い方をすること。ただし、題名と氏名は書かないこと。また、～や＝等の記号（符号）を用いた訂正もしないこと。

4　文体は、常体「だ・である」で書くこと。

四　次の(一)～(三)の問いに答えなさい。

(一)　次の(1)～(6)の――線部について、片仮名の部分を漢字で、漢字の部分の読みを平仮名で書きなさい。

(1)　公園をサンサクする。　(2)　田畑をタガヤす。

(3)　月は地球のエイセイだ。　(4)　新しい事業を企てる。

(5)　頻繁に訪問する。　(6)　難関に挑む。

(二)　次の行書で書かれた漢字を楷書で書くときの総画数と同じ総画数である漢字を、1～4の中から選んで、その番号を書きなさい。

1　額　2　幕　3　選　4　鋼

(三)　次の【会話】の□に入る言葉として、最も適切なものを、1～4の中から選んで、その番号を書きなさい。

③なぜ本を読まないのか

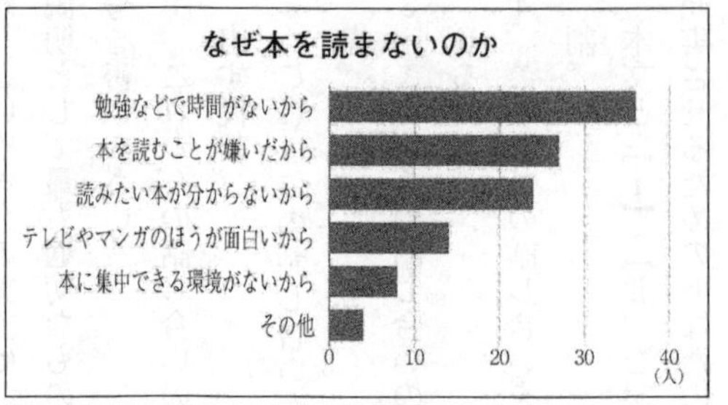

対象：「半年に１冊程度」以下しか本を読まない生徒（複数回答）

【Ⅱ】グループでの話し合いの一部

司会　それでは、読書についての話し合いをします。みなさんは、どのくらい本を読みますか。

佐藤　私は、週に一冊ぐらい読みます。

鈴木　私は、ほとんど読まないです。勉強や部活動が忙しくて読む時間がないんです。

司会　そうですか。では、図書館の貸し出し状況を図書委員の林さんから話してください。

林　【Ⅰ】①からも想像できると思いますが、本をよく借りに来る人とそうでない人がいます。本をよく借りに来る人の中には、ジャンルが決まっている人もいれば、いろいろな内容の本を借りていく人もいます。

佐藤　私は、いろいろな本を借りる方だと思います。私たちが読んだ文章には、読書は「自分の関心の思わぬ広がりをもたらす」と書いてありましたが、確かにそうだと感じます。

鈴木　なるほど。本の内容はそれだけで完結しているわけではないのですね。結局、私たちが勉強する多くのことで［Ａ］なんて存在しないということですよね。

司会　そうですね。皆さん、納得したようですね。では、アンケートの結果で何か気になることはありますか。

林　図書委員の私からよろしいですか。【Ⅰ】③で、読みたい本が分からないから、という人が二十四人もいたのですが、なぜ読みたい本が分からないのでしょうか。

司会　林さんからの質問について皆さんはどう思いますか。

鈴木　自分が面白いと思える本がどのような本か分からないから、読む気になれないということではないでしょうか。図書館に行っても、本が書棚に並んでいるだけだと、手に取ろうという気持ちになりません。

佐藤　私は、本の帯や紹介文などを参考に本を選びますよ。

林　なるほど。まず、その本に興味をもってもらえるような活動を図書委員会で話し合ってみますね。

(四)　本文と【Ⅰ】から読み取れることとして、最も適切なものを、次の１～４の中から選んで、その番号を書きなさい。

１　本文では、読書を通して関心が広がると述べられているが、Ａ中学校の生徒は、本を読むことが嫌いだから知識や情報が得られていない。

んも、まずは自分が興味を感じることを追求しながら、徐々《じょじょ》にでも、そのようなつながりの糸を発見し、外に広がる総合的知の領域を感じ取ってゆければよいでしょう。読書はその認識に通じる唯一無二の道なのです。

（上田紀行編著「新・大学でなにを学ぶか」による。）

※1　洞察＝物事をよく観察して、その本質を見抜くこと。

※2　截然＝物事の区別がはっきりとしているさま。

※3　渉猟・踏破＝あちこちを歩き回って、さがし求め、困難な道や長い行程を歩き通すこと。

(一)　佐藤さんは、授業で、読書のよい点についてノートにまとめた。［ア］と［イ］に入る最も適切な語句を、本文中から［ア］は三字、［イ］は四字で抜き出して書きなさい。

> 読書のよい点
> 　視点の広がりと関心の深まり
> ↓
> 　異なる学問分野がいろいろなところでつながる
> (例)・自動車の製造　―　認知科学・脳科学・［ア］
> 　・医療　―　［イ］　医学・薬学　＊文系的視点も必要

(二)　次の一文は、本文中の〈1〉～〈4〉のどこに入るか。最も適切な箇所の番号を書きなさい。

> 　要するに、すべての分野は広い視野で見れば、どこかでつながっているということです。

(三)　本文の特徴として、最も適切なものを、次の1～4の中から選んで、その番号を書きなさい。

1　漢語をあまり使わないことで、読者に対する語り口が優しい文章になっている。

2　筆者の主張が効果的に伝わるように、説明や具体例を加えた文章になっている。

3　論理の展開を工夫し、資料を適切に引用して、説得力のある文章になっている。

4　推測ではなく事実だけを述べることで、読者が理解しやすい文章になっている。

【Ⅰ】図書委員会が行ったA中学校の生徒対象のアンケートの結果

①どのくらい本を読むのか　②なぜ本を読むのか

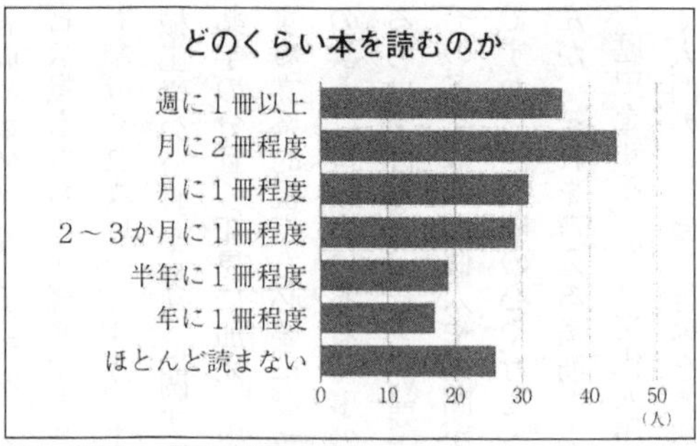

対象：佐藤さんの通うA中学校の生徒202人

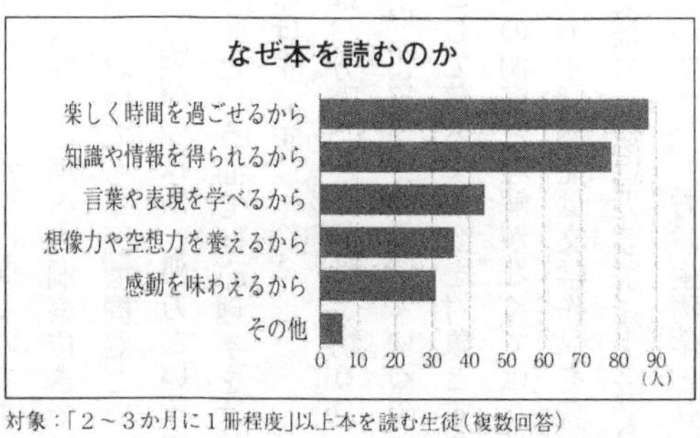

対象：「２～３か月に１冊程度」以上本を読む生徒（複数回答）

三 佐藤さんは、国語の授業で、読書について書かれた文章や、図書委員会が行ったアンケートの結果をもとに、グループでの話し合いを行い、意見文を書くことになりました。次の文章と【Ⅰ】・【Ⅱ】について、後の㈠～㈦の問いに答えなさい。

読書のよい点は、いざ読み始めて、それが面白いと思ったら、そこからさらに次々《つぎつぎ》と別の本を読んでゆくという視点の広がりと関心の深まりがもたらされることでしょう。多くの本はその一冊では自己完結せず、他の本の引用であったり、言及・紹介であったりというように、外への窓が開いています。その導きに従えば、芋づる式に自分が次に読むべき本、読みたい本が目の前に現れるでしょう。同じ分野の複数の本を読み込むことで自分の考えや関心をより深めることもできるし、あるいはジャンルを横断するように興味や知識を他の分野にまで広げてゆくこともできるわけです。その結果、自分が手にとった最初の一冊は物理の宇宙論であったのに、結局、本当に追求したいこととしてたどり着いたのは哲学の時間論であったということも起こりうるかも知れません。〈 1 〉

このように自分なりの興味を深く追求する読書は同時に自分の関心の思わぬ広がりをもたらすものですが、一つの分野に限定されない読書によって培《つちか》われる広大で深遠な関心領域こそは、あなたが大学で手にすることのできる大きな実りの一つです。〈 2 〉

異なる学問分野がいろいろなところでつながっている様は、実際に仕事をしてゆく過程で見えてくるでしょう。例えば、（先ほど例に挙げましたが）物理学における時間と空間の問題を考え詰めれば、哲学との接点が出てきます。あるいは法学にしても教育学にしても経済学にしても、人間の心理への視点・※1洞察が最終的には仕事の決め手になる。そしてまた工学の分野もしかり。例えば自動車の製造を考えてみてください。ハンドル、ブレーキ、ミラーなどの自動車のメカニズムは、結局、人間がそれをどう操作すれば、事故を起こさず安全に運転できるかという認知科学や脳科学さらには心理学の視点なしには成り立ちえません。また建築学でも、建物は人間が住むものですから、人間の志向や美的感覚など美学・芸術学の視点が必要になるのです。サービス業ももちろん経済学と並んで、人間の心理への洞察抜きでは成果も挙げられないでしょう。また医療においても、医療機器といった機械工学の分野や身体に関する知識と治療の技術・処方という医学・薬学の分野の知見に加え、患者のケアという面では心理学をはじめとする文系的視点も必要になってくるはずです。〈 3 〉

このように世の中にある仕事の多くは、分野ごとに※2截然《せつぜん》と切り分けられるわけではなく、多くの要素や視点が複雑に絡《から》まっているのです。その多くは人間個人や人間が集団として暮らす社会を対象とするものですから、人間の心や行動・生態への洞察と理解がなくてはなりませんが、それを考える道筋も実に多様です。例えば文学作品を読むこと、歴史を知ること。文化人類学、宗教学、民俗学などの諸分野も、すべて人間の（社会）行動を考察するものです。一方、生物学・動物行動学から人間を考えるアプローチもありうるでしょう。〈 4 〉

もちろん、こうした広大無辺の学問領域を一人の人間が※3渉猟《しょうりょう》・踏破《とうは》することは不可能です。重要なのは、個人個人はある特定の分野の専門知を極めようとしながら、それでも外に広がる様々《さまざま》な分野が、今自分が取り組んでいることとは無関係であるとして切り捨てるのではなく、どこかで結びついていることを視野の内におさめて、尊重することです。そのような認識の段階に至ったとき、初めて、（たとえ即効性や分かりやすい効用が今は見えなくても）この世の学びのうち、役に立たないことなどないということが実感できるわけです。ですから皆さたせまゐらせん」と家の子（家来）に示合《しめしあはせ》、「われはさきへゆかん。跡より（あとから）調来《ととのへきた》れ」（買ってこい）といひすて、先舅《まづ》にあふと同じく、「いな仕合《しあはせ》にて、又鴈を仕て候《さうらふ》」（いやおどろいたことにわたしはしあわせもので）といふ。舅いさみほこれり。彼内《かのうち》の者、塩鯛《しほたひ》に矢をつらぬき持《もち》きたれり。「して今の矢はあたらなんだか」。「さればこそ、鴈にははづれて、塩鯛にあたりまゐらせた」（当たりました）と。

【Ⅱ】　雄一さんが【Ⅰ】の古典を紹介する際に作った四コマ漫画

【Ⅲ】　雄一さんが紹介した古典について、グループで出された質問や感想の一部

(一)　【Ⅱ】の四コマめに入る絵として、最も適切なものを、次の1～4の中から選んで、その番号を書きなさい。

1
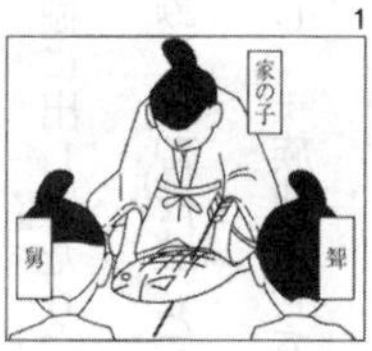

2

3

4

(二)　【Ⅲ】の大地さんの質問に対する答えとして、最も適切なものを、次の1～4の中から選んで、その番号を書きなさい。

1　店で買った鴈を運びやすくするため。
2　縁起の良い物だという印にするため。
3　借りていた矢を鴈と一緒に返すため。
4　鴈を仕とめたように見せかけるため。

(三)　【Ⅲ】の雪菜さんの感想にある、だまされているとも知らずに大喜びする舅の行動について、その行動を具体的に表している部分を、【Ⅰ】から十五字以上、二十字以内で抜き出して書きなさい。（句読点を含む。）

(四)　【Ⅲ】の月子さんの感想の□に入る内容として、最も適切なものを、次の1～4の中から選んで、その番号を書きなさい。

1　家の子がとった予想外の行動から、うそをついていた聟が慌てふためく表情の描写
2　結末で舅がどう反応《はんのう》したのかを描かないことで、後の展開を読者に想像させる手法
3　聟を誇りに思っていた舅のだまされやすい性格が、感動的な結末を導く意外な展開
4　鴈を何としてでも手に入れようとする家の子の誠実さと、読者の予想を裏切る行動

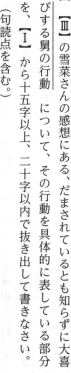

【Ⅲ】読書記録をもとにした本の紹介文

『ぼくのまつり縫い』という小説が、私が皆さんに紹介したい小説です。授業で読んだときに、ユートとカイトのやりとりがとても印象的だったので、小説を全部読んでみました。

ユートは中学校に入学してから、知り合いもなく、寂しさを感じていました。そのような時に、同じクラスのサッカー部のカイトが声をかけてくれたのです。ユートは、人気者のカイトと仲よくなりたくて、得意ではないのにサッカー部に入部しました。ところが、ケガをして休部しているとき、同じクラスでいつも小物を作っている糸井《いとい》さんに声をかけられ、被服部での活動も始めます。ユートは夏休み中、サッカーではなく、大好きな裁縫に熱中して過ごしました。

ある日、ケガが治っても練習に来ないユートを心配して、カイトが声をかけます。ユートは「被服部なんて興味ない!」と大声で言ってしまったのを近くにいた糸井さんに聞かれ、被服部にも行きにくくなります。さらに、ウソをついたことで、カイトとも気まずくなってしまいます。落ち込み悩んでいるユートの家に、なんと、訪ねてきた人たちが……。そして、ユートは、自分の好きなことに向かって動き出します。

「本当の友達」について、深く考えることができる作品です。みなさんも、ぜひ読んでみてください。

(四) 春香さんは、【Ⅱ】の読書記録をもとにして、【Ⅲ】のように本の紹介文を書いた。書く際に気をつけた点として適切でないものを、次の1~4の中から一つ選んで、その番号を書きなさい。

1 紹介文を読む人が、本の内容を理解しやすいように、出来事を時系列で紹介した。
2 登場人物それぞれの言動について自分の考えを書き、最後に、読後の感想を述べた。
3 読みやすい紹介文になるように、段落に分けて自分の伝えたいことを整理した。
4 気になった点や読後の感想を、すべては書かずに、興味を引くような表現にした。

(五) 春香さんは、【Ⅲ】の紹介文の最初の一文を分かりやすく書き直すことにした。『ぼくのまつり縫い』という小説が、私が皆さんに紹介したい小説です。という箇所を、「私が」という書き出しに続けて、同じ言葉を繰り返さないように、二十五字以上、三十字以内で書きなさい。(句読点を含む。)

二 雄一さんは、「自分の選んだ古典を紹介しよう」という国語の授業で、自作の四コマ漫画を使ってグループの友達に紹介し、その後で質問や感想をもらいました。次の【Ⅰ】~【Ⅲ】について、後の(一)~(四)の問いに答えなさい。

【Ⅰ】雄一さんが選んだ古典

聟《むこ》あり。舅《しうと》(妻の父親)のかたへみまふとて(あいさつしようとして)、ある町をとほりしが、新しき鳫《がん》を棚に出し置《おき》たり。二百にて買い、矢をとほしもたせ行《ゆく》。舅出あひ鳫をみて、「是《これ》は」ととふに、「我等《ら》の道にて仕《つかまつり》たる(仕とめました)」とあれば、大《おほい》に悦喜《えつき》し、一族皆よせて披露し、振舞《ふるまひ》わめきけり。聟かつにのり(調子に乗り)、「今一度も

1　優里	自分に合わせて好きでもないサッカーをやるよりも、好きな裁縫を頑張ってほしいと応援する気持ちだったんじゃないかな。
2　正志	でも、仲のよい自分に隠れて、こっそり被服室に行っていたから、どうしても許せずに責めてしまう気持ちの方が強そうだよ。
3　健	もともと運動神経がよくないのに、無理してサッカーを続けてけがをしたことにあきれる気持ちの表れじゃないかな。
4　みさき	それよりも、サッカーをやめるという言葉に落胆し、もう自分には関係ないと突き放す気持ちだったんじゃないかな。心配した分だけ腹も立つしね。
春香	なるほど、みんないろいろ考えているね。ユートとカイトはこの後どうなっていくのかな。今度、好きな本の紹介文を書くよね。私、この本で書こうと思う。全部読んで、いつものように読書記録をつけて、紹介文を書いてみるね。

(一)　【Ⅰ】に　文章の表現と内容には深い関係がある　とあるが、本文の表現と内容の説明として、最も適切なものを、次の1～4の中から選んで、その番号を書きなさい。

1　場面の展開に沿った情景描写を繰り返すことで、ユートとカイトの心理的な隔たりを淡々《たんたん》と表現している。

2　文頭に「……」を入れることで、ユートとカイトそれぞれの希望や高揚感を効果的に表現している。

3　カタカナ表記や口語表現を多用することで、ユートとカイトの友情を生き生きと表現している。

4　心の中の思いを実際の会話のように書くことで、ユートとカイトの不安を暗示的に表現している。

(二)　ア小さく深呼吸して言葉をつづける　とあるが、この時のユートの気持ちを、本文中の言葉を使って、四十五字以上、五十字以内で書きなさい。（句読点を含む。）

(三)　イおまえみたいなヤツは、サッカー部やめちまえ　とあるが、【Ⅰ】の□の中で、この言葉に込められたカイトの気持ちとして、最も適切な発言をしている人物は誰か。次の1～4の中から選んで、その番号を書きなさい。

1　優里　　2　正志　　3　健　　4　みさき

【Ⅱ】　春香さんの読書記録

○　タイトルと著者名
『ぼくのまつり縫い』神戸遥真

○　読み始め・読み終わり　5／2～5／4

○　選んだ理由
・授業で読んだ場面が印象に残り、結末が気になったから。

○　授業で読んだ中で気になったところ
・ユートがサッカー部に入った理由
・ユートがカイトにうそをついた理由
・カイトの人物像

○　読んで思ったこと・印象的だったこと
・友達っていいなと思った。ユートが勇気を出せてよかった！
・被服部の先輩たちがユートの家に来てくれて、とても優しい人たちだと思った。
・ファッションショーでカイトがユートの服を着て出てくれた。カイト、かっこいい！
・私も裁縫がしたくなった。
・被服部に入部届を出すという結末に安心した。

するとカイトはあきれた顔になって、こんどはバシバシぼくのうでをたたく。

「なんか、ムカついてきた。」

「ごめん……。」

「もういい。おまえみたいなヤツは、サッカー部やめちまえ。」

針みたいに鋭いその言葉に、なぐられたようなショックを受けて息をのむ。

……やっぱり、いまさらだったのかもしれない。

ウソついたし、かくしごともしてた。あやまったって、そういうのがなかったことになるわけじゃない。

もう友だちでいられなくなっても、しょうがないのかもしれない――。

「それで、好きな服作れよ。」

しめっぽくなりかけた目をあげると、カイトはいたずらをたくらむように笑ってた。

「服作れるとか、すげーじゃん。」

（神戸遥真「ぼくのまつり縫い　手芸男子は好きっていえない」による。）

※1　仮縫い＝洋服で、本仕立ての前に仮に縫って体にあわせて形を整えること。下縫い。

※2　ジンタイソンショー＝じん帯損傷。関節の運動を安全にしたり制限したりする、強い丈夫な繊維性の組織が傷つくこと。

【Ⅰ】「文章の表現と登場人物の言動に着目して読む」という学習課題に取り組む春香さんのグループでの話し合い

春香　この文章には、今まで授業で学習した表現技法がたくさん出てきたよね。「くしゃっとして笑った」とか、「パシッと軽くうでをたたかれた」には、擬態語や擬音語が使われているよね。

正志　そうだね。「バシバシぼくのうでをたたく」もそうじゃないかな。それに直喩もあったね。

健　あ、「針みたいに」ってところだね。僕は、カイトがシャツを手にとったときの表現が気になっているんだ。どうして「観察すると。」で、一回文章が区切られているのかな。普通なら次の「顔をくしゃっとして笑った」とつながるはずだよね。

みさき　カイトがどんな反応をするのか、ユートも読んでいる私たちも気になっているから、間《ま》をとって緊張感を高めているんじゃないかな。

春香　みさきさんの意見、いいね。文章の表現と内容には深い関係があるんだね。次に、気になった言動について話し合ってみようよ。

優里　この場面では、カイトの返事がなかったときのユートの気持ちが気になるね。「小さく深呼吸して言葉をつづける」というところでは、ユートはどんな気持ちだったのかな。

正志　ユートは決意を固めてこの場所に来ているよね。その後に、カイトがあいづちをうってくれて話も進んでいったね。

春香　二人が和解できそうな流れになったけれど、その後、カイトは「おまえみたいなヤツは、サッカー部やめちまえ」と言っているでしょう。この言葉は、厳しいよね。カイトはどんな気持ちでこの言葉を言ったのかな。

＜国語＞

時間　五〇分　満点　一〇〇点

一　次の文章と【Ⅰ】～【Ⅲ】について、後の㈠～㈤の問いに答えなさい。

「話ってなに？」

その声は、ちょっと気まずい空気をまとって空っぽの教室にひびいた。前はこんなふうじゃなかったのにって悲しくなったけど、それもこれもぼくのせいだからしょうがない。

自分でどうにかするしかないのだ。

ぼくは席を立ち、ロッカーに押しこんでた大きな紙袋を持ってカイトの席にむかう。

「これ、カイトに見せたくて。」

ぼくが紙袋の中身を机の上にだすと、カイトはおずおずとそれを手にしてひろげた。

「……シャツ？」

土曜日に父さんにも見せた白いシャツで、すでに完成してる。

つぎに、ぼくはまだ仮縫い※1状態の黒い布のかたまりを見せた。

「こっちはベストとズボンになる予定。」

「作りかけ？」

「そう。おれが作ってる。」

カイトと目があった。けど、見てられなくなったぼくはすぐに視線をさげて、仮縫いのベストを机の上において頭をさげる。

「このあいだは、ごめん。おれ、カイトにウソついた。」

カイトの返事はない。ぼくは自分の上ばきを見つめたまま、ア小さく深呼吸して言葉をつづける。

「ホントは、興味、なくなんてない。夏休みから、ずっと被服室に行ってた。」

やっぱりカイトの反応《はんのう》はなく、もうぼくがなにをいってもしょうがないのかもって気持ちになりかけた。

けど、カイトにだけは本当のことを伝えるって決めたのだ。ウソをついたのがなかったことにはならないけど、だからこそ、こんどはちゃんと本当のことだけ伝えたいって。

「おれ、もともと運動神経よくないしさ。ジンタイソンショー※2もしちゃって、サッカー、だんだんツラくなってきて。そんなときに被服室に行くようになって、それで……。」

「それで？」

カイトがはじめてあいづちをうってくれて、ぼくは顔をあげた。

「やっぱり裁縫するの、楽しくて。じつは昔から好きだったんだ、縫いものするの。」

カイトは机の上のシャツをもう一度手にとった。そうして、じっくり観察すると。

顔をくしゃっとして笑った。

「ユートさ、こういうのは早くいえよ。」

ぼくが反応できないでいると、正面からパシッと軽くうでをたたかれた。

「ムリしておれにあわせて、好きでもないサッカーやることないじゃん。」

「で、でもおれ、中学でこっちにひっこしてきて友だちいなかったから、カイトが声かけてくれて、うれしかったんだ。だから、カイトといっしょに部活やったら、友だちになれるかなって――。」

MEMO

大切なことはメモしておこうネ！

2021年度

解 答 と 解 説

《2021年度の配点は解答用紙集に掲載してあります。》

＜数学解答＞

1 (1) ア　-4　(2) $2\sqrt{10}$(m)　(3) ウ

(4) 右図

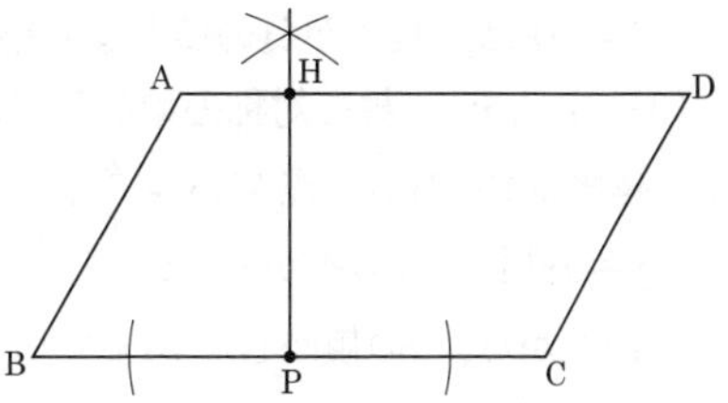

2 (1) ア　$n+1$　イ　$n+2$　ウ　$n+1$

(2) ア　$x(x+5)$　イ　-8　ウ　3

(3) ア　2　イ　8　(4) 解説参照

3 (1) ア　48(度)　(2) イ　解説参照

(3) ウ　$9\pi+\frac{9}{2}$(cm^2)

4 (1) 800(L)　(2) 130(L)　(3) 250(時間後)

5 (1) ①　$\frac{1}{9}$　②（記号）B　（確率）$\frac{5}{18}$　(2) A

6 (1) ア　$\frac{75}{2}$(cm^2)　(2) イ　面㋐，面㋒　ウ　90(cm^3)

(3) エ　面㋒　オ　面㋑

＜数学解説＞

1 （正の数・負の数，平方根，不等式，作図）

(1) **異符号の2数の和の符号は絶対値の大きい方の符号で，絶対値は2数の絶対値の大きい方から小さい方をひいた差**だから，ア＝(得点合計)－(失点合計)＝$3-7=(+3)+(-7)=-(7-3)=-4$

(2) (長方形の周の長さ)＝{(縦の長さ)＋(縦の長さ)}×2＝$\{(\sqrt{10}-\sqrt{5})+(\sqrt{5})\}\times2=\sqrt{10}\times2=2\sqrt{10}$m

(3) 1個a円のクリームパン5個と1個b円のジャムパン3個の値段の合計は，a円×5個＋b円×3個＝$(5a+3b)$円　これが1000円で買うことができるということは，値段の合計が1000円以下であるということであり，この数量の関係は，$1000\geqq(5a+3b)$あるいは，$1000-(5a+3b)\geqq0$と表せる。

(4) (着眼点)辺BCを底辺とみたとき，線分PHが高さとなるのは，点Hが辺AD上にあり，PH⊥BCとなるときである。　(作図手順)次の①～②の手順で作図する。①　点Pを中心とした円を描き，辺BC上に交点をつくる。　②　①でつくったそれぞれの交点を中心として，交わるように半径の等しい円を描き，その交点と点Pを通る直線(点Pを通る辺BCの垂線)を引き，辺ADとの交点をHとする。

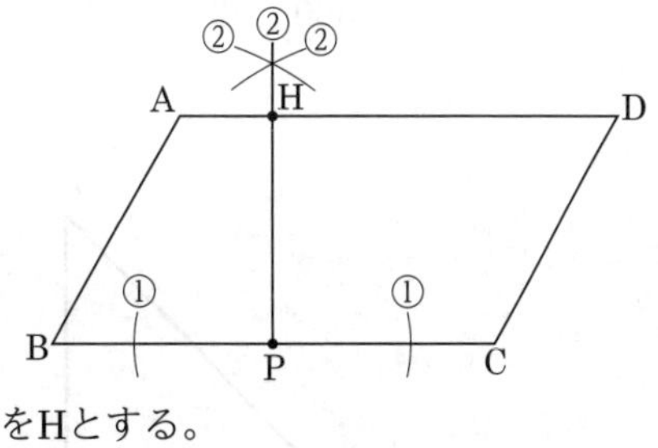

2 （式による説明，方程式の応用，関数とグラフ，資料の散らばり・代表値）

(1) 連続する3つの整数のうち，もっとも小さい整数をnとすると，連続する整数は1ずつ増えるから，連続する3つの整数は小さい順にn，$n+1$…ア，$n+1+1=n+2$…イと表すことができる。ここで，連続する3つの整数の和は，$n+(n+1)+(n+2)=n+n+1+n+2=3n+3=3(n+1)$…ウ　$n+1$は整数だから，$3(n+1)$は，言葉の式で書くと3×(整数)より，3の倍数である。したがって，連続する3つの整数の和は，3の倍数である。

(2)　縦の長さをxmとすると，条件$\boxed{1}$より，横の長さは，縦の長さより5m長いから，$(x+5)$mと表すことができる。条件$\boxed{2}$より，方程式をつくると，(花だんの面積)＝(縦の長さ)×(横の長さ)＝$x(x+5)=24$…ア　アの左辺を展開して整理すると，$x^2+5x-24=0$　左辺を因数分解して，$(x+8)(x-3)=0$　したがって，二次方程式アの解は，$x=-8$…イと，$x=3$…ウとなる。しかし，$x=-8$は，長さが負の値となり縦の長さとしては適していないから，縦の長さは3mである。

(3)　点Aを，y軸を**対称の軸**として**対称移動**させた点Bのx座標が-1であるということは，点Aのx座標は1である。点Aは$y=\frac{2}{x}$上にあるから，そのy座標は，$y=\frac{2}{1}=2$　よって，A(1，2)　点Aは$y=ax^2$上にもあるから，$2=a\times1^2=a$より，$a=2$…ア　$y=2x^2$について，$x=3$のとき$y=2\times3^2=18$だから，xの値が1から3まで増加するときの**変化の割合**は，$\frac{18-2}{3-1}=8$…イ

(4)　・選んだ選手(A)の場合　(理由)(例)Aさんの**最頻値**11.9秒は，Bさんの最頻値12.0秒よりも小さいので，Aさんの方が次の1回でより速く走れそうな選手である。　・選んだ選手(B)の場合　(理由)(例)Bさんの**中央値**12.0秒は，Aさんの中央値12.1秒よりも小さいので，Bさんの方が次の1回でより速く走れそうな選手である。

3 (平面図形の回転移動，角度，合同の証明，面積)

(1)　△ABB′はAB＝AB′より，∠ABB′＝∠AB′B＝66°の二等辺三角形だから，∠BAB′＝180°－2∠AB′B＝180°－2×66°＝48°

(2)　(証明)(例)△ADBと△AECで，仮定から，AB＝AC…①　∠CBA＝∠BCA…②　∠BDA＝∠CEA＝90°…③　平行線の**錯角**だから，∠CBA＝∠DAB…④　∠BCA＝∠EAC…⑤　②，④，⑤から，∠DAB＝∠EAC…⑥　①，③，⑥から，斜辺と1鋭角がそれぞれ等しい直角三角形なので，△ADB≡△AEC

(3)　点Bが動いた跡にできる線は，下図の点線で示す$\overset{\frown}{\mathrm{BC}}$と$\overset{\frown}{\mathrm{CE}}$である。そして，この線と直線$\ell$とで囲まれた部分は，(おうぎ形ABC)＋(おうぎ形FCE)＋(直角二等辺三角形ACF)である。∠BAC＝90°，∠CFE＝180°－∠CFA＝180°－45°＝135°，△ACFの3辺の比が$1:1:\sqrt{2}$より，$\mathrm{CF}=\mathrm{AC}\times\sqrt{2}=3\sqrt{2}$cmであることから，求める面積は，(おうぎ形ABC)＋(おうぎ形FCE)＋(直角二等辺三角形ACF)＝$\pi\times\mathrm{AB}^2\times\frac{90°}{360°}+\pi\times\mathrm{CF}^2\times\frac{135°}{360°}+\frac{1}{2}\times\mathrm{AF}\times\mathrm{AC}=\pi\times3^2\times\frac{90°}{360°}+\pi\times(3\sqrt{2})^2\times\frac{135°}{360°}+\frac{1}{2}\times3\times3=9\pi+\frac{9}{2}$(cm^2)

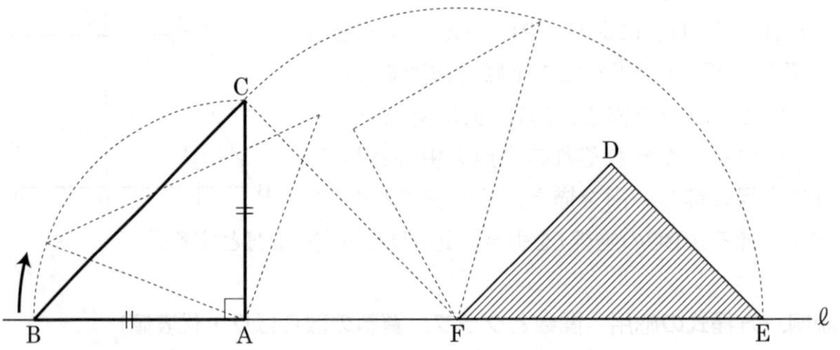

4 （関数とグラフ）

(1) 燃料Aについては，1時間あたり30L消費される。「ある時刻」から20時間後の燃料Aの残量が200Lだから，20時間前である「ある時刻」の燃料Aの残量は，$200+30\times20=800$(L)

(2) 「ある時刻」の20時間後から35時間後までの間に関して，燃料Aは1時間あたり30L消費されながら，1時間あたり$\frac{1700-200}{35-20}=100$(L)増加したから，燃料Aは1時間あたり$100+30=130$(L)補給されていた。

(3) 燃料Aは，燃料補給が停止した「ある時刻」から35時間後の1700Lから，1時間あたり30L消費されるから，「ある時刻」から80時間後の燃料Aの残量は，$1700-30\times(80-35)=350$(L)。このときの燃料Bの残量は，燃料Aの残量よりも700L多かったから，$350+700=1050$(L)。よって，燃料Bが「ある時刻」から初めて補給されるのは，1450Lから200Lに減った時刻であり，$(1450-200)\times\frac{80}{1450-1050}=250$(時間後)である。

5 （確率，規則性，数の性質）

(1) ① 1つのさいころを2回投げるとき，全ての目の出方は$6\times6=36$通り。このうち，コマがEのマスに止まるのは，aとbの和が4か12のときで，$(a,\ b)=(1,\ 3)$，$(2,\ 2)$，$(3,\ 1)$，$(6,\ 6)$の4通り。よって，求める確率は，$\frac{4}{36}=\frac{1}{9}$

② 前問①と同様に考えると，コマがAのマスに止まるのは，aとbの和が8のときで，$(a,\ b)=(2,\ 6)$，$(3,\ 5)$，$(4,\ 4)$，$(5,\ 3)$，$(6,\ 2)$の5通り。コマがBのマスに止まるのは，aとbの和が7か9のときで，$(a,\ b)=(1,\ 6)$，$(2,\ 5)$，$(3,\ 4)$，$(4,\ 3)$，$(5,\ 2)$，$(6,\ 1)$，$(3,\ 6)$，$(4,\ 5)$，$(5,\ 4)$，$(6,\ 3)$の10通り。コマがCのマスに止まるのは，aとbの和が2か6か10のときで，$(a,\ b)=(1,\ 1)$，$(1,\ 5)$，$(2,\ 4)$，$(3,\ 3)$，$(4,\ 2)$，$(5,\ 1)$，$(4,\ 6)$，$(5,\ 5)$，$(6,\ 4)$の9通り。コマがDのマスに止まるのは，A，B，C，Eのマスに止まる以外だから，$36-(5+10+9+4)=8$通り。以上より，コマが止まる確率がもっとも大きくなるマスは，止まる場合の数が10通りで一番多いBで，その確率は，$\frac{10}{36}=\frac{5}{18}$

(2) コマがAのマスに戻るのは，「aのb乗」の値が，8，16，24，…，つまり，8の倍数のとき。1回目に4の目が出て，2回目に5の目が出たとき，コマが止まるマスは，「aのb乗」$=4^5=4\times4\times4\times4\times4=8\times(2\times4\times4\times4)=8\times$(整数)で8の倍数だから，Aである。

6 （三角すいの展開図，空間内の平面と平面の位置関係，面積，体積）

(1) △ABCで**三平方の定理**を用いると，$BC=\sqrt{AB^2+AC^2}=\sqrt{12^2+9^2}=15$(cm)　問題の展開図を組み立てると，辺BCと辺DCが重なるから，$DC=BC=15$(cm)　よって，$\triangle CDE=\frac{1}{2}\times DC\times ED=\frac{1}{2}\times15\times5=\frac{75}{2}$(cm^2)

(2) 問題の展開図を組み立てると，辺ABと辺AF，辺EDと辺EFも重なるから，ED⊥DCよりED⊥BC，EF⊥AFよりEF⊥ABであり，ED(EF)⊥BC，ED(EF)⊥ABとなる。これより，一般に**「平面Pと交わる直線ℓが，その交点Oを通るP上の2つの直線m，nに垂直になっていれば，直線ℓは平面Pに垂直である」**から，ED(EF)⊥面(え)となる。そして，辺ED(辺EF)を含む面(あ)と面(う)も面(え)と垂直になる。よって，面(え)を三角すいの底面とするときの高さは辺ED(辺EF)だから，求める三角すいの体積は，$\frac{1}{3}\times\triangle ABC\times ED=\frac{1}{3}\times\left(\frac{1}{2}\times12\times9\right)\times5=90$(cm^3)

(3) 前問(1)(2)の結果より，面(あ)と面(え)の面積はそれぞれ，面(あ)$=\frac{75}{2}$(cm^2)$=37.5$(cm^2)，面(え)$=54$(cm^2)である。また，△AEFで三平方の定理を用いると，$AE=\sqrt{AF^2+EF^2}=\sqrt{12^2+5^2}=$

13(cm)より，面㋑$=\frac{1}{2}\times13\times9=58.5$(cm^2)，面㋒$=\frac{1}{2}\times12\times5=30$(cm^2)であり，面積の小さい順に並べると，面㋒＜面㋐＜面㋓＜面㋑である。ここで，三角すいの**底面と高さの位置を変えても体積は変わらない**から，三角すいの高さが一番高くなるのは，底面積が一番小さい面㋒を底面にしたときで，一番低くなるのは，底面積が一番大きい面㋑を底面にしたときである。

<英語解答>

1　(1)　No. 1　ア　No. 2　イ　No. 3　ウ　No. 4　エ　No. 5　エ
(2)　No. 1　ア　No. 2　ウ　No. 3　エ　No. 4　イ
(3)　No. 1　イ　No. 2　ア　(4)　①　ウ　②　(例)I would like to read books for them.

2　(1)　①　been　②　memories　③　hotter　(2)　④　August　⑤　take　⑥　bought

3　(1)　エ　(2)　ウ→イ→ア

4　(1)　①　ウ　②　ア　③　ウ　④　エ　⑤　イ　(2)　(例)We can't play basketball on Monday(s)

5　(1)　ウ・オ・ク　(2)　2　(3)　①　He joined five lessons.　②　He thought he should change his ways of learning.　(4)　①　(例)I think his experience is wonderful because he found better ways of learning English.
②　(例)I usually listen to English songs every morning and I talk to my English teacher after school.

6　(例1)The most important thing in my life is the camera that my father gave me on my birthday last year. My father took wonderful pictures with it, so I want to take beautiful pictures like him.
(例2)The most important thing in my life is my family. We always help each other and talk a lot about many things. When I feel sad, they always talk to me and listen to me carefully. When they look busy, I try to help them and they thank me. That makes me happier. My family is very important to me.

<英語解説>

1　(リスニング)

放送台本の和訳は，60ページに掲載。

2　(語句問題：語句補充，語形変化)

(1)　①　<have ＋動詞の過去分詞形 >は現在完了形で経験や継続などの意味を表す。ここでは be 動詞の過去分詞である been を使い**<have been to (場所)>「(場所)に行ったことがある」**の意味に never「決して～ない」がついて否定の文となっている。「私は日本に行ったことがない」　②　memory「思い出」の前に a lot of「たくさんの」があるので memories

と複数の形になる。「たくさんのいい思い出ができると確信している」　③　後ろに than があるので比較の文だと考える。**<形容詞・副詞の比較級+ than ～>「～よりも(形容詞・副詞)だ」** hot「暑い」の比較級は hotter。つづりに注意する。「夏は茨城はニューヨークよりも暑いですか」

(2)　④「8月10日に私の町でお祭りがある」後ろに10とあることと前に日付を表すときに使う前置詞 on があることから日付を述べていると考える。夏の話なので August となる。　⑤「友達と私があなたをお祭りに連れて行く」will は助動詞で後ろには動詞の原形が続く。 take は動詞で「～を連れて行く，持って行く」の意味。　⑥「昨年，父が着物屋で私にプレゼントで浴衣を買ってくれました」**<buy +物+ for +人>で「人に物を買う」**は<buy +人+物>でも表すことができる。過去の文なので過去形の bought となる。

3 (短文読解問題：内容真偽，文の並べ換え)

(1)　内容は「虹は何色に見えますか。ほとんどの日本人は7色だと考える。赤，オレンジ，黄色，緑，青，藍色，紫色。6色と言うアメリカ人もいる。他の文化では5色という人たちもいる。私たちはみんな違っているのでこれら全てが正しい。違いを理解すると世界を違う見方で見る」という意味。　ア「虹にたくさんの色が見えることが大切だ」(×)　第6文参照。　イ「文化の違う人たちはいつも虹に同じ数の色が見えている」(×)　第2～5文参照。　ウ「日本人は世界にいくつの文化があるかを知らない」(×)　そのような記述はない。　エ「違いを理解することで考え方の違いを学ぶことができる」(○)　第7文参照。

(2)　内容は「冬休みに初めて家族で北海道へ行った。とても寒いので最初は楽しめないと思っていた。ウ しかしとても楽しんだ。イ 例えばスキーや他の冬のスポーツを楽しんだ。ア たくさんの種類の料理も食べた。3日目に食べた寿司は素晴らしかった。また行きたい」の意味。文の並べ換え問題では**前後の文と副詞がヒント**になることがある。空欄直前は楽しくないだろうという流れだが選択肢からは楽しかった様子がうかがえるので，However「しかし」で続ける。楽しかった内容の具体例がイの For example「例えば」で述べられ，更にウ also「また」で例を追加している。

4 (対話文問題：語句補充，条件英作文)

(全訳)　タクヤ：やあ，クリス。コンピューターで何をしているの？

クリス：バスケットボールができる場所を探してるだけだよ。

タクヤ：アサヒスポーツパークにコートがいくつかあるよ。

クリス：本当？　そのウェブサイトを見てみるよ。あ，この公園には①(バスケットボールコートが2つ)あるから，この公園でできるね。

タクヤ：クラスメイトとするの？

クリス：うん，でも今9人しかいない。もう1人必要なんだよ。一緒にできる？

タクヤ：もちろん。楽しくなるね。

クリス：ありがとう，タクヤ。ああ，ここを見て。②(この公園からバスケットボールは借りられない)。ボール持ってる？

タクヤ：いくつか持ってるから僕のを使えるよ。

クリス：本当？　いいね。

タクヤ：いつするつもり？

クリス：次の日曜日にしたいな。

タクヤ：本当にごめん。その日は水泳のレッスンがあるんだ。次の月曜日はどう？
クリス：僕はひまだけど，このウェブサイトをもう一回見てみよう。閉まっているから月曜日はバスケットボールができないよ。
タクヤ：じゃあ，土曜日の朝に行こうよ。
クリス：それはいい考えだね。他のメンバーは土曜日に来られると思う。
タクヤ：何時に会おうか。
クリス：公園が開くときに公園の入り口前で会おう。
タクヤ：③(9時)ってこと？
クリス：うん。
タクヤ：わかった。どれくらいする？　1時に駅で妹[姉]と会わないといけないんだ。
クリス：駅までバスで行くつもり？
タクヤ：うん。
クリス：④(12時半のバスに乗った方がいいね)。
タクヤ：うん。彼女が来る前に到着できるね。
クリス：そうしたら3時間できるね。コートを使うのにお金が必要だね。コートは1つだけ使うから僕たちそれぞれ(300)円必要になるね。
タクヤ：オーケー。じゃあ土曜日に。

(1)　①　1つ目のクリスの発話からバスケットボールをしたいことがわかるのでウェブサイトのHow many courts「コート数」の欄を見るとバスケットボールコートは2つあることがわかる。　②　直後にボールがあるか聞いており，続くタクヤが自分のを使えると言っているのでアがふさわしい。またウェブサイトの一番下の1文目に「ボールとラケットはありません」とある。**borrow「～を借りる」**　③　直前のクリスの発話からウェブサイトの Opening Hours「開園時間」を参照する。8つ目のタクヤ，クリスの発話から土曜日に行くことがわかる。　④　最後から4つ目のタクヤの発話で1時までに駅に行かなければならないこと，3つ目のクリスの発話からバスに乗ることがわかるのでウェブサイトのBus「バス」欄を参照する。　⑤　3つ目のクリス，4つ目のタクヤの発話から全部で10人おり，最後のクリスの発話から3時間コートを使うことがわかる。ウェブサイトの How Much「料金」欄からバスケットボールコートは1時間1000円とわかるので合計3000円。これを10人で割るので1人300円となる。

(2)　空欄直前のタクヤの発話で月曜日について話しているが，空欄直後から月曜日は閉まっていることがわかる。解答例は「(閉まっているから)月曜日はバスケットボールができない」の意味。流れを考えて**会話表現を覚えて使えるようにすること。**

5 (長文読解問題・物語文：内容真偽，文挿入，英問英答，条件英作文)

(全訳)　カズマは高校生で英語をとても熱心に勉強しています。昨年，彼の先生であるアオキ先生が「カズマ，あなたは英語を熱心に勉強しています。この夏アメリカの高校の特別英語学習プログラムに参加できます。これは素晴らしい経験になるに違いありません。世界の他の地域から来た生徒たちと一緒に英語を学べます」と言いました。カズマはこのプログラムに興味を持ちました。彼は「アメリカで英語を学べるいい機会だ。ワクワクすることになるぞ」と思いました。そして彼はこのプログラムに参加することを決めました。

カズマがアメリカの高校に着いたとき，彼は自分の英語に自信があったのでとても興奮していました。プログラムの初日，カズマは5つの授業に参加し，世界の様々な場所から来た25人の生徒たちと勉強しました。彼らには自分の将来の目標がありました。数日後カズマはこの学校の授業は日本のものとはとても異なると思いました。生徒たちは授業のためにたくさん読まなくてはなりませんでした。授業中家で読んだ本について話す必要がありました。彼らには自分の意見があり，授業中にそれを共有していました。カズマは他の生徒たちが何を言っているかを理解できました。2しかし，彼には自分の意見がなく何も言いませんでした。彼は独りぼっちに感じました。彼は自信を失いました。彼はアオキ先生の言葉を思い出しました。彼女は「素晴らしい経験になる」と言いましたが，彼にはこれが素晴らしいとは思いませんでした。

1週間後，カズマの先生の1人が放課後彼に話しかけました。彼は「アメリカでの生活はどうですか？」と言いました。カズマは先生に「他の生徒たちは本当に授業でよくやっていますが，私はできません」と言いました。先生は彼に「この学校には生徒たちをサポートする特別な先生たちがいます。彼らの所に行って聞いてみるといいでしょう。きっと彼らからたくさんのアドバイスを得られてよりいい勉強方法を見つけられると思います」と言いました。

次の日，カズマは特別な先生たちの部屋へ行きました。彼は先生の1人，スミス先生に会いました。彼は彼女に自分の問題を話し，彼女は彼のことを注意深く聞いていました。そして彼女は授業についていくつか質問しました。彼はその質問に正直に答えました。スミス先生と話をしたときカズマは自分の勉強方法を変えるべきだと思いました。その後彼は宿題をしているときに自分の意見を持つためにもっと注意深く本を読みました。すると彼は英語で自分の意見を共有することができるようになったので授業でよりよくでき始めました。彼はまた自信を持てるようになり，英語が上達しました。このプログラムは彼にとって素晴らしい経験でした。

(1)　ア 「アオキ先生はカズマにオーストラリアでの英語プログラムを見せた」(×)　第1段落第2文のアオキ先生の発話参照。　イ 「カズマはアオキ先生が話したプログラムに参加することに興味がなかった」(×)　第1段落後半参照。　ウ 「カズマはアメリカの学校で世界の様々な地域から来た生徒たちと一緒に授業に参加した」(○)　第2段落第2文参照。　エ 「カズマは英語のプログラムの初日に他の生徒たちに自分の意見を話した」(×)　第2段落第2，3文参照。初日に意見を話したという記述はない。　オ 「カズマの先生の1人がカズマに彼の問題について特別な先生に聞くべきだと言った」(○)　第3段落参照。　カ 「カズマは授業でよくやれたので特別な先生を訪れなかった」(×)　第4段落第1文参照。　キ 「スミス先生はカズマの先生と話をしたときにたくさん質問をした」(×)　第4段落第2～4文参照。　ク 「カズマはスミス先生と話したあと自分の経験は素晴らしいものになったと思った」(○)　第4段落後半参照。

(2)　挿入する文に逆説の However「しかし」があることから，直前の文には「自分の意見言えない」とは反対の内容が書かれていると考える。1の前後には意見を述べるような状況にない。2の2文前にはクラスメイトが意見を言っている様子があり，2の直後には孤独に感じている様子があるので，クラスメイトとカズマの状況が反対であることがわかるので2がふさわしい。3と4は後ろにカズマが先生に話をしている状況があるので「何も言えなかった」という文は当てはまらない。

(3)　①「アメリカの高校での初日にカズマはいくつ授業に参加しましたか」解答例「彼は5つの授業に参加しました」の意味。第2段落第2文参照。主語と動詞のある文章で答えること。
②「スミス先生と話したときカズマはどう思いましたか」解答は「勉強方法を変えるべきだと思いました」の意味。第4段落第6文参照。

(4)　①　直前のケリーの発話は「アメリカでのカズマの経験は素晴らしい。彼の経験についてあなたの意見を教えて」なので，自分の経験についての意見を書く。解答例は「英語の勉強のよりよい方法を見つけたので彼の経験は素晴らしいと思います」の意味。　②　直前のケリーの発話は「わかります。あなたは英語を上達させるためにいつも何をしますか」なので英語の勉強で普段していることを書く。解答例は「私は普段毎朝英語の歌を聴いていて，放課後英語の先生と話をします」の意味。**知っている単語を使って自分の意見を表現できるように書く練習をたくさんしよう。**

6 **(条件英作文)**

メール文は「宿題で『人生で一番大切なもの』について書かなくてはならない。父は困っていたときに友達とよく助け合っていたので友情が大切と言っていた。僕は時計が一番大切なもの。祖母が中学に入学するときにくれた。今この話題に興味があり他の人たちの大切なものを知りたい。あなたの一番大切なものは何で，どうしてそう思うのか」という内容。解答例1は「私の人生で一番大切なものは昨年父が誕生日にくれたカメラです。父はそれで素晴らしい写真を撮っていたので，彼のように美しい写真を撮りたいです」の意味。解答例2は「私の人生で一番大切なものは私の家族です。私たちはいつもお互いに助け合い，多くのことについてたくさん話をします。悲しい気持ちのときは私に話しかけてくれて注意深く私のことを聞いてくれます。彼らが忙しそうなときは，手伝おうと努めて，彼らは私に感謝してくれます。これは私をより幸せにしてくれます。私の家族は私にとってとても大切です」という意味。**普段から身近なことについて自分の意見を持ち，その理由を述べられるようにしておくこと。接続詞を使った長い文を書けるようにするとよい。**

2021年度英語　聞き取りテスト

〔放送台本〕

ただいまから1番の，放送による聞き取りテストを行います。問題は(1)から(4)までの四つです。放送中メモを取ってもかまいません。

それでは(1)の問題から始めます。

(1)　これから，No. 1 から No. 5 まで，五つの英文を放送します。放送される英文を聞いて，その内容に合うものを選ぶ問題です。それぞれの英文の内容に最もよく合うものを，ア，イ，ウ，エの中から一つ選んで，その記号を書きなさい。それぞれの英文は，2回放送します。では，はじめます。

No. 1　My mother is riding a bike.

No. 2　We use this when we eat food.

No. 3　There is a dog under the desk and there are two bags on the chair.

No. 4　In my class, science is the most popular subject. Math is not as popular as music.

No. 5　Today is October twentieth. Last Thursday, I went to Niigata with my family and we stayed there for four days.

これで(1)の問題を終わります。

〔英文の訳〕

No.1　私の母は自転車に乗っています。

No.2　私は食べ物を食べるときにこれを使います。

No.3　机の下に犬が一匹いて，イスの上にカバンが2つあります。

No.4　私のクラスでは理科が一番人気の教科です。数学は音楽ほど人気はありません。

No.5　今日は10月20日です。この前の木曜日私は家族と新潟へ行って，4日間そこに滞在しました。

〔放送台本〕

次に，(2)の問題に移ります。

(2)　これから，No.1 から No.4 まで，四つの対話を放送します。それぞれの対話のあとで，その対話について一つずつ質問します。それぞれの質問に対して，最も適切な答えを，ア，イ，ウ，エの中から一つ選んで，その記号を書きなさい。対話と質問は，2回放送します。では，はじめます。

No. 1　A: What are you reading, Becky?
B: Hi, Bob. This is a book about Japanese history.
A: I'm interested in it. Can I borrow the book after you finish?
B: I borrowed this from Kate. So please ask her.
Question: Who is reading a book?

No. 2　A: I went shopping with my family last weekend. How about you, Risa?
B: I wanted to go to the mountain with my family, but we couldn't because it was raining.
A: Uh… then, what did you do?
B: We stayed home during the weekend.
Question: Why did Risa stay home?

No. 3　A: Kevin, do you know where my dictionary is? I can't find it.
B: Well… I think it's under the table, Amy.
A: I have already checked there.
B: Then you can ask Mom.
Question: What is Amy's problem?

No. 4　A: Hi, Tom, you look so happy.
B: Hi, Maki. I have great news. I got first prize in the tennis tournament yesterday.
A: Really? I didn't know you were a good tennis player.
B: I have played tennis for ten years. Shall we play tennis next weekend?
Question: What is Tom's good news?

これで(2)の問題を終わります。

〔英文の訳〕

No.1　A：何を読んでいるの，ベッキー？
B：こんにちは，ボブ。これは日本の歴史についての本よ。
A：僕はそれに興味があるんだ。読み終わったら借りてもいいかな？
B：私はこれをケイトから借りたの。だから彼女に聞いて。
質問：誰が本を読んでいますか。
答え：ア　ベッキーです。

No.2　A：この前の週末家族と買い物に行ったよ。リサ，あなたは？
B：家族と山へ行きたかったんだけど，雨が降ってたから行けなかったの。
A：ああ…じゃあ何をしたの？
B：週末は家にいたわ。

質問：なぜリサは家にいましたか。
答え：ウ　天気が悪かったから。

No.3　A：ケビン，私の辞書がどこにあるか知ってる？　見つからないの。
B：ええと…テーブルの下にあると思うよ，エイミー。
A：そこはもう見た。
B：じゃあお母さんに聞いてみて。
質問：エイミーの問題は何ですか。
答え：エ　彼女は辞書が見つけられません。

No.4　A：こんにちは，トム。嬉しそうね。
B：こんにちは，マキ。素晴らしいニュースがあるんだ。昨日のテニストーナメント戦で優勝しんだ。
A：本当に？　あなたがテニスが上手だとは知らなかったわ。
B：10年テニスをやってるんだ。次の週末テニスをしようか？
質問：トムのいいニュースは何ですか。
答え：イ　彼は昨日のテニストーナメント戦で全ての試合で勝ちました。

〔放送台本〕

次に，(3)の問題に移ります。

(3)　これから，客室乗務員のジュディー(Judy)と乗客のリク(Riku)との飛行機内での対話を放送します。そのあとで，その内容について，Question No. 1 と Question No. 2 の二つの質問をします。それぞれの質問に対して，最も適切な答えを，ア，イ，ウ，エの中から一つ選んで，その記号を書きなさい。対話と質問は2回放送します。では，はじめます。

Judy: Can I help you?
Riku: Yes. I have a question. Can we watch any movies on this plane?
Judy: Yes. Today we will show you two movies, a Japanese movie and an American movie.
Riku: Thank you. What is the story of the American movie about?
Judy: It is about a high school student. His dream is to be a famous singer.
Riku: That's interesting. I would like to watch the American movie because I am interested in American high school life. I can also practice listening to English. What time will the movie start?
Judy: It will start at two forty-five. You have twenty minutes before it starts.
Riku: How long is the movie?
Judy: It is one hour and fifteen minutes long.
Riku: OK. Thank you.
Question: No. 1　Why does Riku want to watch the American movie?
No. 2　What time will the American movie finish?

これで(3)の問題を終わります。

〔英文の訳〕

ジュディ：お伺いいたしましょうか。
リク　　：はい。質問があります。この飛行機では何か映画は見られますか。

ジュディ：はい。今日は2つの映画，日本映画とアメリカの映画を放送します。
リク　　：ありがとうございます。アメリカの映画は何についての話ですか？
ジュディ：一人の高校生についてです。彼の夢は有名な歌手になることです。
リク　　：それは面白いですね。アメリカの高校生活に興味があるのでアメリカの映画を観たいです。英語を聴くのも練習できます。映画は何時に始まりますか。
ジュディ：2時45分に始まります。始まるまで20分あります。
リク　　：映画はどれくれいの長さですか。
ジュディ：1時間15分です。
リク　　：オーケー。ありがとうございます。
質問：No.1　なぜリクはアメリカの映画を観たいのですか。
答え：イ　アメリカの高校生活について知りたいから。
質問：No.2　アメリカの映画は何時に終わりますか。
答え：ア　4時。

〔放送台本〕

次に，(4)の問題に移ります。

(4)　ユイ(Yui)の中学校の授業で，ウッド先生(Ms. Wood)が生徒たちに話をしています。これからその内容を放送します。ウッド先生の話の内容について正しいものはどれですか。下のア，イ，ウ，エの中から一つ選んで，その記号を①に書きなさい。また，あなたがユイの立場なら，ウッド先生の質問に対して何を答えますか。英文1文で②に書きなさい。英文は，2回放送します。では，はじめます。

Next Monday, we are going to visit an elementary school as volunteers. You have to come to Wakaba Station at nine thirty, and then we will walk to the school. It takes fifteen minutes to get there. At the school, we will first say hello and tell our names to the students. Then, we will play sports outside with them. After lunch, we will do something for them in the classroom, but we haven't decided what to do yet. What would you like to do for the elementary school students in the classroom?

これで，放送による聞き取りテストを終わります。

〔英文の訳〕

次の月曜日，私たちはボランティアで小学校を訪れます。9時半にワカバ駅に来なくてはなりません。そして学校まで歩きます。そこに着くまで15分かかります。学校ではまず挨拶をして生徒たちに私たちの名前を伝えます。そして外で彼らとスポーツをします。昼食後，教室で彼らのために何かをしますが，何をするかまだ決めていません。教室で小学生のために何をしたいですか。

①　ウ　ユリの中学校の生徒たちは10時前に小学校に到着します。

②　(例)私は彼らのために本を読みたいです。

<理科解答>

1 (1) エ (2) イ (3) オ (4) ウ

2 (1) ① (理由は,)細胞と細胞の結合を切って(，細胞を見やすくするため) ② (記号) ア
(集め方) 下方置換(法) ③ (a)→c→e→b→d
(2) ① イ ② 右図1 (記号) ア ③ 4Ω
(3) ① $0.79g/cm^3$ ② エ ③ 下がる
④ ア

3 (1) 右図2 (2) イ (3) 147cm/s (4) エ

4 (1) 観察できる範囲…ウ 視野の明るさ…ア
(2) 右図3 (3) あ 裏 い 裏 (4) (実験の結果から,)BのグループとCのグループの蒸散の量を合わせた値がAのグループの蒸散の量の値になっていない(ので，葉以外の部分からも蒸散していると考えられる。)
(5) 0.3mL (6) (試験管に油を注がないことで,)水面からの水の蒸発が起きたから。

5 (1) 火山噴出物 (2) エ (3) 水を加え，親指の腹でよく洗い，にごった水を捨てる (4) い ア う ウ
(5) (マグマのねばりけが)強く，激しい爆発をともなうことが多い。

6 (1) あ 生じた液体が加熱部へ流れる い 試験管Aの口を下げる (2) う 二酸化炭素 え 酸素 お (試験管Bに)石灰水を入れることで，白くにごる(という結果になると,) (3) 小麦粉と水 (4) $2NaHCO_3 \rightarrow Na_2CO_3 + CO_2 + H_2O$

図1

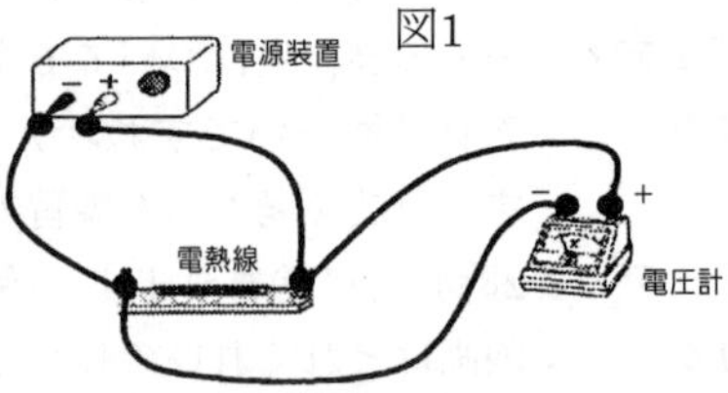

図2

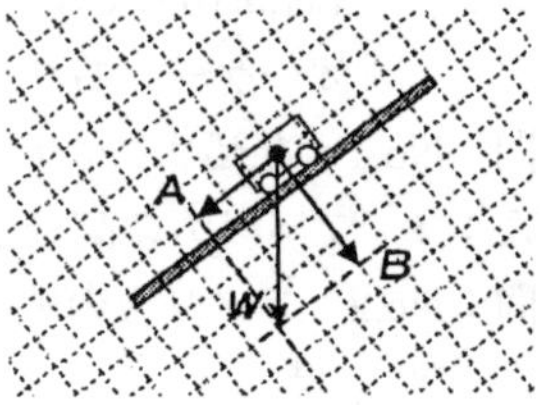

図3

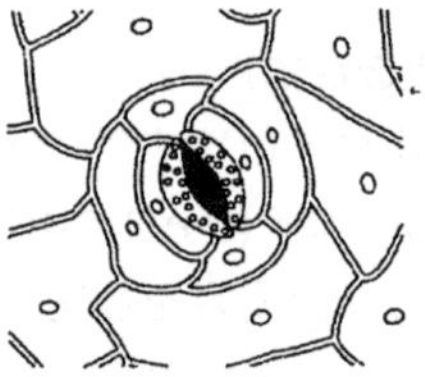

<理科解説>

1 (各分野小問集合)

(1) 電流が流れる向きに，右手の親指以外の4本の指を合わせてコイルをにぎる。このとき，親指の方向が，コイル内部に生じる磁界の向きである。

(2) 水酸化ナトリウム水溶液に電圧を加えると，水が電気分解される。水の電気分解では，**陰極に水素，陽極に酸素**が発生する。アは塩素の性質，ウは水溶液が酸性を示す気体の性質である。水素は水にとけにくいためウには該当しない。エは酸素の性質である。

(3) だ液中には**アミラーゼ**がふくまれており，デンプンに作用してブドウ糖がいくつかつながった物質に分解する。タンパク質は，消化によって最終的にはアミノ酸となる。

(4) 同じ時刻に観測すると，星は1か月たつごとに**30度**，同じ日に観測すると，1時間たつごとに**15度**，**東から西**の向きに移動する。よって，3か月後の午後10時，北斗七星はAの位置よりも30°×3〔か月〕=90°西に移動するためイの位置にある。この日，午後10時の3時間前の午後7時には，15°×3〔時間〕=45°より，イの位置よりも45°東にもどったウの位置に見える。

2 (各分野小問集合)

(1) ① 細胞と細胞が重ならないようにして顕微鏡で観察するため，細胞どうしの結合を切る必要がある。 ② 塩酸が塩化水素の水溶液であることから，塩化水素は水に溶けやすいことがわ

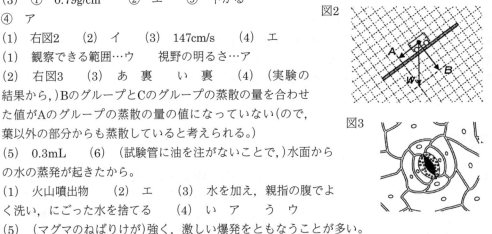

かる。　③　核の中に染色体が現れ細胞の中央に集まったあと，染色体が2つに分かれて細胞の両端に移動する。この後，細胞の中央に仕切りができ始め，2個の細胞ができる。

(2)　①　弦を強くはじくと振幅が大きくなるために，音の大きさが大きくなる。よって波形の波の数は図1と変わらないが，波の高さが図1よりも大きくなる。　②　測定する電圧の大きさがわからないときは，最も大きな値の－端子を使用する。　③　抵抗Aに3Vの電圧が加わるときに抵抗Aに流れる電流は，3〔V〕÷2〔Ω〕＝1.5〔A〕　また，抵抗Bに加わる電圧は，9〔V〕－3〔V〕＝6〔V〕　よって抵抗Bの電気抵抗は，6〔V〕÷1.5〔A〕＝4〔Ω〕にする。

(3)　①　**密度〔g/cm^3〕＝質量〔g〕÷体積〔cm^3〕**より，11.9〔g〕÷15〔cm^3〕＝0.793…〔g/cm^3〕
②　液体から気体になると，粒子の数は変わらないが粒子の運動が激しくなるため，粒子どうしの間隔が大きくなる。また，粒子の数が変わらないため質量は変わらないが，体積が大きくなるため，密度は小さくなる。　③　空気が膨張すると，容器内の気体の温度が下がる。　④　水蒸気を含む空気が上昇すると，気圧が低くなるため空気が膨張する。すると温度が下がり，露点に達して雲ができる。

3 （物体の運動）

(1)　重力の矢印を対角線とし，斜面に沿った向きと斜面に垂直な向きをそれぞれ1辺とした長方形を作図する。この長方形において，重力の作用点から斜面に平行な方向にのびる辺が力A，重力の作用点から斜面に垂直な方向にのびる辺が力Bを表す。

(2)　1秒間に50打点する記録タイマーでは，5打点で0.1秒を表す。

(3)　**速さ〔cm/s〕＝移動距離〔cm〕÷時間〔s〕**より，14.7〔cm〕÷(0.3－0.2)〔s〕＝147〔cm/s〕

(4)　5秒後までは速さが一定の割合で増加することから，運動開始から5秒までのグラフは原点を通る直線となる。5秒以降は速さが一定になるため，グラフは横軸と平行になる。

4 （蒸散）

(1)　顕微鏡の倍率が高くなったので，観察できる範囲は狭くなり，明るさは暗くなる。

(2)　三日月形をした2つの孔辺細胞に囲まれたすき間が気孔である。

(3)　多くの植物において，気孔は葉の裏側に多い。また，**蒸散は気孔で行われる**ので，葉の表側よりも裏側からのほうが蒸散量が多い。

(4)　予想が正しい場合，B(裏側からの蒸散量)＋C(表側からの蒸散量)＝A(表側と裏側からの蒸散量の合計)の式が成りたつと考えられるが，実験結果はこの式と一致しておらず，A＜B＋Cとなる。よって，葉の表側と裏側以外から蒸散が行われていると考えられる。

(5)　葉の表側と裏側にワセリンをぬって同様の実験を行い，水が減少した場合，水は葉以外の部分から蒸散したと考えられる。結果において，Aは，(葉の表側＋裏側＋葉以外の部分)の蒸散量の合計，Bは(葉の裏側＋葉以外の部分)の蒸散量の合計，Cは(葉の表側＋葉以外の部分)の蒸散量の合計を表していることから，これらの結果を使って葉以外の部分の蒸散量を求めると，葉以外の部分の蒸散量＝B＋C－A＝2.4＋0.7－2.8＝0.3〔mL〕

(6)　油を水面に注ぐことで，水面からの水の蒸発を防ぐことができる。

5 （岩石，地層）

(1)　火山の噴火にともなって噴出されたものを，まとめて火山噴出物とよぶ。

(2)　観測地と中学校は，いずれも火山Aよりも東にある。中学校と観測地の火山灰の層の厚さを比べると，中学校のほうがうすいことから，観測地よりも中学校のほうが，火山Aから離れていると考えられる。

(3)　採集した火山灰は，少量の水を加え，水がにごらなくなるまで親指の腹でこねるようにして洗う。

(4)　無色鉱物には，セキエイやチョウ石がある。有色鉱物で長い柱状の結晶となるのはカクセン石である。

(5)　火山灰には，**無色鉱物が多かったことから，マグマのねばりけが強かった**ことが考えられる。ねばりけの強いマグマは，激しい爆発をともなう噴火をする。

6 (化学変化)

(1)　化学変化では水が発生することがある。発生した水が試験管の加熱部に流れると，試験管が割れることがあるため，発生した水が加熱部に流れないように，試験管の口の部分を下げて装置を組み立てる。

(2)　炭酸水素ナトリウムは，炭素，酸素，水素，ナトリウムの原子からなる化合物である。よって，単体の酸素と水素は発生する可能性がある。また，炭素と酸素の化合物である二酸化炭素も発生する可能性がある。これらのうち，下線部の物質と一致するのは，酸素と二酸化炭素である。また，石灰水は，二酸化炭素の検出に用いられる。

(3)　生地をふくらませているのが二酸化炭素であるかどうかを確かめるには，炭酸水素ナトリウムを加えた場合と加えない場合の結果を比べればよい。よって，実験1に対し，炭酸水素ナトリウムを加えずに生地をつくり，同様の実験を行う。

(4)　**炭酸水素ナトリウム→炭酸ナトリウム＋二酸化炭素＋水**　反応の前後で原子の結びつき方は変化するが，反応にかかわる原子の種類と個数は変化しない。

＜社会解答＞

1　1 (1)　記号　ウ　(2)　内容　千島海流[親潮]によって冷やされる　(3)　名称　択捉島
2 (1)　内容　大型の装置(施設)や機械を使い，農業従事者一人当たりの耕地面積が広く，穀物生産量が多い　(2)　記号　イ　3 (1)　記号　ウ　(2)　内容　湿地を農地に変えました[農地を広げました]　(3)　記号　ア　県庁所在地名　仙台(市)
(4)　記号　B・C・E

2　1 (1)　内容　王の地位を認めてもらう[王の地位を高める，中国の臣下として認めてもらう，中国の皇帝の権威を借りる]　(2)　内容　娘を天皇のきさきにして，その子を天皇にする　記号　エ　(3)　記号　B　(4)　記号　ア　内容　天皇が主権をもつ
2 (1)　内容　武士と農民の身分の区別が明確になって　(2)　内容　地租を地価の3%から2.5%に引き下げた　(3)　記号　イ

3　1 (1)　記号　エ　(2)　記号　ア　内容　よく売れる商品を把握し，その商品を本部からの指示で配送してもらい，狭い売り場面積でも効率的に販売　(3)　語　間接税
内容　収入(所得)が少ないほうが負担額の割合が高い[収入(所得)が多いほうが負担額の割合が低い]　2 (1)　配慮すべきこと　少数意見を十分に聞いて尊重する。
(2)　数字　20　内容　一票の格差[議員一人当たりの有権者数に差がある]
(3)　内容　司法に対する理解が深まる[司法が身近なものになる]

4　1 (1)　記号　エ　(2)　内容　世界の人口も，水需要量も増加する[世界の人口が増加す

ることにより，水需要量も増加する]　(3)　内容　(他地域に比べてアフリカでは,)安全な飲み水を確保できる人の割合が低い国が多い[安全な飲み水を確保できる人の割合が低い，安全な飲み水を確保することが難しい]　2 (1)　記号　ウ　(2)　内容　生産年齢人口の割合が減少する一方で，社会保障給付費が増える[生産年齢人口一人当たりの社会保障給付金の負担が重くなる]　(3)　内容　国民負担が大きいかわりに，社会保障を手厚くする　3 (1)　記号　イ　(2)　内容　二酸化炭素の排出量を抑制する　(3)　き　内容　乗客が少ないときでも，一定の収入を得られる　く　内容　利用者が少ないバス路線でも維持する

<社会解説>

1 **(地理的分野―日本地理－気候・日本の国土・地形図の見方・地形・都市・交通，―世界地理－産業・気候)**

1 (1)　記号　資料1の**雨温図**で見て取れるように，札幌は東京と比べ1年を通して気温が10度ほど低い。冬には大陸にあるシベリア気団から吹く，冷たい北西の**季節風**の影響で降雪量が多い。正しい組み合わせはウである。　(2)　内容　資料3に示されている海流は**千島海流(親潮)**である。千島海流は**寒流**であるため，夏に南東から吹く季節風を冷やし，釧路付近には冷たい風が吹きよせ，濃霧を発生させる。　(3)　名称　日本の**国土の最北端**に位置しているのは**択捉島**であり，いわゆる**北方領土**の一部として，**ロシア**からの返還が課題となっている。なお，日本の国土の最東端は南鳥島，最西端は与那国島，最南端は沖ノ鳥島である。

2 (1)　内容　資料5から，アメリカでは，農業に大型の装置や機械が使われていることを指摘する。また資料6から，**農業従事者**数は日本と同程度であるのに，耕地面積がけた違いに広く，一人当たりにすれば，**耕地面積**が広く，**穀物生産量**が多いことを指摘する。　(2)　記号　オーストラリアは，国土の半分以上が**乾燥帯**であり，寒帯や冷帯はない。記号のイである。

3 (1)　記号　ア　JR札幌駅の北側には，交番「X」はあるが，消防署「Y」はない。　イ　この**地形図**の縮尺は2万5000分の1なので，計算すれば3(cm)×25000＝75000(cm)＝750(m)となる。　エ　市役所「◎」は，旧庁舎から見て，南東の方角にある。ア・イ・エのどれも誤りであり，ウが正しい。北大植物園の西側の道路沿いに高等学校「⊗」がある。　(2)　内容　資料9の1897年では**湿地**であった石狩川流域の土地を，排水路の整備などで**農地**に変え，農地を拡大し，また**市街地**を広げたことを指摘する。文尾を口語調にそろえることにも留意する。　(3)　記号　東北6県で，最も**人口**が多く，**年間商品販売額**が最も多いアが，宮城県である。　県庁所在地名　宮城県の**県庁所在地**は，仙台市である。仙台市は**政令指定都市**でもある。　(4)　記号

北海道を訪れた月別観光客数は，問題に関係がない。また北海道内の旅行時の交通手段も，問題に関係がない。したがって，A・Dを除くB・C・Eが正解である。

2 **(歴史的分野―日本史時代別－旧石器時代時代から弥生時代・古墳時代から平安時代・鎌倉時代から室町時代・安土桃山時代から江戸時代・明治時代から現代，―日本史テーマ別－政治史・外交史・社会史・文化史・経済史，―世界史－政治史)**

1 (1)　内容　この当時の**倭**は小国が分立し対立している状況だったため，他の小国に対して優位に立つには，**中国の王朝に朝貢**し，皇帝から称号を受けたり**印**を授かることで，中国の皇帝の権威を借り，王の地位を認めてもらうことが有効だった。　(2)　内容　平氏は藤原氏と同じく，娘を**天皇のきさき**にして，生まれた子を**天皇**にし，天皇の**外祖父**となることで権力を強めた。

記号　アは，鎌倉時代に再建された**東大寺の南大門**である。イは，安土桃山時代に建造された**姫路城**である。ウは，室町時代に建立された**銀閣**である。エが正しい。平安時代中期は**末法思想**の流行から，**浄土信仰**が全盛を迎えた。**摂関政治**の全盛期である11世紀半ばに，**関白藤原頼通**によって浄土信仰に基づいて建立されたのが，**平等院鳳凰堂**である。　(3)　記号　江戸時代に全国各地から米をはじめとする食料などの物資が運び込まれ，各藩の**蔵屋敷**が設けられて，**「天下の台所」**と呼ばれたのは，大阪である。大阪の場所はBである。　(4)　記号　イ　**ナポレオン**に対する抵抗運動は，19世紀初期に起こった。　ウ　ロシアで**レーニン**らが革命政府を樹立したのは，20世紀前期のことである。　エ　ドイツで**ワイマール憲法**が定められたのは，20世紀前期のことである。**伊藤博文**が**欧州憲法調査**を行ったのは，1880年代後半のドイツでのことであり，イ・ウ・エのどれも時期や国が異なる。正しいのはアである。ドイツ統一を果たした**ビスマルク**が**富国強兵**を進めていたのは，19世紀後半のことであり，伊藤博文は大きな影響を受けて帰国した。　内容　「**万世一系**」と**大日本帝国憲法**に明記された天皇が**元首**として**主権**をもつことを指摘する。

2　(1)　内容　**戦国時代**までは，**足軽**に見られるように**半農半兵**の存在があり，武士と農民の身分が混然としていたが，**豊臣秀吉**が行った1582年の**太閤検地**や1588年の**刀狩**によって，また1591年の**身分統制令**によって両者の区別が明確になって，近世の身分社会が到来した。

(2)　内容　1873年に**地租改正条例**が制定され，農民は定められた**地価の3％**を**毎年金納**することになったが，江戸時代の年貢と負担が大きく変わらなかったため，これに対する反発が強く，各地で**地租改正反対一揆**が起こった。1877年に政府は地租を**地価の2.5％**に引き下げた。

(3)　記号　**第二次世界大戦**直後，**GHQ**の指令により行われたのが**農地改革**である。農村の民主化のために行うとされ，**地主・小作人**の関係を大きく改めようとするものだった。具体的には地主が持つ小作地を国が買い上げて，小作人に安い価格で売り渡すことで，多くの**自作農**が生まれることになった。

3　(公民的分野―経済一般・財政・国の政治の仕組み・三権分立)

1　(1)　記号　例えば1ドル100円が1ドル110円になるとき，ドルに対して円の価値が低くなったということで**円安**になったという。円安になると**輸入品**の価格が**高く**なる。円安になると，日本からの**輸出品**の外国での価格が**安く**なるので，よく売れるようになり，例えば自動車などを輸出するのに有利になる。　(2)　記号　イの農家やウの個人商店は**私企業**であり，エの**株式会社**は**法人企業**である。アの造幣局のみが，国が経営する**公企業**である。　内容　店舗で商品を販売するごとに商品の販売情報を記録し，集計結果を在庫管理やマーケティング材料に用いる**POSシステム**により，流通が効率化した。具体的には，よく売れる商品を把握し，その商品を本部からの指示で配送してもらい，狭い売り場面積でも効率的に販売できるようになった。

(3)　語　税を納める人と税を負担する人が異なる税が**間接税**である。例えば**消費税**がそれであり，商品を買った**消費者**が税を負担し，売った**事業者**が税を納入する。　内容　消費税のような間接税は，所得の低い人ほど，所得に対する税負担の割合が高くなる傾向があり，**逆進性**といわれる。

2　(1)　配慮すべきこと　多数決で集団の意思を決定する場合には，軽視されがちな**少数意見**に耳を傾け尊重する，といった趣旨のことを簡潔にまとめて解答すればよい。　(2)　数字　1946年に実施された**衆議院議員総選挙**では，**20歳以上のすべての国民**に選挙権が与えられた。

内容　資料4で見られるとおり，**議員一人当たりの有権者数**が，東京13区では鳥取1区の2倍を上回っており，**一票の格差**が生じていることがわかる。　(3)　内容　**裁判員制度**によって，裁判の仕組みや進め方など，**司法**に対する理解が深まり，司法が身近になることを指摘すればよい。

4　(公民的分野―国民生活と社会保障，地理的分野―世界地理－人々のくらし・人口，―日本地理－人口・交通，―環境問題，歴史的分野―日本史時代別－明治時代から現代，―日本史テーマ別－経済史・社会史)

1　(1)　記号　ア　**バブル景気**の時期は，1980年代後半である。　イ　**第四次中東戦争**がおこり，石油価格が大幅に上昇する**石油危機**がおこったのは，1970年代である。　ウ　**朝鮮戦争**が始まり，**特需景気**がおこったのは，1950年代である。ア・イ・ウのどれも資料1とは時期が異なる。エが正しい。**高度経済成長**は，資料1のXの時期である1960年代に続いた。　(2)　内容　資料2を見て，世界の人口が増加し，それによって水需要量も増加することを指摘すればよい。
(3)　内容　他地域に比べてアフリカでは，安全な飲み水を確保できる人の割合が50%～75%と低い国が多く，50%未満の国も存在する。

2　(1)　記号　ウの**人口密度**は，人口を面積で割って算出するので，資料4のグラフからはわからない。　(2)　内容　**生産年齢人口**の割合が減少する一方で，**老年人口**の割合が増えることで，**社会保障給付費**が増え，生産年齢人口一人当たりの社会保障費の負担が重くなる，といった趣旨のことを簡潔に指摘すればよい。　(3)　内容　**国民負担**が大きいかわりに，**社会保障**を手厚くする，高負担・高福祉の特徴があることを指摘すればよい。

3　(1)　記号　イが正しい。1870年に**新橋・横浜間**の工事が始まり，1872年に新橋から横浜に向かう最初の列車が出発し，日本の**鉄道が開業**した。鉄道を所管したのは「工部省」であった。
(2)　内容　**輸送量**当たりの**二酸化炭素**の排出量が多い自家用車の使用を減らし，**地球温暖化**の原因となる二酸化炭素の排出量を抑制することができる，という趣旨のことが書ければよい。
(3)　き　内容　乗客が少なく乗車賃収入が少ないときでも，宅配便会社への荷台スペース貸出によって一定の収入を得られる，という趣旨のことが簡潔に書ければよい。　く　内容　**過疎地域**で利用者が少なく赤字になり，バス便が減らされたり廃止される可能性のあるバス路線でも，維持することができる，という趣旨のことが簡潔に書ければよい。

＜国語解答＞

一　(一)　3　(二)　(例)カイトにウソをついてしまい，気まずくなっているが，今度はきちんと本当のことを伝えたいという気持ち。　(三)　1　(四)　2
(五)　(例)皆さんに紹介したいのは，『ぼくのまつり縫い』という小説です。[皆さんに紹介したい小説は，『ぼくのまつり縫い』です。]

二　(一)　1　(二)　4　(三)　一族皆よせて披露し，振舞わめきけり　(四)　2

三　(一)　ア　心理学　イ　機械工学　(二)　4　(三)　2　(四)　3
(五)　役に立たないこと　(六)　1　(七)　(例)　本をたくさん読む人がいる一方で，全く読まない人も多い。時間がとれないことと，読みたい本が見つからないのが主な理由だ。
　そこで，学年や学級に本を置くスペースを設け，いつでも，誰でも本を手にとることができるようにするべきだ。大切なのは，日常生活の中で自然に読書に親しむ環境を作り出すことだと考える。

四　(一)　(1)　散策　(2)　耕(す)　(3)　衛星　(4)　くわだ(てる)　(5)　ひんぱん　(6)　いど(む)　(二)　4　(三)　3

＜国語解説＞

一 (小説－情景・心情，内容吟味，短文作成)

(一)　1は，本文は「情景描写」を繰り返しているとは言えないので，不適切。2は，会話中の「……シャツ？」はカイトの戸惑い，地の文の「……やっぱり～」はユートが一瞬何も考えられなくなった様子を示すものであり，希望や高揚感を表現するものではないので誤り。3の「カタカナ表記」や「口語表現」の多様やその効果についての説明は適切である。4の「心の中の思い」はユートに限定されて書かれており，カイトの「不安」を示すものではないので，不適切である。

(二)　傍線部アの「小さく深呼吸して」は，後の言葉を言うためにユートが呼吸を整えている様子を表している。「気まずい空気」「もうぼくがなにをいってもしょうがないのかも」「ウソをついたのがなかったことにはならない」という状況の説明と合わせて，「カイトにだけは本当のことを伝えるって決めたのだ」「こんどはちゃんと本当のことだけ伝えたい」というユートの気持ちを45～50字でまとめる。

(三)　後の「それで，好きな服作れよ」「服作れるとか，すげーじゃん」というカイトの言葉からは，ユートが裁縫をすることを応援している様子が読み取れるので，1が正解。2の「責めてしまう気持ち」や4の「落胆」は，「すげーじゃん」という言葉につながらない。3は，ここでは「けがをした」ことが問題ではないので，的外れである。

(四)　適切でないものを選ぶことに注意する。【Ⅲ】について，1は出来事を時系列で紹介しているので適切。2は，「登場人物それぞれの言動」について「自分の考え」を書いていないので不適切。3は，本のタイトル，読んだ理由，あらすじ，簡単な感想をそれぞれ段落に分けて整理しているので適切。4は，【Ⅱ】の「気になったところ」や「読んで思ったこと」を全部は書かずに「『本当の友達』について，深く考えることができる作品」と興味を引くような表現を使っているので，適切な説明である。

(五)　設問の条件は，①「私が」という書き出しに続ける，②同じ言葉を繰り返さない，③句読点を含めて25～30字，の3つである。【Ⅲ】の最初の一文は，「私が～」の部分が後半にあり，「小説」という言葉が繰り返されている。前半と後半の内容を入れ替え，「小説」という言葉を1度だけ使って「皆さんに紹介したいのは，『ぼくのまつり縫い』という小説です。」(30字)，または「皆さんに紹介したい小説は，『ぼくのまつり縫い』です。」(26字)という形に書き直す。

二 (古文―内容吟味，文脈把握)

〈口語訳〉聟がいた。舅(妻の父親)にあいさつしようとして，ある町を通ったが，新しい(＝仕とめたばかりの)鴈を棚に出して置いていた。200文で買い，(鴈に)矢を通して(家来に)持たせて行く。舅が出会って鴈を見て「これは(どうしたのか)」と問うと，(聟は)「私たちが来る道の途中で仕とめました」と答えたので，(舅は)たいへん喜んで，一族を皆集めて披露し，ご馳走して騒いだ。聟は調子に乗り，「もう一度お持ち申し上げよう」と家来と示し合わせ，「私は先に行こう。あとから買ってこい」と言い捨てて，まず妻の父親に会うと(前と)同じように，「いやおどろいたことにわたしはしあわせもので，また鴈を仕とめました」と言う。妻の父親は興奮して得意になった。(そこへ)例の家来が，塩鯛に矢を貫き通して持ってきた。(妻の父親)「それで今回の矢は当たらなかったのか」。(聟)「いや，鴈には外れましたが，塩鯛に当たりもうした」と。

(一)　「彼内の者，塩鯛に矢をつらぬき持きたれり」(例の家来が，塩鯛に矢を貫き通して持ってきた)を表す絵を探す。家の子が鯛を持っている1を選ぶ。

(二)　聟が買った鴈なのに「仕たる」(仕とめました)とうそをついたことから考える。矢を刺したのは，自分の言葉を本当らしくするためなので，4が正解。他の選択肢は，本文に根拠がないので不適当である。

(三)　設問に「具体的に表している部分」とあるので，「大に悦喜し」に続く「**一族皆よせて披露し，振舞わめきけり**」を抜き出す。

(四)　1は，「聟が慌てふためく表情」は描写されていないので誤り。2は，この話は聟の言葉で終わっており，**後の展開を読者に想像させている**ので，適切である。3の「感動的な結末」は書かれていない。4は，「家の子」が塩鯛を買ってきたことと合わない。

三 (論説文－内容吟味，文脈把握，脱文・脱語補充，作文)

(一)　ア　第3段落の「例えば自動車の製造～認知科学や脳科学さらには**心理学**の視点なしには成り立ちえません」から抜き出す。　イ　第3段落の「また医療においても，医療機器といった**機械工学**の分野や～」から抜き出す。

(二)　文頭の「**要するに**」は，前の内容のまとめを後に示すときに用いる表現である。「**すべての分野はつながっている**」という内容が書いてあるのは第3段落と第4段落なので，第4段落の終わりの〈4〉にこの文を入れればよい。

(三)　本文について，1の「漢語をあまり使わない」という指摘は不適切。2は，「すべての分野はつながっている」ということについて**説明**や**具体例**を加えているので，適切な説明である。3は，「資料」にあたるものの引用がないので不適切。4は，「～でしょう」「～かも知れません」などの文末表現からわかるように，「事実だけ」でなく「推測」も述べているので，不適切である。

(四)　1は，前半の内容は適切だが，後半の「本を読むことが嫌い」「知識や情報が得られていない」をA中学校の生徒全員に共通することとして説明している点が誤り。2は，前半が本文の「まずは自分が興味を感じることを追求しながら」と合わない。また，後半の「本を読まない」はA中学校の生徒全員に共通することではない。3の前半は本文最後の「**読書はその認識に通じる唯一無二の道**なのです」と合致する。後半は**【Ⅰ】②のグラフから読み取れる**ことである。本文が重視しているのは「総合的知」であり，4の前半の「特定の専門知」ではない。また，4の後半の内容は【Ⅰ】から読み取れない。したがって，3が正解となる。

(五)　最終段落の3つめの文の後半の「この世の学びのうち，**役に立たないこと**などないということが実感できるわけです」から抜き出す。

(六)　司会の発言は，「読書についての話し合い」の中で「**「アンケートの結果」という視点を示し，それに即した意見を引き出す**ものなので，1の役割を果たしている。この発言は疑問文だが，「話し合いから生じた疑問」を投げかけるものではないので，2は不適切。3の「気をつけるべき点」は示されていない。4の「まとめ」や意義の「再確認」はされていないので，誤りである。

(七)　1～4の条件を満たすこと。2について，(例)は第1段落で**A中学校の生徒の読書の現状**と本を読まない**理由**についてまとめ，第2段落では**読書生活を充実させるための方法**として「学年や学級に本を置くスペースを設ける」という具体的な取り組みを提案している。3の「**正しい原稿用紙の使い方**」は，冒頭や段落の初めは1マス空けることや，句読点や符号は原則として1マス使うことなどである。訂正をしないですむように，あらかじめ**下書き**して内容を整理してから書くとよい。4に**常体**で書くという指示があるので，文末表現にも注意する。

四 (知識－漢字の読み書き，筆順・画数・部首，脱文・脱語補充)

(一)　(1)「**散策**」は，特に目的もなくぶらぶら歩くこと。　(2)「**耕**」の音読みは「コウ」で，「農耕」「耕作」などの熟語を作る。　(3)「**衛星**」を同音異義語の「衛生」と間違えないように注意する。　(4)「**企てる**」は，計画をたてるという意味。　(5)「**頻繁**」は，ひっきりなしである様子。　(6)「挑」の音読みは「チョウ」で,「挑戦」「挑発」などの熟語を作る。

(二)「橋」は16画, 1「額」は18画, 2「幕」は13画, 3「選」は15画, 4「鋼」は16画。

(三)　それぞれの熟語または故事成語の意味は, 1「圧巻」＝最も優れた部分, 2「余地」＝残っているところ, 3「蛇足」＝よけいなもの, 4「推敲」＝詩や文章を練り直すこと, である。【会話】の流れから, 空欄には「不要」という意味の語句が入ると考えられるので, 3が正解。

茨城県公立高等学校

2020年度

★★★★★★★★★★★★★★★★★★★★★★★

入 試 問 題

2020
年
度

●くわしい解説……49ページ

＜数学＞

時間　50分　　満点　100点

1　次の各問に答えなさい。

⑴　右の図は，ある都市のある日の天気と気温であり，表示の気温は，最高気温と最低気温を表している。また，［　］の中の数は，ある日の最高気温と最低気温が，前日の最高気温と最低気温に比べて何℃高いかを表している。

　このとき，この都市の前日の最低気温を求めなさい。

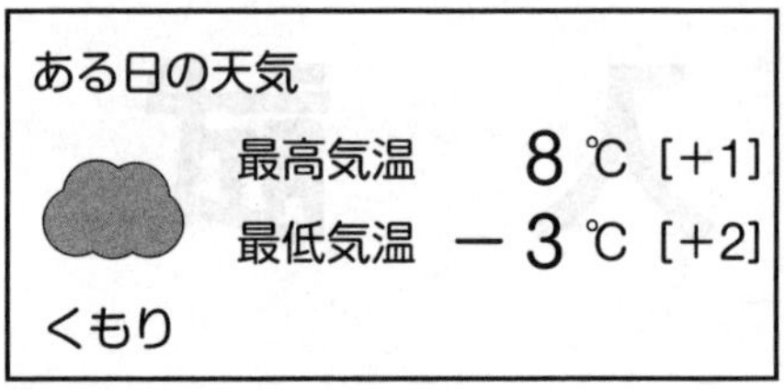

図

⑵　右の図の正方形の面積は50cm^2である。

このとき，正方形の１辺の長さを求めなさい。

ただし，根号の中の数はできるだけ小さい自然数にすること。

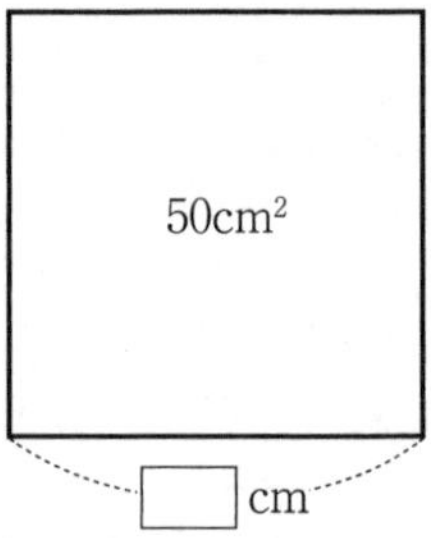

図

⑶　１枚 a gの封筒に，１枚 b gの便せんを５枚入れて重さをはかったところ，60 gより重かった。

　この数量の関係を表した不等式として正しいものを，次の**ア**～**エ**の中から一つ選んで，その記号を書きなさい。

ア　$a+5b>60$　　**イ**　$a+5b<60$　　**ウ**　$5a+b<60$　　**エ**　$5(a+b)>60$

⑷　下の図のような△ABCの紙を，頂点Bが頂点Cに重なるように折る。

このとき，折り目となる線分を作図によって求めなさい。

ただし，作図に用いた線は消さずに残しておくこと。

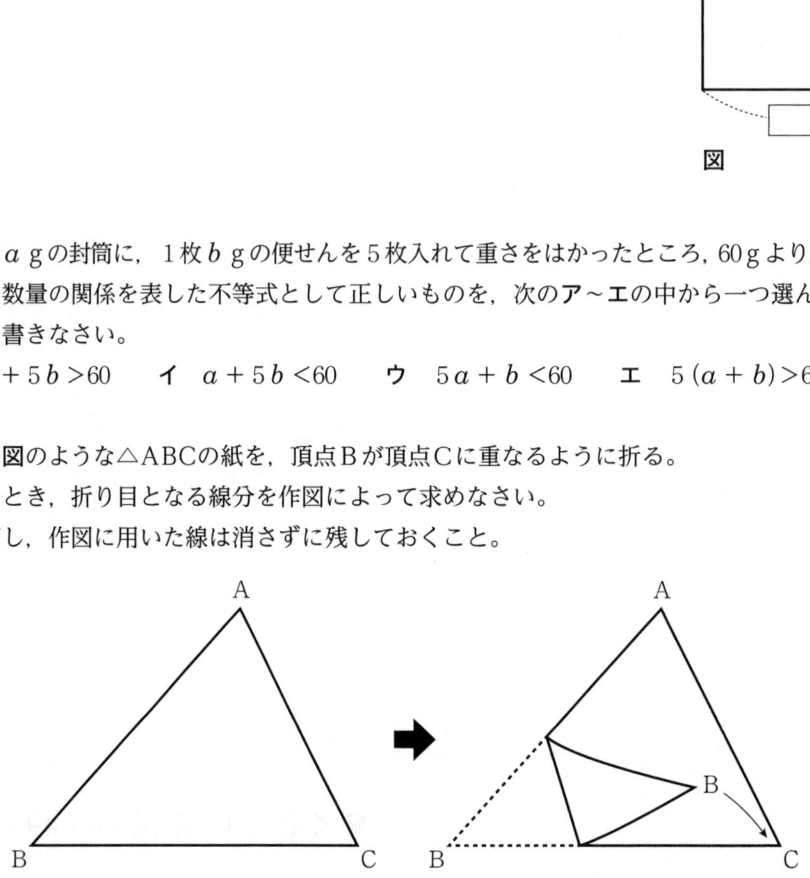

図

2　次の各問に答えなさい。

(1)　**「一の位の数が５である３けたの自然数は，５の倍数である」**

このことを次のように説明した。

（説明）

一の位の数が５である３けたの自然数の百の位の数を a，十の位の数を b とすると，この３けたの自然数は [ア] と表すことができる。

ここで，

[ア] ＝５×（ [イ] ）

[イ] は整数だから，５×（ [イ] ）は５の倍数である。

したがって，一の位の数が５である３けたの自然数は，５の倍数である。

このとき，上の [ア]，[イ] に当てはまる式を，それぞれ書きなさい。

(2)　ある店で，ポロシャツとトレーナーを１着ずつ定価で買うと，代金の合計は6300円である。

今日はポロシャツが定価の２割引き，トレーナーが定価より800円安くなっていたため，それぞれ１着ずつ買うと，代金の合計は5000円になるという。ただし，消費税は考えないものとする。

ポロシャツとトレーナーの定価を求めるために，ポロシャツ１着の定価を x 円，トレーナー１着の定価を y 円として連立方程式をつくると，次のようになる。

$$\begin{cases} \boxed{ア} = 6300 \\ \boxed{イ} = 5000 \end{cases}$$

このとき，上の [ア]，[イ] に当てはまる式を，それぞれ書きなさい。

(3)　右の図で，２点A，Bは関数 $y = x^2$ のグラフ上の点であり，点Aの x 座標は -3，点Bの x 座標は２である。直線ABと x 軸との交点をCとする。

このとき，点Cの座標を求めなさい。

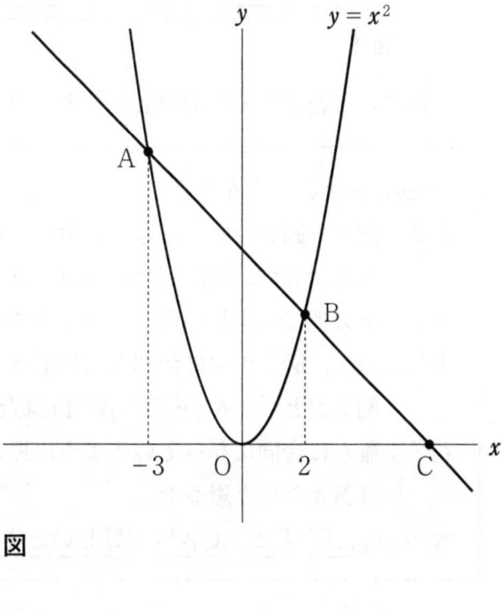

図

(4) 右の図のように，正五角形ABCDEがあり，点Pは，はじめに頂点Aの位置にある。１から６までの目のある２個のさいころを同時に１回投げて，出た目の数の和だけ，点Pは左回りに頂点を順に１つずつ移動する。例えば，２個のさいころの出た目の数の和が３のときは，点Pは頂点Dの位置に移動する。

２個のさいころを同時に１回投げるとき，点Pが頂点Eの位置に移動する確率を求めなさい。

ただし，それぞれのさいころにおいて，１から６までのどの目が出ることも同様に確からしいとする。

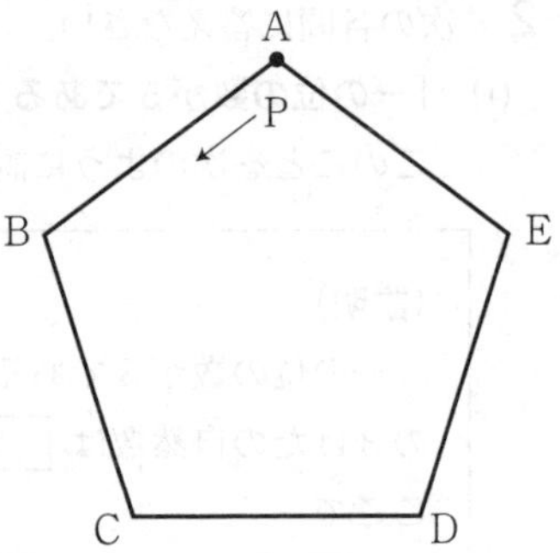

図

3 円の周上に３点A，B，Cがあり，△ABCは AB＝AC の二等辺三角形である。点Bをふくまない方の$\overset{\frown}{AC}$上に点Dをとり，点Aと点D，点Bと点D，点Cと点Dを結び，線分ACと線分BDの交点をEとする。

下の図１，図２は，点Dを$\overset{\frown}{AC}$上のいろいろな位置に動かして調べたときのようすがわかるコンピュータの画面である。ただし，点Dは２点A，C上にはないものとする。

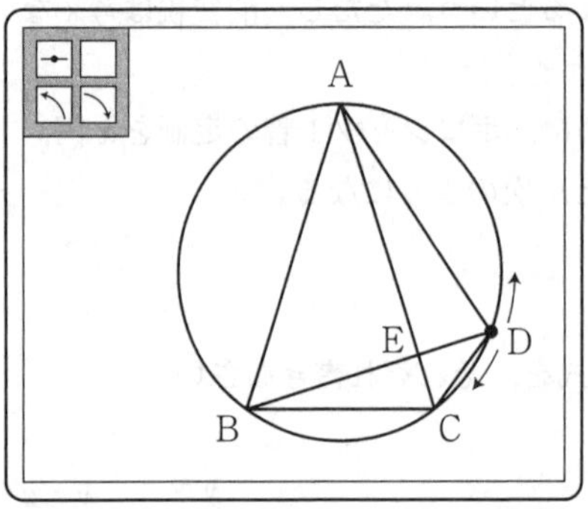

図１

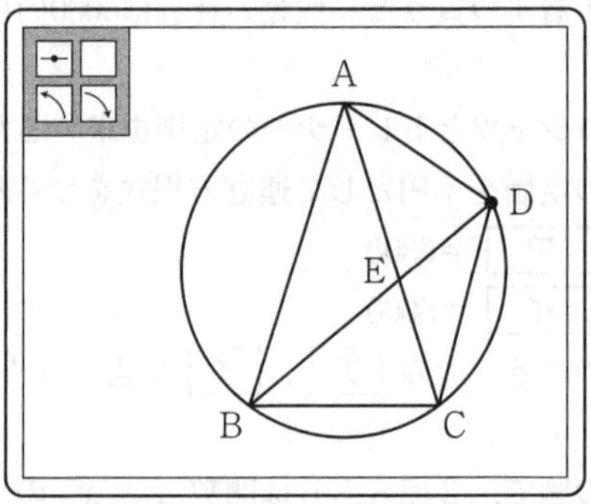

図２

太郎さんと花子さんの次の会話を読んで，あとの(1)，(2)の問いに答えなさい。

（太郎さんと花子さんの会話）

太郎：図１，図２の中には等しい角がいくつかあるよね。
　　　△ABCは二等辺三角形だから，底角が等しくなるよ。
花子：その他にも等しい角が見つかりそうね。
太郎：図１，図２の中に合同な三角形はないかな。
　　　図２だと，△ABEと△ACDは合同になっているように見えるね。
花子：確かに合同になっているように見えるけど，等しい角とか，何か条件がないと合同とは言えないと思うな。
太郎：(a)∠BAEと∠CADが等しいときに，△ABE≡△ACDになると思うよ。

(1)　右の図3のように，
　$\angle BAC=40°$，$\angle CAD=20°$
のとき，$\angle ABE$の大きさを求めなさい。

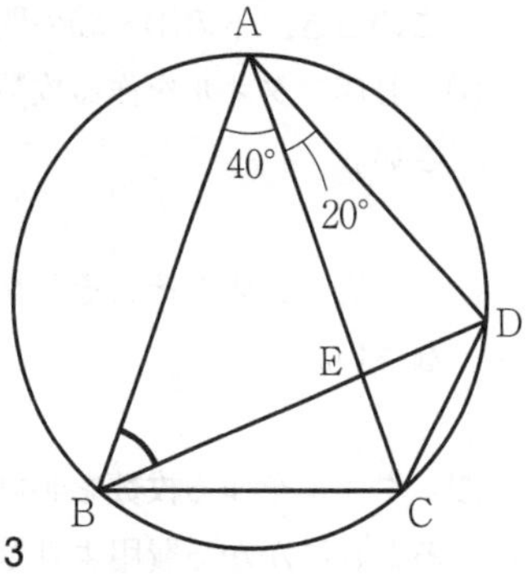

図3

(2)　右の図4は，会話文中の下線部(a)について考えるために，$\angle BAC=\angle CAD$ となるように点Dをとったものである。

①　$\triangle ABE\equiv\triangle ACD$ であることを証明しなさい。

②　$AB=AC=3$ cm，$BC=2$ cmのとき，線分ADの長さを求めなさい。

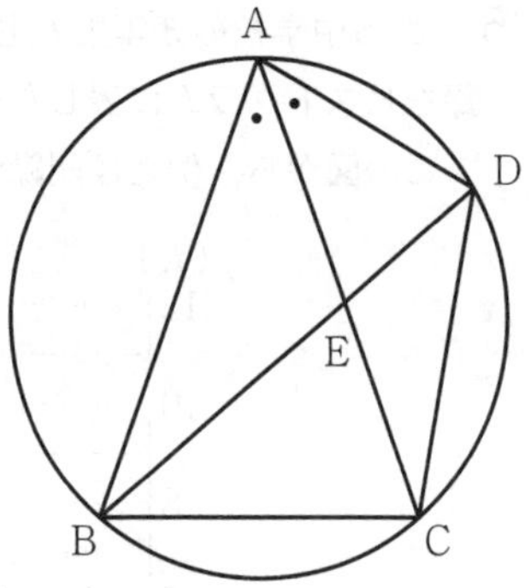

図4

4　太郎さんが所属するサッカー部で，オリジナルタオルを作ることになり，かかる費用を調べたところ，A店とB店の料金は，それぞれ表1，表2のようになっていた。また，下の図は，A店でタオルを作る枚数をx枚としたときのかかる費用をy円として，xとyの関係をグラフに表したものである。ただし，このグラフで，端の点をふくむ場合は●，ふくまない場合は○で表している。

表1　A店の料金

枚数によって，金額は次の通りです。
・20枚までは何枚でも，3500円
・21枚から50枚までは何枚でも，6500円
・51枚から80枚までは何枚でも，9000円

表2　B店の料金

注文のとき，初期費用として3000円かかり，それに加えて，タオル1枚につき100円かかります。

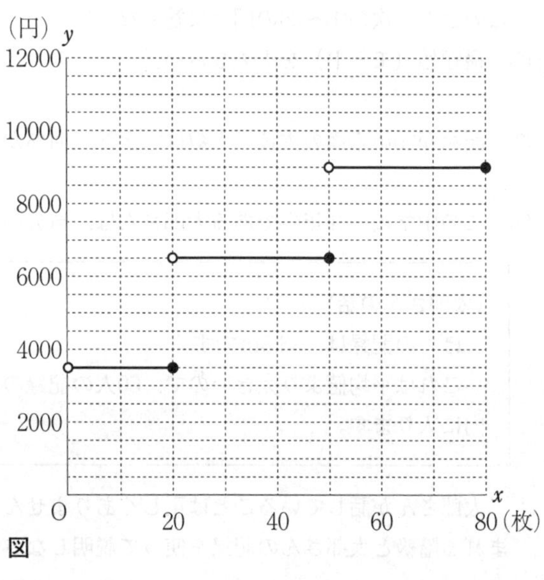

図

このとき，下の(1)～(3)の問いに答えなさい。ただし消費税は考えないものとする。

(1)　B店でタオルを作る枚数を x 枚としたときのかかる費用を y 円として，y を x の式で表しなさい。

(2)　A店，B店でそれぞれタオルを30枚作るとき，かかる費用はどちらの店がいくら安いか求めなさい。

(3)　タオルを作る枚数を40枚から80枚までとしたとき，B店で作るときにかかる費用がA店で作るときにかかる費用よりも安くなるのは，作る枚数が何枚以上何枚以下のときか求めなさい。

5　ある中学校の３年生の生徒は50人おり，全員でハンドボール投げを行った。下の図は，その記録をヒストグラムに表したものであり，平均値は22.8mであることがわかっている。

この図から，例えば記録が14m以上16m未満の生徒は３人いたことがわかる。

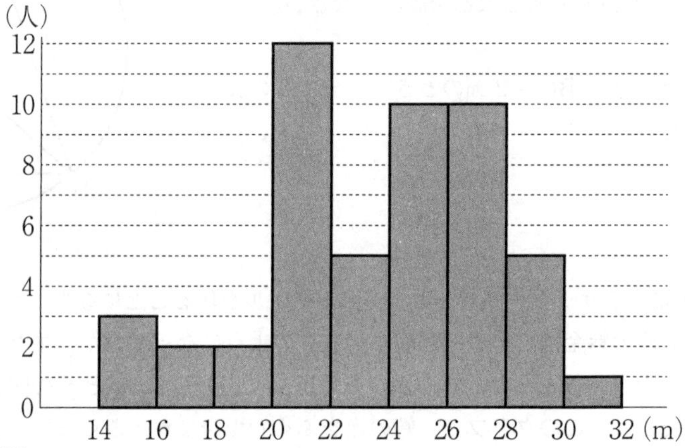

図

このとき，次の(1)～(3)の問いに答えなさい。

(1)　最頻値（モード）を求めなさい。

(2)　記録が20m未満の生徒の人数は，全体の何％か求めなさい。

(3)　この中学校の３年生である太郎さんは，自分の記録について次のように話している。

> **(太郎さんの話)**
> ぼくの記録は，23.5mです。
> これは平均値より大きいので，50人の記録の中では，ぼくの記録は高い方から25番目以内に入ります。

太郎さんが話していることは正しくありません。その理由を，中央値（メジアン）がふくまれる階級と太郎さんの記録を使って説明しなさい。

6　右の**図1**のように，１辺の長さが２㎝の立方体ABCDEFGHがある。辺BF，CGの中点をそれぞれM，Nとする。この立方体を，４点A，D，M，Nを通る平面で切ったとき，点Ｅをふくむ立体を**立体Ｐ**とする。

このとき，次の(1)～(3)の問いに答えなさい。

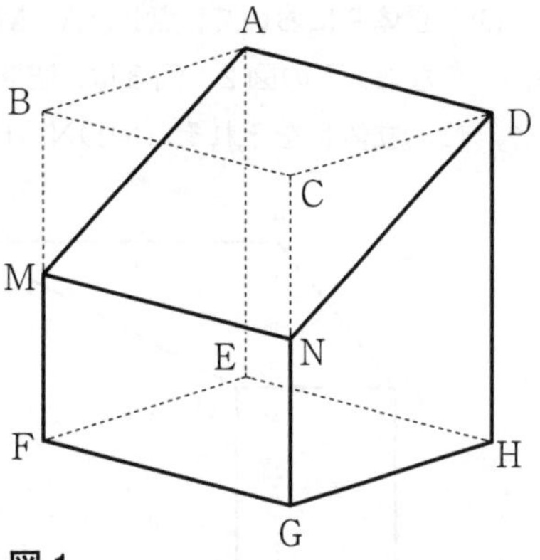

図1

(1)　**立体Ｐ**の投影図をかくとき，どの方向から見るかによって異なる投影図ができる。**立体Ｐ**の投影図として正しいものを，次の**ア**～**エ**の中から二つ選んで，その記号を書きなさい。

ア

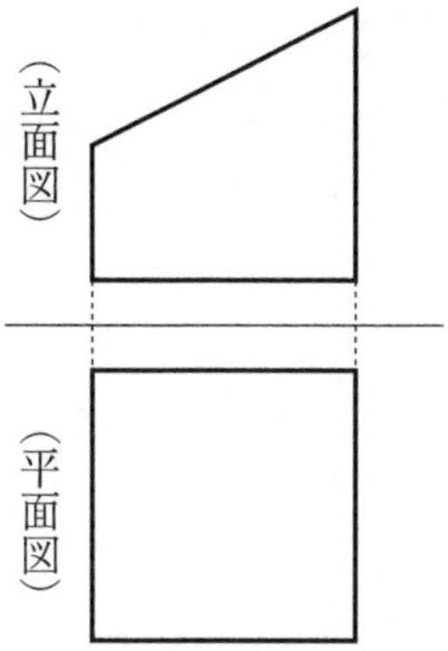

イ

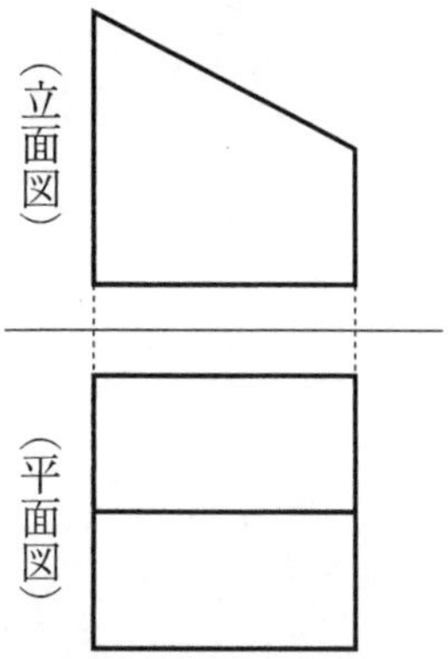

ウ

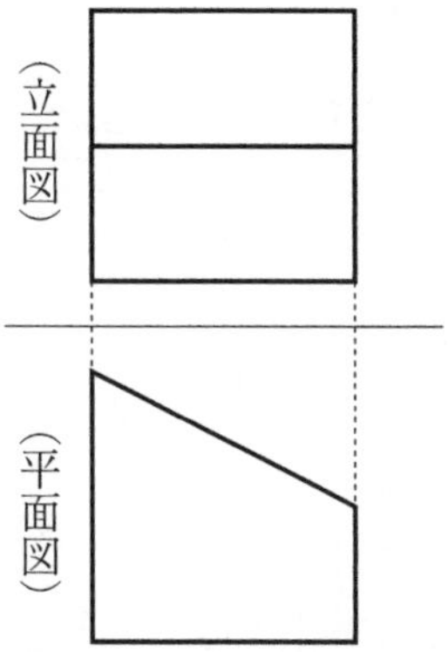

エ

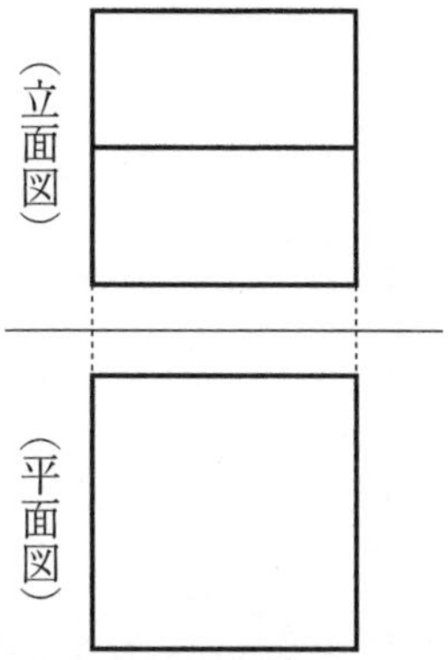

(2)　**図1**の四角形AMNDの面積を求めなさい。

(3) **立体P**において，点E，A，M，N，Dを頂点とする四角すいEAMNDの体積を求めなさい。
なお，下の**図2**，**図3**は，空間における四角すいEAMNDの辺や面の位置関係を考えるために，**立体P**をそれぞれ面DNGH，面AMNDが下になるように置きかえたものである。

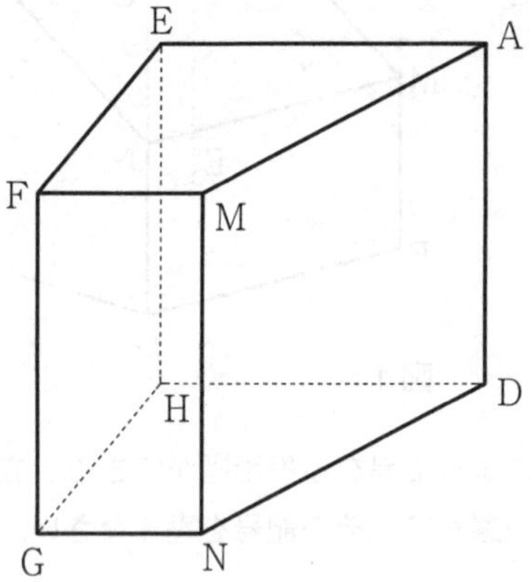

図2

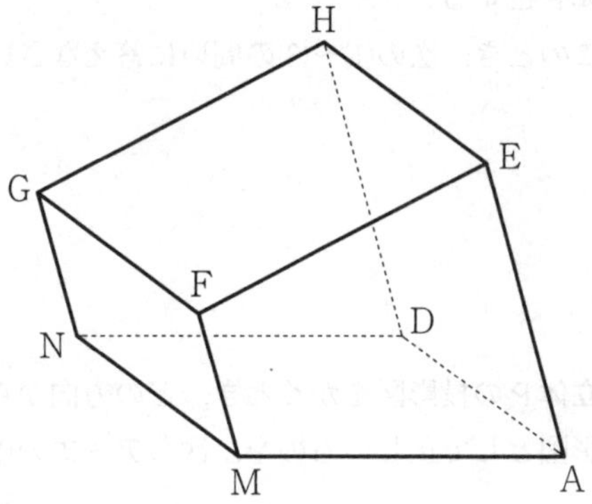

図3

<英語>

時間　50分　　満点　100点

1　次の(1)～(4)は，放送による問題です。それぞれの放送の指示にしたがって答えなさい。

(1)　これから，No. 1からNo. 5まで，五つの英文を放送します。放送される英文を聞いて，その内容に合うものを選ぶ問題です。それぞれの英文の内容に最もよく合うものを，ア，イ，ウ，エの中から一つ選んで，その記号を書きなさい。

No. 1

No. 2

No. 3

No. 4

ア【人気の習い事】	イ【人気の習い事】	ウ【人気の習い事】	エ【人気の習い事】
1位　ピアノ	1位　ピアノ	1位　英語	1位　英語
2位　水泳	2位　英語	2位　ピアノ	2位　水泳
3位　英語	3位　水泳	3位　水泳	3位　ピアノ

No. 5

ア【数学の勉強を終えた時刻】	イ【数学の勉強を終えた時刻】	ウ【数学の勉強を終えた時刻】	エ【数学の勉強を終えた時刻】

(2) これから，No. 1 からNo. 4 まで，四つの対話を放送します。それぞれの対話のあとで，その対話について一つずつ質問します。それぞれの質問に対して，最も適切な答えを，ア，イ，ウ，エの中から一つ選んで，その記号を書きなさい。

No. 1

ア It’s on the table.
イ It’s near the table.
ウ It’s on the bed.
エ It’s by the bed.

No. 2

ア At ten twenty.
イ At ten thirty.
ウ At ten forty.
エ At ten fifty.

No. 3

ア She will make dinner.
イ She will help John.
ウ She will play tennis.
エ She will not be at home.

No. 4

ア Because he met Jack in Australia.
イ Because he will meet Jack again.
ウ Because he got a letter from Jenny.
エ Because he will visit Australia.

(3) これから，メアリー（Mary）と弟のサム（Sam）との対話を放送します。そのあとで，その内容について， Question No. 1 と Question No. 2 の二つの質問をします。それぞれの質問に対して，最も適切な答えを，ア，イ，ウ，エの中から一つ選んで，その記号を書きなさい。

No. 1

ア A small bag.
イ A tennis racket.
ウ A small bag and a tennis racket.
エ A bag for tennis rackets.

No. 2

ア To the shop near the station.
イ To their school.
ウ To the shop near the post office.
エ To the park to play tennis.

(4) サクラ（Sakura）のクラスの授業で，ブラウン先生（Ms. Brown）が生徒たちに話をしています。これからその内容を放送します。ブラウン先生が生徒たちに伝えた内容について正しいものはどれですか。次のページのア，イ，ウ，エの中から一つ選んで，その記号を①に書きなさい。

また，あなたがサクラの立場なら，ブラウン先生の質問に対して何と答えますか。英語１文で②に書きなさい。

① ブラウン先生が生徒たちに伝えた内容について正しいもの

ア Next Friday, the students of Sakura's school will visit America.

イ The students from America have never learned Japanese.

ウ Next Friday, the students from America will visit Sakura's school in the afternoon.

エ The students of Sakura's school will sing American songs in the music class.

② ブラウン先生の質問に対する答え

(　　　　　　　　　　　　　　　　　　　　　　　　　　　　　　　)

これで，放送による聞き取りテストを終わります。続いて，問題２に進みなさい。

2 次のＡとＢの英文は，アメリカに留学しているユミ（Yumi）と，日本の高校のスミス先生（Ms. Smith）がやり取りしたメールです。それぞれの英文を読んで，下の(1)，(2)の問いに答えなさい。

Ａ

> Hello, Ms. Smith.
> I am having a great time here. I think that my English is ①(good) than before. My host family is very kind. There are three ②(child) in the family. I enjoy ③(run) with them in the park every morning. Next Sunday their cousins will visit us. What should I talk about with them? Do you have any ideas?

Ｂ

> Hi, Yumi.
> How are you? I am glad to ④(k　　　) that you are enjoying your time. I have a good idea. I hear that Japanese food is popular all over the world. You can ⑤(s　　　) them how to cook your favorite dish. I am sure that they will be ⑥(i　　　) in Japanese food.

(1) Ａの英文が完成するように，文中の①～③の（　）の中の語を，それぞれ１語で適切な形に直して書きなさい。

(2) Ｂの英文が完成するように，文中の④～⑥の（　）内に，最も適切な英語を，それぞれ１語ずつ書きなさい。なお，答えはすべて（　）内に示されている文字で書き始めるものとします。

3　次の⑴，⑵の問いに答えなさい。

⑴　次の英文は，新聞記事の一部です。この記事が伝えている内容として最も適切なものを，下のア～エの中から一つ選んで，その記号を書きなさい。

Today, many people have *smartphones. We think that they are very useful because we can use them to call friends, send e-mails, and use the Internet at any time or any place. However, some people play games on their smartphones when they are walking. This is not a good way of using smartphones. Let's think about the right way to use them.

＊ smartphone(s)　スマートフォン

ア　It is good to play games on smartphones when we are walking.

イ　Smartphones are so useful that everyone has to have one.

ウ　It is important for us to think about how to use smartphones.

エ　Using the Internet for a long time is bad for our eyes.

⑵　次の英文中の □ には，下のア～ウの三つの文が入ります。意味の通る英文になるように，ア～ウの文を並べかえて，記号で答えなさい。

I'm going to talk about my weekend. On Saturday, I went to the stadium to watch a soccer game with my family. It was raining during the game. □ Now it is my favorite T-shirt. I will wear it when I go to the stadium next time.

ア　One of them is this red T-shirt.

イ　However, watching the game was very exciting because it was my first time.

ウ　After the game, I bought many things at the stadium.

4　高校生のハルカ（Haruka）がアメリカからの留学生のリサ（Lisa）と，次のページの市立図書館のウェブサイトを見ながら話をしています。下の対話文を読んで，⑴，⑵の問いに答えなさい。

Haruka: Hi, Lisa. What are you doing?

Lisa: Hi, Haruka. I'm looking at the website of Aoba City Library.

Haruka: It is the biggest library in our city.

Lisa: Oh, really? Do you often go there?

Haruka: Yes, I sometimes go there on weekends.

Lisa: Is it *open on Sunday, too?

Haruka: (①).

Lisa: I see.

Haruka: I'll go to the library next Sunday. I want to borrow some books to do my homework. I have to write about the history of our city. I'm sure you can also enjoy reading books there. (②).

Lisa: That's good because it's difficult for me to read Japanese books.

Haruka : □

Lisa : Sure. I'll go with you. I want to read books about this city. How many books can we borrow? And how long can we borrow the books for?

Haruka : We can borrow (③). Look. They show *short films every Sunday. One of them is "The History and Culture of Aoba City."

Lisa : That's nice. I want to watch it.

Haruka : Let's meet in front of the station at ten. It takes about twenty minutes from the station to the library. First, let's look for the books we need. After that, we can watch the short film.

Lisa : OK. What time will we finish watching it?

Haruka : We will finish watching it (④).

Lisa : What will we do after that?

Haruka : We will (⑤).

Lisa : That's a good idea! Let's bring our lunch.

＊ open 開いている　short film(s) 短編映画

About Aoba City Library

Opening Hours

Tuesday – Friday	9:00 a.m. – 7:00 p.m.
Saturday – Sunday	9:30 a.m. – 5:00 p.m.

Closed Days

Every Monday
Winter holidays (December 28th – January 4th)

Books We have many kinds of books.
For foreign people, we have...
・English books to learn about this city.
・English books about Japanese history.
・English comic books.

Rooms

Room A	For studying
Room B	For watching short films
Room C	For using computers

・Do not eat or drink in these rooms.
・If you want to eat or drink in the library, please use the tables and chairs in front of Room A.

Borrowing

	How many?	How long?
Books	Ten books	Two weeks
CDs	Five CDs	One week

Short Film Showing Times : Every Sunday

Name of the film	Time	
"The History and Culture of Aoba City"	10:00 a.m. – 10:20 a.m.	11:20 a.m. – 11:40 a.m.
"The Beautiful Mountains of Japan"	10:40 a.m. – 11:00 a.m.	1:00 p.m. – 1:20 p.m.

(1) 対話中の（①）～（⑤）に入る最も適切なものを，ア～エの中から一つ選んで，その記号を書きなさい。

① ア Yes, and it opens at eight thirty on weekends
　イ Yes, and it is also open during winter holidays
　ウ Yes, but we cannot use it in the afternoon
　エ Yes, but it is closed at five

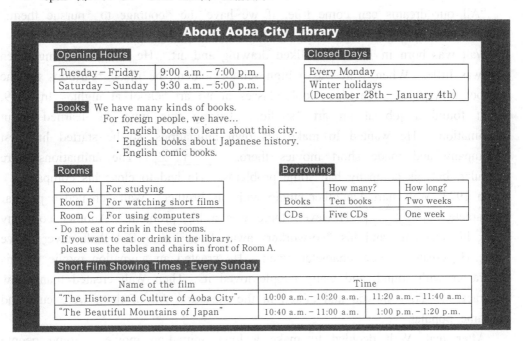

② ア There are comic books written in Japanese
イ There are textbooks for foreign people who want to learn Japanese
ウ There are books about this city written in English
エ There are textbooks about world history written in English

③ ア ten books for one week イ ten books for two weeks
ウ five books for one week エ five books for two weeks

④ ア at ten twenty イ at eleven
ウ at eleven forty エ at one twenty

⑤ ア eat lunch in front of Room A
イ go to a restaurant near the library
ウ use the Internet in Room C and eat lunch there
エ watch another short film in Room A

(2) 対話の流れに合うように，文中の □ に入る適切な英文を，４語以上，８語以内で書きなさい。なお，符号（,.?!など）は，その前の語につけて書き，語数には含まないものとします。

5 下の英文を読んで，次のページの(1)～(4)の問いに答えなさい。

"All our dreams can come true, if we have the *courage to *pursue them." This is one of my favorite words by *Walt Disney.

Walt was born in 1901. He liked drawing and art. He started drawing when he was little. When Walt was a high school student, he made *cartoons for the school newspaper. He also *took classes at an art school at night. In 1919, Walt found a job at an art *studio. During this time, he learned about *animation. He wanted to make his own animations, so he started his first *company and made short movies there. [1] The animations were popular, but his company had some problems. He had to close his company.

In 1923, Walt started another studio with his brother. Walt *created a popular *character. [2] However, there was a big problem. Another company took his character and his *co-workers away from him. But Walt never *gave up. He created a new character again. He created an animation movie of this character with sound, and many people loved it. Then Walt created many new characters. They moved and talked in the movies. All of them were cute and became popular.

After that, Walt decided to make a long animation movie. Some people around him said it was difficult, but he believed that he and his co-workers could do it. [3] They finally finished making the movie in 1937. The movie became very popular. Walt got a lot of money. He used the money to build another movie studio and to make more animation movies.

Walt also had the idea to create a large park because he wanted to make many people happy. In 1955, he opened his first park in America. [4]

The park became famous and popular, and it is still one of the world's most popular places to visit on vacation. Later, Walt had the idea to build a larger park in another American city. He worked on the plans but died before the park opened in 1971.

Walt Disney died on December 15, 1966, but his dreams still *live on. His movies and parks are loved by many people around the world. His company *has been creating wonderful movies.

*　courage　勇気　　pursue ~　~を追い求める　　Walt Disney　ウォルト・ディズニー
cartoon(s)　漫画　　took classes　授業を受けた　　studio　スタジオ
animation　アニメーション　　company　会社　　created ~　~を作った
character　キャラクター　　co-worker(s)　仕事仲間　　gave up　あきらめた
live on　続いている　　has been creating ~　~を作り続けている

(1)　本文の内容に合う文を，次のア～クの中から三つ選んで，その記号を書きなさい。

ア　Walt started drawing pictures when he went to high school.

イ　Walt went to art school and took pictures for the school newspaper.

ウ　Walt had to close his first company because there were some problems.

エ　Walt started his second company with his friend.

オ　Walt created the characters, and he used them for his animation movies.

カ　Walt believed that he and his co-workers could make a long animation movie.

キ　Walt opened his first park in America, and he built the second one in Japan.

ク　When Walt died in 1966, his company stopped making movies.

(2)　次の文は，文中の 1 ～ 4 のどこに入るのが最も適切か，番号で答えなさい。

Because of this character, his studio did well.

(3)　次の①，②の質問に，それぞれ指定された語数の英文で答えなさい。ただし，符号（,.?!など）は，語数には含まないものとします。

①　When was Walt born?　（5語）

②　Why did Walt have the idea to create a large park?　（5語以上）

(4)　次の対話文は，本文を読んだ先生と生徒とのものです。①，②に入る英文をあなたの立場で，それぞれ15語程度で書きなさい。ただし，符号（,.?!など）は，語数には含まないものとします。

Teacher: What do you think about Walt Disney?

Student: (　①　)

Teacher: Oh, I see. *By the way, what's your dream? What do you do for your dream?

Student: (　②　)

Teacher: Oh, that's good. I hope your dream will come true.

*　By the way　ところで

6 あなたは，ローラ先生（Ms. Laura）から次のようなメールをもらいました。ローラ先生からの宿題について，英語30語以上で書きなさい。なお，記入例にならい，符号（,.?!など）は，その前の語につけて書き，語数には含まないものとします。

【あなたがローラ先生からもらったメール】

> Hello, I'm writing to tell you the homework for the next class. In the next class, you are going to give a speech. The *topic is "Working together with other people."
> Have you ever worked with other people? Doing some things alone is sometimes very difficult. However, if you have someone to support you, you may feel they are not difficult to do. Please write about the topic and bring the *script to the next class.

＊ topic 話題，トピック script 原稿

記入例				
	Are	you	Ms.	Brown?
	No,	I'm	not.	

30

60

＜理科＞

時間　50分　　満点　100点

1　次の(1)～(4)の問いに答えなさい。

(1)　図は，いろいろな物質の溶解度曲線である。硝酸カリウム，硫酸銅，ミョウバン，塩化ナトリウムを35ｇずつはかりとり，それぞれを60℃の水100ｇが入った４個のビーカーに別々に入れて，すべて溶かした。これらのビーカーを冷やして，水溶液の温度が10℃になるようにしたとき，溶けきれなくなって出てくる結晶の質量が最も多い物質として正しいものを，次の**ア**～**エ**の中から一つ選んで，その記号を書きなさい。

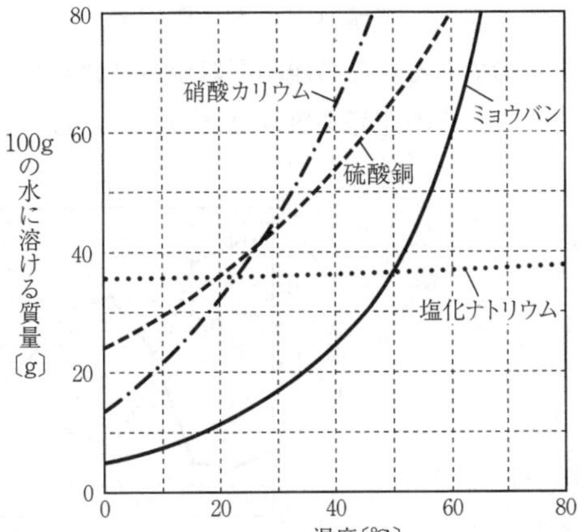

図

ア　硝酸カリウム　　**イ**　硫酸銅

ウ　ミョウバン　　**エ**　塩化ナトリウム

(2)　**図１**に示すような物体**A**～**D**，軽い板**a**～**d**を用意した。**図２**のように，スポンジの上に板**a**を水平にのせ，その上に物体**A**を置き，ものさしでスポンジのへこみをはかった。

スポンジのへこみが**図２**のときと同じ値になる物体と板の組み合わせとして正しいものを，下の**ア**～**エ**の中から一つ選んで，その記号を書きなさい。ただし，いずれの場合も板の重さは無視でき，板はスポンジの上からはみ出たり，傾いたりすることはなく，スポンジのへこみは，圧力の大きさに比例するものとする。

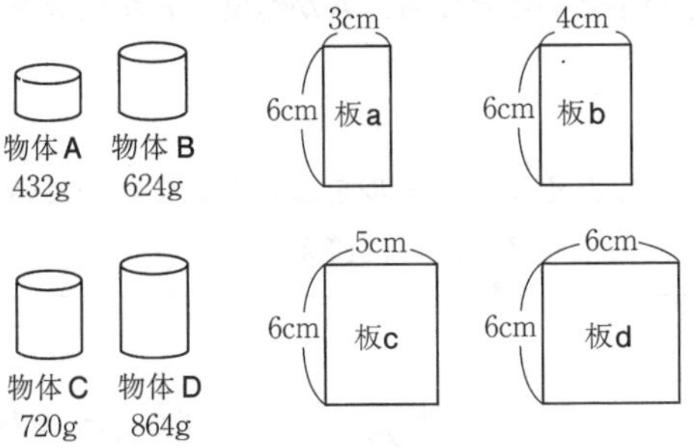

図１

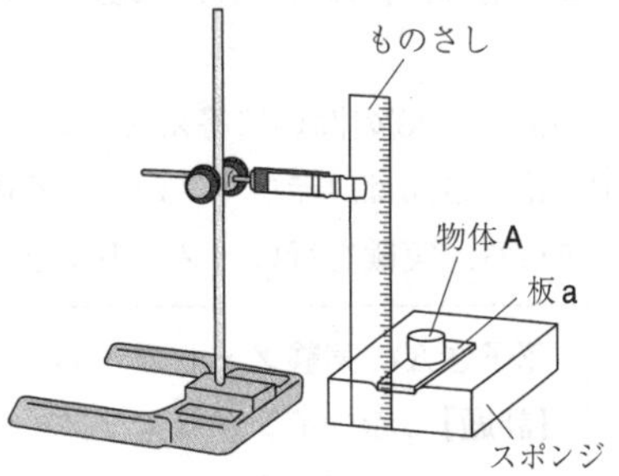

図２

ア　物体**B**と板**b**　　**イ**　物体**B**と板**c**　　**ウ**　物体**C**と板**d**　　**エ**　物体**D**と板**d**

(3)　着色した水を吸わせた植物の茎をうすく輪切りにし，プレパラートをつくって，顕微鏡で観察した。図はそのスケッチである。スケッチを見ると，この植物は，維管束が輪状に並んでいることがわかった。このような茎のつくりをもつ植物のなかまとその特徴について書かれた文として正しいものを，次のページの**ア**～**エ**の中から一つ選んで，その記号を書きなさい。

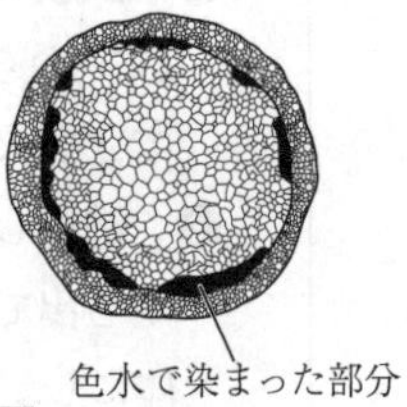

図

ア ツユクサやユリなどが同じなかまであり，葉脈は平行で，根は主根と側根からなる。

イ アブラナやエンドウなどが同じなかまであり，葉脈は網目状で，根は主根と側根からなる。

ウ アブラナやエンドウなどが同じなかまであり，葉脈は平行で，根はひげ根からなる。

エ ツユクサやユリなどが同じなかまであり，葉脈は網目状で，根はひげ根からなる。

(4) 図は，茨城県内のある場所で，3時間ごとの気温，湿度を2日間測定し，天気を記録したものである。この観測記録から考察したこととして正しいものを，下の**ア**～**エ**の中から一つ選んで，その記号を書きなさい。ただし，図中の**A**，**B**は気温，湿度のいずれかを表している。

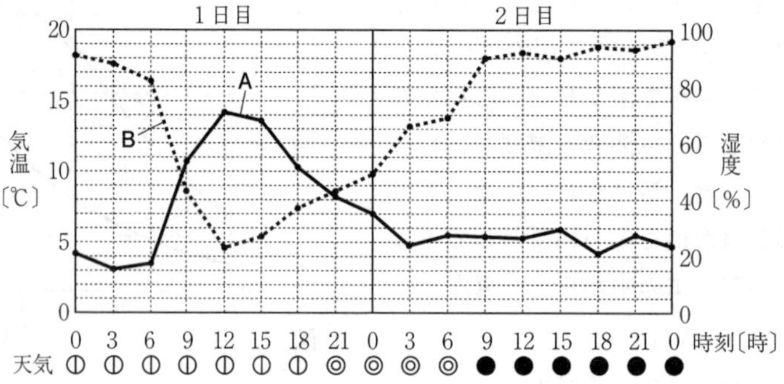

図

ア 晴れた日の日中は気温が上がると湿度が下がることが多いことから，**A**が気温，**B**が湿度を表す。

イ くもりや雨の日の日中は気温が上がると湿度が下がることが多いことから，**A**が気温，**B**が湿度を表す。

ウ くもりや雨の日の日中は，気温・湿度とも変化が小さいことから，**A**が湿度，**B**が気温を表す。

エ 晴れた日の日中は，気温・湿度とも変化が小さいことから，**A**が湿度，**B**が気温を表す。

2 次の(1)～(3)の問いに答えなさい。

(1) 花子さんは，赤ワインから，その成分の一つであるエタノールをとり出せないかという疑問をもち，実験を行い，ノートにまとめた。あとの①～③の問いに答えなさい。

花子さんの実験ノートの一部

【課題】 赤ワインからエタノールをとり出せるだろうか。

【実験】

❶ 試験管**A**に赤ワイン約10mLを入れてから図のような装置を組み立て，弱火で加熱した。

❷ 沸騰し始めたとき，ガラス管の先から出てきた気体を水で冷やして液体にし，試験管**B**～**D**の順に約1mL

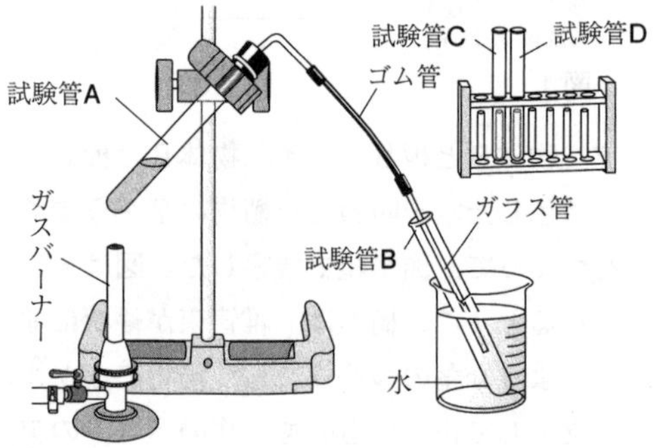

図

ずつ集めた。

❸　試験管B～Dに集めた液体と試験管Aに残った液体の性質を次の方法で調べた。

・においをかぐ。

・脱脂綿につけ，火をつける。

【結果】

試験管B～Dに集めた液体と試験管Aに残った液体のうちで，エタノールのにおいが最も強く，長く燃えたのは［あ］であった。

①　文中の［あ］に当てはまる試験管はどれか。試験管A～Dのうち最も適当なものを，一つ選んでその記号を書きなさい。

ただし，水とエタノールの融点・沸点は表のとおりである。

表

	融点〔℃〕	沸点〔℃〕
水	0	100
エタノール	−115	78

②　花子さんは，実験の結果から，次のように考察した。次の文中の［い］に当てはまる語を書きなさい。

液体を沸騰させて気体にし，それをまた冷やして液体にして集めることを［い］という。［い］を利用すると，沸点のちがいから液体の混合物をそれぞれの物質に分けてとり出すことができる。

③　この実験を行う場合の器具の操作や動作として正しいものを，次の**ア**～**エ**の中から二つ選んで，その記号を書きなさい。

ア　急に沸騰するのを防ぐために，試験管Aに沸騰石を入れる。

イ　ガスバーナーに点火したら，空気調節ねじを回して炎が赤色になるようにする。

ウ　ガラス管の先が試験管に集めた液体の中やビーカー内の水の中に入っていないことを確かめ，ガスバーナーの火を止める。

エ　試験管内の液体のにおいを調べるときは，鼻を試験管の口にできるだけ近づけてかぐ。

(2)　太陽光パネルの設置について，次の①，②の問いに答えなさい。

①　次の文中の［あ］，［い］に当てはまる数値をそれぞれ書きなさい。ただし，100 gの物体にはたらく重力の大きさを1 Nとし，滑車，ロープ，板，ひも，ばねばかりの質量や摩擦は考えないものとする。

太郎さんの家では，太陽光パネルを設置して自家発電を行うことになった。太郎さんは，作業員が**図1**のような引き上げ機をつかって容易に引き上げているのを見て，そのしくみに興味をもった。**図2**は，引き上げ機のしくみを簡単に表した図である。

図1

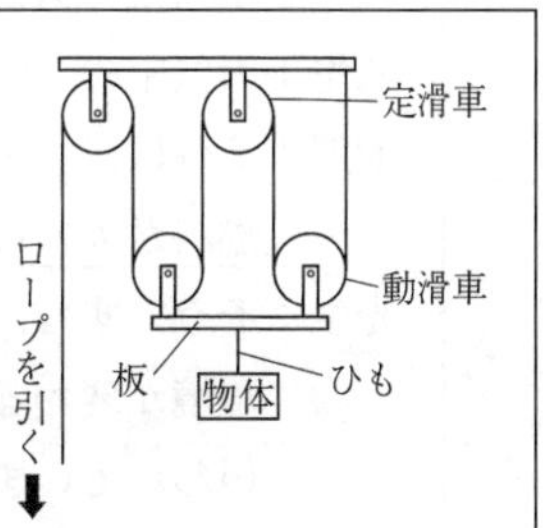

図2

さらに，太郎さんは滑車のはたらきをくわしく知りたいと思い，先生と相談し，次のような実験を行った。図３，図４のように，定滑車や動滑車を使い，10kgの物体をばねばかりでゆっくりと引き上げた。

図３と図４で，10kgの物体を60cmの高さまでゆっくりと引き上げたときの仕事の大きさは，どちらの場合も60Ｊであった。このように，道具を使っても仕事の大きさが変わらないことを，仕事の原理という。

このことから，図２の装置で10kgの太陽光パネルを60cmの高さまでゆっくりと引き上げるとき，ロープを引く力は［あ］Ｎとなり，図３と比べて小さくなることがわかる。一方，ロープを引いた距離は［い］cmとなり，図３と比べて長くなる。

100Ｎを示したとき物体が床から離れた。

図３

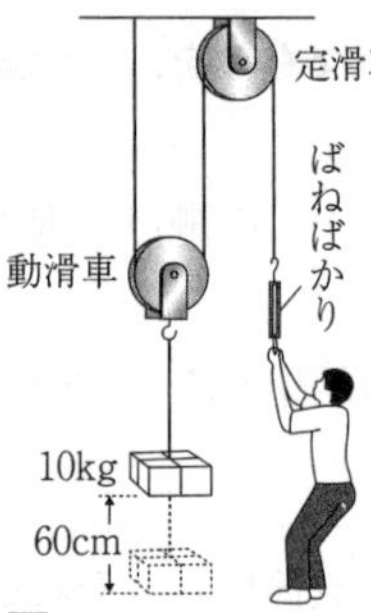

50Ｎを示したとき物体が床から離れた。

図４

② 太陽光パネルは太陽の光が当たる角度が垂直に近いほど，より多く発電することができる。日本では太陽の南中高度が季節によって変化することから，太陽光パネルに効率よく太陽の光を当てるため，図５のように傾けて設置されていることが多い。

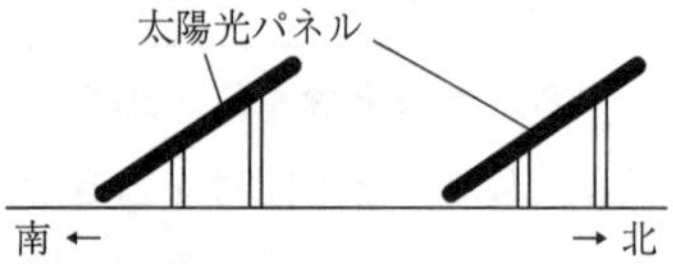

図５

日本で太陽の南中高度が季節によって変化する原因として適当なものを，次のア～エの中から二つ選んで，その記号を書きなさい。

ア 地軸の傾き　**イ** 地球の公転　**ウ** 太陽の自転　**エ** 地球の自転

(3) 科学部の太郎さんと顧問の先生が，地球環境について話している。次の会話を読んで，あとの①～⑤の問いに答えなさい。

太郎：近年，「地球温暖化」という言葉をよく聞きます。その原因は二酸化炭素などの温室効果ガスが大気中に増えてきているからだといわれています。

先生：大気中の二酸化炭素の濃度はなぜ高くなってきているのでしょうか。

太郎：それは，a石炭や石油，天然ガスなど太古の生物の死がいが変化してできた［あ］燃料が大量に燃やされているからだと思います。

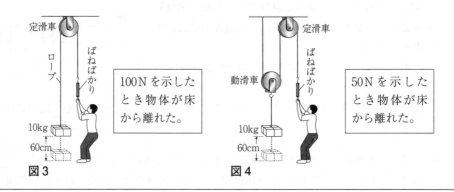

先生：そうですね，それも原因の一つと考えられていますね。実は，地球温暖化によって環境が変わると，b生態系ピラミッドのつり合いがもとに戻らないことがあるともいわれています。他に何か原因は考えられますか。

太郎：社会科の授業では，大規模な開発によって，熱帯雨林が伐採されていることを学びました。c植物には二酸化炭素を吸収して使うしくみがあるので，伐採量が多くなると，二酸化炭素の吸収が少なくなり，更に二酸化炭素が増加し，ますます地球温暖化が進むのではないでしょうか。一方で，熱帯雨林では雨量が多く，植物の体は大量の雨風にさらされます。しかし，d植物の体には雨風に耐えるしくみが備わっていて，簡単には倒れたりしません。そうして，熱帯雨林の環境が保たれているのだと思います。

① 下線部aの［あ］に当てはまる語を書きなさい。

② 次の化学反応式は，下線部aの［あ］燃料にふくまれる炭素が完全燃焼する反応を表したものである。化学反応式中の［い］，［う］に当てはまる化学式を書きなさい。

C＋［い］→［う］

③ 下線部bについて，適当でないものはどれか。次のア～エの中から一つ選んで，その記号を書きなさい。

ア 無機物から有機物を作り出す生物を生産者といい，水中では，植物プランクトンがおもな生産者であり，通常，数量が最も多い。

イ 生態系の生物は，食べる・食べられるという関係でつながっている。このような関係を食物連鎖といい，通常，食べる生物よりも食べられる生物の方の数量が多い。

ウ 一つの生態系に着目したとき，上位の消費者は下位の消費者が取り込んだ有機物のすべてを利用している。

エ 土の中の生態系では，モグラは上位の消費者で，ミミズは下位の消費者であり分解者でもある。

④ 下線部cについて，二酸化炭素を使って光合成が行われる部分として正しいものを図のア～エの中から一つ選んで，その記号を書きなさい。

⑤ 下線部dについて，体を支えるのに役立っている部分として正しいものを図のア～エの中から一つ選んで，その記号を書きなさい。

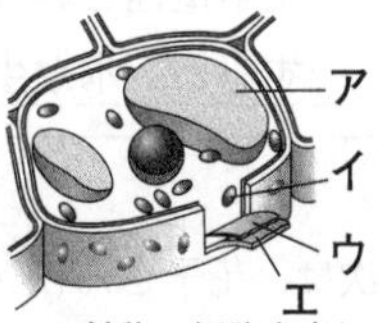

※植物の細胞を表している。
図

3 花子さんは，水溶液から電流をとり出すために実験を行い，ノートにまとめた。あとの(1)～(3)の問いに答えなさい。

花子さんの実験ノートの一部

【課題】 どのような水溶液と金属の組み合わせにすると電流がとり出せるか。

【実験】 水溶液に２枚の金属を入れて，図のような回路をつくり，電子オルゴールが鳴るかどうかを調べる。

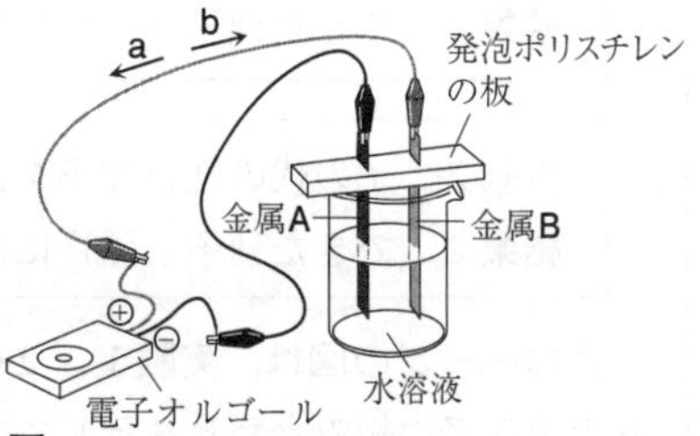

図

【結果】

表

	調べた水溶液	金属A	金属B	電子オルゴールが鳴ったか
実験1	うすい塩酸	亜鉛	銅	鳴った
実験2	うすい塩酸	銅	銅	鳴らなかった
実験3	エタノール水溶液	亜鉛	銅	鳴らなかった
実験4	エタノール水溶液	銅	銅	鳴らなかった

(1) **実験1**の金属で起こる現象として最も適当なものを，次の**ア**～**エ**の中から一つ選んで，その記号を書きなさい。また，そのときに電流の流れる向きはどちらか。**図**の**a**，**b**から選んで，その記号を書きなさい。

ア　亜鉛が電子を放出して，亜鉛イオンになる。

イ　亜鉛が電子を受けとって，亜鉛イオンになる。

ウ　銅が電子を放出して，銅イオンになる。

エ　銅が電子を受けとって，銅イオンになる。

(2) **実験1**～**4**の結果から，うすい塩酸と亜鉛，銅を使うと電子オルゴールが鳴ることがわかった。「水溶液」と［金属］という語を用いて，電流をとり出すために必要な条件を書きなさい。

(3) 次の文は，化学電池について説明したものである。文中の［**あ**］，［**い**］に当てはまる語を書きなさい。また，下線部の化学変化を化学反応式で書きなさい。

> 物質がもつ［**あ**］エネルギーを［**い**］エネルギーに変換して電流をとり出すしくみを化学電池という。身の回りでは様々な化学電池が使われている。近年，水素と酸素が化合すると，水が生成する化学変化を利用した燃料電池の研究・開発が進んでいる。

4　次は，花子さんがメンデルの実験と生物のふえ方について図書館で調べ，まとめたノートの一部である。あとの(1)～(5)の問いに答えなさい。

花子さんのノートの一部

〈メンデルの実験〉

メンデルは，自分で行った実験の結果にもとづいて，遺伝の規則性を発見した。

> **実験1**　丸い種子をつくる純系のエンドウのめしべに，しわのある種子をつくる純系のエンドウの花粉をつけた。
>
> **結果1**　できた種子（子）はすべて丸い種子であった。

> **実験2**　子の代の丸い種子をまいて育て，自家受粉させた。
>
> **結果2**　できた種子（孫）には，丸い種子としわのある種子があった。

次のページの**図**は，**実験1**，**2**の結果を表したもので，（　）内はエンドウの細胞の染色体と遺伝子の組み合わせを示している。丸い形質を表す遺伝子をA，しわの形質を表す遺伝子をaとしている。

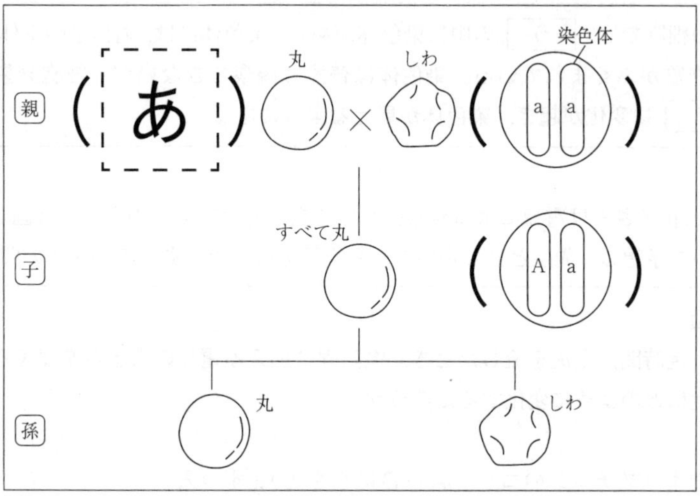

図

〈生物のふえ方〉

エンドウのような有性生殖によって新しい個体をつくる生物のほかに，無性生殖によってふえる生物がいる。

有性生殖では，子に，両親のどちらとも異なる形質が現れることがある。これは，生殖細胞ができるとき，対になっている親の代の遺伝子がそれぞれ別の生殖細胞に入り，受精によって新たな遺伝子の組み合わせができるからである。

無性生殖では，子の形質は親の形質と同じになる。これは， い からである。

(1) **実験**１で，親の代の丸い種子をつくる純系のエンドウの細胞について，図の あ に当てはまる染色体と遺伝子の組み合わせとして，最も適当なものを次の**ア**～**エ**の中から一つ選んで，その記号を書きなさい。

ア

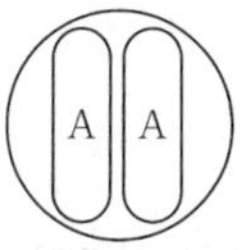

イ

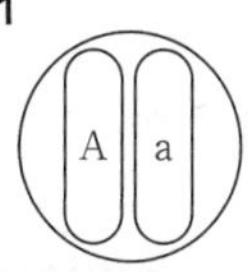

ウ

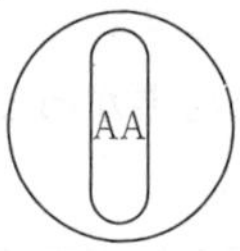

エ

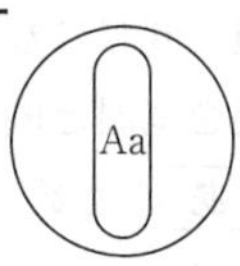

(2) **実験**１で得られた子のエンドウの種子をまいて育て，成長した個体のめしべに，**実験**２で得られた孫のしわのある種子をまいて育てたエンドウの花粉をつけて他家受粉させた。このとき，得られる丸い種子としわのある種子の数の割合はどうなると考えられるか。最も適当なものを，次の**ア**～**エ**の中から一つ選んで，その記号を書きなさい。

ア　丸い種子：しわのある種子＝３：１　　**イ**　丸い種子：しわのある種子＝１：１

ウ　すべて丸い種子　　**エ**　すべてしわのある種子

(3) 下線部のような法則を何というか，書きなさい。

(4) 文中の い に当てはまる内容を，「体細胞分裂」と「遺伝子」という語を用いて書きなさい。

(5) 次のページの文中の う ， え に当てはまる語を書きなさい。

植物の細胞では，[う]の中に染色体があり，染色体には，遺伝子の本体である[え]という物質がふくまれている。染色体は普段は観察できないが，細胞分裂の準備に入ると，[え]に変化が起き，染色体が見えるようになる。

5 太郎さんと花子さんは電流による発熱について調べる実験を次のように計画した。その後，実験結果について予想し，先生と話し合いながら実験を行った。あとの(1)～(4)の問いに答えなさい。

実験の計画

【課題】 一定時間，電流を流したとき，電熱線に加える電圧の大きさを変えると，水の上昇温度はどのように変化するだろうか。

【手順】

❶ 発泡ポリスチレンのコップA～Dに水を100gずつ入れしばらく置き，水の温度をはかる。

❷ コップAに電熱線を入れて図1のような装置を組み立て，電圧計が3.0Vを示すように電圧を調整し，電流を流す。

❸ 電流と電圧の大きさが変化しないことを確認し，ガラス棒で水をゆっくりかき混ぜながら，電圧を加え，電流を流し始めてから5分後の水の温度をはかる。

❹ コップBに電熱線を入れ，電圧計が6.0Vを示すように電圧を加えて，❸と同様の操作を行う。

❺ コップCに電熱線を入れ，電圧計が9.0Vを示すように電圧を加えて，❸と同様の操作を行う。

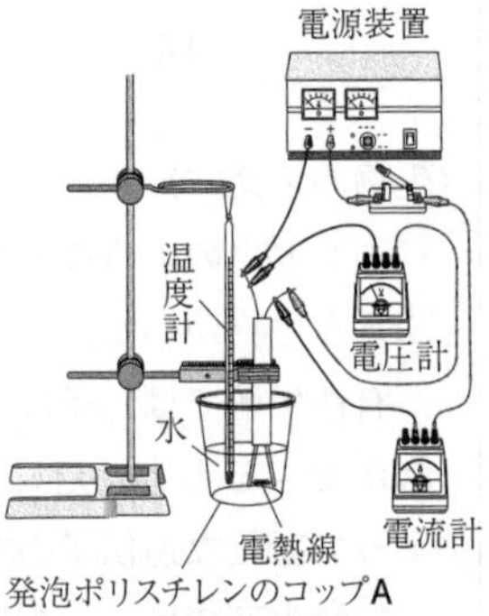

図1

太郎さんと花子さんは，先生と実験前に次のような会話をした。

先生：発泡ポリスチレンのコップをしばらく置くと水温はどうなりますか。
太郎：水温は室温と同じになると思います。
先生：なぜ，水温を室温と同じにする必要があるのでしょうか。
太郎：それは，[あ]ためです。
先生：そのとおりですね。では，水温の測定までの間に，この実験結果を予想してみましょう。電熱線に加える電圧の大きさを2倍にすると，5分間電流を流したときの水の上昇温度はどうなると思いますか。
花子：水の上昇温度も2倍になり，5分後の水の上昇温度は電熱線に加える電圧の大きさに比例すると思います。
先生：本当にそうなるでしょうか。実験をして確かめてみる必要がありますね。
さて，太郎さん，実験前の水温は何℃になりましたか。
太郎：水温は17.0℃で室温と同じになっています。
先生：準備はできましたね。では，実験を開始しましょう。

太郎さんと花子さんは，実験後に先生と次のような会話をした。

花子：実験結果は表（表１）のようになりました。

表１

	コップA	コップB	コップC
電圧計が示した値〔V〕	3.0	6.0	9.0
電流計が示した値〔A〕	0.50	1.00	1.50
５分後の水の上昇温度〔℃〕	0.9	3.6	8.1

太郎：結果を見ると，５分後の水の上昇温度は電熱線に加える電圧の大きさに比例していませんね。予想は外れました。

先生：それでは，５分後の水の上昇温度は何に比例していると思いますか。

花子：もしかしたら電力かもしれませんね。５分後の水の上昇温度と電力の大きさを表（表２）にまとめ，その関係をグラフにかいてみましょうよ（図２）。

表２

	コップA	コップB	コップC
電力〔W〕	1.5	6.0	13.5
５分後の水の上昇温度〔℃〕	0.9	3.6	8.1

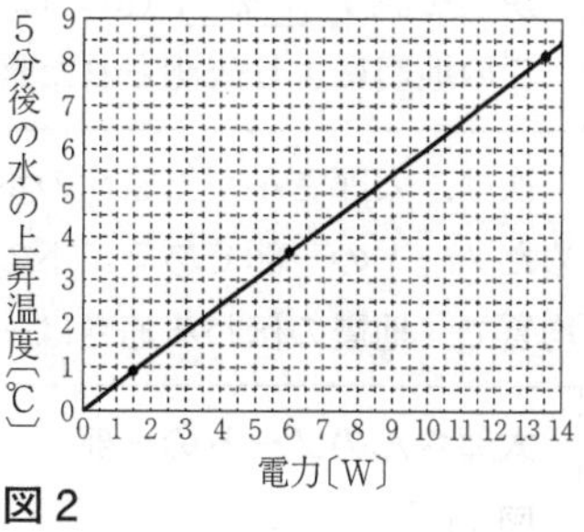

図２

太郎：グラフを見ると，５分後の水の上昇温度は電力の大きさに比例していることがわかりますね。

先生：そのとおりですね。では，コップDを使って，電圧を12.0Vにして同様の実験を行うと，５分後の水の温度は何℃になるでしょう。

太郎：５分後の水の上昇温度は電力の大きさに比例し，電熱線から発生する熱が他へ逃げないことを考えると，５分後の水の温度は [い] ℃になると思います。

先生：そのとおりですね。では，さらに実験をして確かめてみましょう。

太郎さんと花子さんは，先生と今後の実験について次のような会話をした。

先生：ここまでの実験と話し合いを振り返って，新たな疑問はありませんか。

花子：電熱線を２本つなぐと水の上昇温度はどうなるのかな。

太郎：２本の電熱線を，直列につなぐ（図３）か，並列につなぐ（図４）かによって，水の上昇温度はちがうと思います。

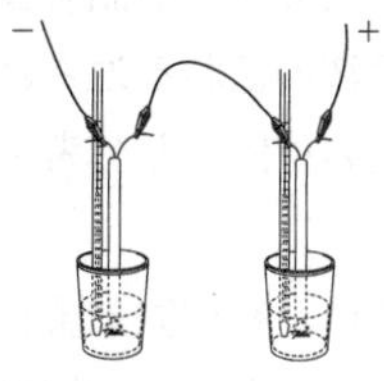

図３

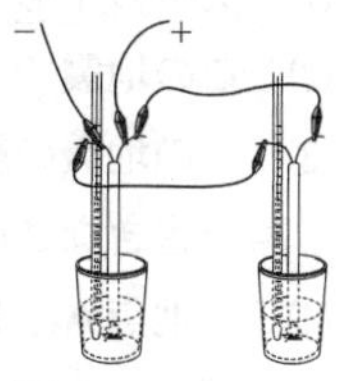

図４

先生：なぜ，そう思うのですか。

太郎：つなぎ方によって，電熱線１本あたりにかかる電圧や流れる電流の大きさがちがうと思うからです。

先生：では，また実験して確かめてみましょう。

(1)　文中の [あ] に当てはまる内容を書きなさい。

(2)　この実験で用いた電熱線の抵抗は何Ωか，求めなさい。

(3)　文中の [い] に当てはまる数値を求めなさい。

(4)　回路全体に加わる電圧が3.0Vのとき，図１，図３，図４の電熱線１本あたりの発熱量について述べた文として，正しいものを次のページのア～エの中から一つ選んで，その記号を書きなさい。ただし用いた電熱線はすべて同じものとする。

ア 図1の電熱線よりも，直列につないだ図3の電熱線の方が大きくなる。
イ 図1の電熱線よりも，直列につないだ図3の電熱線の方が小さくなる。
ウ 図1の電熱線よりも，並列につないだ図4の電熱線の方が大きくなる。
エ 図1の電熱線よりも，並列につないだ図4の電熱線の方が小さくなる。

6 太郎さんがある日，テレビを見ていたとき，次のニュース速報が表示された。

ニュース速報

10時24分ごろ，地震がありました。震源地は○○県南部で，震源の深さは約15km，地震の規模を表す［あ］（M）は4.2と推定されます。この地震による津波の心配はありません。この地震により観測された最大震度は3です。

次は，太郎さんが気象庁のホームページなどで，この地震の震度分布や観測記録を調べ，まとめたノートの一部である。下の(1)～(5)の問いに答えなさい。ただし，この地域の地下のつくりは均質で，地震の伝わる速さは一定であるものとする。

太郎さんのノートの一部

図1

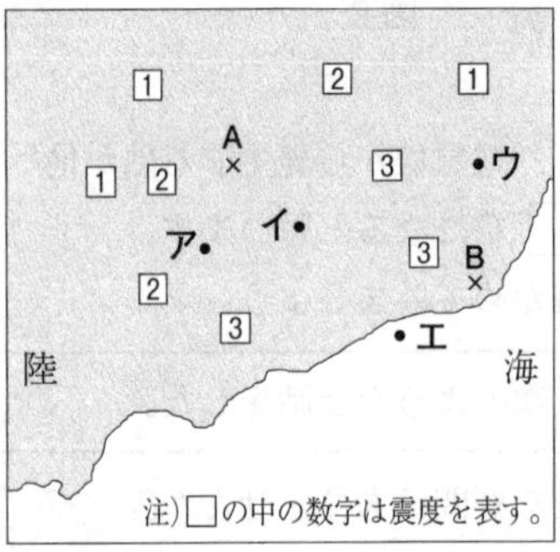

この地震による各地の震度分布は，**図1**のとおりであった。

図1の地点**A**，**B**の地震の観測記録は，**表**のとおりであった。

表

地点	震源からの距離	ゆれ始めた時刻	初期微動継続時間
A	42km	10時24分12秒	5秒
B	84km	10時24分18秒	10秒

(1) 文中の［あ］に当てはまる語を書きなさい。

(2) この地震で，P波の伝わる速さは何km／sか，求めなさい。

(3) この地震の震央の位置として考えられる地点を，**図1**の**ア**～**エ**の中から一つ選んで，その記号を書きなさい。

(4) 2地点**A**，**B**では，初期微動継続時間が異なっていた。震源からの距離と初期微動継続時間の関係について説明しなさい。「S波の伝わる速さの方がP波の伝わる速さよりも遅いので，」という書き出しに続けて説明しなさい。

(5) 地震が多く発生する日本では，地震災害から身を守るためのさまざまな工夫がされている。例えば**図2**では，変形したゴムがもとに戻ろうとするゴムの弾性という性質を利用して，地震による建物の揺れを軽減する工夫がされている。このような工夫で地震の揺れを軽減することができる理由を，「運動エネルギー」，「弾性エネルギー」の語を用いて説明しなさい。

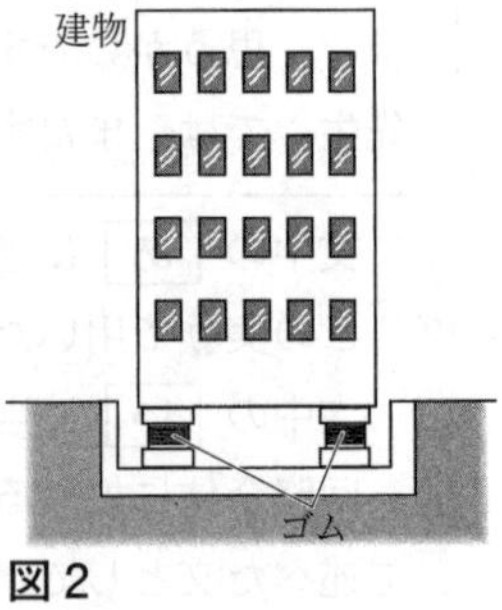

図2

＜社会＞　時間　50分　満点　100点

1　ある中学校の社会科の授業で，「中部地方の産業」というテーマで，班ごとに課題を設定し，学習しました。次の１～３に答えなさい。

1　Ａ班では，「自然環境を生かした農業は，どのように行われているだろう」という課題を設定し，中部地方の農業に関連する**資料１**～**資料４**を集めました。下の(1)～(3)の問いに答えなさい。

資料１

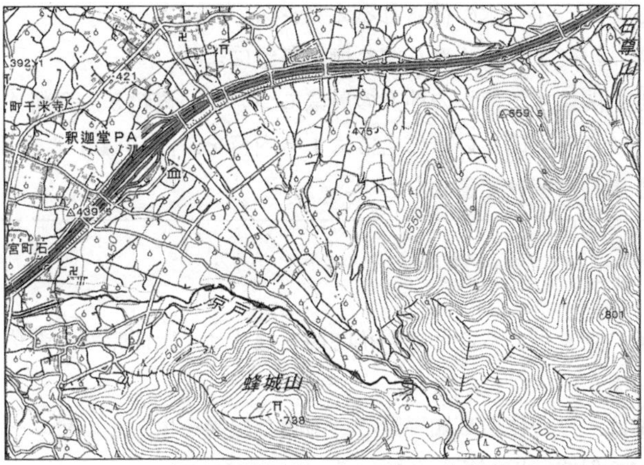

〔国土地理院発行２万５千分の１地形図「石和」より作成〕

注）ＰＡ（パーキングエリア）とは，高速道路にあるドライバーのための休憩施設である。（NEXCO東日本ホームページより）

資料２　ぶどうの主な生産国（2016年）

生産国名	生産量（万ｔ）
中国	1476
イタリア	820
アメリカ	710
フランス	625
スペイン	593

〔「世界国勢図会」2018/19年版より作成〕

資料３　菊の電照栽培のようす（愛知県渥美《あつみ》半島）

資料４　東京都中央卸売市場へのなすの出荷量と平均価格

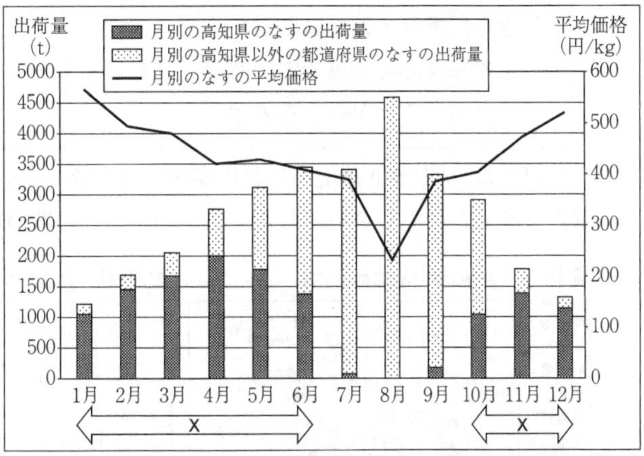

〔東京都中央卸売市場ホームページより作成〕

(1)　**資料１**の地形図について述べた文として最も適切なものを，次の**ア**～**エ**の中から一つ選んで，その記号を書きなさい。

ア　釈迦堂《しゃかどう》ＰＡの近くには，図書館がある。

イ　京戸川《きょうどがわ》が山地から平地に流れ出る所に，扇状地が見られる。

ウ 釈迦堂PAは，蜂城山《はちじょうさん》の頂上付近にある神社から見ると北東の方角にある。

エ 高速道路の北側には，神社や寺院は見られない。

(2) A班では，甲府盆地でさかんな果樹栽培に注目しました。太郎さんは，世界のぶどう栽培に興味をもち，**資料2**を見つけて，次のような**<メモ>**を作成しました。**<メモ>**の **あ** に当てはまる内容を，下の**ア**～**エ**の中から一つ選んで，その記号を書きなさい。

> **<メモ>**
> イタリアやフランス，スペインの地中海沿岸では **あ** ，ぶどうやオリーブ，オレンジなどの栽培が行われている。

ア 乾燥する夏の気候を利用して　　**イ** 水の得られるオアシスの周辺で

ウ 熱帯のプランテーションで　　**エ** 古くから続く焼畑農業により

(3) A班では，東海地方の農業と，関連するほかの地方の農業について，**資料3**，**資料4**をもとに**<メモ>**にまとめました。**<メモ>**の **い** に当てはまる内容を，「出荷量」と「価格」の語を用いて，解答用紙の書き出しに続けて書きなさい。

> **<メモ>**
>
> **○資料3から**
>
> ・愛知県渥美半島では，菊に光を当てることで開花時期を遅らせ，出荷時期を調整する電照栽培が行われている。
>
> ・出荷時期を調整する農業は，ほかにも高知平野で，温暖な気候を生かし，ビニールハウスを利用した，なすの促成栽培が行われている。
>
> **○資料4から**
>
> ・**資料4**の**X**の時期に高知県のなすの出荷量が多いのは， **い** ，多くの収入を得ることができるようにするためであると考えられる。
>
> **○さらに調べてみたいこと**
>
> ・愛知県渥美半島で電照栽培されている菊でも，高知平野で促成栽培されているなすと同じことが言えるのか。

2 B班では，「なぜ北陸地方には地場産業が発達したのだろう」という課題を設定し，**資料5**，**資料6**をもとに話し合いました。あとの(1)～(3)の問いに答えなさい。

資料5 北陸地方の伝統的工芸品

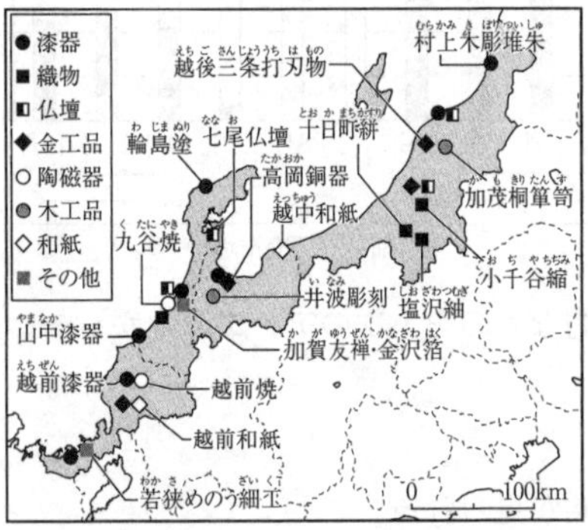

〔伝統的工芸品産業振興協会資料より作成〕

資料6 鯖江《さばえ》市の眼鏡産業

> 福井県鯖江市では，今から100年あまり前の1905年，農家の副業として眼鏡のフレームづくりが始まった。現在では，国内生産量の約9割，世界生産量の約2割にあたる眼鏡フレームが鯖江で生産されている。

〔鯖江市ホームページより作成〕

太郎：資料5を見ると北陸地方では多くの伝統的工芸品がつくられていることがわかるね。
花子：そうね。輪島塗や加賀友禅などが見られる [う] をはじめ，多くの県で伝統産業が見られるのね。
太郎：伝統産業以外にも，様々《さまざま》な地場産業が発達しているようだよ。資料6にある鯖江市のa眼鏡産業もその一つだね。
花子：鯖江市の眼鏡産業は，農家の副業として始まったのね。北陸地方で地場産業が発達したのは，b農作業の都合と関係があるんじゃないかしら。

(1)　文中の [う] に当てはまる県名を書きなさい。

(2)　下線部aについて，太郎さんは鯖江市を中心とする日本の眼鏡産業について調べていく中で，資料7を見つけ，次のようにまとめました。<まとめ>の [え] に当てはまる内容を，下のア～エの中から一つ選んで，その記号を書きなさい。

<まとめ>
資料7を見て，眼鏡フレームの国内製品の出荷額と海外製品の輸入額について，2010年と2013年を比較すると，[え] ことがわかる。このことから，日本の眼鏡産業は，海外製品との激しい競争にさらされているのではないかと推測できる。

資料7　眼鏡フレームの国内製品の出荷額と海外製品の輸入額

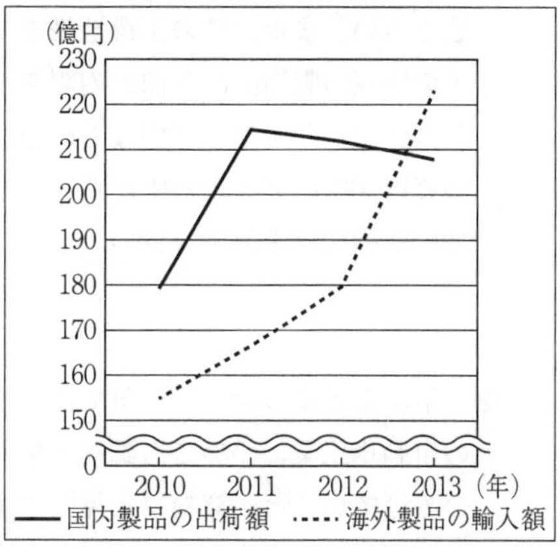

注）国内製品の出荷額は，国内向けのみの額である。
〔「眼鏡データベース 2018」より作成〕

ア　国内製品の出荷額は，減少しており，海外製品の輸入額は増加している
イ　国内製品の出荷額は，減少しており，海外製品の輸入額も減少している
ウ　国内製品の出荷額は，海外製品の輸入額を下回っていたが，上回るようになった
エ　国内製品の出荷額は，海外製品の輸入額を上回っていたが，下回るようになった

(3)　下線部bについて，花子さんは北陸地方の気候に関する資料8，資料9を見つけ，次のページのようにまとめました。<まとめ>の [お] に当てはまる内容を，資料8，資料9の両方から読み取ったことをもとに書きなさい。

資料8　福井市の気温と降水量

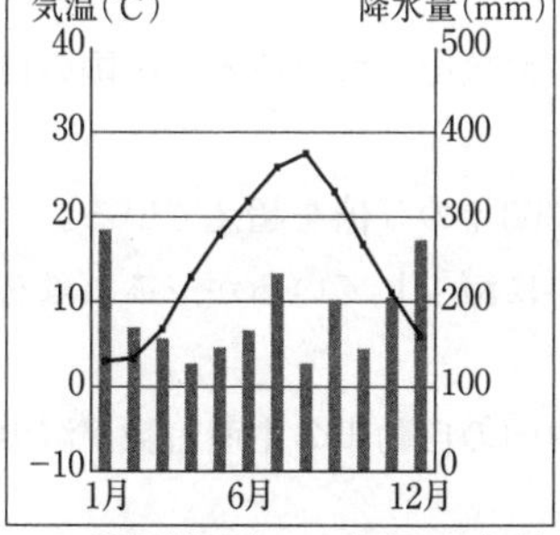

〔「理科年表」2018年版より作成〕

資料9　日本の季節風

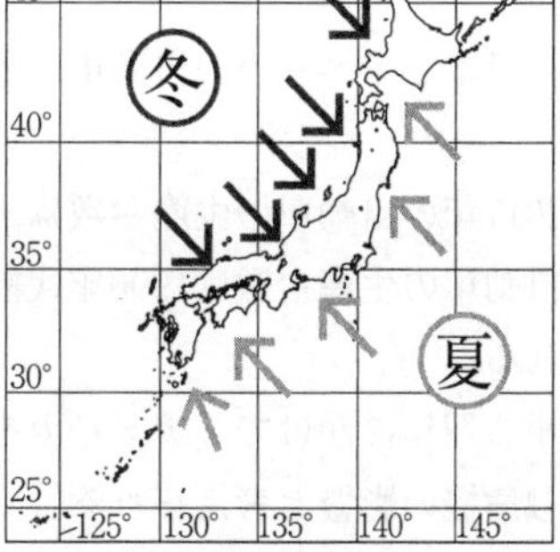

＜まとめ＞
北陸地方では，冬には［　お　］ため，農作業ができないことから，家の中でできる副業が発達した。これらが地場産業として今日に受け継がれている。

3　C班では，「愛知県の自動車産業はどのようになっているのだろう」という課題を設定し，調べたことをまとめました。あとの(1)～(3)の問いに答えなさい。

＜まとめ＞
c 愛知県豊田《とよた》市周辺では，繊維工業の技術を応用して，d 自動車の生産が行われるようになり，日本の自動車産業の中心地として発展しました。この地域で生産された自動車は，主に名古屋港から輸出され，日本の主要な輸出品の一つとなっています。

(1)　下線部cについて，この地域をふくむ工業地帯または工業地域の名称を書きなさい。また，この工業地帯または工業地域の製造品出荷額の内訳を示したグラフとして最も適切なものを，右の資料10中のア～エの中から一つ選んで，その記号を書きなさい。

資料10　工業地帯または工業地域の製造品出荷額の内訳

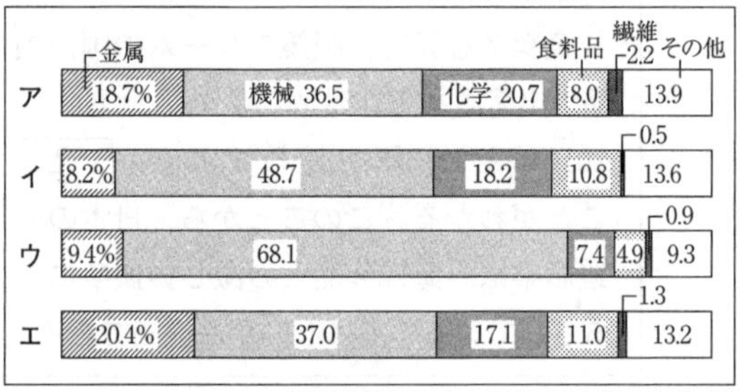

〔「日本国勢図会」2018/19年版より作成〕

(2)　下線部dについて，C班では，世界の自動車工業についても調べ，学習をひろげていくと，資料11を見つけました。資料11の内容について述べた文として最も適切なものを，次のア～エの中から一つ選んで，その記号を書きなさい。

資料11　主な国の自動車の生産台数

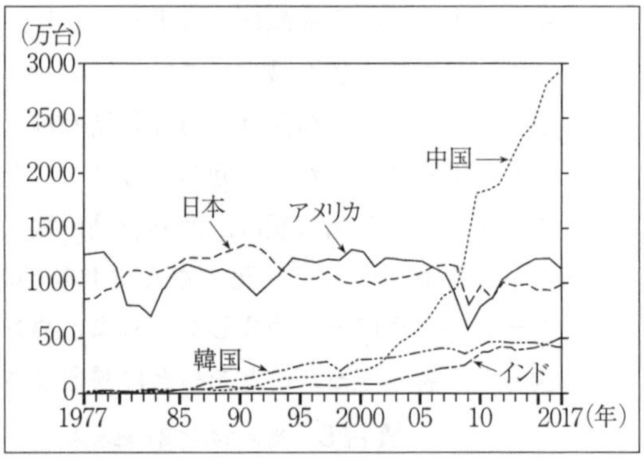

〔「日本国勢図会」2018/19年版より作成〕

ア　2017年の日本とアメリカの自動車の生産台数を合わせると，中国の自動車の生産台数を上回る。

イ　中国の2017年の自動車の生産台数は，2000年の5倍を超えている。

ウ　日本の自動車の生産台数は1990年代前半に減少しているが，これは石油危機《せきゆきき》による影響と考えられる。

エ　2008年から翌年にかけて，アメリカや中国の自動車の生産台数が減少しているが，これは世界金融危機《せかいきんゆうきき》の影響と考えられる。

(3)　C班でさらに調べていくと，中国は，日本企業をはじめ外国企業を招き入れることで1980年代以降急速に工業化を進めたことと，近年ではその動向に変化が生じていることがわかりました。C班では，**資料12**を参考にして，下のような**＜追加のまとめ＞**を作成しました。**＜追加のまとめ＞**の [か] に当てはまる内容を，「平均賃金」，「東南アジア」の語を用いて書きなさい。

資料12　**日本企業の進出数と平均賃金の指数**

国名	日本企業の進出数			平均賃金の指数 (2017年)
	2015年	2016年	2017年	
インドネシア	1163	1218	1269	13.5
中国	6825	6774	6744	31.0
タイ	2318	2412	2482	15.7
ベトナム	889	972	1062	8.5
マレーシア	926	965	973	14.8

注）平均賃金の指数は，日本(東京)を100とした場合の値。首都における製造業の賃金を基準としている。

〔日本貿易振興機構資料，「データブック オブ・ザ・ワールド」2017・2018・2019より作成〕

＜追加のまとめ＞

中国では，多くの外国企業を経済特区などへ招き入れ，工業化を進めてきました。**資料12**を見ると，日本企業の海外への進出数は，中国が多いことがわかります。しかし，日本企業の海外への進出数の変化に着目すると，近年では， [か] への進出数が増えていることがわかります。

2　ある中学校の社会科の授業で，「政治の歴史」というテーマにもとづき，時代の特色を考える学習をしました。次の1，2に答えなさい。

1　花子さんは，様々な時代の法（きまり）について調べ，**カード1**～**カード3**を作成しました。下の(1)～(3)の問いに答えなさい。

カード1　a大化《たいか》の改新《かいしん》により，政治改革が始められた。律令制《りつりょうせい》のもとで，班田収授《はんでんしゅうじゅ》（の）法《ほう》により，戸籍《こせき》に登録された6歳以上のすべての人々《ひとびと》に，性別や身分などに応じて [あ] があたえられた。

カード2　領地の質入れや売買は，御家人《ごけにん》の生活が苦しくなるもとなので，禁止された。御家人以外の武士や庶民が御家人から買った土地については，売買後の年数に関わりなく，返さなければならないことが示された。

カード3　どこの海辺の村においても，外国船が乗り寄せてきたことを発見したならば，その場に居合わせた人々で，有無を言わさずただちに打ち払うことが示された。

(1)　**カード1**の [あ] に当てはまる語を書きなさい。また，次の文は，下線部**a**に関係する人物について説明したものである。この人物の天皇即位前の名前を書きなさい。

蘇我氏《そがし》をたおしたのち，土地と人々を国家が直接支配する新しいしくみをつくる改革を始めた。その後即位《そくい》して天智《てんじ》天皇となった。

(2)　花子さんは，**カード2**の法が出された背景について調べ，下のようにまとめました。**資料1**を参考に，**<まとめ>**の い に当てはまる内容を書きなさい。また，**資料2**と**<まとめ>**の う に共通して当てはまる中国の王朝名を，下の**ア**～**エ**の中から一つ選んで，その記号を書きなさい。

資料1　鎌倉《かまくら》時代の御家人の土地相続の例

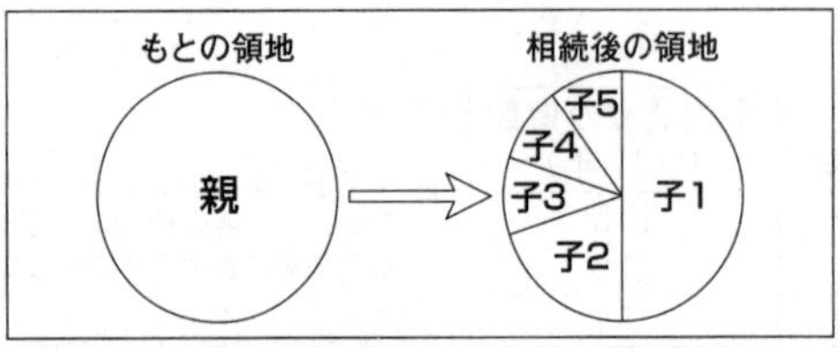

注)円グラフの例は，実際の相続の割合と異なる場合もある。

資料2　 う との戦いの様子

<まとめ>
御家人の領地は，複数の子どもが い 。さらに，２度にわたる う との戦いがあり，御家人の生活は苦しくなった。

ア　隋《ずい》　**イ**　宋《そう》　**ウ**　元《げん》　**エ**　明《みん》

(3)　花子さんは，**カード3**の法が出された17年後の1842年に**資料3**の法が出されたことを知り，その理由について友だちの意見を聞きました。文中の え に当てはまる内容を，下の**ア**～**エ**の中から一つ選んで，その記号を書きなさい。

資料3

日本に来航する外国船には，燃料や水，食料をあたえて帰すこと。

太郎：この時期には，多くの外国船が日本の近海に現れていたね。
花子：外国船への対応のしかたが，わずか十数年で変わっているのはどうしてかしら。
太郎： え ことが，幕府にも影響をあたえたんじゃないかな。

ア　辛亥革命《しんがいかくめい》で中華民国《ちゅうかみんこく》が誕生した
イ　フランス革命で人権宣言《じんけんせんげん》が出された
ウ　ルターが宗教改革《しゅうきょうかいかく》を始めた
エ　アヘン戦争で清《しん》がイギリスに敗れた

2　太郎さんは，右の年表をもとに近現代の政治について調べました。次の(1)～(3)の問いに答えなさい。

西暦	できごと
	A
b 1889	大日本帝国憲法《だいにっぽんていこくけんぽう》《だいにほん》を発布する
	B
1914	第一次世界大戦《だいいちじせかいたいせん》が始まる
	C
1951	c サンフランシスコ平和条約《へいわじょうやく》を結ぶ
	D

(1)　年表中のA～Dと，その時期におこったできごとの組み合わせとして最も適切なものを，次の**ア**～**エ**の中から一つ選んで，その記号を書きなさい。

ア　A－日本は遼東《りょうとう》《リアオトン》半島を清に返還した。
イ　B－富山県で米の安売りを求める騒動がおきた。
ウ　C－犬養毅《いぬかいつよし》首相《しゅしょう》が海軍軍人に暗殺された。
エ　D－日本国憲法が公布された。

⑵　太郎さんは，下線部bの年の翌年に，最初の衆議院議員選挙が行われたことを知り，有権者数の移り変わりについて調べ，**資料4**を見つけました。**資料4**の中で有権者数が最も増加しているのは1928年ですが，その理由を書きなさい。

資料4　有権者数の移り変わり

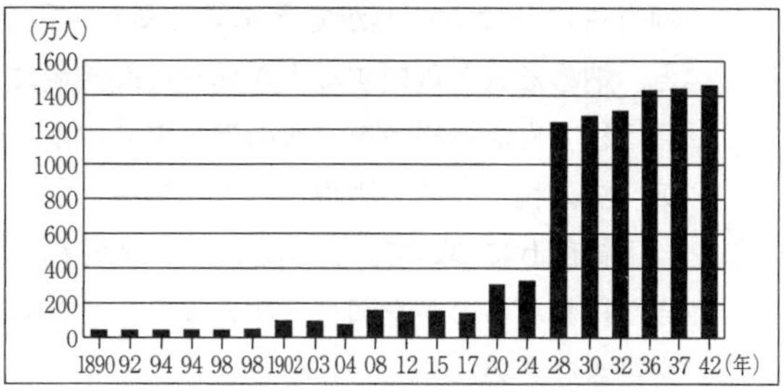

〔「日本長期統計総覧」より作成〕

⑶　太郎さんが調べていくと，下線部cの条約の翌年に日本が独立を回復した後，国際連合《こくさいれんごう》への加盟を認められるまでに4年かかっていることがわかりました。このことについて，太郎さんは下のようにまとめました。**資料5**，**資料6**をもとに，＜まとめ＞の **お** に当てはまる内容を書きなさい。また，下線部dの国が第二次世界大戦《だいにじせかいたいせん》末期に占拠し，日本が返還を求めている島々《しまじま》を，**資料7**の**ア**～**エ**の中から一つ選んで，その記号を書きなさい。

資料5　日《にっ》ソ共同宣言《きょうどうせんげん》

日本と d ソビエト社会主義《しゃかいしゅぎ》共和国連邦《きょうわこくれんぽう》との間の戦争状態は，この宣言が効力を生ずる日に終了し，両国の間に平和及び友好善隣《ぜんりん》関係が回復される。

資料6　日本の国際連合加盟申請に対する安全保障《あんぜんほしょう》理事会《りじかい》常任理事国の賛否

年	アメリカ	イギリス	フランス	ソ連	中華民国
1952	賛成	賛成	賛成	反対	賛成
1956	賛成	賛成	賛成	賛成	賛成

資料7

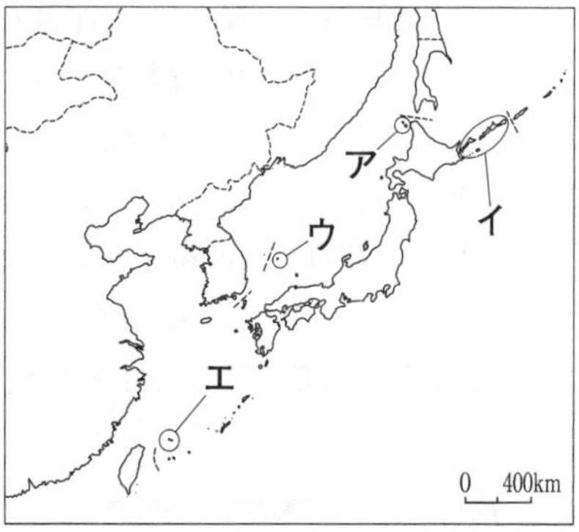

＜まとめ＞
1956年に日ソ共同宣言が調印され，日本とソ連の国交が回復し， **お** ため，日本の国際連合への加盟が実現した。

3　ある中学校の社会科の授業で，「私たちの暮らしと税金」というテーマで，課題を設定し，学習しました。次の1，2に答えなさい。

1　太郎さんたちは，「税金の役割」について話し合いました。あとの⑴～⑶の問いに答えなさい。

太郎：a 税金にはいろいろな種類があるけれど，b 消費税のように僕たち中学生も支払う税金があるね。
花子：大人になって働くようになったら，c 所得税も納めることになるよね。
太郎：集められた税金は，社会保障や公共事業などに使われると聞いたよ。
花子：私たちの税金は何に使われているのかな。

(1)　下線部aについて，税金は，国が集め財源とする国税と，地方公共団体が集め財源とする地方税に分けることができます。また，税金を納める人と負担する人が同じである直接税と，納める人と負担する人が異なる間接税に分けることができます。このうち，国税であり直接税でもある税金を，次のア～エの中から一つ選んで，その記号を書きなさい。

ア　法人税　　**イ**　酒税　　**ウ**　関税　　**エ**　自動車税

(2)　下線部bについて，太郎さんは，消費税の税率を引き上げる場合，国会でどのような手続きが行われるのかを調べ，次のようにまとめました。**＜まとめ＞**の［あ］に当てはまる内容を書きなさい。

＜まとめ＞

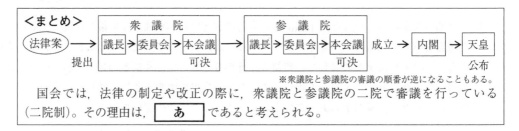

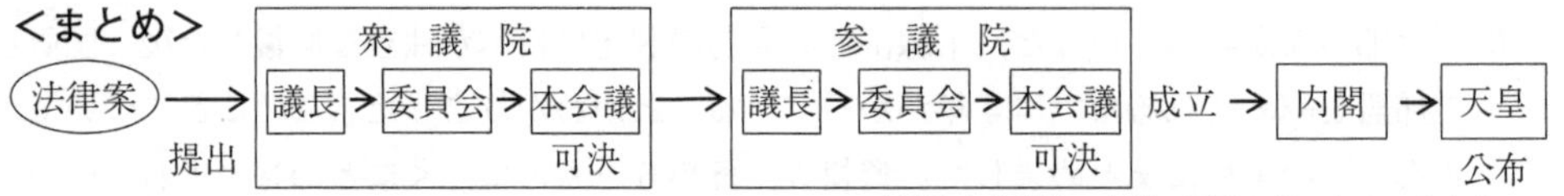

※衆議院と参議院の審議の順番が逆になることもある。

国会では，法律の制定や改正の際に，衆議院と参議院の二院で審議を行っている(二院制)。その理由は，［あ］であると考えられる。

(3)　下線部cについて，太郎さんが調べると，所得税の課税方法に特徴があることがわかりました。これについて，太郎さんは次のような**＜まとめ＞**を作成し，クラスで発表することにしました。**資料1**，**資料2**をもとに，**＜まとめ＞**の［い］に当てはまる語を書きなさい。また，［う］に当てはまる内容を書きなさい。

資料1　所得税の税率(2014年)

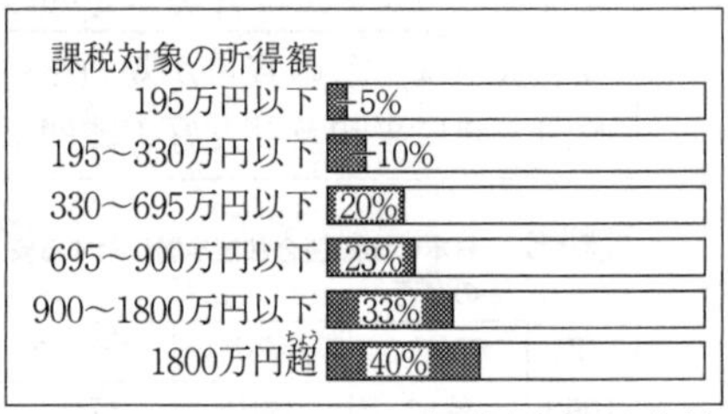

〔国税庁資料より作成〕

資料2　社会保障給付額(2014年)

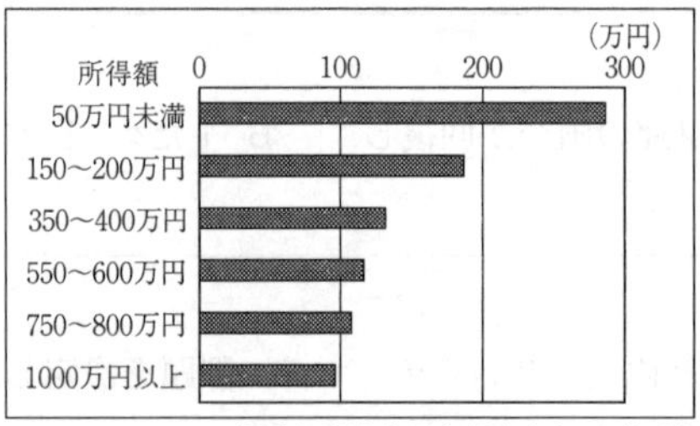

〔「厚生労働省調査報告書」より作成〕

＜まとめ＞

所得税では，**資料1**のような［い］が導入されている。これは所得が高い人ほど税率が高くなるしくみである。また，**資料2**から，所得の低い人ほど社会保障給付額が高いことがわかる。この財源が税金である場合，［い］には，［う］という役割があると言えるのではないだろうか。

2　花子さんは，「労働者が安心して働ける社会」という課題を設定し，学習しました。次の(1)～(3)の問いに答えなさい。

(1)　次のページの**資料3**の下線部dについて，花子さんは，日本国憲法で保障された基本的人権と関連付けて調べ，次のページのような**＜メモ＞**を作成しました。下線部eの権利に含まれるものを，あとの**ア**～**エ**の中から一つ選んで，その記号を書きなさい。また，第一次世界大戦後にドイツで制定され，下線部eの権利を世界で初めて取り入れた憲法を何というか書きなさい。

＜メモ＞

労働者は，使用者である企業よりも立場が弱いため，労働組合をつくる。

→労働基本権（団結権，団体交渉権，団体行動権）は，e 社会権として日本国憲法で保障されている。

資料３　労働者と企業の関係

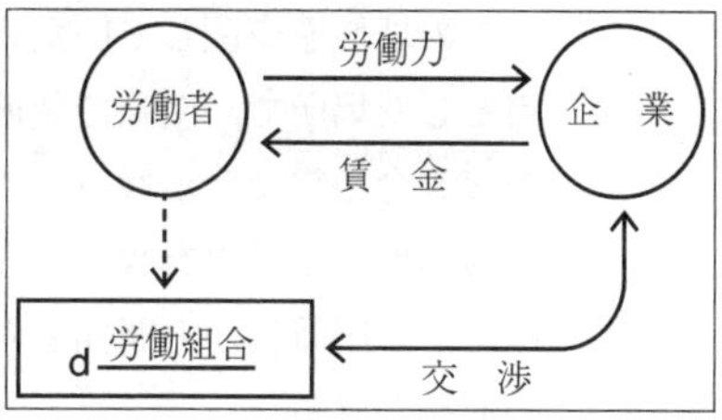

ア　選挙権　　**イ**　請願権　　**ウ**　知る権利　　**エ**　生存権

(2)　太郎さんと意見交流した花子さんは，労働者の生活にも社会保障が大きく関わっていることに気づき，話し合いました。文中の［え］に当てはまる語を書きなさい。

花子：不景気になると，企業の業績が下がるので，失業する人も増えるわ。
太郎：そうだね。企業などで働く労働者には，毎月掛け金を積み立てて，失業したときは給付金を受け取ることができる雇用保険があるね。
花子：それは，社会保障制度の４つの柱のうち，［え］のしくみね。［え］にはほかに，医療保険（健康保険）や年金保険などがあるわ。

(3)　花子さんが調べていくと，近年，仕事と私生活のどちらも充実させて両立することを目指す考え方が重視されていることがわかりました。花子さんは，2000年と2018年のおもな国の一人当たりの平均年間労働時間について，**資料４**を見つけ，次のような**＜まとめ＞**を作成し，クラスで発表しました。**＜まとめ＞**の［お］に当てはまる内容を書きなさい。また，［か］に当てはまる語を書きなさい。

資料４　一人当たりの平均年間労働時間

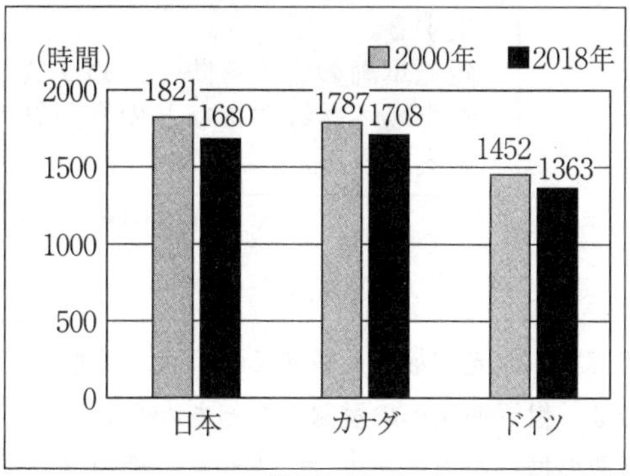

〔「ＯＥＣＤデータベース」より作成〕

＜まとめ＞

資料４を見ると，2000年の日本の一人当たりの平均年間労働時間は，他国と比べて長いことがわかる。しかし，2000年と2018年の日本の一人当たりの平均年間労働時間を比較すると，［お］ことがわかる。

これは，仕事と家庭生活との両立，つまり［か］の実現にむけた取り組みが関係していると考えられる。

4　ある中学校の社会科の授業で，「持続可能な未来のために」というテーマで，班ごとに課題を設定し，学習しました。次の**１**～**３**に答えなさい。

１　A班では，「多様な文化や自然と世界遺産」という課題を設定し，調べたことを次のページの**資料１**にまとめました。次の(1)，(2)の問いに答えなさい。

(1)　次のページの**資料１**中の**X**，**Y**に当てはまる世界遺産について説明した文を，次の①～④の中からそれぞれ選び，その組み合わせとして最も適切なものを，あとの**ア**～**エ**の中から一つ選んで，その記号を書きなさい。

①　この地域を支配していた豪族が拠点とした場所で，金箔《きんぱく》で装飾された中尊寺金色堂《ちゅうそんじこんじきどう》などが残る。

②　最盛期には世界有数の産出量をあげた，戦国《せんごく》時代から開発された銀山の遺跡が残る。

③　年間降水量が多く標高差も大きいため，樹齢数千年の「縄文杉」をはじめ多様な動植物が見られる。

④　人の手の入らない広大な森林や流氷の流れ着く海が広がり，自然を生かした観光が盛んである。

ア［　X－①　　Y－③　］
イ［　X－①　　Y－④　］
ウ［　X－②　　Y－③　］
エ［　X－②　　Y－④　］

資料１　日本の世界遺産(一部)

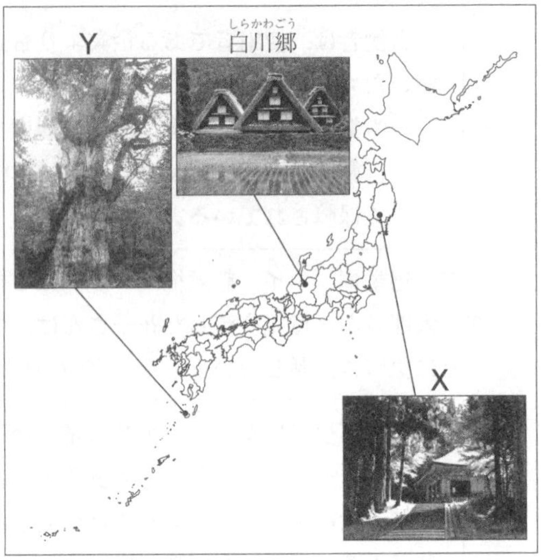

(2)　A班では，「世界遺産と観光」について興味をひろげ，**資料１**の白川郷のある白川村の観光について，**資料２**，**資料３**をもとに話し合いました。文中の［あ］に当てはまる内容を書きなさい。また，**資料３**を参考に，［い］に当てはまる内容を書きなさい。

資料２　白川村の観光客数の推移

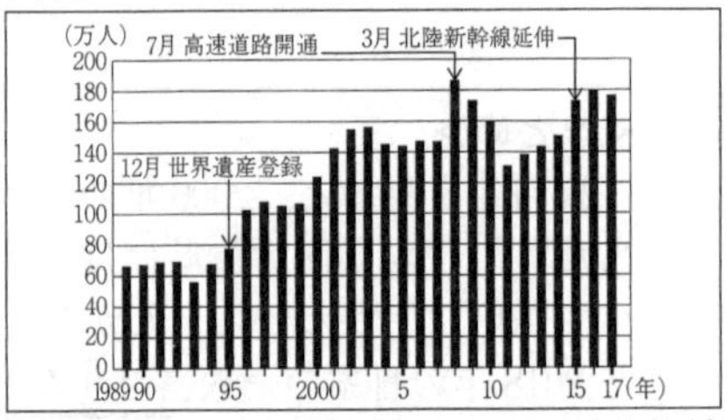

〔白川村ホームページより作成〕

資料３　白川村の景観政策(一部)

- 建物や屋外広告物の高さや形を制限する。
- 観光車両の流入を防ぐため，公共駐車場へ誘導するなどの交通対策を実施する。

〔白川村資料より作成〕

花子：**資料２**の，1995年の観光客数と2017年の観光客数を比較すると，大きく増えているのがわかるわね。増えているのは，世界遺産への登録があったからね。

太郎：そうだね。でも，**資料２**の観光客数の推移を見ると［あ］から，理由はそれだけじゃないと思うよ。

花子：そうね。他にあるかもしれないから，調べてみるわ。ところで，これだけ観光客が増えると様々な問題が出てきそうね。**資料３**や「持続可能な未来のために」という私たちのテーマから，［い］という視点も忘れてはいけないわね。

2　B班では，「国際協調による課題の解決」という課題を設定し，次のページの**資料４**，**資料５**を見つけ，**資料**をもとに話し合いました。あとの(1)～(3)の問いに答えなさい。

資料4　国内総生産（GDP）の多い国上位10か国の世界計に占める割合（2016年）

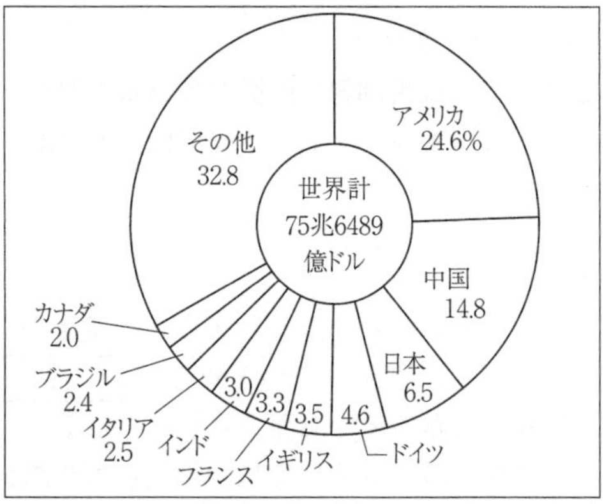

〔「世界国勢図会」2018/19年版より作成〕

資料5　ODAの実績（2016年）

国名	支出額（100万ドル）
アメリカ	34412
ドイツ	24736
イギリス	18053
日本	10417
フランス	9622
イタリア	5087
オランダ	4966
スウェーデン	4894

〔「世界国勢図会」2018/19年版より作成〕

太郎：世界には190か国以上の国があるのに，**資料4**を見ると，[う] ことから，世界の経済格差は大きいことがわかるね。

花子：そうだね。例えば，南北問題を学習したね。

太郎：経済的に豊かな先進国が北半球に多く，発展途上国が南半球に多かったことから，南北問題とよばれたんだね。

花子：このような問題の解決のためには，国際連合による活動など，国際社会が協力して取り組むことが大切ね。

太郎：**資料5**を見ると，ODAの各国の支出額がわかるね。

花子：これは [え] という目的で行われるのよね。日本も国際貢献をしていることがわかるわね。

(1)　世界の六つの州の中で，**資料4**中の上位10か国のいずれの国も属していない州を，アフリカ州のほかにもう一つ書きなさい。

(2)　文中の [う] に当てはまる内容を，解答用紙の書き出し「上位10か国で，」に続けて書きなさい。

(3)　文中の [え] に当てはまる内容を，「発展途上国」という語を用いて書きなさい。

3　C班では，「環境問題」という課題を設定し，調べました。次の(1)～(3)の問いに答えなさい。

資料6

茨城県の霞ヶ浦《かすみがうら》は，高度経済成長《こうどけいざいせいちょう》期に水質の悪化が進み，1970年代にはアオコの発生などが見られるようになりました。

そのため，茨城県は1981年に水質悪化の原因となる物質を削減する a <u>条例</u>を制定し，市民や企業などと協力して水質改善を進めてきました。

(1)　C班では，身近な地域の環境問題について調べ，**資料6**を作成しました。下線部aについて，有権者が条例の改正を請求する場合，集める必要のある署名の数として最も適切なものを，次のア～エの中から一つ選んで，その記号を書きなさい。ただし，茨城県の有権者数を240万人とします。

ア 12000人　**イ** 24000人　**ウ** 36000人　**エ** 48000人

(2) A班と意見交流したC班は，世界遺産はどのような環境問題に直面しているか調べ，**資料7**をもとに次のような**<メモ>**を作成しました。**<メモ>**の **お** に当てはまる環境問題の名称を書きなさい。

資料7 ベネチアの浸水被害

<メモ>

・二酸化炭素などの温室効果ガスの濃度が高くなることが原因の一つとなって **お** が進み，世界各地で海面上昇がみられる。

・イタリアのベネチアでは，高潮などの際に町が浸水することが増え，将来的な水没の恐れも指摘されている。

(3) C班では，海洋プラスチックごみが，近年世界的な環境問題になっていることを知りました。

この問題について，C班では**資料8**，**資料9**をもとに，下のようにまとめました。**<まとめ>**の **か** に当てはまる内容を書きなさい。また，下線部**b**の具体的な例を一つ書きなさい。

<まとめ>

現在，海洋汚染は地球規模で広がっており，生態系を含めた海洋環境への影響が懸念されている。

資料8，**資料9**を見てみると，とくに海洋プラスチックごみは， **か** ことからも，大きな環境問題であることがわかる。このような状況を改善するためには，b<u>プラスチックごみを減らす取り組み</u>が有効である。

資料8 海洋プラスチックごみが自然分解するまでにかかる年数

レジ袋	1～20年
発泡スチロール製カップ	50年
ペットボトル	400年
釣り糸	600年

注）海洋プラスチックごみとは，海洋に流出したプラスチックのごみである。

〔WWFジャパン資料より作成〕

資料9 海洋プラスチックごみの量と魚の量の関係

2050年までに，海洋プラスチックごみの量が魚の量を上回るとの試算が報告された。

〔環境省資料ほかより作成〕

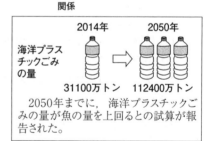

(一) ア曰はく　の読み方を現代仮名遣《づか》いに直して、全て平仮名で書きなさい。

(二) イ反論　とあるが、この熟語と同じ構成のものを、次の1～4の中から一つ選んで、その番号を書きなさい。

1　入口　　2　登校　　3　建築　　4　着脱

(三) 前の【Ⅰ】の文章で述べられている内容に合っているものとして、最も適切なものを、次の1～4の中から選んで、その番号を書きなさい。

1　子どもは、城を恐れて走り去った車を見たことがあると言った。

2　子どもは、遊びをじゃまするのはよくないと言って孔子を怒った。

3　孔子は、三人の子どもたちに向かって、城に案内するよう命じた。

4　孔子は、子どもの言うことを聞いて納得し、城をよけて通った。

(四) 【Ⅱ】の文章中の□に入る最も適切な語句を、【Ⅰ】の文章中から十字以内で抜き出して書きなさい。（句読点を含む。）

(五) 前の国語の授業の後、文化祭のクラス企画を一つ決める二回目の学級会が開かれることになっている。学級会では、希望するクラス企画について、それぞれが意見を発表した後、話し合いによって企画を決定する。あなたが希望するクラス企画を【Ⅲ】の中から一つ選び、【Ⅰ】と【Ⅱ】を参考にして、あなたの考えを書きなさい。
ただし、以下の条件に従うこと。

1　百六十字以上、二百字以内で書くこと。（句読点を含む。）

2　二段落構成とし、第一段落には、あなたが希望するクラス企画とその理由を書くこと。第二段落には、自分の希望するクラス企画に賛成を得られるような内容を、他のクラス企画一つと比較して書くこと。

3　題名と氏名は書かないこと。

4　正しい原稿用紙の使い方をすること。

5　〰〰や＝＝記号（符号）を用いた訂正はしないこと。

6　文体は、「です・ます」体で書くこと。

四　国語の授業で、次の古典の文章を読んで、論理的で分かりやすい話し方について話し合い、そこで出た意見を参考にして、文化祭のクラス企画について意見文を書くことになりました。次の【Ⅰ】～【Ⅲ】について、あとの㈠～㈤の問いに答えなさい。

【Ⅰ】古典の文章

昔、孔子車に駕《が》(乗って)して其の道に行く。三人《みたり》の七才なる童《わらは》有り。土の城《じやう》(土をこねて作った城の模型)を作りて遊戯《ゆげ》す(楽しく遊んでいた)。時に孔子来《きた》りて小児に告げて云《い》はく(言うには)、「小児、汝等《なむだち》(お前たち)、道を逃《さ》けて(空けて)吾《わ》が車を過ぐせ(通せ)」と。小児等《ら》嘆きてア曰《い》はく(言うには)、「未《いま》だ車を逃くる城をば聞かず。城を逃くる車をば聆《き》く(聞いたことがある)」と。仍《よ》りて(そこで)孔子、車を却《さ》けて(よけて)城の外《ほか》より過ぐ。敢《あ》へて理《ことわり》を横《よこさま》にせず。(決して道理を曲げることはしなかった)

【Ⅱ】グループでの話し合い

(一郎)　今日は、古典の文章をもとに、相手を説得する方法について話し合います。

(花子)　古典の文章には孔子と子どもの会話が書かれていますね。孔子は、子どもに道を空けるように言っています。

(次郎)　子どもは、城は車をよけることはできない、と孔子に言っていますね。孔子を説得するために効果的なのは、どういう問点だったのでしょうか。

(明子)　孔子は、子どもの理屈を聞いて、本物の城でも、子どもが作った土の城でも同じことだと思ったのですね。文章にも「　　」と書いてあります。

(一郎)　相手を説得するためには、筋道の通った話をすることが大切なのですね。

(花子)　以前、国語の授業で、どういう順序で話すのかということを考えることが重要だと学びました。それに加えて、異なる立場からの反対意見も想定して、イ反論を考えていくことも必要だと思います。

(次郎)　今の意見は、学級会で文化祭のクラス企画について意見を発表するときに生かすことができそうです。

(明子)　そうですね。自分の意見に賛成してもらえるように発表するときに役に立ちそうです。

(中略……この後も話し合いは続いた。)

(一郎)　いろいろな意見が出ましたね。では、話し合いで出た意見を参考にして、学級会で発表するための意見文を書いてみましょう。

【Ⅲ】文化祭のクラス企画について、一回目の学級会で出た案

文化祭のクラス企画について

・文化祭のテーマ
「心を一つに」

・クラス企画の発表日時
10月31日(土)　10:00～14:00

○クラス企画の案

1　お化けやしき
場所：教室
内容：昔話を元にしたお化けやしきにする。お化けの姿に仮装して驚かす。

2　ミュージカル
場所：体育館ステージ
内容：地域に伝わる伝説をテーマにしたミュージカルを演じる。

3　学習成果の発表
場所：教室
内容：地域の伝統文化について各班で調べた内容をまとめて展示する。

4　美術作品の展示
場所：１階多目的室
内容：文化祭のテーマに基づいた大きな美術作品を制作して展示する。

せたり。時間とたわむれながら短歌を詠んでゆくうちに、時間の偉大さや時間の掛け替えのなさに気付くことができれば、すばらしいことだと思います。

（栗木京子「短歌をつくろう」による。）

【感想の交流の一部】

（一郎）　この文章を読むと、二つの短歌には時間を意識させる表現があることが分かりますね。私は、Ⅰの短歌にある「千年くらゐ」という表現が気に入りました。春子さんはどうですか。

（春子）　私はⅡの短歌の「水仙の白」という表現が、特に気に入りました。

（一郎）　どういうところがよいと思ったのですか。

（春子）　「水仙の白」という短い時間を表す言葉に［　］させて、うたい収めたところです。

㈠　次の文字は、前の文章中のア光る雲を行書で書いたものである。この文字の〇で囲んだ①から④の部分に表れている行書の特徴の説明に合っているものとして、最も適切なものを、次の1～4の中から選んで、その番号を書きなさい。

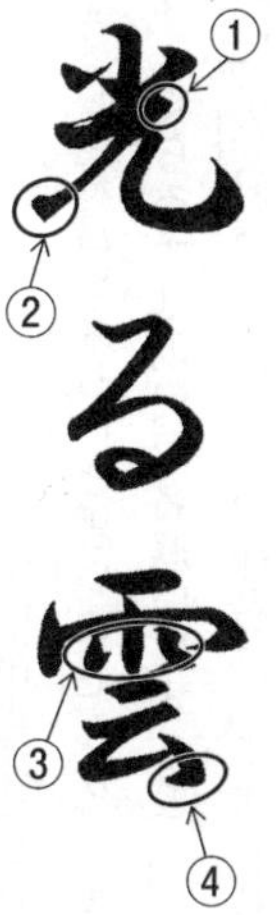

1　①の部分は横画から左払いへ連続して書かれている。
2　②の部分は左払いから縦画へ点画を省略して書かれている。
3　③の部分は点画を省略せずに筆脈を意識して書かれている。
4　④の部分は横画から右払いへ連続して書かれている。

㈡　イ好きなと品詞が異なる言葉を、次の1～4の中から選んで、その番号を書きなさい。
1　立派な家を建てる。
2　おかしな話をする。
3　はるかな時を思う。
4　大切な人と会う。

㈢　Ａに入る最も適切な言葉を、次の1～4から選んで、その番号を書きなさい。
1　まちぼうけ　2　はやとちり
3　ゆめごこち　4　やせがまん

㈣　Ｂに入る最も適切な言葉を、前の文章中から漢字二字で抜き出しなさい。

㈤　前の文章の内容に合っているものとして、最も適切なものを、次の1～4の中から選んで、その番号を書きなさい。
1　Ⅰの短歌は、複数の解釈をすることができるため、Ⅱの短歌に比べて作者の思いが分かりにくい。
2　Ⅱの短歌は、人類誕生以前の時代がうたわれており、Ⅰの短歌よりも長い時間が強調されている。
3　Ⅰの短歌は、想定される複数の状況において、未来へ向かう作者の時間を感じ取ることができる。
4　Ⅱの短歌は、最後に小さくて無力な「水仙」を加えることで、より寂しさを感じることができる。

㈥　【感想の交流の一部】の［　］に入る最も適切な内容を、上の文章中の言葉を使って、十字以上、十五字以内で書きなさい。（句読点を含む。）

三 次の文章と【感想の交流の一部】を読んで、あとの㈠～㈥の問いに答えなさい。

Ⅰ 空のまほらかがやきわたる雲の群千年くらゐ《(い)》は待つてみせるさ

（山田富士郎『アビー・ロードを夢みて』）

こういう宣言も楽しいと思いませんか。「まほら」は「奥」という意味。「くらゐ」は現代仮名遣いにすると「くらい」になります。空の奥にア光る雲を見ながら、作者は「千年くらいは待ってみせる」と言い切っています。

この歌、いろいろな状況が想定できますね。イ好きな人と待ち合わせしたけれど、三十分たっても一時間たっても来ない。不安な気持ちを立て直そうとしているところかもしれません。すると、A の「千年くらゐは待つてみせるさ」になります。あるいは、作者は大きな目標に向かって第一歩を踏み出したばかり、と考えることもできます。目先のことに一喜一憂せず堂々と行くぞ！　という決意表明の歌と解してもすてきです。雲は形を変えてしまいますが、そこから導き出される作者の時間は、未来へ向かう確かな輪郭を持っています。

では次に、とびきり雄大なこの歌を読んでみましょう。

Ⅱ 鯨の世紀恐竜の世紀いづ《(ず)》れにも戻れぬ地球の水仙の白

（馬場あき子『世紀』）

恐竜が栄えていたのは、二億二〇〇〇万年ほど前。その後一億六〇〇〇万年近くの間、地球の王者でしたが、今から約六五〇〇万年前に突然に絶滅してしまいます。「恐竜の世紀」が終了したのです。鯨が現れたのは、それから一二〇〇万年ばかり経《た》ってから。数字の上ではすらすらと表せますが、あらためて考えると目のくらむような長大な歳月です。

そして人類が地球に誕生したのは、約四〇〇万年前（わずか四〇〇万年前！）と言われていますから、鯨は私たちの大先輩ということになります。鯨は現在も親しまれている動物ですが、二十年ほど前までは日常生活にもっと密接に関わっていました。鯨の肉を食べたり、脂を利用したり、骨や歯を加工したり。縄文時代や弥生《やよい》時代の遺跡から鯨の骨が見つかるということですから、私たちの祖先は一万年近く前から鯨の恩恵を受けていたことがわかります。『万葉集』の和歌にも、鯨は「鯨魚《いさな》」、捕鯨は「鯨魚取《いさなとり》」という表現で詠《よ》まれています。

作者は恐竜がのし歩いていた二億年前の地球を思い、鯨が海を泳ぎ回っていた五〇〇〇万年前の地球を思い、そして最後に人間が登場してからの地球のことを思っています。「いづれにも戻れぬ」には、どこか寂しそうな印象が漂います。それは、地球をすっかり汚して弱らせてしまった「人間の世紀」の悔しさが託されているからでしょう。人間の一人として心が痛みます。それは作者も同じです。

そしてこの歌のすぐれた点は、結句を「水仙の白」とうたい収めたところです。水仙の白い花は小さくて、一見まことに無力です。でも寒風に負けずにきっぱりと花を咲かせる水仙は、驚くほど強靱《きょうじん》です。人間が痛めつけた B を見捨てることなく咲いてくれる水仙。ありがとう、と言いたくなります。

この一首をもう一度、初句から結句までじっくりと味わうと、鯨の世紀や恐竜の世紀といった、とてつもなく長い時間が、「水仙の白」という一滴の時間の中に、すっと回収されてゆくことに気付きます。水仙の花は地球の歴史をすべて知っているのかもしれません。大きな時間と小さな時間が、一首の中でダイナミックに溶け合っているのがわかって、思わずため息が出ます。

ひょっとすると、短歌という宇宙の中には独特の重力が働いているのかもしれません。長い時間を押し縮めたり、逆に短い時間を膨張さには、情報を集め、それを提供するという姿勢そのものが相手とのやりとりにおいて壁をつくってしまうことに、気づかなければなりません。対話という行為は、後にもくわしく述べるように、とてもインターラクティブ（相互関係的）な活動です。相手あっての自分であり、自分あっての相手です。こうした関係性の中で、情報を提供する／受けとるだけという、表層的なやりとりでは、そうした相互作用がきわめて起こりにくくなるのです。

（細川英雄「対話をデザインする――伝わるとはどういうことか」による。）

※1　概念＝大まかな意味内容。　※2　余儀なくされる＝しないわけにはいかなくなる。
※3　言説資料＝言葉で説明した資料。　※4　スタンス＝事に当たる姿勢。立場。
※5　ベクトル＝物事の動いていく方向。方向性。

㈠　前の文章中の(1)――～(3)――の漢字の読みを平仮名で書きなさい。

㈡　前の文章中の A と B に入る言葉の組み合わせとして、最も適切なものを、次の1～4の中から選んで、その番号を書きなさい。

1　A　そして　　B　なぜなら
2　A　しかも　　B　もちろん
3　A　ただ　　B　たしかに
4　A　もし　　B　たとえば

㈢　ア「何が言いたいのか」がはっきりと相手に見えなければなりません　とあるが、言いたいことがはっきりと相手に見えるようにするために、何をすることが必要だと筆者は述べているか。それについて述べた次の文中の □ に入る内容を、四十字以上、四十五字以内で書きなさい。（句読点を含む。）
ただし、「情報」「立場」「語る」という三つの言葉を用いること。

まず「情報の収集を」と考える自身の発想を疑って、□こと。

㈣　イ対話　とあるが、対話とは何かを具体的に説明している部分を、上の文章中から句読点や符号を含めて五十四字で抜き出して、その初めと終わりの五字を書きなさい。

㈤　国語の授業で上の文章を読み、「ある共通の問題」について考えることになった。次はある生徒の【ノートの一部】である。□ に入る言葉として最も適切なものを、前の文章中から四字で抜き出して書きなさい。

【ノートの一部】

○「ある共通の問題」について
・「知りたい、わかりたい、調べたい」
・「教えてあげたい、知らせたい」
↓
単なる知識・情報のやりとり ← 表面的で薄っぺらな議論 ← 対話において □ が生じにくい

いっても(1)過言ではないでしょう。インターネットの力によって、世界中のさまざまな情報が瞬時にして地球上のあらゆるところまで伝わるようになりました。その他、ラジオ、新聞、雑誌等を含めた、各種のメディアの力による情報収集の方法を、わたしたちは無視するわけにはいきません。

しかも、こうしたメディアが、あなた自身の自覚・無自覚にかかわらず、いつの間にかわたしたちの仕事や生活のための情報源になっているということはもはや否定できない事実でしょう。

しかし、よく考えてみてください。それらの情報の速さと量は、決して情報の質そのものを高めるわけではないのです。たとえば、インターネットが一般化するようになってから、世界のどこかで起きた一つの事件について、地球上のすべての人々《ひとびと》がほぼ同時に知ることが可能になりました。しかし、その情報の質は実にさまざまであり、決して同じではないのです。［A］、その情報をもとにしたそれぞれの人の立場・考え方は、これまた千差万別です。

こう考えると、一つの現象をめぐり、さまざまな情報が蝶《ちょう》のようにあなたの周囲を飛び回っていることがわかるはずです。大切なことは、そうした諸情報をどのようにあなたが自分の目と耳で切り取り、それについて、どのように自分のことばで語ることができるか、ということではないでしょうか。

もし、自分の固有の立場を持たなかったら、さまざまな情報を追い求めることによって、あなたの思考はいつの間にか停止を※2余儀なくされるでしょう。※3言説資料による、さまざまな情報に振り回されて右往左往する群衆の一人になってしまうということです。

だからこそ、情報あっての自分であり、同時に、自分あっての情報なのです。

情報の問題に関連して、ここには、ある共通の問題が潜んでいることが多いものです。

一つは、知らないことを知りたい、わかりたい、だから調べたい、というものです。

もう一つは、自分の知っていることをみんなに教えてあげたい、というものです。

まず、「知りたい、わかりたい、調べたい」という意欲そのものは、人間の好奇心の(2)一端としてとても重要です。ただ、そうした情報を得たいと思うだけではイ対話は成り立たないのです。もう一歩踏み込んで、「なぜ自分は○○が知りたいのか」というところまで突き(3)詰めないと、あなた自身の立場が見えてこないからです。ここでいう立場というのは、テーマについて自分がどう考えているかというあなた自身の※4スタンスというものです。

次に、「教えてあげたい、知らせたい」というのも、ほぼ同じ構造を持っています。これも、自分の知っている知識や情報を、知らない人に与えようとする発想から出ているわけで、「知りたい、わかりたい、調べたい」とは反対の※5ベクトルではありますが、やはり知識・情報のやりとりのレベルにとどまっているからです。単なる知識・情報のやりとりだけでは、自分の固有の主張にはなりにくいため、展開される議論そのものが表面的で薄っぺらなものになってしまうのです。

［B］、知識・情報を求めることが悪いといっているのではありません。前述のように、そのこと自体は、人間の好奇心を満たすものであり、前向きに考えるための重要なきっかけではあります。

しかし、自分の「考えていること」を相手に示し、それについて相手から意見をもらいつつ、また、さらに考えていくという活動のため

2　兄が荷造りに夢中で全く自分の話を聞いてくれないため焦っている。

3　オーストラリアに行けなくなったことに対し不満をもち続けている。

4　鎌倉行きを納得しているかのように振る舞う兄を不安に思っている。

(三)　アやれやれという顔をしたが、何も言わなかった　とあるが、この時の「お母さん」の心情として、最も適切なものを、次の1～4の中から選んで、その番号を書きなさい。

1　主税の態度は頼もしいが、鎌倉の大叔父の所へ行かせることは心配でもある。

2　主税の態度に怒りを感じたが、荷造りが終わってから叱ろうと我慢している。

3　主税の態度に困り果て、五年生なのに聞き分けのないことにがっかりしている。

4　主税の態度にあきれながらも、オーストラリアに行けないことに同情している。

(四)　イ兵吾はお母さんがそこにいるのも忘れて、大きなため息をついた　とあるが、兵吾がため息をついた理由を、四十五字以上、五十字以内で書きなさい。（句読点を含む。）

(五)　国語の授業で上の文章を読み、「兵吾」の人物像について考えることになった。グループで話し合う前に、まず、自分の考えをノートにまとめた。下はある生徒の【ノートの一部】である。□に入る「兵吾」の人物像の根拠となる部分が、上の文章には何箇所かある。そのうちの一つを、上の文章中から一文で抜き出して、その初めの五字を書きなさい。

【ノートの一部】

〈「兵吾」の人物像〉
自分の本心をあまり言葉や態度に表さない人物だと思った。

○根拠となる表現
・□

二　次の文章を読んで、あとの(一)～(五)の問いに答えなさい。

「何が言いたいのかがわからない」対話は、テーマが明らかでないのと同様、「何を話しているのかわからない」ということになりますね。その「テーマ」についてア「何が言いたいのか」がはっきりと相手に見えなければなりません。

ところが、その「言いたいこと」がなかなか見出《みいだ》せないあなたには、どのような課題があるのでしょうか。

「言いたいこと」を見出すために、あなたは、おそらくまず「情報の収集を」と考えていませんか。情報がなければ、構想が立てられない、だから、まず情報を、というのがあなたの立場かもしれません。

しかし、この発想をまず疑ってみてください。

情報といえば、まずテレビでしょうか。それから、もちろんのこと、インターネットの存在は、日々《ひび》の生活や仕事の中で不可欠なものです。インターネットの普及は、情報の※1概念を大きく変えたと

〝自分のイルカ〟に餌《えさ》をやれるのだ！

だが、お父さんが無菌性髄膜炎というこわい病気にかかって、最低でも一か月は入院することになってしまった。結局、お母さんだけが、(とんでもなく痛い)予防注射を何本も打ったあげく看病に行くことになったのである。

そんな騒動の最中に大叔父さんからたまたま連絡があって、事情を話したら、兄弟を引き受けようと(2)モウし出てくれたのだ。大叔父さんは北鎌倉の古い屋敷《やしき》に独りで住んでいる。

都合のいいことに、北鎌倉の手前の駅にはありとあらゆる塾があるらしい。主税が通っている塾の支部もちゃんとある。しかも鎌倉からなら東京にも通える。ちょっと早起きすれば学校の夏期行事や部活にも出られるということだ。

渡りに船と、お母さんは息子たちの北鎌倉行きをすぐに決めてしまった。「この際、お父さんに余計な心配をかける必要はないわね」と言って相談さえしなかったのだ。もっとも、相談されたらお父さんは反対したかもしれない。兄弟のあずかり知らぬ理由でお父さんは北鎌倉の実家には、ほとんど帰ろうとしないからだ。

それはさておき、主税はもう五年生だ。この夏を逃したら、中学受験がすむまでオーストラリアには行けないだろうということで企画した旅行でもあった。

〈もう、ぜんぜん、無理じゃないか〉

主税は足もとの(3)ムギわら帽子をおもいきりけっとばすと、お母さんにつかまる前にすばやく逃げ出した。

お母さんはアやれやれという顔をしたが、何も言わなかった。

兵吾は主税がうらやましかった。自分もあんなふうに帽子をけっとばして出ていけたら、どんなにラクだろうと思ったのだ。楽しみにしていた旅行がふいになり、大好きなお父さんとも当分会えず、ほとんどなじみのない大叔父さんと一夏いっしょに暮らすのだ。——しかもあの弟を連れて。

表には出さないが、兵吾は四歳下の弟がちょっと負担になることがあった。主税は元気の塊なのだ。いつだって我が道を行く。なんにでも反応《はんのう》が早くて、得意科目は体育と算数だ。図形の問題なんかパズルを解くみたいにあっという間に解いてしまう。どこにでも行きたがり、何でもやりたがる。

〈※3ＹＭＣＡのキャンプなんて、幼稚園の年長さんから一人で行ってたし〉

家族で駅まで送っていったのだが、主税はキャンプのグループに加わるや否《いな》や、後ろを一度も振りかえらずに、いそいそと行ってしまった。

イ兵吾はお母さんがそこにいるのも忘れて、大きなため息をついた。

(朽木祥「月白青船山」による。)

※1 大叔父＝祖父母の兄弟。ここでは、兵吾と主税の祖父の弟にあたる人。

※2 鶴岡八幡宮＝鎌倉市にある神社。

※3 ＹＭＣＡ＝キリスト教青年会。青少年の生活指導、教育、福祉に関する活動を行っている。

(一) 前の文章中の(1)——～(3)——の片仮名の部分を漢字で書きなさい。

(二) さらに という言葉を繰り返すことにより表現している主税の心情として、最も適切なものを、次の1～4の中から選んで、その番号を書きなさい。

1 母がオーストラリアの鳥について詳しく知らないのでいらだっている。

〈国語〉

時間　五〇分　　満点　一〇〇点

一　次の文章を読んで、あとの(一)～(五)の問いに答えなさい。

兵吾《ひょうご》と主税《ちから》の兄弟は、夏休みを利用して、父親が赴任しているオーストラリアに遊びに行く予定だった。しかし、父親が病気になってしまい、看病をするために母親が一人で行くことになった。母親の留守中、兵吾と主税は鎌倉に住む※1大叔父の家で過ごすことになり、そのための荷造りをしている。

「鎌倉ってさ、お母さんたちが行けば、きっと、ものすごく楽しいところだよね」と言って、主税はほっぺたをふくらませた。「それとか、老後の楽しみってやつで、おじいさんやおばあさんが行くんだ」「たしかにね」とお母さんは荷造りしながら軽く受け流した。「でも、修学旅行でも行くでしょ。遠足でもね」

「大仏さんとか、※2鶴岡八幡宮《つるおかはちまんぐう》とか」とバックパックに荷物をつめていた兄の兵吾も言った。

「どっちも、もう行ったし」と主税はさらにふくれっつらになった。

すると兵吾は、ちょうど手に持っていた鎌倉案内の冒頭ページを開いて読み上げた。

「鎌倉には、一年かかっても回りきれないほどの神社仏閣があります」

主税は、サラダの中にピーマンを発見した時みたいなしかめっつらをしてみせた。

「それに、海が近いよ」

主税は聞こえないふりをした。実をいえばそれだけが楽しみなのだが、ここはとにかく、〝いやいや行ってあげる〟という態度をつらぬくつもりでいたからだ。

「だって、家は山ん中なんでしょ」

「リスもくるし、クワガタもいるし、朝は鳥の鳴き声で目が覚めるわよ」

主税はさらに口をとがらせた。

「知らないの？　オーストラリアはコアラより鳥で有名なんだよ。ハデハデな鳥がいっぱいいるんだから。一日じゅう、鳴き声だらけさ。イルカだっているし」

主税はさらに突っかかった。

「だいいち、オーストラリアなら、そこいらじゅう海じゃないか」

ついにお母さんが笑い出した。お母さんは、オーストラリア行きをあきらめなければならなかった主税のことをかわいそうだと思っている。だからまだ笑っているのだ。

主税は内心、お母さんが「もうわかったから、早く荷造りしなさい」とこわい声で言ってくれればいいのにと思っていた。そしたら、思い切りあかんべして逃げ出せるからだ。

兵吾のほうは淡々と荷造りをしていた。主税はこれもおもしろくなかった。

〈お兄ちゃんだって、ほんとは鎌倉なんか行きたくないくせに。「日本にいれば部活にも、合宿にも行けるし」なんて言ってさ〉

本当なら、この夏はオーストラリアに単身赴任しているお父さんのところに行く予定だったのだ。ほぼ半年にわたって、兵吾と主税はオーストラリアについて調べに調べ、天気図にも毎日アクセスしてきた。特に楽しみにしていたのは、モートン島行きだった。この島では「客一人にイルカ一頭を(1)ホショウします」と案内にあった。毎朝晩、

MEMO

大切なことはメモしておこうネ！

2020年度

解　答　と　解　説

《2020年度の配点は解答用紙集に掲載してあります。》

＜数学解答＞

1　(1)　-5(℃)　(2)　$5\sqrt{2}$(cm)　(3)　ア　(4)　右図

2　(1)　ア　$100a+10b+5$　イ　$20a+2b+1$　(2)　ア　$x+y$
イ　$0.8x+y-800$　(3)　(6，0)　(4)　$\frac{7}{36}$

3　(1)　50(度)　(2)　①　解説参照　②　$\frac{5}{3}$(cm)

4　(1)　$y=100x+3000$　(2)　B(店が)500(円安い)
(3)　51(枚以上)59(枚以下のとき)

5　(1)　21(m)　(2)　14(%)　(3)　解説参照

6　(1)　ア，エ　(2)　$2\sqrt{5}$(cm^2)　(3)　$\frac{8}{3}$(cm^3)

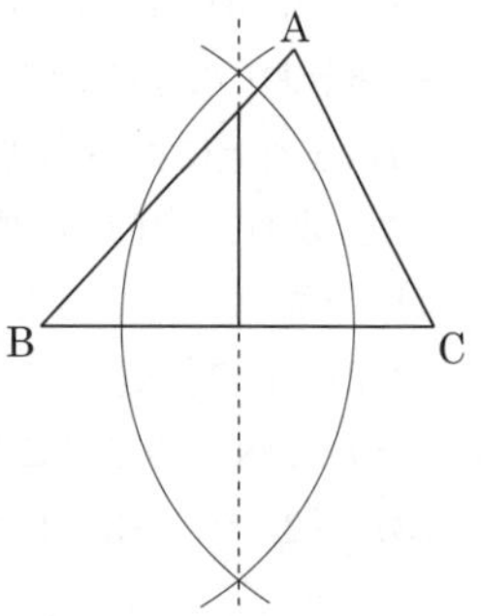

＜数学解説＞

1　(正の数・負の数の利用，平方根，不等式，作図)

(1)　今日の最低気温が，前日の最低気温に比べて＋2℃高いということは，前日の最低気温は，今日の最低気温に比べて＋2℃低いということだから，この都市の前日の最低気温は$(-3)-(+2)=(-3)+(-2)=-(3+2)=-5$℃

(2)　問題の正方形の1辺の長さを$x$cmとすると，この正方形の面積に関して，「**正方形の面積＝1辺の長さ×1辺の長さ**」より　$x^2=50$　が成り立つ。xは辺の長さで$x>0$だから，$x=\sqrt{50}=\sqrt{2\times5^2}=5\sqrt{2}$ cm

(3)　1枚bgの便せんが5枚の重さは，bg×5枚＝$5b$g　これを1枚agの封筒に入れたときの全体の重さは，$(a+5b)$g　これが60gより重かったから，不等式　$a+5b>60$　が成り立つ。

(4)　(着眼点)図形を，ある直線を折り目として折り返す移動を**対称移動**といい，折り目の直線を**対称の軸**という。**対称移動では，対応する点を結んだ線分は，対称の軸と垂直に交わり，その交点で2等分される。**
(作図手順)　次の①～②の手順で作図する。　①　点B，Cをそれぞれ中心として，交わるように半径の等しい円を描く。　②　①で描いた2つの円の交点を通る直線(辺BCの**垂直二等分線**)のうち，△ABCに重なる部分の線分を引く。

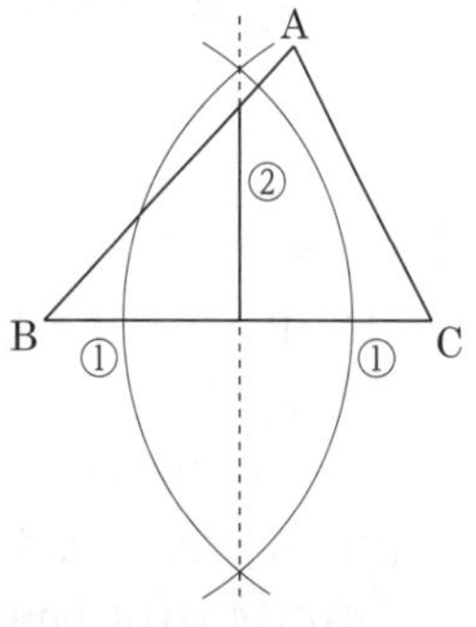

2　(式による証明，連立方程式の応用，関数とグラフ，図形と確率)

(1)　百の位の数がa，十の位の数がb，一の位の数が5である3けたの自然数は　$100a+10b+5$　と表すことができる。ここで，$100a+10b+5=5\times20a+5\times2b+5\times1=5\times(20a+2b+1)$　$20a+2b+1$は整数だから，$5\times(20a+2b+1)$は，5×(整数)より，5の倍数である。したがって，一の位の数が5である3けたの自然数は，5の倍数である。

(2)　ポロシャツ1着の定価をx円，トレーナー1着の定価をy円としたとき，ポロシャツとトレーナーを1着ずつ定価で買うと，代金の合計は6300円であるから，$x+y=6300$…ア　また，ポロシャツを定価の2割引きの$x\times(1-0.2)=0.8x$円，トレーナーを定価の800円引きの$y-800$円で，それぞれ1着ずつ買うと，代金の合計は5000円になるから，$0.8x+y-800=5000$…イ　イを整理して，$0.8x+y=5800$…ウ　ア－ウより，$0.2x=500$　$x=2500$　これをアに代入して，$2500+y=6300$　$y=3800$　以上より，ポロシャツ1着の定価は2500円，トレーナー1着の定価は3800円である。

(3)　点A，Bは$y=x^2$上にあるから，そのy座標はそれぞれ　$y=(-3)^2=9$　$y=2^2=4$　よって，A$(-3,\ 9)$，B$(2,\ 4)$　2点A，Bを通る直線の式は，傾き$=\dfrac{4-9}{2-(-3)}=\dfrac{-5}{5}=-1$　なので，$y=-x+b$とおいて点Bの座標を代入すると，$4=-2+b$　$b=6$　よって，直線ABの式は　$y=-x+6$…①　x軸上にある点のy座標は0だから，点Cのx座標は，①に$y=0$を代入して，$0=-x+6$　$x=6$　以上より，点Cの座標は$(6,\ 0)$

(4)　2個のさいころを同時に1回投げるとき，全ての目の出方は　$6\times6=36$通り。このうち，点Pが頂点Eの位置に移動するのは，出た目の数の和が4と9のとき。1個目のさいころの出た目の数をa，2個目のさいころの出た目の数をbとしたとき，出た目の数の和が4になるのは$(a,\ b)=(1,\ 3)$，$(2,\ 2)$，$(3,\ 1)$の3通り。出た目の数の和が9になるのは$(a,\ b)=(3,\ 6)$，$(4,\ 5)$，$(5,\ 4)$，$(6,\ 3)$の4通り。よって，求める確率は　$\dfrac{3+4}{36}=\dfrac{7}{36}$

3 （円の性質，角度，合同の証明，線分の長さ）

(1)　△ABCはAB＝ACの二等辺三角形だから，$\angle ACB=\dfrac{180^\circ-\angle BAC}{2}=\dfrac{180^\circ-40^\circ}{2}=70^\circ$　$\overset{\frown}{AB}$に対する**円周角**だから，$\angle ADB=\angle ACB=70^\circ$　△ABDの**内角の和は180°**だから，$\angle ABE=180^\circ-\angle BAD-\angle ADB=180^\circ-(\angle BAE+\angle CAD)-\angle ADB=180^\circ-(40^\circ+20^\circ)-70^\circ=50^\circ$

(2)　①　（証明）（例）△ABEと△ACDで，仮定から，AB＝AC…①　∠BAE＝∠CAD…②　$\overset{\frown}{AD}$に対する円周角だから，∠ABE＝∠ACD…③　①，②，③から，1組の辺とその両端の角がそれぞれ等しいので，△ABE≡△ACD

②　△ABCと△BECで，仮定から，∠BAC＝∠CAD…①　$\overset{\frown}{CD}$に対する円周角だから，∠CBD＝∠CAD…②　①，②から，∠BAC＝∠EBC…③　共通な角だから，∠ACB＝∠BCE…④　③，④から，2組の角がそれぞれ等しいので，△ABC∽△BEC　**相似な図形では，対応する線分の長さの比はすべて等しい**から，AC：BC＝BC：EC　$EC=\dfrac{BC\times BC}{AC}=\dfrac{2\times2}{3}=\dfrac{4}{3}$cm
△ABE≡△ACDより，$AD=AE=AC-EC=3-\dfrac{4}{3}=\dfrac{5}{3}$cm

4 （関数とグラフ）

(1)　B店でタオルを作る枚数をx枚としたときのかかる費用は，（初期費用）＋（タオルx枚分の費用）より，$y=3000$円＋100円/枚×x枚＝$100x+3000$…①

(2)　A店でタオルを30枚作るとき，かかる費用は問題の図より6500円。また，B店でタオルを30枚作るとき，かかる費用は①式に$x=30$を代入して，$y=100\times30+3000=6000$より6000円。よって，B店が$6500-6000=500$円安い。

(3)　右図は，B店でタオルを作る枚数をx枚としたときのかかる費用をy円として，xとyの関係を表す

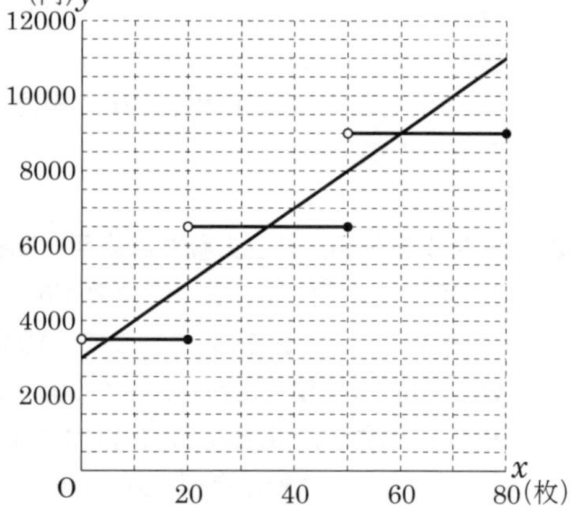

グラフを問題の図に重ねたものである。この図より，タオルを作る枚数を40枚から80枚までとしたとき，B店で作るときにかかる費用がA店で作るときにかかる費用よりも安くなるのは，51枚以上59枚以下のときである。

5 (資料の散らばり・代表値)

(1) **ヒストグラム**の中で**度数**の最も多い**階級**の**階級値**が**最頻値**だから，度数が12人で最も多い20m以上22m未満の階級の階級値 $\frac{20+22}{2}=21$m が最頻値。

(2) 記録が20m未満の生徒の人数は，$3+2+2=7$人だから，これは全体50人のうちの $\frac{7}{50}\times 100=14$% である。

(3) (説明)(例)**中央値**がふくまれる階級は24m以上26m未満であり，太郎さんの記録23.5mは中央値より小さいから。

6 (空間図形，投影図，切断面の面積，体積)

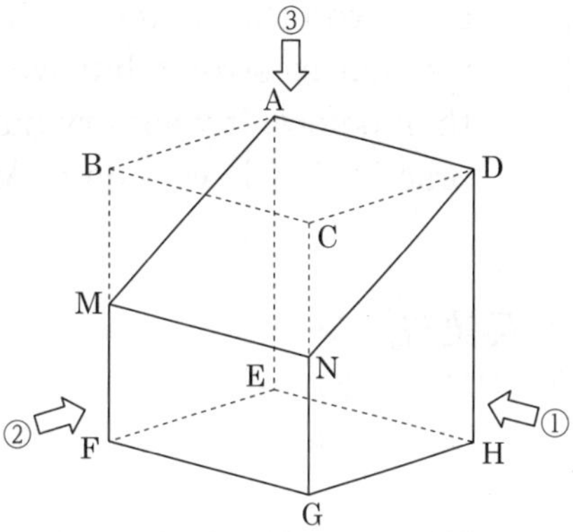

(1) 右図の①の方向(平面NGHDに垂直方向)から見た図を**立面図**とし，③の方向(平面EFGHに垂直方向)から見た図を**平面図**とする**投影図**はアである。また，②の方向(平面MNGNに垂直方向)から見た図を立面図とし，③の方向(平面EFGHに垂直方向)から見た図を平面図とする投影図はエである。

(2) 四角形AMNDは長方形である。点Mから辺AEへ垂線MPを引く。△AMPで**三平方の定理**を用いると，AM$=\sqrt{MP^2+AP^2}=\sqrt{2^2+(2-1)^2}=\sqrt{5}$ cm よって，長方形AMNDの面積は AM×AD$=\sqrt{5}\times 2=2\sqrt{5}$ cm^2

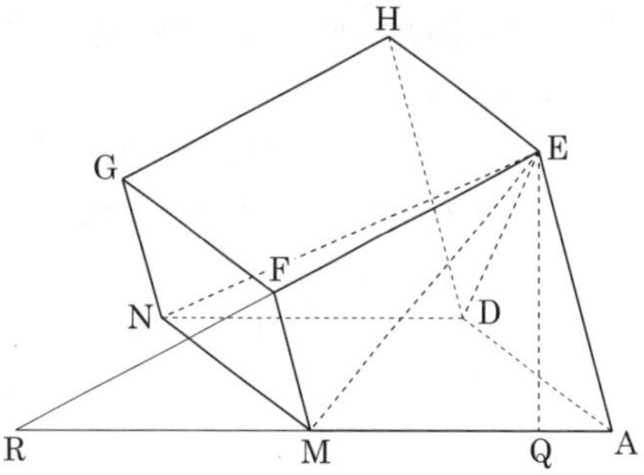

(3) 問題図3において，点Eから辺AMへ垂線EQを引くと，線分EQは四角形AMNDを底面としたときの四角すいEAMNDの高さに相当する。辺AMの延長と辺EFの延長との交点をRとする。AE//FMで**平行線と線分の比についての定理**より，RF：RE＝RM：RA＝FM：AE＝1：2 よって，点F，Mはそれぞれ線分RE，RAの中点である。これより，RE＝2EF＝2×2＝4cm，RA＝2AM$=2\times\sqrt{5}=2\sqrt{5}$ cm △RAE∽△EAQで，相似な図形では，対応する線分の長さの比はすべて等しいから，RA：RE＝EA：EQ EQ$=\frac{RE\times EA}{RA}=\frac{4\times 2}{2\sqrt{5}}=\frac{4}{\sqrt{5}}$cm 以上より，四角すいEAMNDの体積は $\frac{1}{3}\times$(四角形AMNDの面積)$\times$EQ$=\frac{1}{3}\times 2\sqrt{5}\times\frac{4}{\sqrt{5}}=\frac{8}{3}$cm^3

＜英語解答＞

1 (1) No. 1 イ　No. 2 イ　No. 3 ア　No. 4 ウ　No. 5 エ
(2) No. 1 エ　No. 2 ウ　No. 3 ア　No. 4 イ
(3) No. 1 エ　No. 2 ア　(4) ① ウ　② (例)I like to play soccer at

our school.

2 (1) ① better ② children ③ running (2) ④ know ⑤ show ⑥ interested

3 (1) ウ (2) イ→ウ→ア

4 (1) ① エ ② ウ ③ イ ④ ウ ⑤ ア (2) (例)Why don't you come with me?

5 (1) ウ・オ・カ (2) 2 (3) ① He was born in 1901. ② He wanted to make many people happy. (4) ① (例)I think he was great because he tried many times for his dream. ② (例)My dream is to be a tennis player. I practice tennis with my friends very hard every day.

6 (例1)We had a chorus contest in November. I was the leader of our class, and worked hard for the contest. Some of my friends supported me, and our class won the contest. (例2)I was a member of the soccer club. Our team was not so strong, but we wanted to win. So we decided to practice harder than before. It was very hard. But we supported each other and continued to practice hard every day. After three months, we won the game.

＜英語解説＞

1 (リスニング)

放送台本の和訳は，56ページに掲載。

2 (語句問題：語句補充，語形変化)

(1) ① 直後に than があるので比較の表現だと考える。**＜形容詞・副詞の比較級＋ than ～＞で「～よりも(形容詞・副詞)だ」**の意味になる。good「よい」の比較級は better「よりよい」。「私の英語は以前よりもいいと思う」 ② child「子ども」は単数形。直前に three「3」とあるので「子どもたち」を意味する複数形 children となる。「この家族には3人の子どもたちがいる」 ③ **＜enjoy ＋ 動詞の ing 形＞で「～することを楽しむ」**の意味。 run「走る」の ing 形は running と n が2つ続くことに注意する。「毎朝公園で彼らと一緒に走るのを楽しんでいる」

(2) ④ 「あなたが自分の時間を楽しんでいることを知って嬉しい」ユミからのメールを読んでユミがアメリカでの生活を楽しんでいることがわかった。**＜be glad to ＋動詞の原形＞で「～して嬉しく思う」**の意味。 know は「～を知る」。 ⑤ 「あなたの好きな料理の作り方を彼らに見せてあげることができる」can は助動詞で後ろには動詞の原形が続く。 show は動詞で「～を見せる」の意味。 ⑥ 「私は彼らがきっと日本食に興味を持つだろうと思います」**be interested in ～「～に興味を持っている」**

3 (短文読解問題：内容真偽，文の並べ換え)

(1) 内容は「今多くの人たちがスマホを持っている。いつでもどこでも友達に電話したり，メールを送ったり，ネットを使ったりできるのでとても役に立つと思っている。しかし歩きながらゲームをしている人もいる。これはスマホのいい使い方ではない。正しいスマホの使い方について考えよう」という意味。 ア 「歩いているときにスマホでゲームをするのはいいことだ」(×) 第3，4文参照。 イ 「スマホはとても役に立つのでみんな持たないといけない」(×) 第2文参照。そのような記述はない。　ウ 「スマホの使い方について考えることが大切だ」(○)　最終文参照。　エ 「長時間ネットを使うことは目に悪い」(×)　そのような記述はない。

(2) 内容は「週末について話します。土曜日家族とサッカーの試合を見にスタジアムに行きました。試合中雨が降っていました。　イ しかし初めてだったので試合観戦はとても興奮するものでした。　ウ 試合後スタジアムでたくさんの物を買いました。　ア その1つが赤いTシャツです。今それが私のお気に入りのTシャツです。次にスタジアムに行くときにそれを着ます」の意味。文の並べ換え問題では**前後の文と代名詞に注目**してみる。空欄直前には雨の中の試合の話，直後はTシャツの話。試合の話に続くのはイで「雨だったけど興奮した」という流れになる。続くウは試合後の話。アの one of them「それらの内の1つ」の them は前述の複数の物を指すので，ここではウの many things「たくさんの物」だと考える。買った物のなかの1つがTシャツなので空欄直後の文に上手くつながる。

4 (対話文問題：文挿入，条件英作文)

(全訳)

ハルカ：こんにちは，リサ。何をしているの？

リサ　：こんにちは，ハルカ。アオバ市立図書館のウェブサイトを見てるのよ。

ハルカ：そこは私たちの市で一番大きい図書館なのよ。

リサ　：あら，本当に？　よくそこに行くの？

ハルカ：ええ，週末に時々行くわ。

リサ　：日曜日も開いてるの？

ハルカ：①(ええ，でも5時に閉まるわよ。)

リサ　：なるほど。

ハルカ：次の日曜日に図書館に行くのよ。宿題をするための本を借りたいの。この市の歴史について書かなくてはならなくて。あなたもきっとそこで読書を楽しめるわ。②(この市について英語で書かれている本があるのよ。)

リサ　：それはいいわね，日本語の本を読むのは私には難しいから。

ハルカ：私と一緒に来たらどうかしら？

リサ　：ええ。私も一緒に行くわ。この市についての本を読みたいわ。本は何冊借りられるの？それからどれくらいの期間本を借りられるの？

ハルカ：③(10冊を2週間)借りることができるわよ。見て。毎週日曜日に短編映画を上映しているわ。その内の1つが「アオバ市の歴史と文化」よ。

リサ　：いいわね。見たいわ。

ハルカ：10時に駅の前で会おう。駅から図書館まで約20分なの。まず必要な本を探そう。その後に短編映画を観られるわね。

リサ　：オーケー。何時に見終わるの？

ハルカ：④(11時40分)に見終わるわ。

リサ　：その後何をする？

ハルカ：⑤(ルームAの前でお昼を食べ)よう。

リサ　：いいアイディアね！　お昼を持って行こうね。

(1) ① 直前にリサが日曜日の開館について質問しているのでウェブサイトの Opening Hours「開館時間」の欄を見ると日曜日は5時に閉館となることがわかる。　② 直前にハルカが図書館で本が読めることを言っており，直後にリサが「日本語で読むのは難しいからよかった」と言っているので，英語の本があると考える。エも「英語で書かれた世界史のテキストがある」と英語の本があることを述べる文だが，リサの6つ目の発話から世界史ではなくこの市について知りたいことがわかるのでウの方がふさわしい。 ③ borrow「～を借りる」本の貸し出しについて話しているのでウェブサイトの Borrowing の欄を見る。 ④ 7つ目のハルカの発話で出たアオバ市の歴史と文化の短編映画の時間について終わる時間を答えている。8つ目のハルカの発話で10時に待ち合わせしていることも考えてウェブサイトの一番下の欄を確認する。

⑤ 直後にリサがお昼を持参しようと言っているので，どこかでお弁当を食べることがわかる。ウェブサイトの Rooms の表の下2文目に「もし図書館で飲食したい場合はルームAの前のテーブルとイスをご使用ください」とある。

(2) 空欄直後のリサの発話に注目する。一緒に行くと答えているので「一緒に行こう」と誘われていると考える。<Why don't you ＋動詞の原形～？>で「～したらどうですか」の意味。**教科書の会話表現を覚えて使えるようにすること。**

5 (長文読解問題・紹介文：内容吟味，文挿入，英問英答，条件英作文)

(全訳)

「夢を追い求める勇気があれば全ての夢は実現できる」これはウォルト・ディズニーによる私の好きな言葉の1つです。

ウォルトは1901年に生まれました。彼は絵を描くこととアートが好きでした。彼は小さい頃に絵を描き始めました。彼が高校生のとき，学校新聞のためにマンガを作りました。彼はまた夜にアートスクールで授業を受けました。1919年ウォルトはアートスタジオで仕事を見つけました。この間，彼はアニメーションについて学びました。彼は自分のアニメーションを作りたいと思ったので，自分の最初の会社を始めて短い映画をそこで作りました。このアニメーションは人気でしたが，彼の会社にはいくつか問題がありました。彼は会社をたたまなくてはなりませんでした。

1923年ウォルトは別のスタジオを兄と始めました。ウォルトは人気のキャラクターを作りました。2このキャラクターのおかげでスタジオはうまくいきました。しかし大きな問題が一つありました。他の会社が彼のキャラクターと彼の仕事仲間を彼から奪ったのです。しかしウォルトは決してあきらめませんでした。彼はまた新しいキャラクターを作りました。彼はこのキャラクターのアニメ映画を音を付けて作り，多くの人達がそれを好きになりました。そしてウォルトはたくさんの新しいキャラクターを作りました。彼らは映画の中で動き，そして話しました。彼らはみんな可愛くて人気になりました。

その後ウォルトは長いアニメ映画を作ることに決めました。彼の周り人たちにはそれはむずかしいという人もいましたが，彼は彼と仕事仲間でそれができると信じていました。1937年，彼らはついにその映画を完成させました。その映画はとても人気になりました。ウォルトはたくさんのお金を手に入れました。彼はそのお金を使って他の映画スタジオを作り，もっとアニメ映画を作りました。

ウォルトはまた，多くの人たちを幸せにしたかったので大きなパークを作る考えがありました。1955年，彼はアメリカに1つ目のパークを開園しました。このパークはとても有名で人気になり，これは今でも世界でもっとも人気の休暇に訪れる場所の1つです。のちに，ウォルトにはアメリカの別の市により大きいパークを建てる考えを持ちました。彼はその計画に取り掛かってましたが，1971年にパークが開園する前に亡くなりました。

ウォルト・ディズニーは1966年12月15日に亡くなりましたが，彼の夢はまだ続いています。彼の映画とパークは世界中の多くの人たちに愛されています。彼の会社は素晴らしい映画を作り続けています。

(1) ア 「ウォルトは高校へ行った頃に絵を描き始めた」(×) 第2段落第3文参照。 イ 「ウォルトはアートスクールへ行き，学校新聞のための写真を撮った」(×) 第2段落第4文参照。 ウ 「ウォルトは問題がいくつかあったので最初の会社をたたまなくてはならなかった」(○) 第2段落第8文以降参照。 エ 「ウォルトは友達と2つ目の会社を始めた」(×) 第3段落第1文参照。 オ 「ウォルトはキャラクターを作り，アニメ映画にそれらを使った」(○) 第3段落最後から5文目以降参照。 カ 「ウォルトは彼と仕事仲間たちで長いアニメ映画を作れると信じていた」(○) 第4段落第1，2文参照。 キ 「ウォルトはアメリカで最初のパークを開園し，2つ目を日本で開園した」(×) 第5段落第2～4文参照。 ク 「ウォルトが1966年に亡くなったとき，彼の会社は映画を作ることをやめた」(×) 最終段落参照。

(2) **文挿入問題では文に出てくる言葉が何を指しているか，文脈に合うかを考える。**挿入する文に this character「このキャラクター」とあるので，どのキャラクターを指しているかを考える。前にキャラクターの話が出ていない1は合わない。2の直前に a popular character「ある人気のキャラクター」とあり，さらにその前の文には兄とスタジオを始めたとあるので流れに合う。3，4前後にはキャラクターの話は出ていない。

(3) ① 「ウォルトはいつ生まれましたか」解答例「彼は1901年に生まれた」の意味。第2段落第1文参照。主語と動詞のある文章で答えること。Walt を代名詞 He にする。 ② 「なぜウォルトは大きなパークを作る考えを持ったのですか」解答は「彼は多くの人たちを幸せにしたかった」の意味。第5段落第1文参照。

(4) ① 直前の先生の発話は「ウォルト・ディズニーについてどう思いますか」なので，自分の思いを書く。解答例は「彼は自分の夢のために何度もがんばったので素晴らしいと思います」の意味。 ② 直前の先生の発話は「ああ，なるほど。ところであなたの夢は何ですか。夢のために何をしますか」なので，夢とそれに対して今していることを書く。解答例は「私の夢はテニス選手になることです。毎日友達と一生懸命練習しています」の意味。**自分の考えを知っている単語で表現できるように書く練習をたくさんしよう。**

6 (条件英作文)

メール文は「次の授業の宿題について伝えます。次の授業でスピーチをします。トピックは『他の人と一緒に働くこと』。他の人と働いたことがありますか。一人で何かをすることはとても難しいけど，支えてくれる人がいれば難しくないと思うかもしれない。このトピックについて書き，次の授業に原稿を持ってきてください」という内容。work は「働く，取り組む，作業する」の意味。解答例1は「11月に合唱コンテストがありました。私はクラスのリーダーでコンテストのために一生懸命やりました。友達の何人かが私を支えてくれて，コンテストで優勝しました」の意味。解答例2は「私はサッカー部のメンバーでした。私たちのチームはそれほど強くはありませんでしたが，勝ちたいと思っていました。それなので以前よりももっと熱心に練習することに決めました。とても大変でした。しかしお互いに支え合って毎日一生懸命練習を続けました。3か月後，試合に勝ちました」という意味。**語数に注意し，自分の意見とその理由を述べられるように練習すること。教科書などの英文を参考にして，接続詞を使った長い文を書けるようにするとよい。**

2020年度英語　聞き取りテスト

〔放送台本〕

ただいまから1番の，放送による聞き取りテストを行います。問題は(1)から(4)までの四つです。放送中メモを取ってもかまいません。

それでは(1)の問題から始めます。

(1)　これから，No. 1 から No. 5 まで，五つの英文を放送します。放送される英文を聞いて，その内容に合うものを選ぶ問題です。それぞれの英文の内容に最もよく合うものを，ア，イ，ウ，エの中から一つ選んで，その記号を書きなさい。それぞれの英文は，2回放送します。では，はじめます。

No. 1　I am taking a picture of flowers.

No. 2　My work is to take care of sick people.

No. 3　Look at the boy listening to music between Mary and Emi. He is Bob.

No. 4　Learning to play the piano is more popular than learning to swim. Learning English is the most popular of the three.

No. 5　I started studying at seven o'clock. I studied English for fifty minutes, and after that I studied math for forty minutes.

これで(1)の問題を終わります。

〔英文の訳〕

No.1　私は花の写真を撮っています。

No.2　私の仕事は病気の人たちの世話をすることです。

No.3　メアリーとエミの間にいる音楽を聴いている男の子を見てください。彼がボブです。

No.4　ピアノを習うことは泳ぐことを習うよりも人気です。英語を習うことはこの3つの中で一番人気です。

No.5　私は7時に勉強を始めました。50分間英語を勉強して，その後40分数学を勉強しました。

〔放送台本〕

次に，(2)の問題に移ります。

(2)　これから，No.1 から No.4 まで，四つの対話を放送します。それぞれの対話のあとで，その対話について一つずつ質問します。それぞれの質問に対して，最も適切な答えを，ア，イ，ウ，エの中から一つ選んで，その記号を書きなさい。対話と質問は，2回放送します。では，はじめます。

No. 1　A: Bill, do you know where my bag is?
B: I saw a red one on the table, Mom.
A: Well, I'm looking for a blue one.
B: Oh, I saw it by the bed.
Question: Where is the bag Bill's mother is looking for?

No. 2　A: Excuse me, what time is it?
B: It's ten thirty.
A: What time will the next bus come?
B: Ten minutes from now.
Question: What time will the next bus come?

No. 3 A: Hi, Chika. Rina and I will play tennis after school. Do you want to play with us?

B: Sorry, John. I can't.

A: Are you busy?

B: Yes. My mother is not at home. I have to cook dinner.

Question: What will Chika do after going home?

No. 4 A: Hi, Takeshi. What are you doing?

B: Hi, Jenny. I'm reading a letter from my friend, Jack. I met him when I was in Australia. I'm happy because he is coming to Japan to meet me.

A: Can I meet him, too?

B: Of course.

Question: Why does Takeshi feel happy?

これで(2)の問題を終わります。

〔英文の訳〕

No.1 A：ビル，私のカバンがどこにあるか知ってる？

B：テーブルの上に赤いのを見たよ，お母さん。

A：ええと，青いのを探しているのよ。

B：ああ，ベッドのそばで見たよ。

質問：ビルの母親が探しているカバンはどこにありますか。

答え：エ　ベッドのそばにあります。

No.2 A：すみません，何時ですか？

B：10時半です。

A：次のバスが来るのは何時ですか？

B：今から10分後です。

質問：次のバスが来るのは何時ですか。

答え：ウ　10時40分。

No.3 A：こんにちは，チカ。リナと私は放課後テニスをするんだ。一緒にする？

B：ごめんね，ジョン。できないの。

A：忙しいの？

B：うん。母が家にいないの。夕飯を作らないといけないのよ。

質問：チカは家に帰ったあとに何をしますか。

答え：ア　彼女は夕飯を作ります。

No.4 A：こんにちは，タケシ。何をしてるの？

B：こんにちは，ジェニー。友達のジャックからの手紙を読んでるんだ。オーストラリアにいたときに彼に会ったんだよ。僕に会いに日本に来るから嬉しいんだ。

A：私も彼に会ってもいい？

B：もちろんだよ。

質問：なぜタケシは嬉しく感じていますか。

答え：イ　またジャックに会うから。

〔放送台本〕

次に，(3)の問題に移ります。

(3)　これからメアリー(Mary)と弟のサム(Sam)との対話を放送します。そのあとで，その内容について，Question No. 1 と Question No. 2 の二つの質問をします。それぞれの質問に対して，最も適切な答えを，ア，イ，ウ，エの中から一つ選んで，その記号を書きなさい。対話と質問は2回放送します。では，はじめます。

Mary: Mom's birthday is coming soon.
Sam: That's right! What should we give her as a birthday present?
Mary: I was thinking about that. Do you have any ideas, Sam?
Sam: How about a bag?
Mary: Again? We gave her a small bag last year.
Sam: No, I mean a bag for carrying tennis rackets. She started playing tennis last month, right?
Mary: Oh, that's nice. I think she'll like it.
Sam: Shall we go to the shop near the post office next Saturday?
Mary: I don't think that's a good idea. It takes thirty minutes by bus. How about the new shop near the station? We can walk there.
Sam: You are right! Let's go there next Saturday!

Question: No. 1　What will Mary and Sam give their mother?
No. 2　Where will Mary and Sam go next Saturday?

これで(3)の問題を終わります。

〔英文の訳〕

メアリー：もうすぐお母さんの誕生日がやってくるわね。
サム　　：そうだね！　誕生日プレゼントに何をあげたらいいかな。
メアリー：そのことを考えてたの。何か考えはある，サム？
サム　　：カバンはどう？
メアリー：また？　去年小さいカバンをあげたよ。
サム　　：いや，テニスラケットを運ぶためのカバンのことだよ。先月テニスを始めたよね？
メアリー：ああ，それはいいわね。気に入ると思うわ。
サム　　：次の土曜日に郵便局のそばのお店に行こうか。
メアリー：それはいい考えだとは思わないわ。バスで30分かかるのよ。駅のそばの新しいお店は？そこまで歩けるわよ。
サム　　：その通りだね！　次の土曜日にそこへ行こう！
質問：No.1　メアリーとサムは母親に何をあげますか。
答え：エ　テニスラケット用のカバン。
質問：No.2 メアリーとサムは次の土曜日にどこへ行きますか。
答え：ア　駅のそばのお店に。

〔放送台本〕

次に，(4)の問題に移ります。

(4)　サクラ(Sakura)のクラスの授業で，ブラウン先生(Ms. Brown)が生徒たちに話をしています。これからその内容を放送します。ブラウン先生が生徒たちに伝えた内容について正しいものはどれですか。下のア，イ，ウ，エの中から一つ選んで，その記号を①に書きなさい。また，あなたがサクラの立場なら，ブラウン先生の質問に対して何を答えますか。英文1文で②に書きなさい。では，はじめます。

Today I have something to tell you. High school students from America will visit our school next Friday. They have studied Japanese for one year at their school.

In the morning of that day, they are going to visit famous places in our city. In the afternoon, they will come to our school and join the music class. They will sing Japanese songs for us. Then, after school, we are going to talk about each other's schools. For homework, please answer this question. What do you like to do at our school?

これで，放送による聞き取りテストを終わります。

〔英文の訳〕

今日私はみなさんにお伝えしたいことがあります。次の金曜日にアメリカから高校生たちがこの学校を訪れてきます。彼らは学校で1年間日本語を勉強してきました。

当日の午前中，この町の有名な場所を訪れます。午後にこの学校に来て，音楽の授業に参加します。彼らは私たちのために日本語の歌を歌います。そして放課後にお互いの学校について話しをするつもりです。宿題としてこの質問に答えてください。あなたはこの学校で何をするのが好きですか？

① ウ　次の金曜日アメリカからの生徒たちが午後にサクラの学校を訪れる。

② (例)私は学校でサッカーをするのが好きだ。

＜理科解答＞

1 (1) ウ　(2) エ　(3) イ　(4) ア

2 (1) ① 試験管B　② 蒸留　③ ア(と)ウ　(2) ① あ 25(N)　い 240(cm)　② ア(と)イ　(3) ① あ 化石　② い O_2　う CO_2　③ ウ　④ イ　⑤ エ

3 (1) (現象) ア　(電流の流れる向き) a　(2) 電解質の水溶液と2種類の金属を組み合わせる。　(3) あ 化学　い 電気　化学反応式 $2H_2 + O_2 \rightarrow 2H_2O$

4 (1) ア　(2) イ　(3) 分離(の法則)　(4) い 体細胞分裂によって新しい個体をつくるため，もとの細胞(親)と遺伝子が変わらない
(5) う 核　え DNA[デオキシリボ核酸]

5 (1) あ 電熱線から発生する熱による温度上昇を正確に求める[測定誤差を小さくする](ためです。)　(2) 6.0(Ω)　(3) い 31.4(℃)　(4) イ

6 (1) あ マグニチュード　(2) 7.0(km/s)　(3) イ　(4) (S波の伝わる速さの方がP波の伝わる速さよりも遅いので，)P波とS波の到着時間の差がうまれ，震源からの距離が遠くなるほど初期微動継続時間が長くなる。　(5) 地震の揺れの運動エネルギーが，ゴムの弾性エネルギーに変換されるため。

＜理科解説＞

1 （各分野小問集合）

(1)　10℃における溶解度が最も小さいものを選ぶ。

(2)　図2のときの圧力は，4.32〔N〕÷(0.06×0.03)〔m^2〕＝2400〔Pa〕　これと同じ圧力の組み合わせを選ぶ。アは，6.24〔N〕÷(0.06×0.04)〔m^2〕＝2600〔Pa〕　イは，6.24〔N〕÷(0.06×0.05)〔m^2〕＝2080〔Pa〕　ウは，7.2〔N〕÷(0.06×0.06)〔m^2〕＝2000〔Pa〕　エは，8.64〔N〕÷(0.06×0.06)〔m^2〕＝2400〔Pa〕

(3)　維管束が輪状に並んでいるので，被子植物の**双子葉類**の植物である。双子葉類の植物の葉脈は網目状で，根は主根と側根からなる。

(4)　晴れた日は，明け方から昼過ぎにかけて気温が上がり，湿度はこれとは逆で下がっていく。また，雨やくもりの日は1日の気温の変化が小さく，雨が降ると湿度が上がる。

2 （各分野小問集合）

(1)　①　**エタノールは水よりも沸点が低い**ため，水の沸点100℃に達する前(約80℃)に沸騰を始める。はじめに沸騰したときに得られた液体に，エタノールが多くふくまれている。　②　液体の混合物を，沸点のちがいを利用してそれぞれの成分に分ける方法を，蒸留という。　③　ガスバーナーに点火したら，青色の適正な炎に調節する。液体のにおいをかぐときは，手であおぐようにしてにおいをかぐ。

(2)　①　あ　質量10kgの太陽光パネルにはたらく重力は100N。また，図2より，図1では太陽光パネルを2個の動滑車を利用して持ち上げていることから，ロープを引くのに必要な力は，100〔N〕÷4＝25〔N〕　い　太陽光パネルを60cm引き上げるためには，太陽光パネルつるしている2個の動滑車を支える4本のロープを60cmずつ縮める必要がある。よって，引くひもの長さの合計は，60〔cm〕×4＝240〔cm〕　②　地球が一定の角度で地軸を傾けたまま公転しているので，太陽の季節による動き方の変化が生じる。これによって，季節の変化が生じる。

(3)　①　石炭や石油，天然ガスなどの燃料を，化石燃料という。　②　化石燃料は太古の生物の死がいをもとにしてできている有機物である。有機物が酸素と反応し，激しく光と熱を出す化学変化を燃焼といい，**有機物の燃焼においては炭素の酸化により，二酸化炭素を発生する。**
③　消費者は，取り込んだ有機物の一部を体内に吸収するが，吸収しきれなかったものは体外に排出する。このような，排出された有機物を利用して生きる生物もいる。　④　光合成は,葉の細胞内の**葉緑体**で行われる。　⑤　エは細胞壁で，体を支えるはたらきをもつがんじょうなつくりである。

3 （電池）

(1)　実験1では，銅が＋極，亜鉛が－極の化学電池ができている。電流は電源(電池)の＋極から出て－極に流れ込む向きに流れる。

(2)　電解質の水溶液に，異なる種類の金属板を入れ，電極を導線でつなぐと，回路に電流が流れる。

(3)　化学電池は，物質が持つ化学エネルギーを電気エネルギーとしてとり出す装置である。水素2分子と酸素1分子が化合して，水2分子ができる反応を利用した電池が，燃料電池である。

4 （遺伝）

(1)　子がAとaの2種類の遺伝子をもっている。このうちaの遺伝子はしわの親から受け継いだものとわかる。よって，子がもつAの遺伝子は，丸の親の遺伝子から受け継いだとわかるが，親は純系であるため，丸の親の遺伝子の組み合わせはAAである。

		子(丸)の生殖細胞の遺伝子	
		A	a
孫(しわ)の生殖細胞の遺伝子	a	Aa	aa
	a	Aa	aa

(2)　実験1で得られた子のエンドウの個体がもつ遺伝子の組み合わせはAa，しわのエンドウがもつ遺伝子の組み合わせはaa。これらを他家受粉させて得られた種子が持つ遺伝子の組み合わせは，右の図の通り，Aa：aa＝1：1となる。

(3)　対になった遺伝子は，分かれて別々の生殖細胞に入るという遺伝における法則を**分離の法則**といい，メンデルによって唱えられた。

(4)　無性生殖とは受精をともなわない子のふやし方で，親の体の一部が分かれ，体細胞分裂によって子が生じるので，遺伝子は親と子でまったく同じである。

(5)　細胞分裂が始まると，核の中に太短い糸のようなつくりが現れる。これは染色体で，染色体の中に，生物の形質を決める遺伝子(デオキシリボ核酸)がふくまれている。

5 (電流とそのはたらき)

(1)　使用する水の水温が室温と異なっていると，水と空気の間で熱のやりとりが発生するため，電熱線から生じた熱による水の上昇温度の正確な測定ができない。

(2)　**抵抗〔Ω〕＝電圧〔V〕÷電流〔A〕**より，表1のコップAの結果から，3.0〔V〕÷0.50〔A〕＝6〔Ω〕より，6Ω。

(3)　オームの法則より，電圧と電流は比例するので，電圧の大きさをコップAのときの4倍の12.0Vにすると，電流の大きさも4倍となる。**電力は，電圧と電流の積で求める**ことから，電圧を12.0Vにしたときに消費する電力は，コップAを使用したときに比べ，4×4＝16〔倍〕となる。上昇温度は電力に比例するので，0.9〔℃〕×16＝14.4〔℃〕より，14.4℃上昇する。実験開始時の水温は17.0℃であるため，5分後の水温は，17.0＋14.4＝31.4〔℃〕

(4)　図3は，回路の全体の抵抗が図1よりも大きくなるので，電圧が図1と等しい場合，回路を流れる電流が小さくなる。よって，回路全体で消費する電力も図1よりも小さくなることから，電熱線1本あたりの発熱量も小さくなる。図4の場合，1本の電熱線に加わる電圧が図1と等しいため，電熱線を流れる電流の値も等しく，電熱線1本あたりで消費する電力も図1と変わらない。よって，発熱量は等しくなる。

6 (地震)

(1)　地震の規模の大きさはマグニチュードで表す。1つの地震につき，値は1つしかない。

(2)　P波は，初期微動を引き起こす波である。84－42＝42〔km〕より，P波は42kmの距離を18－12＝6〔s〕より6秒で伝わることがわかるので，P波の秒速は，42〔km〕÷6〔s〕＝7.0〔km/s〕

(3)　地震を起こす波は震源から同心円状に広がっていき，震源からの距離が遠くなるほど，震度は小さくなっていく。

(4)　P波とS波の速さはそれぞれ異なっているため，震源からの距離が大きくなるほど，2つの波が到着する時刻の差も大きくなり，初期微動継続時間が次第に長くなる。

(5)　地震によって建物に揺れが生じることから建物は運動エネルギーをもっていることがわかる。このエネルギーをゴムに吸収させ，変形したゴムがもとにもどろうとする弾性エネルギーに変換させることで，揺れている建物がもつ運動エネルギーを減少させることができる。

<社会解答>

1　1 (1) 記号 イ　(2) 記号 ア　(3) 内容 (他の都道府県からの)出荷量が少なく価格が高い時期に出荷量を増やすことで　2 (1) 県名 石川(県)　(2) 記号 エ　(3) 内容 季節風の影響で雪が多い　3 (1) (名称) 中京工業地帯　(記号) ウ　(2) 記号 イ　(3) 内容 労働者の平均賃金が中国より低い東南アジア諸国

2　1 (1) (語) 口分田　(名前) 中大兄皇子　(2) (内容) 分割して相続した　(記号) ウ　(3) 記号 エ　2 (1) 記号 ウ　(2) 理由 満25歳以上のすべての男性が選挙権をもつようになったから。[普通選挙法が成立したから。]
(3) (内容) ソ連を含む5か国すべての常任理事国が加盟に賛成した　(記号) イ

3　1 (1) 記号 ア　(2) 内容 さまざまな意見を反映し，慎重に審議するため
(3) (語) 累進課税　(内容) 所得の格差を小さくする[経済格差の是正，所得再配分]
2 (1) (記号) エ　(憲法名) ワイマール憲法[ヴァイマル憲法]　(2) 語 社会保険　(3) (内容) 減少している　(語) ワーク・ライフ・バランス[仕事と生活のバランス，仕事と性格の調和]

4　1 (1) 記号 ア　(2) あ 内容 世界遺産に登録された年以外にも，観光客数が大幅に増加した年がある　い 内容 景観を守る　2 (1) 州名 オセアニア州
(2) 内容(上位10か国で，)世界全体のGDPの約70%(7割)を占めている　(3) 内容 発展途上国に技術協力や経済援助などをする　3 (1) 記号 エ　(2) 名称 地球温暖化　(3) (内容) 自然分解するまでに時間がかかり，また，量が増えていく
(具体例) マイボトルを使用する。[レジ袋を有料にする。]

<社会解説>

1 (地理的分野―日本地理－地形図の見方・農林水産業・工業・気候，―世界地理－気候・産業)

1 (1) (記号) ア　釈迦堂PAの近くにあるのは，図書館「🕮」ではなく，博物館「🏛」である。ウ　釈迦堂PAは，蜂城山の頂上付近にある神社「⛩」から見ると，北東ではなく北西の方角にある。　エ　高速道路の北側には，神社「⛩」や寺院「卍」が見られる。ア・ウ・エのどれも誤りであり，イが正しい。河川が山地から平野や盆地に移る所などに見られる，運ばれてきた土砂の堆積によりできた扇状の土地を**扇状地**という。

(2) (記号) 地中海沿岸部では，冬でも温暖で雨が多く，夏は高温で乾燥する。これが**地中海性気候**であり，イタリア・フランス・スペインの地中海沿岸では，夏は乾燥に強いオレンジやオリーブやぶどうなどの作物を栽培し，温暖湿潤な冬は小麦を栽培する**地中海式農業**を行っている。

(3) (内容) 高知では冬でも温暖な気候を利用して，なすやピーマンなどをビニールハウスで育てる**促成栽培**を行い，他の都道府県からの出荷量が少なく価格が高い冬から初夏に出荷量を増やすことが行われている。

2 (1) (県名) 輪島は石川県にある地名であり，加賀は石川県の旧国名である。輪島塗と加賀友禅は，石川県の**伝統工芸品**である。

(2) (記号) ア　国内製品の出荷額は，2010年と2013年を比較すると増加している。　イ　海外製品の輸入額は，2010年と2013年を比較すると増加している。　ウ　国内製品の出荷額は，2010年において海外製品の輸入額を上回っていた。ア・イ・ウのどれも誤りであり，エが正

しい。

(3) (内容) 資料9から，冬には北西の**季節風**が吹くことがわかる。その季節風の影響で，北陸地方は資料8の**雨温図**に見られるように，冬に降雪量が多く，農作業ができないことから副業が発達した。

3 (1) (名称) 愛知・岐阜・三重に広がる工業地帯を，**中京工業地帯**という。日本の工業地帯・工業地域のうちで，最も出荷額が多い。 (記号) 中京工業地帯は，国内最大の自動車メーカーの本拠地を含んでおり，出荷額のうち突出して多いのは機械(輸送用機械)なので，正解はウである。

(2) (記号) ア 2017年の日本とアメリカの自動車の生産台数を合わせても，中国の生産台数を上回ることはない。 ウ **石油危機**は1970年代であり，1990年代前半の日本の自動車生産台数の減少は，**バブル経済**の崩壊によるものである。 エ 2008年から翌年にかけて，アメリカ等の自動車生産台数が減少したのは，**世界金融危機**の影響によるものであるが，中国はその影響を免れ，自動車の販売台数を伸ばしている。ア・ウ・エのどれも誤りがあり，イが正しい。

(3) (内容) 資料12を見ると，中国への日本企業の進出数は，2015年以降減少していることがわかる。これは，労働者の**平均賃金**が中国より低いベトナムなど，東南アジア諸国への進出数が増えているためであることを簡潔に指摘する。

2 (歴史的分野―日本史時代別－古墳時代から平安時代・鎌倉時代から室町時代・安土桃山時代から江戸時代・明治時代から現代，―日本史テーマ別－政治史・外交史・社会史・文化史，―世界史－政治史)

1 (1) (語) **律令制度**の下で，6歳以上の男女に貸し与えられたのが，**口分田**である。良民男子2段，女子はその3分の2とされ，死後は収公された。 (名前) **蘇我蝦夷・入鹿父子**を打倒した645年の**乙巳の変**に始まる一連の国政改革を，**大化の改新**という。この改革を，**中臣鎌足**の助力を得て主導したのが，**皇極天皇**の子である**中大兄皇子**である。中大兄皇子は，皇太子のまま政治の実権を握り，乙巳の変から20年以上も後の668年に**天智天皇**として即位した。

(2) (内容) カード2は，**永仁の徳政令**の説明である。御家人の領地は，**分割相続**が一般的であり，複数の子どもが分割して相続したため，代を重ねるたびに土地は細分化され，**恩賞**として新たな土地を与えられない限り，生活は苦しくなっていった。 (記号) 資料2の絵は，**蒙古襲来絵詞**であり，13世紀後期，**執権北条時宗**の時にモンゴル民族の**元**が，2度にわたって北九州に来寇した**元寇**の様子を描いている。

(3) (記号) カード3は，1825年の**異国船打払令**であり，資料3は，**薪水給与令**である。幕府は，このように強硬策から柔軟策へ政策を転向した。それは，清国のアヘン禁輸を発端とするイギリスと清との**アヘン戦争**が，イギリスの勝利に終わり，1842年に**南京条約**が締結され，中国の半植民地化の起点となったことに脅威を覚えたためである。なお，アの**辛亥革命**は1912年，**フランスの人権宣言**は1789年，ルターの**宗教改革**の始まりは1517年のことであり，いずれも時代が異なる。

2 (1) (記号) ア **日清戦争**後の**下関条約**に対して，**遼東半島**を清に返還するようにロシア・ドイツ・フランスによる**三国干渉**が行われ，日本がこれに従い，遼東半島を清に返還したのは，1895年のことである。Aの時期ではない。 イ **シベリア出兵**に際して，米価が値上がりし，富山県を発端に全国で民衆が米の安売りを求める**米騒動**は1918年に起こり，その鎮圧に軍隊を出動させた**寺内正毅内閣**が退陣し，**原敬内閣**が成立した。Bの時期ではない。 エ 日

本国憲法が公布されたのは，1946年であり，Dの時期ではない。ア・イ・エとも，組み合わせが適当ではない。正しいのは，ウである。1932年5月15日に，**海軍の青年将校**らが**政友会**の**犬養毅首相**を殺害したのが，**五・一五事件**である。これにより，大正末から続いてきた政党政治に終止符が打たれた。

(2) （理由） **第二次護憲運動**の結果，**護憲三派内閣**が成立し，1925年に**衆議院議員選挙法**が改正され，満25歳以上のすべての男性が選挙権をもつようになり，いわゆる**普通選挙**の時代になったことを，簡潔に指摘する。

(3) （内容） 日本は1951年に**サンフランシスコ平和条約**を結んだが，**ソ連**との講和は成立しなかったため，1952年の段階では，**国連安全保障理事会**の**常任理事国**であるソ連の反対で，**国際連合**への加盟はできなかった。1956年に**日ソ共同宣言**が成立し，ソ連との国交が回復して，ソ連を含む5か国すべての常任理事国が加盟に賛成し，国際連合加盟が実現した。 （記号） ソ連が**第二次世界大戦**末期に占拠し，日本が返還を求めているのは，いわゆる**北方領土**であり，歯舞群島・色丹島・国後島・択捉島からなる。略地図中の，イである。

3 （公民的分野―財政・国の政治の仕組み・国民生活と社会保障・基本的人権）

1 (1) （記号） イ **酒税**は，酒税を負担する人が消費者であり，酒税の納税義務者は，酒類の製造者もしくは輸入者であり，負担者と納税者が異なる**間接税**である。 ウ **関税**は，間接税である。 エ **自動車税**は，自動車を登録した都道府県に支払われる**地方税**である。アの**法人税**は，株式会社などの法人が事業を通じて得た利益に対してかかる税金のことをいい，**国税**であり，**直接税**である。

(2) （内容） 国民のさまざまな意見をできるだけ広く反映させることができるため，一つの議院の決めたことを，他の議院がさらに検討することによって審議を慎重に行えるため，一つの議院の行き過ぎを抑えたり，足りないところを補ったりできるため，などが考えられる。

(3) （語） **所得税**のように，課税所得が多くなるほど，税率が段階的に高くなる課税法を**累進課税**という。（内容） 所得税の累進性に加え，**社会保障**を低所得者に手厚くすることにより，所得の格差を小さくし，富を再分配するという役割があるといえる。しかし，日本の社会保障制度は十分に機能していないといわれている。

2 (1) （記号） **資本主義経済**が発達した結果，人々の間に貧富の差が拡大する状況が生じ，人間に値する生活を営むために，国民が国家に対して保障を要求する権利が，**基本的人権**の一つである「**社会権**」として，憲法に明文化されるようになった。「社会権」には，「**生存権**」「**教育を受ける権利**」「**勤労の権利**」「**労働基本権**」「**社会保障の権利**」などがある。 （憲法名） 1919年に，**第一次世界大戦**の敗戦国**ドイツ**で制定されたのが**ワイマール憲法**である。当時，世界で最も先進的な憲法といわれ，世界で初めて，国家が最低限の生活を保障する社会権を規定した憲法である。

(2) （語） 日本の**社会保障**制度は，**社会保険・公的扶助・社会福祉・公衆衛生**の4本の柱からなっている。社会保険は，あらかじめ支払っておいた保険料を財源として給付されるもので，介護が必要だと認定された者に給付される**介護保険**，病気になったときに給付される**医療保険**，高齢になったときに給付される**年金保険**，労働上の災害にあったときに給付される**労災保険**などがある。

(3) （内容） 労働時間は，2000年の年間1821時間から，2018年の1680時間に減少していることが見てとれる。 （語）「仕事と生活の両立・調和」のことを「**ワーク・ライフ・バランス**」という。充実感をもって働きながら，**家庭生活**や**地域生活**も充実させられること，またはそのための取り組みを言う。

4 **(地理的分野—日本地理－日本の国土・交通，—世界地理－産業，—環境問題，公民的分野—国際社会との関わり・地方自治)**

1 (1) (記号) ②は**世界文化遺産**の**石見銀山**の説明であり，地図には示されていない。④は**世界自然遺産**の**知床**であり，地図には示されていない。①は世界文化遺産に登録されている**平泉**であり，地図上のXである。③は世界自然遺産の**屋久島**であり，地図上のYである。

(2) あ (内容) **白川郷**では，世界遺産に登録された1995年以外にも，2008年，2015年など，高速道路や新幹線など交通事情の改善によって，観光客が大幅に増加した年があることを指摘する。 い (内容) 資料3に見られるように，建物等を制限する，交通対策を実施することなどにより，**景観**を守るという視点が重要である。

2 (1) (州名) 世界の**六大州**とは，**北アメリカ州・南アメリカ州・アジア州・ヨーロッパ州・アフリカ州・オセアニア州**である。北アメリカ州・南アメリカ州・アジア州・ヨーロッパ州の国は，資料4中の上位10か国に入っており，上位10か国のいずれの国も属していない州は，アフリカ州とオセアニア州である。

(2) (内容) その他の国で占めているのは世界全体の**GDP**の32.8%であり，上位10か国で，世界全体のGDPの約70%を占めていることがわかる。

(3) (内容) 発展途上国の経済・社会の発展や福祉の向上を支援するために，先進国の政府が行う資金や技術面での援助を，**政府開発援助(ODA)**という。

3 (1) (記号) **地方自治**における**直接請求**では，**条例**の制定・改廃を求める場合は，有権者数の50分の1以上の署名を，首長に提出することになっているので，240万人の有権者がいる茨城県では，48000人の署名が必要となる。

(2) (名称) **化石燃料**の燃焼によって排出される**二酸化炭素**は，**温室効果ガス**と呼ばれ，地球を覆う層をつくり，温室のように**地球を温暖化**する。他にフロンガス・メタンガスなども温室効果ガスである。

(3) (内容) 資料8に見られるように，**海洋プラスチックごみ**は，自然分解するまでに極めて長い時間がかかり，また，資料9に見られるように，量が飛躍的に増えていくことを指摘する。 (具体例) マイボトルを使用する，ペットボトルをリサイクルする，レジ袋を有料にする，など，プラスチックごみを減らす視点から，具体例を一つ書けばよい。

＜国語解答＞

一 (一) (1) 保証　(2) 申(し)　(3) 麦　(二) 3　(三) 4　(四) (例)オーストラリアに行けない上にお父さんとも会えず，弟を連れて大叔父の家に行かなければならないから。　(五) (次の4つのうちいずれか1つを記入していれば正答とする。)・兵吾のほう　・兵吾は主税　・自分もあん　・表には出さ

二 (一) (1) かごん　(2) いったん　(3) つ(め)　(二) 2　(三) (例)自分の固有の立場をもち，周囲のさまざまな情報を切り取り，その情報について自分の言葉で語る(こと)　(四) (初め) 自分の「考　(終わり) という活動　(五) 相互作用

三 (一) 1　(二) 2　(三) 4　(四) 地球　(五) 3　(六) とてつもなく長い時間を回収

四 (一) いわく　(二) 1　(三) 4　(四) 敢へて理を横にせず。　(五) (例)私が

希望する企画はミュージカルです。なぜなら，「心を一つに」という文化祭のテーマに一番合っていると考えたからです。

例えばお化けやしきの場合は，教室が狭いため，お化け役を交代で演じることしかできません。しかし，ミュージカルなら，舞台裏の仕事の担当者も含めて，全員同時にステージで観客の前に立つ場面を作ることができます。全員一緒にステージに上がることで，クラスの団結力が一層強くなると思います。

＜国語解説＞

一　（小説－情景・心情，内容吟味，文脈把握，漢字の読み書き）

(一)　(1)　「**保証**」は同音異義語の「保障」「補償」などと間違えない。　(2)　「**申**」は形が似ている「甲」「由」などと紛れないように丁寧に書く。　(3)　「**麦**」は7画。上下をつなげて書かないこと。

(二)　「さらに」の後は，「ふくれっつらになった」「口をとがらせた」「突っかかった」と，いずれも**オーストラリアに行けなくなったことに不満を募らせる**主税を描写する表現になっている。主税の不満の内容を正しく指摘した3が正解。1・2・4は，母や兄に対する思いを説明しているので，不適切である。

(三)　「お母さん」は，不満を言いたいだけ言って逃げ出した主税に**あきれている**が，同時に，楽しみにしていた「オーストラリア行きをあきらめなければならなくなった主税のことを**かわいそう**だと思っている」ため，「何も言わなかった」のである。正解は4。主税の態度は「頼もしい」ものではないので，1は誤り。「お母さん」は主税に対して，2のような「怒り」は感じていない。主税の態度は子どもっぽいが，3の「困り果て」「がっかり」は言い過ぎである。

(四)　主税のように不満をあらわにすることはなかったが，がっかりしたのは兵吾も同じである。「楽しみにしていた**旅行がふいになり**，大好きなお**父さんとも当分会えず**，ほとんどなじみのない**大叔父さんと一夏いっしょに暮らす**のだ。――しかもあの**弟を連れて**。」に4つの理由が示されているので，この部分をもとに答えをまとめる。

(五)　「**兵吾のほう**は淡々と荷造りをしていた。」「**兵吾は主税**がうらやましかった。」「**自分もあんな**ふうに帽子をけっとばして出ていけたら，どんなにラクだろうと思ったのだ。」「**表には出さな**いが，兵吾は四歳下の弟がちょっと負担になることがあった。」から，兵吾が主税と違って「自分の本心をあまり言葉や態度に表さない人物」であることがわかる。このいずれかの文の最初の5字を書く。

二　（論説文－内容吟味，文脈把握，接続語の問題，漢字の読み書き）

(一)　(1)　「**過言**」は，言いすぎという意味。　(2)　「**一端**」は，全体の中の一部分を表す。
(3)　「突き**詰**める」は，とことんまで考え抜くということ。

(二)　A　前の「情報の質はさまざまだ」という内容に「それぞれの人の立場・考え方は千差万別だ」ということを付け足しているので「**しかも**」が入る。　B　前に「単なる知識・情報のやりとりでは不十分だ。」と述べ，後に「知識・情報を求めることは悪くない」と前提となることを述べているので，「言うまでもなく」という意味の「**もちろん**」を入れる。したがって，2が正解となる。

(三)　「こう考えると」で始まる段落に「大切なことは，そうした諸**情報**をどのようにあなたが自分の目と耳で**切り取り**，それについて，どのように**自分のことばで語る**ことができるか，ということ」とある。また，その後の「もし，**自分の固有の立場**を持たなかったら～」からは，自分の固有の立場を持つことの必要性を読み取ることができる。この部分をもとに，「情報」「立場」「語る」の3つの指定語句を入れて前後につながる形で書く。

（四）　最後の段落から「**自分の**「**考え**ていること」を相手に示し，それについて相手から意見をもらいつつ，また，さらに考えていく**という活動**」を抜き出し，初めと終わりの5字を書く。

（五）　ノートの「表面的で薄っぺらな議論」以降は，本文最後の「表層的なやりとりでは，そうした**相互作用**がきわめて起こりにくくなるのです。」に対応している。

三 **（短歌と鑑賞文・会話─内容吟味，文脈把握，脱文・脱語補充，品詞・用法，書写）**

（一）「光」の行書の①の部分は**横画から左払いへ連続して書かれている**ので，1が正解。②の部分に「縦画」はないので，2は誤り。③の部分は楷書では2画になるところを1画で書いているので，3は誤り。④の部分に「右払い」はないので，4は誤り。

（二）　品詞が**異なる**言葉を選ぶことに注意する。イ「好きな」は**形容動詞**「好きだ」の**連体形**。1は形容動詞「立派だ」の連体形，2「おかしな」は**連体詞**，3は形容動詞「はるかだ」の連体形，4は形容動詞「大切だ」の連体なので，2を選ぶ。

（三）「待ち合わせをしたけれど～来ない」という状況に不安になりながら「千年くらゐは待ってみせるさ」と言っているので，無理に何でもないふりをするという意味の4「**やせがまん**」が入る。

（四）　水仙は「人間が登場してからの**地球**」に咲くものとして詠まれている。

（五）　Ⅰの短歌に詠まれた状況は，待ち合わせとも決意表明とも解釈できるが，いずれにしても「**未来へ向かう確かな輪郭**」を持っているので，このことを説明した3が正解となる。Ⅰの短歌からも「作者の思い」を読み取ることができるので，1は誤り。Ⅰの短歌もⅡの短歌も長い時間が強調されているので，2は不適切。4は「水仙」を「小さくて無力」としているが，鑑賞文では「一見無力」だが「驚くほど強靭」と説明しており，この短歌から「寂しさを感じる」とする説明も不適当。

（六）　春子の発言の内容は，空欄Bの次の段落の「**とてつもなく長い時間**が，『水仙の白』という一滴の時間の中に，すっと**回収**されてゆく」と同じなので，この部分の言葉を使って書けばよい。

四 **（古文・会話・議論・発表─内容吟味，文脈把握，熟語の構成，仮名遣い，作文）**

〈口語訳〉　昔，孔子が車に乗ってその道に行った。3人の7歳である子どもがいた。土をこねて城の模型を作って楽しく遊んでいた。その時に孔子が来て子どもに告げて言うには，「子ども，お前たち，道を空けて私の車を通せ」と。子どもたちが嘆いて言うには，「まだ車を避ける城(の話)は聞いたことがない。城を避ける車(の話)を聞いたことがある」と。そこで孔子は，車をよけて城の外側を通った。決して道理を曲げることはしなかった。

（一）　語中の「**は**」を「**わ**」に書き換えて「**いわく**」とする。

（二）　イ「反論」は「**反対の論**」で**前の漢字が後の漢字を修飾**している。　1「入口」は「**入る口**」で前の漢字が後の漢字を修飾している。　2「登校」は「校に登る」で後の漢字が前の漢字の目的や対象を表す。　3「建築」は似た意味の漢字の組み合わせ，　4「着脱」は対になる意味の漢字の組み合わせであるから，正解は1となる。

（三）　1は「未だ車を逃くる城をば聞かず」と合わないので誤り。子どもは「遊びをじゃまするのはよくない」とは言っていないので，2は誤り。孔子は子どもに「案内」を命じていないので誤り。4は子どもの言うことを聞いた孔子が「**車を却けて城の外より過ぐ**」という行動をとったことと合致するので，これが正解となる。

(四)　子どもの理屈は「城は車をよけることはできない」というもので，孔子はこれを「筋道の通った話」だと納得して城をよけて通ったのである。「決して道理を曲げることはしなかった。」という意味の「**敢へて理を横にせず。**」を抜き出す。

(五)　1～6の条件を満たすこと。2について，解答例は，第1段落で自分が**希望するクラス企画**がミュージカルであることと，その**理由**が文化祭のテーマに合っていることを書いている。第2段落ではお化けやしきと**比較**して，ミュージカルに賛成を得られるような内容を書いている。4の「**正しい原稿用紙の使い方**」は，冒頭や段落の初めは1マス空けることや，句読点は1マス使うのが原則だが行の最初のマスには書かないことなどである。5の訂正をしないですむように，あらかじめ**下書き**して内容を整理してから書くとよい。6に**敬体**で書くという指示があるので，文末表現にも注意する。

茨城県公立高等学校

2019年度

★★★★★★★★★★★★★★★★★★★★★★★

入　試　問　題

2019
年
度

●くわしい解説……43ページ

＜数学＞

時間　50分　　満点　100点

1　次の計算をしなさい。

(1)　$-7+5$

(2)　$(-3)\times 4-(-6)\times 4$

(3)　$\dfrac{2}{3}\div\left(-\dfrac{8}{3}\right)+\dfrac{1}{2}$

(4)　$4(-x+3y)-5(x+2y)$

(5)　$\dfrac{14}{\sqrt{7}}+\sqrt{3}\times\sqrt{21}$

2　次の各問に答えなさい。

(1)　$x^2+5x-36$ を因数分解しなさい。

(2)　x についての方程式 $3x-4=x-2a$ の解が5であるとき，a の値を求めなさい。

(3)　2次方程式 $3x^2+3x-1=0$ を解きなさい。

(4)　n を自然数とするとき，$4<\sqrt{n}<10$ をみたす n の値は何個あるか求めなさい。

(5)　右の図のように，△ABCがある。
　このとき，△ABCを点Oを中心として点対称移動させた図形をかきなさい。

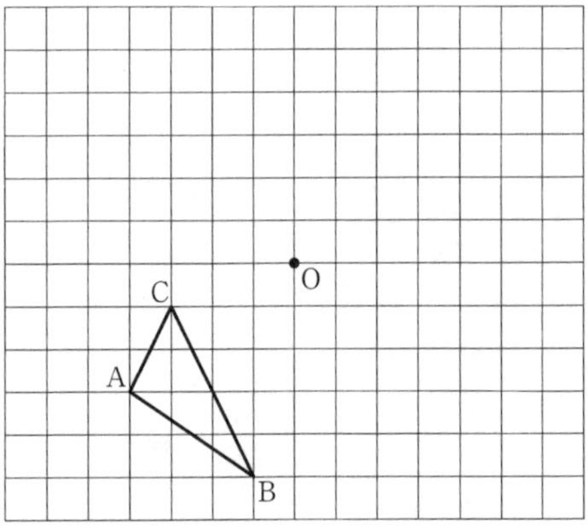

3　次の各問に答えなさい。

(1)　右の図で，△ABC≡△ADE，AE // BCである。
このとき，∠ACBの大きさを求めなさい。

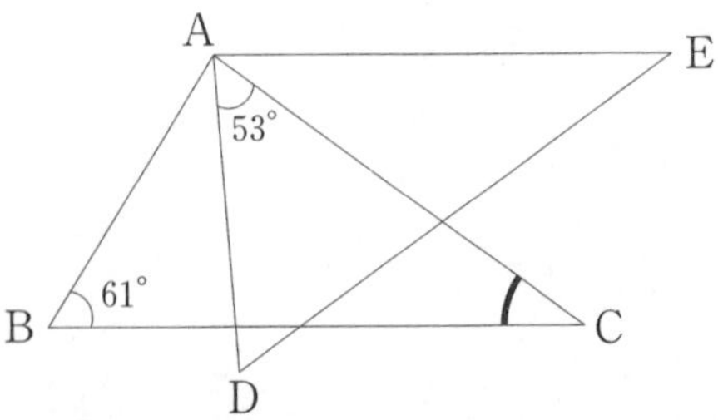

(2)　次の**問題**について考える。

問題

> 兄と弟が，40段ある階段の一番下にいる。兄と弟がじゃんけんをして，勝負がつくごとに，兄が勝ったら兄だけが２段上がり，弟が勝ったら弟だけが３段上がる。勝負が10回ついたとき，兄が弟より５段下にいた。
>
> このとき，兄と弟の勝った回数をそれぞれ求めなさい。

この**問題**を解くために，兄が勝った回数を x 回，弟が勝った回数を y 回として，次のような連立方程式をつくった。$\boxed{\text{ア}}$ には当てはまる数を，$\boxed{\text{イ}}$ には当てはまる式をそれぞれ書きなさい。

$$\begin{cases} x+y=\boxed{\text{ア}} \\ \boxed{\text{イ}}=-5 \end{cases}$$

(3)　袋の中に，赤玉３個，白玉２個が入っている。袋から玉を１個取り出し，それを袋にもどして，また１個取り出すとき，少なくとも１回は赤玉が出る確率を求めなさい。

ただし，袋からどの玉が取り出されることも同様に確からしいとする。

4　右の図において，曲線**ア**は関数 $y=\frac{1}{2}x^2$ のグラフである。曲線**ア**上の点で x 座標が４である点をA，y 軸上の点で y 座標が10，6である点をそれぞれB，Cとし，線分OBの中点をDとする。また，線分OA上に点Eをとる。

このとき，次の(1)，(2)の問いに答えなさい。ただし，Oは原点とする。

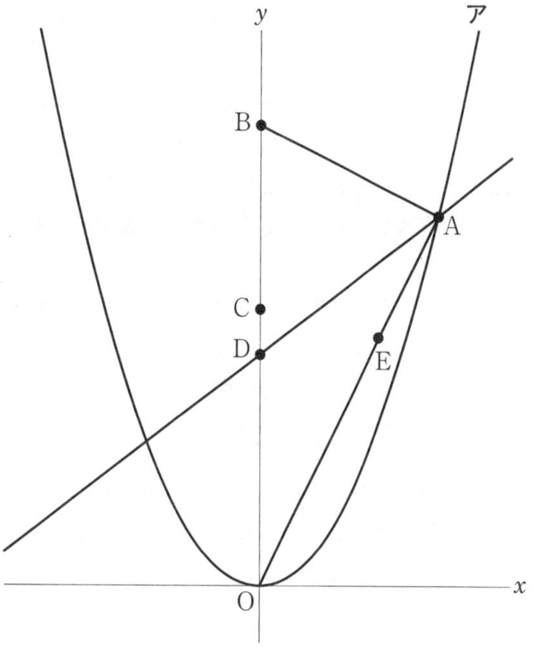

(1)　２点A，Dを通る直線の式を求めなさい。

(2)　四角形ABCEの面積が△OABの面積の$\frac{1}{2}$であるとき，点Eの座標を求めなさい。

5　次のページの図のように，半径５㎝の円Oがあり，線分ABは円Oの直径である。線分AB上で AC：CB＝３：２ となる点をCとする。円Oの周上に２点A，Bと異なる点Dをとり，円Oと直線CDとの交点のうち，点Dと異なる点をEとする。

このとき，次の(1)，(2)の問いに答えなさい。

(1)　△ACD∽△ECBであることを証明しなさい。

(2) AB⊥DE のとき，線分ADの長さを求めなさい。

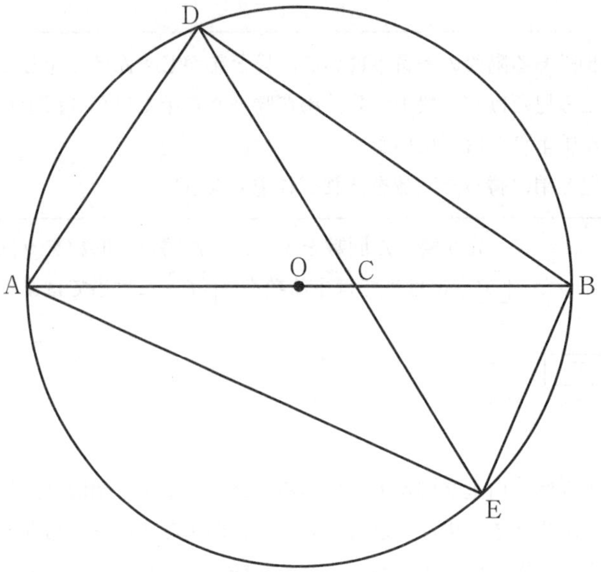

6　１辺が40㎝の立方体の水そうと，１つの面だけが赤色に塗られている直方体のおもりＰがある。

図１は，おもりＰを２つ縦に積み上げたものを水そうの底面に固定したものである。**図２**は，**図１**の水そうに一定の割合で水を入れたとき，水を入れ始めてから x 分後の水そうの底面から水面までの高さを y ㎝として，x と y の関係をグラフに表したものである。**図３**は，おもりＰを２つ横に並べたものを水そうの底面に固定したものである。

（**図１**，**図２**，**図３**は次のページにあります。）

ただし，直方体のおもりＰは，赤色に塗られた面が上になるように用いるものとする。水そうの底面と水面は常に平行になっているものとし，水そうの厚さは考えないものとする。

このとき，次の(1)，(2)の問いに答えなさい。

(1) 下の文中の ア ， イ に当てはまる数をそれぞれ書きなさい。

図２のグラフにおいて，水を入れ始めて６分後から満水になるまでの間に，水そうの底面から水面までの高さは ア ㎝上がっているので，水そうには，毎分 イ ㎤で水を入れていたことがわかる。

(2) **図３**の水そうにおいて，一定の割合で水を入れたところ，水を入れ始めてから14分後に満水になった。このとき，水そうの底面から水面までの高さが８㎝になるのは，水を入れ始めてから何分後か求めなさい。

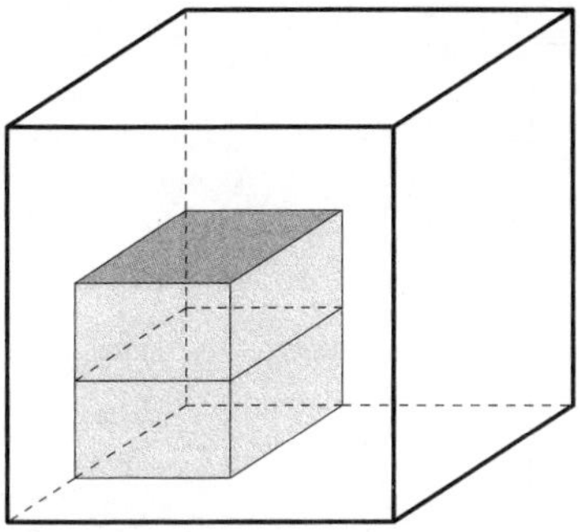

図１

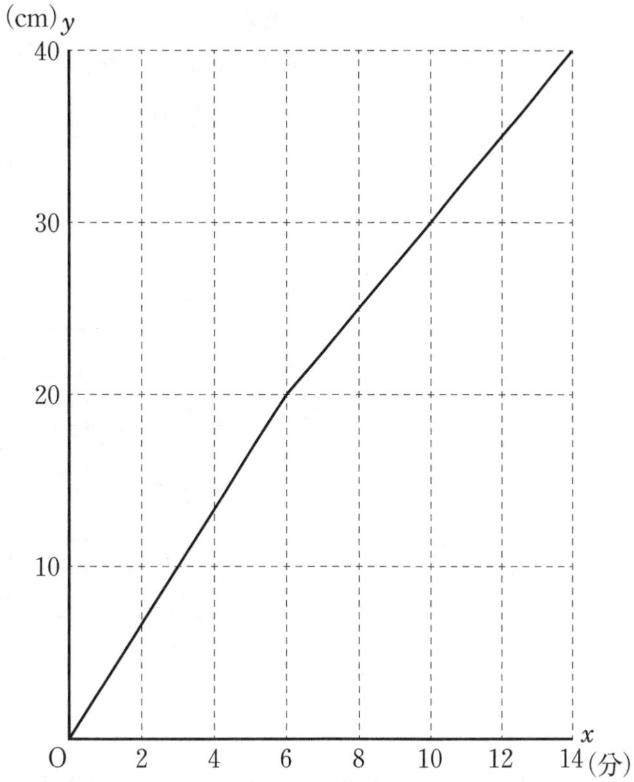

図２

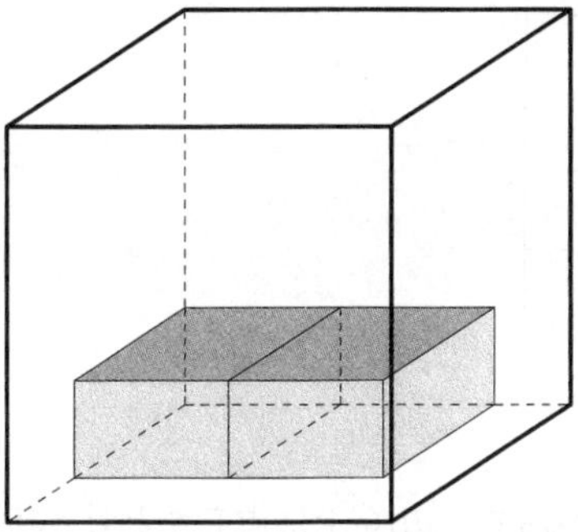

図３

7　ある中学校のバスケットボール部の１年生11人と２年生15人が，フリースローを10回ずつ行った。右の**表１**は，１年生11人のボールの入った回数とその人数を表したものであり，次のページの**表２**は，１年生と２年生をあわせた26人のボールの入った回数とその人数を表したものである。ただし，x，yにはそれぞれ人数が入る。

このとき，次の(1)，(2)の問いに答えなさい。

(1)　**表１**において，ボールの入った回数の平均値を，小数第２位を四捨五入して求めなさい。また，ボールの入った回数の最頻値（モード）を求めなさい。

(2)　２年生15人について，ボールの入った回数の中央値（メジアン）が６回であるとき，**表２**のxに当てはまる値をすべて求めなさい。

表１

ボールの入った回数(回)	人数(人)
0	0
1	1
2	1
3	1
4	3
5	0
6	2
7	2
8	0
9	1
10	0
合計	11

表２

ボールの入った回数（回）	人数（人）
0	0
1	1
2	1
3	2
4	4
5	x
6	6
7	3
8	y
9	3
10	0
合計	26

8　下の図のように，１辺の長さが４㎝の立方体ABCDEFGHがある。辺BF上に点Pをとり，辺EF，FGの中点をそれぞれQ，Rとする。

このとき，次の(1)，(2)の問いに答えなさい。

(1)　AP＋PG の長さを最も短くしたとき，AP＋PG の長さを求めなさい。

(2)　３点A，Q，Rを通る平面でこの立方体を切ったとき，切り口の図形の面積を求めなさい。

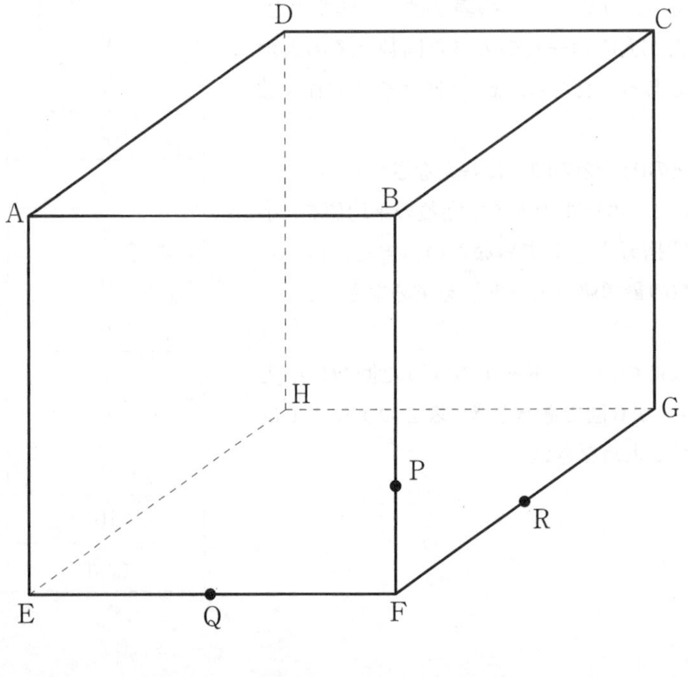

＜英語＞

時間 50分 満点 100点

1 次の⑴～⑷は，放送による問題です。それぞれ放送の指示にしたがって答えなさい。

⑴ これから，No. 1からNo. 5まで，五つの英文を放送します。放送される英文を聞いて，その内容に合うものを選ぶ問題です。それぞれの英文の内容に最もよく合うものを，ア，イ，ウ，エの中から一つ選んで，その記号を書きなさい。

No. 1

No. 2

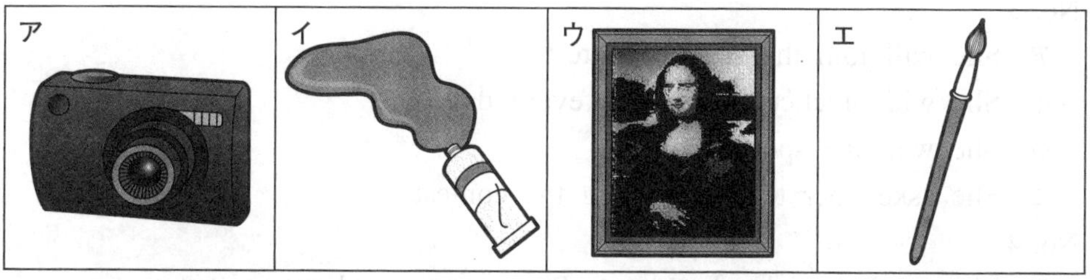

No. 3

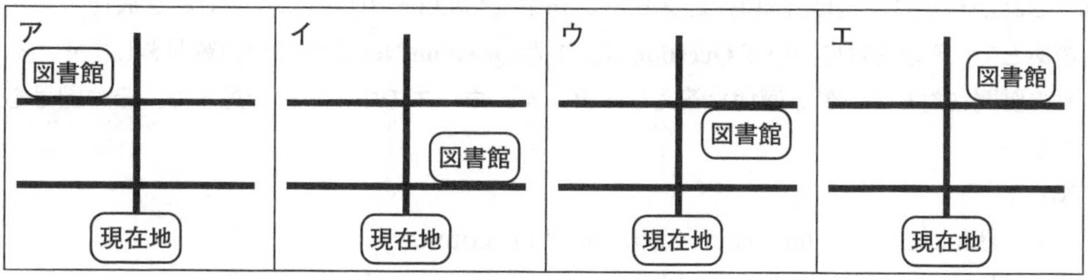

No. 4

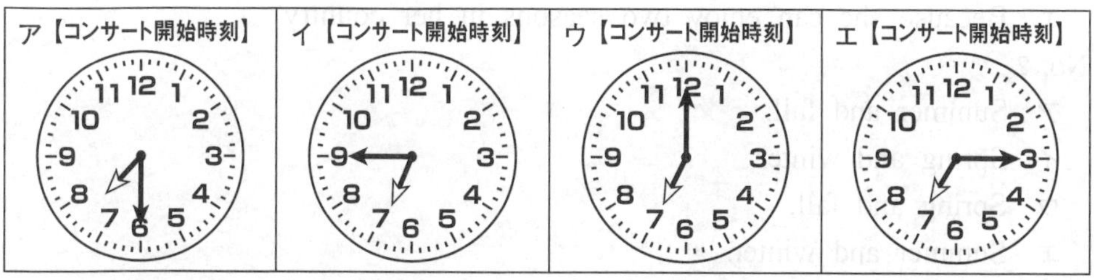

No. 5

ア【50m 走の順位】	イ【50m 走の順位】	ウ【50m 走の順位】	エ【50m 走の順位】
1位 シズカ	1位 ユキコ	1位 リサ	1位 ユキコ
2位 リサ	2位 リサ	2位 シズカ	2位 シズカ
3位 ユキコ	3位 シズカ	3位 ユキコ	3位 リサ

(2) これから，No. 1からNo. 4まで，四つの対話を放送します。それぞれの対話のあとで，その対話について一つずつ質問します。それぞれの質問に対して，最も適切な答えを，ア，イ，ウ，エの中から一つ選んで，その記号を書きなさい。

No. 1

ア Twice.　イ Three times.　ウ Four times.　エ Five times.

No. 2

ア She is going to go to the hospital.
イ She is going to go to the movies with Tom.
ウ She is going to study English.
エ She is going to practice the piano.

No. 3

ア She will join the speech contest.
イ She will practice her speech every day.
ウ She won the speech contest.
エ She asked her teacher to join the contest.

No. 4

ア Pizza, salad, and cake.　イ Pizza, soup, and cake.
ウ Soup, salad, and cake.　エ Soup, salad, and pizza.

(3) これからヒロシ（Hiroshi）とグリーン先生（Ms.Green）の二人の対話を放送します。そのあとで，その内容について**Question** No. 1と**Question** No. 2の二つの質問をします。それぞれの質問に対して，最も適切な答えを，ア，イ，ウ，エの中から一つ選んで，その記号を書きなさい。

No. 1

ア Because she has seen snow in her country.
イ Because she will be able to see snow tonight.
ウ Because she will leave Japan tonight.
エ Because she can enjoy two seasons in her country.

No. 2

ア Summer and fall.
イ Spring and winter.
ウ Spring and fall.
エ Summer and winter.

(4) 高校生のカズヤ（Kazuya）はアメリカへの旅行で動物園を訪れ，動物園のガイドから話を聞いています。これからその内容を放送します。カズヤが参加するツアーの自由時間は何分間ですか。その時間を①に書きなさい。

また，この動物園の説明として正しいものはどれですか。下のア，イ，ウ，エの中から一つ選んで，その記号を②に書きなさい。

「カズヤが参加するツアーの自由時間」：①（　　　　　分間）

「この動物園の説明として正しいもの」：②（　　　　　）

	動物に触れること	動物にエサを与えること	パンダの赤ちゃんを見ること	パンダの赤ちゃんの写真を買うこと
ア	×	○	×	○
イ	○	○	○	×
ウ	×	×	×	×
エ	×	×	×	○

○：できる　　×：できない

これで，放送による聞き取りテストを終わります。続いて，問題２に進みなさい。

2 次のＡとＢの英文は，日本に留学しているトム（Tom）が，オーストラリアにいる家族に送ったメールの一部です。それぞれの英文を読んで，次のページの(1)，(2)の問いに答えなさい。

A

I have just arrived at my host family's house in Japan. My room here is ①(big) than my room in Australia. I can see a beautiful mountain ②(call) Mt. Wakaba from my window. Many children come to *climb this mountain on their school trips. My host father likes fishing, so he often ③(go) to the lake near Mt. Wakaba. He will take me to the mountain tomorrow. I'm very excited.

＊ climb　～に登る

B

Yesterday, my host father and I went to Mt. Wakaba. I saw many young people there. Climbing Mt. Wakaba is very ④(p　　　) among them. It was very difficult for me to climb the mountain and it ⑤(t　　　) three hours. I was so ⑥(t　　　) that I went to bed early.

(1) Aの英文が完成するように，文中の①～③の（ ）の中の語を，それぞれ１語で適切な形に直して書きなさい。

(2) Bの英文が完成するように，文中の④～⑥の（ ）内に，最も適切な英語を，それぞれ１語ずつ書きなさい。なお，答えはすべて（ ）内に示されている文字で書き始めるものとします。

3 次の英文は，高校生のカズミ（Kazumi）とブラウン先生（Mr. Brown）との対話です。この対話文を読んで，下の(1)～(3)の問いに答えなさい。

Kazumi : Hi, Mr. Brown. I heard you went to Kyoto. How was your trip?

Mr. Brown : It was great.

Kazumi : Ⓐ<u>How many days did you stay in Kyoto?</u>

Mr. Brown : I spent three days there and enjoyed sightseeing. I like learning about Japanese history, so I visited many famous shrines and temples.

Kazumi : I'm sure that you had a good time there.

Mr. Brown : I did. But on the last day I *left my bag on the train.

Kazumi : Really? Did you find it?

Mr. Brown : Yes. A *station staff was so kind. He called many other stations, and he looked for my bag with me for an hour. Finally, I found it.

Kazumi : Oh, that's good.

Mr. Brown : A kind person picked up my bag and brought it to the station office. I'm Ⓑ<u>(ア so kind / イ to / ウ are / エ know / オ that / カ Japanese people / キ very happy)</u> .

*left ～ ～を置き忘れた station staff 駅員

(1) 下線部Ⓐを次の英文のように言いかえたとき，（ ）に入る適切な英語１語を書きなさい。

How ( ) did you stay in Kyoto?

(2) 下線部Ⓑの（ ）の中の語句を正しく並べかえて，記号で書きなさい。

(3) 次の英文はブラウン先生が旅行から帰った日に，アメリカの家族に送ったメールの一部です。上の対話文の内容に合うように（①）～（③）に入る適切な英語をそれぞれ１語ずつ書きなさい。

> I stayed in Kyoto from Friday to (①). I visited many famous shrines and temples (②) I am interested in Japanese history. On the last day, I left my bag on the train. A station staff helped me a (③). Finally, I got my bag. I really understood that Japan is a wonderful country.

4 留学中の高校生のユカ（Yuka）は，メアリー（Mary）と次のページのちらしを見ながら話をしています。下の対話文を読んで，(1)，(2)の問いに答えなさい。

Yuka : Hi, Mary. What *flyer are you reading?

Mary : This is about (①) of this summer. I'm going to join one of them.

How about you?

Yuka : I want to join too. Let's choose the same program. Which one do you like?

Mary : I have a club activity in the morning, so I want to join a program that is in the afternoon.

Yuka : How about "Singing Songs"?

Mary : Sorry, (②). Let's think about another program.

Yuka : OK. I want to be a teacher in the future, so I want to try (③) with you. You can also go to your club activity in the morning.

Mary : That's good. So, we have to bring bottles of water.

Yuka : OK. *By the way, I'm worried about one thing. □?

Mary : No, I haven't. This is my first time. How about you?

Yuka : This is also my first time.

Mary : Don't worry about that because the flyer says (④).

Yuka : Thank you. How can we *apply for the program?

Mary : (⑤).

Yuka : I hope we can make new friends through this program.

＊ flyer　ちらし　　By the way　ところで　　apply for ～　～に申し込む

Our City Needs Help from Students!

What?	Where?	When?	
Cleaning the Station	Station	August 1, 8, 22, 29	9:00 a.m. - 11:00 a.m.
Teaching Children	School	August 2, 9, 23, 30	9:00 a.m. - 11:30 a.m.
Reading Books to Children	Library	August 3, 10, 24, 31	1:00 p.m. - 2:30 p.m.
Playing with Children	Park	August 4, 11, 25	1:00 p.m. - 2:30 p.m.
Singing Songs	Hospital	August 7, 14, 28	2:00 p.m. - 4:00 p.m.

You have to ...

1) come on all of the dates.
2) bring something to drink if you join "Cleaning the Station" or "Playing with Children."

You don't have to...

1) worry about joining alone. You can make friends easily.
2) have experience of these activities. We will show you how to do the activities.

・If you have a question, please call us. Our phone number is □□□－△△△－○○○○.
・You can also get more information on our website. www.□□□□□□.△△△△.com
・Please tell your teachers when you decide to join an activity. They will apply for it.

(1) 対話文中の（①）～（⑤）に入る最も適切なものを，ア～エの中から一つ選んで，その記号を書きなさい。

① ア club activities　　イ programs to study abroad
　 ウ volunteer activities　　エ sports tournaments

② ア I must go to a piano lesson on August 4
　 イ I don't have any plan on August 7
　 ウ I must go home before 3:30 p.m. on August 14
　 エ I don't know how to get to the library

③ ア "Playing with Children"　　イ "Cleaning the Station"
　 ウ "Reading Books to Children"　　エ "Teaching Children"

④ ア we can't join with our friends
　 イ we can learn how to do the activities
　 ウ we can get more information in the library
　 エ we can send an e-mail if we have a question

⑤ ア We can do it on the phone
　 イ We can do it on the Internet
　 ウ We can do it by telling our friends
　 エ We can do it by telling our teacher

(2) 対話の流れに合うように，文中の □ に入る適切な英語を，4語以上，8語以内で書きなさい。

5 下の英文を読んで，次のページの(1)～(4)の問いに答えなさい。

One day in June, Ms. Yoshida, Ken's English teacher, said to him, "Why don't you join an international *meeting during the summer vacation? High school students from foreign countries will *get together in Tokyo and talk about the problems in their countries. It will be a good experience." He thought the meeting was interesting, so he decided to join it.

The meeting was held in August. About 100 students got together. In the morning, three students from developing countries gave speeches. After that, all the students talked about their countries in groups. Ken learned about the problems in other countries. [1]

During lunch time, Ken met a girl. Her name was Evelyn. She was 17 years old. He asked about her first *impression of Japan. She looked at his *shoes and answered, "I am glad to see that many students wear clean shoes." Then she asked, "Do you throw away your old shoes?" He answered, "Yes, I throw them away." He wanted to talk with her more, but they didn't have much time. [2] He said goodbye and *promised to send her an e-mail.

In the afternoon, Ken and other students talked about the problems in their countries in different groups. They also sang English songs and danced together. [3] They had a good time. Then the meeting ended.

After Ken got home, he thought, "Why did Evelyn ask me about my old shoes?" He *looked up her country on the Internet. He saw pictures of children of her country. [4] Many of the children on the street didn't wear shoes. He was very surprised to learn that. He wanted to help them. "What can I do for them?" he thought. Then he found a website that had a message: *Your shoes will save our lives. Please send us shoes you no longer wear. Many children don't have any shoes, and often *get seriously injured.*

The next day Ken sent an e-mail to Evelyn and asked about the website. She wrote, "It is my website. I am collecting shoes for children in developing countries. Many people saw my website and sent their shoes, but we still need more." He wrote, "I want to work with you." Then he told his classmates about her website. They decided to collect shoes in their school, so they made a *poster. It said, "Let's help the children in developing countries by sending our shoes." After two weeks, they were able to collect a lot of shoes and to send them to Evelyn.

A few days later, Ken got an e-mail from Evelyn. "Thank you very much for your help. Let's help more people in the future."

Through this experience, Ken learned that it is important to understand problems in the world. He also learned that it is important to [　　].

* meeting 会議　get together 集まる　impression 印象　shoes 靴　promised 約束した
looked up 調べた　get seriously injured ひどいけがをする　poster ポスター

(1) 本文の内容に合う文を，次のア～クの中から三つ選んで，その記号を書きなさい。

ア Ken found information about the international meeting on the Internet.

イ At the meeting, Ken gave a speech about the problems in developing countries.

ウ Ken and Evelyn met at the international meeting in June.

エ Evelyn asked Ken about his shoes during lunch time.

オ Ken learned that many children in developing countries don't have shoes.

カ Evelyn asked Ken in her e-mail about the problems in his country.

キ Ken collected shoes to help his classmates.

ク Evelyn thanked Ken because he helped her to collect more shoes.

(2) 次の①，②の質問に，それぞれ指定された語数の英文で答えなさい。ただし，符号（，．？！など）は，語数には含まないものとします。

① How many students from developing countries gave speeches?　（３語以上）

② After sending an e-mail to Evelyn, what did Ken tell his classmates about?　（６語以上）

(3) 次の文は，文中の [1] ～ [4] のどこに入るのが最も適切か，番号で答えなさい。

He got the answer to his question.

(4) 本文の内容から考えて，本文中の [　　] に入る最も適切なものを，次のア～エの中から一つ選んで，その記号を書きなさい。

ア go to foreign countries to sell shoes

イ make his website to join the international meeting

ウ　work together to help others
エ　throw his shoes away

6　あなたは，アメリカに住んでいる高校生のジョン（John）から次のようなメールをもらいました。ジョンの質問に対するあなたの意見とその理由について，メールの書き出しに続けて英語30語以上，40語以内で書きなさい。なお，記入例にならい，符号（，．？！など）は，その前の語につけて書き，語数には含まないものとします。

【あなたがジョンからもらったメール】

> Hi, how are you? I want to know your *opinion about something. I'm going to start a new life in Japan next month. And I will study with you in your school. Yesterday I got an e-mail from my host father. He says the school is about five kilometers from his house. I can go to school by bus, or borrow a bike from my host family and go to school by bike. How should I go to school? What is your opinion?

＊opinion　意見

記入例				
	Are	you	Ms.	Brown?
	No,	I'm	not.	

Hello, John.
Thank you for your e-mail.

	30		
			40

See you soon.

＜理科＞

時間　50分　満点　100点

1　次の(1)～(4)の問いに答えなさい。

(1)　右の**図**のように，蛍光板付きクルックス管に誘導コイルを接続して大きな電圧を加えると，蛍光板に光るすじが見えた。さらに，別の電源を用意し，電極板Aが＋極，電極板Bが－極となるようにつないで電圧を加えると，光るすじに変化が見られた。光るすじの変化として，最も適当なものを，下の**ア**～**エ**の中から一つ選んで，その記号を書きなさい。

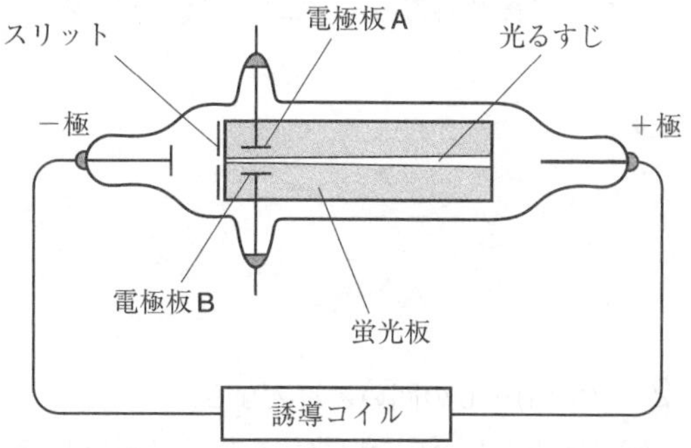

図

ア　電極板Aのほうに曲がった。
イ　電極板Bのほうに曲がった。
ウ　明るくなった。
エ　暗くなった。

(2)　化学変化の前後で質量が変化するかどうかを調べる実験をしたところ，化学変化の前後で全体の質量は変化しないことがわかった。その理由として正しいものを，次の**ア**～**エ**の中から一つ選んで，その記号を書きなさい。

ア　物質をつくる原子の組み合わせは変わらないが，原子の種類や数が変わるから。
イ　物質をつくる原子の組み合わせが変わらず，原子の種類や数も変わらないから。
ウ　物質をつくる原子の組み合わせが変わり，原子の種類や数も変わるから。
エ　物質をつくる原子の組み合わせは変わるが，原子の種類や数が変わらないから。

(3)　花のつくりを調べると，植物の種類によって共通する点やちがう点が見られる。**図1**のアブラナの花のつくりを調べるために，花の外側から順にはずして並べたところ，**図2**のようになった。

　アブラナと同じように花弁がたがいに離れている植物を，下の**ア**～**エ**の中から一つ選んで，その記号を書きなさい。

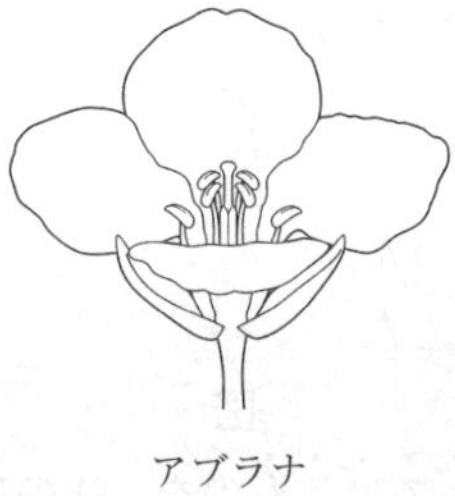

図1

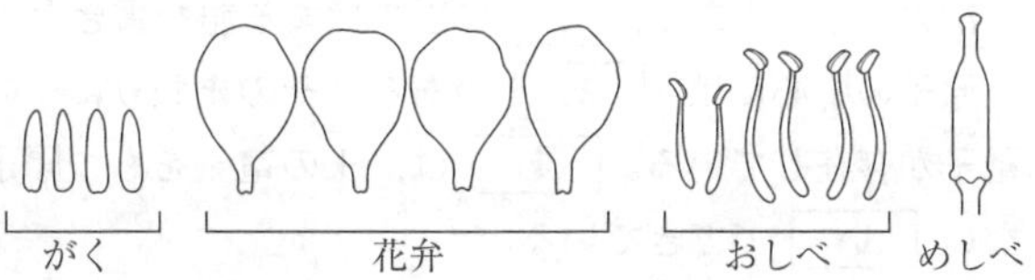

図2

ア　ツツジ　**イ**　サクラ　**ウ**　タンポポ　**エ**　アサガオ

⑷　3月のある日，茨城県のある場所で，西の空に月が見えたので右の図のようにスケッチした。このときの時刻として正しいものを，下のア～エの中から一つ選んで，その記号を書きなさい。

ア　午前0時ごろ　　**イ**　午前6時ごろ

ウ　午後6時ごろ　　**エ**　午後8時ごろ

図

2　次の⑴～⑹の問いに答えなさい。

⑴　質量のわからない物体を軽くて細い糸でしばり，**図1**～**3**のように状態を変化させ，電子てんびんの示す値を読みとったところ，**図1**の状態で282g，**図2**の状態で320g，**図3**の状態で365gであった。下の文中の [あ]，[い] に当てはまる数値を書きなさい。ただし，100gの物体にはたらく重力の大きさを1Nとする。

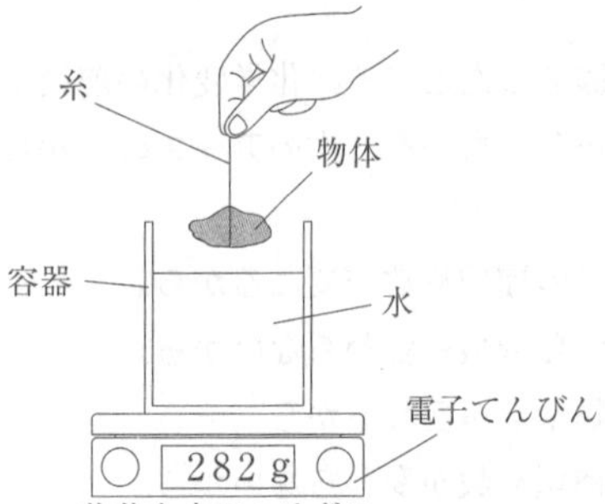

物体を水につけずにつるした状態

図1

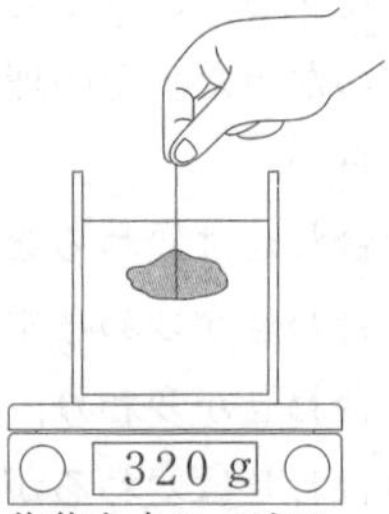

物体を水につけて静止させた状態

図2

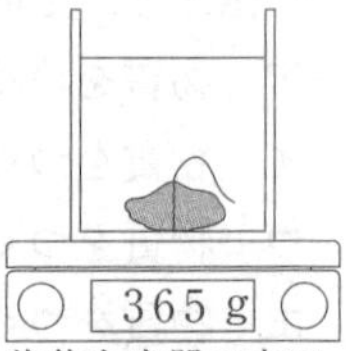

物体を容器の底に置いた状態

図3

この物体の質量は [あ] gである。また，**図2**で電子てんびんの示す値が**図1**での値より大きくなるのは，「物体にはたらく浮力と逆向きの力」が加わるためである。よって，この物体にはたらく浮力は [い] Nである。

⑵　**図**は，ヘリウム原子のつくりを模式的に表したものである。次の①，②の問いに答えなさい。

図

①　次の文中の [あ]，[い] に当てはまる語を書きなさい。

原子の中心には，[あ] がある。そのまわりに－の電気をもった電子が存在している。[あ] は，＋の電気をもつ陽子と電気をもたない [い] でできている。

②　原子や原子をつくっている粒子について書かれた文として誤っているものを，次の**ア**～**エ**の中から一つ選んで，その記号を書きなさい。

ア　電子の質量は陽子に比べて大きい。

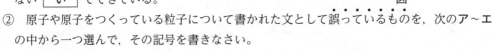

イ　原子全体では電気をもたない。

ウ　陽子と電子がもつ電気の量は同じで，電気の＋，－の符号が反対である。

エ　原子の種類は原子中の陽子の数で決まる。

(3)　生物は自らと同じ種類の新しい個体をつくることで子孫を残している。図はヒキガエルの精子と卵が受精して受精卵となり，受精卵が分裂して成長していくようすを示している。下の①，②の問いに答えなさい。

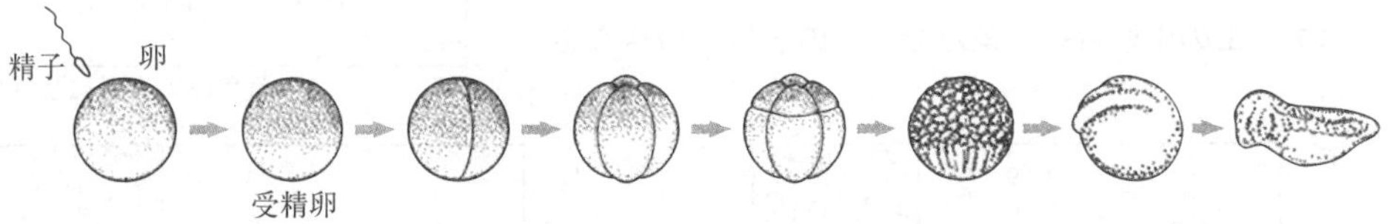

図

①　受精卵が分裂をくり返して親と同じような形へ成長する過程を何というか，書きなさい。

②　精子や卵は生殖細胞とよばれる特別な細胞である。生殖細胞と染色体の数について書かれた文として正しいものを，次の**ア**～**エ**の中から一つ選んで，その記号を書きなさい。

ア　生殖細胞は体細胞分裂によってつくられるので，染色体の数はもとの細胞の半分になる。

イ　生殖細胞は減数分裂によってつくられるので，染色体の数はもとの細胞と同じである。

ウ　生殖細胞が受精してできる受精卵の染色体の数は，親の体をつくっている細胞の中にある染色体の数と同じになる。

エ　生殖細胞が受精してできる受精卵の染色体の数は，親の体をつくっている細胞の中にある染色体の数の2倍になる。

(4)　図のように黒色の酸化銀を加熱すると白くなった。この化学変化を，化学反応式で書きなさい。

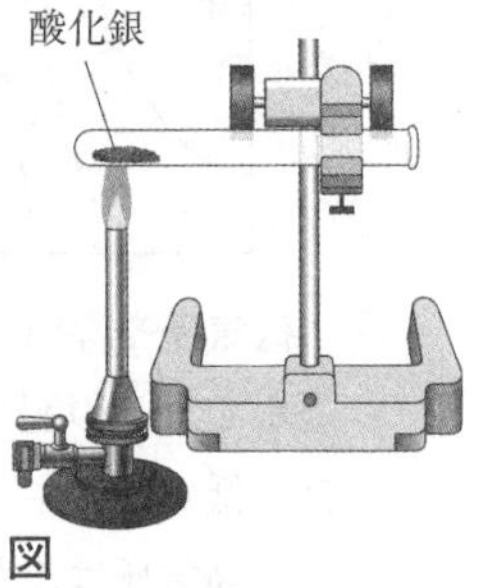

図

(5)　次の文中の [あ] ，[い] に当てはまる語を書きなさい。

生物は，まわりの水や空気，土などの自然環境や動物や植物などとの間にさまざまな関連をもって生きている。ある環境とそこにすむ生物とを一つのまとまりと見たとき，これを [あ] という。

人間が生きるための活動により， [あ] が大きな影響を受けるようになってきた。その例の一つとして，ある地域に本来いなかった生物がほかの地域から持ちこまれ，そこに定着することがある。そのような生物を [い] という。 [い] が増えると，本来その場所にすんでいた生物の生存をおびやかす場合もある。わたしたち人間も自然の一部であることを自覚し，自然環境の保全に努めることが必要である。

(6)　図は，日本付近の天気図である。次の①，②の問いに答えなさい。

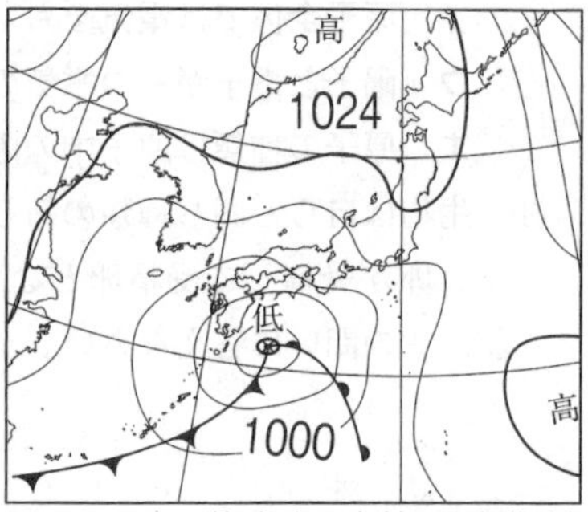

図　（気象庁の資料により作成）

①　図の１日後の天気図として最も適当なものを，次のア～エの中から一つ選んで，その記号を書きなさい。

ア

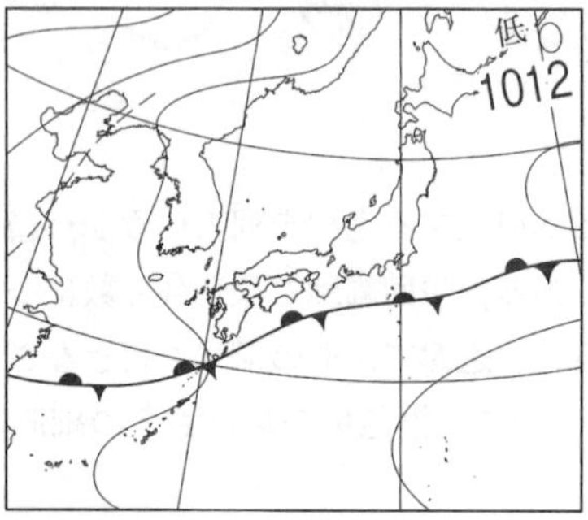

イ

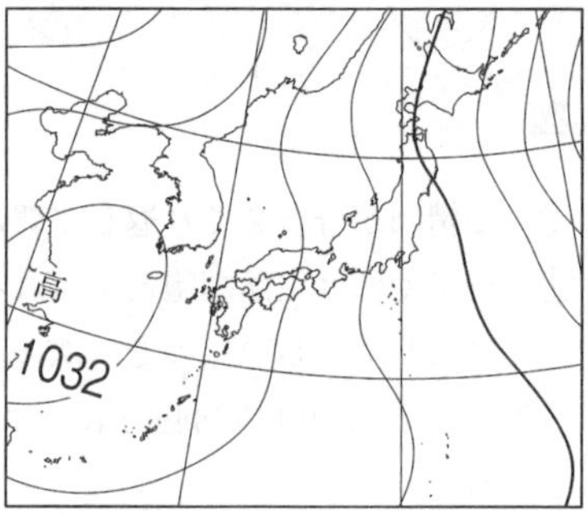

ウ

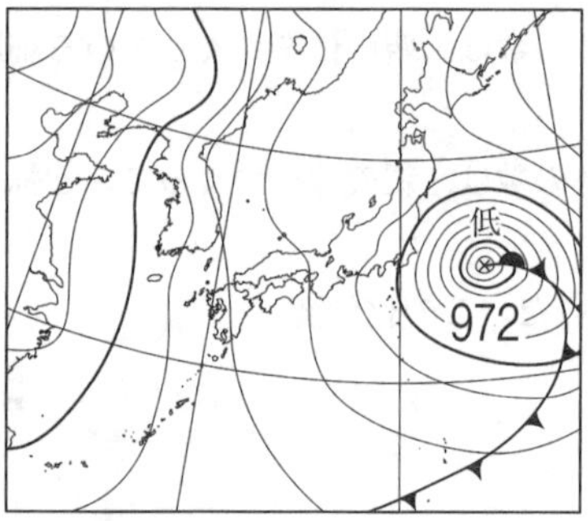

エ

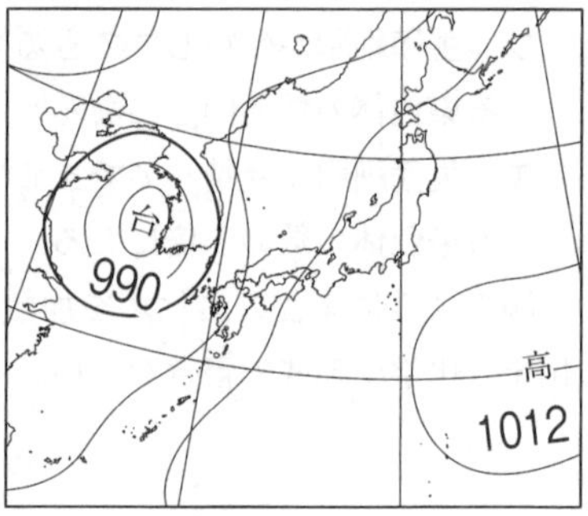

②　低気圧や高気圧，前線について説明した文として正しいものを，次のア～エの中から一つ選んで，その記号を書きなさい。

ア　低気圧の中心部では，下降気流となっている。

イ　高気圧はまわりよりも気圧が高いところである。

ウ　寒冷前線の近くでは，乱層雲ができることが多い。

エ　温暖前線の近くでは，寒気が暖気の上をはい上がっていく。

3　図１の６種類の生物について，次のページの(1)～(5)の問いに答えなさい。

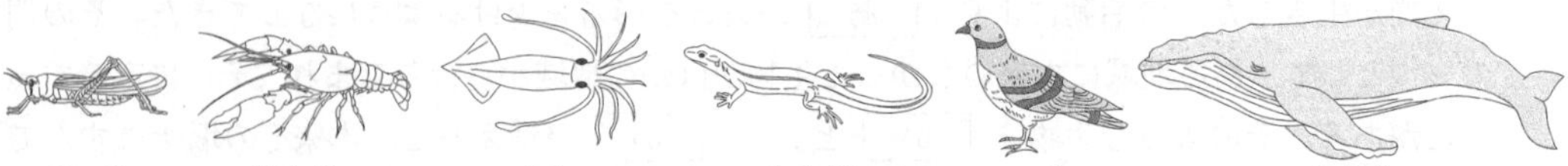

図１

(1) バッタやザリガニ，イカのように背骨をもたない動物を何というか，書きなさい。

(2) バッタとザリガニの体の外側は，外骨格という殻でおおわれている。外骨格のはたらきについて説明しなさい。

(3) 図2は解剖したイカの体の中のつくりを示したものである。次の①，②の問いに答えなさい。

① イカの体には，内臓とそれを包みこむやわらかい膜がある。このやわらかい膜を何というか，書きなさい。

② イカの呼吸器官を図2のア～エの中から一つ選び，その記号を書きなさい。また，イカと同じ呼吸器官をもつ生物を，図1のイカをのぞく5種類の生物の中から一つ選んで，その生物名を書きなさい。

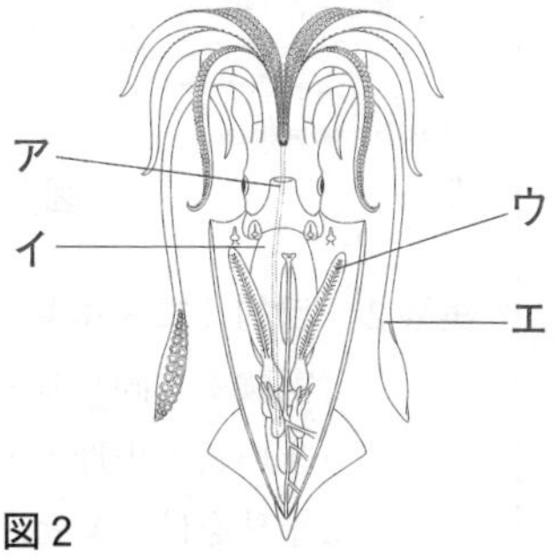

図2

(4) 図1の生物の中で，クジラだけがもつ特徴を説明した文として正しいものを，次のア～エの中から一つ選んで，その記号を書きなさい。

ア　体の表面は，しめったうろこでおおわれている。

イ　外界の温度が変わっても体温が一定に保たれる恒温動物である。

ウ　雌の体内（子宮）で子としての体ができてから生まれる。

エ　親はしばらくの間，生まれた子のせわをする。

(5) ハトの翼とクジラの胸びれのように，もとは同じものがそれぞれの生活やはたらきに適した形に変化したと考えられる体の部分を相同器官という。相同器官の関係にある組み合わせとして正しいものを，次のア～エの中から一つ選んで，その記号を書きなさい。

ア　ザリガニのはさみとクジラの胸びれ

イ　イカのあしとトカゲの前あし

ウ　バッタのはねとハトの翼

エ　トカゲの前あしとクジラの胸びれ

4　力学的エネルギーとエネルギーの移り変わりについて調べるために，次のような**実験1**，**実験2**を行った。次のページの(1)～(5)の問いに答えなさい。ただし，小球はレールから離れることなく運動し，レールと小球との間の摩擦と，空気の抵抗は考えないものとする。

実験1　目的「運動エネルギーと位置エネルギーの移り変わりについて調べる」

次のページの図1のように，レールをなめらかに曲げて円形にした。このレールと直線のレールをなめらかにつなぎ，ループコースターをつくった。次のページの図2は，このループコースターを模式的に表したものである。レール上に図2のように順番に点Aから点Hを決め，点Aで静かに小球をはなすと小球は点Bを通り円形にしたレールにそって進んだ。その後，点F，G，Hを通り小球が到達した最も高い位置を点Iとした。ただし，点B，F，Gを含む水平面を位置エネルギーの基準とし，各点の高さはこの面からはかったものとする。また，点C，Eの高さは円形にしたレールの最高点である点Dの高さの半分であるものとする。

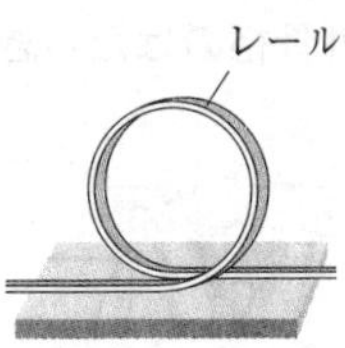

図１

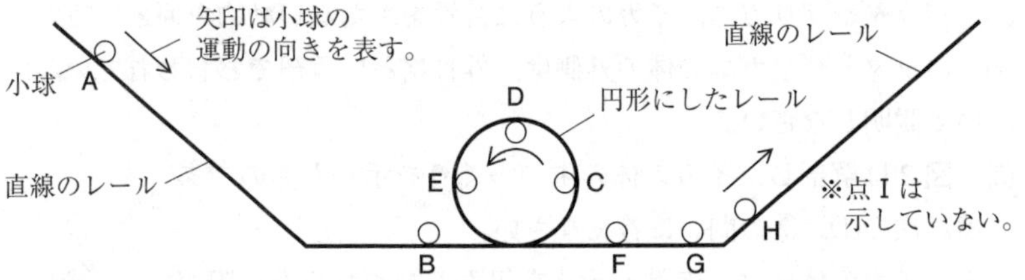

図２

実験２　目的「エネルギーの移り変わりについて調べる」

実験１と同じループコースターの点**F**と点**G**の間にうすい布をはり，この区間だけうすい布と小球との間に一定の大きさの摩擦力がはたらくようにした。点**A**から静かに小球をはなすと，小球は点Ｉまで到達しなかった。

⑴　**実験１**において，点Ｉの高さとして正しいものを，次の**ア**～**エ**の中から一つ選んで，その記号を書きなさい。

ア　点**A**より高い

イ　点**A**と同じ

ウ　点**D**より高く，点**A**より低い

エ　点**D**と同じ

⑵　**実験１**において，小球がはじめて点**H**を通過したとき，小球にはたらく力と小球の運動について説明した文として正しいものを，次の**ア**～**エ**の中から一つ選んで，その記号を書きなさい。

ア　小球は，進む向きの力と斜面にそう下向きの力がつり合っているため，しだいに遅くなっている。

イ　小球は，進む向きの力をもっているため，斜面を上昇している。

ウ　小球には，斜面にそう下向きの力がはたらいているため，しだいに遅くなっている。

エ　小球には，力がはたらいていないため，斜面を上昇している。

⑶　**実験１**の点**A**，**B**，**C**，**E**，**F**，**H**の中で，小球のもつ運動エネルギーの大きさが等しくなる点の組み合わせとして正しいものを，次の**ア**～**エ**の中から一つ選んで，その記号を書きなさい。

ア　点**A**と点**C**

イ　点**E**と点**F**

ウ　点**B**と点**F**

エ　点**A**と点**H**

⑷　次のページの**図３**は，**実験１**における点**C**から点**E**までの小球の運動のようすを表したものと，それぞれの位置における小球のもつ位置エネルギーの変化のようすを破線で表したものである。点**C**から点**E**までの小球のもつ運動エネルギーの変化のようすを，実線でかき入れなさい。なお，点**A**での小球のもつ力学的エネルギーの大きさをUとし，**図３**に示している。

⑸　**実験２**において，小球が点Ｉまで到達しなかった理由を書きなさい。

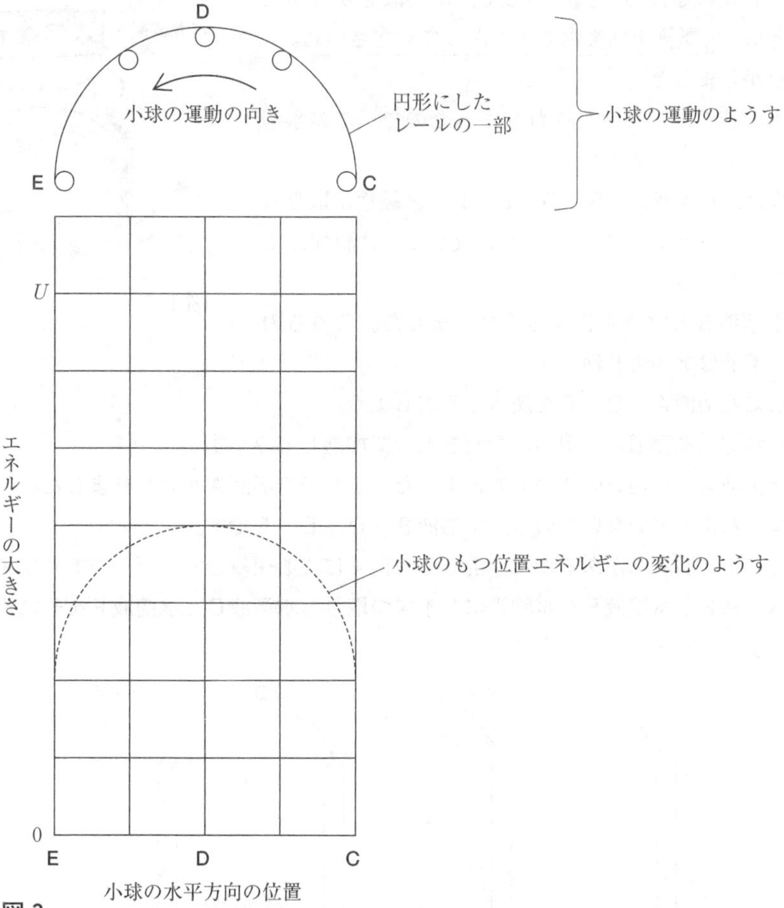

図 3

5　科学部の太郎さんと花子さんが先生と一緒に，6個のビーカーに入った水溶液を区別する実験の計画を立てている。次の会話を読んで，(1)～(5)の問いに答えなさい。

先生：6個のビーカーに入った水溶液A～Fは，うすい塩酸，炭酸水，食塩水，砂糖水，うすい水酸化ナトリウム水溶液，石灰水のいずれかです。
　　　二人は，どのような実験方法や順序で調べますか。
花子：水溶液の性質を調べればわかると思います。
太郎：電流が流れるかどうか調べたり，水溶液を加熱したりするとわかるかもしれませんね。
【太郎さんと花子さんは，計画を立て終わり，先生に確認してもらった。】
先生：水溶液の性質を調べるときは，実験を行うたびにもとのビーカーから水溶液を取り分けてください。それでは，安全に気をつけて実験しましょう。
太郎：まずは，水溶液A～Fをビーカーに取り分けて電流が流れるかどうか確認してみます(図1(次ページ))。

花子：同じ電極を使って調べるので，水溶液をかえるときは，a電極を精製水でよく洗ってくださいね。

太郎：わかりました。
水溶液Cだけ電流が流れなかったので，この水溶液は □ ですね。

花子：次に，水溶液A，B，D，E，Fを試験管に取り分けて，フェノールフタレイン液を２，３滴加えてみましょう。

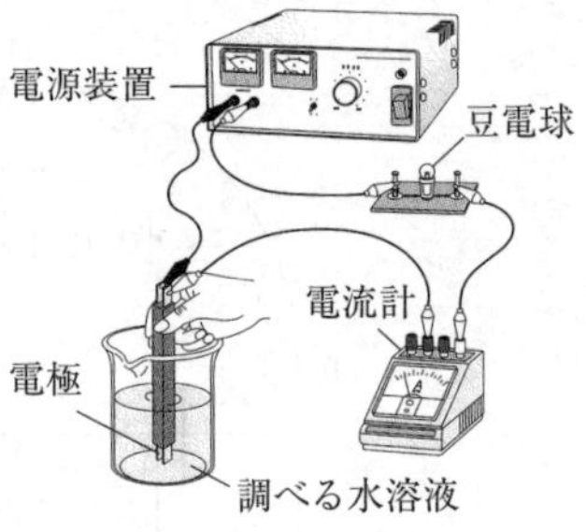

図１

太郎：水溶液Bと水溶液Eは赤くなりました。これらの水溶液はアルカリ性ですね。
次に水溶液A，D，Fを調べてみましょう。

花子：それぞれ蒸発皿に少量の水溶液をとって加熱してみます。

太郎：水溶液Aだけ白い固体がでてきました。これで水溶液Aがわかりました。
まだわかっていないものは，水溶液B，D，E，Fです。

花子：この中に石灰水があるから，混ぜると白くにごる組み合わせが一つありますね。
水溶液Bと水溶液Eを試験管に２本ずつ取り，水溶液Dと水溶液Fをそれぞれ１滴ずつ加えてみましょう（図２）。

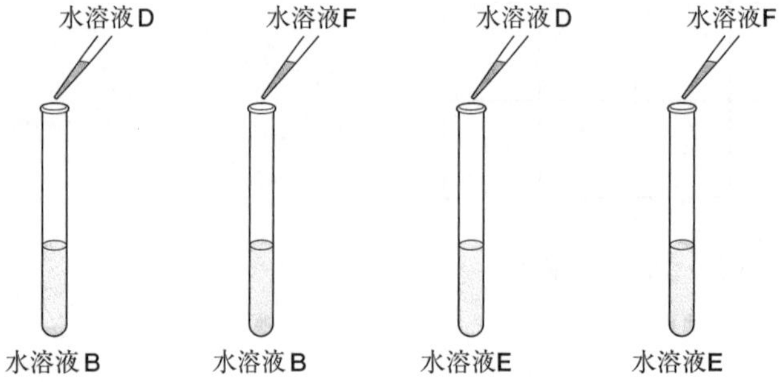

図２

太郎：水溶液Dを水溶液Bに混ぜたときだけ白くにごりました。これで水溶液Bと水溶液Dが何かわかりましたね。

花子：残りの水溶液Eと水溶液Fもわかりますね。

先生：これで水溶液の区別ができましたね。他にも水溶液を区別できるb別の実験方法があるか考えてみましょう。

(1)　下線部aの理由を書きなさい。

(2)　６種類の水溶液A～Fのうち，文中の □ に当てはまる水溶液は何か，その名称を書きなさい。

(3)　水溶液Fの溶質は何か，化学式で書きなさい。

(4)　実験のために準備した食塩水の質量パーセント濃度は10％であった。この食塩水100ｇに水を加えて質量パーセント濃度が２％の食塩水をつくるとき，加える水は何ｇか，求めなさい。

(5)　下線部bについて，別の実験方法では，６種類の水溶液A～Fを４種類の水溶液と２種類の水溶液に区別できる。この実験方法として最も適当なものを，次の**ア**～**エ**の中から一つ選んで，その記号を書きなさい。

ア　ろ過し，ろ紙に残ったものを観察する。

イ　水溶液を青色リトマス紙につけ，色の変化を観察する。

ウ　水溶液を青色の塩化コバルト紙につけ，色の変化を観察する。

エ　緑色のＢＴＢ液を数滴加え，色の変化を観察する。

6　図は，ある地域の四つの地点Ⅰ，Ⅱ，Ⅲ，Ⅳにおけるボーリング訓査をしたときの結果を表した柱状図である。縦軸の目もりは地表からの深さを表している。また，地点Ⅰ～Ⅳは標高がすべて同じであり，一直線上に等間隔で，地点Ⅰ，地点Ⅱ，地点Ⅲ，地点Ⅳの順に並んでいるものとする。下の(1)～(5)の問いに答えなさい。ただし，この地域には，断層やしゅう曲，地層の上下の逆転はなく，地層が一定の方向に傾いて広がっている。

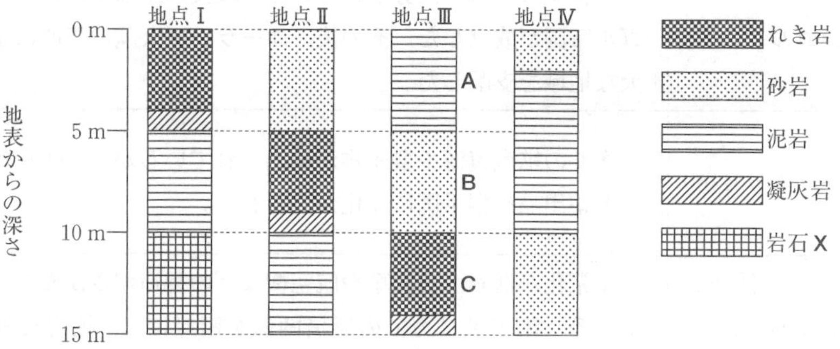

図

(1)　図の凝灰岩のように，遠く離れた地層が同時代にできたことを調べる際のよい目印となる地層を何というか，書きなさい。

(2)　地点Ⅰ～Ⅳをふくむ地域の地層が堆積した環境について，次の①，②の問いに答えなさい。

①　れき，砂，泥のうち，河口から最も離れた海底に堆積するものはどれか，書きなさい。

②　地点ⅢのA，B，Cが堆積した期間に，この地域の海の深さはどのように変化したと考えられるか。図の地層の重なり方に注目して書きなさい。なお，A～Cは海底でつくられたことがわかっている。

(3)　地点Ⅳを調べたとき，凝灰岩がある深さとして最も適当なものを，次の**ア**～**エ**の中から一つ選んで，その記号を書きなさい。

ア　19～20m　　**イ**　24～25m　　**ウ**　29～30m　　**エ**　34～35m

(4)　岩石Xのかけらを採取し，蒸発皿に入れ，うすい塩酸を数滴かけたところ，泡が発生してとけた。岩石Xの名称として正しいものを，次の**ア**～**エ**の中から一つ選んで，その記号を書きなさい。

ア　斑れい岩　　**イ**　安山岩　　**ウ**　チャート　　**エ**　石灰岩

(5)　次の文中の ☐ に当てはまる地質年代を書きなさい。

この地域の砂岩層からビカリアの化石が発見されたことから，この地層は ☐ 代に堆積したと考えられる。

＜社会＞

時間　50分　　満点　100点

1　次に示すのは，あるクラスで生徒が興味をもった国について調べ学習を行い，まとめたものの一部である。これらに関連した(1)～(7)の問いに答えなさい。

A　イギリス	産業革命《さんぎょうかくめい》が最初に始まった国であり，工場で大量に生産された工業製品を世界中に輸出し，東アジアにも進出した。
B　フランス	ルイ14世の命令でベルサイユ宮殿が建設された。その後のフランス革命の頃には，財政が悪化し，身分による貧富の差も大きくなっていた。
C　モンゴル	13世紀の初めに，分かれていた遊牧民の諸部族が統一され，モンゴル帝国が成立した。その後，ユーラシア大陸の東西にまたがる広大な地域を支配した。
D　オーストラリア	多くの鉱産資源や農産物が輸出されているが，1960年代と比較すると輸出品や相手国に変化が見られる。
E　ブラジル	工業化が進み，自動車や航空機などの製造がさかんで，輸出をしている。南アメリカでの経済関係を密接にし，協力を強めるために，地域機構（まとまり）に加盟している。

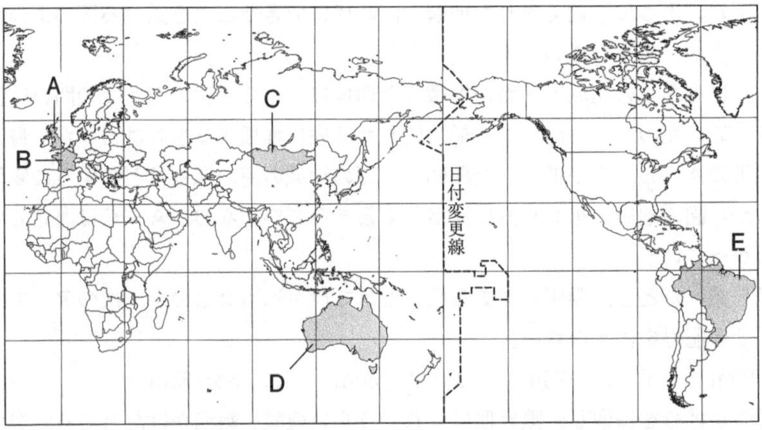

注）経線と緯線は30度間隔である。なお，緯線は，北緯90度まで，南緯60度までえがかれている。

(1)　A～Eの国は，それぞれ主権をもつ国家である。主権が及ぶ範囲を領域という。領域に関して，次の［　　］の文中の［a］，［b］に当てはまる数字の組み合わせを，あとの**ア**～**エ**の中から一つ選んで，その記号を書きなさい。また，［　　］に当てはまる語を書きなさい。

領域は，領土，領海，領空からなっている。領海の範囲は，［a］海里である。また，領土の沿岸から b 海里までを　　といい，魚や石油などの資源は，沿岸国のものとすることができる。領空は，一般的に領土，領海の上空で，大気圏内とされている。

ア ［a　12　b　100］　イ ［a　12　b　200］
ウ ［a　24　b　100］　エ ［a　24　b　200］

(2)　Aの国イギリスについて，日本との関係に関する次のア～エのできごとを，年代の古い順に左から並べて，その記号を書きなさい。

ア　薩英戦争《さつえいせんそう》がおこった。　イ　イギリスが平戸《ひらど》（長崎県）に商館《しょうかん》をつくり，貿易を始めた。
ウ　日英同盟《にちえいどうめい》が結ばれた。　エ　イギリスの領事裁判権《りょうじさいばんけん》（治外法権《ちがいほうけん》）が撤廃された。

(3)　Bの国フランスについて，フランス革命で国民議会《こくみんぎかい》が発表したものを何というか，次のア～エの中から一つ選んで，その記号を書きなさい。

ア　人権宣言《じんけんせんげん》　イ　法《ほう》の精神《せいしん》　ウ　権利《けんり》（の）章典《しょうてん》　エ　独立宣言《どくりつせんげん》

(4)　Cの国モンゴルについて，13世紀の初めに成立したモンゴル帝国に関する次の　　の文中の a ， b に当てはまる語を書きなさい。

皇帝となった a は都を大都《だいと》(現在の北京《ペキン》)に移し，国号を元《げん》と定めた。 a は，日本を従えようと使者を送ったが，鎌倉幕府《かまくらばくふ》の執権《しっけん》の b が要求を拒否したため，1274（文永11）年に文永《ぶんえい》の役《えき》がおこった。

(5)　Dの国オーストラリアについて，オーストラリアの貿易に関して示した表１のX，表２のYに当てはまる語の組み合わせを，下のア～エの中から一つ選んで，その記号を書きなさい。

表１　オーストラリアの主な輸出品の金額とその割合(2015年)

品目	金額(百万ドル)	割合(%)
X	36735	19.6
石炭	28476	15.2
液化天然ガス	12429	6.6
金(非貨幣用)	10936	5.8
肉類	9891	5.3
その他	89325	47.6

表２　オーストラリアの主な輸出国別の金額とその割合(2015年)

国名	金額(百万ドル)	割合(%)
Y	60774	32.2
日本	29976	15.9
韓国	13369	7.1
アメリカ	10242	5.4
インド	7954	4.2
その他	66316	35.2

注）割合は四捨五入しているため，合計が100％にならない場合もある。
〔表１，表２は「世界国勢図会 2017/18」より作成〕

ア ［X　原油　Y　中国］
イ ［X　原油　Y　イギリス］
ウ ［X　鉄鉱石　Y　中国］
エ ［X　鉄鉱石　Y　イギリス］

(6)　Eの国ブラジルについて，地域主義（地域統合）の例として，ブラジルが加盟している地域機構（まとまり）の略称を，次のア～エの中から一つ選んで，その記号を書きなさい。

ア　NAFTA　イ　EU　ウ　ASEAN　エ　MERCOSUR

(7)　日本が１月30日午前10時のとき，A～Eの国の中で１月30日ではない国はどこか，A～Eの中から一つ選んで，その記号を書きなさい。なお，サマータイムについては考えないものとする。

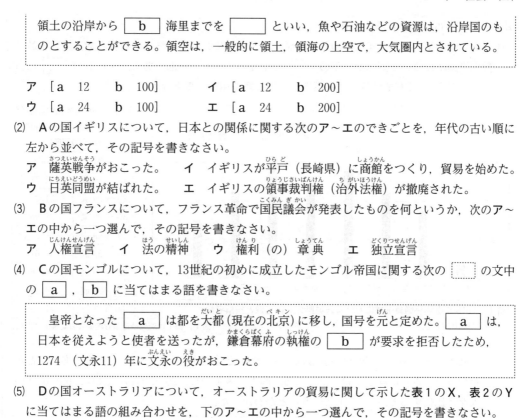

2　次の(1)～(5)の問いに答えなさい。

(1)　ある中学生が，2016年に行われた参議院議員選挙における茨城県の有権者数，投票者数，年齢別投票率について調べた。下の［　　］は生徒のノートの一部である。ノートの［　　］に当てはまる内容を，「有権者数」，「投票率」という語を用いて書きなさい。

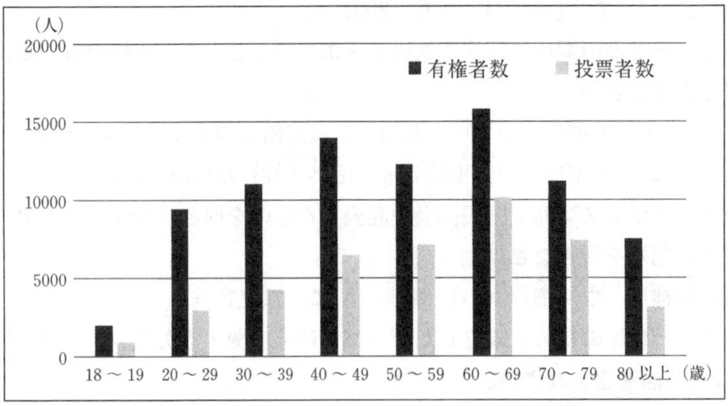

図1　2016年参議院議員選挙における茨城県の有権者数と投票者数（抽出投票区）

表1　2016年参議院議員選挙茨城県の年齢別投票率（抽出投票区）

年齢	投票率(%)
18～19歳	44.71
20～29歳	31.25
30～39歳	38.96
40～49歳	46.25
50～59歳	57.61
60～69歳	64.26
70～79歳	66.18
80歳以上	41.69

〔図1，表1は茨城県選挙管理委員会資料より作成〕

> **図1**から，20～29歳の投票者数は，60～69歳と比較すると，3分の1程度であることがわかった。さらに詳しく調べたところ，**図1**，**表1**から，20～29歳の人々《ひとびと》は，60～69歳の人々と比較すると，［　　］ということがわかった。

(2)　日本では，日本国憲法において自由権が保障されている。自由権に当てはまる権利を，次の**ア**～**エ**の中から一つ選んで，その記号を書きなさい。また，地方公共団体は，憲法や法律に基づき，議会の議決を経て，次の**資料**のような，自らの地方公共団体だけに適用される独自の法（きまり）を制定することができる。このような法を何というか書きなさい。

資料

> 第1条　郷土の歴史を知り，自治の意識をたかめ，県民のより豊かな生活と県の躍進を期する日として，県民の日を設ける。

ア　財産権　　**イ**　生存権　　**ウ**　教育を受ける権利　　**エ**　団結権

(3)　**図2**は，日本の三権分立のしくみを示している。**図2**の［　　］に当てはまる語を書きなさい。また，**図2**のようなしくみをとる目的を，「権力」という語を用いて書きなさい。

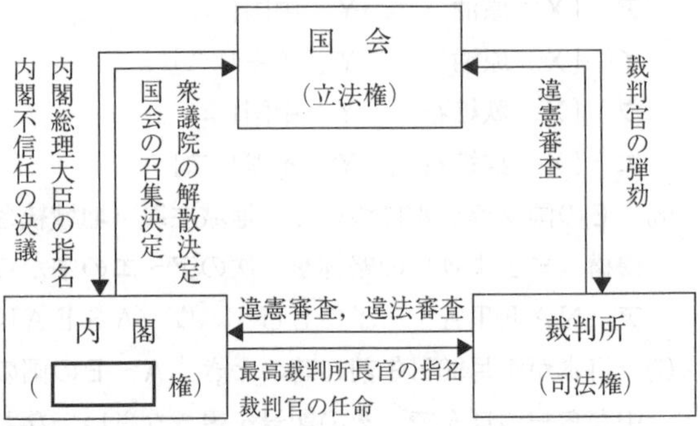

図2

(4)　次の［　］の文中の［　］に当てはまる人物の名前を書きなさい。また，[a]，[b]に当てはまる語の組み合わせを，下のア～エの中から一つ選んで，その記号を書きなさい。

> 1962年，アメリカの［　］大統領は，消費者の四つの権利を宣言し，各国の消費者行政に影響を与えた。その後，日本では消費者の権利を守るため，様々《さまざま》な法律や制度が作られてきた。たとえば，商品の欠陥によって，消費者が被害や損害を受けた場合の賠償について定めた[a]が1994年に制定（1995年施行）された。また，消費者が商品の重要な項目について，事実と異なることを説明された場合に，売買の約束の取り消しができることなどを定めた[b]が2000年に制定（2001年施行）された。

ア［a　消費者保護基本法　　b　消費者契約法］
イ［a　消費者保護基本法　　b　消費者基本法］
ウ［a　製造物責任法（ＰＬ法）　b　消費者契約法］
エ［a　製造物責任法（ＰＬ法）　b　消費者基本法］

(5)　日本銀行の役割を学習する授業で，太郎さんは次のようなノートを作成した。調べたことをお互いに意見交換する際，あなたは太郎さんのノートの間違いに気がついた。ア～エの中から間違いのある記述を一つ選んで，その記号を書きなさい。また，正しい記述に直しなさい。

> 日本銀行は中央銀行として特別な役割をもっている。
> ・発券銀行　……………　ア　日本銀行券を発行する。
> ・銀行の銀行　……………　イ　家計や企業にお金の貸し出しを行う。
> ・政府の銀行　……………　ウ　政府のお金を出し入れする。
> ・景気を安定させるために，エ　公開市場操作などの金融政策を行う。

3　次の(1)～(8)の問いに答えなさい。

(1)　図１，図２を見て，次の［　］の文中の[a]に当てはまる記号と[b]，[c]に当てはまる語の組み合わせを，次のページのア～エの中から一つ選んで，その記号を書きなさい。また，文中の［　］に当てはまる語を書きなさい。

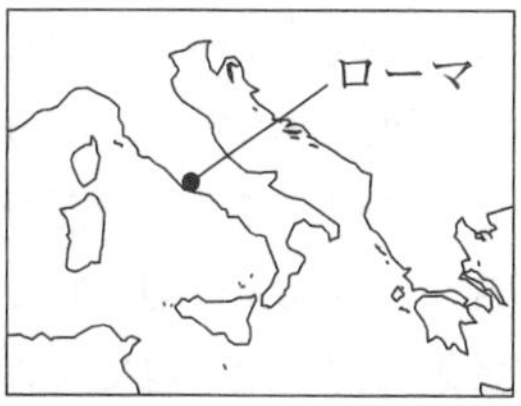

図１

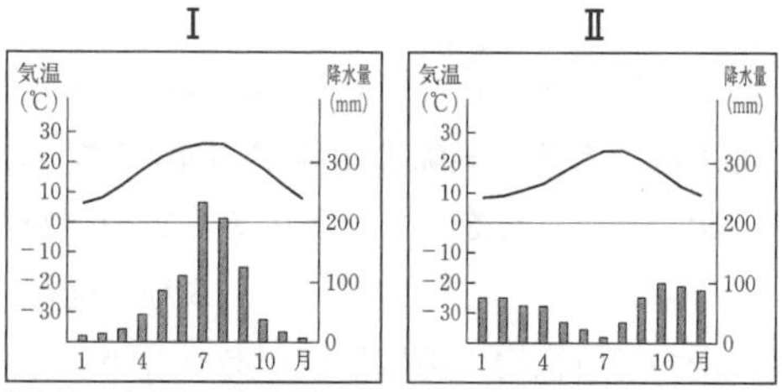

図２　気温と降水量

〔「理科年表平成 23 年版」より作成〕

> 図１のローマの気温と降水量を示したものは，図２のⅠとⅡのうち，[a]である。ヨーロッパ南部の［　］沿岸では，[b]には乾燥に強いオリーブやオレンジを栽培し，[c]には小麦や牧草などを栽培する［　］式農業が行われてきた。

ア［a Ⅰ　b 夏　c 冬］　　イ［a Ⅰ　b 冬　c 夏］
ウ［a Ⅱ　b 夏　c 冬］　　エ［a Ⅱ　b 冬　c 夏］

(2) 図3を見て，近畿地方で最も65歳以上人口の割合が低い府または県の，府庁または県庁所在地名を書きなさい。また，次のア～エの人口ピラミッドは，愛知県，大阪府，広島県，高知県のいずれかを示している。高知県の人口ピラミッドを示したものを，次のア～エの中から一つ選んで，その記号を書きなさい。

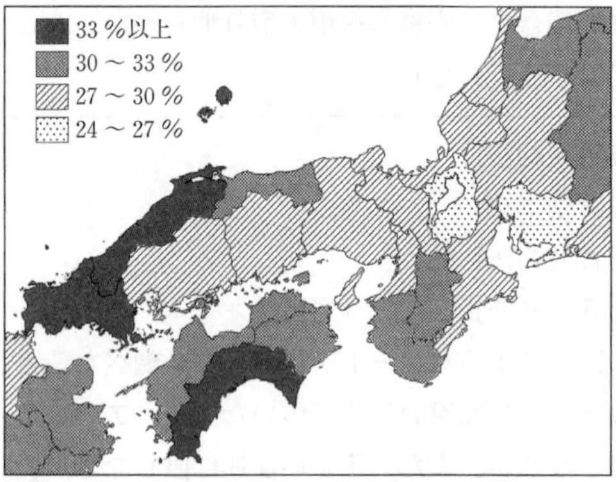

図3　各府県の65歳以上人口の割合(2017年)
〔総務省統計局資料より作成〕

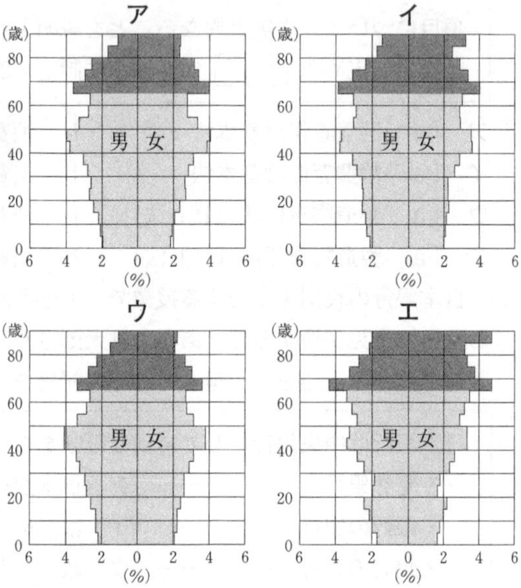

(3) 図4を見て，択捉島《えとろふとう》をア～エの中から一つ選んで，その記号を書きなさい。また，図4中の━━▶で示した海流名を書きなさい。

図4

(4) 図5（次ページ）は，昭和46年発行，図6（次ページ）は，平成26年発行の同じ地域を示した地形図である。実際の距離が500mであったとき，この地形図上では何㎝になるか書きなさい。また，これらを見て，下のア～エの中から正しいものを一つ選んで，その記号を書きなさい。　（※地形図は，編集上の都合により85％に縮小してあります。）

ア　かつて町役場の南に学校があったが，その場所に文化会館と博物館が建てられた。
イ　平成26年発行の地形図では，かつて町役場があった場所よりも北側に市役所がある。
ウ　尾張旭《おわりあさひ》駅は，かつてのあさひあらい駅よりも，西側にある。
エ　かつて水田が広く見られたが，現在では都市化が進み，まったく見られない。

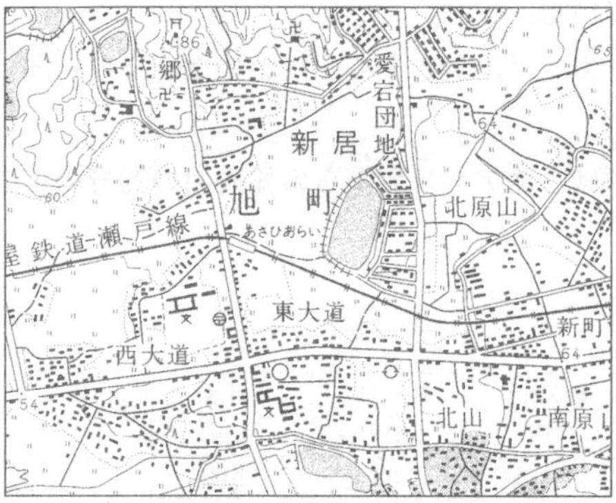

図５

図６

〔図５，図６は国土地理院発行２万５千分の１地形図「瀬戸」より作成〕

⑸　**図７**は，東北地方の主な半導体工場の分布を示し，**図８**は，東北地方の高速道路網を示している。**図７**の半導体工場は，高速道路沿いに分布しているが，その理由を「輸送」の語を用いて書きなさい。

図７　主な半導体工場の分布
〔「データでみる県勢 2018」より作成〕

図８　高速道路網
〔NEXCO東日本資料より作成〕

⑹　アメリカの工業について述べた次の**ア**～**エ**の文の中から正しいものを一つ選んで，その記号を書きなさい。また，**図９**に示したサンフランシスコ郊外にある，先端技術産業が集中する地域**X**を何というか，書きなさい。

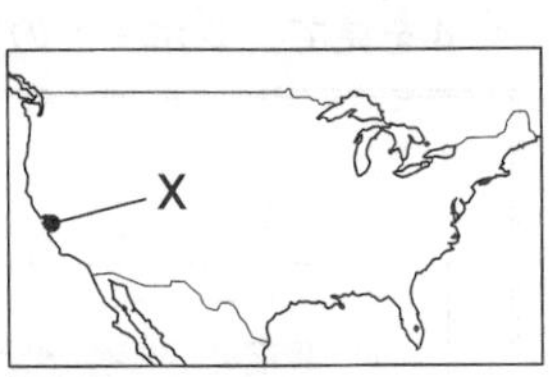

図９

ア　アメリカの工業は，石炭や鉄鉱石などの豊富な鉱産資源をもとに，まず太平洋沿岸で始まり，重工業が発展した。

イ　デトロイトは鉄鋼業，ピッツバーグは大量生産方式を取り入れた自動車工業の中心地として成長した。

ウ　20世紀後半になると，アメリカの鉄鋼業や航空宇宙産業は，日本などから輸入された工業製品により大きな打撃を受けた。

エ　現在のアメリカは，エレクトロニクス，バイオテクノロジーなど，新しい工業分野で世界をリードしている。

⑺　次のページの**表１**，**表２**を見て，下の**ア**～**エ**の中から正しいものを一つ選んで，その記号を書きなさい。

ア　各国の中で，　1990年と2015年ともに，技術輸出額が最も多いのはアメリカで，最も少ないのはドイツである。

イ　日本とドイツの技術貿易額について，1990年ではともに輸入額が輸出額を上回っていたが，2015年ではともに輸出額が輸入額を上回っている。

ウ 2015年における日本の技術輸出額は，北アメリカ向けが最も多く，次いでヨーロッパ向けが多い。

エ 2015年における日本のアジアからの技術輸入額は，北アメリカからの輸入額の20分の１未満である。

表１ 各国の技術貿易額

	日本		アメリカ		ドイツ	
	輸出額（億円）	輸入額（億円）	輸出額（億円）	輸入額（億円）	輸出額（億円）	輸入額（億円）
1990年	3394	3719	24084	4539	4690	5140
2015年	39498	6026	158367	107597	103955	77759

注）技術貿易とは，諸外国との特許権や技術情報などの取引。

表２ 日本の地域別技術貿易額（2015年）

	輸出額（億円）	輸入額（億円）
アジア	14579	319
北アメリカ	17935	4278
南アメリカ	581	1
ヨーロッパ	5942	1414
アフリカ	188	0
オセアニア	274	15
合計	39498	6026

注）地域別技術貿易額は，四捨五入しているため，合計と一致しない場合もある。

〔**表１，表２**は「科学技術要覧平成29年版」より作成〕

(8) ある中学生が，「資源・エネルギーと産業」というテーマで調べ学習をする際，「発電」という視点からレポートをまとめた。次に示すのは，そのレポートの一部である。図10，表３，表４を見て，レポートの X ， Y に当てはまる内容を書きなさい。

＜日本の発電について＞

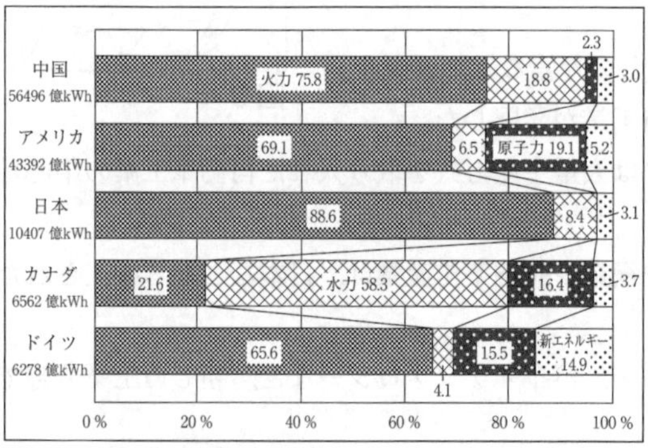

図10 主な国の発電量の割合（2014年）

注）割合は四捨五入しているため，合計が100％にならない場合もある。

〔「データブック オブ・ザ・ワールド2018」より作成〕

表３ 主な国の新エネルギー供給

	風力（万kW）		太陽光（万kW）		地熱（万kW）	
	2009年	2014年	2009年	2014年	2009年	2014年
中国	2585	11461	31	2820	2	3
アメリカ	3516	6615	165	1828	309	353
日本	221	284	363	2330	54	54
カナダ	332	968	10	171	0	0
ドイツ	2581	4050	968	3820	1	3

注）新エネルギーとは，再生可能エネルギーのうち水力発電を除いたものである。

〔「データブック オブ・ザ・ワールド2012・2017」より作成〕

表4　日本のエネルギー源別の発電量1kWhあたりのコスト　　単位(円/kWh)

発電方法等 / 発電コストの項目	火力発電		新エネルギー		
	石炭	天然ガス	太陽光	風力	地熱
設備費	2.1	1.0	17.9	12.1	5.8
運転維持費	1.7	0.6	3.0	3.4	5.1
燃料費	5.5	10.8	−	−	−
二酸化炭素対策費	3.0	1.3	−	−	−
政策経費	0.0	0.0	3.3	6.0	6.0

注）設備費とは，建設や土地の利用などにかかる費用。
注）政策経費とは，固定価格買取制度などにかかる費用。ただし「0.0」は0.1未満。

〔資源エネルギー庁資料より作成〕

○わかったこと

図10を見ると，日本では発電量に占める火力発電の割合が，主な国の中では最も高い。

表3を見て，主な国の風力，太陽光，地熱の新エネルギーの供給について，2009年と2014年を比較すると，地熱発電の供給の値には大きな変化がないが，［　X　］ということがわかる。

表4を発電コストの項目別に見て，新エネルギーによる発電と火力発電を比較すると，新エネルギーの特徴は，［　Y　］ということがわかる。

4　次の(1)～(8)の問いに答えなさい。

(1)　次の［　　］の文は，年表中のAの時期についての先生と生徒との会話である。文中の［ a ］，［ b ］に当てはまる語を書きなさい。

> 先生：3世紀になると，中国では漢《かん》がほろび，魏《ぎ》・蜀《しょく》・呉《ご》の三国に分かれて争っていました。
> 生徒：このころ倭《わ》には［ a ］という国があり，魏に使いを送っていたんですよね。
> 先生：はい。その国の女王は卑弥呼《ひみこ》といい，魏の皇帝から「［ b ］」の称号と金印を授けられました。

西暦	できごと
57	倭の奴国《なこく》《なのくに》の王が後漢《ごかん》に使いを送る
	A
478	倭王武《ぶ》が中国の南朝《なんちょう》に使いを送る
630	第1回遣唐使《けんとうし》を送る
	B
801	坂上田村麻呂《さかのうえのたむらまろ》が蝦夷《えみし》を平定する
1404	日明貿易《にちみんぼうえき》(勘合《かんごう》貿易)が始まる
	C
1582	天正遣欧使節《てんしょうけんおうしせつ》を派遣する

(2)　資料の歌をよんだのは，年表中のBの時期に唐《とう》や新羅《しらぎ》《しんら》《シルラ》からの攻撃に備えて九州北部に送られた兵士である。このような兵士を何というか，書きなさい。

資料

> 水鳥の立ちの急ぎに父母に
> 　物言ず来にて今ぞ悔しき
> (水鳥が飛び立つような旅立ちのあわただしさにまぎれ，父さん母さんにろくに物を言わないで来てしまって，今となって悔しくてたまらない。)
> (「万葉集《まんようしゅう》」)

(3) 年表中のCの時期には，各地の港や寺社の門前で都市が発達したが，中には有力者を中心に自治組織をつくった都市もあった。このような自治都市として知られる堺《さかい》の位置を，図1のア～エの中から一つ選んで，その記号を書きなさい。また，京都で自治を行った裕福な商工業者を何というか，書きなさい。

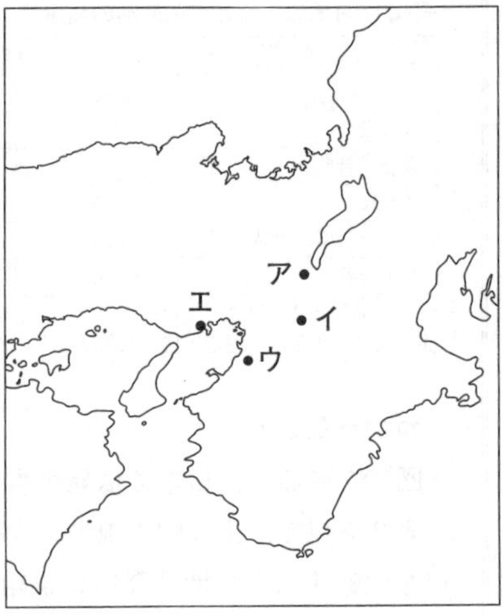

図1

(4) 次の[　　]の文は，17世紀末から18世紀初めにかけて，京都や大阪などの上方《かみがた》の町人がにない手になった文化について述べたものである。文中の[　　]に当てはまる語を答えなさい。また，文中の[a]，[b]に当てはまる語の組み合わせを，下のア～エの中から一つ選んで，その記号を書きなさい。

> [　　]文化では，[a]が浮世草子《うきよぞうし》に町人の生活を生き生きとえがき，[b]は人《にん》形浄瑠璃《ぎょうじょうるり》の脚本家として主に現実に起こった事件をもとに，義理と人情の板ばさみのなかで懸命に生きる男女をえがいた。

ア [a 井原西鶴《いはらさいかく》 b 近松門左衛門《ちかまつもんざえもん》]　イ [a 井原西鶴 b 十返舎一九《じっぺんしゃいっく》]
ウ [a 松尾芭蕉《まつおばしょう》 b 近松門左衛門]　エ [a 松尾芭蕉 b 十返舎一九]

(5) 図2は，1867年に将軍が政権を朝廷《ちょうてい》に返すことを宣言しているところをえがいたものである。この将軍の名前を書きなさい。また，その後の政治や社会の様子について当てはまるものを，次のア～エの中から一つ選んで，その記号を書きなさい。

図2

ア 吉田松陰《よしだしょういん》が，安政《あんせい》の大獄《たいごく》によって処罰された。
イ 函館《はこだて》・横浜・長崎で，外国人との貿易が始まった。
ウ 岩倉具視《いわくらともみ》を全権大使《ぜんけんたいし》とする使節団が，欧米諸国に派遣された。
エ 土佐藩《とさはん》出身の坂本龍馬《さかもとりょうま》らが，薩摩藩《さつまはん》と長州藩《ちょうしゅうはん》の間を仲介し，薩長同盟《さっちょうどうめい》を結ばせた。

(6) 図3は江戸幕府《えどばくふ》の直接の支配地からの年貢《ねんぐ》収入量を，図4は明治政府《めいじせいふ》の収入のうち地租《ちそ》の額を示したものである。図3，図4を比較して，明治政府が地租改正《ちそかいせい》を行った理由について，「地価《ちか》」という語を用いて，解答用紙の書き出しに続いて書きなさい。また，地租改正を実施したとき，土地の所有者に対して発行した証券を何というか，書きなさい。

(図3，図4は次のページにあります。)

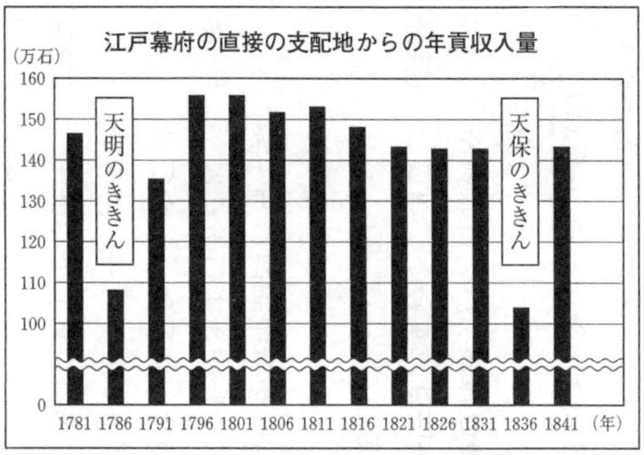

図 3　〔「角川日本史辞典第二版」より作成〕

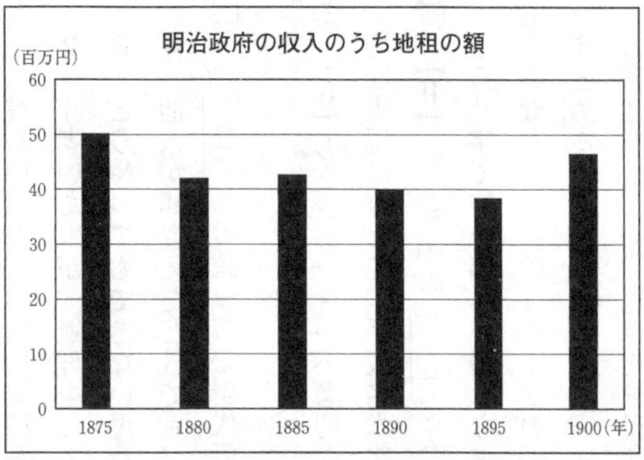

図 4　〔「数字でみる日本の 100 年改訂第 6 版」より作成〕

(7)　次のⅠ～Ⅲは，第二次世界大戦《だいにじせかいたいせん》をめぐるできごとについて述べたものである。それらを年代の古い順に並べたものを，下の**ア**～**カ**の中から一つ選んで，その記号を書きなさい。また，1941年に日本が北方の安全を確保するためにソ連と結んだ条約は何か，書きなさい。

Ⅰ　連合国が日本に対して，ポツダム宣言を出した。

Ⅱ　アメリカのルーズベルト(ローズベルト)大統領とイギリスのチャーチル首相が，大西洋憲《たいせいようけん》章《しょう》を出した。

Ⅲ　ドイツが，独《どく》ソ不可侵条約《ふかしんじょうやく》を結んだうえで，ポーランドに侵攻した。

ア　Ⅰ－Ⅱ－Ⅲ　　**イ**　Ⅰ－Ⅲ－Ⅱ　　**ウ**　Ⅱ－Ⅰ－Ⅲ

エ　Ⅱ－Ⅲ－Ⅰ　　**オ**　Ⅲ－Ⅰ－Ⅱ　　**カ**　Ⅲ－Ⅱ－Ⅰ

(8)　次の［　　］の文は，ある中学生が「戦後の茨城」というテーマで調べ学習をして，まとめたレポートの一部である。レポートに示されている1969年から1974年の間におきた日本のできごととして当てはまるものを，下の**ア**～**エ**の中から一つ選んで，その記号を書きなさい。

> 1969年には鹿島《かしま》港の開港記念式が行われ，筑波《つくば》研究学園都市の建設が始まった。1974年には茨城県で国民体育大会が開催され，茨城県が天皇杯，皇后杯を獲得した。右の**図 5** は，その国民体育大会の開会式の様子である。

図 5

ア　沖縄の日本復帰が実現した。

イ　民主主義教育の基本を示した教育基本法が制定された。

ウ　自由民主党《じゆうみんしゅとう》・日本共産党《にほんきょうさんとう》を除く連立内閣が成立し，55年体制が崩壊した。

エ　サンフランシスコ平和条約が結ばれた。

ます。

(次郎) そもそも「貧しき者は財をもて礼とし、老いたる者は力をもて礼とす」というのも、自分が置かれている状況が分かっていない、ということですよね。

(花子) 文章中にもあるように、人は自分が置かれている状況を理解せずに無理をすると、かえって事態を悪化させるのかも知れませんね。

(中略……この後も話し合いは続いた。)

(太郎) いろいろな意見が出ましたね。では、話し合いで出た意見を参考にして、筆者の考えに対して意見文を書いてみましょう。

(一) ア許さざらん とあるがどのようなことを許さないのか。最も適切なものを、次の1～4から選んで、その番号を書きなさい。

1 貧しい人が、お礼の気持ちをお金で表すこと。
2 年老いた人が、無理をして力仕事をすること。
3 どうやってもできない場合は、すぐにやめること。
4 他人が間違えたときでも、自分が責任を取ること。

(二) イしひて の読み方を現代仮名遣《づか》いに直して、平仮名で書きなさい。

(三) 【Ⅱ】の文章中には、不適切な敬語が含まれている。その敬語を適切な表現に直して、平仮名六字で書きなさい。

(四) 【Ⅱ】の文章中の□に入る最も適切な語句を、【Ⅰ】の文章中から八字で抜き出して書きなさい。

(五) あなたも、このグループの一員として筆者の考えに対する意見をまとめることになりました。【Ⅰ】と【Ⅱ】を参考にして、あなたの考えをまとめ、意見文を書きなさい。

ただし、以下の条件に従うこと。

1 百六十字以上、二百字以内で書くこと。（句読点を含む。）
2 二段落構成とし、第一段落には、自分の力の限界を知って行動するのが賢い生き方だという考えに賛成か反対か、あなたの立場とその理由を書くこと。第二段落には、第一段落の内容を踏まえて、この古典を読んで考えたことをこれからの生活にどのように生かしていくかについて書くこと。
3 題名と氏名は書かないこと。
4 正しい原稿用紙の使い方をすること。
5 〜〜や＝＝の記号（符号）を用いた訂正はしないこと。
6 文体は、常体「だ・である」で書くこと。

おもしろさもある。

2　この歌は、現実にない空想の世界を描いているので、読者の解釈に任されている。

3　この歌は、短歌を含む文芸の行く方や日本の歴史を、読者に問いかけている。

4　この歌は、読者に対して命令する言葉を畳みかけており、調子に強い張りがある。

㈥　【感想の交流の一部】の□に入る最も適切な内容を、文章中の言葉を使って、十五字以上、二十字以内で書きなさい。（句読点を含む。）

四　国語の授業で、昔の人の生き方の知恵について書かれた古典の文章を読んで話し合い、意見文を書くことになりました。次の【Ⅰ】と【Ⅱ】について、あとの㈠～㈤の問いに答えなさい。

【Ⅰ】古典の文章

貧しき者は財《たから》をもて礼とし（財貨をもってするのを礼儀と心得）、老いたる者は力をもて礼とす（体力をもってするのを礼儀と心得ている）。おのが分を知りて、及ばざる（できない）時は、速やかに止《や》む（やめる）を智《ち》（知恵のある生き方）といふべし。ア許さざらんは、人の誤りなり。分を知らずして、イしひて励むは、おのれが誤りなり。

貧しくて分を知らざれば盗み、力おとろへて分を知らざれば病を受く。

【Ⅱ】グループでの話し合い

（太郎）　この古典の文章を読んで、「生き方の知恵」というテーマで話し合います。皆さんの考えを発表してください。

（次郎）　「生き方の知恵」ということですが、この文章は現在とは違う言葉で書かれているから、僕にはよく分かりませんでした。

（花子）　確かに分かりにくいところがありますね。でも、文章にある「□」の部分は、自分の立場や能力を分かって、という意味ではないでしょうか。

（恵子）　私もそう思います。それに、「及ばざる時は、速やかに止む」とありますが、私は無理をして失敗したことがあります。

（次郎）　そうすると、この文章には自分の力の限界を知って行動するのが賢い生き方だ、という考えが書かれているということですよね。

（太郎）　なるほど。そのように考えたのですね。他に意見のある人はいますか。

（文雄）　僕の部活動の顧問の先生は、「自分の力の限界は、自分では分からないのだから、自分で力の限界を決めるな」と申していたけれど……。

（雪子）　そうですね。私は合唱部で夏のコンクールに向けての練習を始めたとき、最初はうまく歌えませんでしたが、先輩の助言をもとに考えながら練習を工夫して、本番ではうまく歌うことができました。コンクールで金賞を取ったときには、本当にうれしかったです。

（恵子）　私も努力することは大事だと思います。でも、そのことと自分の実力をわきまえないで理想を追うこととは違うと思いこの歌でむずかしいのは、「[A]」という特殊な表現もありますが、それよりも、いったい誰の（あるいは何の）「行く方を思へ」と言っているのかがわからない点でしょう。この点、唯一の正解を求めると読みは挫折します。作者が明示していないことは、想像して読めばよい。そういう読みかたが許されている歌と思います。

「行く方を思」う対象は、作者が大切に思う男性であってもよいし、短歌を含む日本の文芸そのものであってもいいし、日本の歴史というような大きなものであってもいいでしょう。どれも許されていると思います。そこがこの歌の※茫漠《ぼうばく》としたおもしろさであり、焦点が[B]不可解さにもつながります。

それにしてもこの歌の調子には強い張りがあり、とても美しい。美しさにうっとりとなって、気分だけでわかった気になる危険もある一首です。

（坂井修一「ここからはじめる短歌入門」による。）

※ 茫漠＝広くてとりとめのない様子。

【感想の交流の一部】

（一郎） この歌は何でも自由に想像して読んでもよいのですよね。

（夏子） それは違うと思います。そのような読み方をすると、文章にあるように「気分だけでわかった気になる危険もある」と思います。

（一郎） それでは、この歌をどのように読んだらよいのでしょうか。

（夏子） 文章によれば、何でも自由に想像してよいのではなく、[　　]という読み方をしてもよいということなのだと思います。

㈠ 次の文字は、文章中のア絡を行書で書いたものである。この文字の◯で囲んだ①と②の部分に表れている行書の特徴の組み合わせとして、最も適切なものを、次の1～4の中から選んで、その番号を書きなさい。

1 ① 筆順の変化 ② 左払いからの連続
2 ① 点画の省略 ② 右払いの方向の変化
3 ① 縦画からの連続 ② 筆順の変化
4 ① 右払いの方向の変化 ② 点画の省略

㈡ イ中に の「に」と異なるはたらきをしているものを、文章中の1～4の中から一つ選んで、その番号を書きなさい。

㈢ [A]に入る言葉として最も適切な言葉を、短歌の中から五字で抜き出しなさい。

㈣ [B]に入る最も適切な言葉を、次の1～4の中から選んで、その番号を書きなさい。

1 読みきれない　2 描ききれない
3 絞りきれない　4 割りきれない

㈤ 文章の内容に合っているものとして、最も適切なものを、次の1～4の中から選んで、その番号を書きなさい。

1 この歌は、読者に唯一の正解を与えない点で難しいが、そこに

になった事情を四十五字以上、五十字以内で説明しなさい。（句読点を含む。）
ただし、「紙と木」「環境」「価値」の三つの言葉を用いて書くこと。

㈣　文章中の［Ⅰ］に入る最も適切な言葉を、文章中から三字で抜き出して書きなさい。

㈤　国語の授業で文章を読み、まず、西洋の声の美意識について考えることになった。そこで、各自が①～③段落の内容を表にまとめ、更に理解を深めるためにQ＆A（問いとその答え）を作成した。次は、ある生徒の【ノートの一部】である。［　］に入る答えの根拠となる一文を、文章中から抜き出して、そのはじめの五字を書きなさい。（句読点を含む。）

【ノートの一部】

西洋の声の美意識について

段落	話題	分かること
①	発声	石によって作られた声
②	声の美意識	「低く深く響く」こと
③	街の音	必要最小限の音 （楽器…澄んだ音 正確なピッチ

Q＆Aによるまとめ

Q1　声が「石によって作られた」とは、どのようなことか。
A1　声が石造りの住居から影響を受けたということ。
Q2　街の中にも「必要最小限の音」しか存在しないのは、なぜか。
A2　［　　　　］

三　次の文章と【感想の交流の一部】を読んで、あとの㈠～㈥の問いに答えなさい。

青空の井戸よわが汲《く》む夕あかり行く方を思へただ思へとや

『みずかありなむ』山中《やまなか》智恵子《ちえこ》

読者がこの歌を読むときの流れを再現してみましょう。まず初句の「青空の」。これは誰でもわかります。次の「井戸よ」。これは単独のことばとしてはわかりますが、初句から「青空の井戸よ」とくるともうわかりにくくなります。「青空の（下の）井戸よ」なのか、「青空の（中の）井戸よ」なのか、「青空（＝）井戸よ」なのか。青空の下の井戸を思うのが現実世界に近い解釈でしょうが、この表現の短ア絡的なまでの勢いからみて、どうもそれではない気がする。青空のイ中に深い井戸（のようなもの）があると解するほうが、この歌の勢い1にマッチしているようです。ただし、この点の解釈は、やはり読者2に任されています。

作者の山中は、さらにその井戸から、水ではなく「夕あかり」を汲むという。これは何となく想像がつきます。夕方になって青空に夕あかりがきざす。この夕暮れの予兆を汲んでいる。これは、井戸が実在のものであっても、空3に空想で描いているものであっても、理解できることではないでしょうか。

下句は、「行く方を思へただ思へとや」という。井戸から夕あかりを汲む動作の中で、作者は物思いをするわけですが、「夕あかり」そのものからか、「青空」からか、もっと別のものからか、「行く方を思へ」と命じられたよう4に感じたということでしょう。最後の「ただ思へとや」の畳みかけで、「ただ思うだけしかない。追いかけたり捕まえようとしたりすることはできないし、そうしてはならない」ということが暗示されます。

あります。その中で、日本人の伝統的な声の美意識はというと、面白いことに「雑音」にあるのです。

3　西洋から東洋に向かうほど街がうるさくなる、とはよくいわれることです。西洋の建物では音が響くので、一つ一つの音を研ぎ澄ませ、雑音を排してきました。街の中にも必要最小限の音しかありません。そんな音に対する意識は楽器にも反映され、一つ一つの音が澄んで正確な※2ピッチで出るように設計されています。だから和声や合唱、合奏のハーモニーを生み出せたのです。

4　[A]、東洋の街にはさまざまな音が溢《あふ》れ、澄んだ正確な音が作られないために、ハーモニーは生まれませんでした。中国も韓国も日本も、ハーモニーのある合唱や合奏を行うようになったのは西洋の音楽が入り込んでからのことです(日本では西洋音楽が正式に導入された明治以降から。雅楽など伝統的な合奏は複数の楽器が一緒に奏でているだけで、ハーモニーではない)。住居も防音効果のある石ではなく、紙と木という家の外でも中でも音が(2)筒抜けになる素材で作られてきたので、雑音はどこにでも入り込みます。日本人が虫の音を愛するのも、外と内が隔絶されておらず、自然の音や空気が簡単に家の中に入り込む環境だったからでしょう。ヨーロッパの人々が雑音として排したものが、日本人にとっては風情《ふぜい》として好ましく受け入れられました。日本人は静まりかえったところにポーンと響く澄んだ音よりも、そこここにある雑音に価値を見いだしたのです。

5　大陸から渡来した楽器もわざわざ雑音を出すように(3)改造されました。三味線には「サワリ」といって弦が触れるたびに雑音を出す仕組みがあります。笛類は風のような音を出したり、あるいは異物を入れることでわざわざ澄んだ正確な音程を出せないように作られたりしました。[B]、ハーモニーがない代わりに、雑音をまとわせることで表現力を生み出したのです。

6　そんな音の美意識は、やはり雑音の入った声に[I]を見いだしました。天井が低く響かない住居で人の耳目を集めるには、声を一段と高く張り上げるか雑音を際立《きわだ》たせるかしかありません。張り上げた声は、その喉の状態が相手にも伝わるので不快感を与えます。そこで雑音をほどよく混ぜた声が説得力を持ったのです。その一例として、※3辻弁士《つじべんし》やバナナの※4たたき売り、※5がまの油売りなど、街角で人々を集める※6口上《こうじょう》には独特のリズムと多くの雑音が入っています。

(山﨑広子「声のサイエンス　あの人の声は、なぜ心を揺さぶるのか」による。)

※1　声の価値観＝右の文章では、「声の美意識」と同じ意味で使われている。
※2　ピッチ＝音の高さ。
※3　辻弁士＝道ばたで演説などをする人。
※4　たたき売り＝道ばたで、商品を置いた台などをたたき、大声で呼びかけ次第に値を安くして商品を売ること。
※5　がまの油売り＝ヒキガエルの皮膚からでる分泌物からつくったという民間薬を売る人。
※6　口上＝あいさつや商売などで言う、一定の形式に従った、ひとまとまりの言葉。

(一)　文章中の(1)～(3)の漢字の読みを平仮名で書きなさい。

(二)　文章中の[A]と[B]に入る言葉の組み合わせとして、最も適切なものを、次の1～4の中から選んで、その番号を書きなさい。

1　A　例えば　B　しかも　　2　A　確かに　B　むしろ
3　A　結局　B　よって　　4　A　一方　B　つまり

(三)　日本人の伝統的な声の美意識はというと、面白いことに「雑音」にあるのです　とあるが、日本人が「雑音」に美意識を感じるよう

3　はっきりものを言わない響音に自分の考えを主張するよう促したい気持ち。
4　自分自身も辛い状況なのに千弦の心配もできる響音を誇らしく思う気持ち。

(三)　イ響音は少しほっとする　とあるが、その理由として、最も適切なものを、次の1～4の中から選んで、その番号を書きなさい。
1　生き生きしたピアノの音色が出なくなった千弦と会うことに緊張を感じていたが、顔を合わせずにすんだから。
2　考えなければならないことが多く疲れていたが、早く帰宅したことによって十分に体を休めることができるから。
3　千弦に会ったら悩みについて相談に乗らなければいけないと思っていたが、今日のところは会わずにすんだから。
4　千弦はピアノの練習で毎日忙しいのに、自分は好きなことをしてのんびり過ごしていても誰にも責められないから。

(四)　ウきゅうに、お父さんの「響音をちゃんと見ているか」が思いだされて、響音はしおしおと席にすわった　とあるが、この時の響音の気持ちを四十五字以上、五十字以内で書きなさい。（句読点を含む。）

(五)　国語の授業で文章を読み、「響音」の人物像について考えることになった。グループで話し合う前に、まず、ノートに各自の考えをまとめた。次は、ある生徒の【ノートの一部】である。□に入る「響音」の言葉や行動が、Aの場面の文章中には何箇所かある。そのうちの一つを、一文で抜き出して書きなさい。

【ノートの一部】

〈「響音」の人物像〉
自分の本心をあまり言わない人物だと思った。
○根拠となる「響音」の言葉や行動
・□

二　次の文章を読んで、あとの(一)～(五)の問いに答えなさい。なお、1～6は段落の番号を表している。

1　アジアの街では、藁《わら》や木でできたこぢんまりとした家が長屋のように並んでいます。一般的にアジアの人種はヨーロッパや中東の人々《ひとびと》に比べて身長が低く、胸も薄く体格全般が小柄です。そんな体格に合わせるかのように住居も小さめです。アジアの極東にある日本の伝統(1)家屋も天井は低く、木と草（畳）と紙（障子、襖《ふすま》）で作られています。こうした建物では声はまったく響きません。響かないと喉に力が入り、胸ではなく喉の上方で響きを作る発声になります。ヨーロッパの人々の声が石によって作られた声なら、日本人の声は木と紙によって作られた声だといえるでしょう。

2　ところで先に「※1声の価値観」という言葉を何気なく使いましたが、どの国、どの地域にも、それぞれの場所に根差した「声の美意識」というべきものがあります。ヨーロッパの声の美意識は「低く深く響く」ことにあり、中東では「甲高く情熱的」であることにまあ、いっか。

白いシャツに紺色のセーター、グレーのプリーツスカートに紺のハイソックスを選ぶ。鏡に向かって、まるで飛行機の客室乗務員のお姉さんのように、すましておじぎした。

洗面所へ行くと、千弦が髪をとかしているところだった。響音は思わず立ちすくむ。

「あ、響音、おはよう。きょうは制服みたいなかっこうだ。中学生みたい」

いつもの千弦だ。響音の緊張がほどける。

「きょうは終業式だから、制服っぽくしてみたの」

「でも、ちょっと地味だなあ。よし、わたしが髪結わえてあげる」

千弦は、「靴は、赤のスニーカーにして」と言いながら、髪に赤いリボンを器用に編みこむ。見ちがえるように、はなやかになった。

あらためて鏡をのぞくと、響音にはじぶんの姿がいつもの三倍くらいかわいく見えた。

「ねえ、四月からは、千弦ちゃんが響音の髪結ってよう」

「毎朝、あと十分はやく起きてくれば、やってあげないこともない」

「うええ、五分でもむずかしいのに」

千弦にからかわれながらダイニングに入った。お父さんはもう仕事へ行ったあとだ。

「おはようございます！　お母さん、見て見て！」

響音はスカートのすそをつまみ、うきうきとお母さんにまとわりついた。

「ああ、髪、千弦にやってもらったのね。手は洗ってきた？　ジャムはイチゴとマーマレード、どっち」

「……うん、イチゴ」

ウきゅうに、お父さんの「響音をちゃんと見ているか」が思いだされて、響音はしおしおと席にすわった。千弦はなにか言いたそうに、けれどだまってテーブルにつく。

なんとなく、気まずい。

トーストをかじりながら、グランドピアノが占拠しているリビングに目をやる。このピアノのおかげでリビングはテレビも置けないくらいせまいけれど、響音は自宅にグランドピアノがある、ということが自慢で誇らしい。

小さいころは、千弦といっしょにピアノで遊んでいた。幼稚園で習った歌を弾いてもらったり、行進曲にあわせてぐるぐる歩きまわったり。けれどいまは、千弦の練習のじゃまになるようなことは、してはいけない。

響音のために弾いてもらうことのなくなったピアノ。

ピアノの置いてあるリビングが、(3)トオく感じる。

（小俣麦穂「ピアノをきかせて」による。）

※1　弟子入り＝ここでは、陶芸が趣味の祖父に、最近響音が茶わん作りを教えてもらうようになったこと。

※2　燈子＝響音の父の妹で、響音にはおばに当たる。

(一)　文章中の(1)――～(3)――の片仮名の部分を漢字で書きなさい。

(二)　ア響音の頭をなでた　とあるが、この時のお父さんの気持ちとして、最も適切なものを、次の1～4の中から選んで、その番号を書きなさい。

1　千弦の音が以前と変わったのは思い過ごしだと分かってもらいたい気持ち。

2　妹でありながらも千弦の音の変化に胸を痛めている響音を思いやる気持ち。

＜国語＞

時間　五〇分　　満点　一〇〇点

一　次の文章を読んで、あとの㈠～㈤の問いに答えなさい。

小学校五年生の響音《ひびね》には、仲の良い中学校一年生の姉千弦《ちづる》がいる。母親は、ピアニストを目指す千弦の練習を支えることに熱心で自宅に不在がちであり、響音は祖父の家に立ち寄ることが多くなっていく。千弦はピアノの練習を続けるうちに、徐々《じょじょ》に音楽の楽しさを感じなくなっていった。小中合同の卒業式でピアノ伴奏者となったが、当日の千弦のピアノの音色は以前とは大きく変わっていて、響音はショックを受ける。卒業式を終え、下校する途中に祖父の家に立ち寄った響音を、夜になって父親が迎えに来た。

Ａの場面

お父さんがむかえに来たとき、響音は二階の部屋でベッドに寝ころがっていた。

「響音、入るよ」

お父さんは、声をかけてから少し間をおいて、ドアを開けた。響音はのろのろと起きあがり、お父さんは、ベッドのはしにすわる。

「千弦のピアノ……ショックだったんだな」

響音は、くちびるを引きむすんで下を向いた。

「お父さんも、じつは気になってたんだ。最近の千弦のピアノは、いきいきした音色がしないなあって。でも、練習中だからかなあって、深く考えないようにしていた」

響音も、そうだった。家できくピアノは、いつも練習曲でつまらない。つまらないのは、練習曲だから。でも、むかしは千弦が指ならしに音階を弾いただけでも、わくわくしたものだ。

気のせい、気のせい、気のせい。

そうじぶんに言いきかせて、千弦の音の変化に気づかないふりをしていたのかもしれない。

お父さんは、ア響音の頭をなでた。

「お姉ちゃんが、心配になっちゃったんだな」

響音はこくんとうなずく。

「でもな。お父さんは、響音のことも、ずっと心配だったんだ。おまえは、あまりじぶんの気持ちを出さないから。おじいちゃんに※1弟子入りしたり、※2燈子《とうこ》といっしょに音楽ではしゃいだりしてる響音を見て、お父さんはほんとうに安心してるんだ。だけど……」

そのさきを、お父さんははっきり言おうとはしなかった。

「帰るか。……それとも、あした学校は終業式だけだろう。持ちものに困らなければ、ここに泊まっていってもいいし」

少し考えて、響音は「うちに帰る」と答えた。

自宅のマンションに帰っても、お母さんと千弦はまだだった。

「千弦ちゃん、たいへんだよね。お母さんも」

言いながら、イ響音は少しほっとする。いそいでお風呂《ふろ》に入って、いつもよりかなりはやめにベッドに入ると、千弦が帰ってくるころにはもう眠っていた。

翌朝、響音が目をさますと、トーストの(1)ヤけるにおいがしていた。

夜おそく目がさめたとき、お父さんとお母さんが、夜にしては少し大きな声で話をしていた。お父さんの「響音をちゃんと見ているか」という言葉だけ、みょうにはっきりきこえたけれど、お父さんったらへんなこと言うなあ、と思ってまた寝てしまった。

着がえているうちに、夜中のことが(2)ユメなのか現実なのか、わからなくなってくる。

MEMO

大切なことはメモしておこうネ！

2019 年度

解 答 と 解 説

《2019年度の配点は解答用紙集に掲載してあります。》

＜数学解答＞

1 (1) -2　(2) 12　(3) $\frac{1}{4}$　(4) $-9x+2y$
(5) $5\sqrt{7}$

2 (1) $(x+9)(x-4)$　(2) $a=-3$　(3) $x=\frac{-3\pm\sqrt{21}}{6}$
(4) 83(個)　(5) 右図

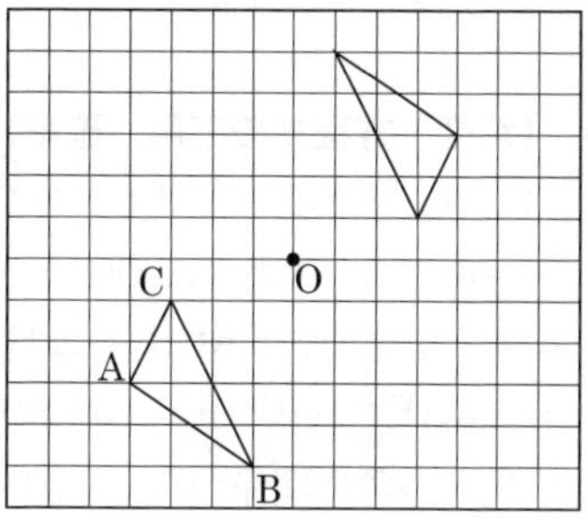

3 (1) 33(度)　(2) ア 10　イ $2x-3y$　(3) $\frac{21}{25}$

4 (1) $y=\frac{3}{4}x+5$　(2) $\left(\frac{10}{3},\ \frac{20}{3}\right)$　**5** (1) 解説参照
(2) $2\sqrt{15}$(cm)

6 (1) ア 20　イ 4000　(2) $\frac{8}{5}$(分後)

7 (1) (平均値) 4.8(回)　(最頻値) 4(回)　(2) 2, 3, 4, 5

8 (1) $4\sqrt{5}$ (cm)　(2) 18(cm^2)

＜数学解説＞

1 (数・式の計算，平方根)

(1) 異符号の2数の和の符号は絶対値の大きい方の符号で，絶対値は2数の絶対値の大きい方から小さい方をひいた差だから，$-7+5=(-7)+(+5)=-(7-5)=-2$

(2) 分配法則$\boldsymbol{a\times c+b\times c=(a+b)\times c}$を利用して，$(-3)\times4-(-6)\times4=\{(-3)-(-6)\}\times4=3\times4=12$

(3) 四則をふくむ式の計算の順序は，乗法・除法→加法・減法　となる。$\frac{2}{3}\div\left(-\frac{8}{3}\right)+\frac{1}{2}=\frac{2}{3}\times\left(-\frac{3}{8}\right)+\frac{1}{2}=-\frac{1}{4}+\frac{1}{2}=\frac{-1+2}{4}=\frac{1}{4}$

(4) $4(-x+3y)-5(x+2y)=-4x+12y-5x-10y=-4x-5x+12y-10y=(-4-5)x+(12-10)y=-9x+2y$

(5) $\frac{14}{\sqrt{7}}+\sqrt{3}\times\sqrt{21}=\frac{14\times\sqrt{7}}{\sqrt{7}\times\sqrt{7}}+\sqrt{3\times21}=2\sqrt{7}+\sqrt{3\times3\times7}=2\sqrt{7}+3\sqrt{7}=5\sqrt{7}$

2 (因数分解，一次方程式，二次方程式，不等式，点対称移動)

(1) たして5，かけて-36になる2つの数は9と-4だから　$x^2+5x-36=(x+9)\{x+(-4)\}=(x+9)(x-4)$

(2) xについての方程式　$3x-4=x-2a\cdots$①　の解が5だから，①に$x=5$を代入して，$3\times5-4=5-2a$　$a=-3$

(3) **2次方程式$\boldsymbol{ax^2+bx+c=0}$の解は，$\boldsymbol{x=\frac{-b\pm\sqrt{b^2-4ac}}{2a}}$**で求められる。問題の2次方程式は，$a=3$，$b=3$，$c=-1$の場合だから，$x=\frac{-3\pm\sqrt{3^2-4\times3\times(-1)}}{2\times3}=\frac{-3\pm\sqrt{9+12}}{6}=\frac{-3\pm\sqrt{21}}{6}$

(4) $4=\sqrt{4^2}=\sqrt{16}$，$10=\sqrt{10^2}=\sqrt{100}$より $4<\sqrt{n}<10$…① は $\sqrt{16}<\sqrt{n}<\sqrt{100}$ と書き換えられるから，不等式①をみたす**自然数**nの値は $16<n<100$ すなわち $17<n<99$ より，$99-17+1=83$(個)ある。

(5) **回転移動**の中で，特に，180°の回転移動を**点対称移動**といい，対応する点と**回転の中心**は，それぞれ1つの直線上にある。（作図手順） 半直線AO，BO，CO上に，それぞれOA＝OD，OB＝OE，OC＝OFとなるように点D，E，Fをとり，△DEFを作図する。(ただし，解答用紙には点D，E，Fの表記は不要である。)

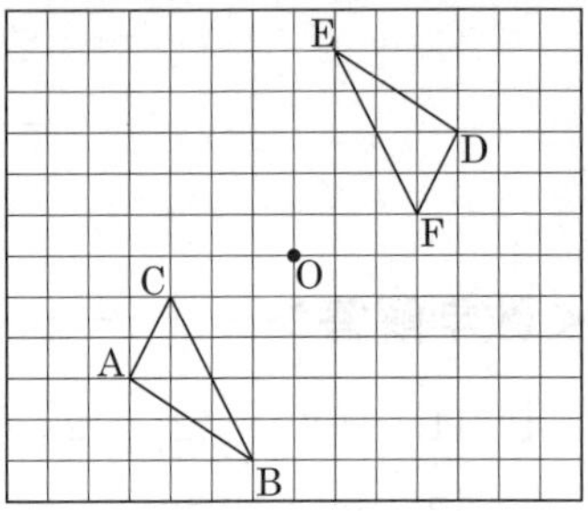

3 (角度，方程式の応用，確率)

(1) 辺DEと辺AC，BCとの交点をそれぞれF，Gとする。△ABC≡△ADEより，∠ADF＝∠ABC＝61° ∠ACB＝∠AED…① AE//BCで，**平行線の錯角は等しい**から，∠FGC＝∠AED…② ①，②より，∠ACB＝∠FGC…③ **△ADFの内角の和は180°**だから，∠AFD＝180°－∠ADF－∠DAF＝180°－61°－53°＝66° ③より，△FGCは∠FCG＝∠FGCの二等辺三角形だから，**内角と外角の関係**から，$\angle ACB=\angle FCG=\frac{\angle AFD}{2}=\frac{66^\circ}{2}=33^\circ$

(2) 勝負が10回ついたから，$x+y=10$ 兄が上がった段数は，2段×x回＝$2x$段 弟が上がった段数は，3段×y回＝$3y$段 兄が弟より5段下にいたから，$2x-3y=-5$

(3) 3個の赤玉を赤$_1$，赤$_2$，赤$_3$，2個の白玉を白$_1$，白$_2$と区別すると，全ての玉の取り出し方は$5\times5=25$通り。このうち，取り出した玉が2回とも白玉なのは，(1回目，2回目)＝(白$_1$，白$_1$)，(白$_1$，白$_2$)，(白$_2$，白$_1$)，(白$_2$，白$_2$)の4通り。よって，求める確率は $\frac{25-4}{25}=\frac{21}{25}$

4 (図形と関数・グラフ)

(1) 点Dは線分OBの中点だから，$D\left(0,\ \frac{10}{2}\right)=(0,\ 5)$ これより，直線ADの切片は5だから，直線ADの式を $y=ax+5$…① とおく。点Aは$y=\frac{1}{2}x^2$上にあるから，そのy座標は $y=\frac{1}{2}\times4^2=8$ よって，A(4，8)。点Aの座標を①に代入して，$8=a\times4+5$ $a=\frac{3}{4}$ 直線ADの式は $y=\frac{3}{4}x+5$

(2) 四角形ABCEの面積が△OABの面積の$\frac{1}{2}$であるということは，(四角形ABCEの面積)＝△OCE＝$\triangle OAB\times\frac{1}{2}=\left\{\frac{1}{2}\times OB\times(\text{点Aの}x\text{座標})\right\}\times\frac{1}{2}=\left(\frac{1}{2}\times10\times4\right)\times\frac{1}{2}=10$ 点Eのx座標をeとすると，$\triangle OCE=\frac{1}{2}\times OC\times(\text{点Eの}x\text{座標})=\frac{1}{2}\times6\times(e)=3e$ これが10に等しいから，$3e=10$ $e=\frac{10}{3}$ 直線OAの式は$y=2x$で，点Eは直線OA上にあるから，そのy座標は $y=2\times\frac{10}{3}=\frac{20}{3}$
よって，$E\left(\frac{10}{3},\ \frac{20}{3}\right)$

5 (相似の証明，線分の長さ)

(1) (証明)(例)△ACDと△ECBで，**対頂角**だから，∠ACD＝∠ECB…① $\overset{\frown}{AE}$に対する**円周角**だから，∠ADC＝∠EBC…② ①，②から，2組の角がそれぞれ等しいので，△ACD∽△ECB

(2) AB⊥DEのときを右図に示す。AC：CB＝3：2より，$AC=AB\times\frac{3}{3+2}=10\times\frac{3}{5}=6$cm，CB＝AB－AC＝10－6＝4cm

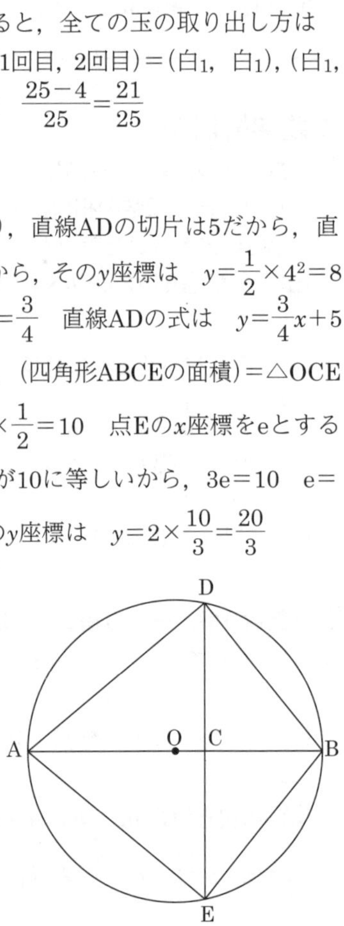

△ACDと△DCBで，AB⊥DEより，∠ACD＝∠DCB＝90°…③　△ACDの内角の和は180°だから，∠DAC＝180°－∠ACD－∠ADC＝90°－∠ADC…④　**直径に対する円周角は90°**だから，∠BDC＝∠ADB－∠ADC＝90°－∠ADC…⑤　④，⑤より，∠DAC＝∠BDC…⑥　③，⑥より，2組の角がそれぞれ等しいので，△ACD∽△DCB　よって，AC：DC＝DC：BC　$DC^2=AC\times BC=6\times4=24$　△ACDで**三平方の定理**を用いると，$AD=\sqrt{AC^2+DC^2}=\sqrt{6^2+24}=2\sqrt{15}$cm

6 （関数とグラフ）

(1)　問題図2のグラフにおいて，水を入れ始めて6分後の，水そうの底面から水面までの高さは20cm，満水になったときの，水そうの底面から水面までの高さは40cmだから，水を入れ始めて6分後から満水になるまでの間に，水そうの底面から水面までの高さは40－20＝20cm上がっている。水を入れ始めて6分後から満水になるまでにかかった時間は14－6＝8分間，その間に入った水の量は$40\times40\times20=32000$cm^{3}だから，水そうには，毎分$\frac{32000}{8}=4000$cm^{3}で水を入れていたことがわかる。

(2)　問題図1の水そうに一定の割合で水を入れたときと同じく，問題図3の水そうに一定の割合で水を入れたときも，水を入れ始めてから14分後に満水になったことから，水そうには，毎分4000cm^{3}で水を入れていたことがわかる。また，問題図2のグラフから，おもりPを2つ縦に積み上げたときの高さが20cmとわかるから，おもりPの高さは10cmとわかる。右図は，問題図3の水そうに一定の割合で水を入れたときのxとyの関係を，問題図2のグラフに書き加えたものである。これより，水を入れ始めてから2分後に水そうの底面から水面までの高さが10cmになったことがわかるから，水そうの底面から水面までの高さが8cmになるのは，水を入れ始めてから　$2\times\frac{8}{10}=\frac{8}{5}$分後

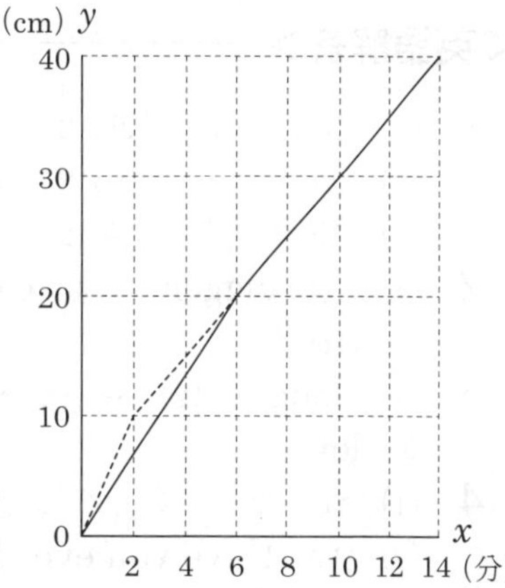

7 （資料の散らばり・代表値）

(1)　**平均値**は　$\frac{1\times1+2\times1+3\times1+4\times3+6\times2+7\times2+9\times1}{11}=\frac{53}{11}$＝4.81…　より，4.8回。**最頻値**は資料の値の中でもっとも頻繁に現れる値だから，人数が3人の4回が最頻値

(2)　**中央値(メジアン)**は資料の値を大きさの順に並べたときの中央の値。2年生の人数は15人で奇数だから，ボールの入った回数の少ない方から8番目の生徒の回数が中央値。ボールの入った回数が5回以下の生徒の人数の合計は　$1+1+x=2+x$(人)　xの値の**最小値**は，6回入れた4人が，回数の少ない方から5番，6番，7番，8番になるときだから，$2+x=4$より$x=2$。xの値の**最大値**は，6回入れた4人が，回数の少ない方から8番，9番，10番，11番になるときだから，$2+x=7$より$x=5$。以上より，xに当てはまる値は，2，3，4，5

ボールの入った回数（回）	人数（人）
0	0
1	0
2	0
3	1
4	1
5	x
6	4
7	1
8	y
9	2
10	0
合計	15

8 （線分和の最短の長さ，切り口の面積）

(1)　右図に展開図の一部を示す。AP＋PGの長さが最も短

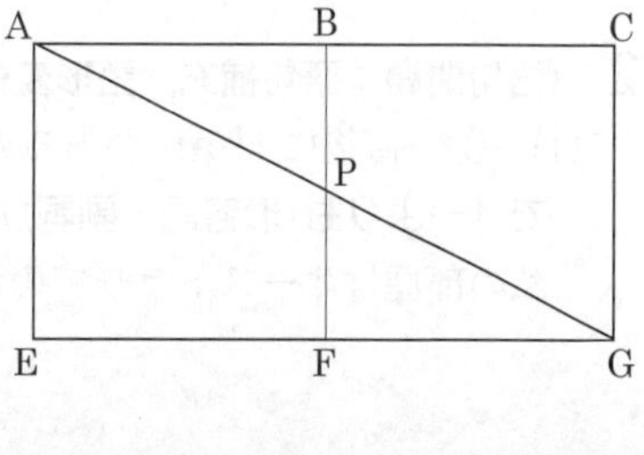

くなるのは，展開図上で，点Pが線分AG上にあるとき。このときの長さは，三平方の定理を用いて，$AG=\sqrt{AE^2+EG^2}=\sqrt{4^2+8^2}=4\sqrt{5}$ cm

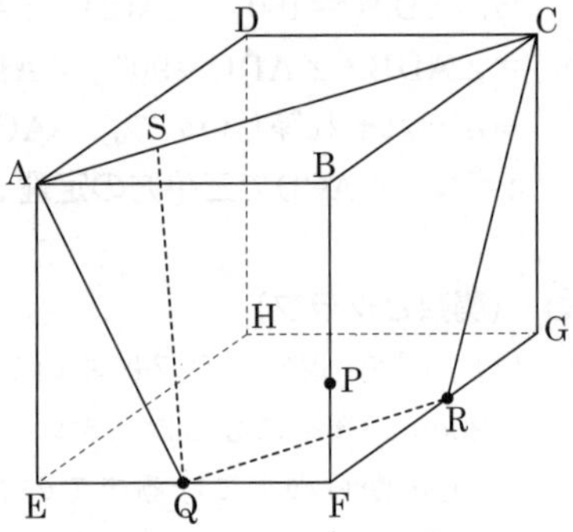

(2) 切り口の図形は右図のような等脚台形AQRCになる。△ABCは直角二等辺三角形で，3辺の比は1：1：$\sqrt{2}$ だから，$AC=AB\times\sqrt{2}=4\sqrt{2}$ cm 中点連結定理より，$QR=\frac{EG}{2}=\frac{AC}{2}=\frac{4\sqrt{2}}{2}=2\sqrt{2}$ cm △AEQで三平方の定理を用いると，$AQ=\sqrt{AE^2+EQ^2}=\sqrt{4^2+2^2}=2\sqrt{5}$ cm 点Qから線分ACへ垂線QSをひく。 $AS=\frac{AC-QR}{2}=\frac{4\sqrt{2}-2\sqrt{2}}{2}=\sqrt{2}$ cm △AQSで三平方の定理を用いると，$QS=\sqrt{AQ^2-AS^2}=\sqrt{(2\sqrt{5})^2-(\sqrt{2})^2}=3\sqrt{2}$ cm 以上より，求める切り口の図形の面積は $\frac{1}{2}\times(QR+AC)\times QS=\frac{1}{2}\times(2\sqrt{2}+4\sqrt{2})\times3\sqrt{2}=18\text{cm}^2$

＜英語解答＞

1 (1) No. 1 イ　No. 2 ア　No. 3 エ　No. 4 ウ　No. 5 エ
(2) No. 1 イ　No. 2 エ　No. 3 ア　No. 4 ウ
(3) No. 1 イ　No. 2 ア　(4) ① 30　② エ

2 (1) ① bigger　② called　③ goes　(2) ④ popular　⑤ took　⑥ tired

3 (1) long　(2) キ→イ→エ→オ→カ→ウ→ア　(3) ① Sunday　② because　③ lot

4 (1) ① ウ　② ウ　③ ア　④ イ　⑤ エ
(2) (例)Have you ever joined such an activity

5 (1) エ オ ク　(2) ① Three students did.　② He told them about her website.　(3) 4　(4) ウ

6 (例1)You should go to school by bus. It is fun to talk with your classmates. You can listen to music and read books when you are alone on the bus.
(例2)Going to school by bike is better. If you go by bus, you may be late for school because the bus is often late. It is also very expensive to go to school by bus every day.

＜英語解説＞

1 (リスニング)

放送台本の和訳は，50ページに掲載。

2 (語句問題：語句補充，語形変化)

(1) ① 直後に than があるので比較の表現だと考える。＜形容詞・副詞の比較級＋ **than** ～＞で「～よりも(形容詞・副詞)だ」の意味になる。big「大きい」の比較級は bigger。「ここでの私の部屋はオーストラリアの私の部屋より大きい」　② 動詞の過去分詞形は名詞の前後について「～される，されている」という受け身の意味を持ち名詞を説明することができる。ここではcall「呼ぶ」の過去分詞calledがa beautiful mountainの後ろについて「ワカバ山と呼ばれている美しい山」という意味になる。「私の部屋の窓からワカバ山と呼ばれている美しい山を見ることができる」　③　この文は現在形の文で，主語はheが三人称単数であるから続く動詞には -s または -es を付ける。goはgoesとなる。「私のホストファザーは釣りが好きで，よくワカバ山の近くの湖に行きます」

(2)　④　「ワカバ山に登ることは彼らの間でとても人気だ」の意味。 themが指すのは前文のyoung peopleで，若い人たちをたくさん見たと言っているので登山が人気であると考える。popular「人気のある」　⑤　「私にはこの山を登るのはとても困難で，3時間かかった」の意味。**「(時間が)かかる」はit takes**～という表現を使う。ここは過去形の文なのでtookとなる。⑥　「私はとても疲れたので早くに寝ました」**<so +形容詞・副詞+ that ～>で「とても(形容詞・副詞)なので～」**という文。前文から登山が困難だったこと，空欄直後に早く寝たとあることからtired「疲れた」がふさわしい。

3 (対話文問題：語句補充，語句並べ替え)

(全訳)

カズミ　　　：こんにちは，ブラウン先生。先生は京都へ行ったと聞きました。旅行はどうでしたか？

ブラウン先生：素晴らしかったですよ。

カズミ　　　：$_A$何日間京都に滞在したんですか？

ブラウン先生：そこで3日過ごして観光を楽しみましたよ。私は日本の歴史を学ぶのが好きなので，たくさんの有名な神社仏閣を訪れました。

カズミ　　　：きっとそこでいい時間を過ごしたんでしょうね。

ブラウン先生：過ごしました。でも最後の日に電車に鞄を置き忘れてしまって。

カズミ　　　：本当ですか？　見つかりましたか？

ブラウン先生：はい。駅員がとても親切で。たくさんの他の駅に電話をしてくれて，1時間僕と一緒に鞄を探してくれたんですよ。そしてついに見つけました。

カズミ　　　：ああ，それはいいですね。

ブラウン先生：親切な人が鞄を拾って駅の事務所に持って来てくれたんです。$_B$私は日本人がとても親切だと知ってとても幸せです。

(1)　How longは「どれくらいの期間」と期間を訪ねるよく使われる表現。

(2)　(I'm)very happy to know that Japanese people are so kind(.)**<主語+ be 動詞+ happy to+動詞の原形>で「(主語は)～してうれしい」**の意味なので，ここではI'm very happy to　となり，続く動詞の原形はknow「知る」となる。知った内容は接続詞のthatを続けて主語と動詞のある文をつなげる。主語はJapanese peopleで動詞はbe動詞のare，そしてso kind「とても親切」を続ける。

(3)　①　「私は金曜日から日曜日まで京都に滞在した」**from ～ to … 「～から…まで」**2つ目のブラウン先生の発話に「3日過ごした」とあるので金曜日から数えて日曜日までいたことがわかる。　②　「日本の歴史に興味があるのでたくさんの神社仏閣を訪れた」空欄前後にそれぞれ主語と動詞のある文があるので空欄には文と文をつなげる接続詞が入ると考える。ブラウン先生の2つ目の発話で同じ内容が述べられているが，ここでは**A , so B「A だから B」**で理由を表現している。同じような意味を表す語は**A because B「B なので A」**がふさわしい。前後に来る文が so と because では逆になるので注意すること。　③「駅員が私をとても良く助けてくれた」4つ目のブラウン先生の発話から駅員がとても親切に探してくれたことがわかる。 **a lot** で「とても，よく」という意味。

4 （対話文問題：文挿入，条件英作文）

（全訳）

ユカ　　：こんにちは，メアリー。なんのちらしを読んでるの？

メアリー：これはこの夏の①(ボランティア活動)について。この1つに参加するつもりなの。あなたは？

ユカ　　：私も参加したい。同じプログラムを選びましょうよ。どれがいい？

メアリー：午前中は部活があるから，午後のプログラムに参加したいな。

ユカ　　：「歌を歌う」はどう？

メアリー：ごめんね，②(8月14日は3時半の前に家に帰らないといけないの)。他のプログラムについて考えよう。

ユカ　　：オーケー。私は将来先生になりたいから，③(「子どもと遊ぶ」)をあなたと一緒にやってみたいな。午前中に部活に行くこともできるよ。

メアリー：いいね。じゃあ水を持って行かないとね。

ユカ　　：オーケー。ところで1つ心配があるんだけど。今までにこういう活動に参加したことがある？

メアリー：ないよ。これが初めてなの。あなたは？

ユカ　　：私もこれが初めて。

メアリー：そのことを心配しないで，だってちらしに④(どのように活動するかを学べます)と書いてあるし。

ユカ　　：ありがとう。このプログラムにどうやって申し込めるの？

メアリー：⑤(先生に伝えればできるよ)。

ユカ　　：このプログラムを通して私たちに新しい友達ができるといいな。

(1)　①　ちらしを見るとタイトルに「私たちの市は生徒たちのお手伝いを必要としている」とあり，表の What?「何を？」の欄には掃除や子どもと遊ぶ活動が書かれていることから，ア「部活」，イ「海外留学プログラム」，エ「スポーツトーナメント」とは合わないのでウ「ボランティア活動」が正解。　②　3つ目にユカが「歌を歌う」活動を提案したが，空欄直後には他の活動にしようと言っている。ちらしの What? 欄の Singing Songs を参照する。アの「8月4日」は活動日ではなく，イの「8月7日に予定がない」では他の活動に変更する必要はない。エは library「図書館」ではなく hospital「病院」で開催されるので本文と合わない。ウは活動が4時までなので最後まで参加できないことがわかるので，正解となる。　③　メアリーが参加できる午後の活動はちらしによると，ア「子どもと遊ぶ」かウ「子どもに本を詠む」であるが，4つ目のメアリーの発話に「水を持って行く」とあることに注目する。ちらしの You have to …「あなたは～しなくてはなりません」欄の2)には「もし『駅を掃除する』『子どもと遊ぶ』に参加するならば何か飲み物を持参してください」とあるので，アが正解となる。　④　2人ともボランティア活動に参加するのが初めてであるが，メアリーは心配するなと言っている。ちらしの You don't have to …「～する必要はありません」欄の2)には「これらの活動経験がある必要はありません。どのように活動するかを教えます」とあるので，イがふさわしい。　⑤　直前のユカの発話に対する返答。申し込み方法はちらしの一番最後に「活動への参加を決めたら先生に伝えてください。先生が申し込みをします」とあるのでエがふさわしい。

(2)　空欄直後のメアリーの発話に注目する。No, I haven't. と現在完了形で答えているので**現在完了形の疑問文 ＜Have you ＋動詞の過去分詞形〜？＞** であると考える。また，メアリーが「初めてだ」と言っているのでボランティア活動の経験を訪ねる疑問文を書くこと。解答例の英文は「これまでにこのような活動に参加したことがありますか」の意味。**教科書などの会話表現をたくさん使って覚えること。**

5 (長文読解問題・物語文：内容吟味，英問英答，文挿入)

(全訳)

6月のある日，ケンの英語の先生であるヨシダ先生が「夏休みに国際会議に参加したらどうですか。外国の高校生たちが東京に集まって自国の問題について話すんです。いい経験になるでしょう」と彼に言いました。彼はその会議を面白いと思ったので参加することに決めました。

会議は8月に開かれました。約100人の生徒が集まりました。午前中に発展途上国から来た3人の生徒がスピーチをしました。その後，全ての生徒がグループで自国について話をしました。ケンは他国における問題について知りました。

昼食の時間にケンは1人の女の子と会いました。彼女はイーブリンという名前でした。17歳でした。彼は彼女に日本の第一印象を聞きました。彼女は彼の靴を見て「たくさんの生徒たちがきれいな靴を履いているのを見てうれしく思った」と言いました。そして彼女は「古い靴は捨てる？」と聞きました。彼は「うん，捨てるよ」と答えました。彼は彼女ともっと話したいと思いましたが，十分に時間がありませんでした。彼はお別れを言ってメールを送ることを約束しました。

午後にケンと他の生徒たちは違うグループで国の問題について話をしました。彼らは一緒に英語の歌を歌ったり踊ったりもしました。彼らはいい時間を過ごしました。そして会議は終わりました。

ケンは家に帰ったあと，「なんでイーブリンは古い靴について聞いたんだろう」と思いました。彼はインターネットで彼女の国について調べました。彼は彼女の国の子ども達の写真を見ました。4彼は自分の疑問への答えを見つけました。道にいる多くの子ども達は靴を履いていませんでした。彼はそれを知って驚きました。彼らを助けたいと思いました。「彼らのために僕は何ができるだろう？」と思いました。そして「あなたの靴は私たちの生活を救います。もう履かない靴を私たちに送ってください。多くの子ども達は靴を持っていないので，よくひどいけがをしてしまいます」というメッセージが書いてあるウェブサイトを見つけました。

次の日，ケンはイーブリンにメールを送り，そのウェブサイトについて聞きました。彼女は「それは私のウェブサイトなの。発展途上国の子ども達のために靴を集めているのよ。たくさんの人たちが私のウェブサイトを見て靴を送ってくれるけど，まだもっと必要なの」と書きました。彼は「僕はきみと一緒に活動したいな」と書きました。そしてクラスメイトに彼女のウェブサイトについて話しました。彼らは学校で靴を集めることに決めて，ポスターを作りました。そこには「靴を送って発展途上国の子ども達を助けよう」と書いてありました。2週間後，彼らはたくさんの靴を集め，イーブリンに送ることができました。

数日後，ケンはイーブリンからメールをもらいました。「助けてくれて本当にありがとう。これからもっと多くの人たちを助けましょうね」

この経験を通して，ケンは世界の問題を理解することが大事だと学びました。また，他の人を助けるために一緒に活動をすることも大切だと学びました。

(1)　ア 「ケンはインターネットで国際会議についての情報を見つけました」(×)　第1段落第1文

参照。先生に教えてもらった。　イ 「会議でケンは発展途上国の問題についてスピーチをした」(×)　第2段落第3文参照。発展途上国の生徒がスピーチをした。　ウ 「ケンとイーブリンは6月の会議で出会った」(×)第2段落第1文から会議は8月とわかる。第3段落第1，2文も参照。エ 「イーブリンはお昼の時間にケンに彼の靴について聞いた」(○)　第3段落参照。　オ 「ケンは発展途上国の多くの子ども達は靴を持っていないことを知った」(○)　第5段落参照。　カ 「イーブリンはメールでケンにケンの国の問題について聞いた」(×)　第6段落第2文参照。　キ 「ケンはクラスメイトを助けるために靴を集めた」(×)　第6段落参照。発展途上国の子ども達を助けるために集めた。　ク 「イーブリンはより多くの靴を集めて彼女を助けたのでケンに感謝した」(○)　第6段落最終文，第7段落参照。

(2)　① 「発展途上国から来た何人の生徒がスピーチをしましたか」解答例は「3人の生徒がしました」の意味。第2段落第3文参照。主語と動詞のある文章で答えること。　② 「イーブリンにメールを送ったあと，ケンはクラスメイトに何について話しましたか」解答例は「彼は彼らに彼女のウェブサイトについて話しました」の意味。第6段落第最後から4文目参照。解答例でケンやイーブリンなどを He や her などの代名詞に代えていることころに注意すること。

(3)　**文挿入の問題では文に出てくる語彙が何の事を表しているかを考える。**挿入する文にある his question が何を指すのかを考える。2，3，4段落には彼が疑問に思っていることは出てきていないが第5段落を読むと第1文に Why で始まる彼の疑問が書かれている。また，ウェブサイトを見たことでこの疑問が解決されていることも4の次の文からわかる。

(4)　ケンが重要だと学んだことを考える。　ア 「靴を売るために外国に行くこと」は，古い靴を集めて発展途上国に送るという内容と合わない。　イ 「国際会議に参加するためにウェブサイトを作る」は，靴を集める呼びかけをしているイーブリンのウェブサイト以外ウェブサイトについての言及がないので合わない。　ウ 「他の人と一緒に活動をする」は，第6段落目にケンがイーブリンと一緒に活動したいと述べていたり，クラスメイトと協力して靴を集めたりしたことなどから，学んだこととしてふさわしい。　エ 「彼の靴を捨てる」は，第3段落でこれまで彼は古い靴を捨てていたことが述べられてはいるが，靴を捨てることが大事だと学んだわけではない。

6 **(条件英作文)**

メール文は「来月から一緒の高校で勉強するが，学校まで5キロと聞いた。バスで行くか自転車を借りて行くか，どう思うか？」という内容。後半に学校への行き方について意見を聞かれているので，それに対する意見と理由を確実に述べ，また**語数に注意**すること。解答例1は「バスで行くべきです。クラスメイトと話すのは楽しいです。バスで1人のときは音楽を聴いたり本を読んだりできます。」の意味。解答例2は「自転車で学校へ行く方がいいです。もしバスで行くと，バスはよく遅延するので学校に遅刻するかもしれません。また毎日学校へバスで行くのはとても費用がかかります」という意味。**自分の意見に対して必ず理由を述べられるようにすること。教科書の英文を参考にしながら，接続詞などを使って少しずつ長い文が書けるようにすること。**

2019年度英語　聞き取りテスト

〔放送台本〕

ただいまから1番の，放送による聞き取りテストを行います。問題は(1)から(4)までの四つです。放送中メモを取ってもかまいません。

それでは(1)の問題から始めます。

(1)　これから，No. 1 から No. 5 まで，五つの英文を放送します。放送される英文を聞いて，その内容に合うものを選ぶ問題です。それぞれの英文の内容に最もよく合うものを，ア，イ，ウ，エの中から一つ選んで，その記号を書きなさい。それぞれの英文は，2回放送します。では，はじめます。

No. 1　I am talking on the phone.

No. 2　I got this from my father. I will take many pictures with it.

No. 3　Go straight and turn right at the second corner. You will find the library on your left.

No. 4　It is six forty-five. We have 15 minutes before the concert.

No. 5　Yukiko runs faster than Shizuka. Risa does not run as fast as Shizuka.

これで(1)の問題を終わります。

〔英文の訳〕

No.1　私は電話で話しています。

No.2　私はこれを父からもらいました。これでたくさんの写真を撮ります。

No.3　真直ぐ行って2つ目の角で右に曲がってください。あなたの左側に図書館が見えます。

No.4　今6時45分です。コンサートまであと15分あります。

No.5　ユキコはシズカよりも早く走ります。リサはシズカほどは早く走りません。

〔放送台本〕

次に，(2)の問題に移ります。

(2)　これから，No.1 から No.4 まで，四つの対話を放送します。それぞれの対話のあとで，その対話について一つずつ質問します。それぞれの質問に対して，最も適切な答えを，ア，イ，ウ，エの中から一つ選んで，その記号を書きなさい。対話と質問は，2回放送します。では，はじめます。

No. 1　A: Junko, have you ever been to a foreign country?
B: Yes, Mark. I've been to Canada three times and China twice.
A: Wow, that's great. Which country do you like better?
B: I like Canada better.
Question: How many times has Junko been to Canada?

No. 2　A: Hi, Keiko. Do you want to watch a movie tomorrow?
B: Sure, Tom. I'll practice the piano in the morning, so let's go in the afternoon.
A: OK. I'll study in the morning then. Do you think Jack wants to come with us?
B: No, I don't think so. He has been sick since yesterday.
Question: What will Keiko do tomorrow morning?

No. 3　A: You look happy, Mika.
B: Yes, Ted. Mr. Yamada asked me to join the English speech contest.
A: That's good news.
B: I'm going to practice every day to win the contest.
Question: What's the good news for Mika?

No. 4　A:　What are you going to eat, Kumi?
B:　I think I'll have soup and salad. How about you?
A:　I'll have pizza, salad, and cake.
B:　I'll have cake, too.
Question: What will Kumi eat?

これで(2)の問題を終わります。

〔英文の訳〕

No.1　A：ジュンコ，外国に行ったことある？
B：うん，マーク。カナダに3回と中国に2回行ったことがあるよ。
A：わあ，それはすばらしいね。どちらの国の方が好き？
B：私はカナダの方が好き。
質問：ジュンコは何度カナダに行ったことがありますか。
答え：イ　3回。

No.2　A：こんにちは，ケイコ。明日映画を観たい？
B：もちろん，トム。午前中にピアノの練習をするから，午後に行こう。
A：オーケー。じゃあ僕は午前中に勉強するよ。ジャックも僕たちと一緒に来たいと思う？
B：いや，そうは思わないわ。彼は昨日から具合が悪いのよ。
質問：ケイコは明日の朝何をしますか。
答え：エ　彼女はピアノを練習するつもりです。

No.3　A：幸せそうだね，ミカ。
B：ええ，テッド。ヤマダ先生が英語のスピーチコンテストに参加するように言ってくれたの。
A：それはいいニュースだね。
B：コンテストで優勝するために毎日練習するつもりよ。
質問：ミカにとっていいニュースは何ですか。
答え：ア　彼女はスピーチコンテストに参加します。

No.4　A：何を食べるつもり，クミ？
B：スープとサラダを食べるわ。あなたは？
A：ピザとサラダとケーキを食べるよ。
B：私もケーキ食べるわ。
質問：クミは何を食べますか。
答え：ウ　スープとサラダとケーキ。

〔放送台本〕

次に，(3)の問題に移ります。

(3)　これからヒロシ(Hiroshi)とグリーン先生(Ms.Green)の二人の対話を放送します。そのあとで，その内容について，Question No. 1 と Question No. 2 の二つの質問をします。それぞれの質問に対して，最も適切な答えを，ア，イ，ウ，エの中から一つ選んで，その記号を書きなさい。対話と質問は2回放送します。では，はじめます。

Ms. Green:　Hi, Hiroshi. It's very cold this morning.
Hiroshi:　We're going to see snow tonight.
Ms. Green:　I'm so excited.

Hiroshi: Do you have snow in your country?
Ms. Green: No. I have never seen it in my country because we don't have winter.
Hiroshi: Really? How many seasons do you have in your country?
Ms. Green: We have only two seasons. I like Japan because I can enjoy four different seasons. Which season do you like?
Hiroshi: Well, I like summer because I can swim in the sea. How about you?
Ms. Green: I like spring the best because we can enjoy beautiful flowers.
Hiroshi: Some flowers are very beautiful in fall too. I like to see them. So fall is also one of my favorite seasons.
Questions: No. 1 Why is Ms. Green excited?
No. 2 Which seasons does Hiroshi like?

これで(3)の問題を終わります。

〔英文の訳〕

グリーン先生：こんにちは，ヒロシ。今朝はとても寒いわね。
ヒロシ　　　：今夜は雪を見られますよ。
グリーン先生：とても興奮するわ。
ヒロシ　　　：あなたの国では雪が降りますか？
グリーン先生：いいえ。冬がないから私の国で雪を見たことがないのよ。
ヒロシ　　　：本当ですか？　あなたの国ではいくつの季節があるんですか？
グリーン先生：2つの季節だけなのよ。私が4つの違う季節を楽しめるから日本が好きよ。あなたはどの季節が好き？
ヒロシ　　　：そうですね，海で泳げるから夏が好きですね。先生はどうですか？
グリーン先生：美しい花を楽しめるから春が一番好きだわ。
ヒロシ　　　：秋にもとても美しい花があります。僕はそれらを見るのが好きです。だから秋も僕の好きな季節の一つです。

質問：No.1　なぜグリーン先生は興奮しているのですか。
答え：イ　なぜなら今夜雪を見ることができそうだからです。
質問：No.2 ヒロシはどの季節が好きですか。
答え：ア　夏と秋。

〔放送台本〕

次に，(4)の問題に移ります。

(4)　高校生のカズヤ(Kazuya)は，アメリカへの旅行で動物園を訪れ，動物園のガイドから話を聞いています。これからその内容を放送します。カズヤが参加するツアーの自由時間は何分間ですか。その時間を①に書きなさい。また，この動物園の説明として正しいものはどれですか。下のア，イ，ウ，エの中から一つ選んで，その記号を②に書きなさい。では，はじめます。

Hello, everyone. It is ten o'clock. Let's start the tour. I will show you around this zoo for one hour. Then you will have free time for shopping. After the free time, at eleven thirty, we will take a picture here together.

Now, I will tell you very important things about this zoo. First, you cannot touch any animals. It is dangerous to touch them. Second, do not give them any food. They may become sick. Third, we have big news. A baby panda was born three months ago. You cannot see it yet, but you can buy its pictures at the shop. Do you have any questions? I hope you will enjoy the tour.

これで，放送による聞き取りテストを終わります。

〔英文の訳〕

みなさん，こんにちは。今10時です。ツアーを始めましょう。私が1時間この動物園を案内します。そして買い物のための自由時間があります。自由時間のあと，11時半にここで一緒に写真を撮ります。

さて，この動物園についてとても大切なことを伝えます。まず，どの動物にも触れてはいません。彼らに触れることは危険です。2つ目は一切食べ物を与えないでください。彼らが病気になってしまうかもしれません。3つ目は，大きなニュースがあります。3か月前にパンダの赤ちゃんが生まれました。まだ見ることはできませんが，お店でその写真を買うことができます。何か質問はありますか？

ツアーを楽しんでいただければと思います。

＜理科解答＞

1　(1)　ア　(2)　エ　(3)　イ　(4)　イ

2　(1)　あ…83g　い…0.38N　(2)　①　あ…原子核　い…中性子
②　ア　(3)　①　発生　②　ウ　(4)　$2Ag_2O \rightarrow 4Ag + O_2$
(5)　あ…生態系[エコシステム]　い…外来種[外来生物]
(6)　①　ウ　②　イ

3　(1)　無セキツイ動物　(2)　体を支えて内部を保護するはたらき
(3)　①　外とう膜　②　(記号)　ウ　(生物名)　ザリガニ
(4)　ウ　(5)　エ

4　(1)　イ　(2)　ウ　(3)　ウ　(4)　右図
(5)　摩擦力がはたらくことによって，力学的エネルギーの一部が熱エネルギーなどに変わったため。

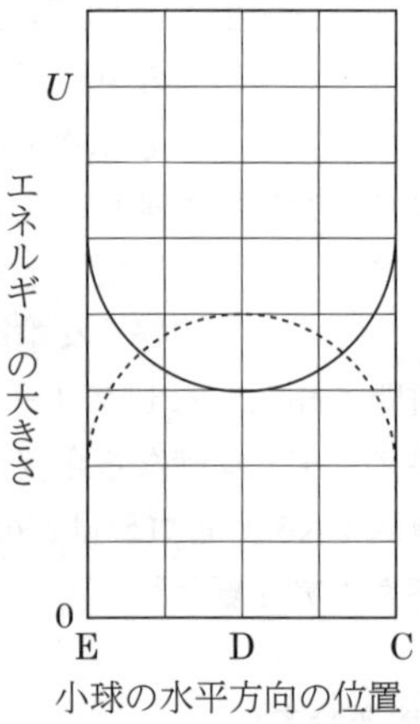

5　(1)　調べる水溶液が混ざらないようにするため。　(2)　砂糖水
(3)　HCl　(4)　400〔g〕　(5)　イ

6　(1)　かぎ層　(2)　①　泥　②　C，B，Aの順に堆積物の粒の直径が小さくなることから，Cが堆積した時代の海は浅く，しだいに深くなっていったと考えられる。　(3)　ア　(4)　エ　(5)　新生(代)

＜理科解説＞

1　(各分野小問集合)

(1)　光るすじは，－の電気を帯びた電子の流れなので，＋の電気を帯びた電極板Aのほうに引き寄せられる。

(2)　化学変化の前後では，物質を構成する原子の組み合わせは変化するが，全体の原子の種類と数は変化しないため質量も変化しない。

(3)　サクラは**離弁花類**，ツツジ，タンポポ，アサガオはいずれも合弁花類である。

(4)　月の形と見える時刻や方位はすべて決まっている。満月が西の空に見える時刻は，午前6時ごろである。

2 (各分野小問集合)

(1)　あ　365－282＝83(g)　　い　3.2－2.82＝0.38(N)

(2)　①　原子の中心には，＋の電気をもつ陽子と電気をもたない中性子が集まった原子核がある。そのまわりを－の電気をもつ電子が回っている。　②　電子の質量は，陽子や中性子よりも小さい。

(3)　①　受精卵が細胞分裂をくり返し，親と同じような形へ成長していく過程を発生という。
②　体細胞にある一対の染色体は，**減数分裂**によって生殖細胞がつくられるときに，別々の生殖細胞に1本ずつ入っていく。受精によって生殖細胞の核の合体が起こることで，受精卵の染色体の数がもとの体細胞と同数にもどる。

(4)　**酸化銀→銀＋酸素**　化学反応式では，反応の前後で原子の種類と数が等しくなるようにする。

(5)　外来種は，その地域にあった本来の生態系を変えてしまうことがある。

(6)　①　日本付近の高気圧や低気圧は，偏西風の影響で**西から東**へ移動する。　②　低気圧の中心付近では上昇気流が発生している。寒冷前線の近くには積乱雲が発生しやすく，温暖前線の近くでは暖気が寒気の上をはい上がっていく。

3 (動物の分類)

(1)　バッタやザリガニなど，背骨をもたない動物を**無セキツイ動物**という。

(2)　バッタやザリガニは，体を支えるために体の外側をおおう外骨格をもつ。

(3)　①　イカには背骨がなく，内臓が外とう膜で包まれたつくりをしている。　②　イカはえら呼吸を行う。バッタは気門から空気を取り入れ，トカゲ，ハト，クジラはいずれも肺で呼吸を行う。

(4)　クジラはホニュウ類である。ホニュウ類は他の動物のなかまと異なり**胎生**である。

(5)　骨格がよく似た器官の組み合わせを選ぶ。

4 (運動とエネルギー)

(1)　小球は，運動を始めた点Aに等しい高さまで上がる。

(2)　斜面上の小球には，重力の斜面にそう下向きの力がはたらく。この力は運動の方向とは逆向きのため，小球の運動はしだいに遅くなる。

(3)　同じ高さにある場合，運動エネルギーが等しくなる。

(4)　**力学的エネルギー＝位置エネルギー＋運動エネルギー**より，位置エネルギーと運動エネルギーの和が常に縦7マス分(U)になるようにすればよい。

(5)　力学的エネルギーの一部が摩擦によって熱エネルギーなどに変化し，周囲に放出されてしまったことで，うすい布を通過した後の小球のもつ力学的エネルギーははじめにもっていたエネルギーよりも小さくなっている。そのため，点Aと同じ高さ(I)まで上がることはできない。

5 **(水溶液の区別，酸・アルカリ，濃度)**

(1)　調べる溶液が混ざると，正しい実験結果を得られなくなる。

(2)　電流が流れなかった水溶液は非電解質の水溶液なので，砂糖水とわかる。

(3)　水溶液Fは，電解質の水溶液であり，中性か酸性であることから，うすい塩酸，炭酸水，食塩水のいずれかとなる。また，水溶液を蒸発させても白い固体が出てこなかったことから，うすい塩酸か炭酸水であるとわかる。次に，石灰水と混ぜても白くにごらなかったことから，Fはうすい塩酸であるといえる。

(4)　10％食塩水100gの中にふくまれている食塩の質量は，100×0.1＝10(g)　10gの食塩が2％に相当する水溶液にするためには，全体の質量を10÷0.02＝500(g)にすればよい。よって，加える水の質量は，500－100＝400(g)

(5)　ア　どの水溶液もろ紙に残る物質はない。　イ　青色リトマス紙が赤く変化する水溶液を見つけることで，酸性の水溶液(うすい塩酸，炭酸水)を区別できる。　ウ　青色の塩化コバルト紙は水を検出する試薬であるから，すべての水溶液で変化する。　エ　青色に変化するアルカリ性の水溶液(うすい水酸化ナトリウム水溶液，石灰水)，緑色のままで中性の水溶液(食塩水)，黄色に変化する酸性の水溶液(うすい塩酸，炭酸水)の3つに分けられる。

6 **(地層)**

(1)　凝灰岩は**かぎ層**として利用されることが多い。

(2)　①　粒がいちばん小さな泥は水に最も沈みにくいため，沖まで運ばれて海底に堆積する。
②　れきは河口付近，泥は沖に堆積する。地層は，れき→砂→泥の順に堆積しているので，次第に水深が深くなったと考えられる。

(3)　凝灰岩の下面の地表からの深さに着目すると，地点Ⅰでは5m，地点Ⅱでは10m，地点Ⅲでは15mと規則的に低くなっているので，地点Ⅳでは深さ20mに凝灰岩の下面があると考えられる。

(4)　うすい塩酸にとけて気体を発生させる岩石は，石灰岩である。

(5)　ビカリアは，新生代の代表的な**示準化石**である。

＜社会解答＞

1　(1)　(記号)　イ　(語)　排他的経済水域　(2)　イ→ア→エ→ウ　(3)　ア
(4)　a　フビライ・ハン　b　北条時宗　(5)　ウ　(6)　エ　(7)　E

2　(1)　有権者数が少なかったうえに，投票率が低かった　(2)　(記号)　ア　(語)　条例
(3)　(語)　行政　(説明)　権力が一つの機関に集中することを防ぐため。
(4)　(人物名)　ケネディ　(記号)　ウ　(5)　(記号)　イ　(正しい記述)　銀行[金融機関]にお金の貸し出しを行う。

3　(1)　(記号)　ウ　(語)　地中海　(2)　(府庁または県庁所在地名)　大津(市)
(記号)　エ　(3)　(記号)　ア　(海流名)　千島海流　(4)　(地形図上の長さ)　2(cm)
(記号)　イ　(5)　製品の輸送に便利なため。　(6)　(記号)　エ　(語)　シリコンバレー　(7)　イ　(8)　X　風力発電や太陽光発電の供給の値が増加している　Y　燃料費や二酸化炭素対策費がかからないが，設備費，運転維持費や政策経費が高い

4　(1)　a　邪馬台国　b　親魏倭王　(2)　防人　(3)　(記号)　ウ　(語)　町衆
(4)　(語)　元禄　(記号)　ア　(5)　(将軍名)　徳川慶喜　(記号)　ウ

(6) (説明) (江戸時代の)不安定な年貢の収入から，地価を基準とした地租に変えることで，財政を安定させるため。　(語) 地券　(7) (記号) カ　(条約名) 日ソ中立条約　(8) ア

＜社会解説＞

1 **(地理的分野―世界地理－地形・貿易，歴史的分野―日本史時代別－鎌倉時代から室町時代・安土桃山時代から江戸時代・明治時代から現代，―日本史テーマ別－外交史，―世界史－政治史)**

(1) (記号) 海岸線から12海里を**領海**という。12海里は約22kmである。その領海の外側に接し，海岸線から200海里までの海域を，**排他的経済水域**(経済水域・EEZ)という。 (語) 排他的経済水域内では，漁業や天然資源の採掘，科学的調査などを自由に行う事ができる。

(2) ア **薩英戦争**が起こったのは，1863年である。 イ イギリスが**平戸**に**商館**を開いたのは，1613年である。 ウ **日英同盟**が結ばれたのは，1902年である。 エ イギリスの**領事裁判権**が撤廃されたのは，1894年である。年代の古い順に並べると，イ→ア→エ→ウとなる。

(3) **フランス革命**のさなか，フランス国民議会で制定された宣言が，**フランス人権宣言**である。人間の自由と平等・人民主権・言論の自由・三権分立・所有権の神聖など，17条からなるフランス革命の基本原則を記したものである。

(4) a 13世紀に，**モンゴル帝国**が築き上げた大帝国は，フビライ・ハン(フビライ，フビライ＝ハン)が首都を大都に移し，国号を**元**と改め，東アジアの国を服属させようとした。 b 日本にも通交要求が来たが，**執権北条時宗**がこれを拒否したため，1274年と1281年の2回にわたって北九州に来攻した。いわゆる**元寇**である。

(5) オーストラリアは，世界の**鉄鉱石**輸出量第一位である。中国は，鉄鉱石の生産量が多いばかりでなく，輸入量も世界第一位である。オーストラリアの鉄鉱石は，中国や日本や韓国などアジアの国々に多く輸出されている。

(6) アルゼンチン・ブラジル・パラグアイ・ウルグアイの4か国で合意した南米共同市場を**MERCOSUR**という。域内の関税撤廃等を目的として，1995年に発足した関税同盟である。

(7) 地球は24時間で360度自転するので，**15度で1時間の時差**となる。日本の**標準時子午線**は，東経135度であるから，東経0度のAのイギリスとは，約9時間の時差となる。Bのフランス，Cのモンゴル，Dのオーストラリアとはいずれも9時間以下の時差となる。したがって，東京が1月30日午前10時なら，A・B・C・Dとも1月30日となる。残るEだけが1月29日となる。

2 **(公民的分野―基本的人権・三権分立・地方自治・消費生活・経済一般)**

(1) 図1から，20～29歳の有権者数は，60～69歳の約3分の2であり，表1から，前者は後者の半分以下の投票率だったことがわかる。

(2) (記号) アの**財産権**が，**自由権**の中の経済活動の自由である。イの**生存権**とウの教育を受ける権利は，**社会権**である。エの**団結権**は，社会権の中の**労働基本権**である。 (語) 日本国憲法第94条に「**地方公共団体**は，その財産を管理し，事務を処理し，及び行政を執行する権能を有し，法律の範囲内で**条例**を制定することができる。」と規定されている。

(3) (語) 三権分立の三権とは，**国会**に属する**立法権**と，**裁判所**に属する**司法権**と，**内閣**に属し法律に基づいて政治を行う権限，つまり**行政権**である。 (説明) 三機関が互いに**抑制**し合い，**均衡**を保つためであり，また権力が一つの機関に集中して濫用されて，国民の権利や自由が侵されることがないようにするためである。

(4)（人物名）安全を求める権利，知らされる権利，選択する権利，意見を反映させる権利の「**消費者の四つの権利**」を提唱したのは，**アメリカ大統領ケネディ**である。1975年ジェラルド・R・フォードによって，消費者教育を受ける権利が追加され，「消費者の五つの権利」と呼ばれるようになった。（記号）製造物の欠陥により，人の生命，身体または財産にかかわる被害が生じた場合，その製造業者などが損害賠償の責任を負うことを定めたのが，1994年制定の**製造物責任法**(PL法)である。契約の際に重要な事実を隠されたり，うそを言われたり，脅されたりした場合，消費者が契約を取り消せると定めているのが，2000年制定の**消費者契約法**である。

(5)（記号）イの「家計や企業にお金の貸し出しを行う。」が誤りである。それは一般の銀行の役割である。（正しい記述）「銀行にお金の貸し出しを行う。」のが，**銀行の銀行**としての**日本銀行**の役割である。

3 （地理的分野―世界地理－気候・産業・資源・エネルギー，―日本地理－人口・日本の国土・地形・地形図の見方・貿易・交通）

(1)（記号）冬は気温10度前後で，一定の雨が降り，夏は気温が30度近く，雨がほとんど降らないのは，**地中海気候の特徴**である。　ウ（語）地中海　スペイン・イタリア・ギリシャ等では，冬にオリーブやオレンジを，夏に小麦を栽培する**地中海式農業**を行っている。

(2)（府庁または県庁所在地名）図3から見ると，近畿地方に限れば，65歳以上人口の割合が最も低い県は，滋賀県である。滋賀県の**県庁所在地**は，大津市である。（記号）愛知県・大阪府・広島県・高知県のうち，高齢化が最も進んでいるのは，高知県である。人口ピラミッドのエがこれに該当する。

(3)（記号）**択捉島**の位置は，地図上のアである。いわゆる**北方領土**の一つであり，現在はロシア連邦が実効支配している。千島列島に沿って南下して，日本の東まで達する寒流が，**千島海流**である。**親潮**とも呼ばれる。

(4)（地形図上の長さ）図は25000分の1地形図であるから，500m＝50000cm÷25000＝2(cm)である。（記号）ア　学校跡地に建てられたのは，文化会館と博物館「血」ではなく，図書館「🕮」である。　ウ　尾張旭駅は，かつてのあさひあらい駅よりも，東側にある。　エ　平成26年の地形図でも水田「ıı」が散見される。ア・ウ・エのどれも誤りがあり，イが正しい。

(5) 半導体は，主として首都圏の工場で利用されるため，高速道路の近くにあった方が，製品の輸送に便利なためであることを簡潔に記せばよい。

(6)（記号）エが正しい。　ア　アメリカの工業は豊富な鉱産資源をもとに，まず**五大湖周辺**で始まり，重工業が発展した。　イ　デトロイトが自動車工業，ピッツバーグが鉄鋼業の誤りである。　ウ　20世紀後半になると，日本などから輸入される自動車などによって，大打撃を受けた。ア・イ・ウのどれも誤りがある。（語）アメリカのカリフォルニア州サンフランシスコ郊外の盆地帯であるサノゼ地区のことを，半導体メーカーが多数集まっているため，**シリコンバレー**という。シリコンとは半導体の材料であるケイ素のことである。

(7) ア　1990年と2015年ともに，**技術輸出額**が最も少ないのは日本である。　ウ　2015年における日本の技術輸出額は，アメリカに次いでアジア向けが多い。　エ　2015年における日本のアジアからの技術輸入額は，北アメリカからの20分の1以上である。ア・ウ・エのどれも誤りがあり，イが正しい。

(8) X　表3から，2009年と2014年を比較すると，**風力発電**や**太陽光発電**の供給の値が増加しているということがわかる。　Y　表4から，新エネルギーによる発電と**火力発電**を比較すると，燃料費や二酸化炭素対策費がかからないが，設備費・運転維持費や政策経費が高いことがわかる。日本では新エネルギー，換言すれば**再生可能エネルギー**の利用はあまり進んでいない。

4 **(歴史的分野―日本史時代別－旧石器時代から弥生時代・古墳時代から平安時代・鎌倉時代から室町時代・安土桃山時代から江戸時代・明治時代から現代，―日本史テーマ別－政治史・外交史・社会史・文化史，―世界史－政治史)**

(1)　a 「**三国志**」の**魏志倭人伝**に記載される，3世紀ごろ日本にあった国で，女王**卑弥呼**が統治していたのが**邪馬台国**である。2世紀後半の倭の大乱に際しては，諸国が卑弥呼を共立することでまとまったと記されている。所在地については**北九州・畿内大和の両説**がある。　b 「三国志」の魏志倭人伝によれば，**魏**の皇帝から邪馬台国の卑弥呼に対して，「汝を以て**親魏倭王**となし**金印紫綬**を仮し(以下略)」との詔書が与えられたとされる。

(2)　**律令制度**下で行われた軍事制度で，九州沿岸の防衛のため徴集・派遣された兵士のことを**防人**という。663年に朝鮮半島の百済救済のために出兵した**白村江の戦い**で，唐・新羅の連合軍に敗れたことを契機として，強化された。

(3)　(記号)　**堺**は大阪湾に面し，**摂津・河内・和泉**の三国の国境にあった。図1のウである。
(語)　室町時代から戦国時代にかけて，堺・京都などの都市で，自治的な共同体を組織・運営した裕福な商工業者のことを**町衆**という。

(4)　(語)　江戸時代の5代将軍**徳川綱吉**の治世である，17世紀末から18世紀の初期に，特に京都・大阪など**上方**を中心として展開した**町人文化**を，**元禄文化**という。　(記号)　江戸前期の**浮世草紙**作家で，代表作に「**好色一代男**」などがあるのが，**井原西鶴**である。江戸中期の**人形浄瑠璃・歌舞伎**作者で「**曽根崎心中**」など多くの名作を残したのが，**近松門左衛門**である。**十返舎一九**は，江戸後期の戯作者で，化政文化の最盛期に**滑稽本等**を数多く残した。代表作は「**東海道中膝栗毛**」である。**松尾芭蕉**は，江戸前期の俳人で，「**奥の細道**」を残した。

(5)　(将軍名)　征夷大将軍の権利や地位を朝廷に返し，政権を返上する**大政奉還**を申し出たのが，15代将軍**徳川慶喜**(一橋慶喜)である。討幕派との武力衝突を避け，新しい政権の中で，主導権を確保しようとするねらいであった。　(記号)　ア　**吉田松陰**が**安政の大獄**によって処罰されたのは，1858年のことである。　イ　函館・横浜・長崎で貿易が始まったのは，1859年のことである。　ウ　**岩倉使節**が欧米諸国に派遣されたのは，1871年のことである。　エ　**坂本龍馬**らが**薩長同盟**を結ばせたのは，1866年のことである。大政奉還が行われたのは1867年であるから，ア・イ・エは，それ以前の出来事で，それ以後の出来事は，ウである。

(6)　(説明)　江戸時代はたびたび飢饉があり，**年貢**収入は不安定だった。**地租改正**を行い，**地価の3%**を毎年**金納**させることで，財政を安定させるためことが期待できた。　(語)　土地の所有者に対して発行される証書を**地券**といい，住所・土地の面積・所有者・地価などが記されている。

(7)　(記号)　Ⅰ　連合国が日本に対して**ポツダム宣言**を出したのは，1945年である。　Ⅱ　ルーズベルト大統領とチャーチル首相が**大西洋憲章**を出したのは，1941年である。　Ⅲ　ドイツがポーランドに侵攻したのは，1939年である。年代の古い順に正しく並べたのは，カである。
(条約名)　1941年に，日本とソビエト連邦の間で結ばれた領土保全と不侵略を相互に約束した条約が，**日ソ中立条約**である。

(8)　ア　**沖縄**の**日本復帰**が実現したのは，1972年のことである。　イ　**教育基本法**が制定されたのは，1947年である。　ウ　いわゆる**55年体制**が崩壊したのは，1993年のことである。
エ　**サンフランシスコ平和条約**が調印されたのは，1951年である。1969年から1974年の間に起こったのは，アである。

＜国語解答＞

一　(一)　(1)　焼(ける)　(2)　夢　(3)　遠(く)　(二)　2　(三)　1
(四)　(例)母親の態度から，父親が言うとおり自分がきちんと見てもらっていないことに気づいてがっかりしている。　(五)　(次の四つのうちいずれか一つを記入していれば正答とする。)・響音は，くちびるを引きむすんで下を向いた。　・そうじぶんに言いきかせて，千弦の音の変化に気づかないふりをしていたのかもしれない。　・響音はこくんとうなずく。　・少し考えて，響音は「うちに帰る」と答えた。

二　(一)　(1)　かおく　(2)　つつぬ(け)　(3)　かいぞう　(二)　4　(三)　(例)紙と木で作られた日本の住居は，自然の音や空気が簡単に入り込む環境だったため，雑音に価値を見いだした。　(四)　説得力　(五)　西洋の建物

三　(一)　1　(二)　4　(三)　青空の井戸　(四)　3　(五)　1　(六)　(例)作者が明示していないことを想像する

四　(一)　3　(二)　しいて　(三)　おっしゃって　(四)　おのが分を知りて
(五)　(例)　私は，自分の限界を知って行動するのが賢い生き方だという考えに反対だ。なぜなら，自分自身の限界を予測することは困難だし，目標を追い続けることで自分自身の力を伸ばせると考えるからだ。
　古典には，できない時はすぐやめるのが賢いと書かれているが，私は初めから自分の限界を作ろうとは思わない。仮に高すぎる目標を設定して失敗しても，再挑戦すればいい。私はこれからも努力を続けていきたい。

＜国語解説＞

一　(小説ー情景・心情，内容吟味，文脈把握，漢字の読み書き)

(一)　(1)　「**焼**」は右側のつくりの部分の形に注意すること。　(2)　「**夢**」の音読みは「ム」で，「夢中」などの熟語を作る。　(3)　「**遠い**」の対義語は「近い」である。

(二)　「千弦のピアノ……ショックだったんだな」「お姉ちゃんが，心配になっちゃったんだな」という言葉から，**響音が姉を心配していることを察した**父親が，**響音を思いやっている**様子がわかる。したがって，2が正解である。父親は「最近の千弦のピアノは，いきいきした音色がしない」と言っており，「千弦の音が以前と変わった」と思っているので，「思い過ごし」とする1は誤り。父親は響音に対して自分の考えを主張するように促していないので，3は誤り。響音の「辛い気持ち」や父親が響音を「誇らしく思う気持ち」は本文から読み取れないので，4は不適切である。

(三)　千弦と顔を合わせてしまうと，響音は卒業式の千弦のピアノ演奏について何か言わなければならなくなる。しかし響音は，千弦に対して心にもないほめ言葉を言ったりピアノの音色がつまらなくなったとはっきり言ったりする性格ではない。響音がこの後「いそいでお風呂に入って，いつもよりかなりはやめにベッドに入る」のは，千弦が帰ってきたときに**顔を合わせて気まずくなることを避けたかった**ためである。正解は1。2は千弦に触れていないので不適切。3は千弦の「悩み」や相談しようとしている様子が本文から読み取れないので不適切。4の「千弦」との比較は本文に書かれていないので不適切。

(四)　父親の「響音をちゃんと見ているか」という言葉は，母親が響音を「ちゃんと見ていない」と非難するものである。響音が選んだ服を見せようとしても，母親は髪について一言コメントしただけでろくに見ようともしない。響音はそれまでは意識していなかったが，父親の言うとおり

自分が母親にきちんと見てもらっていないことに気づく。「しおしお」は，気落ちしてすっかり元気がなくなった様子を表す擬態語である。**父親の言葉**をふまえ，**母親が響音をちゃんと見ていない**こととそれに気づいた**響音が気落ちしている**ことを書いていれば正解である。

(五)　響音は，父親に「千弦のピアノ……ショックだったんだな」と言われたとき，「ショックだった」と答える代わりに「**くちびるを引きむすんで下を向**」く。千弦のピアノの音の変化に気づいてもそれを千弦に指摘することはなく，「**気づかないふり**」をする。父親に「お姉ちゃんが，心配になっちゃったんだな」と言われると「心配だった」と言う代わりに「**こくんとうなずく**」という動作をする。また，父親に帰るかどうか聞かれたときにも，自分の気持ちを詳しく説明しようとはせず，「**少し考えて，響音は『うちに帰る』と答えた**」のである。この部分を含む四つの文のうちのどれか一つを抜き出して答えればよい。

二　(論説文－内容吟味，文脈把握，接続語の問題，漢字の読み書き)

(一)　(1)「屋」の音読みは「**オク**」で，他に「屋上」などの熟語を作る。　(2)「**筒抜け**」は，音がそのまま伝わってしまうことをいう。　(3)「**改造する**」は，つくり直すという意味である。

(二)　A　前に「西洋の街はハーモニーを生み出せた」と述べ，後に「東洋の街ではハーモニーが生まれなかった」と述べて西洋の街と東洋の街を対比しているので「**一方**」が入る。　B　前で三味線や笛類の改造について述べ，「雑音をまとわせることで表現力を生み出した」とまとめているので「**つまり**」が入る。したがって，4が正解となる。

(三)　筆者は，「声の美意識」はその場所の建物の素材から影響を受けると説明している。日本人の声の美意識については第4段落に，日本の住居が**紙と木**で作られてきたこと，それは自然の音や空気が簡単に入り込む**環境**だったこと，そのため日本人が「雑音」を好ましいものとして受け入れ，**価値**を見いだしたということが書かれているので，この内容を制限字数内で書く。指定語句は，必ず三つとも入れて書くこと。

(四)　「雑音の入った声に［ I ］を見いだしました。」は，少し後の「雑音をほどよく混ぜた声が**説得力**を持ったのです。」とほとんど同じ内容を表しているので，空欄には「説得力」が入る。

(五)　Q2は，第3段落の「街の中にも必要最小限の音しかありません。」をもとにした問いである。この答えの根拠となる文は，その直前の「**西洋の建物**では音が響くので，一つ一つの音を研ぎ澄ませ，雑音を排してきました。」なので，この文のはじめの5字を抜き出して書く。

三　(短歌と鑑賞文・会話－内容吟味，文脈把握，脱文・脱語補充，品詞・用法，書写)

(一)　①の部分は楷書では真ん中→左→右の順で書くが，行書では左から順に書くというように，**筆順が変化**する。②の部分は楷書では2画で書くが，行書では**左払いから連続**して1画で書く。したがって，正解は1である。

(二)　傍線部イ「中に」，1「勢いに」，2「読者に」，3「空に」は助詞であるが，4「ように」は**助動詞**「ようだ」の連用形の一部であるから，4を選ぶ。

(三)　第1段落に「『青空の井戸よ』とくるともうわかりにくくなります。」とあるように，筆者はこの部分を「特殊な表現」と考えている。設問に「五字で抜き出しなさい」という条件があるので，「**青空の井戸**」を抜き出す。

(四)　「焦点」はレンズなどに入ってくる光線が集まる点のことで，「**焦点を絞る**」はカメラの視野を狭くして焦点を合わせることから「対象を限定する」という意味で用いる慣用句である。ここでは，短歌の解釈が定まらないという意味で「焦点が**絞りきれない**」という表現にするのが適切である。

（五）　1の内容は本文の「**唯一の正解を求めると読みは挫折します**」「この歌の**茫漠としたおもしろさ**」と合致するので，これが正解となる。この短歌が「現実にない空想の世界」を描いているかどうかは解釈が分かれるところなので，「描いている」と断定する2は不適切。3は「行く方」の解釈を「文芸の行方や日本の歴史」に限定しているので誤り。「思へただ思へ」は命令する言葉であるが，後に引用を示す「とや」が続くことから，作者自身が命令しているのではないと解釈できるので，4は不適切である。

（六）　空欄Aを含む段落の「**作者が明示していないことは，想像して**読めばよい。」という文の内容を制限字数に注意して前後につながる形にまとめて書く。

四　（古文・会話・議論・発表―内容吟味，文脈把握，仮名遣い，敬語，作文）

〈口語訳〉　貧しい者は財貨をもってするのを礼儀と心得，年を取った者は体力をもってするのを礼儀と心得ている。自分の立場や能力を知って，できないときはすぐにやめるのを知恵のある生き方と言うべきである。(できないときにやめることを)許さないようなことは，他人の誤りである。立場や能力を知らずに無理に一生懸命やるのは自分の誤りである。

貧しくて立場や能力を知らなければ盗み，力が弱くて立場や能力を知らなければ病気になる。

（一）　「及ばざる時は，**速やかに止む**」ことを「許さざらん」という文脈なので，3が正解となる。

（二）　語中の「**ひ**」を「**い**」に書き換えて「**しいて**」とする。

（三）　文雄の発言に「僕の部活動の顧問の先生は～と**申して**いたけれど……。」とある。「申して」は**謙譲語**なので，**尊敬語**の「**おっしゃって**」に直す。

（四）　「自分の立場や能力を分かって」に対応する部分を探す。「おのが」は漢字で書くと「己が」となり，「自分の」という意味になる。「分」は「身分，立場，能力」という意味なので，「**おのが分を知りて**」を抜き出す。

（五）　1～6の条件を満たすこと。2について，解答例は第1段落で古典の文章の考えに「反対」という**立場**を明らかにして**その理由**を述べ，第2段落ではそれをふまえて**今後の自分の生き方**について述べている。4の「**正しい原稿用紙の使い方**」は，書き始めや段落の最初は1マス空けることや，句読点は1マス使うのが原則だが行の最初のマスには書かないことなどである。5の訂正をしないですむように，あらかじめ**下書き**をして内容を整理してから書くとよい。6に**常体**で書くという指示があるので，文末表現にも注意する。

解答用紙集

○月×日　△曜日　天気(合格日和)

◆ご利用のみなさまへ

＊解答用紙の公表を行っていない学校につきましては、弊社の責任において、解答用紙を制作いたしました。

＊編集上の理由により一部縮小掲載した解答用紙がございます。

＊編集上の理由により一部実物と異なる形式の解答用紙がございます。

人間の最も偉大な力とは、その一番の弱点を克服したところから生まれてくるものである。 ──カール・ヒルティ──

東京学参株式会社

※ 120％に拡大していただくと，解答欄は実物大になります。

受検番号	

数学解答用紙

1	(1)	①		②	
		③		④	
	(2)				

2	(1)	
	(2)	
	(3)	
	(4)	

3	(1)			
	(2)	cm^2		
	(3)	Ⅰ		
		Ⅱ		
		Ⅲ		

4	(1)		
	(2)	①	
		②	

5	(1)		cm
	(2)	①	
		②	(　　　,　　　)

6	(1)		
	(2)	①	cm^2
		②	cm^3

※ 119％に拡大していただくと，解答欄は実物大になります。

受検番号	

英 語 解 答 用 紙

1

	No. 1	No. 2	No. 3	No. 4	No. 5
(1)					

	No. 1	No. 2	No. 3	No. 4
(2)				

	No. 1	No. 2
(3)		

(4)	①	→ →
	②	

2

①	②	③	④	⑤	⑥

3

(1)	
(2)	→ →

4		①	②	③	④	⑤
	(1)					
	(2)	( )( )( )				

5						
	(1)				(2)	
	(3)	①		②		
	(4)	①	( )( )( )( )			
		②	( )( )( )			
	(5)					

6										
	①		→		→		→		→	
	②		→		→		→		→	
	③		→		→		→		→	
	④		→		→		→		→	

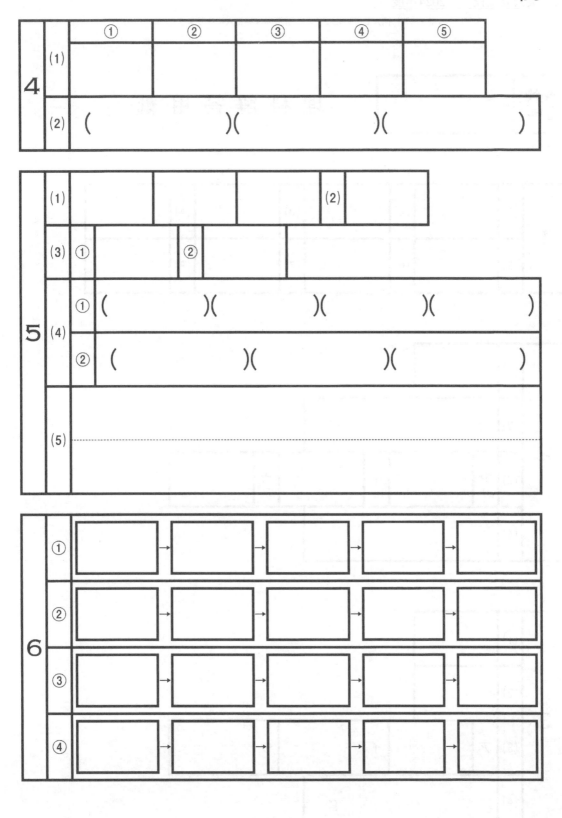

※ 118％に拡大していただくと，解答欄は実物大になります。

受検番号	

理科解答用紙

1	(1)		(2)		(3)		(4)	
	(5)		(6)		(7)		(8)	

2	(1)						
	(2)	Ω					
	(3)	ア		イ		ウ	
	(4)						

3	(1)						
	(2)						
	(3)	ア		イ		ウ	
	(4)	g					

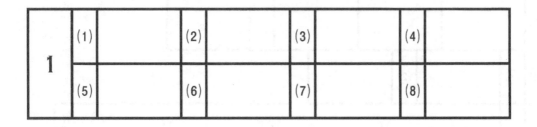

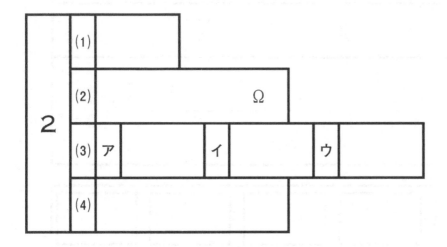

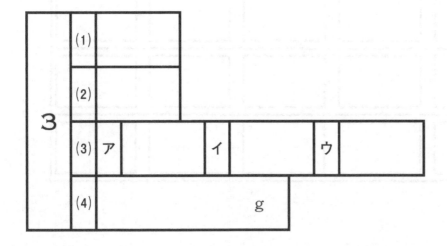

4	(1)				
	(2)				
	(3)				
	(4)				

5	(1)	あ		い	
		う		え	
	(2)				
	(3)	度			

6	(1)	あ	N	い	g
	(2)	kg			
	(3)				
	(4)				

※ 118％に拡大していただくと，解答欄は実物大になります。

受検番号	

社会解答用紙

1								
(1)		(2)						
(3)		(4)						
(5)	市							
(6)	ア		イ		ウ		エ	
(7)								
(8)	ア		イ		ウ		エ	

2						
(1)		(2)	時期		資料	
(3)		(4)		(5)		
(6)	（10字×3行の解答欄，15・25）					
(7)		(8)				

3	(1)	
	(2)	
	(3)	
	(4)	
	(5)	
	(6)	

4	(1)	
	(2)	
	(3)	→ → →
	(4)	
	(5)	
	(6)	

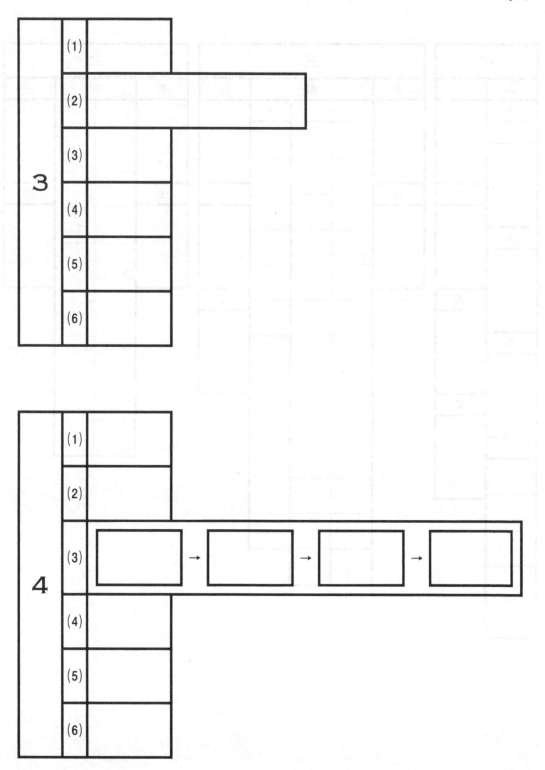

二

(一)

(二)

(三)

15

20

(四)

(五)

三

(一)

(二)

(三)

(四)

A

B

(五)

(六)

四

(一)

(二)

(三)

(四)

(五)

(1)

1

2

3

(2)

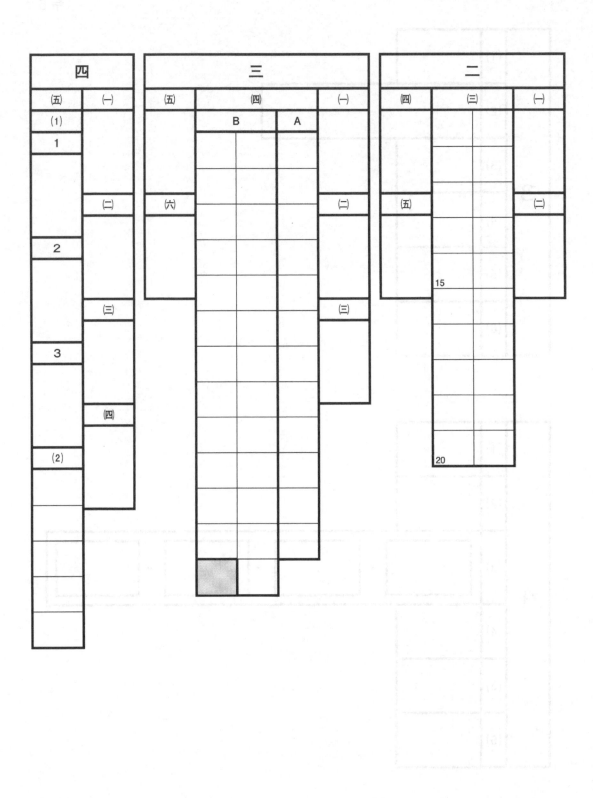

※ 122％に拡大していただくと，解答欄は実物大になります。

受検番号

国語解答用紙

令6

一

(一)
(1)
(2)
(3)
15
25
。
(4)

(二)

(三)
(1)
(2)
ける
(3)
(4)
しい

(四)

(五)
(1)
(2)
(3)

2024年度入試配点表 (茨城県)

	1	2	3	4	5	6	計
数学	各4点×5	各5点×4	(2)　5点 他　各2点×5	(1)　4点 (2)①　5点 ②　6点	(1)　4点 (2)①　5点 ②　6点	(1)　4点 (2)①　5点 ②　6点	100点

	1	2	3	4	5	6	計
英語	(3)・(4) 各3点×4 他　各2点×9	各2点×6	各4点×2	(1)　各2点×5 (2)　3点	(2)・(4)各2点×3 (5)　4点 他　各3点×5	各3点×4	100点

	1	2	3	4	5	6	計
理科	各3点×8	各4点×4 ((3)完答)	各4点×4 ((3)完答)	各4点×4	(2)　4点 他　各6点×2 ((1)完答)	各3点×4 ((1)完答)	100点

	1	2	3	4	計
社会	(2)・(5)　各5点×2 (6)・(8)各4点×2(各完答) 他　各3点×4	(1)・(2)・(4)　各4点×3 ((2)完答)　(6)　6点 他　各3点×4	(2)　5点 他　各3点×5	(3)　5点(完答) 他　各3点×5	100点

	一	二	三	四	計
国語	(一)(3)　4点 (二)～(四)　各2点×6 他　各1点×6	各5点×5	(四)　各5点×2 他　各4点×5	(五)(1)　各2点×3 (五)(2)　5点 他　各3点×4	100点

※ 123％に拡大していただくと，解答欄は実物大になります。

受検番号	

数学解答用紙

1	(1)	①	
		②	
		③	
		④	
	(2)		

2	(1)		
	(2)	$n=$	
	(3)	$x=$	
	(4)	個	

3	(1)	
	(2)	
	(3)	

4	(1)	①		cm
		②	ア	
			イ	
			ウ	
			エ	
			オ	
	(2)			cm^2

5	(1)	①	$a=$	
		②		
	(2)			

6	(1)		
	(2)	①	cm
		②	cm^3

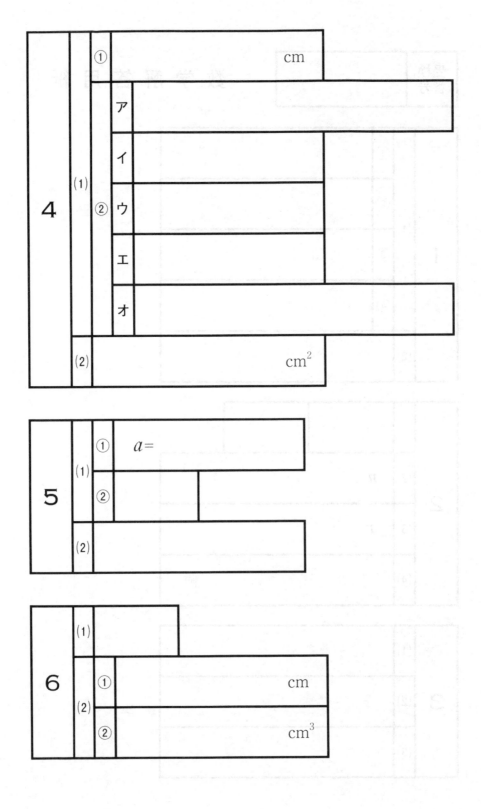

※ 123％に拡大していただくと，解答欄は実物大になります。

受検番号	

英語解答用紙

1

	No. 1	No. 2	No. 3	No. 4	No. 5
(1)					

	No. 1	No. 2	No. 3	No. 4
(2)				

	No. 1	No. 2
(3)		

(4)	①	□ → □ → □ → □
	②	

2

	①	②	③
(1)			

	④	⑤	⑥
(2)			

3

(1)	
(2)	□ → □ → □

4	(1)	①	②	③	④	⑤
	(2)	( )( )( )				

5	(1)				(2)	
	(3)	①		②		
	(4)	( )( )( )( )				
	(5)	①	( )( )( )			
		②	( )( )( )			

6	①	→	→	→	→	
	②	→	→	→	→	
	③	→	→	→	→	
	④	→	→	→	→	

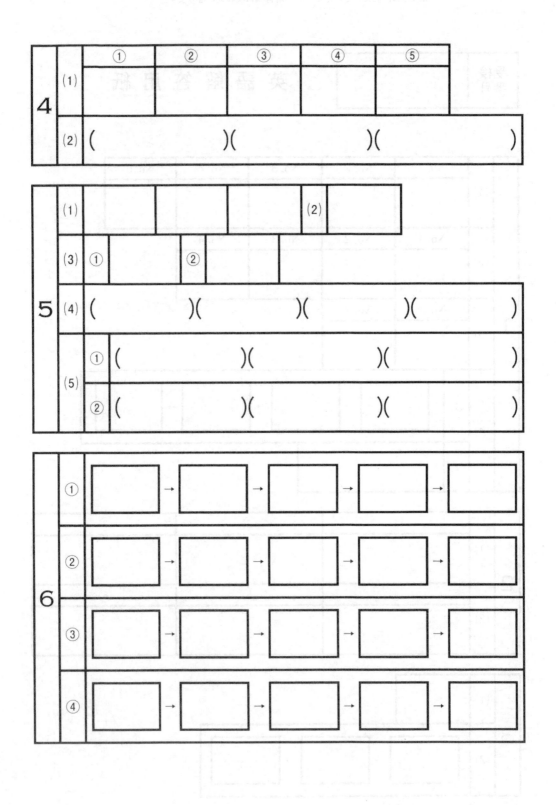

※ 123％に拡大していただくと，解答欄は実物大になります。

受検番号	

理科解答用紙

1								
	(1)		(2)		(3)		(4)	
	(5)		(6)		(7)		(8)	

2				
	(1)		(2)	
	(3)	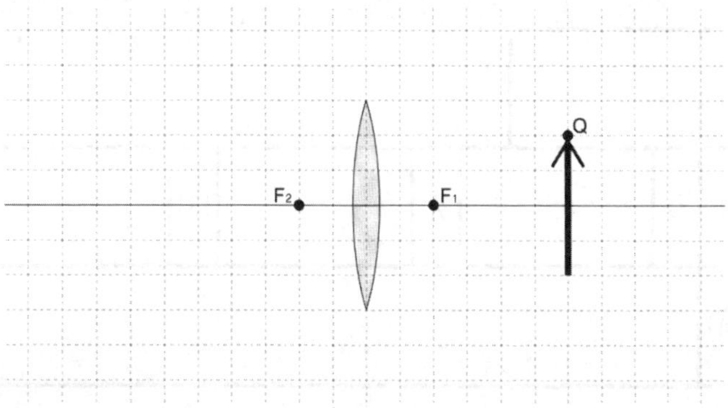		
	(4)			

3								
	(1)							
	(2)							
	(3)		(4)					
	(5)	ア		イ		ウ		エ

4				
(1)				
(2)				
(3)	う		え	
(4)				

5						
(1)						
(2)	う		え		(3)	
(4)						

6			
(1)	①		
	②		
(2)	①		
	②		

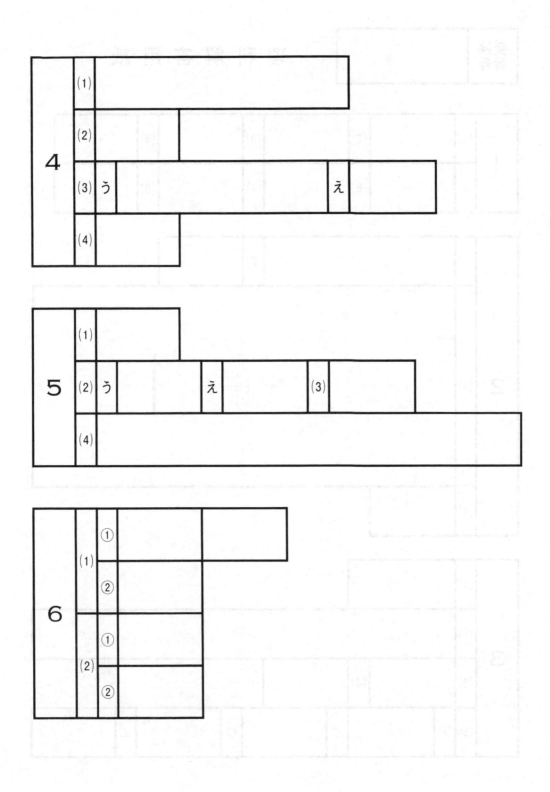

※ 123％に拡大していただくと，解答欄は実物大になります。

受検番号	

社会解答用紙

1

1 (1)　(2)

(3)　月　日　午前　午後　時

(4) ①

②

2 (1)　(2)

(3)

ア	イ	ウ	エ

2

1 (1)　(2)　(3)　(4)

2 (1) ①　5

②

(2)　(3)

3	1	(1)			(2)		
	2	(1)		(2)			
		(3)					
	3	(1)		(2)			
		(3)	ア	イ	ウ	エ	

4	1	(1)							
		(2)							
		(3)		→		→		→	
		(4)							
	2	(1)		(2)					

三

㈠

㈡

㈢

㈣

㈤

㈥

↓

↓

↓

↓

㈦

F

G

四

㈠

(1)

(2)

㈡

(1)

(2)

う

(3)

われる

(4)

㈢

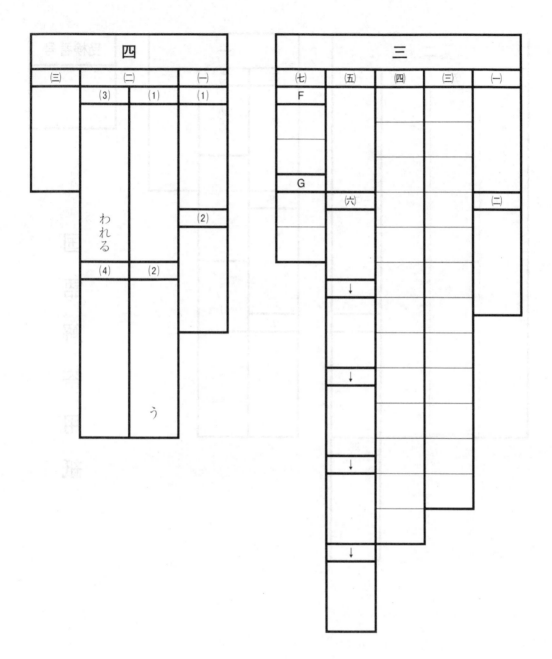

※ 119%に拡大していただくと，解答欄は実物大になります。

受検番号

国語解答用紙

一

(一)

(二) 初め　終わり

(三)

(四)

(五)

二

(一)

(二)

(三)

(四)

(五) 15　20 ことが分かった。

2023年度入試配点表 (茨城県)

数学	1	2	3	4	5	6	計
	各4点×5	各5点×4 ((1)完答)	(1)　4点 (2)　5点 (3)　6点	(1)① 4点 ②オ 1点 (2) 6点 他 各2点×2((1)②ア・イ, ウ・エ各完答)	(1)①　4点 ②　5点 (2)　6点	(1)　4点 (2)①　5点 ②　6点	100点

英語	1	2	3	4	5	6	計
	(3)・(4) 各3点×4 他　各2点×9	各2点×6	各4点×2	(1)　各2点×5 (2)　3点	(5)　各2点×2 他　各3点×7	各3点×4	100点

理科	1	2	3	4	5	6	計
	各3点×8	各4点×4	(5)　4点(完答) 各3点×4	各4点×4 ((3)完答)	各4点×4 ((2)完答)	各3点×4 ((1)①完答)	100点

社会	1	2	3	4	計
	1(1)・(2)・2(1) 各2点×3 他　各4点×5(2(3)完答)	1(1)・(3)・2(1)②　各2点×3 1(2)・2(2)　各3点×2 他　各4点×3	1(2)・2(2)・3(1) 各2点×3 他　各4点×5(3(3)完答)	1(4)　各2点×2 他　各4点×5 (1(3)完答)	100点

国語	一	二	三	四	計
	(二)　6点 他　各5点×4	(一)・(二)　各4点×2 (五)　6点 他　各5点×2	(二)・(七)　各5点×2 (六)　7点 他　各4点×4	(一)・(三)　各3点×3 他　各2点×4	100点

※ 123％に拡大していただくと，解答欄は実物大になります。

※ 　　　の部分には記入しないこと。

受検番号	

数学解答用紙

総得点

確認 ✔	検証 ✔

採点 ○△×	得点	点検 ✔	照合 ✔	確認 ✔	検証 ✔
	／4				
	／4				
	／4				
	／4				
	／4				

1	(1)	①	
		②	
		③	
		④	
	(2)		$x =$

採点 ○△×	得点	点検 ✔	照合 ✔	確認 ✔	検証 ✔
	／5				
	／5				
	／5				
	／5				

2	(1)	$a=$ 　　　　, $b=$
	(2)	
	(3)	円
	(4)	cm^2

				採点 ○△×	得点	点検 ✔	照合 ✔	確認 ✔	検証 ✔
3	(1)		*a*　　　　*b*　　　　*c*		／4				
	(2)		度		／5				
	(3)		cm		／6				
4	(1)	①	午前　　　時　　　分		／4				
		②	分速　　　m		／5				
	(2)		m		／6				
5	(1)	①	冊		／4				
		②			／5				
	(2)		①　　　②　　　③　　　④		／6				
6	(1)		cm^3		／4				
	(2)		cm^2		／5				
	(3)		cm		／6				

※ 123％に拡大していただくと，解答欄は実物大になります。

※ ▭ の部分には記入しないこと。

受検番号	

英語解答用紙

総得点	確認 ✔	検証 ✔

採点 ○△×	得点	点検 ✔	照合 ✔	確認 ✔	検証 ✔				
	／2					1	(1)	No. 1	
	／2							No. 2	
	／2							No. 3	
	／2							No. 4	
	／2							No. 5	
	／2						(2)	No. 1	
	／2							No. 2	
	／2							No. 3	
	／2							No. 4	
	／3						(3)	No. 1	
	／3							No. 2	
	／2						(4)	①	
	／2							②	
	／2							③	
	／2					2	(1)	①	
	／2							②	
	／2							③	
	／2						(2)	④	
	／2							⑤	
	／2							⑥	
	／4					3	(1)		
	／4						(2)		→ →

				採点 ○△×	得点	点検 ✔	照合 ✔	確認 ✔	検証 ✔
4	(1)	①			／2				
		②			／2				
		③			／2				
		④			／2				
		⑤			／2				
	(2)		(　　)(　　)$_2$		／3				

				採点 ○△×	得点	点検 ✔	照合 ✔	確認 ✔	検証 ✔
5	(1)		各行に一つずつ記号を書くこと		／2				
					／2				
					／2				
	(2)				／3				
	(3)	①	(　　)(　　)(　　)(　　) (　　)(　　)(　　)$_6$		／2				
		②	(　　)(　　)(　　)(　　) (　　)(　　)(　　)(　　)$_7$		／2				
	(4)	①			／3				
		②			／3				
		③			／3				
	(5)				／3				

			採点 ○△×	得点	点検 ✔	照合 ✔	確認 ✔	検証 ✔
6	①	→ → → →		／3				
	②	→ → → →		／3				
	③	→ → → →		／3				
	④	→ → → →		／3				

※ 123％に拡大していただくと，解答欄は実物大になります。

※ ［　］の部分には記入しないこと。

受検番号	

理科解答用紙

総得点	確認 ✔	検証 ✔

採点 ○△×	得点	点検 ✔	照合 ✔	確認 ✔	検証 ✔			
	／3					1	(1)	
	／3						(2)	
	／3						(3)	
	／3						(4)	
	／3						(5)	
	／3						(6)	
	／3						(7)	
	／3						(8)	

	／4					2	(1)	
	／4						(2)	
	／4						(3)	
	／4						(4)	

			採点 ○△×	得点	点検 ✔	照合 ✔	確認 ✔	検証 ✔
3	(1)			／4				
	(2)			／4				
	(3)			／4				
	(4)			／4				
4	(1)			／4				
	(2)			／4				
	(3)			／4				
	(4)			／4				
5	(1)	あ　　　　い		／3				
	(2)			／3				
	(3)			／4				
	(4)			／3				
	(5)			／3				
6	(1)			／3				
	(2)	kg/m^3		／3				
	(3)			／3				
	(4)			／3				

※ 123％に拡大していただくと，解答欄は実物大になります。

※ [網掛け] の部分には記入しないこと。

受検番号	

社会解答用紙

総得点	確認 ✔	検証 ✔

採点 ○△×	得点	点検 ✔	照合 ✔	確認 ✔	検証 ✔					
	／2					1	1	(1)		
	／4					1	1	(2)	イギリス	
						1	1	(2)	中国	
	／4					1	1	(3)	a	
	／2					1	1	(3)	b と c	
	／2					1	2	(1)		
	／4					1	2	(2)		
	／2					1	2	(3)	三重県	
	／2					1	2	(3)	県庁所在地名	
	／2					1	2	(4)		
	／2					1	2	(5)		

採点 ○△×	得点	点検 ✔	照合 ✔	確認 ✔	検証 ✔					
	／4					2	1	(1)		
	／4					2	1	(2)		
	／2					2	1	(3)	位置	
	／2					2	1	(3)	あとい	
	／4					2	1	(4)		
	／2					2	2	(1)		
	／4					2	2	(2)		
	／2					2	2	(3)		

				採点 ○△×	得点	点検 ✔	照合 ✔	確認 ✔	検証 ✔
3		(1)			／2				
		(2)			／2				
		(3)			／4				
		(4)			／4				
		(5)			／4				
		(6)	a		／2				
			b～d		／2				
		(7)			／4				

				採点 ○△×	得点	点検 ✔	照合 ✔	確認 ✔	検証 ✔
4	1	(1)			／2				
		(2)			／4				
	2	(1)			／4				
		(2)			／2				
		(3)	→ → →		／4				
		(4)	お		／2				
			か		／2				
			き		／2				
	3	(1)			／2				
		(2)			／2				

三							
(一)	(二)	(三)	(四)	(五)	(六)	(七)	
						C	D
／5	／5	／5	／5	／5	／5	／4	／4

四						
(一)	(二)	(三)		(四)		
		(1)	(2)	(1)	(2)	(3)
				しい		る
／3	／3	／2	／2	／2	／2	／2

※ 119％に拡大していただくと，解答欄は実物大になります。

国語解答用紙

受検番号

	検証✔	確認✔	照合✔	点検✔	得点	採点○△×
一 (一)					／5	
一 (二)					／6	
一 (三)					／5	
一 (四)					／5	
一 (五)					／5	
二 (一)					／4	
二 (二)					／4	
二 (三)					／4	
二 (四)					／4	
二 (五)					／4	

一

(一)	(二)	(三)	(四)	(五)

二

(一)	(二)	(三)	(四)	(五)

※ [shaded box] の部分には記入しないこと。

総得点	確認 ✔	検証 ✔

2022年度入試配点表（茨城県）

数学	1	2	3	4	5	6	計
	各4点×5 ((2)完答)	各5点×4 ((1)完答)	(1)　4点(完答) (2)　5点 (3)　6点	(1)①　4点 ②　5点 (2)　6点	(1)①　4点 ②　5点 (2)　6点(完答)	(1)　4点 (2)　5点 (3)　6点	100点

英語	1	2	3	4	5	6	計
	(3)　各3点×2 他　各2点×12	各2点×6	各4点×2	(1)　各2点×5 (2)　3点	(1)・(3) 各2点×5 他　各3点×5	各3点×4	100点

理科	1	2	3	4	5	6	計
	各3点×8 ((6)完答)	各4点×4 ((2)完答)	各4点×4	各4点×4	(3)　4点 他　各3点×4 ((1)・(5)各完答)	各3点×4	100点

社会	1	2	3	4	計
	1(2)・(3)a・2(2) 各4点×3(1(2)完答) 他　各2点×7	1(1)・(2)・(4)・2(2) 各4点×4 他　各2点×4	(3)・(4)・(5)・(7) 各4点×4 他　各2点×4	1(2)・2(1)・(3) 各4点×3 他　各2点×7	100点

国語	一	二	三	四	計
	(二)　6点 他　各5点×4	各4点×5	(七)　各4点×2 他　各5点×6	(一)・(二)　各3点×2 他　各2点×5	100点

※ 129％に拡大していただくと，解答欄は実物大になります。

数学解答用紙

得　点	

受検番号

1	(1)	ア	(2)	m
	(3)			
	(4)	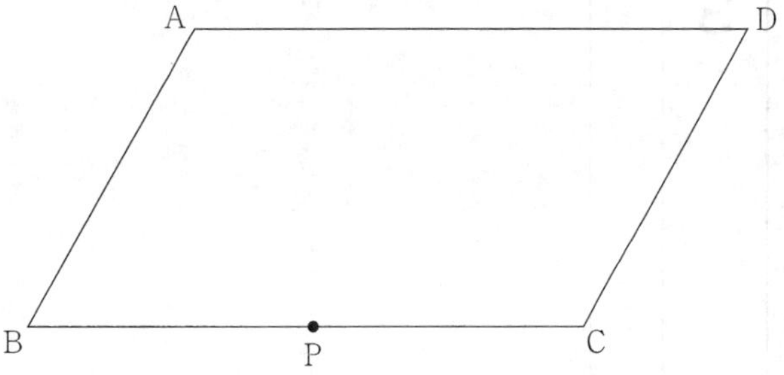		

2	(1)	ア　　イ　　ウ
	(2)	ア
		イ　　ウ
	(3)	ア　　イ
	(4)	選んだ選手　(　　　　　) 理由

3	(1)	ア　　度
	(2)	イ 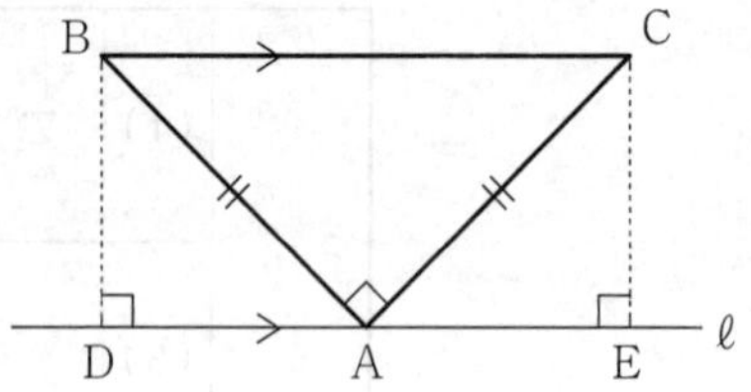
	(3)	ウ　　cm^2

4	(1)	L
	(2)	L
	(3)	時間後

5	(1)	①		
		②	記号	
			確率	
	(2)			

6	(1)	ア	cm^2
	(2)	イ	
		ウ	cm^3
	(3)	エ	オ

※ 109％に拡大していただくと，解答欄は実物大になります。

英語解答用紙

得　点	

受検番号

1	(1)	No. 1	No. 2	No. 3	No. 4
		No. 5			
	(2)	No. 1	No. 2	No. 3	No. 4
	(3)	No. 1	No. 2		
	(4)	①			
		②			

2	(1)	①	②	③
	(2)	④	⑤	⑥

3	(1)			
	(2)	→	→	

4	(1)	①	②	③	④	⑤
	(2)					4 8

5	(1)				(2)	
	(3)	①				
		②				
	(4)	①				
		②				

6	30
	60

※ 122％に拡大していただくと，解答欄は実物大になります。

理科解答用紙

得　点	

受検番号

	(1)	(2)	(3)	(4)
1				

2	(1)	①	理由は，　　，細胞を見やすくするため	
		②	記号	
			集め方	法
		③	a → 　→ 　→ 　→	
	(2)	①		
		②	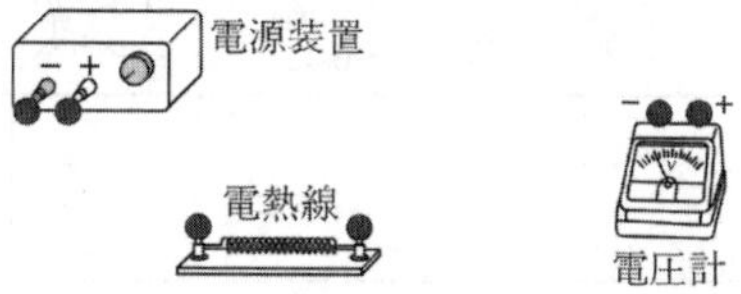	記号
		③	Ω	
	(3)	①	g/cm³	
		②		
		③		
		④		

3	(1)	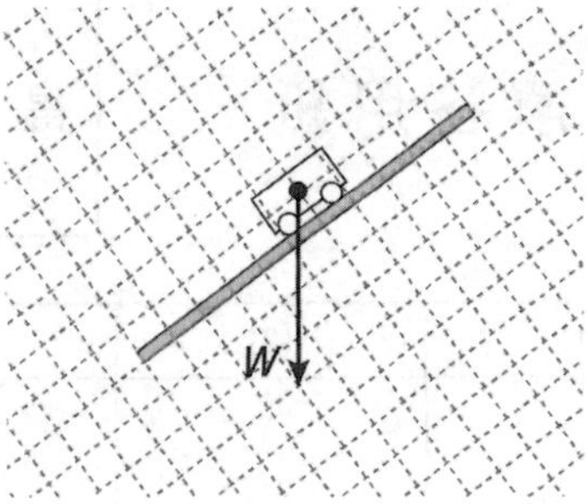
	(2)	
	(3)	cm/s
	(4)	

4	(1)	観察できる範囲		視野の明るさ	
	(2)	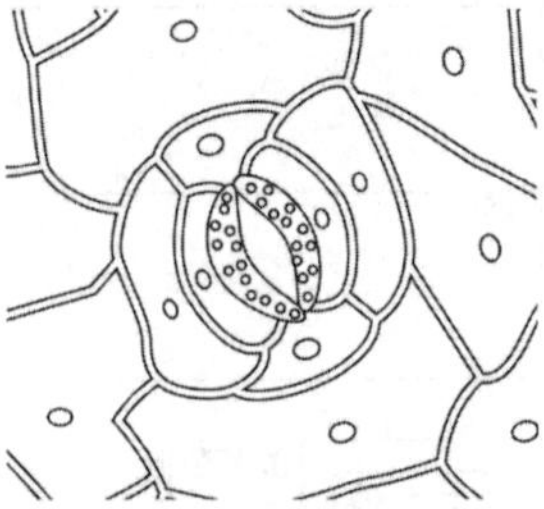			
	(3)	あ		い	
	(4)	実験の**結果**から， ので，葉以外の部分からも蒸散していると考えられる。			
	(5)	mL			
	(6)	試験管に油を注がないことで，			

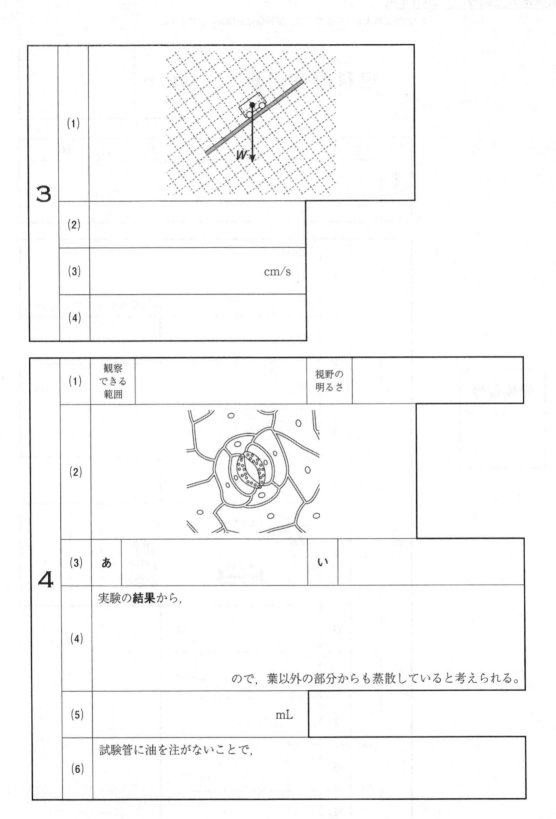

5	(1)				
	(2)				
	(3)				
	(4)	い		う	
	(5)	マグマのねばりけが			

6	(1)	あ			
		い			
	(2)	う		え	
		お	試験管 B に という結果になると，		
	(3)	と			
	(4)				

※ 118%に拡大していただくと，解答欄は実物大になります。

社会解答用紙

得　点	

受検番号

1	1	(1)		(2)			
		(3)					
	2	(1)					
		(2)					
	3	(1)					
		(2)					
		(3)	記号		県庁所在地名	市	
		(4)					

2	1	(1)				
		(2)	内容		記号	
		(3)				

2	1	(4)	記号		内容	
	2	(1)				
		(2)				
		(3)				

3	1	(1)		
		(2)	記号	
			内容	
		(3)	語	
			内容	
	2	(1)		
		(2)	数字	
			内容	
		(3)		

4	1	(1)	
		(2)	
		(3)	他地域に比べてアフリカでは,
	2	(1)	
		(2)	
		(3)	
	3	(1)	
		(2)	
		(3)	き 内容
			く 内容

三

㈦

150

100

四

㈠

(1)

(2) す

(3)

(4) てる

(5)

(6) む

㈡

㈢

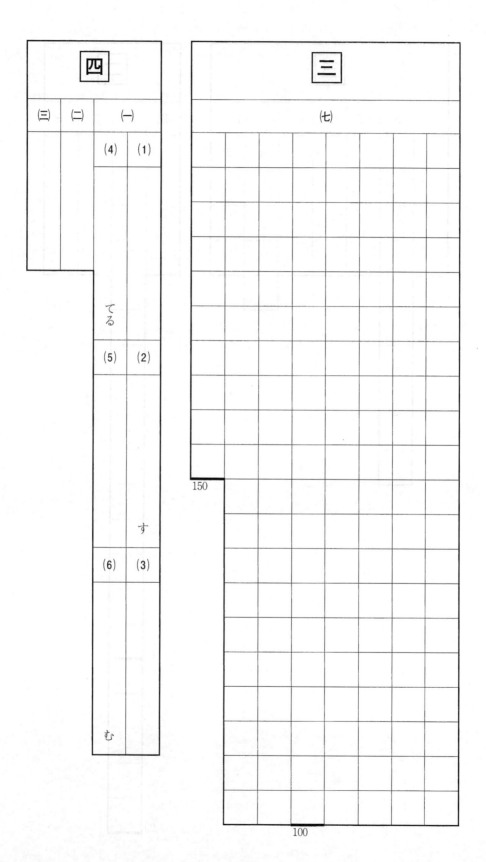

二

㈠	㈡	㈢	㈣

三

㈠		㈡	㈢	㈣	㈤	㈥
ア	イ					

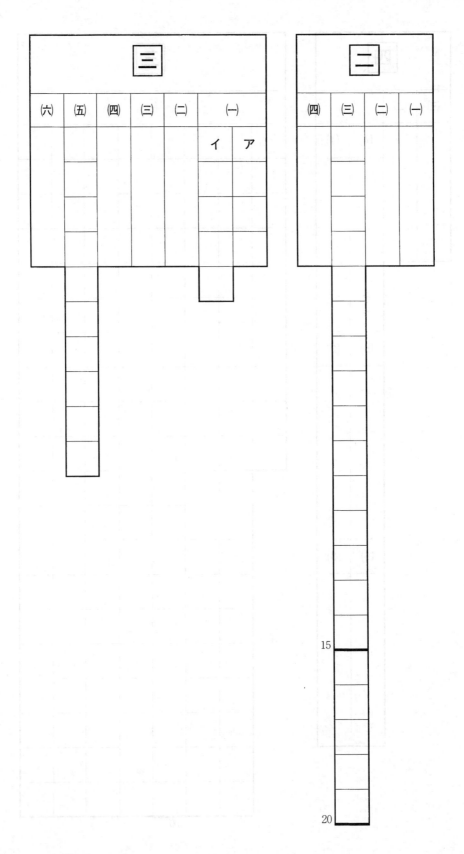

※ 113％に拡大していただくと，解答欄は実物大になります。

国語解答用紙

一

(五)		(四)	(三)	(二)			(一)
	私が						

受検番号

得　　点

2021年度入試配点表（茨城県）

数学	1	2	3	4	5	6	計
	各4点×4	各6点×4 ((1)～(3)各完答)	(1)　4点 (2)　5点 (3)　6点	(1)　4点 (2)　5点 (3)　6点	(1)①　4点 ②　5点(完答) (2)　6点	(1)　4点 (2)　5点(完答) (3)　6点(完答)	100点

英語	1	2	3	4	5	6	計
	(1)・(2) 各2点×9 他　各3点×4	各2点×6	各4点×2 ((2)完答)	(1)　各2点×5 (2)　3点	(1)　各2点×3 (4)　各5点×2 他　各3点×3	12点	100点

理科	1	2	3	4	5	6	計
	各3点×4	(1)①・②・(2)①・(3)②～④　各2点×6　他　各3点×4 ((1)②・(2)②各完答)	各4点×4 ((1)完答)	(1)・(2) 各2点×2 他　各3点×4 ((1)・(3)各完答)	(5)　4点 他　各3点×4 ((4)完答)	(1)　4点 他　各3点×4 ((1)あい・(2)うえ・(3)各完答	100点

社会	1	2	3	4	計
	1(2)・3(2)・3(4)各3点×3 2(1)　4点 他　各2点×6	1(2)内容　4点 1(1)・(4)内容・2(1)・(2) 各3点×4　他　各2点×4	1(2)内容・(3)内容　各4点×2　2(1)・(2)内容・(3) 各3点×3　他　各2点×4	1(1)・2(1)・3(1)・(2) 各2点×4 他　各3点×6	100点

国語	一	二	三	四	計
	(二)・(五)　各6点×2 他　各5点×3	各4点×4	(一)　各3点×2 (七)　10点 他　各4点×5	(一)(4)～(6)　各2点×3 他　各3点×5	100点

※この解答用紙は122％に拡大していただきますと，実物大になります。

数学解答用紙

得　点	

受検番号

1	(1)	℃	(2)	cm
	(3)			
	(4)	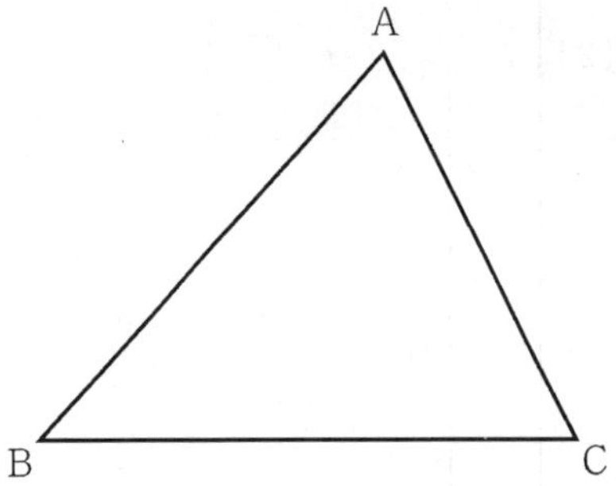		

2	(1)	ア　　　　イ		
	(2)	ア　　　　イ		
	(3)	(　　,　　)	(4)	

3	(1)		度
	(2)	①	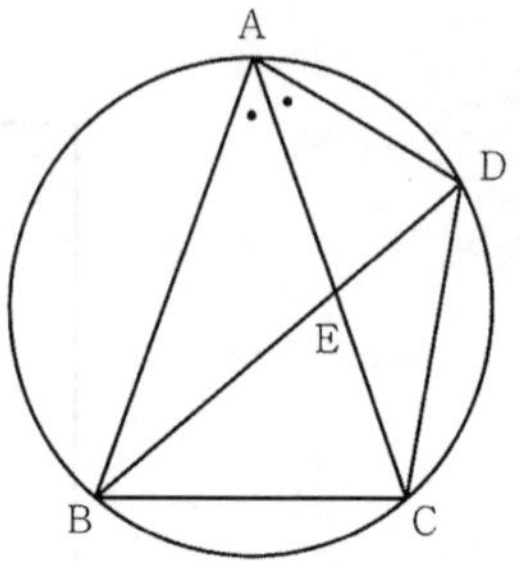
		②	cm

4	(1)	$y =$
	(2)	店が　　　円安い
	(3)	枚以上　　　枚以下のとき

問題5，6の解答欄は，裏側にあります。

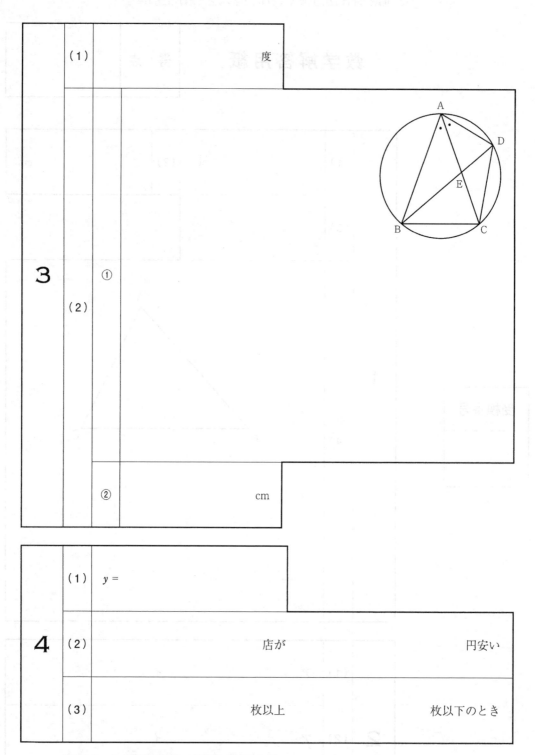

5	(1)	m
	(2)	%
	(3)	

6	(1)	
	(2)	cm^2
	(3)	cm^3

※この解答用紙は116%に拡大していただきますと，実物大になります。

英語解答用紙

得　点	

受検番号

1	(1)	No. 1	No. 2	No. 3	No. 4
		No. 5			
	(2)	No. 1	No. 2	No. 3	No. 4
	(3)	No. 1	No. 2		
	(4)	①			
		②			

2				
	(1)	①	②	③
	(2)	④	⑤	⑥

3		
	(1)	
	(2)	→ →

4						
	(1)	①	②	③	④	⑤
	(2)	4				
		8				

問題5，6の解答欄は，裏側にあります。

5	(1)					(2)	
	(3)	①					
		②					
	(4)	①					
		②					

6	30
	60

※この解答用紙は120％に拡大していただきますと，実物大になります。

理科解答用紙

得　点	

受検番号

1	(1)	(2)	(3)	(4)

2					
	(1)	①	試験管		
		②			
		③	と		
	(2)	①	あ	N	
			い	cm	
		②	と		
	(3)	①	あ		
		②	い		う
		③			
		④			
		⑤			

3	(1)	現象		電流の流れる向き
	(2)			
	(3)	あ		
		い		
		化学反応式		

4	(1)		
	(2)		
	(3)		（の法則）
	(4)	い	
	(5)	う	
		え	

5	(1)	あ	ためです。
	(2)		Ω
	(3)	い	℃
	(4)		

6	(1)	あ	
	(2)		km/s
	(3)		
	(4)		S波の伝わる速さの方がP波の伝わる速さよりも遅いので,
	(5)		

※この解答用紙は127%に拡大していただきますと，実物大になります。

社会解答用紙

得　点

受検番号

1

1
(1)
(2)
(3) 他の都道府県からの

2
(1) 県
(2)
(3)

3
(1) 名称　記号
(2)
(3)

2

1
(1) 語　名前
(2) 内容　記号
(3)

2
(1)
(2)

2	2	(3)	内容	
			記号	

3	1	(1)				
		(2)				
		(3)	語		内容	
	2	(1)	記号		憲法名	
		(2)				
		(3)	内容			
			語			

4	1	(1)		
		(2)	あ 内容	
			い 内容	
	2	(1)		
		(2)	上位 10 か国で,	
		(3)		
	3	(1)		(2)
		(3)	内容	
			具体例	

四

㈤	㈣	㈢	㈡	㈠

200

160

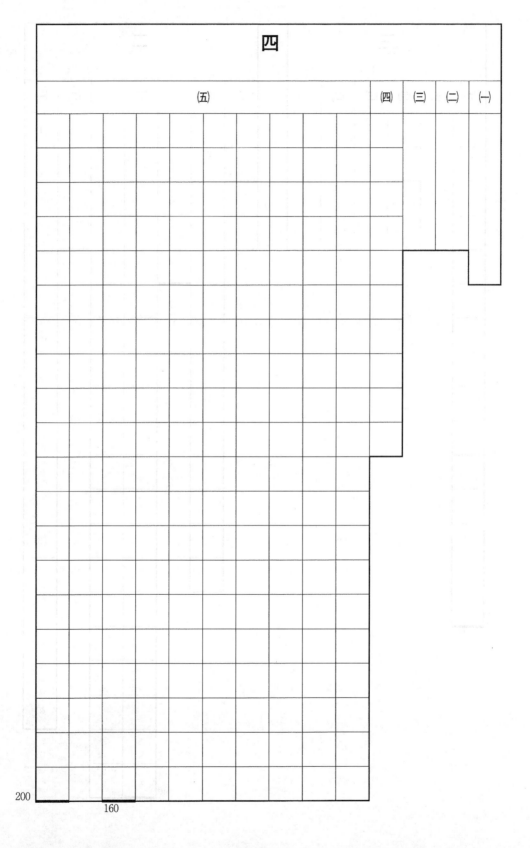

二

(一)

(1)

(2)

(3)

め

(二)

(三)

こと

(四)

初め

終わり

(五)

三

(一)

(二)

(三)

(四)

(五)

(六)

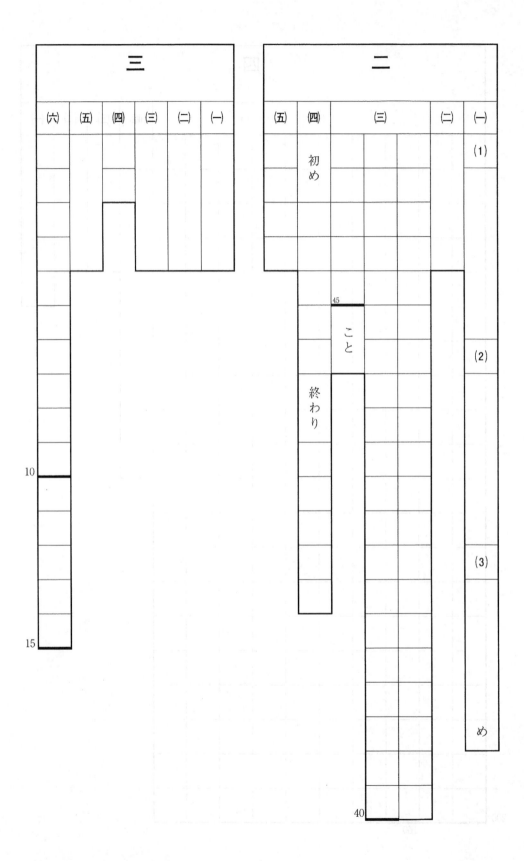

※この解答用紙は116%に拡大していただきますと，実物大になります。

国語解答用紙

一

(五)	(四)	(三)	(二)	(一)
				(1)
				(2)
				し
				(3)

受検番号

得点

2020年度入試配点表 (茨城県)

数学	1	2	3	4	5	6	計
	各4点×4	各6点×4 ((1)・(2)各完答)	(1)　4点 (2)①　5点 ②　6点	(1)　4点 (2)　5点(完答) (3)　6点(完答)	(1)　4点 (2)　5点 (3)　6点	(1)　4点(完答) (2)　5点 (3)　6点	100点

英語	1	2	3	4	5	6	計
	(1)・(2) 各2点×9 他　各3点×4	各2点×6	各4点×2	(1)　各2点×5 (2)　3点	(1)　各2点×3 (4)　各5点×2 他　各3点×3	12点	100点

理科	1	2	3	4	5	6	計
	各3点×4	(3)①・②　各3点 ×2(②完答) 他　各2点×9 ((1)③・(2)②各完答)	(1)　4点(完答) 他　各3点×4	(1)・(3) 各3点×2 (4)　4点 他　各2点×3	各4点×4	(4)　4点 他　各3点×4	100点

社会	1	2	3	4	計
	1(3)・2(3)・3(1)・(3) 各4点×4(3(1)完答) 他　各2点×5	1(2)内容　3点 2(2)・(3)内容　各4点×2 他　各2点×6	1(2)・(3)内容　各4点×2 2(3)内容　3点 他　各2点×6	1(2)あ,2(2),3(3)内容 各4点×3　2(3),3(3)具体例 各3点×2　他　各2点×5	100点

国語	一	二	三	四	計
	(一)　各3点×3 (四) 6点 他　各4点×3	(一)　各2点×3 (三)　6点 他　各5点×3	(一)~(三)　各3点×3 他　各4点×3	(一)　3点 (五)　10点 他　各4点×3	100点

※この解答用紙は125％に拡大していただきますと，実物大になります。

数学解答用紙

得点	

1	(1)		(2)	
	(3)		(4)	
	(5)			

2	(1)		(2)	a =
	(3)	x =	(4)	個
	(5)	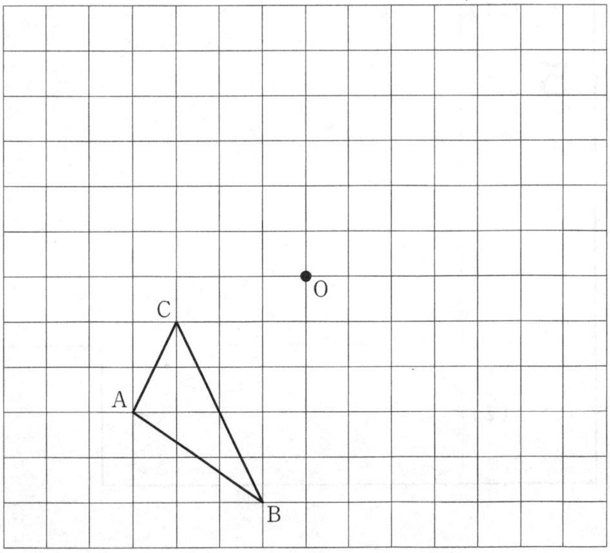		

受検番号

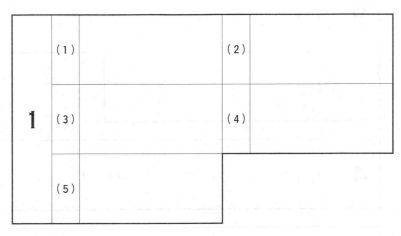

3	(1)	度
	(2)	ア　　　　イ
	(3)	

4	(1)	$y =$	(2)	$(\quad , \quad)$

5	(1)	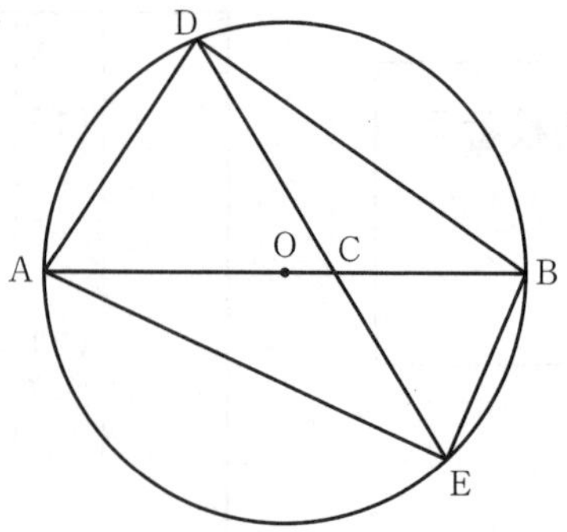
	(2)	cm

6	(1)	ア		イ
	(2)	分後		

7	(1)	平均値　回	最頻値　回
	(2)		

8	(1)	cm	(2)	cm^2

※この解答用紙は120%に拡大していただきますと，実物大になります。

英語解答用紙

得　点	

受検番号

1	(1)		No. 1	No. 2	No. 3	No. 4
			No. 5			
	(2)		No. 1	No. 2	No. 3	No. 4
	(3)		No. 1	No. 2		
	(4)	①	分間			
		②				

2	(1)	①	②	③
	(2)	④	⑤	⑥

3	(1)			
	(2)	→ → → → → →		
	(3)	①	②	③

4	(1)	①	②	③	④	⑤
	(2)	4				
		8				

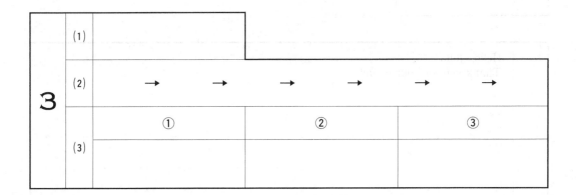

5	(1)				
	(2)	①			
		②			
	(3)				
	(4)				

6	Hello, John. Thank you for your e-mail. 30 40 See you soon.

※この解答用紙は120％に拡大していただきますと，実物大になります。

理科解答用紙

得　点	

	(1)	(2)	(3)	(4)
1				

2	(1)	あ		g		
		い		N		
	(2)	①	あ			
			い			
		②				
	(3)	①			②	
	(4)					
	(5)	あ			い	
	(6)	①			②	

受検番号

3	(1)					
	(2)					
	(3)	①				
		②	記号		生物名	
	(4)					
	(5)					

4	(1)	
	(2)	
	(3)	
	(4)	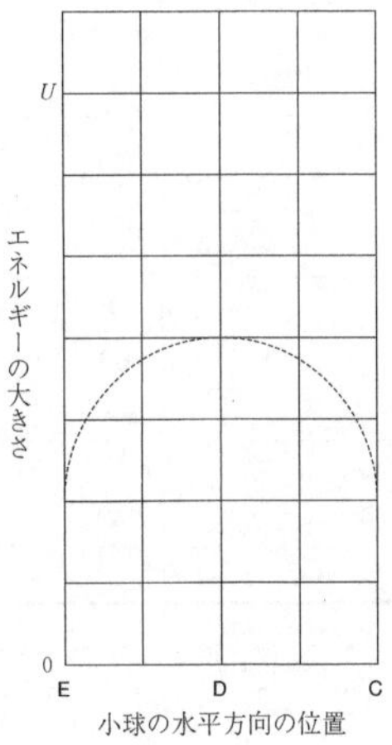
	(5)	

5	(1)	
	(2)	
	(3)	
	(4)	g
	(5)	

6	(1)		
	(2)	①	
		②	
	(3)		
	(4)		
	(5)		(代)

※この解答用紙は127％に拡大していただきますと，実物大になります。

社会解答用紙

得　点	

1	(1)	記号		語			
	(2)	→	→	→			
	(3)						
	(4)	a		b			
	(5)		(6)		(7)		

受検番号

2	(1)				
	(2)	記号		語	
	(3)	語			
		説明			
	(4)	人物名		記号	
	(5)	記号			
		正しい記述			

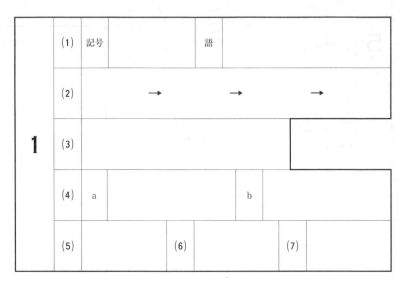

3	(1)	記号		語	
	(2)	府庁または県庁所在地名	市	記号	
	(3)	記号		海流名	
	(4)	地形図上の長さ	cm	記号	
	(5)				
	(6)	記号		語	
	(7)				
	(8)	X			
		Y			

4	(1)	a		b	
	(2)				
	(3)	記号		語	
	(4)	語		記号	
	(5)	将軍名		記号	
	(6)	説明	江戸時代の		
		語			
	(7)	記号		条約名	
	(8)				

四

㈠

㈡

㈢

㈣

㈤

200

160

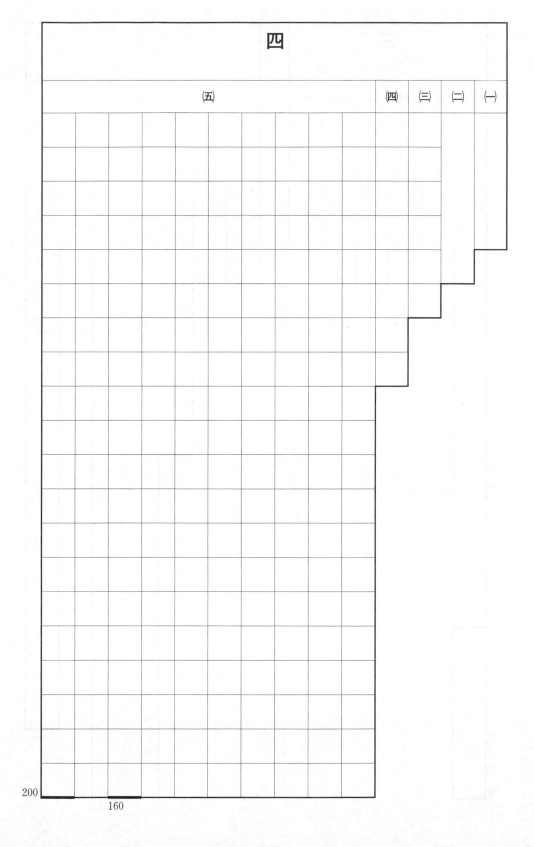

二

(一)

(1)

(2)

け

(3)

(二)

(三)

(四)

(五)

三

(一)

(二)

(三)

(四)

(五)

(六)

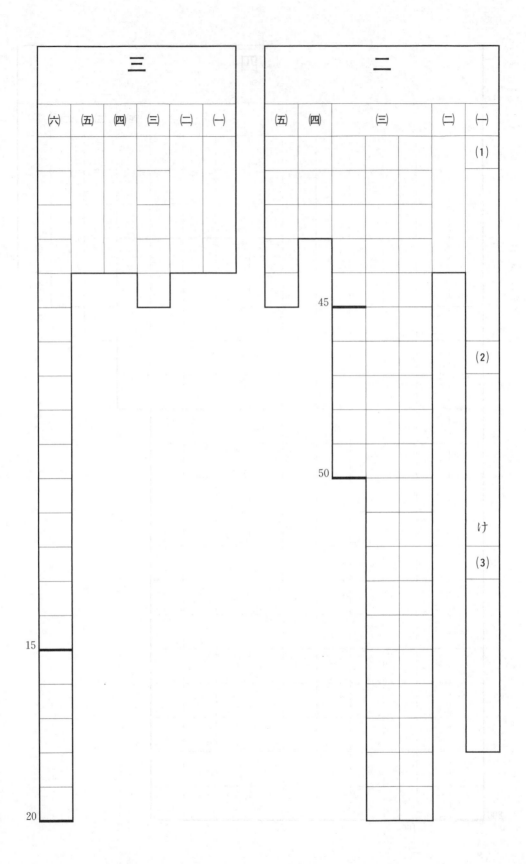

※この解答用紙は116%に拡大していただきますと，実物大になります。

国語解答用紙

一

(一)	(二)	(三)	(四)	(五)
(1)　ける (2) (3)　く			45 50	

受検番号

得　点

2019年度入試配点表 (茨城県)

	1	2	3	4	5	6	7	8	計
数学	各4点×5	各4点×5	各5点×3 ((2)完答)	(1)　4点 (2)　5点	(1)　4点 (2)　5点	(1) 4点(完答) (2)　5点	(1) 4点(完答) (2) 5点(完答)	(1)　4点 (2)　5点	100点

	1	2	3	4	5	6	計
英語	(1)・(2) 各2点×9 他　各3点×4	各2点×6	(1)・(2) 各3点×2 他　各2点×3	(1)　各2点×5 (2)　3点	(2)　各4点×2 他　各3点×5	10点	100点

	1	2	3	4	5	6	計
理科	各3点×4	(4) 4点 他 各2点×10 ((2)①あ・い各完答)	(2)・(3)② 各4点×2 ((3)②完答) 他　各2点×4	(1)　2点 (2)・(3) 各3点×2 他　各4点×2	(2)・(5) 各2点×2 他　各4点×3	(1)・(5) 各3点×2 (4)2点 他　各4点×2 ((2)完答)	100点

	1	2	3	4	計
社会	(1)語・(2)　各3点×2 他　各2点×7	(1)　4点 他　各2点×8	(8)Y　4点 他　各2点×13	(6)説明　4点 他　各2点×13	100点

	一	二	三	四	計
国語	(一)　各3点×3 (四)　6点 他　各4点×3	(一)　各2点×3 (三)　6点 他　各5点×3	(一)・(二)・(四) 各3点×3 他　各4点×3	(二)　3点 (五)　10点 他　各4点×3	100点

〜公立高校志望の皆様に愛されるロングセラーシリーズ〜

公立高校入試シリーズ

・全国の都道府県公立高校入試問題から良問を厳選
※実力錬成編には独自問題も！
・見やすい紙面、わかりやすい解説

数学

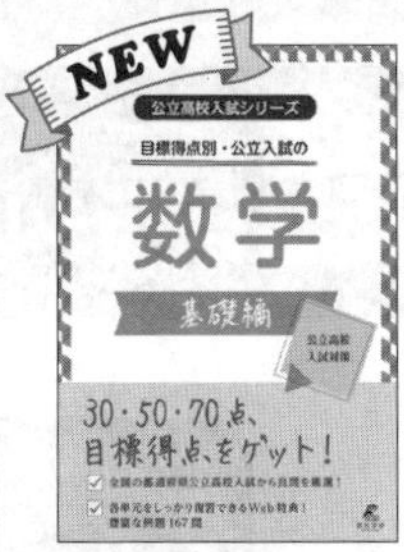

合格のために必要な点数をゲット

目標得点別・公立入試の数学　基礎編

- 効率的に対策できる！　30・50・70点の目標得点別の章立て
- web解説には豊富な例題167問！
- 実力確認用の総まとめテストつき

定価：1,210 円（本体 1,100 円 + 税 10%）／ ISBN：978-4-8141-2558-6

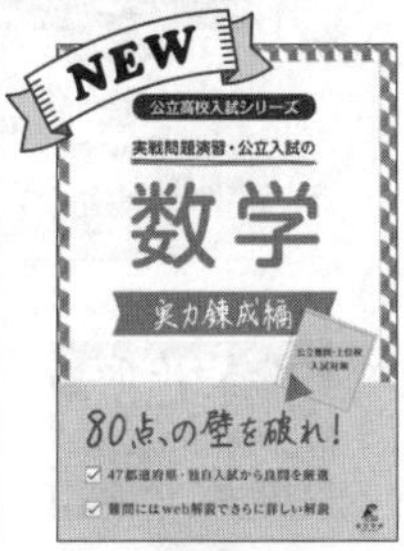

応用問題の頻出パターンをつかんで80点の壁を破る！

実戦問題演習・公立入試の数学　実力錬成編

- 応用問題の頻出パターンを網羅
- 難問にはweb解説で追加解説を掲載
- 実力確認用の総まとめテストつき

定価：1,540 円（本体 1,400 円 + 税 10%）／ ISBN：978-4-8141-2560-9

英語

「なんとなく」ではなく確実に長文読解・英作文が解ける

実戦問題演習・公立入試の英語　基礎編

- 解き方がわかる！　問題内にヒント入り
- ステップアップ式で確かな実力がつく

定価：1,100 円（本体 1,000 円 + 税 10%）／ ISBN：978-4-8141-2123-6

公立難関・上位校合格のためのゆるがぬ実戦力を身につける

実戦問題演習・公立入試の英語　実力錬成編

- 総合読解・英作文問題へのアプローチ手法がつかめる
- 文法、構文、表現を一つひとつ詳しく解説

定価：1,320 円（本体 1,200 円 + 税 10%）／ ISBN：978-4-8141-2169-4

理科

短期間で弱点補強・総仕上げ

実戦問題演習・公立入試の理科

- 解き方のコツがつかめる!　豊富なヒント入り
- 基礎〜思考・表現を問う問題まで
  重要項目を網羅

定価：1,045 円（本体 950 円 + 税 10%）
ISBN：978-4-8141-0454-3

社会

弱点補強・総合力で社会が武器になる

実戦問題演習・公立入試の社会

- 基礎から学び弱点を克服!　豊富なヒント入り
- 分野別総合・分野複合の融合など
  あらゆる問題形式を網羅
  ※時事用語集を弊社HPで無料配信

定価：1,045 円（本体 950 円 + 税 10%）
ISBN：978-4-8141-0455-0

国語

最後まで解ききれる力をつける

形式別演習・公立入試の国語

- 解き方がわかる!　問題内にヒント入り
- 基礎〜標準レベルの問題で
  確かな基礎力を築く
- 実力確認用の総合テストつき

定価：1,045 円（本体 950 円 + 税 10%）
ISBN：978-4-8141-0453-6

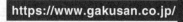

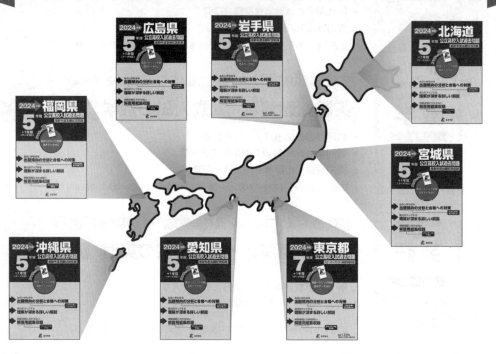

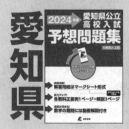

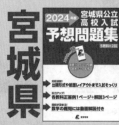

東京学参の

中学校別入試過去問題シリーズ

＊出版校は一部変更することがあります。一覧にない学校はお問い合わせください。

東京ラインナップ

あ　青山学院中等部(L04)
麻布中学(K01)
桜蔭中学(K02)
お茶の水女子大附属中学(K07)
か　海城中学(K09)
開成中学(M01)
学習院中等科(M03)
慶應義塾中等部(K04)
啓明学園中学(N29)
晃華学園中学(N13)
攻玉社中学(L11)
国学院大久我山中学
　(一般・CC) (N22)
　(ＳＴ) (N23)
駒場東邦中学(L01)
さ　芝中学(K16)
芝浦工業大附属中学(M06)
城北中学(M05)
女子学院中学(K03)
巣鴨中学(M02)
成蹊中学(N06)
成城中学(K28)
成城学園中学(L05)
青稜中学(K23)
創価中学(N14)★
た　玉川学園中学部(N17)
中央大附属中学(N08)
筑波大附属中学(K06)
筑波大附属駒場中学(L02)
帝京大中学(N16)
東海大菅生高中等部(N27)
東京学芸大附属竹早中学(K08)
東京都市大付属中学(L13)
桐朋中学(N03)
東洋英和女学院中学部(K15)
豊島岡女子学園中学(M12)
な　日本大第一中学(M14)
日本大第三中学(N19)
日本大第二中学(N10)
は　雙葉中学(K05)
法政大学中学(N11)
本郷中学(M08)
ま　武蔵中学(N01)
明治大付属中野中学(N05)
明治大付属八王子中学(N07)
明治大付属明治中学(K13)
ら　立教池袋中学(M04)
わ　和光中学(N21)
早稲田中学(K10)
早稲田実業学校中等部(K11)
早稲田大高等学院中学部(N12)

神奈川ラインナップ

あ　浅野中学(O04)
栄光学園中学(O06)
か　神奈川大附属中学(O08)
鎌倉女学院中学(O27)
関東学院六浦中学(O31)
慶應義塾湘南藤沢中等部(O07)
慶應義塾普通部(O01)
さ　相模女子大中学部(O32)
サレジオ学院中学(O17)
逗子開成中学(O22)
聖光学院中学(O11)
清泉女学院中学(O20)
洗足学園中学(O18)
捜真女学校中学部(O29)
た　桐蔭学園中等教育学校(O02)
東海大付属相模高中等部(O24)
桐光学園中学(O16)
な　日本大中学(O09)
は　フェリス女学院中学(O03)
法政大第二中学(O19)
や　山手学院中学(O15)
横浜隼人中学(O26)

千・埼・茨・他ラインナップ

あ　市川中学(P01)
浦和明の星女子中学(Q06)
か　海陽中等教育学校
　(入試Ⅰ・Ⅱ) (T01)
　(特別給費生選抜) (T02)
久留米大附設中学(Y04)
さ　栄東中学(東大・難関大) (Q09)
栄東中学(東大特待) (Q10)
狭山ヶ丘高校付属中学(Q01)
芝浦工業大柏中学(P14)
渋谷教育学園幕張中学(P09)
城北埼玉中学(Q07)
昭和学院秀英中学(P05)
清真学園中学(S01)
西南学院中学(Y02)
西武学園文理中学(Q03)
西武台新座中学(Q02)
専修大松戸中学(P13)
た　筑紫女学園中学(Y03)
千葉日本大第一中学(P07)
千葉明徳中学(P12)
東海大付属浦安高中等部(P06)
東邦大付属東邦中学(P08)
東洋大附属牛久中学(S02)
獨協埼玉中学(Q08)
な　長崎日本大中学(Y01)
成田高校付属中学(P15)
は　函館ラ・サール中学(X01)
日出学園中学(P03)
福岡大附属大濠中学(Y05)
北嶺中学(X03)
細田学園中学(Q04)
や　八千代松陰中学(P10)
ら　ラ・サール中学(Y07)
立命館慶祥中学(X02)
立教新座中学(Q05)
わ　早稲田佐賀中学(Y06)

公立中高一貫校ラインナップ

北海道　市立札幌開成中等教育学校(J22)
宮　城　宮城県仙台二華・古川黎明中学校(J17)
市立仙台青陵中等教育学校(J33)
山　形　県立東桜学館・致道館中学校(J27)
茨　城　茨城県立中学・中等教育学校(J09)
栃　木　県立宇都宮東・佐野・矢板東高校附属中学校(J11)
群　馬　県立中央・市立四ツ葉学園中等教育学校・
市立太田中学校(J10)
埼　玉　市立浦和中学校(J06)
県立伊奈学園中学校(J31)
さいたま市立大宮国際中等教育学校(J32)
川口市立高等学校附属中学校(J35)
千　葉　県立千葉・東葛飾中学校(J07)
市立稲毛国際中等教育学校(J25)
東　京　区立九段中等教育学校(J21)
都立大泉高等学校附属中学校(J28)
都立両国高等学校附属中学校(J01)
都立白鷗高等学校附属中学校(J02)
都立富士高等学校附属中学校(J03)
都立三鷹中等教育学校(J29)
都立南多摩中等教育学校(J30)
都立武蔵高等学校附属中学校(J04)
都立立川国際中等教育学校(J05)
都立小石川中等教育学校(J23)
都立桜修館中等教育学校(J24)
神奈川　川崎市立川崎高等学校附属中学校(J26)
県立平塚・相模原中等教育学校(J08)
横浜市立南高等学校附属中学校(J20)
横浜サイエンスフロンティア高校附属中学校(J34)
広　島　県立広島中学校(J16)
県立三次中学校(J37)
徳　島　県立城ノ内中等教育学校・富岡東・川島中学校(J18)
愛　媛　県立今治東・松山西中等教育学校(J19)
福　岡　福岡県立中学校・中等教育学校(J12)
佐　賀　県立香楠・致遠館・唐津東・武雄青陵中学校(J13)
宮　崎　県立五ヶ瀬中等教育学校・宮崎西・都城泉ヶ丘高校附属中学校(J15)
長　崎　県立長崎東・佐世保北・諫早高校附属中学校(J14)

公立中高一貫校「適性検査対策」問題集シリーズ

総合編　作文問題編　資料問題編　数と図形編　生活と科学編　実力確認テスト編

私立中・高スクールガイド

THE《ザ》私立

私立中学＆高校の学校生活がわかる！

〈ダウンロードコンテンツについて〉

本問題集のダウンロードコンテンツ、弊社ホームページで配信しております。現在ご利用いただけるのは「2025年度受験用」に対応したもので、**2025年3月末日**までダウンロード可能です。弊社ホームページにアクセスの上、ご利用ください。

※配信期間が終了いたしますと、ご利用いただけませんのでご了承ください。

茨城県公立高校　2025年度

ISBN978-4-8141-3258-4

[発行所] 東京学参株式会社

〒153-0043　東京都目黒区東山2-6-4

書籍の内容についてのお問い合わせは右のQRコードから ⇒

※書籍の内容についてのお電話でのお問い合わせ、本書の内容を超えたご質問には対応できませんのでご了承ください。

2024年5月13日　初版